Dr. Siegfried Dispeker,

Führer durch das Bürgerliche Gesetzbuch.

Alphabetisch geordneter

Führer

durch das Bürgerliche Gesetzbuch

und dessen Nebengesetze

mit besonderer Berücksichtigung der für Bayern geltenden Bestimmungen und unter vergleichender Bezugnahme auf die römisch-rechtlichen Benenmungen

von

Dr. Siegfried Dispeker,

Rechtsanwalt in München.

München 1900.

J. Schweitzer Verlag (Arthur Sellier).

Druck von Dr. F. P. Datterer & Cie., G. m. b. H., München.

Vorwort.

Vollendet steht der gewaltige Bau des deutschen bürgerlichen Rechtes. An das Hauptwerk, das Bürgerliche Gesetzbuch, reihen sich in stattlicher Zahl die Nebengesetze, die Grundbuchordnung, das Gesetz über die Zwangsversteigerung und Zwangsverwaltung, über die Angelegenheiten der freiwilligen Gerichtsbarkeit u. s. f., und diesen gesellen sich, sie ausbauend und ergänzend, die nicht minder wichtigen und einschneidenden landesgesetzlichen Vorschriften, die Übergangsbestimmungen, Ausführungsgesetze und Ministerialbekanntmachungen, zu.

Seit Jahren arbeitet der deutsche Juristenstand emsig daran, sich in das Bürgerliche Gesetzbuch einzuleben. Durch Vorträge und Aufsätze, durch dickleibige Kommentare und kurze Einzeldarstellungen wurde Kenntniß und Verständniß desselben zu verbreiten versucht. Man kann wohl sagen, daß das neue Jahrhundert die deutschen Richter und Rechtsanwälte wohlvertraut mit den Vorschriften des Bürgerlichen Gesetzbuches fand. Nicht ganz in demselben Maß dürfte dies mit den landesgesetzlichen Übergangs- und Ausführungsbestimmungen der Fall gewesen sein. Um hiefür nur einen äußeren Grund hervorzuheben, sei darauf hingewiesen, daß die allerdings trefflich gearbeiteten bayerischen Ausführungs- und Übergangsbestimmungen erst in der zweiten Hälfte des vorigen Jahres erschienen. In zahlreichen Fällen ist aber die volle Kenntniß und richtige Anwendung dieser landesgesetzlichen Ergänzungsvorschriften bei Prüfung und Entscheidung einer dem neuen Rechte unterliegenden Frage unbedingt erforderlich.

Das vorliegende Buch verfolgt einen dreifachen Zweck. Es soll zunächst ein ausführliches Nachschlagebuch zum Bürgerlichen Gesetzbuch sein. Damit ergab sich die alphabetische Anordnung des Stoffes von selbst. Dieselbe wurde auch nach Möglichkeit innerhalb der einzelnen Artikel beibehalten und nur da, wo es im Interesse der Übersichtlichkeit geboten erschien, wurde von ihr abgewichen. So finden sich beispielsweise die Übergangsvorschriften stets an der Spitze des betreffenden Artikels. Soll dieses Nachschlagebuch seinen Zweck, ein Führer durch das Bürgerliche Gesetzbuch zu sein, erfüllen, so genügte nicht, lediglich die Gesetzesparagraphen aufzuführen, es war vielmehr auch erforderlich, den wesentlichen Inhalt der Vorschriften in kurzen Schlagworten an geeigneter Stelle wiederzugeben. So kann es vor allem auch dem praktischen Juristen, der sich rasch über eine Frage orientiren will, von Nutzen sein. Andrerseits aber erschien eine etwa wörtliche Wiedergabe der gesetzlichen Bestimmungen als außer dem Zwecke des Buches gelegen und eher geeignet, seine Übersichtlichkeit und damit seine Brauchbarkeit zu beeinträchtigen.

In zweiter Linie will dieses Buch bei jedem einzelnen Worte die sämmtlichen einschlägigen Bestimmungen nicht nur des Bürgerlichen Gesetzbuches, sondern auch der Nebengesetze desselben und der bayerischen Übergangs- und Ausführungsgesetze anführen und es so ermöglichen, in thunlichst rascher und übersichtlicher Weise alle zur Entscheidung einer auftauchenden Frage erforderlichen Vorschriften aufzufinden. Soweit es geboten erschien, fanden auch die Bestimmungen der Civilprozeßordnung, der Konkursordnung, des Handelsgesetzbuches u. s. f. geeignete Berücksichtigung.

Das bisherige Rechtsstudium in Deutschland beruhte, wie auch die meisten deutschen Rechte, auf dem römischen Recht. Der jetzigen Juristengeneration sind daher naturgemäß die römisch-rechtlichen Termini technici gleichsam in Fleisch und Blut übergegangen. Diese römisch-rechtlichen Benennungen fanden deshalb mit einem kurzen Hinweis, ob und gegebenen Falls wo sie im neuen Rechte zu finden sind, in vorliegendes Buch Aufnahme.

Daß bei dem gewaltigen Stoff, den es in mehrjähriger Thätigkeit zu bewältigen galt, Vieles in diesem Führer der Abänderung und Ergänzung bedürftig ist, weiß Niemand besser als der Verfasser selbst. Wenn dieses Buch, das aus ursprünglich lediglich zum Selbstgebrauch bestimmten Auszügen und Zusammenstellungen entstand, ein wenig mit dazu beiträgt, die Einführung des neuen Rechtes zu erleichtern, wenn es dem praktischen Juristen zur raschen Orientirung hilft, wenn es somit ein, wenn auch kleines und unbedeutendes, so doch nicht ganz unbrauchbares Steinchen im gewaltigen deutschen Rechtsbau bildet, dann hat es seinen Zweck erfüllt.

München, im Januar 1900.

Dr. Dispeker.

Abkürzungen und Citate.

A. = Bayerisches Ausführungsgesetz zum Bürgerlichen Gesetzbuch vom 9. Juni 1899 (Beilage zu Nr. 28 G. u. V.Bl. 1899 S. 1—82). (Citat: **A.** Art. 1.)

A.G.O. = Bayerisches Ausführungsgesetz zu der Grundbuchordnung und zu dem Gesetz über die Zwangsversteigerung und die Zwangsverwaltung vom 9. Juni 1899 (Beilage zu Nr. 28 G. u. V.Bl. 1899 S. 125—136). (Citat: **A.G.O.** Art. 1.)

B.G.B. = Bürgerliches Gesetzbuch vom 18. August 1896. (Citat: 1.)

C.P.O. = Civilprozeßordnung für das Deutsche Reich in der Fassung des Gesetzes vom 17. Mai 1898. (Citat: **C.P.O.** 1.)

E. = Einführungsgesetz zum Bürgerlichen Gesetzbuch vom 18. August 1896. (Citat: **E.** Art. 1.)

E.Z.V. = Einführungsgesetz zum Reichsgesetz über die Zwangsversteigerung und die Zwangsverwaltung vom 24. März 1897. (Citat: **E.Z.V.** 1.)

F.G. = Reichsgesetz über die Angelegenheiten der freiwilligen Gerichtsbarkeit vom 17. Mai 1898. (Citat: **F.G.** 1.)

G. u. V.Bl. = Bayerisches Gesetz- und Verordnungsblatt.

G.O. = Grundbuchordnung für das Deutsche Reich vom 24. März 1897. (Citat: **G.O.** 1.)

H.G.B. = Handelsgesetzbuch vom 10. Mai 1897. (Citat: **H.G.B.** 1.)

J.M.Bl. = Justizministerialblatt für das Königreich Bayern.

K.O. = Konkursordnung für das Deutsche Reich in der Fassung des Gesetzes vom 17. Mai 1898. (Citat: **K.O.** 1.)

N. = Bayerisches Notariatsgesetz vom 9. Juni 1899 (Beilage zu Nr. 28 G. u. V.Bl. 1899 S. 137—166). (Citat: **N.** Art. 1.)

R.G.Bl. = Reichsgesetzblatt.

Ue. = Bayerische Übergangsvorschriften zum Bürgerlichen Gesetzbuch vom 9. Juni 1899 (Beilage zu Nr. 28 G. u. V.Bl. 1899 S. 83—124). (Citat: **Ue.** Art. 1.)

Z.V. = Reichsgesetz über die Zwangsversteigerung und die Zwangsverwaltung vom 24. März 1897. (Citat: **Z.V.** 1.)

A.

Abänderung s. auch Änderung, Veränderung.
— des Beschlusses, durch den Annahme an Kindesstatt bestätigt, F.G. 67 Abs. 3, 68 Abs. 1.
— von Verfügungen des Gerichts F.G. 18 Abs. 1.
— v. Verfügungen des Vormundschaftsgerichts s. das. F.G. 55, 62.
Aberkennung der bürgerlichen Ehrenrechte s. Ehrenrechte.
Abfallen von Früchten auf das Nachbargrundstück 911.
Abfindung des antheilsberechtigten Abkömmlings für Verzicht auf den Antheil aus dem Gesammtgut der fortgesetzten Gütergemeinschaft (Einrechnung — abweichende Vereinbarung — Form!) 1501, 1503 Abs. 3, 1518.
— als Schadensersatz bei Ehescheidung (Kapital statt Rente bei wichtigem Grund) 1580 Abs. 2, — bei unerlaubter Handlung ebenso, 843 Abs. 3, 844 Abs. 2, 845.
— des unehelichen Kindes: Vereinbarung mit Vater bedarf Genehmigung des Vormundschaftsgerichts 1714, — durch Erben des Vaters 1712 Abs. 2.
— Versprechen bei Vermögens- oder Gutsübernahme 330.
Abgabe s. auch Oeffentliche Abgabe.
— beim Erbschaftskauf 2379.
— d. Vormundschaft s. das. F.G. 46, 47
Abgang von Inventarstücken beim Nießbrauch 1048.
Abgebranntes Gebäude, Errichtung auf anderem Grundstück — Unschädlichkeitszeugniß s. das., Bayer. Gesetz vom 15. Juni 1898 Art. 17.
Abgrabung d. Nachbargrundstücks 909, 924.
Abgrenzung bei Grenzverwirrung 920, 924.
Abhandenkommen s. auch Diebstahl, Fund, Verlust.
— v. Sachen — Eigenthumserwerb 935, — keine Vermuthung zu Gunsten des Besitzers 1006, — Herausgabe an den früheren Besitzer 1007 Abs. 2 u. 3.
— von Schuldverschreibungen auf den Inhaber s. Aufgebotsverfahren zum Zwecke der Kraftloserklärung.
Abhängigkeitsverhältniß, Mißbrauch bei außerehelicher Beiwohnung, Schadensersatz 825, 842, 847 Abs. 2.
Abhilfe bei sofortiger weiterer Beschwerde F.G. 29 Abs. 3.
Abholen s. Holschuld.
Abkömmling s. Kinder.
Abkürzung der Gewährfrist für Viehmängel (zulässig!) 486.
— der Verjährungsfrist (zulässig!) 225.
Ablauf s. Ende, Kündigung.
Ablehnung s. auch Dolmetscher, Notar, Richter, Zeuge.
— der Anordnung der Nachlaßverwaltung 1982, 1990.
— des Antrags beim Vertrag 146, 150.
— der Aufbewahrung von Werthsachen durch den Wirth 702.
— des Auftrags 701 Abs. 3.
— der Fortsetzung der Gütergemeinschaft 1484.
— der Haftung durch den Wirth 701 Abs. 3.
— der Schenkung 516 Abs. 2.
— — durch die Ehefrau 1406 Nr. 2, 1453, 1519 Abs. 2, 1525 Abs. 2, 1549, 1550 Abs. 2.
— der Uebernahme des Amts als Mitglied des Familienraths 1862,

1869, — Vormund Pfleger 1786, 1787, 1792 Abs. 4, 1887, 1889, 1895, 1897, 1915, **F.G.** 57. — Testamentsvollstrecker 2202 Nr. 2 u. 3.

Ablehnung der Uebernahme von Inventarstücken durch den Verpächter 589 Abs 2.
— des Versteigerungsbeamten **A.G.O.** Art. 25 Abs. 4, 53.

Ablieferung von gefundenen Sachen s. Fund 967, 975, 976, 978—982.
— an gerichtlich bestellten Verwahrer statt Hinterlegung 432, 1217, 1281, 2039.
— eines Testaments oder Erbvertrags an das Nachlaßgericht 2259, 2300, **F.G.** 83.

Ablieferungsort s. Ort.

Ablösung s. auch Bayer. Gesetz betr. Unschädlichkeitszeugniß vom 15. Juni 1898 Art. 20.
— von Dienstbarkeiten und Reallasten **E.** Art. 113, 114, 116, **Ue.** Art. 118, **A.** Art. 85 Abs. 2 u. 3, **A.G.O.** Art. 19, 20, 53.
— von Ehehaftsverhältnissen, Gesetz vom 23. Februar 1868 **A.** Art. 153.
— von Gebäudetheilen, Schadensersatz 836—838, 908, 924.
— der Rentenschuld 1199—1202, **G.O.** 70.
— des Weiderechts, Bayer. Gesetz vom 28. Mai 1852 **A.** Art. 150.

Ablösungskasse, Grundgefälle, Lasten (keine Eintragung in das Grundbuch!) **E.** Art. 113, 114, **A.** Art. 128, **A.G.O.** Art. 27 Abs. 2.

Abmahnung des Eigenthümers beim Nießbrauch von vertragswidrigem Gebrauch 1053, 1054.
— des Vermiethers von vertragswidrigem Gebrauch 553.
— des Verpfänders 1267.

Abmarkung der Grenze von Grundstücken 919, 924.
— s. auch Bayer. Gesetz vom 16. Mai 1868, die Vermarkung der Grundstücke betr. — abgeändert **A.** Art. 156.

Abnahme von Eiden s. Eid und Offenbarungseid.
— der gekauften Sache durch Käufer — Kosten 433 Abs. 2, 448.

Abnahme des Werks durch den Besteller beim Werkvertrag s. das. 638, 640, 641, 644—646, 363.

Abneigung unüberwindliche, kein Scheidungsgrund.

Abnützung s. Veränderung.

Abrechnungsvertrag, Schuldversprechen und Schuldanerkenntniß 782, 781.

Abschätzung s. Schätzung.

Abschichtung, Uebergangsbestimmungen s. die einzelnen Güterrechte.

Abschlagszahlung s. auch Theilleistung.
— unterbricht die Anspruchsverjährung 208.

Abschleif s. Veränderung, Verschlechterung.

Abschluß des Vertrags s. auch Ehe, Erbvertrag, Mäklervertrag, Vertrag.
— — zwischen Abwesenden 147 Abs. 2, 148, 149, 151—155.
— — zwischen Anwesenden 147, 148, 151, 154, 155.
— — Draufgabe als Zeichen des A. 336.
— — bei Versteigerung 156.

Abschneiden von Wurzeln aus dem Nachbargrundstück 910.

Abschrift s. auch Einsicht.
— Beglaubigung s. auch Form **N.** Art. 33, 34.
— aus Fideikommißmatrikel **A.** Art. 134 Abs. 2.
— aus Grundbuch u. s. f. **G.O.** 11 Abs. 2, 93, 94.
— aus Güterrechtsregister 1563.
— des Protokolls über gerichtliche Beurkundung **F.G.** 182.
— von Schriftstücken, deren Einsicht gestattet, **F.G.** 78 Abs. 2, 85, 34.
— des Testaments 2261, 2264, 2273, 2300.
— aus Vereinsregister 79.

Absendung von Vertragsanträgen 149.

Absetzung s. Entlassung.

Absicht s. auch Schenkungsabsicht.
— des Erben, die Nachlaßgläubiger zu benachtheiligen, 2005, 2013.
— des Erblassers, das Testament aufzuheben, 2255.
— — den Vertragserben oder den Bedachten zu beeinträchtigen 2287, 2288.
— des Geschäftsführers auf Ersatz bei Geschäftsführung ohne Auftrag 685.

Absicht des Mannes, die Frau zu benachtheiligen, bei der allgemeinen Gütergemeinschaft 1456, 1468 Abs. 2, 1495 Nr. 2, 1496, 1502 Abs. 2.
— — bei der Errungenschaftsgemeinschaft 1542, 1546, 1468 Abs. 2.
— des Vorerben, den Nacherben zu benachtheiligen, 2138 Abs. 2.
— auf Zahlung des Preisunterschieds beim Vertrag s. Differenzgeschäft 764.

Absonderung s. Auseinandersetzung.
— im Konkurs, die Berechtigten werden durch das Aufgebot der Nachlaßgläubiger nicht betroffen 1971, 2016 Abs. 2, s. im Übrigen K.O. 4 u. 5.

Absperrung eines Ortes durch Krankheit oder sonstige außerordentliche Umstände, Testamentserrichtung vor Gemeindevorstand und zwei Zeugen oder durch mündliche Erklärung vor drei Zeugen (Protokoll — Dolmetscher unzulässig) 2250—2252.

Abstammung s. Kind, eheliches und uneheliches, Verwandte.

Abstand von Grenze s. Eigenthumsbeschränkungen Nr. 2 u. 8, **A.** Art. 63—67, 71—75, 78, **E.** Art. 124.
— Beseitigung der Anlage, falls A. nicht eingehalten, 907, 924.

Abtrennung s. Trennung.
— des vom Besitzer der herauszugebenden Sache mit dieser verbundenen wesentlichen Bestandtheils 997, 1007 Abs. 3.

Abtretung der Ansprüche auf Herausgabe einer Sache 870, 440 Abs. 4, 2182, bei Eigenthumsübertragung 931, 934—936, 986 Abs. 3.
— der Ansprüche bei Schadensersatz wegen Verlust einer Sache oder eines Rechts 255.
— — bei Unmöglichkeit der Leistung 281, 327 Abs. 2.
— der Forderung an den neuen Pfandgläubiger kraft gesetzlicher Verpflichtung 1251 Abs. 2.
— von Forderungen und andern Rechten s. Uebertragung.
— bei Forderungsverpfändung 1280, 1282, 1284.
— des Rechtes aus dem Meistgebot **Z.V.** 81 Abs. 2, 97, 103, 105, 116.

Abtretung bei Schiffspfandrecht **F.G.** 104.
— unentgeltliche, eines Trennstücks, des Grundstücks zu öffentlichem Zweck s. Bayer. Gesetz betr. Unschädlichkeitszeugniß v. 15. Juni 1898 Art. 2 Abs. 2.

Abtretungsurkunde 403, 1154.
— öffentlich beglaubigte, als Legitimation des Hypothekgläubigers 1155, 1160, 1161.
— Vorlage und Vorzeigung 409, 410, 412, **G.O.** 26

Abtritt s. Anlage.

Abusus s. Mißbrauch.

Abweichen des Beauftragten von Weisungen des Auftraggebers 665.
— des Vaters von Anordnungen des Erblassers oder Dritten über die Verwaltung des Vermögens des Kindes 1639 Abs. 2.
— des Vormunds — Zustimmung des Vormundschaftsgerichts oder Dritten 1803 Abs. 2 u. 3.

Abweisung des Antrags auf Entmündigung, Ende der vorläufigen Vormundschaft 1908.
— der Klage, Unterbrechung der Anspruchsverjährung durch Klageerhebung gilt als nicht erfolgt 212.

Abwendung s. auch Gefährdung, Nothwehr, Selbsthilfe.
— der Gefahr vom Mündel 1666—1668, 1670—1674, 1906.
— der Herausgabe des Geschenkes an den Pflichttheilsberechtigten durch Zahlung des fehlenden Betrags 2329 Abs. 2, 2330.
— des Schadens bei Amtspflichtsverletzung durch Gebrauch eines Rechtsmittels Seitens des Verletzten 839 Abs. 3.

Abwesender s. auch Abwesenheit, Pflegschaft.
— Anfechtung von Willenserklärungen gegenüber A. 121.
— Antrag auf Vertragsschluß 147 Abs. 2, 149—151.
— Wirksamkeit der Willenserklärung im Zeitpunkte, in dem sie A. zugeht, 130.

Abwesenheit s. auch Abwesender.
— Uebergangsbestimmungen für die Pfalz (Vorbehalt des **E.** Art. 161) (Zuständigkeit des Vormundschafts-

gerichts — Ausn.! — Sicherheitsleistung — Inventarerrichtung — Einweisung in das Vermögen) **Ue.** Art. 107—112.

Abwesenheit des Ehegatten, Ersatz der Zustimmung desselben durch Vormundschaftsgericht bei Gefahr in Verzug 1358 Abs. 2, 1379, 1525 Abs. 2, 1447, 1519 Abs. 2, 1549, 1550 Abs. 2.
— des Ehemanns, Verfügungsrecht der Ehefrau ohne seine Einwilligung bei Gefahr in Verzug 1401, 1450, 1519, 1525, 1549, 1550.
— des bei Erbauseinandersetzung Betheiligten **F.G.** 88.

Abwesenheitspflegschaft s. Pflegschaft 3.

Abzahlungsgeschäft s. Reichsges. v. 16. Mai 1894.

Abzug s. auch Kürzung.
— der Belastungen bei Berechnung des Werths d. Gesammthypothek 1172 Abs. 2.
— bei Zahlung einer unverzinslichen Schuld wegen der Zwischenzinsen (kein Recht des Gläubigers!) 272.

Accept, Acceptation s. Annahme.

Acceptilatio s. Erlaß.

Accessio temporis bei Anspruchsverjährung 221.
— — bei Ersitzung 943, 944.

Accession s. Bestandtheile, Früchte, Zubehör.

Accrescenz s. Anwachsung.

Achtzehntes Lebensjahr s. Alter.

Actio ad exhibendum s. Vorlegung von Sachen 809—811.
— adjectitiae qualitatis — nicht aufgenommen.
— ad suppl. legitimae s. Pflichttheil 2305, 2306, 2308, 2325—2328, 2330.
— aquae pluviae arcendae — landesges. Vorschr. **E.** Art. 65.
— aestimatoria — nicht aufgenommen.
— aestimatoria vel quanti minoris s. Minderung 462.
— commodati s. Leihe 599—604, 606.
— communi dividundo s. Gemeinschaft 749.
— confessoria s. Dienstbarkeit 1027, 1065, 1090 Abs. 2, 1004.
— de damno infecto 908, 924.
— de effusis vel dejectis — nicht aufgenommen.
— de in rem verso — nicht aufgenommen.

Actio de liberis exhibendis s. Herausgabe. 1632.
— de pauperie 833, 834.
— de recepto s. Gastwirth 701—704.
— depositi s. Verwahrung 688—700.
— doli s. Arglist.
— emti venditi s. Kauf 433—458.
— ex interdicto retinendi b. Pfand 1227.
— familiae herciscundae s. Miterbe 2042, 2046—2057, 2204.
— finium regundorum 920.
— funeraria 679.
— legis Aquiliae s. Unerlaubte Handlung 823—853, **E.** Art. 105—107.
— libera in causa 827 Satz 2.
— locati conducti s. Miethe 535—580.
— mandati s. Auftrag 662—676.
— nata s. Verjährung 198—201.
— negatoria s. Eigenthumsanspruch 894, 1004, 1027, 1065, 1090, 1227.
— negotiorum gestorum s. Geschäftsführung 677—687.
— Pauliana — nicht aufgenommen, s. K.O. und Gesetz vom 21. Juli 1879 (20. Mai 1898).
— pignoratitia s. Pfand 1204 ff.
— praescriptis verbis s. 328—335.
— pro socio s. Gesellschaft 730—735.
— publiciana s. 1007, 1065.
— quanti minoris s. Minderung 462.
— quod metus causa s. Drohung 123, 124, 318 Abs. 2.
— redhibitoria s. Wandelung 462, 634.
— revocatoria s. Schenkung 530—534.
— spolii 861.
— suppletoria s. Pflichttheil 2303.
— tutelae s. Vormundschaft 1833.

Actus, Servitut, nicht erwähnt.

Addictio in diem s. Rücktritt.

Adel, Landesgesetz und Hausverfassung gültig **E.** Art. 58, **A.** Art. 1, — Bestimmungen der bayerischen Verfassungsurkunde Tit. V § 4 Abs. 2 Nr. 4 aufgehoben **A.** Art. 135.

Ademptio legati, nicht erwähnt.

Aditio hereditatis s. Erbschaft 1922, 1942.

Adjudicatio nicht erwähnt.

Adoption s. Kind, an Kindesstatt angenommen.

Adoptivverwandtschaft, aufschiebendes Ehehinderniß 1311, 1771.

Ädilitisches Edikt s. Gewährleistung.
Adventitium peculium nicht erwähnt.
Affektionsinteresse 253, 343, 847, 1300.
Affektionswerth beim Fundlohn 971.
Affinitas illegitima, Ehehinderniß 1310 Abs. 2.
Affinität s. Verschwägerte.
Aftermiethe, -pacht, -pfand s. Untermiethe u. s. f.
Afterverdingung im Zweifel unzulässig 613 Satz 2.
Agent, Anspruchsverjährung (2 Jahre) 196 Nr. 7, 201, 218.
Agio s. Ausländische Währung 244 Abs. 2.
Agnat s. Adel.
Agrarrecht, landesgesetzliche Vorschriften **E.** Art. 113, 116.
Akkrescenz, s. Anwachsung.
Aktie s. Orderpapier.
Akzept, Akzeptation s. Annahme.
Akzession s. Bestandtheile, Früchte, Zubehör.
Aleatorische Verträge s. Spiel, Wette.
Alienatio s. Veräußerung.
Alimente, Alimentation s. Unterhaltspflicht.
Allgemeine Gütergemeinschaft s. Gütergemeinschaft.
Allod, Lehen (s. das.), landesgesetzliche Vorschriften **E.** Art. 59—61, **A.** Art. 1.
— Nachfolge, Angabe im Grundbuch **A.G.O.** Art. 15, 16, 53.
— Trennung eines Theils, Unschädlichkeitszeugniß s. Bayer. Gesetz vom 15. Juni 1898 (G. u. V.Bl. 1898 S. 301) Art. 14.
Alluvion, landesgesetzliche Vorschriften unberührt **E.** Art. 65.
Altane s. Balkon.
Altentheil s. im Übrigen Leibgeding.
— Eintrag im Grundbuch **G.O.** 50, 84, **E.Z.V.** 9.
— Nießbrauch am A. 1073.
— Verjährung der einzelnen Leistungen (4 Jahre) 197, 201, 218.
— Vertrag, landesgesetzl. Vorschriften, soweit über Schuldverhältniß nicht besondere Vereinbarung getroffen **E.** Art. 96.
Alter, Altersstufen s. auch Minderjährige, Volljährige.
— Uebergangsbestimmungen nach französischem und badischem Recht **E.** Art. 154.
Alter, Altersstufen, bei Berechnung: Geburtstag mitzählen 187 Abs. 2.
— bis vollendetem 6. Jahr: Sorge für Person des Sohns bei einer aus Verschulden beider Ehegatten geschiedenen Ehe: Mutter, von da an: Vater 1635—1673.
— — 7. Jahr: a) geschäftsunfähig s. das. 104, — b) nicht für Schaden verantwortlich 828, 832.
— — 14. Jahr: a) kein Beschwerderecht **F.G.** 59 Abs. 2, — b) Einwilligung zur Ehelichkeitserklärung 1728 Abs. 2, — c) Entlassung aus dem Staatsverband 1827, — d) Vertrag der Annahme an Kindesstatt 1750.
— — 16. Jahr: a) Ehemündigkeit der Frau 1303, 1322, — b) Eidesfähigkeit im Prozeß C.P.O. 473 Abs. 2 u. Ausführungsgesetz zur C.P.O. Art. 14 (G. u. V.Bl. 1899 S. 406), c) Beginn der Fähigkeit der Testamentserrichtung 2229 Abs. 2, 2238 Abs. 2, 2247, — d) Unterhaltungspflicht des unehelichen Vaters (ev. länger) 1708.
— — 18. Jahr: a) Haftung für Schaden bei erforderlicher Einsicht 828 Abs. 2, 832, — b) Mündel vor Entscheid vom Vormundschaftsgericht nicht hören 1827 Abs. 2, — c) Untersagung der Haltung von Dienstboten unter 18 Jahren **A.** Art. 16, 25 Nr. 6, 26 Abs. 4, — d) Volljährigkeitserklärung möglich 3.
— — 21. Jahr: a) Einwilligung zur Annahme an Kindesstatt 1747, 1748, 1755, 1756,—b) der Mutter zur Ehelichkeitserklärung 1726, — c) des Vaters, ev. Mutter zur Ehe des Kinds 1305—1308, — d) minderjährig, geschäftsbeschränkt 2, 106.
— — 31. Jahr: des Abwesenden in der Pfalz **Ue.** Art. 111 Abs. 2.
— — 50. Jahr: Annehmender an Kindesstatt 1744, 1745.
— — 60. Jahr: Ablehnung der Vormundschaft 1786 Nr. 2, 1889, 1895.
— — 100. Jahr: des Abwesenden in der Pfalz **Ue.** Art. 111 Abs. 2.
Alternativ letztwillige Zuwendung 2152—2154.

Alternativobligation s. Wahlrecht 262—265.
Alterum tantum bei Verzinsung — nicht aufgenommen.
Altius non tollendi servitus nicht erwähnt, s. Dienstbarkeit.
Alveus derelictus **E.** Art. 65.
Amortisation, Zuschlag zu den Zinsen behufs allmählicher Kapitalstilgung, Verjährung: 4 Jahre 197, 201, 218, 223 Abs. 3.
Amortisationsgesetze aufrecht erhalten **E.** Art. 86.
— für Bayern:
1. bei inländischen geistlichen Gesellschaften (außer den Englischen Fräulein) landesherrliche Genehmigung erforderlich a) bei Schenkungen oder Zuwendungen von Todeswegen bei Gegenständen über 10 000 Mark, — b) zum Erwerb von unbeweglichem Vermögen, dessen Werth über 10 000 Mark (auch bei Rechten an Grundstücken — Ausn.: Hypotheken, Grund-, Rentenschulden) **A.** Art. 7—9.
2. bei ausländischen juristischen Personen **A.** Art. 10.
Amortisirung s. Kraftloserklärung.
Amt s. Beamter, Testamentsvollstrecker u. s. f.
Amtliche Verwahrung s. auch Eröffnung.
— des Protokolls über Errichtung des Testaments u. s. f. 2246, 2248—2251, 2256, 2259—2261, 2273, 2277, 2300.
— von Urkunden s. auch Notar **F.G.** 200, **N.** Art. 1.
Amtsblatt s. Bekanntmachung.
Amtsgericht s. auch Notar, Nachlaß —, Vormundschafts-Gericht.
— Zuständigkeit s. auch C.P.O. — Gerichtsverfassungs-Gesetz und Ausführungsgesetze hiezu und **A.** Art. 166, 167.
1. für Anlegung des Grundbuchs s. das.
2. für Aufgebotsverfahren s. Ausführungsgesetz zur C.P.O. Art. 69, 71 ff., jetzt 29 ff. in der Fassung des **A.** Art. 166 XIV (s. G. u. V.Bl. 1899 S. 410).
3. für Bestätigung des Vertrags, betreffend die Annahme an Kindesstatt, **F.G.** 65.
4. für Bestellung und Ernennung von Sachverständigen **F.G.** 164, **A.** Art. 87,
— eines Vertreters d. Grundstückseigenthümers zur Entgegennahme der Hypothekkündigung u. s. f. 1141 Abs. 2, 1185.
— des Verwahrers **F.G.** 165.
5. für Beurkundung des Personenstandes u. s. f. **F.G.** 69.
— von Rechtsgeschäften u. s. f. (s. auch Notar) **F.G.** 167—183, 191, nicht, soweit auch Notar zuständ. s. **A.** Art. 167 I.
6. für Entmündigung s. C.P.O. 645, 648, 680.
7. der Gerichtsschreiber beim A. s. **A.** Art. 167 XVI.
8. für Verrichtungen des Grundbuchamts (s. das.) **A.G.O.** Art. 1, 2, 4—6, 53.
9. für Führung des Güterrechtsregisters s. das. 1435, 1558—1563, des Handelsregisters **F.G.** 125, 145.
10. als Hinterlegungsstellen s. **A.** Art. 167 XXII.
11. beim Konkursverfahren s. K.O. § 71.
12. als Nachlaßgericht s. das. **F.G.** 72—99, 193—195 (nicht zur Inventaraufnahme **A.** Art. 167 I Abs. 3, s. aber XVI.)
13. für Abnahme von Offenbarungseiden s. das.
14. beim Pfandverkauf **F. G.** 166.
15. für Bestellung und Beeidigung von Sachverständigen **A.** Art. 167 II.
16. für Verhängung des persönl. Sicherheitsarrestes (s. auch C.P.O.) 230 Abs. 3.
17. für Ertheilung des Unschädlichkeitszeugnisses s. das.
18. für Vereinbarung zwischen unehelichem Kind und dessen Vater über Unterhalt u. s. f. (neben Notar!) und zwischen Vater und Mutter s. **A.** Art. 167 I.
19. für Vereine (Register, Bestellung von Vorstandsmitgliedern u. s. f. — Prüfung der Anmeldung — Ordnungsstrafen u. s. f.) 21, 29, 37, 48, 51—71, 73—78.
20. als Vormundschaftsgericht s. das. **F. G.** 35, 190.
21. für öffentliche Zustellungen von Willenserklärungen, öffentliche Kraftloserklärung von Vollmachten 176, 230 Abs. 3 u. 4.
22. für Zwangsversteigerung und -Verwaltung (Ausn.) **Z.V.** 1, 2, 163, **E.Z.V.** 13.

Amtskaution, Landesgesetze vorbehalten E. Art. 90.
Amtspflicht s. auch Beamter.
— Haftung bei deren Verletzung 839, 841, 1674, 1848, E. Art. 77, 79, G.O. 12, A. Art. 60, 61, 88. (Vorentscheid des Verwaltungsgerichtshofs s. Bayer. Ges. vom 8. Aug. 1878 Art. 7 Abs. 2 — abgeändert A. Art. 165 I.)
Amtssiegel s. Siegel.
Analphabet s. Lesensunkundiger, Schreibensunkundiger.
Anastasiana lex — nicht aufgenommen — Bayer. Gesetz vom 22. Februar 1855, deren Aufhebung u. s. f. betr., aufgehoben A. Art. 175 Nr. 13.
Anatozismus, Verbot von Zinseszinsen, (Ausnahmen) 248, 289.
Änderung s. auch Abänderung, Veränderung.
— der Anordnungen des Vormundschaftsgerichts bezüglich der elterlichen Gewalt 1671.
— der vereinbarten Art der Aufbewahrung 692.
— der Hauptverbindlichkeit bei der Bürgschaft 767.
des Wohnsitzes des Hauptschuldners hiebei 773 Nr. 2, 775 Nr. 2.
— der Eidesnorm des Offenbarungseids 261 Abs. 2.
— der Entscheidung des Notars bei Zwangsversteigerung u. s. f. E.Z.V. 13 Abs. 2.
— der Forderung, für die Hypothek bestellt 1180.
— des Güterstands s. das.; Uebergangsbestimmungen s. Ue. Art. 19—31, 62—104, 124—140, — durch Vertrag (auch nach Eingehen der Ehe) 1432, 1435, 1436, 1561 Abs. 3 Nr. 1, E. Art. 16, Ue. Art. 27, 94—96.
— des Inhalts eines Rechts an Grundstücken 877, 878, E. Art. 113, 189.
— eines Rechts, das dem Nießbrauch oder Pfandrecht unterliegt, 1071 Abs. 2, 1276 Abs. 2.
— — eines Schuldverhältnisses (Vertrag) 305.
— der Landesgesetze nach 1. I. 1900 E. Art. 3, 218.
Änderung des Namens s. das. A. Art. 3.
— des Rangverhältnisses im Grundbuch und Schiffsregister 880, 1151, 1261, 1272, E. Art. 189.
— der Satzung und des Zwecks eines Vereins 33.
— — und des Vorstands des eingetragenen Vereins 67, 71, A. Art. 4.
— der Sicherheit des Vormunds 1844.
— am Testament 2255.
— des Theilungsplans bei der Zwangsverwaltung (Klage!) Z.V. 159.
— des Unterhalts eines unverheiratheten Kindes durch das Vormundschaftsgericht 1612 Abs. 2.
— der Vergütung für Vormund und Gegenvormund 1836.
— des Versprechens der Leistung an Dritten 328 Abs. 2, 331 Abs. 2.
— des Vertragsantrags (gilt als neuer Antrag) 150 Abs. 2.
— die Wirkungen des Vertrags der Annahme an Kindesstatt. 1767.
— der wirthschaftlichen Bestimmung eines landwirthschaftlichen Grundstücks durch den Pächter 583.
— des Wirthschaftsplans beim Nießbrauch an Wald u. s. f. 1038, 2123.
— von Zinsfuß, Zahlungszeit und Ort, — bei Hypothek und Grundschuld 1119 Abs. 2, 1192.
— des Zwecks und der Verfassung einer Stiftung 87 Abs. 2.
Androhung s. auch Ordnungsstrafen.
— der Besitzaufgabe eines Grundstücks (außer, wenn unthunlich) 303.
— des Pfandverkaufs (—) 1234.
— der Versteigerung (—) 384, 1220.
Aneignung von herrenlosen beweglichen Sachen durch in Eigenbesitznehmen (Ausnahmen), insbes. bei wilden Thieren, Bienen, 958—964, E. Art. 69, C.P.O. 58.
— von Erzeugnissen und sonstigen Bestandtheilen einer Sache 954—957.
— eines aufgegebenen Grundstücks durch den Fiskus, Eintrag im Grundbuch 928 Abs. 2, E. Art. 129, 190.
— von Tauben nach Landesgesetz E. Art. 130.
— bei Verbindung zweier Sachen durch deren Besitzer 997.

Anerbenrecht s. auch Familienfideikommiß.
— an land- u. forstwirthschaftlichen Grundstücken nebst Zubehör, landesges. Vorschriften unberührt (doch Recht des Erblassers, von Todeswegen zu verfügen, nicht beschränkbar!) **E.** Art. 64, s. auch Bayer. Gesetz vom 22. Februar 1855 — **A.** Art. 152 II 2.

Anerkenntniß, Anerkennung s. auch Bestätigung.
— d. Anspruchs (unterbricht Verjähr.) 208.
— — der unbescholtenen Braut aus Beiwohnung bei Rücktritt vom Verlöbniß durch Vertrag 1300 Abs. 2.
— — auf Geldentschädigung bei Körperverletzung u. s. f. durch Vertrag 847.
— — nach dessen Verjährung durch Vertrag 222 Abs. 2.
— des Bestehens eines Schuldverhältnisses (schriftlich) 781, 782, bei ungerechtfertigter Bereicherung 812 Abs. 2.
— der Ehelichkeit eines Kindes, nach der Geburt (nicht Bedingung, Zeitbestimmung, Vertreter!), auch in Verfügungen von Todeswegen (Anfechtung!) 1598, 1599, 1595, 1596 Abs. 2.
— des Erlöschens der Schuld 371, 397 Abs. 2.
— der Rechnung des Vormundes 1892 Abs. 2.
— des Rechts des unbekannten Hypothekgläubigers durch den Eigenthümer 1170, 208.
— des Uebergangs einer Forderung auf Dritten 408 Abs. 2.
— der kraft Gesetzes erfolgten Uebertragung der Hypothekforderung 1155.
— der Vaterschaft des unehelichen Kindes, nach Geburt (öffentliche Urkunde! Folgen!) 1718, 1720, 1725, 1883 Abs. 2, **F.G.** 167 Abs. 2, 191, **Ue.** Art. 141, Bekanntmachung vom 25. März 1899 §§ 14—17 (R.G.Bl. S. 228).
— Anerkennung eines einem fremden Staat angehörenden Vereins durch den Bundesrath **E.** Art. 10.

Anfall der Erbschaft ist Uebergang derselben auf den Erben, unbeschadet des Rechts desselben, sie auszuschlagen, 1942, mit Tod des Erblassers (Erbfall) ipso iure 1922, gilt bei Ausschlagung als nicht erfolgt 1953, 2180 Abs. 3 und fällt an den Nächstberufenen 1953 Abs. 2 u. 3, 2180 Abs. 3 (bei Ausschlagung des Vaters an Kind 1643 Abs. 2), ebenso bei Erklärung des Erben für erbunwürdig 2344 Abs. 2.

Anfall eines Erbtheils nach Abschluß des Erbschaftskaufs 2373.
— an den Nacherben 2139, 2142.
— des Vermächtnisses s. das. 2176—2179, 2269 Abs. 2, 2280.

Anfang s. auch Anfangstermin, Verjährung.
— des Amts eines Testamentsvollstreckers 2202.
— eines neuen Erwerbsgeschäfts durch den Vormund 1823, 1827 Abs. 2.
— einer Frist (insbesondere des „Monats") 187, 192, — bei Anfechtung wegen Arglist, Drohung 124, — bei Erbschaftsausschlagung 1944, 2306, — betr. Gültigkeit außerordentlicher Testamente 2252, — bei Inventar 1995, — bei Verschollenheit 14—17.
— der Rechtsfähigkeit, Volljährigkeit 1, 2.

Anfangstermine s. auch Anfang, Verjährung, Zeitbestimmung.
— der Entrichtung der Leibrente s. das. 760 Abs. 3.
— der Gewährfrist bei Viehgewährschaft 483.
— bei unmöglicher Leistung 308, 309.
— Vermächtnisse mit A. 2162, 2163.
— für die Wirkung eines Rechtsgeschäfts 163, 158.

Anfechtung s. auch Anfechtungsklage, vgl. ferner K.O. und Reichsgesetz vom 21. Juli 1879 in der Fassung vom 20. Mai 1898.
— der Ablehnung der Fortsetzung der Gütergemeinschaft binnen 6 Wochen, event. 6 Monaten, ausgeschlossen nach 30 Jahren — durch Erklärung (Form!) gegenüber Nachlaßgericht 1484, 1518, 1954—1957.

Anfechtung der Anerkennung der Ehelichkeit des Kindes 1599.
— der Annahme an Kindesstatt, des Vertrags, der Aufhebung desselben, der Einwilligung 1755, 1770.
— des Antrags oder der Einwilligung zur Ehelichkeitserklärung 1721.

Anfechtung bei der Bürgschaft des Rechtsgeschäfts durch den Hauptschuldner 770, 1137,
— d. Ehe s. Ehe u. C.P.O. 152, 606 ff.
— der Ehelichkeit eines Kindes, binnen Jahresfrist, nachdem Mann Geburt erfährt, — nicht durch Vertreter, außer bei Geschäftsunfähigen — durch Klage gegen das Kind, nach dessen Tod durch Erklärung (Form!) — ausgeschlossen bei Anerkennung (nicht unter Bedingung oder Zeitbestimmung) 1593—1598, C.P.O. 153, 641, 642.
— des Entmündigungsbeschlusses 115, bei gesetzlichem Güterrecht 1425, 1438 Abs. 2, Einfluß auf das Testament 2230, 2253 Abs. 2, C.P.O. 664, 684.
— bei der Erbschaft, A. der Annahme oder Ausschlagung binnen 6 Wochen, ev. 6 Monaten durch Erklärung (Form!) gegenüber Nachlaßgericht 1954—1957. A. der Annahme (auch des Vermächtnisses) durch beschränkten oder beschwerten Pflichttheilsberechtigten 2308. A. des Erbschaftserwerbs wegen Erbunwürdigkeit s. das. 2340—2345.
— von Rechtshandlungen eines Schuldners außerhalb des Konkursverfahrens **E.** Art. 33, Reichsgesetz vom 21. Juli 1879 in der Fassung vom 20. Mai 1898.
— der Todeserklärung 1348 Abs. 2, 1349, C.P.O. 957 Abs. 2, 973—976.
— der Festsetzung der Unschädlichkeit s. Bayer. Gesetz v. 15. Juni 1898 Art. 8.
— der Verfügungen von Todeswegen.
α) wann?
a) soweit Erblasser über Inhalt seiner Erklärung im Irrthum, — b) oder Erklärung nicht abgeben wollte und anzunehmen, daß er sie bei Kenntniß der Sachlage nicht abgegeben hätte, — c) soweit er durch Irrthum oder d) widerrechtlich durch Drohung bestimmt wurde 2078, 2080 Abs. 2, 2281, 2285, — e) bei nicht beabsichtigter Übergehung eines Pflichttheilsberechtigten 2079, 2080 Abs. 3, 2281, 2285.
β) durch wen?
durch den, dem Aufhebung unmittelbar zu Statten kommt, auch Erblasser, 2080, 2281, 2282, 2283 Abs. 3, 2285.
γ) wie?
durch Erklärung gegenüber Nachlaßgericht (Mittheilung — Einsicht!) 2081, 2281 Abs. 2, 2282 Abs. 3 (bei Erbvertrag gerichtlich oder notariell!).
δ) wie lang?
1 Jahr von Kenntniß des Grundes, ev. Aufhören der Zwangslage (nicht mehr 30 Jahre nach Erbfall) 2082, 2083, 2283, 2340 Abs. 3, 2345, ausgeschlossen bei (formloser) Bestätigung 144, 2284.
ε) Wirkung 122, 142, 200 und 2078.
— anderer Willenserklärungen.
α) wann?
a) bei Irrthum über Inhalt der Willenserklärung oder über wesentliche Eigenschaft der Person oder Sache 119, — b) bei unrichtig übermittelter Willenserklärung 120, — c) wegen arglistiger Täuschung od. widerrechtl. Drohung 123.
β) durch wen?
durch den, der sich im Irrthum befand 2c. 119, 120, 123, bei der einem Dritten überlassenen Bestimmung der Leistung, nur durch Vertragschließende 318 Abs. 2, 2156, 2192.
γ) wie?
durch Erklärung gegenüber Anfechtungsgegner 143, 318, gegenüber Abwesenden 121.
δ) wie lang?
bei a und b unverzüglich, bei c binnen 1 Jahr 121, 124, s. 318 Abs. 2, 2156, 2192, — ausgeschlossen, falls seit Abgabe der Willenserklärung 30 Jahre u. bei Bestätigung 121, Abs. 2, 124 Abs. 3, 144.
ε) Wirkung.
Nichtigkeit von Anfang an 142, — Schadensersatz bei a und b (Ausn.) 122, — Verjährungsbeginn 200.

Anfechtungsklage s. auch Anfechtung.
— gegen das Ausschlußurtheil s. C.P.O. 957 ff.
— gegen den Beschluß des Vorstands der Sparkasse, Sparurkunden für kraftlos zu erklären (am Sitz der Sparkasse, Veröffentlichung des Urtheils) **A.** Art. 119, 121.

Anfechtungsklage gegen die Ehe, solang diese nicht aufgelöst (bei Zurücknahme gilt Anfechtung als nicht erfolgt), 1341, 1343, C.P.O.152, 606 ff.
— gegen Ehelichkeit eines Kindes — bei dessen Lebzeiten gegen dasselbe binnen Jahresfrist, — kein Vertreter! 1594—1596, 1598, 1599, C.P.O. 153, 641—644.
— gegen Entmündigungsbeschluß 115, C.P.O. 664, 684.
— gegen Erbschaftserwerb wegen Erbunwürdigkeit binnen Jahresfrist — ausgeschlossen bei Verzeihung! 2342, 2343, 2345.
— bei Todeserklärungen 1348 Abs. 2, 1349—1351, C.P.O. 973 ff.
Angebot s. auch Antrag.
— einer Leistung, thatsächlich, wörtlich 294—298.
Angeld s. Draufgabe.
Angemessenheit der Aufwendungen u. s. f. beim Verlöbniß 1298 Abs. 2, 1302.
— der Ausstattung bei der allgemeinen Gütergemeinschaft 1465, 1475 Abs. 2, 1499 Abs. 2. — des Kindes 1624, der Aussteuer der Tochter 1620.
— des Beitrags zum ehelichen Aufwand bei Gütertrennung 1427 Abs. 2.
— der Entschädigung beim Werkvertrag 642.
— der Vergütung des Vormunds und Nachlaßverwalters 1836, 1987.
— der Vertragsstrafe 343.
— der Zuchtmittel bei der Erziehung 1631 Abs. 2.
Angestellter s. auch Beamter.
— zu Diensten höherer Art, Kündigung 622.
— des Erblassers, falls im Testament bedacht, Auslegungsregel 2071.
— Haftung des Geschäftsherrn für widerrechtliche Schadenszufügung 831.
Angewiesener s. Anweisung.
Anheftung s. Bekanntmachung.
Anhörung bei Bestellung von Sachverständigen, Verwahrer F.G. 164—166.
— durch Nachlaßgericht der Betheiligten bei Ernennung des Testamentsvollstreckers (Ausn.) u. Aufhebung v. Anordnungen des Erblassers 2200 Abs. 2, 2216 Abs. 2, — des Erben vor Ertheilung des Zeugnisses für Testamentsvollstrecker 2368 Abs. 2, — des Gegners des Antragstellers vor Ertheilung des Erbscheins, falls Rechtsstreit über Erbrecht 2360, — der Nachlaßgläubiger vor Bestimmung neuer Inventarfrist 1996 Abs. 3, — des Testamentsvollstreckers vor der Entlassung 2227 Abs. 2.
Anhörung durch den Testamentsvollstrecker: A. des Erben über den Auseinandersetzungsplan 2204 Abs. 2, 2208.
— des Vorstands eines Vereins F.G. 160.
— durch das Vormundschaftsgericht: des Beistandes der Mutter 1690 Abs. 3, — der Verwandten und Verschwägerten des Kindes 1308 Abs. 2, 1673 Abs. 2, 1847, 1862, — des Vormundes, Gegenvormundes, Mündels 1826, 1827, 1836 Abs. 2, F.G. 54, 59, — Bayer. Gesetz vom 1. Juli 1898 Art. 6 (G. u. V.Bl. 1898 S. 371),
— über Zuschlag nach Schluß der Versteigerung Z.V. 74, 87 Abs. 3.
— bei Zwangsverwaltung, A. vor Anweisung des Verwalters Z.V. 153.
Animus derelinquendi s. Aneignung, 959, 928.
— domini s. Eigenbesitz
— donandi s. Schenkung. 516.
— possidendi — nicht erforderl. zum Besitzerwerb, nöthig zum Eigenbesitz 854, 872.
— retinendi — s. Zurückbehaltung 273.
Anlage s. auch Anlegung, Protokoll.
— Abstand von der Grenze s. Eigenthumsbeschränkungen Nr. 2 E. Art. 124, A. Art. 63—67, 71—75, 78.
— bauliche, als Gegenstand der Grunddienstbarkeit 1020—1022, 1090 Abs. 2, 1093 Abs. 3, E. Art. 116, 184, 191, Ue. Art. 10, 15 Abs. 2.
— die Grunddienstbarkeit beeinträchtigt, — Anspruch auf Beseitigung, — Verjährung 1028, 1090, E. Art. 184
— zur Gewinnung von Bodenbestandtheilen bei der Nacherbfolge 2123 Abs. 2
— beim Nießbrauch an Grundstücken 1037 Abs. 2, 1038 Abs. 2.
— auf öffentlichen Grundstücken oder Gewässern, Haftpflicht E. Art. 106, A. Art. 59.

Anlage, Verbot von A. mit unzulässiger Einwirkung auf das Nachbargrundstück (nicht Baum oder Strauch!) 907, 924.
Anlandung, landesges. Vorschriften unberührt **E.** Art. 65.
Anlegung s. auch Anlage, Geld, Grundbuch, Vormundschaft.
— des beim Nießbrauch und Pfandrecht an Forderungen eingezogenen Betrags auf Zinsen 1079, 1288.
Anmaßung eines Rechts an einer Sache mit Nießbrauch 1042, — an einer vermietheten Sache 545.
Anmeldung s. auch Grundbuch, Konkurs.
— der Ansprüche der Gläubiger eines Vereins oder einer Stiftung 50, 88.
— von Erbrechten 1965, 2358 Abs. 2.
— der Forderung der Nachlaßgläubiger 1970—1974, 2045, 2061.
— von Rechten auf gefundene Sache 980.
— von Rechten bei Zwangsversteigerung **Z.V.** 37 Nr. 4, 42, 45, 46, 54, 66, 110, **E.Z.V.** 8 Abs. 2.
— zum Vereinsregister 59—61, 67, 71, 74, 76—78.
— von verlorenen Sachen bei der Polizei u. s. f. 973, 974, 981.
Annahme des Amts eines Mitgliedes des Familienraths 1869, — eines Testamentsvollstreckers 2202, 2208, 2197 Abs. 2, — eines Vormunds, Gegenvormunds ꝛc. 1694, 1785, 1792, 1897, 1915.
— einer Anweisung s. das. 784, 787 —790, 792 Abs. 3.
— eines Auftrags (unentgeltliche Geschäftsführung) 662, 663.
— einer Draufgabe 336.
— der Erbschaft durch den Erben (keine Form!) (Uebergangsbestimmung für Pfalz s. **Ue.** Art. 143 Abs. 2), sobald Erbfall eingetreten — keine Bedingung, Zeitbestimmung, nicht auf Theil zulässig, — (jedoch falls zu mehreren Erbtheilen berufen!) (A. als gesetzl. Erbe und Ausschlagung als eingesetzter Erbe zulässig!) gilt mit Ablauf der Ausschlagungsfrist als vollzogen, — gilt nicht erfolgt, wenn Erbe über Berufungsgrund im Irrthum, — Anfechtung der Annahme (6 Wochen — ev. 6 Monate — nach 30 Jahren ausgeschlossen — durch Erklärung gegenüber Nachlaßgericht). — Folgen der A. a) vorher keine gerichtliche Geltendmachung gegen Erben (aber gegen Nachlaßpfleger, Testamentsvollstrecker), — b) Sicherung, falls erforderlich – Nachlaßpfleger! 1943, 1946 — 1951, 1954—1958, 1960 —1962, 2213, — c) Beginn der Inventarfrist, falls diese schon vorher bestimmt 1995 Abs. 2, — d) 3 Monate lang Recht, die Befriedigung der Nachlaßgläubiger zu verweigern 2014, 2016, 2017, — e) Fortsetzung eines Rechtsstreits s. C.P.O. 239 Abs. 5, — f) durch Frau (ohne Zustimmung des Mannes!) 1406, 1453, 1461, 1519, 1525, 1549, 1550, **Ue.** Art. 97 Abs. 3, 129, — g) beim Konkurs des Gemeinschuldners K.O. 9, 214—234.
Annahme der gekauften Sache bei Kenntniß des Mangels 464.
— einer Leistung als Erfüllung und an Erfüllungsstatt 363—365, 819 Abs. 2, — einer dem Mündel geschuldeten Leistung durch den Vormund 1813.
— einer Schenkung 516 Abs. 2.
— des neuen Schuldners bei Schuldübernahme 415.
— des Vermächtnisses, nicht erforderlich zum Erwerb, — erst nach Erbfall! — Erklärung gegenüber Beschwerten! Ausschluß des Ausschlagungsrechtes (nicht unter Bedingung, Zeitbestimmung oder auf Theil) 2180, 1950, — durch Frau (ohne Zustimmung des Mannes) 1406, 1453, 1519, 1525, 1549, 1550.
— eines Vertragsantrags 146—151, 153, — bei notariellem oder gerichtlichem Abschluß 152, 128.
Annahme an Kindesstatt s. Kind, an K. angenommen.
Annahmeverweigerung s. Weigerung.
Annahmeverzug s. Verzug.
Annuität, Verjährung (4 Jahre) 197.
Anordnung der Bestellung eines Beistandes 1687 Nr. 1.
— der Eltern betr. Vormundschaft s. Vormundschaft — des Vorsitzenden des Familienrathes 1875, 1876.
— der Polizeibehörde bei Fund 967.

Anordnung der Pflegschaft s. das. 1909—1921.
— für Versendung der gekauften Waaren, Schadenhaftung 447 Abs. 2
— bei Verwaltung des dem Kind zugewendeten Vermögens 1639, 1651 Nr. 2.
— der Vormundschaft, des Vormundschaftsgerichts, des Nachlaßgerichts, des Erblassers, von Vermächtnissen 2c. s. unter diesen Worten.
— beim Werkvertrag 645.
— der Zwangsversteigerung und -verwaltung Z.V. 15, 146, 162.

Anrechnung der Besitzzeit des Rechtsvorgängers bei Anspruchsverjährung 221.
— bei Auseinandersetzung bei allgemeiner Gütergemeinschaft 1476 Abs. 2, bei fortgesetzter — 1500, 1501, 1511 Abs. 3, 1518, — bei Miterben (s. auch Ausgleichung) 2055, 2056, 2204.
— beim Dienstvertrag 615—617.
— der Draufgabe auf Leistung (bei Dienstboten!) 337, 338, A. Art. 18.
— der Erfüllung einer Schuld (zuerst Kosten — dann Zinsen — dann Hauptsache, die Schuldner bestimmt, — ev. fällige — geringere Sicherheit bietende — lästigere — ältere — subev. verhältnißmäßig) 366, 367.
— der Besitzzeit des Rechtsvorgängers bei Ersitzung 943, 944.
— der ersparten Aufwendungen bei Miethvertrag 552, 581.
— der Nutzungen beim Pfandrecht 1214 Abs. 2.
— des Pflichttheilsberechtigten auf Pflichttheil s. das. 2315, 2316, 2327, 2330.
— bei verschuldeter Unmöglichkeit der Leistung 324.
— bei Kündigung d. Werkvertrags 649.

Ansbach — Errungenschaftsgemeinschaft des Zugewinnstes — Uebergangsbestimmungen Ue. Art. 83, 85, 94, 97—104.

Anschlag des Gastwirths zur Vermeidung der Haftpflicht — ohne Wirkung 701 Abs. 3.
— der Kosten beim Werkvertrag 650.

Anschweißung 947, 949.

Anschwemmung E. Art. 65.

Ansichnehmen einer gefundenen Sache 965—978.

Anspruch ist das Recht, von einem Andern ein Thun oder ein Unterlassen zu verlangen 194.
— aus Eigenthum, Nachlaß, Erbschaft s. das., auf Löschung s. das.
— gilt im Inland befindlich, falls für Klage deutsches Gericht zuständig ist 2369 Abs. 2.

Anspruchsverjährung s. Verjährung 194—225.

Anstalt s. auch Besserungs-, Erziehungsanstalt.
— Anspruchsverjährung (2 Jahre) 196 Nr. 11.
— öffentliche, landesgesetzliche Bestimmungen aufrecht erhalten, betr. Reallasten u. Hypothek E. Art. 114, 118, 121, A. Art. 107, für Pfalz s. Ue. Art. 121, 122.
— die auf Grund öffentlichen Rechts unterhaltspflichtig, Anspruch auf Ersatz der Aufwendung nach Landesges. E. Art. 103, A. Art. 101, 102.
— des öffentlichen Rechts, Haftung für Schaden, den Vorstand, Vertreter 2c. anrichtet 89, 31, 42 Abs. 2, — landesges. Best. E. Art. 85, 91, 100, 101, 138, A. Art. 57.

Anstaltsvormund bei einer unter staatlicher Verwaltung oder Aufsicht stehenden Erziehungs- oder Verpflegungsanstalt E. Art. 136, A. Art. 100.

Anstandspflicht b. Erfüllung einer Verbindlichkeit (keine Rückforderung!) 814.
— bei Schenkung (keine Rückforderung u. Widerruf) 534, 1446 Abs. 2, 1641, 1804, 2113 Abs. 2, 2138 Abs. 2, 2205, 2207, 2330.

Ansteckende Krankheit, Testamentserrichtung bei Absperrung des Ortes 2250, 2252.

Anstifter bei widerrechtlicher Handlung, gesammtschuldnerische Haftung 830 Abs. 2, 840.

Antheil s. auch Eigenthum, Gütergemeinschaft.
— bei allgemeiner Gütergemeinschaft am Gesammtgut 1442, 1471, Abs. 2, 1482—1518.

Antheil des Kindes od. Mündels an der Erbschaft — Verfügung des Vaters oder Vormunds 1643, 1822 Nr. 1, — eines Miterben s. das., Erbtheil, Vermächtniß 1922 Abs. 2, 2032—2063, 2158, C.P.O. 859 Abs. 2.
— bei der Gemeinschaft s. das. 742, 743, 745, 747, 752, 755.
— am Gesellschaftsvermögen (keine Verfügung durch den Gesellschafter) 719, C.P.O. 859, — des Gesellschafters an Gewinn und Verlust 722, — — Pfändung durch Gläubiger 725, — Zuwachs beim Ausscheiden 738.
Antichresis, Nutzung des Pfandes 1213, 1214.
Antrag s. auch Strafantrag.
— auf Aufhebung der Beschränkung des Rechtes der Frau, Rechtsgeschäfte abzuschließen, zum Vormundschaftsgericht 1357 Abs. 2.
— auf Sicherung des Beweises (Verjährung unterbrochen) bei Kauf, Tausch, Werkvertrag 477 Abs. 2, 478, 480, 515, 639, 651, einer Prozeßpartei auf öffentliche Versteigerung des fehlerhaften, gekauften oder eingetauschten Thieres 489, 515.
— auf Ehelichkeitserklärung des Kindes 1725, 1728—1731, 1735, 1733 Abs. 2.
— auf Schuldausspruch bei der Ehescheidung 1574 Abs. 3.
— auf Eintrag ins Grundbuch **G.O.** 8, 13 Abs. 2, 14, 15—18, **A.G.O.** Art. 3, 53.
— auf Eintrag ins Güterrechtsregister s. das. (Form!) 1560, 1561.
— des Eigenthümers auf Eintrag des Widerspruchs gegen Hypothek 1139, 1185.
— auf Eintragung eines Schiffspfandrechtes **F.G.** 100, 106, 108, 109.
— auf Entlassung eines Kindes aus dem Staatsverband **E.** Art. 41.
— auf Entmündigung 1906—1908, 2229 Abs. 3, 2230.
— des Erben auf Aufgebot der Nachlaßgläubiger 1980 Abs. 2, 2013, 2036, 1970—1974, 2015—2017, — auf Aufnahme des Inventars 2003, 2005, — auf Erbauseinandersetzung **F.G.** 86—98, — auf Nachlaßverwaltung 1981, 1982, 1990, 2013 Abs. 2, 2062, — auf Verlängerung oder Bestimmung neuer Inventarfrist 1995 Abs. 3, 1996.
Antrag auf Ersatz der Einwilligung (Zustimmung), — der Frau bei gesetzlichem Güterrecht und allgemeiner Gütergemeinschaft 1379, 1447, 1448 Abs. 3, — des Mannes — 1402, 1404, 1451, — der Mutter bei Ehelichkeitserklärung 1727, — des Vormundes zur Eheeingehung durch Vormundschaftsgericht 1304 Abs. 2, 1308, 1337, 1847.
— auf Einsetzung und Einberufung eines Familienrathes 1859, 1868, 1905, 1873.
— auf Fristsetzung zur Annahmeerklärung des Amtes des Testamentsvollstreckers 2202 Abs. 2, — zur Bestimmung des Testamentsvollstreckers 2198 Abs. 2. — des Vermächtnißnehmers 2151 Abs. 3, 2153 Abs. 2, 2154 Abs. 2, 2193 Abs. 3.
— auf Herabsetzung zu hohen Mäklerlohns 655.
— des Gläubigers zur Abwendung der Gefährdung der Hypothekſicherheit 1134 Abs. 2.
— auf Konkurseröffnung, Verpflichtung bei Vereinen, Stiftungen, Nachlaß 42, 86, 89, 1980, 1985 Abs. 2, 2013, 2036, s. auch K.O.
— der Mutter auf Uebertragung der elterlichen Gewalt, Vermögensverwaltung und Bestellung eines Beistandes 1685 Abs. 2, 1693, 1687 Nr. 2, 1695.
— des Nachlaßgläubigers auf Ableistung des Offenbarungseides 2006, **F.G.** 79, — auf Anordnung von Nachlaßverwaltung u. Bestimmung von Inventarfrist 1981, 1994.
— auf Aufhebung der Pflegschaft 1920.
— der Verfügung über Schuldverschreibung enthält **E.** Art. 101, **A.** Art. 50—52, 55, 57.
— auf Vermerk der Ehefrau im Staatsschuldbuch, landesges. Vorschrift vorbehalten **E.** Art. 97 Abs. 2.
— des Testamentsvollstreckers auf Aufhebung von Anordnungen des Erblassers 2216 Abs. 2.

Antrag auf Entlassung des Testamentsvollstreckers 2227.
— auf Ertheilung des Unschädlichkeitszeugnisses s. das.
— des unverheiratheten Kindes auf Änderung d. Unterhaltungsgewährung 1612 Abs. 2, — der unehelichen Mutter auf Hinterlegung des Unterhaltungsbeitrages vor der Geburt des Kindes 1716.
— auf Berufung einer Vereinsversammlung 37.
— auf Vertragsschließung 145—151, 153, 1406 Nr. 2, H.G.B. 362.
— des Hypothekgläubigers auf Bestellung eines Vertreters für den Eigenthümer 1141 Abs. 2, 1185.
— auf gerichtliche Verwaltung des versteigerten Anwesens **Z.V.** 94, 170.
— des Vormundes auf Anhörung von Verwandten 2c. 1847.
— auf Bestellung zum Vormund und Gegenvormund 1778 Abs. 2, 1904.
— auf Ausstellung eines Zeugnisses bei Fortsetzung der Gütergemeinschaft 1507, 1518, — des Erben auf Ertheilung eines Erbscheines s. das. 2353—2357, — als Testamentsvollstrecker 2368.
— des Vaters auf Unterstützung durch Zuchtmittel seitens des Vormundschaftsgerichtes 1631 Abs. 2.
— auf Zwangsversteigerung **Z.V.** 16, 27, 29—31 **E.Z.V.** 5.

Antretung der Erbschaft s. auch Erbschaft, für den Erbschaftserwerb nicht nöthig 1922, 1942.

Anverwandte s. Verwandtschaft.

Anwachsung nach bisherigem Recht, falls Erblasser vor 1. Januar 1900 gestorben, **E.** Art. 213.
— des Antheils am Gesellschaftsvermögen des aus der Gesellschaft ausscheidenden Gesellschafters 738.
— — am Gesammtgut bei fortgesetzter Gütergemeinschaft 1490, 1518.
— eines Erbtheils, falls von mehreren Erben, die gesetzliche Erbfolge ausschließen, einer wegfällt, den übrigen nach Verhältniß ihrer Erbtheile (bei gemeinschaftlichem Erbtheil, zunächst unter diese!) (Ausschluß durch Erblasser) ausdrücklich oder durch Ersatzerben 2094, 2099, — Angewachsener Erbtheil gilt bezüglich Vermächtnisse, Auflagen und Ausgleichungspflicht als besonderer Erbtheil 2095, — bez. Haftung für Nachlaßverbindlichkeiten nur, wenn Erbtheile verschieden beschwert sind 2007, — Recht des Nacherben erstreckt sich im Zweifel auf den Erbtheil, der den Vorerben durch Wegfallen der Miterben erwächst 2110, — A. im Zweifel nicht Gegenstand des Erbschaftskaufs 2373.

Anwachsung eines Vermächtnisses (ausschließbar — s. auch oben des Erbtheils) 2158, 2159, 2190, 2191, 2099, 2110.

Anwärter s. Familienfideikommisse.

Anweisender s. Anweisung.

Anweisung s. auch Anordnung, 783—792, ferner H.G.B. 363—365, Bayer. Ges. v. 29. Juni 1851, kaufmännische A. betr., aufgehoben **A.** Art. 175 Nr. 10.
— Annahme: schriftlicher Vermerk auf A. 784 Abs. 2.
— Begriff: der Anweisende händigt Urkunde, in welcher er den Angewiesenen anweist, vertretbare Sachen, Geld, Werthpapiere an den Anweisungsempfänger zu leisten, Letzterem aus 783. — A. ist keine Zahlung 788.
— Erlöschen nicht durch Geschäftsunfähigkeit oder Tod eines Betheiligten 791.
— Pflichten des Angewiesenen, falls er A. annimmt (hiezu nicht schon deshalb verpflichtet, weil er Schuldner des Anweisenden ist 787 Abs. 2),
1. Einreden; betreffend Gültigkeit der Annahme, ferner die sich aus Inhalt der A. oder Annahme ergeben, endlich die dem Angewiesenen gegen den Anweisungsempfänger unmittelbar zustehen 784.
2. Leistung an Anweisungsempfänger 784, nur gegen Aushändigung der A. 785.
3. Bei Uebertragung an Dritte, keine Einrede aus Rechtsverhältniß zwischen Angewiesenen und Anweisungsempfänger 792 Abs. 3.
— Rechte des Angewiesenen:
1. Bei A. auf Schuld durch Leistung von der Schuld befreit 787.

2. Leistung für Rechnung des Anweisenden an den Anweisungsempfänger 783, 785.
Anweisung, Rechte des Anweisenden:
1. Ausschluß der Uebertragung muß aus A. hervorgehen oder dem Angewiesenen vor Annahme oder Leistung mitgetheilt sein 792 Abs. 2.
2. Widerruf bis zur Annahme oder Leistung 790.
— Pflichten des Anweisungsempfängers: Unverzügliche Anzeige an Anweisenden bei Verweigerung der Annahme oder Leistung oder, wenn er A. nicht geltend machen kann oder will 789.
— Rechte des Anweisungsempfängers:
1. Erhebung der Leistung bei Angewiesenem in eigenem Namen 783, Leistung erst mit Leistung an ihn bewirkt 788.
2. Uebertragung durch Vertrag mit Dritten, auch vor der Annahme, schriftlich und Aushändigung, Ausschluß zulässig 792.
3. Verjährung des Anspruchs gegen den Angewiesenen in 3 Jahren 786.
Anweisungsempfänger s. Anweisung.
Anwendbarkeit der Landesgesetze **E.** Art. 3 u. 4, 55—152, 218, **A.** Art. 1.
— der Reichsgesetze **E.** Art. 4, 32—54.
Anwenderecht s. Eigenthumsbeschränkungen Nr. 4.
Anwesender, Vertragsabschluß 147, 148, 150.
Anwesenheit gleichzeitige, der Betheiligten:
1. bei Annahme an Kindesstatt und Aufhebung 1750, 1770.
2. bei Auflassung (Ausn.!) 925, **A.** Art. 82.
3. bei Bestellung eines Erbbaurechts sowie des vererblichen und veräußerlichen Rechts zur Gewinnung von Mineralien 1015, **E.** Art. 68, 196.
4. bei Eheschließung 1317.
5. bei Schließung des Ehevertrags 1434.
6. — oder Aufhebung des Erbvertrags 2276, 2290.
7. bei Testamentserrichtung vor Notar oder Richter 2239, 2249.
Anzeige (s. auch unter „Frist unverzüglich").
— bei Abtretung von Forderungen (nur ausnahmsweise erforderlich!) 407, 409—412.
Anzeige bei Ersatz der Genehmigung der Frau bei allgem. Gütergemeinschaft 1448 Abs. 3.
— bei Anfechtung der Ehe, der Ablehnung der fortgesetzten Gütergemeinschaft, der Ehelichkeit des Kindes, 1342 Abs. 2, 1484, 1518, und des Erbvertrags 1957 Abs. 2, 1597 Abs. 2, 2281 Abs. 2.
— unverzügliche, des Anweisungsempfängers von Verweigerung der Annahme 789.
— beim Auftrag: der Ablehnung, Abweichung, des Todes des Beauftragten 663, 665, 673, 2218, 2220.
— von Bevollmächtigung und Erlöschen der Vollmacht 171, 172, 170.
— unverz., von Bürgen auf bestimmte Zeit, daß er in Anspruch genommen wird 777.
— der Eintragung in das Güterrechtsregister **F.G.** 161 Abs. 2.
— — in das Schiffsregister **F.G.** 121.
— unverz., des Erbschaftskaufs an das Nachlaßgericht 2384.
— an geschiedene Ehefrau der Untersagung der Führung des Familiennamens des Mannes 1577 Abs. 3.
— der Forderungsverpfändung Seitens Gläubiger an Schuldner 1280.
— beim Fund einer verlorenen Sache 965, 966, 973, 974, 978.
— des Gastes, unverz., von Verlust od. Beschädigung des Eingebrachten 703.
— an Gemeindewaisenrath u. von Aufhebung des Familienraths 1851, 1881.
— von Uebernahme der Geschäftsführung ohne Auftrag 681.
— unverz., des Todes eines Gesellschafters durch dessen Erben 727 Abs. 2.
— unverz., des Schuldners von Hinterlegung 374 Abs. 2 u. Versteigerung hiebei 384 Abs. 2 u. 3.
— des Hinterlegers von gefahrdrohender Beschaffenheit der Sache 694.
— vom Schadenseintritt bei versichertem Gebäude an die Hypothekgläubiger 1128, **E.** Art. 120 Abs. 2 Nr. 3.
— eines Mangels beim Kauf, Tausch, Viehgewährschaft 478, 479, 515, 485.
— unverzügliche, des Mangels bei Miethe

u. Pacht 545, 581 Abs. 2 u. von Weiterveräußerung 576, 581 Abs. 2.

Anzeige unverz., des Eintritts der Nacherbfolge 2146.
— der Uebertragung des Antheils am Nachlaß an die Miterben 2035 Abs. 2, 2037.
— der Ausschlagung der Erbschaft und der Anfechtung durch das Nachlaßgericht, Bestimmung der Inventarfrist 1953 Abs. 3, 1957 Abs. 2, 1999, 2081 Abs. 2.
— unverz., der Zerstörung ꝛc., Anmaßung eines Rechtes beim Nießbrauch und dinglichem Wohnungsrecht 1042, 1093.
— von Schuldübernahme an Gläubiger 415.
— des Verlustes von Zins- ꝛc. Scheinen bei Schuldverschreibung auf den Inhaber 804, **E.** Art. 174, 100 Nr. 2, **A.** Art. 90.
— vom Inhalte des Testamentes u. Erbvertrages 2262, 2273, 2300.
— der Verpfändung bei mittelbarem Besitz der Sache 1205 Abs. 2, unverz. des Pfandgläubigers von drohendem Verderb 1218 Abs. 2, von Versteigerung u. deren Ergebniß 1220 Abs. 2, 1237, 1241, 1243, 1245 Abs. 2, — von Einziehung der verpfändeten Forderung 1285 Abs. 2, 1289.
— unverzügliche, von verspätetem Eintreffen der Annahmeerklärung bei Vertragsantrag 149.
— des Verwahrers von Aenderung der Aufbewahrung 692.
— unverzügliche, des mit Dritten abgeschlossenen Vertrags bei Vorkaufsrecht 510, 1098, 1099 Abs. 2.
— an das Vormundschaftsgericht durch Gemeindewaisenrath, durch Standesbeamten, Beistand der Mutter, Gegenvormund, Vormund 1675, 1850, 1689, 1799, 1895, 1909 Abs. 2, 1910—1919, **F.G.** 48—50.
— von nachträglicher Genehmigung des Vormundschaftsgerichts 1829, 1830, 1832.
— unverz., der Überschreitung des Kostenvoranschlags bei Werkvertrag 650 Abs. 2.

Anzeige der Wiederverheirathung an Vormundschaftsgericht bei fortgesetzter Gütergemeinschaft u. Vorhandensein von Kindern unter elterlicher Gewalt 1491—1493, 1518, 1669, 1670, 1761, 1845.
— unverz. Benachrichtigung von Zwangsversteigerung 1166.
— von Anordnung der Zwangsverwaltung **Z.V.** 146 Abs. 2.

Apostasie, kein Grund zur Pflichttheilsentziehung.

Apotheker, Anspruchsverjährung (2 Jahre 196 Nr. 1 u. Abs. 2, 201, 218).

Apprehension des Besitzes 854.

Aquae ductus, immittendae, pluviae arc. servitus — nicht erwähnt.

Aquilische Klage s. Unerlaubte Handlung.

Arbeit, Erwerb der Frau: nach Ehescheidung 1578, 1585. — Vorbehaltsgut bei gesetzlichem Güterrecht 1367, 1427 Abs. 2.
— Erwerb des Hauskindes (freies Vermögen) 1651 Nr. 1, 1686.
— Pflicht der Ehefrau im Hauswesen u. Geschäft 1356 Abs. 2.
— — der Hauskinder 1677.

Arbeiter, gewerblicher, Verjährung der Lohnansprüche ꝛc. (2 Jahre) 196 Nr. 9, 201, 218, **E.** Art. 36 III, V.

Arbeitgeber, Verjährung der Vorschüsse auf Lohn ꝛc. (2 Jahre) 196 Nr. 9, 201, 218.

Arbeitsgeräthe der Frau, Vermuthung für deren Eigenthum 1362 Abs. 2, **E.** Art. 16 Abs. 2.
— — Vorbehaltsgut bei gesetzlichem Güterrecht 1366.
— des Kindes, freies Vermögen 1650, 1686.
— Uebernahme bei Auseinandersetzung der Gütergemeinschaft 1477 Abs. 2, 1502, 1546, 1549.

Arbeitslohn s. Dienstlohn.

Arbeitsvertrag s. Dienst- und Werkvertrag.
— Ermächtigung des beschränkt Geschäftsfähigen durch gesetzlichen Vertreter 113, 114, 1822 Nr. 7, 1827.

Arbeitszeit der in häusliche Gemeinschaft aufgenommenen Dienstverpflichteten 618 Abs. 2, **E.** Art. 95, **A.** Art. 25 Nr. 5.

Arbeitszeugniß schriftliches, bei dauerndem Dienstverhältniß über dieses und Dauer, auf Verlangen auch über Leistungen und Führung im Dienst 630, **E.** Art. 95, **A.** Art. 24 Nr. 1 u. Abs. 2, 29.

Arbitrium boni viri s. Ermessen, billiges.

Arglist, arglistige Täuschung s. auch Mala fides superveniens, Vorsatz.
— bei Anfechtung der Anerkennung der Ehelichkeit des Kindes 1599.
— bei Bestimmung zur Abgabe von Willenserklärung (Anfechtg. !) 123, 124.
— — zum Eheeingehen (— Ausn.: keine Anfechtung bei Täuschung über Vermögensverhältnisse!) 1334, 1337 Abs. 2, 1339 Abs. 2.
— — des Erblassers zur Errichtung oder Aufhebung einer Verfügung von Todeswegen (—) 2339 Abs. 1 Nr. 3 u. Abs. 2, 2345.
— — der Leistung durch Dritte (—) 318 Abs. 2, 2156, 2192.
— b. Leihvertrag 600, — b. Miethe u. Pacht 540, 543, 581 Abs. 2, — bei Schenkung 523, 524, 2385 Abs. 2, — bei Vermächtniß einer nach Gattung bestimmten Sache 2183, — bei Verschweigen eines Mangels 443, 460, 463, 476, 477, 478 Abs. 2, 479, 480, 2182, — bei Viehgewährschaft 485, — bei Werkvertrag 637—639.

Armen die, letztwillige Zuwendung, Auslegung 2072.

Armenverband, Armenpflege, Ersatz für Aufwendungen nach Landesgesetz **E.** Art. 103, **A.** Art. 101, 102, Bayer. Gesetz vom 29. April 1869, die öffentliche Armen- und Krankenpflege betr. — abgeändert **A.** Art. 160.

Arrest s. auch Arrestvollziehung, C.P.O.
— in den Nachlaß während Nachlaßverwaltung nur zu Gunsten eines Nachlaßgläubigers! 1984 Abs. 2.
— bei Selbsthilfe durch Wegnahme von Sachen 230 Abs. 2 u. 4 und Festnahme des Verpflichteten 230 Abs. 3 u. 4.

Arrestvollziehung s. auch Arrest, C.P.O.
— während Schwebezeit aufschiebender Bedingung 161, 163.
— nach Eintritt des Erbfalls seitens der Nachlaßgläubiger 2016 Abs. 2.

Arrestvollziehung bei Eintritt der Genehmigung 184 Abs. 2.
— nach Eintrag einer Vormerkung im Grundbuch 883 Abs. 2.
— in Grundstück durch Eintragung einer Sicherungshypothek (s. das.) C.P.O. 932, — in der Pfalz, Uebergangsvorschrift s. Bayer. Gesetz. vom 1. Juli 1898 Art. 14. (G. u. V.Bl. 1898 S. 370.)
— in Erbschaftsgegenstände bei Nacherbfolge 1990.
— Ausschluß des Rücktritts 353 Abs. 2.
— gegenüber Veräußerungsgebot 135, 136.
— beim Wiederverkauf 499.

Arrha s. Draufgeld.

Arrogation s. Kind, an Kindesstatt angenommen.

Arzt, Ärzte, Anspruchsverjährung (2 Jahre) 196 Nr. 14, 201, 218.
— Behandlung beim Dienstvertrag 617, **E.** Art. 95.
— Kosten für A. beim Leibgeding **A.** Art. 39.

Assignation s. Anweisung.

Ast s. Zweig.

Aestimatorius contractus nicht aufgenommen.

Aszendenten s. Eltern, Voreltern.

Aufbau auf gemeinsame Mauer **E.** Art. 124, **A.** Art. 68—70, 77, 78.

Aufbewahrung s. auch Verwahrung.
— der gefundenen Sache durch Finder 966, 970, 978, 980.
— von Geld ꝛc. durch Gastwirth 702, 703.
— — durch den Notar **N.** Art. 4.
— unverhältnißmäßige Kosten, Versteigerung 383.
— Ersatz für Kosten bei Verzug des Gläubigers 304.
— des Pfandes durch Pfandgläubiger 1215, 1236.
— amtliche des Testaments und Erbvertrags und des Protokolls über deren Errichtung 2246, 2248—2251, 2256, 2259—2263, 2272, 2273, 2277, 2300, **N.** Art. 1 Abs. 2.
— von Urkunden beim Grundbuchamt **G.O.** 9.

Aufenthalt, Bayer. Gesetz. v. 16. April 1868 abgeändert **A.** Art. 154.

Aufenthalt im Ausland: bei Ablehnung der Fortsetzung der Gütergemeinschaft u. Anfechtung dieser Ablehn. 1484, 1518, 1944 Abs. 3, 1954 Abs. 3, — des Erblassers oder Erben bei Ausschlagung der Erbschaft und Anfechtung 1944 Abs. 3, 1954 Abs. 3, – des Mündels **F.G.** 36 Abs. 2, 47.
— des Ausländers im Inland, Entmündigung **E.** Art 8.
— Zwangsvollstreckung in bewegliche Sachen des Hauptschuldners an dessen Aufenthaltsort bei Bürgschaft 772, — Aenderung des A. bei Bürgschaft 773 Nr. 2, 775 Nr. 2.
— Bestimmung für Kind, das unter elterlicher Gewalt steht, 1631.
— unbekannter (s. auch Todeserklärg.).
1. der Ehegatten oder der Eltern bei Einwilligung zur Annahme an Kindesstatt 1746 Abs. 2, 1747.
2. dauernder der Eltern bei Eheeingehen des Kindes 1305 Abs. 2, 1307.
3. des Dritten, der dem Mündel etwas zugewendet hat, 1803 Abs. 3, 1917 Abs. 3.
4. der Mutter oder Frau bei Ehelichkeitserklärung des unehelichen Kindes 1726 Abs. 3, 1735.
5. der Person, der öffentliche Behörde Sache herauszugeben hat, 983.
6. der Person, der eine Erklärung zuzustellen ist, 132.
7. des Volljährigen a) Abwesenheitspflegschaft s. Pflegschaft, — b) Grund zur Klage auf Aufhebung der Verwaltung und Nutznießung des Ehemanns 1418 Nr. 5, — c) — der Errungenschaftsgemeinschaft 1542, — d) — Ehescheidung 1567 Nr. 2.
— der Verlobten: Zuständigkeit des Standesbeamten 1320, 1321.
Aufforderung öffentliche s. Anmeldung.
— zur Leistung eines Beitrages zum ehelichen Aufwand bei Gütertrennung 1427 Abs. 2.
— zur Erklärung über die erforderliche Genehmigung.
1. beim Fund 974.
2. beim Kauf 458, 456, 457, 466.
3. bei Rechtsgeschäften des Mannes bez. Gesammtgut 1448 Abs. 2, 1519, 1549.
4. bei Schuldübernahme 415 Abs. 2.
5. bei Verträgen eines beschränkt Geschäftsfähigen 108, 114.
6. bei Verträgen der Frau über eingebrachtes Gut 1396 Abs. 2, 1525, 1550.
7. bei Verträgen eines Vertreters ohne Vollmacht 177.
8. bei Verträgen des Vormunds oder elterlichen Gewalthabers 1829 Abs. 2, 1643 Abs. 3, 1690, 1832.
Aufforderung zur Herstellung der häuslichen Gemeinschaft oder Erhebung der Scheidungsklage 1571 Abs. 2.
— bei Terminsbestimmung zur Zwangsversteigerung **Z.V.** 37 Nr. 4 u. 5, 110, **E.Z.V.** 8 Abs. 2, **Z.V.** 55 Abs. 2, 167 Abs. 2.
— vor Ertheilung des Unschädlichkeitszeugnisses s. das.
— wegen Verwendungen durch d. Besitzer seitens des Eigenthümers 1003, 2022.
Aufforstung s. Wald.
Aufgabe s. auch Verzicht.
— des Besitzes bei herauszugebendem Grundstück 303.
— des Besitzes, Herrenlosigkeit 959.
— des Eigenthums am Grundstück 928, **E.** Art. 129, C.P.O. 58.
— der thatsächlichen Gewalt über eine Sache 856.
— des Pfandrechts 1255.
— der Verfolgung von Thieren und Bienenschwärmen 960 Abs. 2, 961.
— eines Vorzugrechts bei der Bürgschaft 776.
Aufgabe zur Post bei Hinterlegung 375.
Aufgebot (s. auch C.P.O. u. Aufgebotsverfahren)
— vor Eheschließung (Befreiung möglich) 1316, 1322, **A.** Art. 154 Abs. 3.
— der Nachlaßgläubiger zur Anmeldung ihrer Forderungen (nicht betroffen: Pfandgläubiger — diesen im Konkurs gleichstehende Gläubiger 2c. — Pflichttheilsrechte — Auflagen — Vermächtnisse) 1970, 1971, 1972, 1974 Abs. 3, 2016 Abs. 2, 2060 Nr. 1 u. 2, — Befriedigung eines ausgeschlossenen Nachlaßgläubigers durch Erben 1973, 1974, 1989, 2013, 2060 Nr. 1 u. 2, — falls Erbe es nicht beantragt, obgleich er Grund

zur Annahme, daß unbekannte Nachlaßverbindlichkeiten 1980 Abs. 2, 1985 Abs. 2, 2013, 2036, — falls Erbe Antrag innerhalb eines Jahres nach Annahme der Erbschaft stellt 2015—2017, — Aufschub der Auseinandersetzung des Nachlasses zwischen mehreren Erben 2045, 2204, — durch einen Miterben 2061, C.P.O. 989—1001.

Aufgebotsverfahren s. C.P.O. 946 ff. und Aufgebot.

— Ausschluß des Eigenthümers eines Grundstückes, falls dieses 30 Jahre im Eigenbesitz eines Anderen, 927, C.P.O. 977—981.

— zum Zweck der Kraftloserklärung (Uebergangsbestimmung **Ue.** Art. 7.)
1. des Hypothekenbriefes 1162, C.P.O. 1003—1024, **A.** Art. 166 XIV.
2. von Kuxscheinen s. Berggesetz vom 20. März 1869 Art. 93 Abs. 5, **A.** Art. 157 VIII.
3. von Schuldverschreibungen auf den Inhaber 799, 800, 802, **E.** Art. 174, **A.** Art. 54 Abs. 2, 55, 57, — Ausführungsgesetz zur C.P.O. Art. 69 (jetzt Art. 29), **A.** Art. 166 XIV, (s. auch G. u. V.Bl. 1899 S. 410).
4. von Sparurkunden **E.** Art. 102 Abs. 2, **A.** Art. 111—121.
5. von Urkunden, in denen Gläubiger benannt, 808 Abs. 2, **E.** Art. 102 Abs. 2, 177, **A.** Art. 166 XIV.
6. von Werthpapieren, Haftung des Verkäufers 437 Abs. 2.

— beim Unbekanntsein.
1. des Berechtigten bei Zwangsversteigerung **Z.V.** 138—142, 157 Abs. 2, **E.Z.V.** 12.
2. des Erben (öffentliche Aufforderung) 1965, 2358.
3. des Gläubigers, dessen Anspruch durch Vormerkung im Grundbuch gesichert ist, 887, **Ue.** Art. 57.
4. der nicht eingetragenen Grunddienstbarkeit **Ue.** Art. 15—18.
5. des Hypothekgläubigers 1170, 1171, 1188 Abs. 2, C.P.O. 982—988.
6. der Nachlaßgläubiger s. Aufgebot.
7. des Pfandgläubigers an Schiffen 1269.
8. des Vorkaufsberechtigten und Realberechtigten 1104, 1112.

Aufgebotsverfahren, Todeserklärung bei Verschollenheit 13—20, s. Todeserklärung C.P.O. 960.

Aufhebung der Annahme an Kindesstatt 1306 Abs. 2, **F.G.** 55—68, — Entziehung der Vermögensverwaltung und Rechtsverhältnisse hiebei 1760 Abs. 2, 1768—1772.

— von Anordnungen des Erblassers 2216 Abs. 2, **E.** Art. 214.

— der Bestellung ꝛc. des Beistandes der Mutter 1695.

— der Beschränkung des Rechts der Frau, innerhalb häuslichen Wirkungskreises Rechtsgeschäfte abzuschließen, 1357 Abs. 2.

— der dem Dienstberechtigten obliegenden Verpflichtungen 619.

— eines Entmündigungsbeschlusses, Folgen 115, 1425, 1431 Abs. 2, 2230 Abs. 2, **E.** Art. 215 Abs. 2.

— des Erbverzichts (Form!) 2351, **E.** Art. 217 Abs. 2.

— der Erwerbsfähigkeit bei Körper- ꝛc. Verletzung 843.

— des Familienrathes 1879—1881.

— der Gemeinschaft 749—758, 1010, 1258, **E.** Art. 131, **Ue.** Art. 41, 42, 43, 113—115, — der ehelichen G. 1575, 1576, 1586, 1587, 1933, **E.** Art. 17, 20, **A.** Art. 154 II 1, — der geistigen zwischen Eheleuten 1569, — der häuslichen 1358 Abs. 2, 1571 Abs. 2, **Z.V.** 180—184.

— des Güterstandes s. das.

— — a) der allgemeinen Gütergemeinschaft 1437, Klage hierauf 1468—1470, 1479, 1509, **Ue.** Art. 64, 65 Abs. 2, 99 Abs. 2, 131, 132, — b) der Errungenschaftsgemeinschaft, Klage hierauf 1542, 1545, 1547 Abs. 2, 1548, — c) der fortgesetzten Gütergemeinschaft durch den Ueberlebenden (Form!) 1492, 1493, 1518, des Verzichts auf Antheil hiebei (Form!) 1517, 1518, — d) durch Vertrag 1432, 1435, 1436, **E.** Art. 16.

— der Hypothek, Zustimmung des Eigenthümers — gegenüber dem Grundbuchamt oder Gläubiger — unwiderruflich 1183, 1165, — der Ausschließung der

Ertheilung des Hypothekenbriefes 1116 Abs. 3.

Aufhebung des Konkurses über Vermögen des Vaters 1647.

— von letztwilligen Verfügungen s. auch Anfechtung; des Testaments s. auch Widerruf 2255, 2258, — des gemeinschaftlichen Testaments 2271, einer anderen letztw. Verf. durch Erbvertrag 2289, — des Erbvertrags s. das. 2290—2292, 2297, 2298, — Vertrag auf A. oder Nicht-A. von Verfügungen von Todeswegen ist nichtig! 2302, — Verhindern, Täuschen rc. s. Erbunwürdigkeit 2339, 2345.

— der Nachlaßverwaltung 1988 Abs. 2, 1990—1992, — der Entziehung der Verwaltung durch Vorerben 2129, 2136—2138.

— der Verwaltung beim Nießbrauch 1052 Abs. 3, 1070 Abs. 2, — eines dem Nießbrauch unterliegenden Rechts 1071.

— des Pfandrechts durch Rechtsgeschäft 1255, 1276.

— der Pflegschaft 1919—1921, **F.G.** 57 Nr. 3.

— eines Rechtes am Grundstück s. Grundstück 875—878, **E.** Art. 189 Abs. 3, **Ue.** Art. 12, Art. 46 Abs. 2, — von Dienstbarkeiten, die nicht im Grundbuch eingetragen, **E.** Art. 128, **A.** Art. 84 Abs. 2, — des Nießbrauchs am Grundstück durch Rechtsgeschäft 1062.

— der Sicherheit, — a) für Kindervermögen d. Vaters 1671, 1672, 1630 Abs. 2, — b) für Mündelforderung durch Vormund 1822 Nr. 13, 1795 Nr. 2 u. 3, — c) des Vormunds 1844.

— einer Todeserklärung bei neuer Ehe 1348 Abs. 2.

— eines Vertrags, Rückgabe des Draufgeldes 337 Abs. 2, 338.

— der Verwaltung und Nutznießung beim gesetzl. Güterrecht 1418 — 1426.

— der Vormundschaft 1883, 1884, 1908 Abs. 3, **F.G.** 57 Nr. 1 u. 2.

— des Wohnsitzes 7 Abs. 3, 8.

— der Zubehöreigenschaft 1122 Abs. 2.

Aufhebung der Zwangsversteigerung und -verwaltung **Z.V.** 28—34, 77 Abs. 2, 95, 118 Abs. 2, 129, 161, 43, 83 Nr. 7.

Aufkündigung s. Kündigung.

Auflage bei Schenkung 525—527, — einer Leistung an Dritten bei unentgeltlicher Zuwendung 330, — Vollziehung im öffentlichen Interesse **A.** Art. 107.

— im Testament, gemeinschaftlichem Test. oder Erbvertrag ist Verpflichtung des Erben oder Vermächtnißnehmers zu einer Leistung, ohne dem Anderen Recht auf die Leistung zuzuwenden, 1940, 1941—2270, 2271, 2278 Abs. 2, 2279, 2281, 2291, — Vollziehung im öffentlichen Interesse **A.** Art. 107, — ist Nachlaßverbindlichkeit 1967 Abs. 2, — wird durch Aufgebot der Nachlaßgläubiger nicht betroffen 1972, 2060 Nr. 1, — bleibt bei Bemessung der Zulänglichkeit der Nachlaßmasse außer Betracht 1980, — die im Aufgebotsverfahren ausgeschlossenen Nachlaßgläubiger werden vor A. befriedigt 1973, 1974 Abs. 2, 1989, 2013.

— — Anfechtung der A. 2081 Abs. 3.

— — Beschwert: Erbe oder Vermächtnißnehmer 2192, 2147, 2148, — bei Wegfall des ursprünglich Beschwerten 2161, — bei Erbschaft, falls Erbtheil eines gesetzlichen Erben durch Wegfall eines anderen gesetzlichen Erben sich erhöht, 1935, 2007, — falls Vermächtnißnehmer beschwert 2186—2189, — bei dem durch Anwachsung anfallenden Erbtheil und Vermächtnißantheil 2095, 2159, — falls der als Erbe berufene Pflichttheilsberechtigte beschwert 2306, 2308, — falls die vom Pflichttheilsberechtigten ausgeschlagene Erbschaft oder Vermächtniß beschwert 2322—2324, — Berichtigung durch Testamentsvollstrecker 2217 Abs. 2.

— — Bestimmung der Person, an welche Leistung erfolgen soll, 2193, 2192, 2065 Abs. 2.

— — Gegenstand der A. 2192, 2154—2156, — unmögliche, verbotene Leistung 2171, 2196, — Unwirksamkeit der A. 2195, — unzulässige Be-

stimmung der Gültigkeit durch Dritten 2192, 2065, — oder des Gegenstands durch Dritten 2192, 2065 Abs. 2.

Auflage, Haftung des Erben 1967 Abs. 2, — Berichtigung durch Erben bei Herausgabe des Nachlasses an die Gläubiger 1991 Abs. 4, 1992, 2013, 2036, 2145 Abs. 2, 2187 Abs. 3, — Haftung des Verkäufers der Erbschaft, daß keine A. besteht, 2376, 2378, 2385 Abs. 2.

— — Kürzung der A. durch Erben, falls Pflichttheilsberechtigter vorhanden, 2318, 2322—2324, — durch Vermächtnißnehmer 2187—2189.

— — bei Ueberschuldung des Nachlasses, die auf A. oder Vermächtnissen beruht, 1992, 2013, 2187 Abs. 3.

— — Vorrang vor übrigen Beschwerungen, falls von Erblasser angeordnet, 2189.

— — Vollzugsverlangen durch Erben; Miterben; den, dem Wegfall des Beschwerten unmittelbar zu Statten kommt; ev., falls öffentliches Interesse, zuständige Behörde 2194, A. Art. 107.

— — Wegfall beim Erbschaftskauf, — Vortheil kommt Käufer zu Gute 2372.

Auflassung ist Einigung des Veräußerers und Erwerbers bei Uebertragung des Eigenthums an Grundstück (gleichzeitige Anwesenheit vor Grundbuchamt oder Notar — bei Versteigerung von Notar in Bayern nicht erforderlich! — unwirksam unter Bedingung oder Zeitbestimmung!) 925, 873, E. Art. 143, A. Art. 81, 82, G.O. 20, 31, 84, 98, 101, — Aufnahme der A. nur bei Vorlegung des Veräußerungsvertrags! A.G.O. Art. 12, 53, — bei Zwangsenteignung Erklärung auch vor Distriktsverwaltungsbehörde, Ausführungsgesetz zu C.P.O. Art. 26 (G. u. V.Bl. 1899 S. 409) — Kosten der A.: Käufer 449.

— und Eintrag in das Grundbuch machen den nicht notariellen Immobiliarvertrag gültig 313, E. Art. 142.

Auflauf, Schadensersatz nach Landesgesetz E. Art. 108, Bayer. Gesetz vom 12. März 1850 — auf die Pfalz erstreckt A. Art. 142, — Erlöschen nach einem Jahr s. Ausführungsgesetz z. C.P.O. vom 23. Februar 1879 Art. 10 Abs. 1, abgeändert A. Art. 166 III, jetzt Art. 11 (G. u. V.Bl. 1899 S. 404).

Aufleben von durch Vereinigung erloschenen Rechtsverhältnissen 1976, 1991 Abs. 2, 2143, 2175, 2377.

Auflösende Bedingung s. Bedingung.

Auflösung der Ehe s. das., ferner Ehescheidung, Wiederverheirathung.

— eines Erwerbsgeschäfts des Mündels durch den Vormund 1823, 1827 Abs. 2.

— einer Gesellschaft 721, 726—730.

— eines Vereins 41, 45, 50, 74, E. Art. 85.

— des Verlöbnisses s. das. 1298 — 1302.

Aufmerksamkeit s. Sorgfalt.

Aufnahme s. Inventar, Testament, Verein, Verzeichniß.

— von Geld auf den Kredit des Kindes oder Mündels (Genehmigung des Vormundschaftsgerichts) 1822 Nr. 8, 1643, 1686.

Aufrechnung gleichartiger fälliger Forderungen gegen einander durch Erklärung gegenüber anderm Theil 377, 388, 396, C.P.O. 302, 145 Abs. 3.

— Folgen: Forderungen gelten als erloschen von dem Zeitpunkt, in dem sie zur A. geeignet einander gegenübertreten, 389, — bei mehreren: Bestimmung durch Aufrechnenden 396, 366 Abs. 2, 367, — A. im Prozeß unterbricht Verjährung bis zur Beendigung d. Prozesses 209, 215.

— Unzulässig

1. A. unter Bedingung oder Zeitbestimmung 388.
2. bei Entgegenstehen von Einreden (mit Ausn. der Verjährung) gegen aufzurechnende Forderung 390.
3. bei Forderungen, die Gesammtschuldner zustehen, von übrigen Schuldnern 422 Abs. 2.
4. gegen Forderungen eines Gesammtgläubigers 429 Abs. 3.
5. — des Reichs, Bundesstaats, Kommunalverbands (Ausn.: bei derselben Kasse!) 395.
6. — aus vorsätzlich unerlaubten Handlungen 393.

7. gegen unpfändbare Forderungen (Ausn.!) 394, **E.** Art. 81, **A.** Art. 12, C.P.O. 850—852.
8. von Privatforderungen gegen Gesellschafter, Miterben, Ehegatten gegenüber Forderungen des Gesellschaftsvermögens, Nachlasses, Gesammtguts 719 Abs. 2, 2040 Abs. 2, 1442 Abs. 2, 1471 Abs. 2, 1487, 1497 Abs. 2, 1519, 1546, 1549.
9. bei Schuldübernahme 417.

Aufrechnung, besondere Fälle der A.:
1. bei Abtretung der Forderung gegenüber neuem Gläubiger 406, 702, 2019 Abs. 2, 2111, 1473, 1497, 1524, 1546, 1549, 1554.
2. — der Hypothek 1156, 1158, 1159.
3. gegen beschlagnahmte Forderung 392.
4. bei Bürgschaft seitens des Gläubigers gegen fällige Forderung des Hauptschuldners 770 Abs. 2, 1137.
5. Befriedigung des Gläubigers durch A. seitens eines Dritten 268 Abs. 2, 1142 Abs. 2, 1224, 1249.
6. von Forderungen der Frau gegen solche an das eingebrachte Gut durch Mann ohne Zustimmung der Frau 1376, 1377, 1525, 1550.
7. bei Bestehen verschiedener Leistungs- u. Ablieferungsorte 391.
8. gegen Lohnforderungen seitens der Dienstherrschaft **A.** Art. 21.
9. bei Mieth- und Pachtzinsforderungen 554 Abs. 2, 574, 575, 581, 1125.
10. seitens des Nachlaßgläubigers gegen eine nicht zum Nachlaß gehörende Forderung des Erben ohne dessen Zustimmung 1977, 2013.
11. beim Rücktritt vom Vertrag 357.
12. bei Verjährung der aufzurechnenden Forderung 390, — insbesondere des Anspruchs auf Schadensersatz beim Kauf oder Tausch wegen Mangels der zugesicherten Eigenschaften 479, 515, — bei Viehmängeln 490.

Aufruf bei Zwangsversteigerung s. das. **Z.V.** 66, 73, 83 Nr. 7.

Aufruhr s. Auflauf.

Aufschiebende Bedingung s. Bedingung.

Aufschiebende Einrede s. Einrede.

Aufschrift beim Protokoll über Errichtung eines Testaments oder Erbvertrags 2246, 2249—2251, 2277.

Aufschub s. auch Gefahr.
— der Auseinandersetzung d. Nachlasses 2043—2045, 1970, 2061, 2204.
— der Eheschließung bei lebensgefährlicher Erkrankung 1316 Abs. 2.
— d. Versteigerung, Gefahr 1220, 384.

Aufsicht s. auch Aufsichtspflicht.
— bei Erziehungs- und Verpflegungsanstalten, landesgesetzliche Vorschriften **E.** Art. 136, **A.** Art. 100.
— über Stiftungen, Verwaltungsbehörden (Ausn.!) **A.** Art. 6.
— über Verwalter beim Nießbrauch seitens des Gerichts 1052 Abs. 2.

Aufsichtspflicht s. auch Aufsicht.
— des Beistandes 1689, 1694.
— der Eltern und des Vormundes 1631, 1634, 1800.
— des Familienraths 1872.
— des Gegenvormundes 1799, 1833 Abs. 2.
— des Gemeindewaisenraths 1850, **A.** Art. 98.
— des Pflegers 1909, 1915, 1628, 1629, 1794.
— Schadensersatzpflicht des Aufsichtspflichtigen 829, 831—834, — des Beamten bei Geschäftsführung 841.
— über ein Thier durch Vertrag 833, 834.
— des Vormundschaftsgerichts 1837 — 1848, 1897, 1694, 1915.

Aufsuchen eines Dienstverhältnisses nach der Kündigung 629.
— einer auf fremdes Grundstück gelangten Sache 867, 869, 1005.

Auftrag ist unentgeltliche Besorgung eines dem „Beauftragten" vom „Auftraggeber" übertragenen Geschäftes 662.
— Abschluß: mit Annahme des A. 662, — unverzügliche Anzeige der Ablehnung 663.
— Recht des Auftraggebers: jederzeitiger Widerruf (vertragsmäßiger Verzicht des Widerrufs ist nichtig!) 671.
— Verpflichtungen des Auftraggebers:

1. Anspruch auf Ausführung im Zweifel nicht übertragbar 664 Abs. 2.
2. Ersatz der erforderlichen Aufwendungen 670, 675.
3. Vorschußleistung hiefür auf Verlangen 669, 675.
4. bei Kreditauftrag Haftung als Bürge 778.

Auftrag, Rechte des Beauftragten:
1. angemessene Abweichung v. A. 665, 675.
2. jederzeit Kündigung, ev. Schadensersatz 671.
3. bei Erlöschen des A. 674, 169 s. unten.

— Verpflichtungen d. Beauftragten:
1. unentgeltliche Besorgung 662.
2. Anzeige vor Abweichung, außer bei Gefahr 665, 675.
3. Ausführung im Zweifel nicht übertragbar! — Falls dies gestattet, Haftung nur für Verschulden bei Übertragung 663.
4. Auskunftsertheilung 666, 259, 675.
5. bei Erlöschen des A. 672, 673, 675, s. unten.
6. Haftung für Verschulden des Gehilfen 664, 278.
7. Rechnungsstellung und Herausgabe nach Ausführung 666, 667, 675.
8. Schadensersatz bei unzeitiger Kündigung 671 Abs. 2.
9. Verzinsung des von ihm verwendeten Geldes 668, 675.

— Erlöschen des A.
1. im Zweifel nicht durch Tod oder Geschäftsunfähigkeit des Auftraggebers 672, aber durch Tod des Beauftragten (unverzügliche Anzeige durch Erben!) 673, 675.
2. durch Kündigung oder Widerruf 671.
3. in sonstiger Weise — Vermuthung des Fortbestandes zu Gunsten des Beauftragten 674, 675, 169, — z. B. durch Konkurseröffnung (nicht über Vermögen des Beauftragten) — K.O. 23, 25, 27.

— Besondere Arten des A.
1. A. des Hauptschuldners an Anderen, sich für ihn zu verbürgen 775.
2. Kreditauftrag 778.
3. Auftrag zum Verkauf, insbes. im Wege der Zwangsvollstreckung (Beauftragter darf nicht kaufen!) 456—458.

Auftrag, entsprechende Anwendung der Vorschriften über A.:
1. auf Ersatz von Verwendungen beim Kauf oder Tausch 450 Abs. 2, 515.
2. auf Geschäftsführung ohne Auftrag 677—687.
3. auf geschäfsführenden Gesellschafter 713.
4. auf Geschäftsführung des Vorstandes eines Vereins oder einer Stiftung 27, 40, 86.
5. auf Rechtsverhältniß zwischen Testamentsvollstrecker und Erben 2218, 2220.
6. auf Verwaltung des Nachlasses durch Erben 1978.

Auftraggeber s. Auftrag.

Aufwand ehelicher: Beitragspflicht der Frau 1371, 1427, 1429, 1441, 1526, 1549, — bei allgemeiner Gütergemeinschaft aus Gesammtgut 1458, — bei Errungenschaftsgemeinschaft — 1529, 1526, — bei Fahrnißgemeinschaft — 1549, — bei gesetzlichem Güterrecht, vom Mann zu tragen 1389, 1394, — bei Gütertrennung 1427—1431.

— des volljährigen Kindes für Kosten des Haushalts 1618.

— wirklicher, für Entbindung des unehelichen Kindes 1715, 1716.

Aufwendungen s. auch Verwendungen.

— für bestimmten Zweck: Befreiung von eingegangener Verbindlichkeit, ev. Sicherheitsleistung 257.

— Ersatz (hiebei Verzinsung!) 256. a) beim Auftrag, Vorschuß und Ersatz 669, 670, 2218, 2220, — b) des Besitzers einer Sache 994, 995, 996, — c) der Ehefrau für ehelichen Aufwand bei Gütertrennung 1429, — d) der Eltern für Person oder Vermögen des Kindes 1648, 1686, — e) des Erben für Verwaltung des Nachlasses 1978, 1991, 2013, 2036, — f) auf Erbschaft vor Erbschaftskauf 2381, — g) des Erbschaftsbesitzers durch Erben 2022, 2023 Abs. 2, — h) des Finders 970, — i) bei Geschäftsführung ohne Auftrag 683—685, — k) des geschäftsführenden Gesellschafters 713, — l) beim Kauf u. Wiederverkauf 450, 500, — m) des volljährigen Kindes für Haushalt 1618, — n) an Mäkler (nur wenn vereinbart — ausgeschlossen, wenn dieser vertrags-

widrig auch für anderen Theil thätig) 652 Abs. 2, 654, — o) des Mannes zum Zwecke der Verwaltung 1390, 1525, 1550, — p) bei Miethe 552, — q) der Beseitigung der Mängel des Mieth- oder Pachtobjektes 538 Abs. 2, 581, — r) bei Nacherbfolge 2124—2126, — s) bei Schenkung unter Auflage 526, — t) für Schwangerschaft und Entbindung bei unehelichem Kind 1715, 1716, — u) seitens öffentlicher Wohlthätigkeitsanstalten für Unterstützung und Verpflegung, — Ersatz **E.** Art. 139, **A.** Art. 101, 102, — v) seitens der Unterhaltsverpflichteten für A. des Staats u. s. f. (landesges. Vorschriften unberührt) **E.** Art. 103, **A.** Art. 160, — w) des Verlobten (in Erwartung der Ehe) 1298, 1299, 1302, — x) auf Vermächtniß 2185, — y) zur Verschaffung d. Vermächtnisses 2170 Abs. 2, 2182 Abs. 2, 2288 Abs. 2. — z) des Verwahrers 693, — aa) bei Verzug des Gläubigers (Mehraufwendungen) 304, — bb) für Vorbildung im Beruf, Ausgleichung 2050 Abs. 2, 2051—2057, 2204, — cc) des Vormunds 1835, 669, 670, 1897, 1915, — dd) des Vorstandes eines Vereins oder Stiftung 27 Abs. 3, 40, 86, — ee) beim Werkvertrag 633 Abs. 2 u. 3, 642, 649.

Augenschein gerichtl., bei Viehmängel 489.

Augsburg, Errungenschaftsgemeinschaft des Zugewinnstes s. Gewerbetreibende, sonst Dotalrecht — s. **Ue.** Art. 83, 87, 94, 97—104.

Auktion, Auktionator s. Versteigerung.

Ausantwortung s. Herausgabe.

Ausbesserung gewöhnliche, obliegt dem Nießbraucher 1041—1044, 1049, dem Pächter eines landwirthschaftl. Grundstückes 582, — dem dinglich Wohnungsberechtigten 1093.

— Pfandrecht an den zur A. übergebenen Sachen beim Werkvertrag 647.

Ausbeute bestimmungsgemäße, aus einer Sache 99.

Ausbeutung der Nothlage, des Leichtsinns, der Unerfahrenheit, Nichtigkeit des Rechtsgeschäftes 138 Abs. 2.

Ausbietung des Grundstücks s. Zwangsversteigerung.

Ausbildungskosten s. Beruf.

Auseinandersetzung s. auch **Ue.** Art. 36.

— bei allgemeiner Gütergemeinschaft s. Güterrecht 1471, 1474—1481, **E.** Art. 193, **A.** Art. 104, 132, **F.G.** 99, 193.

— zwischen Eltern und Kind bei Wiederverheirathung des Vaters oder der Mutter 1669, 1670, 1740, 1761, 1845.

— bei Errungenschaftsgemeinschaft s. Güterrecht. 1546.

— bei Fahrnißgemeinschaft s. 1549, Gebühren betr. s. **Ue.** Art. 31 Abs. 2.

— bei fortgesetzter Gütergemeinschaft s. 1493, 1497—1518, **E.** Art. 193, **A.** Art. 104, 132, **F.G.** 99, 193, **Ue.** Art. 29 Abs. 2.

— nach Auflösung einer Gesellschaft 717, 730—735, 752—757.

— des Nachlasses zwischen Miterben s. Miterben und Nachlaßgericht.

Auseinandersetzungsplan des Nachlaßgerichts **F.G.** 93.

Ausfall des Beitrages eines Gesammtschuldners ist von den anderen zur Ausgleichung verpflichteten Schuldnern zu tragen 426.

— bei Auflösung der Gesellschaft 735.

— bei Zwangsversteigerung des Grundstückes, Haftung des persönlichen Schuldners 1166.

Ausfertigung s. Abschrift.

Ausführung eines Auftrags s. das. 664—670, 2218, 2220.

— letztwilliger Verfügungen durch den Testamentsvollstrecker 2203, 2208.

— des Theilungsplanes bei Zwangsversteigerung u. s. f. **Z.V.** 116—142.

— der Versteigerung s. Zwangsversteigerung.

Ausgleichung bei Auseinandersetzung des Nachlasses zwischen mehreren Erben: a) seitens des Abkömmlings, der gesetzlicher Erbe, s. auch Miterben 2050, 2052, 2057, 2204, 2316 Abs. 3, — b) bei dessen Wegfall 2051, 2052, 2057, 2204, 2315 Abs. 3, 2327 Abs. 2, — c) Zuwendung an entfernteren Abkömmling nicht zur A. (außer bei

Anordnung des Erblassers) 2053, 2057, 2204, — d) — aus Gesammtgut 2054, 2204, — e) b. Auseinandersetzung, Werth der Zuwendung auf Erbtheil anrechnen (nach Zeit der Zuwendung!) 2055, 2204, — Miterben zur Herauszahlung nicht verpflichtet! 2056, 2204, — f) falls sich Erbtheil durch Anwachsung erhöht 1935, 2007, 2095, — g) Berechnung des Pflichttheils 2316, — h) beim Erbschaftskauf 2372, Haftung des Verkäufers, daß A.-Pflicht nicht besteht 2376, 2378, 2385 Abs. 2.

Ausgleichung der Ehegatten und ehelicher Gütermassen untereinander 1415—1417, 1463—1467, 1476, 1539—1541, 1535—1537.

— bei Gesammtschuld 426.

— der Werthsminderung bei Wegveräußerung eines Theils des Grundstückes s. Bayer. Gesetz vom 15. Juni 1898 (G. u. V.-Bl. 1898 S. 301) Art. 2 u. 6.

Aushändigung der Anweisung s. das. 783—785.

— der Eintragungs- oder Löschungsbewilligung bei Eigenthumsübertragung am Grundstück 873 Abs. 2, 875 Abs. 2.

— des Hypothekenbriefes ꝛc. 1144, 1145, 1192, **G.O.** 60.

— der zur Löschung des Schiffspfandrechts erforderlichen Urkunden 1267, 1272.

— der Schuldverschreibung auf den Inhaber s. das. 797, **E.** Art. 101, **A.** Art. 49—57.

— der Vollmachtsurkunde, Haftung des Vollmachtgebers gegenüber Dritten 172.

Ausklagung s. Klage, Vorausklage.

Auskunftsertheilung über Inbegriff von Sachen: Vorlage eines Verzeichnisses, ev. auf Verlangen Offenbarungseid (s. das.) — (nicht bei Angelegenheit von geringer Bedeutung) 260, 261, 259 Abs. 3.

— Verpflichtung zur A:

1. bisheriger Gläubiger bei Abtretung einer Forderung 402.
2. beim Auftrag 666, 2218, 2220.
3. beim Dienstvertrag 675.
4. Erbe bei Inventaraufnahme und gegenüber Pflichttheilsberechtigten 2003 Abs. 2, 2005, 2314.
5. der mit Erblasser z. Zt. des Erbfalles in häuslicher Gemeinschaft war 2028.
6. Erbschaftsbesitzer 2027.
7. der unrichtigen Erbschein ertheilt erhielt 2362 Abs. 2.
8. Fiskus als gesetzlicher Erbe 2011.
9. bei Geschäftsführung ohne Auftrag 681, 666.
10. bei Ausscheiden aus der Gesellschaft 740 Abs. 2.
11. geschäftsführende Gesellschafter 713, 666.
12. beim Kauf oder Tausch, besonders bei Grundstücken 444, 515.
13. Miterben 2057.
14. Nachlaßpfleger und Verwalter 2012.
15. bei Kraftloserklärung von Schuldverschreibungen auf den Inhaber 799 Abs. 2, **E.** Art. 174.
16. Mann über Verwaltung des eingebrachten Gutes 1374, 1525, 1550.
17. Vorerben 2127, 2136—2138.
18. Vormund, Gegenvormund, Pfleger, Gemeindewaisenrath 1799 Abs. 2, 1839, 1850, 1872, 1891 Abs. 2, 1897, 1915.
19. Vorstand eines Vereins oder Stiftung 27 Abs. 3, 40, 86, 666.
20. beim Werkvertrag 651.

Auslagen bei Anhörung von Verwandten ꝛc. durch das Vormundschaftsgericht s. Anhörung.

— der Mitglieder des Familienrathes 1877.

— des Gastwirths (Pfandrecht) 704.

— Verjährung 196 Nr. 1, 3, 4, 7—10, 14, 15, 17.

— b. Werkvertrag (Sicherungshypothek) 645, 648.

— eines die Zwangsverwaltung betreibenden Gläubigers **Z.V.** 10 Nr. 1.

Ausland 1944, **E.** Art. 12, 14, 38, 40, **F.G.** 36 Abs. 2, 37 Abs. 2, 47, 73 Abs. 2.

Ausländer, Haftung des Staats u. s. f. für Amtspflichtverletzung der Beamten (s. das.) gegenüber **A.E.** Art. 77, **A.** Art. 60 Abs. 2.

Ausländer, Rechtsverhältniß zwischen Ehegatten E. Art. 14 Abs. 2.
— Ehescheidung E. Art. 17, 27.
— Eheschließung 1315 Abs. 2, 1320 Abs. 3, E. Art. 13, 27.
— Entmündigung und Vormundschaft E. Art. 8, 23, F.G. 37 Abs. 2, 47.
— Erbrechtsverhältnisse E. Art. 24 — 27, 28, F.G. 73 Abs. 3.
— Vornahme von Rechtsgeschäften im Inland, Geschäftsfähigkeit E. Art. 7 Abs. 3.
— Erwerb von Grundstücken E. Art. 88, A. Art. 10.
— eheliches Güterrecht E. Art. 15 Abs. 2, 27, 28, 16.
— Rechtsverhältniß zwischen Eltern und Kindern E. Art. 18—22, 27.
— Todeserklärung E. Art. 9 Abs. 2 u. 3.
— volljähriger, der Reichsangehörigkeit erwirbt, bleibt volljährig, auch wenn er dies nach deutschen Gesetzen nicht wäre, E. Art. 7 Abs. 2.

Ausländische Erbschaft 2369, E. Art. 26.
— Gesetze, Verweisung im Ehevertrag unzulässig! 1433, — Anwendung derselben E. Art. 7, 11—13, 15—17, 21, 23—25, 27—30 (s. auch Gesetzanwendung).
— Juristische Personen, Eigenthumserwerb E. Art. 86, A. Art. 10.
— Schiff, Zwangsversteigerung Z.V. 171.
— Staaten u. Staatsangehörige, Vergeltungsrecht E. Art. 31.
— Staatsverträge E. Art. 56, A. Art. 1.
— Vereine, Rechtsfähigkeit E. Art. 10.
— Währung, Umrechnung 244.
— Wohnsitz (s. Ausland und Wohnsitz) E. Art. 12, 14, 24; 1320 Abs. 3, 1433 Abs. 2, 1484, 1518, 1944 Abs. 3, 1954 Abs. 3.

Auslegungsregeln.
(NB. i. Zw. = im Zweifel).
— Auftrag i. Zw. nicht übertragbar! 664, 2218, 2220.
— Verzicht auf Widerruf der Auslobung i. Zw. bei Bestimmung einer Frist 658 Abs. 2.

Auslegungsregeln, Ausschlagung der Erbschaft i. Zw. auf alle, dem Erben zu der Zeit bekannten Berufungsgründe 1949 Abs. 2.
— Ausstattung i. Zw. aus dem der Verwaltung der Eltern unterliegenden Vermögen 1625.
— Umfang der beschränkt persönlichen Dienstbarkeit 1091.
— Versprechen der Darlehenshingabe i. Zw. widerruflich, falls bei Anderem wesentl. Vermögensverschlechterung, 610.
— beim Dienstvertrag: Dienstleistung i. Zw. in Person! — Anspruch auf Dienste nicht übertragbar 613, — bei Dienstverhältniß von landwirthschaftl. Dienstboten A. Art. 22.
— bei Erbschaftskauf gilt i. Zw. Erbtheil, der Verkäufer nach Abschluß anfällt, als Vorausvermächtniß; Familienpapiere und -bilder nicht als mitverkauft 2373.
— Ersatzerbe erhält i. Zw. nicht mehr als Abkömmling 2051 Abs. 2, 2052, 2057, 2204.
— bei Fristen u. Terminsbestimmungen s. das. 187—193.
— bei Gemeinschaft i. Zw. gleiche Antheile 742, — Ausschluß der Aufhebung i. Zw. mit Tod außer Kraft 750, 2044, 2204, 2042 Abs. 2.
— bei Gesellschaft 706 Abs. 2, 709 Abs. 2, 714, 721 Abs. 2, 722 Abs. 2.
— Einträge im Grundbuch: eines Rechts für Jemand, Vermuthung, daß es ihm zusteht; bei Löschung, — daß es nicht besteht 891, 1138, 1185, — Inhalt zu Gunsten dessen, der Recht am Grundstück durch Rechtsgeschäfte erwirbt, (Ausn.!) 892, 893, 1138, 1141, 1155, 1157 —1159, E. Art. 118.
— bei Grunddienstbarkeiten: Ausübung bei Theilung des Grundstückes 1025, 1009.
— bei Gütertrennung, Aufwendung der Frau für ehelichen Aufwand i. Zw. nicht Ersatzabsicht 1429, — — bei Aufwand des volljährigen Hauskindes 1618, — — bei Unterhalt von Eltern u. Kindern 685 Abs. 2.
— Zurücknahme der hinterlegten Sachen 379 Abs. 3.

Auslegungsregeln beim Kauf (und Tausch) (515).
1. Eigenthumsvorbehalt i. Zw. Eigenthumsübertragung unter aufschiebender Bedingung und Rücktrittsrecht 455.
2. Haftung des Verkäufers einer Forderung für Zahlungsfähigkeit i. Zw. nur z. Zt. der Abtretung 438.
3. Marktpreis i. Zw. zur Erfüllungszeit am Erfüllungsort 453.
4. Kauf auf Probe oder Besicht i. Zw. aufschiebende Bedingung der Billigung 495.
5. Vorkaufsrecht i. Zw. nicht auf Verkauf mit Rücksicht auf künftiges Erbrecht an gesetzliche Erben 511, — auf bestimmte Zeit i. Zw. vererblich 514, — i. Zw. auf Zubehör 1096.
6. bei Wiederkauf Preis 497 Abs. 2.
— Leibrente i. Zw. für Lebensdauer des Gläubigers 759.
— bei Verpflichtung zur Leistung
1. Bestimmung durch Vertragsschließenden i. Zw. nach billigem Ermessen 315, 2156, 2192, — durch Dritten — 317, 2156, 2192, — durch mehrere Dritte, Uebereinstimmung 317 Abs. 2, — der Gegenleistung 316, 2156, 2192,
2. Draufgabe i. Zw. auf Leistung anrechnen 337, — nicht bei Dienstboten A. Art. 18.
3. bei Mehrheit von Schuldnern und Gläubigern 420, 427.
4. bei Versprechen der Leistung an Dritte 328—332.
5. Wahlrecht i. Zw. Schuldner 262.
6. bei festbestimmter Zeit bei gegenseitigem Vertrag i. Zw. Rücktrittsrecht 361.
7. — und bestimmtem Ort i. Zw. Aufrechnung der Forderung, für die anderer Leistungsort ausgeschlossen, 391 Abs. 2.
8. bei Zeitbestimmung i. Zw. Gläubiger nicht Recht, vorher zu verlangen, Schuldner Recht, vorher zu leisten, 271 Abs. 2.
9. Veräußerung und Belastung erstreckt sich i. Zw. auf Zubehör 314, 926.
— bei letztwilligen Verfügungen:
1. falls verschiedene Auslegungen möglich, so die, bei der Verfügung Erfolg haben kann, 2084, 2279.
2. s. auch unter Erbeinsetzung.
3. Einsetzung von Abkömmlingen und Wegfall nach Testamentserrichtung 2069, 2091, — von Abkömmlingen eines Dritten (ohne nähere Bestimmung), so i. Zw. die nicht, die z. Zt. des Erbfalles (oder Eintritt einer Bedingung oder Zeitbestimmung) noch nicht erzeugt sind, 2070, 2091, — der „Armen", so i. Zw. durch öffentliche Armenkasse der Gemeinde, in der letzter Wohnsitz des Erblassers, unter Arme zu vertheilen 2072, — von Klasse von Personen (ohne nähere Bestimmung), die bei Erblasser im Dienst oder Geschäft, so i. Zw. die, die z. Zt. des Erbfalls zur Klasse gehören, 2071, — von „gesetzlichen Erben" (ohne nähere Bestimmung), so die z. Zt. des Erbfalls nach Verhältniß ihrer Erbtheile 2066, 2091, — auf das, was sie als gesetzliche Erben erhielten, i. Zw. Ausgleichungspflicht 2052, 2057, 2204, — von „Kindern" und ist ein Kind vor Testamentserrichtung mit Abkömmlingen gestorben 2068, 2091, — von „Verwandten" „nächsten Verw.", so die z. Zt. des Erbfalls gesetzlich Erben waren, nach Verhältniß ihrer Erbtheile 2067, 2091.
4. Einsetzung für den Fall, daß der zunächst Berufene nicht Erbe sein kann oder will, so i. Zw. Ersatzerbe für beide Fälle 2097, 2190, — der Erben gegenseitig oder für einen die übrigen als Ersatzerben, so i. Zw. nach Verhältniß ihrer Erbtheile 2098, 2190, — nur als Ersatzerben, so gehen die auf gemeinschaftlichen Erbtheil eingesetzten Erben i. Zw. den anderen vor 2098 Abs. 2, 2190.
5. Einsetzung als Nacherbe enthält i. Zw. auch die als Ersatzerbe 2102, 2191 Abs. 2, — falls zweifelhaft, ob Ersatz- oder Nacherbe, so i. Zw. Ersatzerbe 2102 Abs. 2, — Recht des Nacherben erstreckt sich i. Zw. auf den Erbtheil, der dem Vorerben infolge Wegfall eines Miterben anfällt, — dagegen nicht auf das dem Vorerben zugewendete Vorausvermächtniß 2110, 2191 Abs. 2.
6. eine z. Zt. des Erbfalls noch nicht erzeugte Person oder noch nicht bestehende juristische Person gilt i. Zw. als Nacherbe eingesetzt 2101, 2105 Abs. 2, 2106 Abs. 2 (weitere A. s. unter Nacherbe).
7. Anordnung, daß Erbe Erbschaft mit bestimmtem Zeitpunkt ꝛc. herausgibt, gilt

als Einsetzung als Nacherbe, falls nicht bestimmt, wer bis dahin Erbe, 2103, 2105, — nur bis bestimmten Zeitpunkt behält, ohne Bestimmung, wer sie dann erhält, 2104, 2106, 2191 Abs. 2.

8. paßt Bestimmung auf mehrere Personen und läßt sich nicht ermitteln, welche bedacht, so gelten sie zu gleichen Theilen bedacht 2073.

9. bei Unwirksamkeit einer Verfügung 2085, 2195.

10. bei Vorbehalt einer Ergänzung, die unterblieben ist, 2086.

11. Bestimmung: „Vorerbe ist zu freier Verfügung über Erbschaft berechtigt" i. Zw. Befreiung von Beschränkungen des Vorerben 2137 Abs. 2, 2138.

12. Zuwendung unter aufschiebender Bedingung gilt i. Zw. nur, wenn Bedachter Eintritt der Bedingung erlebt, 2074, 2108 Abs. 2, — bei Bedingung, daß Bedachter etwas unterläßt oder fortgesetzt thut, so i. Zw., falls dies nur in Willkür des Bedachten, auflösende Bedingung 2075, — bezweckt Bedingung Vortheil eines Dritten, so i. Zw. eingetreten, wenn Dritter erforderliche Mitwirkung verweigert, 2076.

13. Zuwendung einzelner Gegenstände an Bedachten, so i. Zw. nicht Erbe (auch wenn so bezeichnet!) 2087 Abs. 2, — von Pflichttheil — 2304 (s. auch Nachlaßgegenstand).

Auslegungsregeln, Uebernahme eines zum Nachlaß gehörenden Landguts i. Zw. zum Ertragswerth 2049, 2204, 2312.

— Aufhebung des Nießbrauches an Grundstück i. Zw. auch bezüglich Zubehör 1062.

— bei Pfandrecht i. Zw. Fruchtbezug 1213 Abs. 2, 1273.

— Versprechen der Schenkung wiederkehrender Leistungen zur Unterstützung — i. Zw. Erlöschen mit Tod des Schenkers 520, — Rückforderung bei Auflösung des Verlöbnisses 1301.

— bei Schuldübernahme 415 Abs. 3.

— bei gemeinschaftlichem Testament und Erbvertrag:

1. Bestimmung, daß „Nachlaß an Dritten" falle, so i. Zw. dieser für gesammten Nachlaß als Erbe des zuletzt versterbenden Ehegatten eingesetzt 2269, 2280.

2. Unwirksamkeit einer Verfügung im gem. Test., Folge 2270 Abs. 2.

3. Vermächtniß, das nach Tod des Ueberlebenden erfüllt werden soll, soll i. Zw. dem Bedachten erst mit Tod des Ueberlebenden anfallen 2269 Abs. 2, 2280.

4. ist Erbvertrag mit anderem Vertrag in gleicher Urkunde, so i. Zw. Vertrag nicht in besonderem amtlichen Verwahr 2277.

Auslegungsregeln, Testamentsvollstrecker ist i. Zw. bei Fortführung der Verwaltung nach Erledigung sonstiger Aufgaben im Eingehen von Verbindlichkeiten für den Nachlaß nicht beschränkt 2209.

— bei Uebernahme einer neuen Verbindlichkeit durch Schuldner nicht an Erfüllungsstatt 364.

— bei Vermächtnissen:

1. bei Bedenken Mehrerer mit V., so i. Zw. der es erhält, nicht zur Theilung verpflichtet 2151 Abs. 3.

2. bei Beschwerung mehrerer Erben oder Vermächtnißnehmer mit demselben V. oder Auflage, so i. Zw. nach Verhältniß der Erbtheile oder Werth der V. 2148, 2192.

3. bei V. einer Forderung: falls Leistung vor Erbfall und Gegenstand noch im Nachlaß, so i. Zw. dieser dem Bedachten zugewandt 2173, — — auf Zahlung einer Geldsumme i. Zw. —, auch wenn Geldsumme nicht im Nachlaß 2173, — — eines zur Erbschaft gehörenden Gegenstandes hat Beschwerter i. Zw. gleiche Verpflichtungen, wie Verkäufer 2182 Abs. 2, — — eines Grundstückes, haftet Beschwerter nicht für Freiheit von Grunddienstbarkeiten ꝛc. 2182 Abs. 3.

4. Vermächtnißnehmer kann i. Zw. nicht Beseitigung der Rechte verlangen, mit denen vermachter Gegenstand belastet; — anders, wenn dem Erblasser der Anspruch zustand, 2165, — falls Grundstück mit Hypothek für Schuld des Erblassers ꝛc. belastet, i. Zw. dem

Erben gegenüber zur rechtzeitigen Befriedigung des Gläubigers soweit verpflichtet, als Schuld durch Werth des Grundstückes gedeckt, 2166—2168.
5. ist Zeit der Erfüllung dem freien Belieben des Beschwerten überlassen, so i. Zw. mit dessen Tod fällig 2181, 2192.
6. V. einer Sache erstreckt sich i. Zw. auf Zubehör und Anspruch wegen Beschädigung derselben 2164, — hat Erblasser nur Besitz der Sache, so i. Zw. dieser vermacht (Ausn.!) 2169 Abs. 2, — — Anspruch auf Leistung des V. oder Ersatz des Werthes, so i. Zw. diese Ansprüche vermacht 2169 Abs. 3.

Auslegungsregeln bei Verträgen nach Treu u. Glauben mit Rücksicht auf die Verkehrssitte 157.
— Verwahrer i. Zw. Sache nicht bei Dritten hinterlegen 691.
— Verzicht zu Gunsten eines Anderen auf das gesetzliche Erbrecht i. Zw. nur gültig, wenn der Andere Erbe wird, 2350, — eines Abkömmlings des Erblassers auf —, i. Zw. nur zu Gunsten der anderen Abkömmlinge und des Ehegatten des Erblassers 2350 Abs. 2.
— bei Willenserklärungen wirklicher Wille — nicht buchstäblicher Sinn! 133.

Auslieferung s. Herausgabe.

Auslobung ist öffentliche Bekanntmachung einer Belohnung für Vornahme einer Handlung, bes. Herbeiführung eines Erfolges 657, verbindlich, auch wenn Handlung nicht mit Rücksicht auf A.
— bei Preisbewerbung ist Frist erforderlich s. das. 661.
— falls Handlung mehrmals, so Belohnung, der sie zuerst ausführt, — ev., falls gleichzeitig, jeder gleichen Theil, — subev. Loos 659, — bei Mitwirkung Mehrerer — Vertheilung — ev. Urtheil 660.
— Tod oder nachträgliche Geschäftsunfähigkeit des Auslobenden hebt A. nicht auf, — Widerruf in gleicher Weise wie A., verzichtbar 658.

Ausscheiden aus Gesellschaft 736, 738—740.

Ausschlagung einer Erbschaft, Recht des Erben (mit Ausnahme des Fiskus!) — vererblich — nach Eintritt des Erbfalls! — nicht unter Bedingung oder Zeitbestimmung! — nicht mehr nach Annahme und Ablauf der Frist (von 6 Wochen, ev. 6 Monaten!) 1942—1944, 1946, 1947, 1952, 2142, — durch öffentlich beglaubigte Erklärung zum Nachlaßgericht oder Anfechtung der Annahme 1945, 1957, — nicht auf Theil (unwirksam!), — falls zu mehreren Erbtheilen aus verschiedenen Gründen berufen, so einer annehmbar, anderer ausschlagbar! 1950—1952, ebenso A. als eingesetzter Erbe und zugleich Annahme als gesetzlicher Erben zulässig 1948, 1949 Abs. 2, — (bei Konkurs des Gemeinschuldners s. K.O. 9, 214—234).
— Folgen:
1. Anfall gilt als nicht erfolgt, — Erbschaft an den, der berufen, wenn Ausschlagender z. Zt. des Erbfalls nicht gelebt hätte, — Mittheilung an diesen 1953.
2. falls Erbe vorher erbschaftliche Geschäfte besorgt 1959, 1484.
3. Anfechtung (6 Wochen — 6 Monate! — durch Erklärung zum Nachlaßgericht — Mittheilung —) Anfechtung der Annahme gilt als A. und umgekehrt 1954—1957, — bei Erbvertrag 2298 Abs. 2 u. 3, — bei gemeinschaftlichem Testament 2271 Abs. 2, — durch den Nacherben 2142, — bei Pflichttheil 2306—2308, 2310.
— einer Erbschaft oder eines Vermächtnisses zu Gunsten eines Andern ist keine Schenkung 517, — durch Ehefrau (keine Zustimmung des Mannes) 1406 Nr. 1, 1453, 1461, 1519, 1525, 1549, 1550, — des Kindes durch Vater oder Vormund, (Genehmigung des Vormundschaftsgerichts) 1643 Abs. 2, 1686, 1822 Nr. 2.
— eine Schenkung (s. auch Ablehnung) 516 Abs. 2, — Herausgabe des Empfangenen durch Ehefrau (ohne Zustimmung des Mannes!) 1406 Nr. 2, 1453, 1519 Abs. 2, 1525 Abs. 2, 1549, 1550 Abs. 2.

Ausschlagung eines Vermächtnisses s. auch oben, — unbedingt, unbetagt — Erklärung gegenüber Beschwertem — erst nach Erbfall — vererblich 2176, 2186, bei gemeinsch. Testament, Erbvertrag wie oben, — durch Pflichttheilsberechtigten 2321, 2323, 2324, 2332 Abs. 3, 2307, 2308 (unwirksam, wenn auf Theil beschränkt 2180, 1950, 1952 Abs. 3), — Wirkung: Anfall gilt als nicht erfolgt und Vermächtniß als dem Nächstberufenen angefallen 2180, 1953 Abs. 1 u. 2.

Ausschluß s. auch Ausschlußurtheil.
— der Abtrennung b. zwei verbundenen Sachen 997 Abs. 2.
— der Abtretung einer Forderung durch Vertrag 399, 405, — des Uebergangs des Pfandrechts bei Uebertragung der Forderung 1250 Abs. 2, — der Übertragung der Anweisung an Dritte 792 Abs. 2.
— der Anfechtung
1. der Ablehnung der Fortsetzung der Gütergemeinschaft 1484, 1518, 1954 Abs. 4.
2. — der Ehe 1337, 1338, 1350 Abs. 2, 1847.
3. — der Ehelichkeit 1598.
4. — der Erbunwürdigkeit 2343, 2345.
5. — einer Leistungsbestimmung durch Dritte (30 J.) 318 Abs. 2, 2156, 2192.
6. — der letztwilligen Verfügung 2079, 2080 Abs. 3, 2082 Abs. 3, 2083, 2285, 2340 Abs. 3.
7. — von Willenserklärungen (30 J.) 121, 124.
— des Anspruchs
1. auf Aufhebung der Gemeinschaft Ue. Art. 42, 43, 113—115.
2. — auf Beseitigung der Eigenthumsstörung 1004 Abs. 2.
3. — auf Beseitigung der Störung des Besitzes 862 Abs. 2.
4. — auf Erfüllung bei Verzug 326.
5. — bei Erklärung, daß Gläubiger die Vertragsstrafe will, 340, 342.
6. — auf Finderlohn 971.
7. — auf Herausgabe eines Geschenkes 529, 1301.
8. — auf Herausgabe der Sachen an Besitzer 1007 Abs. 3.
9. — auf Mäklerlohn 654.
10. — bei ungerechtfertigter Bereicherung 813—815, 817, 822.
11. — auf Wiedereinräumung des Besitzes 861 Abs. 2.

Ausschluß der Anwachsung 2094 Abs. 3, 2158 Abs. 2.
— der Anwendung eines ausländischen Gesetzes E. Art. 30.
— von Arrest und Zwangsvollstreckung 1984 Abs. 2, s. auch C.P.O.
— durch Aufgebotsverfahren s. das.
— der Aufrechnung 390—392.
— der Auseinandersetzung zwischen Miterben und der Aufhebung der Gemeinschaft 749, 750, 1010, 2042 Abs. 2, 2044, 2038 Abs. 2, 1258 Abs. 2, 2204.
— der Ausübung eines Rechts infolge Grunddienstbarkeit 1018.
— der Eingehung einer neuen Ehe 1586.
— des Eigenthümers mit seinem Recht 927, 1093.
— d. Einrede mehrerer Beischläfer 1718.
— — d. Vorausklagung bei Bürgschaft 773.
— der Einwirkung auf Eigenthum 903—905.
— von Erbfolge 1924 Abs. 2, 1930, 1933, 1938, 2081, 2094, 2303—2338, 2346—2352.
— einer Forderung u. s. f. von Zwangsversteigerung des Grundstücks Z.V. 65, 107.
— eines Abkömmlings von fortgesetzter Gütergemeinschaft 1516, 1511, 1518.
— des Rechts der Frau zur Geschäftsvornahme 1357 Abs. 2, 1561 Abs. 1.
— vom Gesammtgut bei allgemeiner Gütergemeinschaft 1439, 1440.
— bei Gesellschaft von Geschäftsführung, Büchereinsicht, des Kündigungsrechts, aus Gesellschaft 710, 716, 723 Abs. 3, 247, 737—740.
— der Gütergemeinschaftsfortsetzung durch Ehevertrag oder letztwillige Verfügung 1508—1510, 1518, 1482.
— der Haftung des Käufers der Erbschaft 2382 Abs. 2, — bei Nießbrauch 1088 Abs. 2, 1089, — bei Vermögensübernahme 419 Abs. 3.

Ausschluß der Herabsetzung des Mäklerlohns 655.
— dauernder der Geltendmachung der Hypothek und des Pfandrechts 1169, 1254, 1266.
— der Ertheilung des Hypothekenbriefes 1116 Abs. 2 u. 3; 1117, 1139, 1152, 1154 Abs. 3, 1160, 1163 Abs. 2, 1185, **G.O.** 42 Abs. 2, 69.
— der Anordnung einer Nachlaßverwaltung 2062.
— der Rechtsverfolgung bei Aussteuer der Tochter 1620 Abs. 2, — gegen Verwandte wegen Unterhalts 1607 Abs. 2, 1608.
— des Rücktritts vom Vertrag s. Rücktritt 350—359, — des Widerrufs bei Schenkung 532, 1584 Abs. 2.
— des Rechts auf Scheidung 1565 Abs. 2, 1567 Abs. 3, — der Scheidungsklage 1571, 1574 Abs. 3.
— von Mitwirkung bei Testamentserrichtung, Erbvertragserrichtung als Zeuge 2c. 2234—2237, 2244, 2249, 2250 Abs. 2, 2276, 2290 Abs. 4.
— bei Unbekanntsein s. Unbekanntschaft.
— unstatthaft:
1. A. der Haftung des Erbschaftskäufers 2382 Abs. 2.
2. — des Nießbrauchers am Vermögen oder Erbschaft 1088 Abs. 2, 1089.
3. — des Übernehmers e. Vermögens 419.
4. der Kündigung bei Vereinbarung von mehr als 6 % Zinsen 247.
5. des Kündigungsrechts der Gesellschaft 723, 724.
6. des Miterben auf Auseinandersetzung 2042, 2044.
7. des Rechts auf Aufhebung der Gemeinschaft 749.
8. des Rechts auf Verlegung von Dienstbarkeit 1023, 1090, **E.** Art. 184.
9. der Veräußerungsbefugniß 137, — der Verjährung 225.
— des Rechts auf Verlegung der Grunddienstbarkeit (nicht durch Rechtsgeschäft) 1023 Abs. 2.
— von Vertretung des Kindes 1630 Abs. 2, 1795.
— der Verwaltung u. Nutznießung:
1. bei Annahme an Kindesstatt 1767.
2. des Mannes durch Ehevertrag 1435, 1436, **E.** Art. 16.
3. des Vaters 1657.

Ausschluß des Vorbehaltsguts des Mannes 1526 Abs. 2, 1555.
— des Vorkaufsrechts 507, 512, — des unbekannten V.-Berechtigten 2c. 1104, 1112.
— von Vormundschaft, Familienrath u. s. w. 1782, 1777, 1778, 1785, 1792, 1866 Nr. 2, 1868, 1874 Abs. 3, 1898, 1907, 1915, 1916, 1694, — der Bestellung eines Gegenvormunds 1852, 1855, 1856, 1857, — der Einsetzung eines Familienrathes 1859 Abs. 2.
— der freien Willensbestimmung bei Schadenszufügung 827, 829.

Ausschlußurtheil im Aufgebotsverfahren (s. auch C.P.O.).
— Eigenthumserwerb 927 Abs. 2.
— bei Unbekanntsein:
1. des Berechtigten bei Zwangsversteigerung **Z.V.** 138—142, 157 Abs. 2.
2. des im Grundbuch vorgemerkten Gläubigers 887, **Ue.** Art. 57.
3. des Hypothekgläubigers 1170, 1171, 1675, **E.** Art. 45, **G.O.** 42 Abs. 2, 67.
4. des Realberechtigten 1112.
5. des Schiffspfandgläubigers 1269, **E.** Art. 45.
6. des Vorkaufsberechtigten 1104.

Außerehelicher Beischlaf s. Beischlaf.

Außereheliches Kind s. Kind, uneheliches.

Außergerichtliche Vertheilung des Versteigerungserlöses bei der Zwangsversteigerung **Z.V.** 143—145, 160.

Außerkraftsetzen von Anordnungen der Eltern durch das Vormundschaftsgericht 1857.
— — bez. des Pflegers — 1917 Abs. 2.

Außerkurssetzen von Schuldverschreibungen auf den Inhaber nach 1. Jan. 1900 ausgeschlossen **E.** Art. 176.

Außerordentliche Kündigung, Lasten s. das.
— Testamentsformen 2249—2251, **E.** Art. 44.

Außerstandsein zur Abgabe von Erklärungen 1726 Abs. 3, 1735, 1746 Abs. 2, 1747, 1803 Abs. 3, 1917 Abs. 3.

Außerstandsein zur Aussteuergewährung durch Vater 1620.
— des Beschwerten, Vermächtniß zu leisten, 2170 Abs. 2, 2182 Abs. 2, 2288 Abs. 2.
— des Erbschaftsbesitzers zur Herausgabe 2021, 2022.
— zur Errichtung eines Testaments vor Notar rc. 2252 Abs. 2.
— zur Unterhaltsgewährung 1579.
— sich selbst zu unterhalten 1360 Abs 2 u. 3, 1578 Abs. 2, 1602, 1603, 1708 Abs. 2, 1963, 2141.
Aussetzung von Belohnung s. Auslobung 657—661.
Aussonderungsrecht, Gläubiger, denen im Konkurs ein A. zusteht, werden durch das Aufgebot der Nachlaßgläubiger nicht berührt 1971, 1974 Abs. 3, 2016 Abs. 2, 2060 Nr. 2.
Ausspielvertrag bei staatlicher Genehmigung verbindlich 763.
Ausspruch bei Eheschließung 1318.
Ausstattung ist das, was Kind mit Rücksicht auf seine Verheirathung oder zur Erlangung selbständiger Lebensstellung oder zur Begründung oder Erhaltung der Wirthschaft oder Lebensstellung von Vater oder Mutter zugewendet erhält, 1624, — im Zweifel aus dem der elterlichen oder vormundschaftlichen Verwaltung unterliegenden Vermögen 1625, — Schenkung, soweit sie das den Umständen entsprechende Maß übersteigt, 1624.
— bei Auseinandersetzung der fortgesetzten Gütergemeinschaft 1499 Nr. 3, 1518, — des Nachlasses, Ausgleichung 2050—2057, 2204, 2316 Abs. 3.
— bei allgemeiner Gütergemeinschaft 1465, 1475 Abs. 2, — bei Errungenschafts- und Fahrnißgemeinschaft 1538, 1549, — Erwerb hiebei 1477 Abs. 2, 1502, 1546, 1549, 1521, 1551, 1556.
— aus dem Vermögen des volljährigen Mündels nur mit Genehmigung des Vormundschaftsgerichts 1902.
Aussteller einer Schuldverschreibung auf den Inhaber s. das.
Aussteuer zur Einrichtung des Haushalts bei Verheirathung der Tochter, — Verpflichtung der Eltern zur angemessenen A., soweit sie dazu im Stand und Tochter nicht ausreichendes Vermögen, 1620, — (nicht, wenn Tochter schon zu früherer Ehe A. erhielt, 1622).
— Verweigerung:
1. bei Heirath ohne erforderliche Einwilligung,
2. bei Verfehlung, die zu Pflichttheilsentzug berechtigt, 1621, — Anspruch verjährt in einem Jahr nach Eheeingehen, — nicht übertragbar! 1623.
Aussteuer bei Auseinandersetzung des Nachlasses, Ausgleichung 2050.
— Schadensersatz bei Rücktritt vom Verlöbniß 1298, 1299, 1302.
Ausstoßung eines Gesellschafters 737.
Ausstreichen im Testament 2255.
Austritt aus Verein 39, 58 Nr. 1.
Ausübung des Amts eines Mitglieds des Familienrathes 1872 Abs. 2.
— — eines Standesbeamten, ohne solcher zu sein 1319.
— der beschränkt persönlichen Dienstbarkeit 1092.
— der elterlichen Gewalt s. das.
— der Grunddienstbarkeit (thunlichst schonend!) 1020—1026, Ue. Art. 13, 45.
— des Nießbrauchs s. das. 1036—1067, 1070.
— der Rechte aus Chikane unzulässig 226 (s. auch Nothwehr u. s. f. 227—231).
— — als Vereinsmitglied (unübertragbar) 38.
— des Rücktrittsrechts s. das. 504—507, 513.
— des Vorkaufsrechts s. das. 1094—1104, 2034—2037.
Auswahl s. auch Wahlrecht.
— der Mitglieder des Familienraths 1862, 1863 Abs. 2, 1864, 1868, 1905.
— bei Uebertragung eines Geschäfts an Anderen, Haftung des Beauftragten 664, — des geschäftsführenden Gesellschafters 713, — des Geschäftsherrn 831, — des Verwahrers 691, — des Vorstandes einer Stiftung 86, 664, — des Vorstandes eines Vereins 27, 40, 664.
— des Vormundes durch Vormundschaftsgericht 1779, 1785, 1788, 1849, 1897, 1907.

Ausweis s. Legitimation.
Auszeigung des Kindsvermögens s. 1640, 1686.
Auszug eines Bienenschwarms s. das., 961—964.
— aus Grundbuch im Hypotheken-, Grundschuld-, Rentenbrief **G.O.** 57, 58, 70, 97, **N.** Art. 30, 134.
— des Miethers oder Pächters 561, 581 Abs. 2.
— aus Urkunde zum Beweis des Rechts beim Kauf 444 und Tausch 515.
Auszugsleistungen, Auszugsvertrag s. Altentheil und Leibgeding.
Autonomie **E.** Art. 57, 58.

B.

Baarentrichtung des Kaufpreises beim Pfandverkauf 1238, 1239 Abs. 2.
Baargebot bei der Zwangsversteigerung **Z.V.** 49, 68, 94, 108, 118, 170.
Badisches Landrecht, Übergangsbestimmungen s. **Ue.** Art. 20 Abs. 2, 21 Abs. 2.
Bahn s. Eisenbahnunternehmen.
Bahneinheit, landesgesetzliche Vorschriften unberührt **E.** Art. 112.
Balkon 905, 912, **E.** Art. 124, **A.** Art. 63—67, 78.
Bamberg, Bisthum, allgemeine Gütergemeinschaft, Übergangsbestimmungen s. **Ue.** Art. 64, 67, 72, 74, 91, 94, 96 Abs. 3, 97—104.
— dompropbstliche Observanzen, Errungenschaftsgemeinschaft des Zugewinnstes, Übergangsbestimmungen s. **Ue.** Art. 83, 85, 94, 97—104,
— Landrecht, — Vorbehalt der Errungenschaftsgemeinschaft — **Ue.** Art. 82, 94, 97 Abs. 2, 98—104.
Bank, Bankgeschäft, Anlage von Mündelgeld 1808, 1809, 1811.
— — Hinterlegung (s. auch das.) von Werthpapieren 700 Abs. 2.
— — Zulässigkeit des Versprechens von Zinseszinsen 248 Abs. 2.
Banknoten s. auch Inhaberpapier.
— keine Bekanntmachung bei Verlust **A.** Art. 90 Abs. 2.
Bannrecht, landesgesetzliche Vorschriften unberührt **E.** Art. 74, **A.** Art. 1.
Barbier, Verjährung der Ansprüche (2 Jahre) 196 Nr. 7, 201, 218.
Bau s. auch Aufbau.
— auf fremdem Boden oder mit fremdem Material 946, 94, 95, 949, 950.
— über die Grenze 912—916, 924.
Bauabstand, keine allgemeinen Vorschriften, s. Eigenthumsbeschränkungen.
Bäuerliche Verhältnisse, landesgesetzliche Vorschriften unberührt **E.** Art. 113, 114, 116, 197.
Baufälligkeit eines Gebäudes oder Werkes, Schadensersatz 908, 924.
Bauhandwerker, falls er Unternehmer ist, Sicherungshypothek 648, **E.** Art. 170, s. auch C.P.O. 935, 916—934.
Baulast s. Kirchenbaulast, Schulbaulast.
Bauliche Anlagen s. Anlagen.
Baulinie s. auch Eigenthumsbeschränkungen.
— landesgesetzliche Vorschriften unberührt **E.** Art. 113, — Vorschriften für Fenster und Anlagen an B. **E.** Art. 124, **A.** Art. 65, 66, 78.
Baum, Sondereigenthum, das 1. Januar 1900 besteht, bleibt bestehen **E.** Art. 181,
— Abstand von der Grenze **E.** Art. 124. **A.** Art. 63—66, 67 Abs. 2, 78.
— auf Grenze oder Nachbargrundstück (Früchte, deren Beseitigung, Wurzeln und Zweige) 910, 911, 923, 924, **E.** Art. 183, **Ue.** Art. 9.
— landesgesetzl. Vorschriften für Obstbaum **E.** Art. 122, Art. 71 Nr. 4, **A.** Art. 72—75, 78.
Baumaterialien, wesentlicher Bestandtheil des Gebäudes 94 Abs. 2.
Bauordnung, landesgesetzliche Vorschriften unberührt **E.** Art. 111.
Bauunternehmer, Sicherungshypothek **E.** Art. 170; 648.
Bauwerk, Anspruch des Bestellers auf Beseitigung von Mängeln rc. (Verjährung: 5 Jahre) 638.
— Erbbaurecht s. das. 1012—1017, — Übergangsbestimmung für die Pfalz s. Bayer. Gesetz vom 1. Juli 1898 Art. 19 (G. u. V.Bl. 1898 S. 374).
Bayerisches Landrecht, — Errungenschaftsgemeinschaft des Zugewinnstes, subsidiär Dotalrecht — Übergangsbestimmungen s. **Ue.** Art. 83, 84, 94, 96, 97—104.

Bayerisches Landrecht, falls kraft Ehevertrag allg. Gütergemeinsch., **Ue.** Art. 96.

Bayreuth, Fürstenthum, — Vorbehalt der Errungenschaftsgemeinschaft — Übergangsbestimmungen s. **Ue.** Art. 62 Abs. 2, 63, 64, 67, 69, 70, 75 Abs. 2, 94, 97—104.

Beamter, Amtsbürgschaften **E.** Art. 90.
— Ansprüche aus Amtsverhältniß: **E.** Art. 80, 81, **A.** Art. 1, — (Aufrechnung 394, **A.** Art. 12, — Abtretung 400, 411, 412, **A.** Art. 12, — Verjährung 200).
— Eheschließung, Erlaubniß nach Landesgesetzen 1315.
— Haftung für Amtspflichtverletzung (Vorentscheid des Verwaltungsgerichtshofs! Gesetz vom 8. August 1878 Art. 7 Abs. 2, **A.** Art. 165 I), — (Schadensersatz — bei Fahrlässigkeit nur, wenn nicht auf andere Weise Ersatz — nicht, wenn Verletzter vorsätzlich oder fahrlässig Rechtsmittel unterlassen, — besondere Vorschrift bei Urtheil und bei Geschäftsführung für Dritten u. s. f.) 839, 841, s. aber **E.** Art. 77, **A.** Art. 60, 61, — Vorschrift für Sachverständige zur Feststellung des Grundstückswerths **E.** Art. 79, **A.** Art. 88, — für Vormundschaftsrichter 1674, 1848, — für Stellvertreter und Gehilfen **E.** Art. 78, **A.** Art. 1. (Zuständigkeit der Landgerichte Gerichtsverfassungsgesetz § 70 Nr. 2 Abs. 2.)
— Haftung des Fiskus für Beamte s. auch 89, 31.
— Haftung des Staats, einer Gemeinde oder sonstigen Kommunalverbands für vorsätzliche oder fahrlässige Verletzung der Amtspflicht in Ausübung der öffentlichen Gewalt gegenüber Dritten an Stelle des B. (auch wenn letzterer wegen Bewußtlosigkeit oder krankhafter Störung der Geistesthätigkeit nicht haftet!) — (keine Haftung für Schaden aus Urtheil!) — Besondere Vorschriften für Ausländer — sowie für einzelne Klassen von B.) **E.** Art. 77, **A.** Art. 60, 61, — (Vorentscheid des Verwaltungsgerichtshofs! für Gericht bindend! s. Gesetz vom 8. August 1878, Errichtung des Verwaltungsgerichtshofs betr. **A.** Art. 165 I), insbes. für Gerichtsvollzieher **A.** Art. 60 Abs. 1, — für Grundbuchbeamte **G.O.** 12, —(Haftung d. B. gegenüber Staat u.s.f. **A.** Art. 60 Abs. 4), — für Notar! (außer als Testamentsvollstrecker) **N.** Art. 126.

Beamter, Kündigungsrecht des Mieth- (nicht Pacht)verhältnisses bei Versetzung d. B. 570, 596 Abs. 3, — Kündigung des Dienstverhältnisses bei Privatbeamten 622.
— Sicherungsmaßregeln beim Tod eines B. **A.** Art. 106.
— Übernahme von Vormundschaften 1784, 1785, 1778, 1888, 1895, 1897, — von Gegenvormundschaft und Pflegschaft 1792, 1915.
— Wohnsitz, falls B. im Ausland angestellt, **F.G.** 3.

Beaufsichtigung s. Aufsichtspflicht.

Beauftragter s. Auftrag.

Bedachter s. Erbe, Vermächtnißnehmer.

Bedarf der geliehenen Sache 605.

Bedenkzeit s. Ausschlagung.

Bediensteter des Erblassers, im Testament bedacht, 2071.

Bedingung auflösende (Wirkung endet mit Eintritt der B.), aufschiebende (Wirkung tritt ein mit Eintritt der B.) 158.
— Auslegungsregeln s. das. 455, 495, 2066, 2074, 2075, 2103—2105, 2108, 2177, 2178.
— bei Bürgschaft 765 Abs. 2.
— bei Hypothekbestellung 1113 Abs. 2.
— beim Mäklervertrag 652.
— bei Forderung gegen den Nachlaß 1986 Abs. 2.
— bei Pfandrechtsbestellung 1204 Abs. 2, 1209.
— bei Pflichttheilsberechnung 2313.
— Rückbeziehung der Wirkung auf früheren Zeitpunkt 159.
— Schadensersatz bei Vereitlung des Rechts während Schwebezeit 160, — Verfügungen während d. Schwebezeit 161.
— bei Schenkung 2301.
— bei unmöglicher Leistung 308, 309, 2171.

Bedingung, Unzulässigkeit der Hinzufügung
1. bei Ablehnung der Fortsetzung der Gütergemeinschaft 1484, 1518, 1947.
2. bei Anerkennung der Ehelichkeit des Kindes 1598 Abs. 2.
3. bei Annahme oder Ausschlagung einer Erbschaft u. eines Vermächtnisses 1947, 2180 Abs. 2.
4. — des Amts als Testamentsvollstrecker 2202 Abs. 2, 2228.
5. bei Annahme an Kindesstatt und Aufhebung dieses Rechtsverhältnisses 1742, 1768.
6. bei Auflassung 925 Abs. 2, 1017, **A.** Art. 83 Abs. 2.
7. bei Aufrechnung 388.
8. bei Ehelichkeitserklärung 1724.
9. bei Erklärung der Eheschließung 1317 Abs. 2, 1324, **E.** Art. 40 II § 7 Abs. 2.
— Verhinderung des Eintritts wider Treu und Glauben 162.
— bei Vermächtniß 2162, 2163, 2260, 2177, 2179.
— bei Vormerkung im Grundbuch 883.

Bedungene Gütergemeinschaft s. Güterrecht.

Bedürfniß des Berechtigten bei beschränkt persönlicher Dienstbarkeit im Zweifel maßgebend 1091.
— Mehrung bei Körper- und Gesundheitsverletzung 843.
— bei Unterhalt der Frau berücksichtigen 1361 Abs. 2.

Bedürftigkeit zu berücksichtigen a) bei Aussteuer 1620, — b) bei Schadensersatz 829, — c) bei Schenkung 519, 528, 529, — d) bei Unterhaltspflicht 1579, 1603—1605, 1608.
— Voraussetzung der Unterhaltspflicht der Verwandten und der Ehefrau 1602, 1360 Abs. 2.

Beeidigung s. Eid, Sachverständiger, Zeuge.

Beeinträchtigung eines Anspruchs nach Vormerkung im Grundbuch 883 Abs. 2.
— der ehelichen Interessen durch Thätigkeit der Frau 1358.
— des Eigenthums 985—1003, 1004.
— der Grunddienstbarkeiten 1027—1029, des Erbbaurechts u. s. f. durch Überbau 916.

Beeinträchtigung eines Grundstücks durch Zuführung von Gasen, durch Geräusch u. s. f. 906.
— des Mitgebrauchs eines gemeinschaftlichen Gegenstandes 743 Abs. 2, 745 Abs. 3, der Mitbenutzung einer gemeinsamen Mauer u. s. f. 922.
— des Nießbrauchs 1065, 1071 Abs. 2.
— eines Rechts durch falschen Eintrag im Grundbuch 894.
— des Rechts der Nacherben durch Verfügung des Vorerben 2113—2115, 2136—2138.
— des Rechts des Pfandgläubigers 1227, 1276 Abs. 2, 1288.
— eines Rechts durch Zuschlag bei Zwangsversteigerung **Z.V.** 85, 100.
— des Vertragserben oder Bedachten durch Erblasser 2287, 2288.
— des Vertragserben durch andere Verfügungen von Todeswegen 2289.

Beendigung s. Ende.

Beerbung s. Erbschaft.

Beerdigung, Kosten der B.
1. des Berechtigten bei Leibgedingsvertrag **A.** Art. 40.
2. des Erblassers 1968.
3. des Getödteten 844, **E.** Art. 42 § 3.
4. des Schenkers 528, 1615 Abs. 2.
5. des unehelichen Kindes 1713.
6. des Unterhaltsberechtigten 1580, 1615 Abs. 2.
— Kosten, Bestreitung durch Dritte ohne Auftrag gegen Willen des Verpflichteten 679.
— Stätte für B. Landesgesetze **E.** Art. 133, **A.** Art. 1.

Beförderungsmittel, Fund daselbst 978—982.

Befreite Vormundschaft 1852—1857, **E.** Art. 136 Nr. 4, **A.** Art. 100 Abs. 3.
— Pflegschaft 1917.

Befreiung des Angewiesenen von Schuld gegen Anweisenden 787.
— des Ausstellers von Schuldverschreibungen auf den Inhaber 793, und von Urkunden, in denen der Gläubiger benannt ist, 808.

Befreiung von Belastung bei Veräußerung, Theilung &c. von Grundstücken nach Landesgesetz **E.** Art. 120, Bayer. Gesetz, Unschädlichkeitszeugniß betr., v. 15. Juni 1898 Art. 1, 13 (s. auch Unschädlichkeit).
— von Beschränkungen bei der Eheeingehung s. Ehe 1303 Abs. 2, 1312 Abs. 2, 1313 Abs. 2, 1316 Abs. 3, 1322, 1328 Abs. 2, — bei Annahme an Kindesstatt 1745.
— des Bürgen von der Bürgschaft 775—777.
— des Eigenthümers wegen Anspruchs auf Ersatz der Verwendungen 1001—1003.
— des Finders 969.
— des ausscheidenden Gesellschafters von Schulden 708.
— eines Grundstücks von Belastung bei Fahrnißgemeinschaft 1551 Abs. 2, — durch Vater und Vormund 1643, 1821 Nr. 2 u. Abs. 2, — bei Veräußerung, Theilung &c. s. oben.
— von Leistung bei Unmöglichkeit oder Unvermögen 275.
— von Miethzins 537, 539.
— des Schadensersatzpflichtigen 851.
— des Testamentsvollstreckers 2220.
— von Unterhaltspflicht 1579 Abs. 2, 1614 Abs. 2, 1710 Abs. 2.
— von Verbindlichkeiten 257, 378, 821.
— des Vorerben durch Erblasser 2136—2138.
— des Vormunds s. Befreite Vormundschaft.

Befriedigung s. auch Rangordnung, Zwangsversteigerung.
— des Besitzers für Verwendungen 1003.
— des Gläubigers des Bestellers eines Nießbrauchs am Vermögen 1086—1088.
— des Gläubigers — a) bei allgemeiner Gütergemeinschaft s. das. 1459—1462, — b) bei Errungenschafts- u. Fahrnißgemeinschaft 1525, 1550, — c) bei gesetzlichem Güterrecht s. Güterrecht 1410—1417, — d) des Kindes bei elterlicher Nutznießung 1659.
— des Gläubigers durch Dritten: a) durch den Bürgen 765, 770—774, — b) durch Gesammtschuldner 426 Abs. 2, — c) durch Dritten, der durch die Zwangsvollstreckung oder Pfandveräußerung Recht oder Besitz verlieren würde, 268, 1150, 1249, — d) Verpflichtung im Vertrag ohne Schuldübernahme 329.

Befriedigung des Gläubigers aus dem Pfandrecht s. das. 1204—1272, 1277, 1279—1296.
— des Hypothekgläubigers:
1. durch den Eigenthümer 1142—1145, 1171 Abs. 2, 1173.
2. des Eigenthümers, der zugleich Gläubiger der Grundschuld ist, 1197.
3. bei Gefährdung der Hypotheksicherheit 1133, 1135.
4. bei Gesammthypothek s. das. 1132, 1173, 1174, 1176, 1181 Abs. 2, 1182, — Bayer. Ges. v. 18. Juni 1898 Art. 5, 7.
5. aus dem Grundstück im Weg der Zwangsvollstreckung s. das. und Zwangsversteigerung 1147—1150, 1181, — Kosten der Rechtsverfolgung 1118.
6. falls das Grundstück vermacht ist, 2166—2168.
7. durch den persönlichen Schuldner 1164, 1166, 1167, 1174, 1176.
— eines im Aufgebotsverfahren ausgeschlossenen Nachlaßgläubigers 1973, 1974, 1989, 2013, 2010 Nr. 2.
— des Vermiethers vor der außerordentlichen Kündigung 554.

Befristung s. Zeitbestimmung.

Begebung s. Blankoindossament.

Beginn s. Anfang.

Beglaubigung s. Form.

Begleiter des Gastes, Haftpflicht des Gastwirthes 701.

Begräbniß-kosten, -stätte, s. Beerdigung.

Begründung von Dienstbarkeit s. das., vgl. auch **E.** Art. 128, **A.** Art. 84.
— eines Rechts bei dessen Verkauf 448 Abs. 2.
— eines Schuldverhältnisses (Vertrag) 305.

Behauptung s. Verläumdung.

Beherbergung durch Gastwirth 701—704.

Behörde s. auch Gericht.

Behörde, Ablieferung des hinterlegten Testaments und Erbvertrags an die Nachlaßbehörde 2259 Abs. 2, 2300.
— Anfechtung eines Rechtsgeschäftes gegenüber B. 143.
— Einspruch der zuständigen Verwaltungsb. gegen Eintragung eines Vereins in das Vereinsregister 61—64, — Entziehung der Rechtsfähigkeit des Vereins 44, 74 Abs. 3, — Nachweis über Vorstand gegenüber B. 69, — Anzeige der zuständigen B. bei Auflösung des Vereins 74 Abs. 3.
— öffentliche, Fund in deren Geschäftsräumen oder Beförderungsmitteln 978—982.
— Herausgabeverpflichtung einer in ihrem Besitz befindlichen Sache 983.
— Recht der zuständigen B., Vollzug der Auflage bei Schenkung oder letztwilligen Zuwendung zu verlangen, 525 Abs. 2, 2194.
— als Verwalterin einer Stiftung 86, — Umwandlung des Zwecks oder Aufhebung der Stiftung 87.
— Veräußerungsverbot von zuständiger B. 136.
— Willenserklärung gegenüber B. 130 Abs. 3, 132.
— zuständige: (s. auch oben) a) Aufnahme des Inventars 2002, 2003, — b) — eines Verzeichnisses des der elterlichen Verwaltung unterliegenden Vermögens 1640 Abs. 2, 1667 Abs. 2, 1692, — c) — des Testamentsvollstreckers 2215 Abs. 4, 2220, — d) — des Verzeichnisses des Vorerben 2121 Abs. 3, — e) Bekanntmachung der Satzungen von Kreditanstalten 1115 Abs. 2.

Beischlaf s. auch Geschlechtsgemeinschaft.
— als Voraussetzung des Eintritts der allgemeinen Gütergemeinschaft nach bisherigen Vorschriften —, aufgehoben mit 1. Januar 1900 **Ue.** Art. 62 Abs. 2, 75 Abs. 2.
— außerehelicher:
1. Einrede der mehreren Beischläfer 1717, 1718.
2. Empfängnißzeit s. das. 1717, 1718, 1720.
3. Schadensersatz, falls durch Hinterlist, Drohung oder Mißbrauch eines Abhängigkeitsverhältnisses, 825, 823, 842, 847 Abs. 2.

Beischlaf der Ehefrau durch Mann: Ehelichkeit der Kinder s. Kind u. Empfängnißzeit 1591, 1592.
— einer unbescholtenen Verlobten durch Verlobten, bei Rücktritt vom Verlöbniß billige Entschädigung (Ausn!) (nicht übertragbar — nicht vererblich, — Verjährung: 2 Jahre) 1300, 1302.

Beiseiteschaffen eines Vermächtnißgegenstandes durch Erblasser in d. Absicht, den Bedachten zu beeinträchtigen 2288.

Beisitz Recht des überlebenden Ehegatten n. bisherigen Rechten, — Angabe im Erbschein, Eintrag im Grund- oder Hypothekenbuch **Ue.** Art. 28.

Beistand der Mutter,
— Zuordnung durch Vater vor 1. Januar 1900 **E.** Art. 205.
— Bestellung, falls der Mutter elterliche Gewalt zusteht, vom Vormundschaftsgericht
1. bei Anordnung des Vaters in letztwilliger Verfügung 1687 Nr. 1, 1688 Abs. 3, **F.G.** 57 Nr. 5.
2. bei Antrag der Mutter 1687 Nr. 2, 1695.
3. bei Erforderlichsein aus besonderen Gründen (Umfang Schwierigkeit, Gefährdung) 1687 Nr. 3, 1695, **F.G.** 57 Nr. 5, — für alle Angelegenheiten oder nur für einzelne (Bestellung entscheidet!) 1688, — (Vermögensverwaltung auf Antrag der Mutter ganz oder theilweise 1693, 1695) (Übergehung — sofortige Beschwerde **F.G.** 60 Nr. 1 u. Abs. 2, — für Geistesschwache nach französischem u. badischem Recht **E.** Art. 211).
— Entlassung — sofortige Beschwerde **F.G.** 60 Nr. 3.
— Pflichten:
1. Anlage von Geld 1691.
2. Genehmigung v. Rechtsgesch. (Ausn.!), Ersatz durch Genehmigung des Vormundschaftsgerichts 1690, **E.** Art. 41 II.
3. Haftung, Ende, Vergütung, wie Gegenvormund (Ende auch: beim Ruhen der elterlichen Gewalt der Mutter) 1694,

Bayer. Gesetz v. 1. Juli 1898 Art. 6, Art. 4, **F.G.** 54.
4. Mitwirkung bei Aufnahme des Vermögensverzeichnisses 1692.
5. innerhalb seines Wirkungskreises Unterstützung und Ueberwachung der Mutter (Anzeige an Vormundschaftsg.) 1689.

Beistand, Vormund des Kindes aus nichtiger Ehe u. des unehelichen Kindes hat, soweit der Mutter die Sorge für die Person des Kindes zusteht, die rechtliche Stelle eines B. 1702 Abs. 2, 1707, — ebenso Vormund der minderjährigen Mutter 1696.

Beiträge der Frau zur Bestreitung des ehelichen Aufwands 1371, 1427 Abs. 2, 1428, 1441, 1526 Abs. 3, 1549.
— der Gesellschafter (im Zweifel gleich,) — Dienste als B. — Erhöhung, — Einfluß auf Antheil am Gewinn und Verlust 705—707, 718, 722, 733, 735.
— zum Unterhalt der Frau durch den Mann 1361 Abs. 2, — des gemeinschaftlichen Kindes nach Ehescheidung durch die Frau 1585, 1352.
— der Mitglieder eines eingetragenen Vereins 58.

Beitritt zur Zwangsversteigerung eines Grundstückes **Z.V.** 27.

Beiwohnung s. Beischlaf.

Bekanntmachung öffentliche s. auch Anzeige.
— der Anordnung der Nachlaßverwaltung 1983, — der Aufforderung zur Anmeldung d. Erbrechts 1965, 2358 Abs. 2, — der Nachlaßgläubiger 2061.
— des Aufgebots s. **Ue.** Art. 16 Abs. 5, **A.** Art. 115.
— Auflösung eines Vereines, Entziehung der Rechtsfähigkeit, ebenso bei Stiftung 50, 88.
— der Auslobung 657—661.
— Eintragung eines eingetragenen Vereins 66.
— der Einträge im Güterrechtsregister 1562, — in das Grundbuch **G.O.** 55.
— bei Fund im Geschäftsraum einer öffentlichen Behörde u. s. f. 980—983.
— der Genehmigung von Schuldverschreibung auf den Inhaber 795 Abs. 2.
— der Satzungen einer Kreditanstalt 1115 Abs. 2.

Bekanntmachung der Terminsbestimmung bei Zwangsversteigerung **Z.V.** 39, 40, 105 Abs. 3, 87 Abs. 2, 168 Abs. 2, **E.Z.V.** 7, **A.G.O.** Art. 26, 53.
— des Verlusts von Inhaberpapieren **A.** Art. 90.
— von Zeit u. Ort der Versteigerung 383 Abs. 3, — der Versteigerung des Pfandes 1237, 1243, 1245 Abs. 2.
— Vollmachtsertheilung u. Widerruf 171, — Kraftloserklärung der Vollmachtsurkunde 176, — des Erbscheines 2301 Abs. 2.

Belastung, Übergangsbestimmung: B., die am 1. Januar 1900 besteht, bleibt bestehen (Ausn.: Grunddienstbarkeit — Grundschuld — Erbbaurecht — Pfandrecht am Grundstück) **E.** Art. 184, 192—195.
— des Antheils eines Miteigenthümers im Grundbuch 1010, 2044, 2204.
— von Bahneinheiten nach landesges. Vorschriften **E.** Art. 112.
— einer beweglichen Sache zur Sicherung einer Forderung, so daß Gläubiger Befriedigung aus der Sache suchen kann, s. Pfandrecht 1204 — 1272.
— eines Erbschaftsgegenstandes beim Erbschaftskauf 2375, 2385 Abs. 2.
— eines Grundstücks (s. auch das. u. Unschädlichkeit) mit einem Recht
1. durch Einigung und Eintragung 873, 874, 877, 892, **G.O.** 6, **N.** Art. 30, 134, — (Vereinbarung, Grundstück nicht weiter zu belasten, ist nichtig! 1136) — und zwar a) mit Erbbaurecht s. das., — b) mit Dienstbarkeiten (Grund- und beschränkt persönlichen Dienstbarkeiten), — c) mit Grund- und Rentenschuld s. das., — d) mit Hypothek (s. das. u. Sicherungshypothek 1287, C.P.O. 848), — e) mit Nießbrauch s. das. (ohne Eintragung s. 1075), — f) mit Reallast s. das., — g) mit dinglichem Vorkaufsrecht s. das., — h) mit vererblichem, veräußerlichem Recht zur Gewinnung eines dem Bergrecht nicht unterliegenden Minerals (nach Landesgesetz) **E.** Art. 68.

2. Befreiung eines veräußerten unerheblichen Theils eines Grundstücks von B. und Vertheilung der Reallasten auf die einzelnen Theile (s. auch Unschädlichkeit) E. Art. 120.
3. Untersagung oder Beschränkung der B. mit gewissen Dienstbarkeiten u. Reallasten nach Landesgesetz E. Art. 115, A. Art. 85, 86.
4. Unzulässigkeit der B. von Grundstücken nach Landesgesetz — a) von Fideikommissen, Lehen u. s. f., der Landesherrn, des hohen Adels E. Art. 57—61. — b) über gewisse Werthgrenze oder mit unkündbaren Hypotheken u. Grundschulden E. Art. 117.
5. eines vermietheten oder verpachteten Grundstücks 577—579, E. Art. 172.

Belastung einer hypothekarisch u. s. f. gesicherten Forderung des Kindes oder Mündels, Vertretung durch Vater oder Vormund 1630 Abs. 2, 1795 Abs. 2 u. 3.
— eines Rechts, falls übertragbar, mit Nießbrauch oder Pfandrecht s. das. 1068, 1069, 1274, — — an fremdem Grundstück oder eines Rechts an solchem Recht bis zur Anlegung des Grundbuchs E. Art. 189, — B. des Erbbaurechts (s. das.) und der Rechte nach E. Art. 63, 68 wie B. des Grundstücks, — B. des Rechts bei Reallast 1111 Abs. 2.
— einer Sache erstreckt sich im Zweifel auch auf Zubehör 314 — Einfluß auf vorbehaltenen Rücktritt 353, — mit Recht eines Dritten, Erlöschen 936, — mit Nießbrauch s. das. 1030 — 1067, — einer gemeinschaftlichen Sache zu Gunsten eines Miteigenthümers 1009, — Vertrag auf B. einer Sache gegen Entgelt 445, 493.
— eines verpfändeten Schiffs oder Schiffsparts 1261, 1262, 1263 Abs. 2, 1272.
— eines Vermächtnißgegenstandes 2165—2169, 2175, 2288 Abs. 2.

Belege bei Rechnungslegung mit vorlegen 259, 1841.

Beleidigung s. Verleumdung.
— grobe als Kündigungsgrund bei Gesinde A. Art. 24 Nr. 6 u. Abs. 2, 25 Nr. 3 u. Abs. 2.

Belieben s. auch Bestimmung.
— des Gläubigers und des Schuldners bei Leistung 421, 428.

Belohnung s. Auslobung 657—661.

Benachrichtigung s. Anzeige.

Benachtheiligungsabsicht s. Absicht.

Beneficiarerbe, Beneficiarmasse s. Rechtswohlthat des Inventars.

Beneficium cedendarum actionum 426 Abs. 2, 774.
— competentiae s. Bedürftigkeit.
— divisionis nicht aufgenommen.
— excussionis 771—774, 202, 239.
— inventarii nicht aufgenommen s. 1993—2012.
— ordinis 771—773, 202, 239.

Benennung als Gegenvormund 1792 Abs. 2.
— als Mitglied des Familienraths 1861, 1863 Abs. 3, 1868.
— als Pfleger 1916, 1917.
— als Vormund 1776 Nr. 1 u. 2, 1777—1779, 1782, 1898.

Benutzung von Gegenständen des Gesellschafters durch die Gesellschaft 732, 738.
— d. gemeinschaftlichen Gegenstands 743 Abs. 2, 745, 746, 748, 2038 Abs. 2, — des gemeinschaftlichen Grundstücks 1010.
— eines Grundstücks bei beschränkt persönlicher Dienbarkeit 1090—1093, — bei Grunddienstbarkeit 1018 — 1029, — beim Leibgedingsvertrag s. das. A. Art. 36, 38 Abs. 2, 41, — als Nothweg 917, 918, 924. — bei Zwangsverwaltung Z.V. 148 Abs. 2, 149.
— öffentlicher Grundstücke und Gewässer zu Anlagen und Betrieben, Haftpflicht E. Art. 105, A. Art. 58, 59.
— einer Sache im öffentlichen Interesse, Entschädigung u. s. f. nach Landesgesetzen E. Art. 52, 53, 109, 120 Abs. 2 Nr. 3, A. Art. 1, Bayer. Gesetz vom 15. Juni 1898 (G. u. V.Bl. 1898 S. 301) Art. 18.
— ordnungsgemäße s. das.

Berechnung der Besitzzeit bei Ausschluß des Eigenthümers 927.
— von Fristen 186—193.

Berechnung des Lebensalters 187.
— der Minderung beim Kauf 472.
— des Pflichttheils s. das. 2303, 2310—2316, 2325, 2327, 2330 — 2332.
— des Werths der einzelnen Hypotheken bei Gesammthypothek 1172 Abs. 2, — — der Zuwendungen bei Ausgleichung unter Miterben 2055.
Berechtigtes Interesse s. Interesse.
Bereicherung s. auch Ungerechtfertigte B.
— des eingebrachten Guts bei gesetzlichem Güterrecht 1399 Abs. 2, 1401.
— des Gesammt- und eingebrachten Guts bei allgemeiner Güter-, Errungenschafts-, Fahrnißgemeinschaft 1455, 1466, 1539, 1540, 1550.
— durch unentgeltliche Zuwendung s. Schenkung 516, 517.
Bergrecht, landesgesetzliche Vorschriften unberührt **E.** Art. 67, 68, 52, 53, **A.** Art. 134, — Bayer. Berggesetz vom 20. März 1869, abgeändert **A.** Art. 157, s. auch Ausführungsgesetz zur C.P.O. Art. 34 (G. u. V.Bl. 1899 S. 412).
Bergwerk, Bergwerkseigenthum s. auch Kux, Realrecht.
— Grundbucheinrichtung, wie bei Grundstücken **A.G.O.** Art. 7, 17, 18, 53, **G.O.** 20, 22 Abs. 2.
— Körperverletzung beim Betrieb **E.** Art. 42.
— Nacherbfolge in B. 2123, 2136, 2137.
— Nießbrauch an B. 1038 Abs. 2.
— als Theil der Erbschaft bei Nacherbfolge 2123 Abs. 2, 2136, 2137.
— Verleihungsgesuch, Einsicht **A.** Art. 134.
— Zwangsvollstreckung in B. (Beschlagnahme umfaßt nicht bereits gewonnene Mineralien — Mittheilung an Bergbehörde, — Zwangsversteigerung, Antrag! Vorschriften über geringstes Gebot keine Anwendung! — Gebot des B.-eigenthümers unwirksam! — Aufhebung des Verfahrens) **A.G.O.** Art. 37 — 51, 53, **E.** Art. 67, **E.Z.V.** 2.
Berichtigung des Grundbuchs (s. auch Widerspruch), in Folge Änderung des Güterstandes (Gebühren !) **Ue.** Art. 30, — bei Befriedigung des Hypothekgläubigers 1144, 1145, — beim Eintritt allgemeiner Güter- und Errungenschaftsgemeinschaft 1438 Abs. 3, 1485, 1519 Abs. 2, — durch den persönlichen Schuldner 1167, — bei Widerspruch des Inhalts mit wirklicher Rechtslage (Klage, ev. einstweilige Verfügung) 894 — 899, 1138, 1155, 1157, **G.O.** 8 Abs. 2, 14, 22, 27 Abs. 2, — bei Zusammenlegen von Grundstücken, nach Landesgesetz **E.** Art. 113.
Berichtigung der Nachlaßverbindlichkeiten, Schulden s. das.
— des Schiffsregisters s. das. 1263, **F.G.** 102, 103, 119.
— der Eintragung im Standesregister **F.G.** 70, 186, **Ue.** Art. 35, 147.
Beruf, Vorbildung hiezu, Theil des Unterhalts 1610 Abs. 2, 1708, — Ausgleichung 2050 Abs. 2, 2051—2057, 2204.
Berufspflicht s. Amtspflicht.
Berufung als Beistand der Mutter 1694, — als Mitglied des Familienraths 1861, — als Gegenvormund 1792, — als Pfleger 1915—1917, — als Vormund 1776—1778, 1897 — 1899, 1907, **F.G.** 60.
— als Erbe (Anfall der Erbschaft vorbehaltlich des Ausschlagungsrechts) — (verschiedene Berufungsgründe — Wahlrecht — Irrthum über Grund) 1942, 1948 Abs. 2, 1949 Abs. 2, 1951, 2180 Abs. 3.
— der Mitgliederversammlung eines Vereins 32, 36, 37, 58 Nr. 4.
Beschädigung des eingebrachten Guts bei der Errungenschafts- und Fahrnißgemeinschaft 1524, 1554.
— von bei Gastwirthen eingebrachten Sachen 701—703.
— durch Gebäudeeinsturz 836—838.
— des Gesammtguts bei allgem. Gütergemeinschaft 1473, 1497 Abs. 2, 1546, 1549.
— des Gesellschaftsvermögens 718.
— eines Grundstücks durch Wild s. Jagd 835, — durch Bergbau **E.** Art. 67 Abs. 2.

Beschädigung eines Nachlaßgegenstandes 2041, 2111, 2164 Abs. 2, — beim Erbschaftskauf 2374.
— einer Sache zur Abwendung von Gefahr und zur Selbsthilfe 228, 229 — 231, — Gläubiger kann statt Herstellung den erforderlichen Geldbetrag verlangen 249.
— einer Sache vorsätzlich, rechtswidrig, durch Dienstboten **A.** Art. 24 Nr. 7 u. Abs. 2.
— — bei Nießbrauch und dinglichem Wohnungsrecht 1042, 1093.
— — im öffentlichen Interesse, Entschädigung nach Landesgesetzen **E.** Art. 52, 53, 67, 109, **A.** Art. 1, — Bayer. Gesetz vom 15. Juni 1898 (G. u. V.Bl. 1898 S. 301) Art. 18.
— — durch ein Thier 833, 834.
— — durch eine unerlaubte Handlung 849, 851, — durch widerrechtliche Verletzung 823, 827—832.
— einer Schuldverschreibung auf Inhaber 798, **E.** Art. 174.
— eines Vermächtnißgegenstandes durch Erblasser 2288.
— eines der Verwaltung des Vaters entzogenen Gegenstandes 1638 Abs. 2, 1651 Abs. 2, 1686.
— eines Gegenstands des Vorbehaltsguts 1370, 1440, 1486, 1526, 1549.

Beschaffenheit der beim Gastwirth eingebrachten Sachen 701.
— der hinterlegten Sache 694.

Bescheinigung s. Zeugniß.

Beschlagnahme s. Zwangsversteigerung, Zwangsverwaltung.
— von Bestandtheilen, Erzeugnissen, Zubehörstücken eines Grundstückes zu Gunsten von Hypothekgläubigern (Haftung auch nach Entfernung) 1121, 1122, 1265 Abs. 2.
— einer Forderung hindert gewöhnlich die Aufrechnung nicht 392, — der Forderung gegen den Versicherten bei anderem Gegenstand als Gebäude 1129, 1123 Abs. 2 Satz 1, 1124 Abs. 1 u. 3.
— von Mieth- und Pachtzinsforderung zu Gunsten von Hypothekgläubigern 1123—1125.

Beschlagnahme des Rechts auf wiederkehrende Leistungen 1126.

Beschluß s. auch Vormundschafts-, Nachlaßgericht.
— der Beschlagnahme und des Zuschlags s. Zwangsversteigerung u. -verwaltung.
— der Konkurseröffnung und
— der Kraftloserklärung s. das.

Beschlußfähigkeit des Familienrathes 1862, 1863, 1864, 1868, 1874, 1879, 1881.
— der Mitgliederversammlung eines Vereins 32, 33, 41.

Bescholtenheit einer Braut, Ausschluß des Entschädigungsanspruches wegen Beischlafs bei Rücktritt vom Verlöbniß 1300.

Beschränkt Geschäftsfähige s. Geschäftsbeschränkt.

Beschränkt persönliche Dienstbarkeiten s. auch Dienstbarkeit.
— — sind Belastungen eines Grundstücks derart, daß derjenige, zu dessen Gunsten die Belastung, berechtigt ist, das Grundstück in einzelnen Beziehungen zu benutzen oder sonstige Befugniß hat, die den Inhalt einer Grunddienstbarkeit bilden kann, 1090, — Umfang im Zweifel nach persönlichem Bedürfniß des Berechtigten (jedoch landesges. Vorschrift!) 1091, **E.** Art. 115, 116, **A.** Art. 85, 86, — nicht übertragbar! — Überlassung der Ausübung nur, wenn dies gestattet, 1092, — schonende Ausübung 1090, 1020.
— Anlage auf belastetem Grundstück, Unterhaltung 1090, 1021, 1022.
— Beeinträchtigung, Rechtsmittel 1004, 1027, 1028, 1090, 916, 917, **E.** Art. 116, — Schutz im Besitz bis zur Anlage des Grundbuches **E.** Art. 191, — nachher 1029, 1090.
— Theilung des belasteten Grundstückes 1090, 1026.
— Verlegung der Ausübung auf andere Theile 1090, 1023, — Regelung bei Zusammentreffen mit anderer Dienstbarkeit 1090, 1024.
— der mit Grundstück als Gegenstand des Vermächtnisses Beschwerte haftet nicht für Freiheit von beschränkt persönlichen Dienstbarkeiten 2182 Abs. 3.

Beschränkt persönliche Dienstbarkeiten, Wohnungsrecht, Recht, ein Gebäude oder einen Theil desselben unter Ausschluß des Eigenthümers als Wohnung zu benützen (Berechtigte kann seine Familie und bestimmt erforderliche Personen aufnehmen) 1093, **Ue.** Art. 48 Abs. 2 u. 3, **A.** Art. 41.
— Zwangsenteignung, Entschädigung **E.** Art. 52, 53.
— Zwangsversteigerung — **Z.V.** 92 Abs. 2, 121.

Beschränkte Haftung, Ausschluß der Geltendmachung
1. vom Bürgen nach Tod des Hauptschuldners 768.
2. vom Eigenthümer eines mit Hypothek belasteten Grundstücks oder vom Verpfänder nach dem Tod des persönlichen Schuldners 1137, 1211.
3. soweit Anspruch durch Vormerkung im Grundbuch gesichert ist, 884.
— — des Erben auf den Nachlaß s. auch 2206 Abs. 2 (Vorbehalt im Urtheil — Ausn.! — C.P.O. 780, 781, 785, 786), — (Aufschiebende Einreden hiebei 2014—2017, 202 Abs. 2, C.P.O. 782—786.)
1. bei Errichtung eines Inventars binnen der gestellten Frist 1994—2013, 2063.
2. bei Erschöpfung des Nachlasses durch Befriedigung der im Aufgebotsverfahren nicht ausgeschlossenen Gläubiger 1973.
3. bei Einleitung der Nachlaßverwaltung oder des -konkurses s. das. 1975, 1989, oder falls dies Mangels Masse unthunlich ist, bei Herausgabe des Nachlasses im Weg der Zwangsvollstreckung zur Befriedigung der Gläubiger 1990, 1991.
4. bei Überschuldung des Nachlasses durch Vermächtnisse und Auflagen 1992, 2188, 2189.
— — des Erbschaftskäufers 2383, 2382 Abs. 2.
— — des Nacherben 2144.
— — des überlebenden Ehegatten bei der fortgesetzten Gütergemeinschaft 1489 Abs. 2.
— — des Übernehmers des Vermögens eines Anderen durch Vertrag 419 Abs. 2 u. 3.

Beschränkung s. auch Beschränkte Haftung, Übertragbarkeit, Verfügungsbeschränkg.
— des Antheils des Abkömmlings bei Ende der fortgesetzten Gütergemeinschaft 1513 Abs. 2, 1514, 1516, 1518, 2338.
— der Belastung von Grundstücken nach Landesgesetz **E.** Art. 115—117.
— des Eigenthums, auch zu Gunsten des Nachbarn s. Eigenthumsbeschränkung.
— des Erben, Angabe im Erbschein 2365—2367.
— des Erwerbes von juristischen Personen nach Landesgesetz **E.** Art. 86, **A.** Art. 7—10.
— der Gesammthypothek auf einzelne Grundstücke 1172 Abs. 2.
— der Gewährleistung wegen Mangels im Recht 443.
— des Kündigungsrechts des Eigenthümers bei der Rentenschuld 1202 Abs. 2, — — bei der Gesellschaft 723 Abs. 2.
— des Nießbrauchs 1030 Abs. 2.
— des Pflichttheils des Abkömmlings bei Verschwendung oder Überschuldung 2338, 2289 Abs. 2, — — durch Einsetzung eines Nacherben, Testamentsvollstreckers, Theilungsordnung 2306, 2308.
— des Rechts des Erblassers, über sein Vermögen durch Rechtsgeschäft unter Lebenden zu verfügen, — nicht durch Erbvertrag 2286, — — der Frau, innerhalb des häuslichen Wirkungskreises Rechtsgeschäfte abzuschließen, 1357 Abs. 2, 1561 Abs. 1, 1435, — — des Gesellschafters zur Büchereinsicht u. s. f. 716 Abs. 2, — — des Verkäufers einer Erbschaft 2376, 2378, 2385 Abs. 2.
— der Sorge der Eltern für Person oder Vermögen des Kindes 1673, — am 1. Januar 1900 durch Anordnung der Behörde **E.** Art. 204.
— des Testamentsvollstreckers bei Eingehung von Verbindlichkeiten 2206—2208, 2368.
— der Unterhaltspflicht des Mannes 1361 Abs. 2, — — wegen sittlichen Verschuldens u. s. f. 1611.
— Unzulässigkeit der B.

1. des Erbbaurechts auf einen Theil des Gebäudes 1014.
2. der Haftung des Erbschaftskäufers gegenüber dem Gläubiger durch Vertrag zwischen Käufer und Verkäufer 2382 Abs. 2, — — des Nießbrauchers an einem Vermögen oder einer Erbschaft 1088 Abs. 2, 1089, — — des Übernehmers eines Vermögens 419.
3. des Kündigungsrechts der Gesellschafter 723, 724, — — bei höherem Zinsfuß als 6% 247.
4. des Miterben auf Auseinandersetzung 2042, 2044.
5. des Rechtes auf Aufhebung der Gemeinschaft 749.
6. des Rechts auf Verlegung einer Grund- oder beschränkt persönlichen Dienstbarkeit 1023 Abs. 2, 1090, **E.** Art. 184.
7. der Veräußerungsbefugniß über ein veräußerliches Recht 137.
8. der Verpflichtung des Dienstberechtigten in Krankheitsfällen und zum Schutz des Lebens und der Gesundheit der Verpflichteten 619.

Beschränkung der Veräußerung und Theilung, Vereinigung von Grundstücken nach Landesgesetz **E.** Art. 119.
— nachträgliche bei vorheriger Verfügung über das Grundstück 878.
— der Verpflichtungen des Dienstherrn 619, und des Unternehmers beim Werkvertrag 637.
— des Vorkaufsrechts 1097.

Beschreibung der Nachlaßgegenstände im Inventar 2001 Abs. 2, 2005 Abs. 2.

Beschwerde s. auch Weitere B. C.P.O. 567—577.
— in Angelegenheiten der freiwilligen Gerichtsbarkeit **Ue.** Art. 34, **F.G.** 19—30, 70, 76, 77, 80 — 82, 96, 122—124, 139, 157, 195 Abs. 2, — gegen Kostenfestsetzung hiebei **A.** Art. 133.
— bei Annahme an Kindesstatt **F.G.** 68.
— gegen Entscheidungen des Grundbuchamtes **G.O.** 71—77, **A.G.O.** Art. 3 Abs. 2, 53.
— — des Landgerichts gegenüber Notar **N.** Art. 57—62.

Beschwerde bei Zwangsversteigerung **Z.V.** 95—104, **E.Z.V.** 13 Abs. 2.
— keine bei Ertheilung des Unschädlichkeitszeugnisses s. das.
— sofortige gegen den die Anmeldung eines eingetragenen Vereins zurückweisenden Beschluß des Amtsgerichts 60, — — gegen Entziehung der Rechtsfähigkeit bei eingetragenem Verein durch das Amtsgericht 73, s. auch **A.** Art. 4, — — in Vormundschaftssachen **F.G.** 60—64.
— in Vormundschaftssachen **F.G.** 57—64.

Beschwerter mit Auflage oder Vermächtniß s. das. — Erbe oder Vermächtnißnehmer, im Zweifel Erbe 2147, 2148, 2161 Abs. 2, 2192.
— Pflichten und Rechte 2155, 2170, 2174, 2182—2185, 2192.
— Wegfall 2161, 2192.

Beseitigung einer Anlage auf dem Nachbargrundstück 907, 924.
— eines Baums auf der Grenze 923 Abs. 2, 924, **E.** Art. 122, **A.** Art. 72 —75, 78.
— der Gefährdung der Hypothekensicherheit 1133—1135.
— von Mängeln beim Werkvertrag 633—635, 638, 639.
— der Störung im Besitz 862—865, 869.
— eines Streits durch Vergleich 779.
— der einen Vermächtnißgegenstand belastenden Rechte 2165, 2288 Abs. 2.

Besicht, Kauf auf, s. Kauf 495, 496.

Besichtigung einer in fremdem Besitz befindlichen Sache, Anspruch hierauf, Gefahr, Kosten 809—811.
— eines verkauften mangelhaften Thieres 489.

Besitz s. auch Besitzer, Besitzschutz, Eigenbesitz, Mittelbarer Besitz.
— Übergangsbestimmung: — Auf am 1. Januar 1900 bestehendes Besitzverhältniß findet B.G.B. Anwendung (Ausn.!) **E.** Art. 180, 191.
— Einfluß des B. auf Eigenthumsübergang 929—936.
— Erwerb:
1. durch Erlangen der thatsächlichen Ge-

walt über die Sache 854, — bei Erzeugnissen einer Sache 956, 957.
2. durch Einigung des bisherigen Besitzers und Erwerbers, wenn Letzterer in der Lage ist, die Gewalt über die Sache auszuüben, 854 Abs. 2.
3. durch Übergang auf den Erben 857, 2169 Abs. 2.
4. fehlerhaft durch verbotene Eigenmacht 858, 865, 992.
5. des mittelbaren Besitzes s. das. 870.
6. für Anderen in dessen Haushalt oder Geschäft 855.
7. an der eingebrachten Sache durch den Vermiether 561.

Besitz, Ende, Aufgabe oder Verlust der thatsächlichen Gewalt (nicht durch vorübergehende Verhinderung in Ausübung) 856, — s. auch herrenlose Sache 958—964, — Besitzaufgabe eines Grundstücks bei Verzug des Gläubigers 303.
— Fehlerhaftigkeit s. auch Eigenmacht 858, 865, 992.
— Recht auf Besitznahme:
1. Ehemann bezüglich der zum eingebrachten oder Gesammtgut gehörenden Sachen 1373, 1525, 1550, 1443, 1519, 1549.
2. der überlebende Ehegatte bei fortgesetzter Gütergemeinschaft 1443, 1487,
3. der Nießbraucher 1036, 1037, 1081.
4. der Pfandgläubiger (Ausn.!) 1205, 1206, 1260, 1272, 1231, 1253.
5. der Testamentsvollstrecker 2205.
6. der Verwalter bei Zwangsverwaltung **Z.V.** 150 Abs. 2, 151.

Besitzer, s. auch Besitz, Besitzschutz, Erbschaftsbesitzer.
— Anspruch gegen B. in Ansehung der Sache, Recht auf Vorlegung 809 — 811.
— eines Grundstücks, Eigenbesitzer, Haftung bei Einsturz u. s. f. 836 — 838.
— einer Nachlaßsache, Auskunftsertheilung 2027 Abs. 2.
— eines nicht amtlich verwahrten Testaments oder Erbvertrags, Ablieferungspflicht 2259, 2300, **F.G.** 83.
— Verhältniß zu Eigenthümer s. auch Eigenthumsanspruch,
1. Abtrennung und Aneignung verbundener Sachen (Ausnahmen) 997.
2. Ansprüche wegen Verwendungen 994 — 1003, 1007.
3. Haftung des bösgläubigen B. 990, 991 Abs. 1, 1007, des B., der sich Besitz durch verbotene Eigenmacht oder strafbare Handlung verschafft, 992, 1007, — des gutgläubigen B. für Schaden 989, 991 Abs. 2, 1007.
4. Recht des Eigenthümers auf Herausgabe der Sache 985, 986, 1000, der Nutzungen 987, 988, 993, 1007.

Besitzer, Verhältniß zu früherem Besitzer der Sache 1007.
— — zu Gläubiger:
1. Recht der Befriedigung bei Gefahr des Besitzverlusts durch Zwangsvollstreckung, Forderungsübergang 268.
2. Vermuthung zu Gunsten der Gläubiger des Ehemanns 1362.
— Vermuthung, daß B. einer beweglichen Sache deren Eigenthümer sei (Ausnahmen), 1006.

Besitzschutz:
1. Recht auf Aufsuchen und Wegschaffen, falls Sache auf anderes Grundstück gelangt, 867, 869.
2. Besitzentziehungsklage auf Wiedereinräumung des B. gegen den, der dem Kläger gegenüber fehlerhaft besitzt (ausgeschlossen, wenn entzogener B. gegenüber jetzigem Besitzer fehlerhaft und im letzten Jahr vor Entziehung erlangt war, — Einrede —), 861, 863, 865, — Anspruch erlischt: 1 Jahr nach Verübung der Eigenmacht 864, — (bei mittelbarem Besitz 869).
3. Besitzstörungsklage auf Beseitigung der Störung gegen Störer und auf Unterlassung, wenn weitere Störungen zu besorgen (Ausschluß — Einreden — Erlöschen — wie bei 2) 862—865, — (bei mittelbarem Besitz 869).
4. bei gemeinschaftlichem Besitz Mehrerer im Verhältniß zu einander — insoweit nicht, als es sich um die Grenzen des Gebrauchs des Einzelnen handelt 866.

5. Selbsthilfe: Besitzer darf sich mit Gewalt wehren, auf frischer That mit Gewalt abnehmen oder sich Grundstücks wieder bemächtigen 859, 860, 865.

Besitzstand bei Grenzverwirrung 920, 924.

Besoldung, Abtretung des übertragbaren Theiles 411.
— Beschränkung der Übertragbarkeit **E.** Art. 81.
— Verjährung (4 Jahre) 197, 201, 218.

Besorgniß, daß Erblasser vor Testamentserrichtung stirbt, 2249, 2252, 2256, 2266.
— der Verletzung des Eigenthümerrechts beim Nießbrauch 1051, 1052.

Besorgung s. Geschäftsbesorgung.

Besserungsanstalt, Anstaltsvormund **E.** Art. 136, **A.** Art. 100.
— Erbrecht, Pflichttheilsanspruch u. s. f. bez. der in B. untergebrachten Personen nach Landesges. **E.** Art. 139, **A.** Art. 101, 102.
— Zwangserziehung Minderjähriger, Anordnung durch das Vormundschaftsgericht 1666, 1838, **E.** Art. 135 Abs. 2, 34 II.

Bestallung des Gegenvormunds 1792, 1893 Abs. 2, 1895, 1881 Nr. 2.
— des Pflegers 1915.
— des Vormunds 1791, 1881 Nr. 2, 1893 Abs. 2, 1897.

Bestandtheile des Bodens, Gewinnung durch Nutznießer des Grundstückes, s. auch Bodenbestandtheil 1037 Abs. 2.
— — Erstrecken der Hypothek hierauf 1120—1122.
— Erwerb v. B. einer Sache 953—957.
— Grundstück kann durch Zuschreibung im Grundbuch zum B. eines anderen gemacht werden 890 Abs. 2, **E.** Art. 113, 116, **A.G.O.** Art. 6, 53.
— Verbindung einer beweglichen Sache mit Grundstück 946, 949, 951.
— — zweier beweglicher Sachen mit einander 947, 949, 951, — — durch den Besitzer 997.
— wesentliche sind solche, die ohne Zerstörung oder Veränderung des Wesens nicht getrennt werden können, können nicht Gegenstand besonderer Rechte sein 93—95.

Bestandtheile, Eigenthumserwerb durch Verbindung 946, 947.
— — eines Grundstückes und Gebäudes 94—96.

Bestätigung eines anfechtbaren Antrags zur Annahme an Kindesstatt 1755, — eines — Antrags oder Einwilligung zur Ehelichkeitserklärung 1731, — einer — Ehe 1337, 1339, 1341 Abs. 2, — eines — Erbvertrags (durch Erblasser persönlich) 2284, — eines — Rechtsgeschäfts (formlos!) 144.
— der Ehe bei Todeserklärung eines Ehegatten 1350 Abs. 2.
— einer nichtigen Ehe 1325 Abs. 2, 1331, 1337, 1341 Abs. 2.
— eines nichtigen Rechtsgeschäftes oder Vertrags 141.
— von Vereinbarungen über Nachlaßtheilung **F.G.** 91, 93, 97, 98.
— des Vertrags über Annahme an Kindesstatt (und Aufhebung) durch das zuständige Gericht (s. Kind, an Kindesstatt angenommen) 1741, 1753, 1754, 1770, 2045 Abs. 2, 2204, **F.G.** 65—68.

Bestattung s. Beerdigung.

Besteller s. Werkvertrag.

Bestellung s. auch die einzelnen Worte (z. B. Hypothek, Nießbrauch, Sicherheit, Vormund u. s. f.).
— eines Landguts vor Rückgewähr bei Pacht 591.
— öffentliche zur Besorgung von Geschäften 663.
— unrichtige einer Willenserklärung, Anfechtung 120, 122.
— des Verwalters bei der Zwangsverwaltung **Z.V.** 150, 151.

Bestimmtheit der Geldsumme bei Schuldverschreibung auf den Inhaber 795, — bei Grund- und Rentenschuld 1191, 1199.

Bestimmung s. auch Arglist, Aufenthalt, Drohung, Zeit.
— des Antheils am Gewinn und Verlust bei der Gesellschaft 722.
— der Art und Zeit des Unterhalts durch die Eltern 1612 Abs. 2, 1703.
— durch Dritten über die Art der Auseinandersetzung der Miterben 2048, — — ob letztwillige Verfügung oder Auf-

lage gelten soll, 2065, 2192, — — welcher von mehreren mit Vermächtniß Bedachten es erhalten soll, 2151—2155, 2192, — — der Person, an welche Leistung bei der Auflage erfolgen soll, 2193, — — des Testamentsvollstreckers 2193, 2228,

Bestimmung des Erblassers bezügl. Erben s. Testament 1937, 2105 Abs. 2, 2066—2072, — bez. Nach-, Vorerben 2104—2106, 2191 Abs. 2, — bez. Person und Gegenstand einer Auflage und Zuwendung 2065 Abs. 2, 2192, — bez. Zuwendung unter Lebenden, Aufrechnung 2315.

— einer Leistung durch einen Dritten 317—319, — durch den Vertragschließenden 315, 316, — bei Vermächtniß und Auflage 2152—2156, 2192.

— des Schuldners, welche von mehreren Schulden er tilgen will, 366.

— des Standesbeamten, falls Verlobter Wohnsitz im Ausland hat 1320 Abs. 3.

— des Versteigerungstermins s. Zwangsvollstreckung **Z.V.** 35—43.

— des Wohnorts und der Wohnung bei der Ehe durch den Mann 1354.

— daß Zuwendung eingebrachtes Gut 1523, 1533 Nr. 2, Vorbehaltsgut sei, 1369, 1440, 1526, — der Verwaltung des Vaters oder Vormunds entzogen sei, 1638, 1639, 1651 Abs. 2, 1909, 1916—1919.

Betagte Verbindlichkeit s. Zeitbestimmung.

Betheiligter bei einer Auflage 2193 Abs. 3.

— bei Eröffnung eines Testaments oder Erbvertrags 2260—2262, 2273, 2300.

— bei gerichtlicher oder notarieller Beurkundung ist der, dessen Erklärung beurkundet werden soll (s. auch Notar, Notarielle Beurkundung), **F.G.** 168.

— bei Unbekanntsein oder Ungewißheit, wer in einer Angelegenheit B. — soweit erforderlich: Bestellung eines Pflegers 1913, 1915, 1918 Abs. 3, 1919.

Betheiligter bei Zwangsversteigerung u. -Verwaltung **Z.V.** 9, 41 Abs. 3, 105 Abs. 2, 156 Abs. 2, 163 Abs. 3, 166 Abs. 2, **A.G.O.** Art. 40, 53.

Betreten fremden Grundstücks, falls Sache aus Gewalt des Besitzers hierauf gelangt ist, 867, — bei Verfolgung eines Bienenschwarms 962.

Betrieb eines Erwerbsgeschäfts s. das.

— der mit gemeiner Gefahr verbunden, Haftung nach Landesgesetz s. Eisenbahn **E.** Art. 105, **A.** Art. 58.

— auf dem öffentlichen Gebrauch dienenden Grundstücke, Haftung nach Landesgesetz **E.** Art. 106, **A.** Art. 59.

Betrug s. Arglist.

Betrunkenheit s. Bewußtlosigkeit.

Beurkundung gerichtliche oder notarielle, s. Form und notarielle Urkunden.

— Kosten der B. des Kaufs eines Grundstücks oder eines Pachtes an solchem: Käufer 449.

— des Personenstands u. s. f. Gesetz vom 6. Februar 1875, — Abänderung **F.G.** 186 und Bekanntmachung vom 25. März 1899 (R.G.Bl. S. 225), Einführungsgesetz zu C.P.O. 16 Nr. 1, **A.** Art. 1.

— falls B. verabredet, so Vertrag im Zweifel bis nach erfolgter B. nicht geschlossen 154 Abs. 2.

Bevollmächtigung s. Vertretung, Vollmacht.

Bevormundung s. Vormundschaft.

Bewachung des Schiffs bei Zwangsversteigerung **Z.V.** 165, 170, 171.

Bewaffnete Macht s. Militär.

— Todeserklärung nach einem Krieg 15, 18.

Bewässerung von Grundstücken, landesges. Vorschriften unberührt, **E.** Art. 65; Bayer. Gesetz vom 28. Mai 1852, Abänderung **A.** Art. 148.

Beweggrund zur Entziehung des Pflichttheils 2336.

— Irrthum 119, 1333, 1334, 2078, 2079, 2281.

Bewegliche Sachen, Aufbewahrung 688—700.

— — Erwerb und Verlust des Eigenthums:

1. durch Aneignung 958—964.
2. durch Erbgang.

3. durch Ersitzung 937—945.
4. bei Erzeugnissen und Bestandtheilen 953—957.
5. durch Fiskus oder Hinterlegungsstellen E. Art. 145.
6. Fruchterwerb 953—957.
7. durch Fund 965—984.
8. bei Gütergemeinschaft s. das.
9. durch Konfiskation, Strafgesetzbuch §§ 40, 295.
10. aus Mitteln des eingebrachten Gutes, — bei gesetzlichem Güterrecht 1381, — des Kindes durch Vater 1646.
11. von Nichtberechtigten 932—935, H.G.B. 366.
12. als Schatz 984.
13. durch Uebertragung 929—936.
14. durch Verarbeitung, Verbindung 946—952.
15. im Zwangsversteigerungsverfahren 935, Z.V. 90.

Bewegliche Sachen, Gemeinschaft bei Fahrnißgemeinschaft s. ds. 1549—1557.
— — Herausgabe an den früheren Besitzer 1007.
— — Hinterlegung 383.
— — Kauf und Tausch s. das. 440, 441, 455, 515, Anspruch auf Wandelung und Minderung (Verjährung!) 477, 515.
— — Miethe, Kündigung: 3 Tage vor Ende 565 Abs. 2 u. 3.
— — Nießbrauch 1032, 1033, 1063, 1064.
— — Pfandrecht 1204—1272.
— — Sicherheitsleistung durch Verpfändung 232, 237.
— — Vermuthung zu Gunsten des Besitzers, daß er Eigenthümer sei, 1006, bei Besitz von Ehegatten 1362.

Beweis s. Beweislast, -urkunden.
— zum ewigen Gedächtniß — Unterbrechung der Verjährung 477 Abs. 2, 478, bei Viehgewährschaft 485.

Beweislast bei Annahme einer als Erfüllung gebotenen Leistung trifft Gläubiger 363.
— bei Bestreiten des Mangels im Recht durch den Verkäufer trifft Käufer 442.
— — der Zulässigkeit der Kündigung durch Vermiether trifft diesen 542 Abs. 3.

Beweislast des Grundes der Entziehung des Pflichttheils trifft den, der Entziehung geltend macht, 2336 Abs. 3, 2338 Abs. 2, 2294, 2297.
— bei Streit über Rücktrittszulässigkeit vom Vertrag trifft den, der Erfüllung behauptet (außer bei Unterlassen) 358, — bei Werkvertrag 636 Abs. 2, — ob Unmöglichkeit der Leistung in Folge Verschulden des Schuldners, trifft diesen 282.
— bei Vertragsstrafen trifft Schuldner, der Erfüllung behauptet (außer bei Unterlassen), 345.
— bei Verweigerung der Vertragsgenehmigung durch Vertretenen: Vertretungsmacht durch Vertreter 179.

Beweisurkunden beim Antrag auf Ertheilung eines Erbscheins 2356, 2357 Abs. 3, 2358.
— zum Beweis der Forderungsübertragung 402.
— beim Kauf 444.

Bewilligung der Befreiung von Ehehindernissen 1322.
— der Einstellung der Zwangsversteigerung Z.V. 30.
— der Eintragung s. Eintragungsb.
— einer Vergütung für Vormund und Gegenvormund 1836.

Bewirthschaftung eines verpachteten landwirthschaftlichen Grundstücks 583.

Bewußtlosigkeit als Nichtigkeitsgrund der Eheschließung (Ausn.) 1325, 1329, — der Willenserklärung 105.
— Verantwortlichkeit für Schadenszufügung 827, 829, bei Beamten s. das. A. Art. 61.

Bezahlung s. Ungerechtfertigte Bereicherung, Zahlung.

Bezeichnung als „Erbe" bei Erbeinsetzung nicht nöthig 2087.
— des Pfandes bei Versteigerungsbekanntmachung 1237, 1243, 1245 Abs. 2.
— als „Sicherungshypothek" im Grundbuch 1148 Abs. 2, 1187, 1190 Abs. 3.

Bezug fester bei Dienstverhältnissen 622.

Bezugsberechtigung von Früchten 101.

Bienenschwarm ausziehender, herrenlos, wenn Eigenthümer nicht unverzüglich verfolgt oder Verfolgung aufgiebt, 961,

— bei Verfolgung Betretung fremden Grundstücks u. s. f., — Schadensersatz 962.
Bienenschwarm, Einzug in fremde, nicht besetzte Bienenwohnung 962, — in besetzte 964.
— Vereinigung mehrerer B., Miteigenthum 963.
Bier s. auch Bierlieferungsvertrag, Brauhaus.
— Abgaben zum Zwecke der Besteuerung bei Zwangsvollstreckung **E.Z.V.** 4 Abs. 2, **A.G.O.** Art. 24, 53.
Bierbrauerei s. Bierlieferungsvertrag, Brauhaus.
Bierlieferungsvertrag, Übergangsbestimmung: Rechtsverhältniß aus B., der vor 1. Januar 1900 geschlossen, von da an, nach **A.** Art. 13, 14, **Ue.** Art. 4.
— in Bayern: Vorbehalt des Art. 18, Einführungsgesetz zum Handelsgesetzbuch: Vertrag zwischen Brauer und Wirth über Bierlieferung ohne Mengebestimmung: Vertragsgegenstand: gesammter Bierbedarf während Vertragsdauer — Kündigung, falls nicht anders bestimmt, von jedem Theil für Ende September, — Haftung für Eintritt des neuen Inhabers bei Geschäftsübergang durch Rechtsgeschäft unter Lebenden, — auf Verlangen des Brauers Sicherungshypothek auf Grundstücken des Wirthes **A.** Art. 13, 14. (Gesetz vom 23. Mai 1846, Regulirung des Biersatzes u. s. f., aufgehoben **A.** Art. 175 Nr. 9.)
Bieten bei Versteigerung s. Gebot 156, 1239, 1240, **F.G.** 181.
Bigamie, Grund zur Beschränkung der Unterhaltspflicht 1611.
— — Ehescheidung u. Aufhebung der ehelichen Gemeinschaft 1565, 1570—1572, 1574, 1575, **E.** Art. 201.
— — Entziehung d. Pflichttheils 2335.
— Verbot macht zweite Ehe nichtig (Ausn.: bei Todeserklärung) 1309, 1362, 1348 Abs. 2.
Bilanz bei Rechnungslegung des Vormunds 1841 Abs. 2.
Bild, Erwerb des Eigenthums am Stoff 950.
— Familienb. beim Erbschaftskauf 2373.
Billet, in dem Gläubiger nicht bezeichnet, 807, **E.** Art. 102.
Billiges Ermessen s. Ermessen.
Billigkeit s. auch Ermessen.
— bei Abgrenzung zweier Grundstücke 920 Abs. 2.
— bei Unterhaltspflicht des Mannes 1361 Abs. 2, — bei Unterhalt der geschiedenen Ehefrau 1579.
— bei Zerstörung der Wohnung bei Leibgedingsvertrag **A.** Art. 37 Abs. 2.
Billigung der Abweichung vom Auftrag 665.
— der Änderung des Aufbewahrungsortes 692.
— eines auf Probe od. Besicht gekauften Gegenstandes steht im Belieben des Käufers (Frist!) 495, 496.
Bindung s. auch Widerruf.
— der Betheiligten an Einigung bei Eigenthumsübertragung an Grundstücken, bei Aufhebung eines Rechts an solchen, — bei Aushändigung einer Eintragsbewilligung, — bei gerichtlicher oder notarieller Beurkundung, — bei Eintrag in das Grundbuch. — bei Erklärungsabgabe vor Grundbuchamt 873 Abs. 2, 875 Abs. 2, 1168 Abs. 2.
— der Betheiligten bei Pfandrechtsbestellung an Schiff und Schiffspart 1260, 1272.
— an Vertragsantrag 145.
Bisherige Gläubiger s. Abtretung.
Blanko-Indossament s. Indossament und Orderpapier.
Blinder, Errichtung notarieller Urkunden u. s. f. **F.G.** 169.
— Pflegschaft über B. s. Pflegschaft 1910.
— Testamentserrichtung (mündliche Erklärung vor Notar u. s. f.) 2238, 2247.
Blödsinn s. Geisteskrankheit und -schwäche.
Blutschande, Kinder, in B. erzeugt, können nicht für ehelich erklärt werden 1732.
Blutsverwandtschaft s. Verwandtschaft.
Bodenbestandtheil, Anlage zur Gewinnung als Bestandtheil der Erbschaft, für die Nacherbe ernannt, Wirthschaftsplan 2123 Abs. 2, 2136, 2137.
— Gewinnung durch Nießbraucher 1037 Abs. 2, 1038 Abs. 2.
— bei einem Recht auf Gewinnung von B. gehören die gewonnenen B. zu den Früchten des Rechts 99 Abs. 2.

Bodenkreditanstalt s. Kreditanstalt.
Bodenzins, Belastung eines Grundstücks s. Bayer. Ges. v. 15. Juni 1898 (G. u. V.Bl. 1898 S. 301) Art. 20.
Bona fides s. Kenntniß.
Bonae fidei possessor s. Besitz, Kenntniß.
Bonität, Haftung des Verkäufers einer Forderung 437, 438.
Borgen von Geld auf den Kredit d. Mündels od. Kindes, Genehmigung des Vormundschaftsgerichts 1822 Nr. 6, 1643, 1686.
Börsenpreis beim Differenzgeschäft 764.
— Sachen mit B. beim Pfand 1221, 1235 Abs. 2.
— d. verpfänd. Indossamentpapiers 1295.
— Versteigerung, Verkauf aus freier Hand von Sachen mit B. 385.
Böser Glaube s. Arglist, Kenntniß.
Bösliche Verlassung liegt vor:
1. wenn Ehegatte nach rechtskräftiger Verurtheilung zur Herstellung der häuslichen Gemeinschaft 1 Jahr lang in böslicher Absicht gegen Willen des andern Ehegatten Urtheil nicht Folge leistet,
2. wenn — sich 1 Jahr lang gegen den Willen des andern in böslicher Absicht von häuslicher Gemeinschaft fern hält und solang Voraussetzungen für öffentliche Zustellung gegen ihn bestehen, 1567 Abs. 2, 1570—1572, 1574, 1575.
— Folgen:
1. Ehescheidungsgrund 1567, **E.** Art 201.
2. Grund zur Pflichttheilsentziehung 2335.
3. — zur Beschränkung der Unterhaltspflicht auf nothdürftigen Unterhalt 1611.
4. Sorge für Person des Kindes nach Scheidung 1635—1637.
Böswillig unterlassener Erwerb, anzurechnen bei Ersparung einer Leistung auf Gegenleistung 324, 615, 649.
— Verletzung der Unterhaltspflicht, Grund zur Pflichttheilsentziehung 2333 Nr. 4, 2334, 2335.
Bote, Anspruchsverjährung (2 Jahre) 196 Nr. 3, 201, 218.
Botenbestellung unrichtige, Anfechtung 120, 121.
Brandschaden s. auch Brandversicherung.
— Haftung der Entschädigung für Hypothek- und Grundschuldgläubiger, s. auch Unschädlichkeit 1127—1129, 1192.
Brandschaden bei Leibgedingsvertrag (auf Verlangen Versicherung) **A.** Art. 37 Abs. 3.
— Verpflichtung des Nießbrauchers, Sache gegen B. zu versichern, soweit dies ordnungsmäß. Wirthschaft entspricht 1045,
— Recht des Nießbrauchers an Forderung gegen Versicherer 1046.
Brandversicherung 1130, **E.** Art. 75, **A.** Art. 122—128, 164, **Ue.** Art. 50, 55 Abs. 3, 120, Bayer. Gesetz vom 15. Juni 1898 Art. 17.
Brauhaus s. auch Bierlieferungsvertrag.
— die zum Betrieb bestimmten Maschinen und Geräthe sind Zubehör 98.
— Verbände, deren Mitglieder zu Nutzungen am B. berechtigt sind, nach Landesgesetz **E.** Art. 164.
— Zwangsvollstreckung in B. **A.G.O.** Art. 24, 53.
Braut s. Verlöbniß.
Brautgeschenke, Widerruf bei Ehescheidung, (nicht mehr 1 Jahr nach Rechtskraft des Scheidungsurtheils oder wenn Schenker oder Beschenkter gestorben), 1584.
— Zurückforderung bei Auflösung des Verlöbnisses 1301.
Bräutigam s. Verlöbniß.
Brautkind, das vor 1. Januar 1900 erzeugt, nach bisherigem Rechte zu beurtheilen **E.** Art. 208 Abs. 2.
Brevi manu traditio, — ist Erwerber im Besitz, so genügt zum Eigenthumserwerb die Einigung über den Eigenthumsübergang 929, 932, 936.
Briefgeheimniß, bei Verletzung Schadensersatz 823 Abs. 2.
Briefhypothek s. Hypothekenbrief.
Briefpfand s. Hypothekenbrief, Grund-, Rentenschuldbrief.
Briefwechsel bei Vertragsabschluß 127.
Bringen der hinterlegten Sache 697.
— der Leistungen bei Leibgedingsvertrag s. Leibgeding **A.** Art. 33.
Bruchtheile, Belastung d. B. eines Grundstückes 1095, 1106, 1114, 1192.
— Erbeinsetzung nach B. 2088—2093, — Vermächtniß nach B. 2157, 2089—2093.
— Gemeinschaft nach B. s. Gemeinschaft, — Miteigenthum nach B. s. Miteigenthum.

Bruchtheile, Übertragung der B. eines künftigen Vermögens und Belastung mit Nießbrauch ist nichtig 310, — — d. gegenwärtigen — bedarf notarieller oder gerichtlicher Form 311.
Bruder s. auch Geschwister.
— als Nacherbe bestimmt 2109 Abs. 1 Nr. 2.
— als Vermächtnißnehmer bestimmt 2163 Abs. 1 Nr. 2.
Brückenzoll s. A. Art. 126, 127.
Buch öffentliches, Eintrag vor 1. Jan. 1900 E. Art. 179, s. im Übrigen Eintragung.
Buchforderungen, Anlegung v. Mündelgeld 1807 Nr. 2 u. 3, 1808, 1809, 1811, 1815—1817, 1820.
— einer Ehefrau, Vermerk zu Gunsten des Mannes E. Art. 97, 50.
— Rückzahlung und Umwandlung der Staatsschuld nach Landesgesetz E. Art. 98.
— Sperrung v. B. 1816, 1667, 2118.
— Umwandlung von Inhaberpapieren des Mündels, des minderjährigen Kindes, des eingebrachten Gutes oder des Nachlasses in B. statt Hinterlegung 1815, 1667 Abs. 2, 1668, 1670, 1393, 1525, 1550, 2117—2118, 2136—2138.
— Verpfändung von B. als Sicherheit 232, 236.
Buchhändler, Anspruchsverjährung 196 Abs. 2, 201, 218.
Buchhypothek liegt vor, falls Ertheilung des Hypothekenbriefs ausgeschlossen.
— Entstehung: Einigung bei Bestellung oder nachträglich und Eintrag in das Grundbuch 1116.
— Folgen 1152, 1154 Abs. 3, 1160, Eintrag eines Widerspruchs, weil Darlehnshingabe unterblieb, 1139.
— Sicherheitshypothek (s. daselbst) ist B. 1185.
— (entsprechende Anwendung bei Grund- und Rentenschuld s. das. [Ausnahmen] 1195.)
Buchpfand s. Buchhypothek.
Bundesangehörigkeit E. Art. 41.
Bundeskonsulate E. Art. 38.
Bundesrath bei Anlage von Mündelgeld: Bestimmung der Werthpapiere u. s. f. 1807 Nr. 4, 1813 Abs. 2.
Bundesrath bei Fund in Geschäftsräumen u. s. f. einer öffentlichen Behörde: Bekanntmachung 982.
— bei Stiftungen: Genehmigung 80.
— bei Vereinen, die Sitz nicht im Bundesstaat haben, Verleihung von Rechtsfähigkeit 23, 33 Abs. 2, 44 Abs. 2, — Anerkenntniß der Rechtsfähigkeit eines einem fremden Staat angehörenden Vereins E. Art. 10.
— bei Vergeltungsrecht gegen ausländischen Staat: Zustimmung zur Anordnung E. Art. 31.
— bei Viehgewährschaft: Bestimmung der Mängel und Fristen 482, (Kaiserl. Verordnung v. 27. März 1899, R.G.Bl. 1899 S. 219).
Bundesstaat s. auch Fiskus.
— im Sinne des B.G.B. und E. auch Elsaß-Lothringen E. Art. 5.
— Aufrechnung geg. Forderung des B. 395.
— Bestimmung des Standesbeamten durch oberste Aufsichtsbehörde 1320 Abs. 3.
— Genehmigung der Centralbehörde zum Inverkehrbringen von Schuldverschreibungen auf Inhaber auf bestimmte Geldsumme 795, — landesgesetzl. Vorschriften für Schuldverschr. auf Inhaber E. Art. 100, 101, A. Art. 49—57.
— verbriefte Forderungen gegen B., Mündelgeldanlage 1807 Nr. 2 u. 3, 1808, 1809, 1811, 1813 Abs. 2, 1816, 1817, bei Nacherbfolge 2118, 2136—2138.
— zuständig zur Befreiung von Vorschriften über Alter des Annehmenden bei Annahme an Kindesstatt 1745, — über Ehehindernisse 1322.
— zuständig zur Bestimmung von Sparkassen zur Anlage von Mündelgeld 1807, — Ehelichkeitserklärung unehelicher Kinder 1723—1740, — Genehmigung einer Stiftung 80, — Verleihung der Rechtsfähigkeit an Vereine mit wirthschaftlichem Zweck 22.
— bei Gebot des B. bei Zwangsversteigerung eines Grundstückes keine Sicherheitsleistung Z.V. 67 Abs. 3.

Burgau in Bayern, Geltung des vorderösterreichischen Rechts, — Übergangsbestimmungen s. **Ue.** Art. 90, 92, 94, 97—104.

Bürge s. Bürgschaft.

Bürgerliche Ehe s. Ehe.

Bürgerliche Ehrenrechte s. Ehrenrechte.

Bürgermeister, Anlegung von Siegeln und Entsiegelung des Nachlasses **E.** Art. 140, **A.** Art. 105.

— Errichtung von Testamenten vor B. s. Gemeindevorsteher.

— Vorstand des Gemeindewaisenraths — Verpflichtung der übrigen Waisenräthe, — Aufstellung von Waisenpflegerinnen **A.** Art. 94, 96 Abs. 6, 98.

Bürgschaft ist die Verpflichtung des „Bürgen" gegenüber dem Gläubiger eines Dritten, für die Erfüllung der — (auch künftigen oder bedingten —) Verbindlichkeiten des Dritten einzustehen, 765.

— Form: Schriftlichkeit! (Ausnahme H.G.B. 350, 351), (durch Erfüllung des Bürgen wird Formmangel geheilt) 766, — seitens Eltern oder Vormund nur mit Genehmigung des Vormundschaftsgerichtes 1643, 1822 Nr. 10, 1825.

— Mehrere Bürgen sind Gesammtschuldner, auch wenn sie B. nicht gemeinsam übernehmen, 769.

— Rechte des Bürgen:

1. Befreiung von der B., eventuell Sicherheitsleistung, — Anspruch gegen den Hauptschuldner: a) nach Ablauf der Zeit 777, — b) bei Aufgabe der Hypothek u. s. f. gegen den Mitbürgen seitens des Gläubigers 776, — c) falls Gläubiger gegen den Bürgen vollstreckbares Urtheil auf Erfüllung erwirkt hat 775 Nr. 4, — d) bei Verzug des Hauptschuldners mit Erfüllung der Verbindlichkeit 775 Nr. 3, — e) bei wesentlicher Erschwerung der Rechtsverfolgung gegen den Hauptschuldner 775 Nr. 2, — f) bei wesentlicher Verschlechterung der Vermögensverhältnisse des Hauptschuldners 775 Nr. 1.
2. Einreden: A. des Hauptschuldners, auch wenn dieser verzichtet, 768, — B. Verweigerung der Befriedigung des Gläubigers: a) solang Hauptschuldner das Rechtsgeschäft anfechten kann, Verjährung nicht gehemmt, 770, 202 Abs. 2, — b) solang Gläubiger gegen die fällige Forderung des Hauptschuldners aufrechnen kann, 770 Abs. 2, 202 Abs. 2, — c) Einrede der Theilung ausgeschlossen, jedoch Regreß 769, 426 Abs. 2, — d) Einrede der Vorausklage, solang Gläubiger nicht gegen den Hauptschuldner erfolglos vollstreckt hat, 771, 772, ist ausgeschlossen: α) bei Bürgschaft für Handelsgeschäft, H.G.B. 349, 351, — β) falls anzunehmen, daß Zwangsvollstreckung geg. Hauptschuldner den Gläubiger nicht befriedigt, — γ) bei Erschwerung der Rechtsverfolgung gegen Hauptschuldner in Folge Wohnsitzänderung u. s. f. nach Bürgschaftsübernahme, — δ) bei Konkurseröffnung über Hauptschuldner, — ε) bei Verzicht des Bürgen auf diese Einrede 773.
3. Übergang der Forderung des Gläubigers gegen den Hauptschuldner bei Befriedigung des Gläubigers durch den Bürgen auf diesen 774.

Bürgschaft, Rechte aus B. gehen mit abgetretener Forderung auf den neuen Gläubiger über 401, erlöschen mit der Schuldübernahme (Ausnahmen!) 418.

— Tauglichkeit zur Sicherheitsleistung s. das., „tauglicher Bürge" 232 Abs. 2, 239, nicht zur Abwendung des Zurückbehaltungsrechts 273 Abs. 3, nicht bei Rückgabe des Pfandes als andere Sicherheit 1218.

— Verpflichtungen des Bürgen:

1. für Erfüllnng der Verbindlichkeit des Dritten einzustehen 765, — maßgebend: jeweiliger Bestand der Hauptverbindlichkeit 767.
2. Haftung für die dem Gläubiger vom Hauptschuldner zu ersetzenden Kosten der Kündigung und Rechtsverfolgung 767 Abs. 2.
3. beim Konkurs des Hauptschuldners s. K.O. 193.

— Vorschriften anwendbar auf Kreditauftrag 778 und vertragsmäßige Übertragung des Pfandrechts 1251.

C.

s. auch K.

Castell in Bayern, allgemeine Gütergemeinschaft, — für die höheren Stände Dotalrecht, — Übergangsbestimmungen **Ue.** Art. 64, 94, 95, 96 Abs. 3, 100, 101, — für unbekindete Ehen Errungenschaftsgemeinschaft (Ausn.!) s. **Ue.** Art. 64, 76, 94, 97—104.

Casus s. Zufall.

Caupo s. Einbringung.

Causa debendi s. Schuldgrund 780—782.

Cautio damni infecti s. Einsturz 836—838, 908, 924.

— de non turbando nicht erwähnt s. Besitz.

— Muciana nicht erwähnt 2075.

Cedent s. Abtretung u. Übertragung.

Centralbehörde 795.

— des Bundesstaats s. das. **F.G.** 196.

Cessio s. Abtretung und Übertragung.

Cessionar s. Abtretung und Übertragung.

Chikane, Ausübung eines Rechts lediglich zu dem Zwecke, einem Andern Schaden zuzufügen, ist unzulässig 226.

— s. auch Interesse, Treu und Glauben, Mißbrauch 320 Abs. 2, 459, 634 Abs. 3, 905, 997 Abs. 2.

Clandestina possessio s. Besitz 858.

Clausula cassatoria 358, 360.

— codicillaris nicht aufgenommen s. 2086.

— derogatoria nicht aufgenommen.

— rebus sic stantibus s. Vermögensverschlechterung 321, 610, 775.

Code civil, das in der Pfalz geltende Civilgesetzbuch tritt außer Kraft **A.** Art. 175 Abs. 2.

Codicill nicht aufgenommen s. 2086.

Collatio s. Ausgleichung.

Collegatare 2157, 2158.

Commissoria lex s. 360, 1238, 1149, 1229, 1277.

Commixtio s. Vermischung 948.

Commodatum s. Leihe 598—606.

Communio incidens s. Gemeinschaft und Miteigenthum 741—758.

Compensatio s. Aufrechnung.

— culpae 254.

Competentia s. Bedürftigkeit.

Compossessio 866.

Concurrirendes Verschulden bei Schadensersatz 254.

Condictio s. auch Ungerechtfertigte Bereicherung.

— causa data, causa non secuta 812, 815.

— ex iniusta causa 812, 852 Abs. 2.

— ex mutuo s. Darlehen 607—610.

— furtiva nicht aufgenommen.

— indebiti 812—814.

ausgeschlossen:

1. bei Befriedigung eines verjährten Anspruchs 222 Abs. 2.
2. bei Leistung auf Grund eines Heirathsvermittlungsversprechens 656.
3. — auf Grund Spiels oder Wette 762.

— ob causam datorum 812.

— ob rem 812.

— ob turpem causam 817, 819 Abs. 2.

— sine causa 812.

Conditio s. Bedingung.

Condonation s. Gütergemeinschaft allgemeine, Übergangsgestimmungen **Ue.** Art. 95.

Conductio operarum s. Dienstvertrag 611—630.

— operis s. Werkvertrag 631—651.

Confessoria actio s. Dienstbarkeit 1027, 1065, 1090.

Confusio s. Vereinigung von Recht und Verbindlichkeit, s. ferner Vermengung 948.

Conjunctio s. Anwachsungsrecht.

Conjux binubus s. Wiederverheirathung.

Consolidatio s. Vereinigung von Recht und Verbindlichkeit.

Constitutum debiti alieni nicht erwähnt.

— possessorium 930, 933, 936, — unzulässig zur Bestellung des Pfandrechts 1205.

Constuprator 1717, 1718.

Consuetudo revertendi s. Thier 960 Abs. 3.

Contract s. Vertrag.

Contractus aestimatorius nicht erwähnt.

— mohatrae nicht erwähnt.

— pigneraticius 1204—1272.

Contrarius consensus nicht erwähnt.

Conventionalstrafe s. Vertragsstrafe 339—345.

Coupon s. Zinsschein.

Culpa s. Fahrlässigkeit, Verschulden, Auswahl.

Culturgesetzgebung, Landesgesetze unberührt **E.** Art. 118.
Cura s. Pflegschaft.
Custodia des Gastwirths 701, 702.
— des Verwahrers 688.

D.

Dachtraufe nicht erwähnt 903, 905, 1018.
Dachvorsprung 905.
Damnum emergens s. Schaden 252 (1298 Abs. 2, 1299).
— infectum 836, 908.
— iniuria datum s. Unerlaubte Handlung.
Dampf, Zuführung auf fremdes Grundstück 906, Gewerbeordnung § 26.
Dampfschifffahrtsunternehmung, landesgesetzliche Vorschriften vorbehalten **E.** Art. 125, **A.** Art. 80.
Damwild s. Jagd — Schadensersatz 835.
Darangeld s. Draufgabe.
Darlehen s. auch Darlehenshypothek, Schuldschein, Sparkasse.
— von Geld und andern vertretbaren Sachen:
1. Entrichtung der Zinsen, falls nicht anders bestimmt, nach Ablauf eines Jahres 608.
2. Rückerstattung der Sachen in gleicher Art, Güte, Menge durch Darlehensempfänger 607.
3. — von unverzinslichen Darlehen ohne Kündigung 609 Abs. 3.
4. — von verzinslichen D. nach Kündigung; Frist bei D. bis 300 Mark: 1 Monat, bei mehr als 300 Mark: 3 Monate 609.
5. Vereinbarung, daß das aus anderem Grund Geschuldete als D. geschuldet werden soll, zulässig 607 Abs. 2.
6. Widerruf des Versprechens eines D., wenn in den Vermögensverhältnissen des Anderen wesentliche Verschlechterung eintritt, 610.
7. Zinseszinsen, Recht der Kreditanstalten 248 Abs. 2.
— für Kinder nur mit Genehmigung des Vormundschaftsgerichts 1643, 1822 Nr. 8, 1825.
— von öffentlichen Pfandleihanstalten **E.** Art. 94 Abs. 2, Art. 91.
— Vorschriften anwendbar auf Hinterlegung vertretbarer Sachen mit Eigenthumsübertragung oder Verbrauchserlaubniß, (Ausnahmen) 700.
Darlehenshypothek s. insbes. 1139, 1185.
— des Staats u. s. f. bei Darlehen zur Verbesserung von belasteten Grundstücken, Vorrang u. s. f. nach Landesgesetz **E.** Art. 118.
Datio in solutum s. Erfüllung 364, 365, 422.
Datum bei notariellen Urkunden **F.G.** 176 Nr. 1, **N.** Art. 25.
— Feststellung bei Privaturkunde Ausführungsgesetz zur C.P.O. Art. 33.
— im Protokoll über Errichtung des Testaments oder Erbvertrags 2241 Nr. 1, 2249, 2250 Abs. 2, 2276, 2290 Abs. 4.
— des Verzeichnisses der Sachen bei Nießbrauch am Inbegriff von Sachen 1035.
Dauer des Dienstverhältnisses 620.
— der Geisteskrankheit, falls Scheidungsgrund, 1569, 1583.
Dauerndes Abwenden vom sittenlosen und verschwenderischen Leben 2336 Abs. 4, 2338 Abs. 2.
— Anlage s. Anlage.
— Ausschließen der Geltendmachung von Hypotheken und Pfandrecht 1169, 1254, 1266.
— Außerstandsein zur Erklärung bei Eheschließung des Kindes 1305 Abs. 2,
— Dienstverhältniß s. Dienstvertrag 617, 619, 620, 623, 627, 629, 630.
Debitor cessus s. Abtretung.
Decharge des Vormundes 1892 Abs. 2.
Deflorationsanspruch der Frauensperson, gegen die Verbrechen oder Vergehen wider Sittlichkeit begangen oder die durch Hinterlist, Drohung, unter Mißbrauch von Abhängigkeitsverhältniß zu außerehelichem Beischlafe bestimmt wurde, 847 Abs. 2.
— der unbescholtenen Braut 1300.
Deichrecht, landesges. Vorschr. unberührt. **E.** Art. 66.
Delation s. Berufung.
Delegation s. Schuldübernahme 414—419.
— des zuständigen Standesbeamten 1321.
Deliberationsfrist s. Ausschlagung einer Erbschaft 1943, 1944.
Delikt s. Unerlaubte Handlung.

Denuntiation s. auch Anzeige.
— bei Forderungsabtretung nur ausnahmsweise erforderlich 398, 407, 409—411, 576.
— nöthig bei Forderungsverpfändung, wenn Abtretungsvertrag genügt, 1280.
Deponent s. Hinterleger.
Depositar s. Verwahrung.
Depositum s. Verwahrung 688—699.
— irregulare 700.
Depotgeschäft, Hinterlegung von Werthpapieren 700 Abs. 2.
Dereliktion s. Aufgabe.
Derogatorische Klausel nicht aufgenommen.
Desertio s. Scheidung, Verlassung 1567, **E.** Art. 201 Abs. 2.
Deszendent s. Abkömmling, Kind.
Detention s. Gewalt thatsächliche.
Deutscher s. auch Ausländer, Inland.
— Erbrechtsverhältnisse zu Ausländern **E.** Art. 24—28.
— der keinem Bundesstaat angehört: a) Bestimmung des Standesbeamten, Befreiung von Ehehindernissen 1320 Abs. 3, 1322, **F.G.** 36, — b) Ehelichkeitserklärung und Annahme an Kindesstatt 1723 Abs. 2, 1745 Abs. 2, — c) Erbfolge des Fiskus 1936 Abs. 2.
— Verpflichtung zur Übernahme der Vormundschaft 1785.
Deutsche Gesetze auf Ausländer anzuwenden s. Ausländer.
— mit Bezug auf das Ausland **E.** Art. 12, 14, 15, 24.
Deutsche Sprache, falls Erblasser nicht d. S. mächtig, so vereideten Dolmetscher (s. das.) zuziehen, — Übersetzung des Protokolls u. s. f. 2244, 2245, 2249, 2250 Abs. 2, 2276, 2290 Abs. 4.
— Protokoll über Errichtung des Testaments oder Erbvertrags 2240, 2249, 2250 Abs. 2, 2276, 2290 Abs. 4, — — vor Notar oder Gericht, Dolmetscher **F.G.** 175, 179, 180, **N.** Art. 25.
Deutschland s. Inland.
Deutschorden a. d. Tauber — Errungenschaftsgemeinschaft — Übergangsbestimmungen s. **Ue.** Art. 77, 94, 97 —104.
Deutschorden der Balley — Franken, Errungenschaftsgemeinschaft, subsidiär Dotalrecht oder Ansbacher Recht (s. das.).
Diebstahl, kein Eigenthumserwerb an gestohlenen Sachen, (außer bei Geld, Inhaberpapieren, öffentlicher Versteigerung), 935, 937 Abs. 2, **H.G.B.** 367, — keine Vermuthung zu Gunsten des Besitzers 1006, — Herausgabe an früheren Besitzer auch durch gutgläubigen Besitzer (Ausn.!) 1007 Abs. 2 u. 3.
— seitens des Dienstboten — Kündigung ohne Frist **A.** Art. 24 Nr. 2 u. Abs. 2.
— des Hypothekenbriefs, Kraftloserklärung 1162.
— einer Schuldverschreibung auf den Inhaber u. s. f. (trotzdem Verpflichtung des Ausstellers) 794, 799, 807, 808, **A.** Art. 90.
— von Sparurkunde, Kraftloserklärung **E.** Art. 102 Abs. 2, **A.** Art. 111 —121.
Dienendes Grundstück s. Grunddienstbarkeit.
Dienstbarkeit s. auch Ablösung, Belastung, Leibgeding.
— Landesges. Vorbehalte **E.** Art. 113, 114.
— Einzelne Arten:
1. Beschränkt persönliche D. s. das.
2. Grunddienstbarkeiten s. das.
3. Nießbrauch s. das.
— Änderung u. Begründung von D. an Grundstücken: Einigung und Eintrag im Grundbuch (Ausn.!) 873, 874, 877, 878, **E.** Art. 128, 187, **G.O.** 6, 50, 84, 96, **E.Z.V.** 9, **A.** Art. 84, — (Forst-, Jagd-, Weiderechte können in der Pfalz nicht mehr begründet werden **E.** Art. 115, **A.** Art. 86).
— Aufhebung von D. an Grundstücken: Erklärung der Aufgabe und Löschung im Grundbuch 875, 876, 878, **E.** Art. 128, **A.** Art. 84 Abs. 2, — (nicht dadurch, daß Eigenthümer des Grundstücks D. oder umgekehrt erwirbt, 889).
Dienstberechtigter s. Dienstvertrag.
Dienstbezug, Abtretung des übertragbaren Theils 411.

Dienstbezug von Beamten (Verjährung: 4 Jahre) 197, 201, 218.
— Beschränkung der Übertragbarkeit und Aufrechnung nach Landesgesetz **E.** Art 81, **A.** Art. 12.
— Kündigung bei festem D. 622.
— von Privatbediensteten (Verjährung: 2 Jahre) 196 Nr. 8, 201, 218.

Dienstbote s. auch Dienstlohn, Dienstvertrag, Dienstzeugniß.
— Landesgesetzliche Vorschriften unberührt (mit Ausnahme vom Züchtigungsrecht) **E.** Art. 95.
— Übergangsbestimmung: Dienstverhältniß, das am 1. Januar 1900 besteht, nach B.G.B. und **A.**, falls nicht Kündigung nach 1. Januar 1900 für ersten Termin, **A.** Art. 31.
— Zuständigkeit für Streitigkeiten s. Gerichtsverfassungsgesetz §§ 23 Nr. 2, 202 Abs. 2 Nr. 4a, C.P.O. 709 Nr. 2.
— Pflichten des D.
1. Eintritt, falls er sich bei mehreren Herrschaften verdingt, auf Verlangen bei der, mit der er zuerst abgeschlossen, **A.** Art. 17.
2. zum Schadensersatz: a) bei Verdingung an Mehrere **A.** Art. 17, 26 Abs. 4, 30, — b) bei vertragswidrigem Verhalten und dadurch bewirkter Kündigung (Hälfte des Vierteljahrlohns — anders bei landwirthschaftlichen D. — Ausn.! — Eintritt des Schadens braucht nicht dargelegt werden!) **A.** Art. 26, c) bei vorsätzlicher oder grobfahrlässiger Pflichtverletzung **A.** Art. 21.
3. Verpflichtung zur Treue, — Folgeleistung der Anordnungen nach Vertrag (Ausn. bei Nothfall!) und Sitte — Achtung — anständigen Führung **A.** Art. 19.
— Rechte des D.
1. Auslegungsregel, falls D. vom Erblasser bedacht, 2071.
2. D. ist nicht „Besitzer" der in seiner thatsächlichen Gewalt befindlichen Sachen — doch Recht der Selbsthülfe gegen verbotene Eigenmacht 855, 860.
3. Draufgeld im Zweifel nicht vom Lohn abziehen und nicht auf Schadensersatz der Dienstherrschaft anrechnen! **A.** Art. 18.
4. Geschäftsfähigkeit, — bezüglich Dienstverhältnisses unbeschränkt geschäftsfähig, wenn vom gesetzlichen Vertreter zum Diensteintritt ermächtigt, (Ausn.!) 104—115, 131, **E.** Art. 95 Abs. 2.
5. Kündigung. A. ordentliche: a) bei landwirthschaftlichen D. nur für Schluß des Dienstjahrs (31. Januar, mit sechswöchentlicher Kündigungsfrist), doch gilt Dienstverhältniß im Zweifel nur für Dienstjahr **A.** Art. 22, — b) bei andern D.: *α)* falls Verhältniß für Lebenszeit oder länger als 5 Jahre — nach Ablauf von 5 Jahren mit 6 monatlicher Kündigungsfrist 624, — *β)* falls Vergütung nicht nach Zeitabschnitten, so jederzeit, doch 2 wöchentliche Frist 623, — *γ)* falls nach Tagen, so an jedem Tag für folgenden 621 Abs. 1, — nach Wochen, spätestens am ersten Wochentag für Schluß 621 Abs. 2, — nach Monaten, spätestens am 15. für Schluß 621 Abs. 3, — nach Vierteljahren oder länger, nur für Schluß des Kalendervierteljahrs mit 1 monatlicher Kündigungsfrist 621 Abs. 4, **A.** Art. 22 Abs. 2, — *δ)* falls D. an Heirathsgelegenheit u. s. f. verhindert wäre, spätestens am 15. des Monats für Schluß **A.** Art. 27, — *ε)* beim Tod der Dienstherrschaft **A.** Art. 28 Abs. 2, — c) falls Ehefrau D., Kündigung durch Ehemann zulässig 1358, **E.** Art. 95 Abs. 2. — B. außerordentliche, ohne Einhaltung einer Kündigungsfrist (auch schon vor Dienstantritt!) bei wichtigem Grund **A.** Art. 23, insbesondere: (doch Ausn!) **A.** Art. 25, — C. Folgen d. Kündigung 628—630, — bez. Schadensersatz s. **A.** Art. 26.
6. Lohn, falls nach längeren Zeitabschnitten als Vierteljahren bemessen, — nach je 3 Monaten Recht auf Hälfte des hiefür treffenden Betrags **A.** Art. 20 (Draufgeld im Zweifel nicht abziehen! **A.** Art. 18), — Verjährung: 2 Jahre 196 Nr. 8, 201, 218, — Lohn der land- und forstwirthschaftlichen D. bei Zwangsversteigerung **Z.V.** 10 Nr. 2, 49, 129, 155.

Dienstbote, Pflichten der Dienstherrschaft (Verbot des Haltens von D. a) unter 18 Jahren, falls Dienstherrschaft nicht im Besitz der bürgerlichen Ehrenrechte u. s. f., — b) unter 21 Jahren, falls Dienstherrschaft nach § 361 Nr. 6 des Strafgesetzbuchs unter polizeilicher Aufsicht A. Art. 16, 25 Nr. 6, 26 Abs. 4.)
1. Fürsorge bei Erkrankung des D., zum Schutz von Leben und Gesundheit 617—619, E. Art. 95 Abs. 2.
2. Haftung für Verschulden des D. 278, 831, 840 Abs. 2.
3. zu Schadensersatz a) bei vertragswidrigem Verhalten und Kündigung A. Art. 26, — b) bei Zeugniß treuen Verhaltens trotz Kenntniß schwerer Veruntreuung (Erlöschen 3 Jahre nach Zeugnißertheilung) A. Art. 29, B. G. B. 630, 824, — (Drangeld im Zweifel nicht anrechnen A. Art. 18).
4. Zeugnißertheilung s. das. und A. Art. 29.
— Rechte der Dienstherrschaft.
1. Aufrechnung ihrer Entschädigungsansprüche gegen Lohnforderung A. Art. 21.
2. Kündigung wie oben bei Rechte des D. 5, A. Art. 22, 23, 24, 26, 30, - Aufführung einzelner wichtiger Kündigungsgründe A. Art. 24. — ferner: falls Dienstherrschaft in Folge wesentlicher Veränderung der Umstände dauernd verhindert ist, von Dienstleistung Gebrauch zu machen, — Kündigung für Schluß des Kalendervierteljahrs mit einmonatlicher Frist — anders bei landwirtschaftlichen D. A. Art. 28.
3. Schadensersatzanspruch gegen Dritte, der Dienstboten zum Vertragsbruch verleitet, A. Art. 30.
4. Kein Züchtigungsrecht! E. Art. 95.

Dienstbotenbuch s. Dienstzeugniß.

Diensteinkommen s. Dienstbezug.

Dienstherrschaft s. Dienstbote.

Dienstjahr bei landwirthschaftlichen Dienstboten beginnt am 1. Februar A. Art. 22.

Dienstleistung s. auch Dienstbote, Dienstvertrag.
— als Beitrag eines Gesellschafters 706 Abs. 3, 733 Abs. 2.
— eines beschränkt Geschäftsfähigen 113, 114, persönliche des Mündels auf länger als 1 Jahr 1822 Nr. 7, 1827.

Dienstleistung dauernde 617, 622, 623, 639.
— kraft Gesetzes im Hauswesen oder Gewerbe bei Tödtung oder Verletzung, — Schadensersatz durch Geldrente 845, 846.
— höherer Art 622, 627.
— Verjährung (2 Jahre) 196 Nr. 7, 8, 14; 201, 218.
— Verpflichtung der Frau und des Kindes 1356 Abs. 2, 1617, 1705.
— des Vormunds, Gegenvormunds, Pflegers, Ersatz und Vorschuß 1835, 1897, 1915.
— beim Werkvertrag 631 Abs. 2.
— Werthvergütung bei Rücktritt vom Vertrag 346.

Dienstlohn s. Dienstbote, Dienstvertrag.

Dienstmann, Anspruchsverjährung: 2 Jahre 196 Nr. 7, 201, 218.

Dienstmiethe s. Dienstvertrag.

Dienstpersonal s. Dienstbote.

Dienstverhältniß s. Dienstbote, Dienstleistung, Dienstvertrag.

Dienstverpflichteter s. Dienstbote, Dienstvertrag.
— kraft Gesetzes:
1. Ehefrau im Haus und Geschäft des Mannes,
2. Kind, das elterlichem Hausstand angehört und von den Eltern erzogen oder unterhalten wird, 1356 Abs. 2, 1617, 1705.
— Schadensersatzanspruch bei Tödtung, Verletzung, Freiheitsentziehung 845.

Dienstvertrag s. auch Dienstbote, Dienstleistung, Dienstzeugniß, ferner H.G.B. 59—83, 511—555, 740—753, Gewerbeordnung §§ 105—139b, 154.
— Uebergangsbestimmung: D., der am 1. Januar 1900 besteht, nach B.G.B., falls nicht für ersten, nach bisherigem Gesetz zulässigen Termin Kündigung eintritt, E. Art. 171, A. Art. 31.
— ist ein Vertrag, durch welchen sich der Eine zur Leistung der versprochenen Dienste, der Andere (Dienstberechtigte) zur Gewährung der vereinbarten Vergütung verpflichtet, 611.

Dienstvertrag bei Ehefrauen 1358.
— Ende:
1. in Folge außerordentlicher Kündigung ohne Frist bei wichtigen Gründen 626 (s. auch Nr. 2 u. 3).
2. bei Konkurseröffnung s. K.O. 22, 23, 25, 27.
3. in Folge Kündigung (s. auch Dienstbote) je nach Vergütung (nach Tagen, Wochen, Monat u. s. f.) 621, — bei Diensten höherer Art nur 6 Wochen vor Schluß des Kalendervierteljahrs für diesen, falls fester Bezug, 622, sonst ohne Frist 627, — falls Vergütung nicht nach Zeitabschnitten: jederzeit; jedoch bei Diensten, die Erwerbsthätigkeit voll oder hauptsächlich beanspruchen, Frist v. 2 Wochen 623, — falls D. auf Lebenszeit od. länger als 5 Jahre, nach Ablauf von 5 Jahren, Frist: 6 Monate 624, — — durch Mann bei D. der Ehefrau 1358.
Folgen der Kündigung: a) Gewähren von Zeit zum Aufsuchen anderen Dienstes 629, — b) Vergütung oder Schadensersatz 628, — c) Zeugniß bei dauerndem D. 630.
4. beim Tod 613, 626.
5. mit Zeitablauf 620, 624.
— Fortsetzung nach Ablauf der Dienstzeit 625.
— Gegenstand s. auch bei Dienstbote.
1. Dienste jeder Art 611 Abs. 2.
2. Dienste höherer Art (Lehrer, Erzieher u. s. f.) 622, 627.
3. Geschäftsbesorgung 675.
— Herabsetzung unverhältnißmäßig hohen Mäklerlohns für Nachweis oder Vermittlung durch Urtheil bis zur Entrichtung des Lohns 655.
— bei Minderjährigen 113.
— Verpflichtungen des Dienstberechtigten:
1. bei dauerndem Dienstverhältniß u. Aufnahme in die häusliche Gemeinschaft (s. auch bei Dienstbote), bei Erkrankung Verpflegung und Arzt auf 6 Wochen, — Räume, Vorrichtungen u. s. f. mit Schutz gegen Gefahr für Leben und Gesundheit, sonst Schadensersatz — diese Verpflichtungen können nicht im Voraus aufgehoben oder beschränkt werden 617—619 **E.** Art. 95 Abs. 2.
2. Gewährung der Vergütung 611, — gilt als stillschweigend vereinbart, wenn den Umständen nach anzunehmen 612, — falls Höhe nicht bestimmt, Taxe — event. wie üblich 612 Abs. 2, — Vergütung nach Leistung der Dienste, event. nach Ablauf der einzelnen Zeitabschnitte 614, — — auch ohne Leistung: a) bei Annahmeverzug des Dienstberechtigten (Anrechnung des hiebei Ersparten oder sonst Erworbenen) 615, — b) falls Verpflichteter an Dienstleistung für nicht erhebliche Zeit unverschuldet verhindert ist (Anrechnung des Kranken- und Unfallversicherungsgeldes) 616, — Pfändung des Dienstlohns s. Gesetz v. 21. Juni 1869, C.P.O. 850, Reichsgesetz vom 29. März 1897.
3. nach der Kündigung s. oben 628 —630.

Dienstvertrag, Verpflichtungen des zur Dienstleistung Verpflichteten:
1. Leistung der versprochenen Dienste 611, — im Zweifel in Person 613, Anspruch auf dieselben im Zweifel nicht übertragbar 613, C.P.O. 851.
2. nach der Kündigung s. oben 627 Abs. 2, 628.

Dienstzeugniß falsches, gefälschtes, Kündigungsgrund ohne Frist bei Dienstboten **A.** Art. 24 Nr. 1 u. Abs. 2.
— unrichtiges, Schadensersatzpflicht nach Landesgesetz, Erlöschen nach 3 Jahren **E.** Art. 95, **A.** Art. 29.
— Verpflichtung zur Ausstellung bei Ende dauernden Dienstverhältnisses über dieses und dessen Dauer, auf Verlangen auch über Leistungen und Führung im Dienst 630.

Dies s. Zeitbestimmung.
— interpellat pro homine 284 Abs. 2, 296.
— legati cedens et veniens 2176.

Differenzgeschäft s. auch Reichsbörsengesetz vom 22. Juni 1896 §§ 68 Abs. 2, 69.
— ist Vertrag auf Lieferung von Waaren oder Werthpapieren in der Absicht, daß der Unterschied zwischen vereinbartem und

Börsen- oder Marktpreis an den Gewinnenden bezahlt werden soll, — unverbindlich! — auch wenn nur Absicht des einen Theiles auf Zahlung des Unterschieds, anderer aber diese Absicht kannte oder kennen mußte, 764.
Dilatorische Einrede s. Einrede.
Diligentia s. Fahrlässigkeit.
— boni patris familias — s. Sorgfalt, die im Verkehr erforderlich, 276.
— quam in suis 277, (690, 708, 1359, 1664, 1686, 2131).
Dilucida intervalla s. Lichte Zwischenräume.
Dingen eines Dienstboten s. das. **A.** Art. 17, 26 Abs. 4, 30 Abs. 2.
Dingliche Rechte an fremder Sache s. Belastung.
Dinkelsbühl in Bayern, allgemeine Gütergemeinschaft, — Übergangsbestimmungen s. **Ue.** Art. 67, 69, 70, 94, 97—104.
Diskont s. Zwischenzinsen.
Dispens s. Befreiung.
Displicentiae pactum 346.
Dispositionsbeschränkung s. Verfügungsbeschränkung.
Dispositionsfähigkeit s. Geschäftsfähigkeit.
Dividendenschein s. Gewinnantheilschein.
Dokument s. Urkunde.
Dolmetscher bei Angelegenheiten der freiwilligen Gerichtsbarkeit **F.G.** 9, s. auch Bekanntmachung vom 25. März 1899 (R.G.Bl. 99 S. 227) § 10, **A.G.O.** Art. 8.
— Ausschluß von Mitwirkung bei Errichtung von Testament oder Erbvertrag 2244, 2235—2237, 2276, 2290, **E.** Art. 151, **F.G.** 180.
— Zuziehung hiebei und bei notariellen Urkunden 2244, 2245, 2250, 2251, 2276, 2290 Abs. 4, **F.G.** 178, 179.
Dolus s. Arglist und Vorsatz.
Domizil s. Wohnsitz.
Donatio inter vivos s. Schenkung.
— mortis causa 2301.
— propter nuptias nicht erwähnt.
— remuneratoria nicht erwähnt.
Doppelehe s. Bigamie.
— verboten, zweite Ehe nichtig (Ausn.: bei Todeserklärung) 1309, 1326, 1348 Abs. 2.
Doppelter Wohnsitz möglich 7 Abs. 2.
Dos s. Aussteuer, Ausstattung, Dotalrecht.
Dotalrecht s. Güterrecht.
— Übergangsbestimmungen s. **Ue.** Art. 24, 30, 90, 91, 94 Abs. 2, 139.
Draufgabe bei Eingehen des Vertrags ist Zeichen des Abschlusses 336, — ist im Zweifel nicht Reugeld, an der Leistung anzurechnen, eventuell zurückzugeben 337, — bei Dienstboten im Zweifel nicht vom Lohn abziehen! **A.** Art. 18, — kann jedoch behalten werden bei in Folge eines vom Geber zu vertretenden Umstandes eintretender Unmöglichkeit der Leistung u. s. f. — im Zweifel beim Schadensersatz anzurechnen 338.
Dreißig Jahre s. auch Frist.
— Miethvertrag auf länger als 30 Jahre 567.
Dreißigster, Verpflichtung der Erben, Familienangehörige des Erblassers, die z. Zt. des Todes zum Hausstande des Letzteren gehört und von ihm Unterhalt bezogen haben, 30 Tage nach Eintritt des Erbfalles in gleichem Umfang Unterhalt zu gewähren und Benützung der Wohnung u. s. f. zu gestatten (abweichende Anordnung des Erblassers) 1969.
Dritter s. auch Bestimmung.
— Abkömmlinge eines D. — ohne nähere Bestimmung vom Erblasser bedacht 2070.
— Anmaßung eines Rechts an vermietheter Sache 545, — Aftermiethe 549, 553, 556 Abs. 3, — Gebrauch der gemietheten Sachen durch D., — Zinszahlung 552, — Veräußerung eines vermietheten Grundstückes an D. 571—580.
— Benachrichtigung des D., der Recht an Pfand hat, von Zeit und Ort der Versteigerung (Ausn!) 1237, 1243, 1245 Abs. 2.
— Einreden aus der Nichtigkeit der Ehe gegenüber D. 1344.
— — aus Ehevertrag 1435.
— Erlöschen der Rechte D. an beweglichen Sachen
1. durch Ersitzung 945.
2. durch Pfandveräußerung 1242, 1244.

3. durch Veräußerung 936.
4. durch Verbindung, Vermischung, Vermengung 949.

Dritter, Ermessen des D. bei Auseinandersetzung des Nachlasses 2048, 2204.
— Haftung für Schadensersatz bei unerlaubten Handlungen s. Unerlaubte Handlung 829, 831—841.
— Leistung an D. und Versprechen dieser Leistung 328—335, 362 Abs. 2.
1. bei Anweisung 783—792.
2. bei Forderungsübertragung 408.
3. Hinterlegung bei D. seitens des Verwahrers 691.
4. bei Schuldübernahme 414—419.
5. Überlassung des Gebrauchs geliehener Sachen an D. 603, 604 Abs. 4, 605 Nr. 2.
— Leistung durch D. bei Schuld, Hypothek, Pfandrecht 267, 268, 1143, 1150, 1225, 1249.
— bei Eintritt des Falles der Nacherbfolge 2140.
— Recht des D. an Anspruch auf Zinsrückstände u. s. f. bei Hypothek und deren Vereinigung mit Eigenthum 1178, — — an verpfändeten Sachen 1208, 1245, 1255 Abs. 2, 1256, 1273.
— Schutz gutgläubiger D. s. Kenntniß.
— unentgeltliche Zuwendung seitens des ungerechtfertigt Bereicherten an D. 822.
— Verpflichtung der Ehefrau durch Verwaltungshandlungen des Mannes D. gegenüber bei allgem. Gütergemeinschaft 1443 Abs. 2.
— Wirkung gegenüber D. a) der Aufhebung der Gütergemeinschaft 1470 Abs. 2, — b) — der Errungenschafts- und Fahrnißgemeinschaft 1545 Abs. 2, 1549, — c) — der Wiederherstellung — 1548 Abs. 2, 1549.
— Wirkung der Beschränkung der Frau zum Abschluß von Rechtsgeschäften u. s. f. 1357 Abs. 2, 1358, 1561, — — bei gesetzlichem Güterrecht 1404, 1407 Nr. 3.
— Wirkung des Einspruchs u. Widerrufs bei Erwerbsgeschäft der Ehefrau 1405 Abs. 3, 1561 Abs. 1.

Dritter Wirkung des Güterstandes gegenüber D. — Übergangsbestimmung s. **Ue.** Art. 25, 26, — — der Gütertrennung 1431.
— Zuwendung des Vermächtnisses an D. 2190, 2191, — — des beiderseitigen Nachlasses nach gemeinschaftlichem Testament oder Erbvertrag 2269, 2280, 2285.

Drohung, Bestimmung zum außerehelichen Beischlaf durch D., Schadensersatzpflicht 825, 842, 847 Abs. 2.
— bei widerrechtlicher Bestimmung zur Abgabe einer Willenserklärung (Anfechtung binnen Jahresfrist von Aufhören der Zwangslage an, — nach 30 Jahren ausgeschlossen) 123, 124, insbesondere bei a) Ablehnung der Fortsetzung der Gütergemeinschaft 1484, 1518, 1954, — b) Anerkennung der Ehelichkeit eines Kindes 1599, 203, 206, — c) Annahme oder Ausschlagung einer Erbschaft 1954 Abs. 2, — d) Leistungsbestimmung durch Dritten (unverzüglich Anfechtung nach Kenntniß) 318 Abs. 2, 2156, 2192, — e) widerrechtliche Bestimmung zur Eheeingehung 1335, 1337 Abs. 2, 1339 Abs. 2, 1346, 1704, — f) — des Erblassers zur Errichtung oder Aufhebung der letztwilligen Verfügung (Erbunwürdigkeit) 2339 Nr. 3 u. Abs. 2, 2345, — g) — zur letztwilligen Verfügung 2078 Abs. 2 u. 3, 2080 Abs. 2, 2281, 2283 Abs. 2, 2285, — h) Willenserklärung durch Vertreter 166.

Druck als Verarbeitung eines Stoffes, Eigenthumserwerb 950.

Duldung von Eigenthumsstörungen 1004 Abs. 2.
— des Nothwegs 917, 918, 924.
— des Überbaus 912—916, 924.
— der Zwangsvollstreckung in die Nachlaßgegenstände, die Verwaltung des Testamentsvollstreckers unterliegen, 2213 Abs. 3.

Dünger, Zubehör eines Landguts 98, 97.
— Zurücklassen bei Ende der Pacht eines Landguts ohne Werthersatz 593 Abs. 3.

Dünste, Zuführen auf fremdes Grundstück 906, Gewerbeordnung § 26.

Durchblicken s. Eigenthumsbeschränkungen Nr. 8.
Durchschnittssumme bei Vertragsbestimmung 317 Abs. 2, 2156, 2192.
Durchsicht von notariellen Urkunden **N.** Art. 26 Abs. 3, 29.
— des Protokolls bei Errichtung des Testaments oder Erbvertrags durch Erblasser (auf Verlangen!) 2242, 2249, 2250 Abs. 2, 2251, 2276, 2290 Abs. 4.
Durchstreichen im Testament 2255.
Durchtrieb, actus, nicht erwähnt.

E.

Edition s. Herausgabe, Vorlegung.
Ehe:
— Übergangsbestimmung: Gültigkeit einer vor dem 1. Januar 1900 geschlossenen Ehe bestimmt sich nach den bisherigen Gesetzen **E.** Art. 198, (die sonstigen Übergangsbestimmungen s. unten.)
— Anfechtung der Ehe:
1. Übergangsbestimmung: Eine nach den bisherigen Gesetzen anfechtbare Ehe ist als von Anfang an gültig anzusehen, wenn Ehegatten am 1. Jan. 1900 als Ehegatten mit einander leben und der Grund nicht nach B.G.B. besteht, **E.** Art. 198 Abs. 2.
2. Folgen: a) falls dem einen Ehegatten Nichtigkeit zur Zeit der Eheschließung bekannt war, 1345—1347, — b) Dritten gegenüber Einrede der Nichtigkeit nur, wenn zur Zeit der Vornahme des Rechtsgeschäfts oder der Rechtshängigkeit die Ehe für nichtig erklärt oder die Nichtigkeit bekannt war (Ausnahmen!), 1344, — c) Nichtigkeit von Anfang an 1343, 142, — d) Schadensersatzpflicht 122, 2078, — e) Unterhaltspflicht 1351.
3. Geltendmachung durch den Ehegatten (bei unrichtiger Todeserklärung durch jeden Ehegatten der neuen Ehe), nicht durch Vertreter (Ausnahmen) 1331—1336, 1340, 1350, nur binnen 6 Monaten 1339, 1340, 1350, **E.** Art. 198 Abs. 2, C.P.O. 612 (Ausschluß: 1336, 1337, 1338, 1335): a) solang Ehe besteht durch Anfechtungsklage 1341, 1343 Abs. 2, — b) nach der Auflösung durch Erklärung zum Nachlaßgericht (Form!) 1342.
4. Gesetzesanwendung **E.** Art. 13.
5. Anfechtungsgründe: a) arglistige Täuschung über Umstände, die bei Kenntniß der Sachlage und verständiger Würdigung des Wesens der Ehe von deren Eingehung abgehalten hätten, jedoch nicht über Vermögensverhältnisse, 1334, 1337 Abs. 2, 1339, — b) Beschränktsein in der Geschäftsfähigkeit, falls gesetzlicher Vertreter nicht einwilligt, 1331, 1336 Abs. 2, 1337, 1339, 1340, 1364, 1426, 1847, — c) Irrthum in der Person oder solchen persönlichen Eigenschaften, die, wie bei a, von Eingehung der Ehe abgehalten hätten, 1333, 1337 Abs. 2, 1339, 1346, — d) Leben eines für todt erklärten Ehegatten bei neuer Ehe 1350, 1351, 1608 Abs. 2, 1609 Abs. 2, — e) Mangel des Willens, Ehe einzugehen, 1332, 1337 Abs. 2, 1339, — f) widerrechtliche Drohung 1335, 1337 Abs. 2, 1346, 1704.

Ehe, Auflösung der Ehe (s. auch Anfechtung und Nichtigkeit):
1. durch Scheidung s. Ehescheidung.
2. durch den Tod eines Ehegatten (Wirkungen: Übergang der elterlichen Gewalt auf die Mutter 1684, — bei Güter- uud Fahrnißgemeinschaft 1483, 1557).
3. durch Todeserklärung (s. das.) eines Ehegatten 1348 Abs. 2, **E.** Art. 206.

Folgen der Auflösung der Ehe:
1. Beginn der Verjährung der Ansprüche der Ehegatten gegen einander 204.
2. Erbrecht s. Erbe gesetzlicher.
3. ohne Einfluß auf Fortdauer der Schwägerschaft 1590 Abs. 2.
4. Geburt eines Kindes nach der Auflösung 1593, 1600.
5. Geltendmachung der Nichtigkeit nicht mehr durch Klage 1329, 1343.
6. nachträgliche Bestätigung einer nichtigen oder anfechtbaren Ehe ausgeschlossen 1325, 1337, 1338, 1341.

— Civilprozessuale Vorschriften C.P.O. 606—639.
— Eingehung der Ehe s. auch Gesetz vom 6. Februar 1875, abgeändert

F.G. 186 und Bekanntmachung vom 25. März 1899 (R.G.Bl. 99 S. 225) — Bayer. Ges. vom 2. Mai 1868 aufgehoben **A.** Art. 175 Nr. 20. —

A. Art der Eingehung (Form einer im Inland geschlossenen E. nur nach deutschem Gesetz **E.** Art. 13 Abs. 3.)

1. vorher „soll" Aufgebot erfolgen, — Wirkung: 6 Monate, — unterbleibt bei lebensgefährl. Erkrankung, — Befreiung möglich! 1316, 1322, **E.** Art. 46.
2. Abschluß der Ehe: (die unbedingt erforderlichen Momente sind gesperrt gedruckt): a) Verlobte persönlich und gleichzeitig — b) vor zuständigem Standesbeamten (Wohnsitz oder Aufenthalt der Verlobten, — ev. Bestimmung durch Aufsichtsbehörde oder Reichskanzler, — ev. schriftliche Ermächtigung von Standesbeamten andern Bezirks, — falls nicht Standesbeamter, gilt doch als solcher, wenn Verlobte Mangel nicht kennen), — c) und zweier Zeugen (kein Minderjähriger — oder bürgerlicher Ehrenrechte Verlustige — Verwandte zulässig), — d) Frage des Standesbeamten (einzeln, nacheinander), ob sie E. mit einander eingehen wollen? e) Bejahung der Frage (Ehe abgeschlossen durch die Erklärung, — nicht bedingt oder betagt!), — f) Ausspruch des Standesbeamten, daß „sie kraft des Gesetzes nunmehr rechtmäßig verbundene Eheleute seien", — g) Eintrag in das Heirathsregister 1317—1321, 1324, 1329, 1344, 1345, 1699, 1771.

B. Gesetzesanwendung: nach den Gesetzen des Staats, dem Verlobter angehört, zu beurtheilen (Ausnahmen!) **E.** Art. 13, 27.

C. Keine Klage auf Eheeingehen aus Verlöbniß 1297, — Vertragsstrafe für Fall des Unterbleibens nichtig 1297 Abs. 2, Versprechen eines Lohns für Nachweis der Gelegenheit zum Eheeingehen oder Vermittlung ungültig 656, bei Unterbleiben Anspruch auf Rückgabe der Geschenke u. s. f., Verjährung in 2 Jahren 1301, 1302.

D. Voraussetzungen der Eheeingehung:

1. Ehemündigkeit: bei Frau vollendetes 16. Jahr, Befreiung möglich, beim Mann Volljährigkeit 1303, 1322.
2. Einwilligungen: a) bei dem in Geschäftsfähigkeit Beschränkten: des gesetzlichen Vertreters 1304, 1331, 1336, 1364, 1426, — b) bei Kind bis vollendetem 21. Lebensjahr: der Eltern bezw. der Mutter (kein Vertreter zulässig) 1305, 1307, 1621, 1661, c) bei an Kindesstatt Angenommenen: desjenigen, der Kind annahm (nicht der Eltern, auch nach Wiederaufhebung des Rechtsverhältnisses) 1306 — (bei Weigerung der Einwilligung durch Vormund oder Eltern Ersatz durch das Vormundschaftsgericht auf Antrag 1304, 1308).
3. Fehlen von Ehehindernissen s. das.
4. freier Wille, sonst Anfechtung wegen Irrthum, Drohung u. s. f., doch Bestätigung möglich 1332—1335. 1337 Abs. 2.
5. bei schon Verheiratheten: Auflösung oder Nichtigkeitserklärung der früheren Ehe, — Frau: 10 Monate Wartezeit (Ausn.: wenn inzwischen geboren, Befreiung möglich!) 1309, 1313, 1322, 1326, 1329, 1600, — wer eheliches minderjähriges Kind hat, erst nach Zeugniß des Vormundschaftsgerichts 1314, 1669—1674, **F.G.** 48, — wer an Kindesstatt angenommenes Kind hat, — 1761, — falls Urtheil, durch das Ehegatte für todt erklärt wird, angefochten ist, erst nach Erledigung des Rechtsstreits neue Ehe, (Ausn.) 1349.
6. Zurechnungsfähigkeit, sonst nichtig, doch Bestätigung möglich 1325, 1331, 1337.

Ehe, Güterrecht eheliches, s. Gesetzliches Güterrecht, Errungenschafts-, Fahrniß-, Gütergemeinschaft.

— Kirchliche Verpflichtungen durch B.G.B. nicht berührt 1588.

— Nichtigkeit der Ehe 1323—1329, 1771 Abs. 2, 2077, 2268, 2279 Abs. 2.

1. Übergangsbestimmung wie oben bei Anfechtung der Ehe **E.** Art. 198 Abs. 2.

2. Bestätigung nach Wegfall des Mangels 1325 Abs. 2.
3. Einwendungen gegenüber Dritten aus Nichtigkeit der Ehe 1344.
4. Folgen der Nichtigkeit der Ehe a) bezüglich Heimath **A.** Art. 154 II. 2, b) bezüglich Kinder s. das., — c) bezüglich Testamente, Erbverträge u. s. f. 1309, 1313, 1322, 2077, 2268, 2279, — d) in vermögensrechtlicher Beziehung 1345—1347, 1701, 1702, 1729, 1899 Abs. 3.
5. Gesetzesanwendung **E.** Art. 13.
6. Gründe der Nichtigkeit der Ehe: (Nichtigkeitsklage, Nichtigkeitserklärung 1329, 1343 Abs. 2), — a) Doppelehe 1326, 1329, 1348, C.P.O. 629, 632 Abs. 1, besonders bei Todeserklärung 1348, 1637, — b) Ehebruch, der im Scheidungsurtheil festgestellt ist, 1328, 1329, — c) Geschäftsunfähigkeit oder Unzurechnungsfähigkeit eines Ehegatten zur Zeit der Eheschließung (Ausnahmen) 1325, 1329, 1331, 1336 Abs. 2, 1337, 1339, — d) Mangel der wesentlichen Form (s. oben bei Eingehung der Ehe A.) 1324, 1329, 1344 Abs. 2, 1345 Abs. 2, 1699 Abs. 2, 1771 Abs. 2, — e) Verwandtschaft oder Schwägerschaft in gerader Linie oder Geschwisterverhältniß 1327, 1329.

Ehe, Verlöbniß s. das. 1297—1302.

— Wiederverheirathung im Fall der Todeserklärung s. das. und bei Wiederverheirathung.

— Wirkungen der Ehe:

1. Übergangsbestimmungen: persönliche Rechtsbeziehungen der Ehegatten bestimmen sich auch für die vor 1. Jan. 1900 geschlossenen Ehen nach B.G.B. **E.** Art. 199, **Ue.** Art. 98, 100, 101, 127.
2. Gesetzesanwendung: deutsches Gesetz, auch wenn Ehegatten Wohnsitz im Ausland haben, **E.** Art. 14.
3. beiderseitige Verpflichtungen der Ehegatten (s. auch das.) (ferner unten 4—6), schwere Verletzung ist Ehescheidungsgrund 1568, 1570—1572, 1574, — a) eheliche Lebensgemeinschaft (Ausnahmen) 1353, — b) Haftung gegen einander für die Sorgfalt, die sie in eigenen Sachen anzuwenden pflegen, außer, wenn sie im rechtsgeschäftlichen Verkehr zu einander, 1359, **E.** Art. 16 Abs. 2, — c) kein Verbot der Schenkung! — kein Verbot der Intercession der Frau zu Gunsten des Mannes! 2325 Abs. 3, 2330, — d) Unterhaltsgewährung: α) Pflicht des Mannes nach Lebensstellung, Vermögen, Erwerbsfähigkeit, auch wenn Frau nicht bedürftig, 1360 Abs. 1 — (Unterhalt ist gesammter Lebensbedarf, Krankheits- — Kurkosten), — β) subsidiäre Pflicht der Frau, falls Mann außer Stand, sich selbst zu ernähren, nach Vermögen und Erwerbsfähigkeit 1360 Abs. 2, 1605, 1608, 1609, 1611, 1613—1615. — (keine Aufrechnung — keine Übertragung! — keine Pfändung! 394, 400, 1615, C.P.O. 850 Nr. 2, 851.) — (Anspruch nicht verjährbar — einzelne Leistung Verjährung in 4 Jahren 194 Abs. 2, 197), — (bei berechtigter Trennung: Geldrente und Herausgabe der erforderlichen Sachen 1361 Abs. 1, 760, — während des Scheidungsprozesses s. C.P.O. 627, — beim Konkurs s. K.O. 3 Abs. 2), — e) Verjährung von Ansprüchen geg. einander gehemmt, solang Ehe besteht, 204.
4. Rechte und Pflichten der Ehefrau, s. auch das. und Erwerbsgeschäft und Nr. 3 u. 6. — a) Arbeiten im Haushalt und Geschäft, falls dies nach den Verhältnissen üblich, Erwerb fällt dem Mann zu 1356 Abs. 2, — b) Führen des Familiennamens des Ehemanns 1355, — c) Geschäfts- und Prozeßfähigkeit s. Ehefrau und die einzelnen Güterrechte, — d) Sachen, die zu ihrem persönlichen Gebrauch bestimmt, gelten als ihr gehörig 1362 Abs. 2, **E.** Art. 16 Abs. 2, — e) Schlüsselgewalt, Leitung des gemeinschaftlichen Hauswesens, Vertretung des Mannes s. bei Ehefrau, 1356, 1357, — f) Unterhaltsgewährung s. oben 3 d, β, — g) Wohnsitz, Wohnort, Wohnung des Ehemanns (Ausnahmen) 10, 1354.
5. Rechte und Pflichten des Ehemanns s. das. und Nr. 3 und 6: a) ehelicher

Aufwand s. bei Ehemann 1389, 1423, — b) Einwilligung zu Verfügungen der Ehefrau s. Ehemann, — c) bei Erwerbsgeschäft s. das., — d) Entscheidung in allen das gemeinschaftliche eheliche Leben betreffenden Angelegenheiten, Bestimmung des Wohnorts und der Wohnung (Ausnahme: bei Mißbrauch), nicht durch Vereinbarung auszuschließen oder zu beschränken 1354, — e) Legitimation unehelicher Kinder 1719—1722, — f) Nutznießung am eingebrachten Gut 1363, 1525, 1550, — g) Unterhaltspflicht s. oben 3d, — h) Verfügung über Gesammtgut 1444—1449, 1519, 1549.

6. Verhältniß der Ehegatten zu Dritten (s. auch Ehefrau, Ehegatte, Ehemann und oben 3—5): a) Anerkennung der Ehelichkeit des Kindes 1595—1599, — b) Annahme an Kindesstatt nur mit Einwilligung des anderen Ehegatten (Ausnahme) 1746—1748, 1755, 1756, — als gemeinschaftliches 1749, 1757 Abs. 2, 1758, 1768 Abs. 2, 1769, 1772, 1306, — c) Ehelichkeitserklärung des unehelichen Kindes 1726—1731, 1735, 1737, — d) Ende der Nutznießung des Vaters mit Ehe (Ausnahme) 1660, — e) Erwerbsgeschäft s. das., — f) Geschäfte der Frau innerhalb des häuslichen Wirkungskreises gelten im Namen des Mannes abgeschlossen, außer, wenn Frau ausdrücklich für sich abschließt, Beschränkung und Ausschluß nur, falls im Güterrechtsregister eingetragen oder Dritten bekannt war, 1357 Abs. 2, 1435, **E.** Art. 200 Abs. 3, **F.G.** 45 Abs. 1, 12, 15, 35, 53 Abs. 2, C.P.O. 286, 287, — g) Kündigungsgrund bei Dienstboten **A.** Art. 24 Nr. 12 u. Abs. 2, 26, 27, 30, — h) Kündigungsrecht des Mannes ohne Frist bei Verpflichtung der Ehefrau zu persönlichen Leistungen, Ermächtigung durch das Vormundschaftsgericht, Ausnahmen 1358, **E.** Art. 95 Abs. 2, — i) Prozeßführung s. Ehefrau und die einzelnen Güterrechte, — k) Vermuthung zu Gunsten der Gläubiger des Mannes, daß die im Besitz der Ehegatten befindlichen beweglichen Sachen dem Mann gehören, umgekehrt bei den ausschließlich zum persönlichen Gebrauch der Ehefrau bestimmten Sachen 1362, **E.** Art. 16 Abs. 2, — l) Zwangsvollstreckung s. die einzelnen Güterrechte und C.P.O. 739—743.

Eheauflösung s. Ehe.

Ehebruch ist Ehehinderniß zwischen dem wegen E. geschiedenen Gatten und dem, mit dem Ehebruch getrieben, wenn dieser Ehebruch im Scheidungsurtheil als Grund festgestellt, Befreiung ist möglich 1312, 1322, C.P.O. 624, solche Ehe ist nichtig, bei Befreiung von Anfang an gültig 1328, 1329.
— ist Grund zur Ehescheidung und zur Aufhebung der ehelichen Gemeinschaft 1565, 1570—1572, 1574, 1575, **E.** Art. 201 Abs. 2, Sorge für die Person des Kindes nach der Scheidung 1635—1637.
— ist Grund zur Entziehung des Pflichttheils 2335.
— ist Grund zur Beschränkung der Unterhaltspflicht auf nothdürftigen Unterhalt 1611.

Eheeinwilligung s. Ehe, Eingehung derselben D. 2.

Ehefrau s. auch Ehe, Ehegatte, Ehemann, Ehescheidung, Kind.
— Annahme an Kindesstatt 1758.
— Arbeiten im Haushalt und Geschäft, falls dies nach den Verhältnissen üblich, 1356 Abs. 2.
— soweit nach bisherigen Gesetzen in Geschäftsfähigkeit beschränkt, bleibt diese Beschränkung, solang bisheriger Güterstand besteht, **E.** Art. 200 Abs. 3. — s. im Übrigen Güterrecht und die einzelnen Güterstände.
— Ehelichkeitserklärung des unehelichen Kindes 1726—1731, 1735, 1737.
— Ehemündigkeit: vollendetes 16. Jahr (Befreiung!) 1303, 1322.
— Entmündigung s. das. u. C.P.O. 646.
— Erbin, Bestimmung der Inventarfrist 2008.
— als Handelsfrau s. Erwerbsgeschäft.

Ehefrau, Hauswesen s. unten bei Schlüsselgewalt.
— gesetzliche Hypothek **Ue.** Art. 51, 55 Abs. 2, für Pfalz s. Bayer. Gesetz vom 1. Juli 1898 (G. u. V.Bl. 98 S. 370 ff.) Art. 7, 11.
— Name des Ehemanns! 1355, — nach Scheidung Recht und Pflicht, denselben abzulegen, 1577.
— Sachen, die zum persönlichen Gebrauch der E. bestimmt, gelten als ihr gehörig 1362 Abs. 2, **E.** Art. 16 Abs. 2.
— Prozeßführung s. auch C.P.O. 52 Abs. 2.
a) bezüglich eines zum eingebrachten Gute gehörenden Rechts nur mit Zustimmung des Mannes 1400, 1525, 1550. (Ausn.: 1. bei Krankheit und Abwesenheit des Mannes und Gefahr in Verzug 1401, 1525, 1550, — 2. bei Rechtsstreit aus mit Einwilligung des Mannes betriebenem Erwerbsgeschäft 1405, 1525, 1550, — 3. bei Fortsetzung eines zur Zeit der Eheschließung anhängigen Rechtsstreites 1407, 1525, 1550, — 4. bei Rechtsstreit gegen den Mann 1407 Nr. 2, 1525, 1550, — 5. gegen Dritte, wenn der Mann ohne ihre erforderliche Zustimmung über das Recht verfügt hat, 1407 Nr. 3, 1525, 1550, — 6. zur gerichtlichen Geltendmachung eines Widerspruchsrechts gegenüber einer Zwangsvollstreckung 1407 Nr. 4, 1525, 1550.)
b) bez. eines zum Gesammtgut gehörenden Rechtes unzulässig 1443, 1519, 1549. — (Ausn.: 1. bei Krankheit oder Abwesenheit des Mannes und Gefahr in Verzug 1450, 1519, 1549, — 2. wie oben sub a 2 1452, 1519, 1549, — 3. wie oben sub a 3 (statt Eheschließung — Eintritt d. Gütergemeinschaft) 1454, 1519, 1549, — 4. wie oben sub a 5 1449, 1519, 1549.
— Schlüsselgewalt — E. leitet Hauswesen, Arbeit, soweit üblich, 1356 — besorgt Geschäfte und vertritt Mann innerhalb des häuslichen Wirkungskreises (Beschränkung, Ausschließung, Wirkung gegen Dritte!) 1357, 1435, 1561 Abs. 1, **E.** Art. 16 Abs. 2, 200 Abs. 3, **F.G.** 53 Abs. 2, 45 Abs. 1, 12, 15, 35, C.P.O. 286, 287.

Ehefrau, Antrag auf Verfügung u. Zahlungsempfang bei Schuldverschreibungen des Staates u. s. f. ohne Zustimmung des Ehemanns, — Eintrag in Staatsschuldbuch **E.** Art. 97 Abs. 2, **A.** Art. 50 Abs. 3, 55, 57.
— Spareinlage ohne Zustimmung des Ehemanns **E.** Art. 99, **A.** Art. 109.
— Unterhaltsgewährung s. auch Ehe, Wirkungen derselben 3 d, β, — wenn Ehemann außer Stand 1360, — Recht und Pflicht hiezu nach Scheidung 1578—1583, 1585, — Pflicht gegenüber ihren Verwandten 1604.
— Verfügung über Antheil am Gesammtgut 1442, über eingebrachtes Gut — Einwilligung des Mannes (Ausn.!) 1395, 1396, 1401, 1402, 1525, 1550, — über Gesammtgut 1450—1453, 1519, 1549.
— Vertretung des Manns s. oben bei Schlüsselgewalt.
— als Vormund 1409, 1457, 1783, 1786 Nr. 1, 1887, 1889, 1895, 1900, 1907.
— unter Vormundschaft 1778 Abs. 3, 1901 Abs. 3.
— Wiederverheirathung: 10 monatliche Wartefrist — Ausn.! — Befreiung 1313, 1322.
— Wohnsitz des Ehemanns! 10 — folgt dessen Wohnort und Wohnung (Ausn.!) 1354.
— Zwangsvollstreckung s. die einzelnen Güterrechte C.P.O. 739—745.

Ehegatte s. auch Ehe, Ehefrau, Ehemann, Erbe gesetzlicher, Güterrecht, Wiederverheirathung u. s. f. und nächstes Wort.
— Annahme an Kindesstatt s. das.
— eheliche Lebensgemeinschaft (Ausnahmen) 1353.
— nach Ehescheidung s. das.
— Erbvertrag zwischen E. s. Erbvertrag 2275 Abs. 2, 2276 Abs. 2, 2279 Abs. 2, 2280, 2281, 2290 Abs. 3, 2292, — Erbverzichtsvertrag 2347 Abs. 1.

Ehegatte, gemeinschaftliches Testament s. das. 2265—2273.
— Haftung gegen einander 1359, **E.** Art. 16 Abs. 2.
— Leibgeding für E. **A.** Art. 47.
— persönliche Rechtsbeziehungen deutscher E. nach deutschen Gesetzen **E.** Art. 14, **F.G.** 45.
— Pflichttheilsentziehung 2335—2337.
— Prozeßführung unter E. 1394, 1407 Nr. 2, 1418, 1468, 1469, 1525, 1542, 1547, 1549, 1550, — Prozeßkosten 1387, 1412, 1415 Nr. 3, 1416, 1460, 1463 Nr. 3, 1464, 1525, 1529 Abs. 2, 1531, 1532, 1535 Nr. 2, 1536 Nr. 4, 1537, 1549, 1550.
— Schenkungen unter E. nicht verboten, ebenso Intercession der Frau zu Gunsten des Mannes nicht verboten 2325 Abs. 3, 2330.
— Tod des einen E. bei Ehenichtigkeit 1324 Abs. 2, — Todeserklärung 1348—1352, **E.** Art. 9 Abs. 3, 13 Abs. 2, 159.
— Unfähigkeit zur Mitwirkung bei Errichtung des Testaments oder Erbvertrags als Notar, Zeuge u. s. f. 2234—2236, 2244, 2249, 2250 Abs. 2, 2276, 2290 Abs. 4, **F.G.** 170 Nr. 2 u. 4, 171 Nr. 2, 172.
— Unterhaltspflicht s. auch Unterhalt 1608, 1609 Abs. 2, 1604 Nr. 2, 1611, 1360, 1361 (s. auch bei Ehe, Wirkungen derselben 3 d).
— Unwirksamkeit von Verfügungen von Todeswegen bei Nichtigkeit u. s. f. der Ehe 2077, 2268, 2279.
— Verhältniß zu einander und zu Dritten s. Ehe, Wirkungen derselben 3 und 6.
— Verjährung von Ansprüchen gegen einander gehemmt, solange Ehe besteht, 204.
— Bestellung als Vormund 1900.
Ehegatte überlebender, Übergangsbestimmungen s. die einzelnen Güterstände und **Ue.** Art. 28, 104.
— Anspruch auf Pflichttheil 2303 Abs. 2, 2335, auf Voraus 1932.
— Ausschluß durch Testament 1938.
— gesetzliches Erbrecht 1931—1934.
Ehegatte überlebender, Verzeichniß des Kindervermögens 1640, 1686.
Ehegewinn, Ausgleichung bei den einzelnen Errungenschaftsgemeinschaften **Ue.** Art. 83 Abs. 2, 24 Abs. 2.
Ehegut s. Güterrecht.
Ehehalten s. Dienstboten.
Ehehindernisse: Die Ehe ist verboten:
1. zwischen dem an Kindesstatt Angenommenen und dessen Abkömmlingen einer- und dem Annehmenden andererseits, solange Rechtsverhältniß besteht, 1311, 1771.
2. zwischen wegen Ehebruchs geschiedenen Ehegatten und dem, mit dem Ehebruch begangen, bei Feststellung dieses Scheidungsgrunds im Urtheil (Befreiung!) 1312, 1322, 1328, 1329.
3. zwischen Personen, von denen eine mit Eltern, Voreltern, Abkömmlingen der anderen in Geschlechtsgemeinschaft, 1310 Abs. 2, 1327, 1329.
4. zwischen voll- und halbbürtigen Geschwistern 1310, 1327, 1329.
5. zwischen Verschwägerten in gerader Linie 1310, 1327, 1329.
6. zwischen Verwandten in gerader Linie, (auch uneheliches Kind und dessen Abkömmlingen mit Vater und dessen Verwandten) 1310, 1327, 1329, 1732.
Ehekonsens s. Ehe, Eingehung derselben D. 2.
Eheliche Abstammung s. Kind.
Ehelicher Aufwand s. Aufwand.
Eheliche Gemeinschaft, Pflicht der Ehegatten (Ausn.!) 1353, 1361.
— Einfluß auf den zu gewährenden Unterhalt 1360 Abs. 3, 1361.
— Fernhaltung s. Bösliche Verlassung 1567 Abs. 2, **E.** Art. 201.
— Aufhebung, — Klage hierauf statt Klage auf Ehescheidung, — Gründe, wie bei Ehescheidung s. das. (Schuldausspruch! — auf Grund d. Urtheils kann Scheidung beantragt werden, — doch Ausn!), (Wirkungen, wie bei Ehescheidung — doch keine neue Ehe!), — bei Wiederherstellung der e. G. fallen die mit Aufhebung verbundenen Wirkungen weg und tritt Gütertrennung ein 1575, 1576, 1586, 1587, 2077, 2268,

2279 Abs. 2, E. Art. 17 Abs. 4, 201, A. Art. 154 II 1.

Eheliches Güterrecht s. Güterrecht.

Eheliches Kind s. Kind eheliches.

Eheliche Pflicht nicht erwähnt, — ob Verweigerung Ehescheidungsgrund, ist Thatfrage 1568.

Ehelichkeit s. Kind eheliches.

Ehelichkeitserklärung durch Verfügung der Staatsgewalt 1723 (Übergangsbest.: vor 1. Januar 1900 nach Landesgesetzen E. Art. 209), auf Antrag des unehelichen Vaters, der Erklärung enthalten muß, daß er Kind als das seinige anerkenne, (gerichtlich oder notariell! — nicht d. Vertreter, — ev. Zustimmung des gesetzlichen Vertreters und Vormundschaftsgerichts) 1723, 1725, 1728—1730, 1735; — mit (gerichtlich od. notariell zu beurkundender) Einwilligung des Kindes, — der Mutter, wenn Kind unter 21 Jahr, (durch Vormundschaftsgericht ersetzbar), — und der Einwilligung der Frau, falls Vater verheirathet, (Anfechtung!) 1726—1731, F.G. 53, 55 Abs. 2, 167 Abs. 2, 191.
— nicht unter Bedingung oder Zeitbestimmung 1724, nicht, wenn Ehe zwischen den Eltern wegen Verwandtschaft oder Schwägerschaft verboten war, 1732, — nicht nach dem Tod des Kindes 1733, — kann auch ohne gesetzliches Hinderniß versagt werden 1734.
— Folgen der E.: a) Kind wird als ehelich angesehen 1736, — b) seine Abkömmlinge werden mit Vater — aber nicht dessen Verwandten — verwandt, — keine Schwägerschaft 1737, — c) Mutter verliert Recht und Pflicht der Sorge für die Person des Kindes 1738, — d) Vater in erster Reihe unterhaltspflichtig 1739, — e) muß sich bei Verheirathung mit dem Kind auseinandersetzen 1740, 1669—1671, — f) Kind bedarf Einwilligung d. Mutter z. Eheeingehen auch dann nicht, wenn Vater gestorben, 1305.

Ehemäklerlohn, durch Versprechen des E. keine Verbindlichkeit begründet, doch kann das Geleistete nicht zurück verlangt werden 656.

Ehemann s. auch Ehe, Ehefrau, Ehegatte.
— Anerkennung der Ehelichkeit des Kindes 1595—1599.
— Vermuthung für Beiwohnung innerhalb der Empfängnißzeit 1591.
— ehelicher Aufwand zu tragen vom E. bei gesetzlichem Güterrecht und Gütertrennung 1389, 1423, (bei allgemeiner Güter-, Errungenschafts-, Fahrnißgemeinschaft vom Gesammtgut 1458, 1529, 1549, Beitrag der Ehefrau 1371, 1427, 1441, 1526, 1549).
— Ehemündigkeit: Volljährigkeit 1303.
— nach Ehescheidung s. das.
— Einwilligung des E. erforderlich zu Verfügungen d. Ehefrau üb. eingebrachtes Gut 1395—1398, 1525, 1550, — z. Betrieb selbständig. Erwerbsgeschäfts 1405, 1412, 1414, 1452, 1460, 1462, 1519, 1532, 1533, — nicht zum Geldempfang u. s. f. bei Staatsschuldverschreibungen A. Art. 50 Abs. 3, 55, 57, — nicht zu Spareinlagen der Ehefrau E. Art. 99, A. Art. 109.
— Entmündigung 1418 Nr. 3, 1428, 1371, 1441, 1468 Nr. 4, 1495 Nr. 4, 1526, 1542, 1549.
— Entscheidungsrecht bei Meinungsverschiedenheit (Ausn.!) 1354.
— Ersatz für Aufwendungen zum Zwecke der Verwaltung des eingebrachten Guts 1390, 1525, 1550.
— bei Erwerbsgeschäft s. das.
— Kündigungsrecht bei Verpflichtung der Frau zu persönlichen Leistungen s. Kündigung und Ehe.
— Legitimation unehelicher Kinder 1719—1722.
— Nutznießung am eingebrachten Gut 1363, 1525, 1550.
— Prozeßführung bezüglich eines zum eingebrachten od. Gesammtgut gehörenden Rechts 1380, 1443, 1519, 1525, 1549, 1550.
— Sicherheitsleistung wegen Gefährdung des eingebrachten Guts 1391—1393, 1525, 1550.
— Unterhaltspflicht s. das. und Ehe, Wirkungen derselben 3d.
— Verfügung üb. Gesammtgut, Einwilligung der Ehefrau erforderlich 1444—1449, 1519, 1549.

Ehemündigkeit bei Frau: Vollendung des 16. Jahres (Befreiung möglich!), beim Mann: Volljährigkeit 1303.
Ehenichtigkeit s. Ehe.
Ehepaar s. Ehegatte, Annahme an Kindesstatt durch E. 1306.
Ehepakt s. Ehevertrag.
Eherechtliches Register s. Heirathsregister.
Ehescheidung s. auch Eheliche Gemeinschaft.
— Übergangsbestimmungen:
1. vom 1. Januar 1900 an nach B.G.B. E. Art. 201.
2. falls Verfehlungen vor 1. Januar 1900, so E. nur, wenn sie auch nach bisherigem Recht Scheidungsgrund, E. Art. 201 Abs. 2.
3. Wirkung der Trennung von Tisch und Bett E. Art. 202.
— Gesetzesanwendung für E.: Gesetze des Staats, dem Ehemann zur Zeit der Klage-Erhebung angehört, (Ausn.!) E. Art. 17, 27.
— Gründe zur E. (sind zugleich Einreden gegen Wiederherstellung der ehelichen Gemeinschaft 1353 Abs. 2).
1. Bigamie, widernatürliche Unzucht zwischen Männern oder Mensch und Thier 1565, 1570—1572, 1574, 1635—1637, E. Art. 201 Abs. 2.
2. bösliche Verlassung s. das. 1567, sonst wie 1.
3. Ehebruch 1565, 1570—1572, 1574, 1312, 1323, 1635—1637, E. Art. 201 Abs. 2, C.P.O. 624.
4. Geisteskrankheit (mindestens 3jährige Dauer, so hochgradig, daß geistige Gemeinschaft aufgehoben, Aussicht auf Wiederherstellung ausgeschlossen), 1569, 1583, 1478 Abs. 3, C.P.O. 623, (kein Schuldigerklären im Urtheil 1574).
5. Lebensnachstellung 1566, wie 1.
6. schwere Verletzung der durch die Ehe begründeten Pflicht, ehrloses, unsittliches Verhalten und dadurch hervorgerufene so tiefe Zerüttung des ehelichen Verhältnisses, daß Fortsetzung der Ehe nicht zugemuthet werden kann, auch grobe Mißhandlung 1568, sonst wie 1, C.P.O. 620.
— Klage auf E. bei 1—3, 5, 6 binnen 6 Monaten nach Kenntniß, — Frist läuft nicht, solang häusliche Gemeinschaft aufgehoben, — Ladung zum Sühnetermin! 1571—1573, 1933, — Urtheil (Auflösung mit Rechtskraft) 1564 (vorgängiges Urtheil auf Aufhebung der ehelichen Gemeinschaft 1576), — Schuldausspruch im Urtheil (auch ohne Antrag! — Ausn. bei Geisteskrankheit) 1574, 1576 Abs. 2 1312, C.P.O. 624.
Ehescheidung, Recht auf E. ausgeschlossen bei 1 u. 3 durch Zustimmung oder Theilnahme 1565 Abs. 2, erlischt bei 1—3, 5, 6 durch Verzeihung 1570, Klage ausgeschlossen: 10 Jahre nach Eintritt des Scheidungsgrundes 1571.
— Folgen der E.:
1. bei allein für schuldig erklärter Ehefrau (s. auch 3): a) Untersagung d. Namensführung 1577 Abs. 3, — b) standesgemäße Unterhaltsgewährung an Mann, soweit dieser außer Stand, sich selbst zu ernähren, — Geldrente, — Erlöschen 1578 Abs. 2, 1582, — bei E. wegen Geisteskrankheit 1583, — c) Wiederannahme des früheren Namens.
2. bei allein für schuldig erklärtem Ehemann (s. auch 3): a) Übergang der elterlichen Gewalt auf Frau 1684 Nr. 2, 1685 Abs. 2, — b) Unterhaltspflicht (Ausn. — Geldrente, — Erlöschen) 1578—1582, 1583.
3. bei allein für schuldig erklärtem Ehegatten (s. 1 und 2): a) Rückerstattung des Werths des Eingebrachten bei allgemeiner Gütergemeinschaft 1478, — b) Sorge für Person des Kindes 1635, 1636, 1700, — c) Unzulässigkeit der Verehelichung mit dem im Urtheil festgestellten Ehebrecher 1312, — d) Widerruf von Schenkungen 1584, — e) Zurückbehaltungsrecht, falls außer Stand, ohne Gefährdung seines standesmäßigen Unterhalts dem Andern Unterhalt zu gewähren, 1579, 1582 Abs. 2.
4. Auseinandersetzung bei allgemeiner Güter- und Fahrnißgemeinschaft 1478, 1549.

5. Ausschluß des Erbrechts und Rechts auf Voraus des überlebenden Ehegatten, falls Klage zur Zeit des Todes des Erblassers berechtigt und erhoben, 1933, **Ue.** Art. 104.
6. Wegfall des Erbrechts des Ehegatten 1564, 1586.
7. Frau behält Familiennamen des Mannes (Ausn.! — kann früheren Namen wieder annehmen, öffentlich beglaubigte Erklärung!) 1577, — und dessen Heimath zur Zeit der Scheidung **A.** Art. 154 II 1.
8. Unterhaltspflicht und -recht (s. auch 1—3) 1608 Abs. 2, 1609 Abs. 2, **E.** Art. 206.
9. Unterhalt gemeinschaftlichen Kindes — Beitrag der Ehefrau 1585, 1352.
10. Unwirksamkeit letztwilliger Zuwendungen (Ausn.!) 2077, 2268, 2279 Abs. 2.

Ehescheidungsstrafe s. Ehescheidung.

Eheschließung s. Ehe.

Ehevermittlung s. Ehemäklerlohn 656.

Ehevertrag, Übergangsbestimmungen:
1. falls in Bayern am 1. Januar 1900 kraft E. Güterstand eines Rechts, das auch in anderen Bundesstaaten gilt, eingeführt **Ue.** Art. 21, falls allgemeine Gütergemeinschaft u. s. f. kraft E. gilt **Ue.** Art. 94—96, 62—93, 97—104, falls Dotalrecht gilt, so an dessen Stelle Gütertrennung **Ue.** Art. 94 Abs. 2.
2. Abänderung eines Güterstands, für den bisherige Gesetze maßgebend, nur nach B.G.B. **Ue.** Art. 72.
3. Erhebung von Gebühren für E. **Ue.** Art. 31.

— ist ein Vertrag zur Regelung der güterrechtlichen Verhältnisse 1432

— Abschluß: vor Notar bei gleichzeitiger Anwesenheit 1434, auch nach Eingehung der Ehe 1432, auch, wenn nach bisherigen Gesetzen unzulässig, **E.** Art. 15 Abs. 2, 200 Abs. 2.

— Eintrag des E. im Güterrechtsregister bei Aufhebung oder Änderung des gesetzlichen oder im Register eingetragenen vertragsmäßigen Güterstands 1561 Abs. 3 Nr. 1, — Wirkung gegenüber Dritten 1435, 1405, 1425, 1431, 1470, 1357, 1545, 1548, 1549.

Ehevertrag, Inhalt des E.
1. Ausschluß der Verwaltung und Nutznießung des Mannes, — Aufhebung der allgemeinen Güter-, Errungenschafts-, Fahrnißgemeinschaft, — ergiebt sich aus E. nichts anderes, so Gütertrennung 1436.
2. Ausschluß oder Aufhebung der fortgesetzten Gütergemeinschaft, Vereinbarung derselben oder der allgemeinen Güter- oder Fahrnißgemeinschaft 1437, 1508, 1549, 1518, 1557.
3. Bestimmung von Vermögensstücken als eingebrachtes Gut bei Errungenschafts- und Fahrnißgemeinschaft 1523, 1549, als Vorbehaltsgut 1368, 1440, 1486, 1526, 1549.
4. unzulässig ist Verweisung auf nicht mehr geltendes oder auf ausländisches Gesetz (Ausn.!) 1433

Ehewohnsitz, Entscheidung des Ehemanns, Folgepflicht der Ehefrau (Ausn.) 1354.

Ehrenrechte bürgerliche, Aberkennung ist Hinderungsgrund, während deren Dauer zu sein:
1. Dolmetscher 2244.
2. Mitglied des Familienraths 1866.
3. Gegenvormund 1792.
4. Pfleger 1915.
5. Vormund 1781 Nr. 4, 1785, 1886, 1895.
6. Zeuge bei Eheschließung 1318 Abs. 2, **E.** Art. 40.
7. Zeuge bei Errichtung des Testaments oder Erbvertrags u. s. f. 2237 Nr. 2, 2244, 2249, 2250 Abs. 2, 2276, 2290 Abs. 4, **F.G.** 173 Nr. 2.

— — auf Anordnung der Polizei, Verbot, Dienstboten unter 18 Jahren zu halten, Gebot, sie zu entlassen, **A.** Art. 16, 25 Nr. 6, 26 Abs. 4.

Ehrloses Verhalten des Ehegatten kann Grund sein zur Ehescheidung 1568, 1570—1572, 1574, **E.** Art. 201, — zur Pflichttheilsentziehung 2335, — zur Unterhaltsbeschränkung 1611.

— — des Kindes kann Grund sein zur Pflichttheilsentziehung 2333, Beschränkung d. Unterhaltsanspruchs 1611.

Ehrloses Verhalten der Mutter mit elterlicher Gewalt, Beistandsbestellung 1687 Nr. 3.
— — der Tochter: Aussteuerverweigerung 1621, 2333 Nr. 5.
— — des Vaters mit elterlicher Gewalt, Einschreiten des Vormundschaftsgerichts 1666.
Eichstätt, Bisthum in Bayern, — allgemeine Gütergemeinschaft für gemeine Bürger und Bauern, subsidiär Dotalrecht — Übergangsbestimmungen **Ue.** Art. 67, 94, 97—104.
Eid s. auch Offenbarungseid.
— Abnahme u. s. f. durch Notar **N.** Art. 3 Abs. 2.
— Mündigkeit: 16 Jahre s. Bayer. Ausführungsgesetz zur C.P.O. Art. 14 (G. u. V.Bl. 1899 S. 406).
— wer nach Strafgesetzbuch unfähig, als Zeuge auf Eid vernommen zu werden, soll bei Testaments- u. s. f. Errichtung nicht Zeuge sein 2237 Nr. 3, 2244, 2249, 2250 Abs. 3, 2276, 2290 Abs. 4, **F.G.** 173 Nr. 3.
Eidesstatt s. auch Handschlag.
— Versicherung an E. bei Antrag auf Ertheilung eines Erbscheins 2356 Abs. 2, 2357 Abs. 3 u. 4, — bei freiwilliger Gerichtsbarkeit **F.G.** 15 Abs. 2, — bei Antrag auf Kraftloserklärung von Sparurkunden **A.** Art. 112, 117 Abs. 2.
— Zuständigkeit der Notare **N.** Art. 3.
Eigenbesitz hat derjenige, der die Sache als ihm gehörend besitzt, 872.
— Eigenthumserwerb durch Ersitzung an fremden beweglichen Sachen: 10jähriger E. und guter Glaube 937 (Unterbrechung durch Verlust des E. — Ausn.! 938, 940, — Anrechnung der Ersitzungszeit des Rechtsvorgängers und Erbschaftsbesitzers 943, 944), — an Grundstücken, die 30 Jahre im E. desjenigen, der während dieser Zeit als Eigenthümer im Grundbuch eingetragen, 900, **E.** Art. 189 Abs. 2, — Ausschluß des Eigenthümers im Aufgebotsverfahren, Eintrag dessen, der Ausschlußurtheil erwirkte, im Grundbuch 927, — an Erzeugnissen und Früchten durch den, der Sache im E. hat, mit Trennung (Ausn.) 955, — an herrenlosen beweglichen Sachen durch Nehmen in E. (Ausn.) 958.
Eigenbesitz, Haftung des Eigenbesitzers an Grundstücken bei Einsturz des Gebäudes u. s. f. für Schaden 836.
— des Grundstücks bei Zwangsverwaltung **Z.V.** 147, des Schiffes hiebei **Z.V.** 164.
Eigenhändiges Testament, Erfordernisse: eigenhändiges Schreiben und Unterschreiben des Erblassers unter Angabe des Ortes und Tages 2231 Nr. 2, bei gemeinschaftlichem T. genügt diese Errichtung durch einen Ehegatten und Beifügung (eigenhändig ge- und unterschrieben, unter Angabe des Orts und Tags) des andern, daß das Testament auch als das seine gelten soll 2267.
— — auf Verlangen in amtliche Verwahrung 2248, 2246 Abs. 2.
— — nicht von Minderjährigen oder Lesensunkundigen! 2247.
Eigenmacht verbotene beim Besitz, Entziehung des Besitzes ohne Willen des Besitzers oder Störung im Besitz — fehlerhafter Besitz 858, — (Ausn.: 227—231, 859, 860), — kann mit Gewalt abgewehrt werden 859, 860, und giebt Klagerecht 861, 862, 864, 865, 869, — Haftung dessen, der in Folge von E. besitzt, für Schaden, wie bei unerlaubten Handlungen 992, 1007.
— beim Erbschaftsbesitz 2025.
Eigenschaften, Anfechtbarkeit bei Irrthum über E. 119, 1333.
— zugesicherte beim Kauf: Haftung des Verkäufers für Zeit des Übergangs der Gefahr, — auch wenn der Mangel dem Käufer infolge grober Farlässigkeit unbekannt blieb 459 Abs. 2, 460. — Wahl des Käufers zwischen Wandelung und Minderung 462, 463, und bei nur nach Gattung bestimmter Sache Lieferung einer mangelfreien Sache und Schadensersatz 480, — ebenso bei andern entgeltlichen Veräußerungsverträgen, beim Tausch und bei Herstellung einer vertretbaren Sache aus einem v. Unternehmer zu beschaffenden Stoff 493, 515, 651, — beim Kauf nach Probe 494. — (Größe gilt als Eigenschaft 468).

Eigenschaften zugesicherte bei Miethe und Pacht, — beim Fehlen: kein oder geminderter Miethzins oder auch Schadensersatz 537—539, 581 Abs. 2, (Größe gilt als E. 537 Abs. 2, 581 Abs. 2).
— — beim Werkvertrag, — Anspruch auf Beseitigung des Mangels, Wandelung, Minderung, ev. auch Schadensersatz 633—635, 640.
Eigenthum s. auch die folgenden Worte, ferner Miteigenthum.
— Übergangsbestimmung: E., das am 1. Januar 1900 besteht, nach B.G.B. — vorbehaltlich des Rechtes Dritter E. Art. 181, 182.
— Gegenstand des E.: 1. bewegliche Sachen, 2. Grundstücke, nicht aber Gebäude oder Theile derselben und mit Boden zusammenhängende Erzeugnisse 93—95, E. Art. 181, 182.
— Inhalt: Verfahren mit Sache nach Belieben, Ausschließen Anderer von jeder Einwirkung 903, — über und unter der Erdoberfläche 905, — Ausn. s. Eigenthumsbeschränkungen.
— Vermuthungen: a) bei Gegenständen im Besitz von Eheleuten 1362, — b) vertretbare und verbrauchbare Sachen sind im Zweifel gemeinschaftliches E. der Gesellschaft 706 Abs. 2.
— Zusammentreffen des E. mit Hypothek s. Eigenthümerhypothek, mit Nießbrauch an beweglichen Sachen, letzterer erlischt, doch Ausnahmen 1063, mit Pfandrecht, welches erlischt, doch Ausnahmen 1256.
Eigenthümer s. Eigenthum u. Jeweiliger E.
Eigenthümergrundschuld, Bestellung: Erklärung des Eigenthümers gegenüber Grundbuchamt, daß Grundschuld für ihn im Grundbuch eingetragen werde, und Eintragung 1196, 878.
— Eigenthümer hat Anspruch auf Zinsen nur bei und für die Dauer der Zwangsverwaltung des Grundstücks 1197 Abs. 2.
— Zwangsvollstreckung zum Zwecke der Befriedigung des Eigenthümers unzulässig 1197.
Eigenthümerhypothek s. auch Hypothek.
Eigenthümerhypothek, Übergangsbestimmung E. Art. 194.
— Entstehung:
1. wenn Grundstückseigenthümer Hypothek oder Hypothekgläubiger Eigenthum erwirbt (Verzicht zulässig), 889, 1143, 1173, 1179.
2. falls Forderung, für die Hypothek bestellt ist, nicht entsteht oder erlischt 1163, 1172, 1167.
3. bei Gesammthypothek 1173—1176, 1182.
4. bei Hypothek, für die Hypothekenbrief nicht ausgeschlossen, bis zu dessen Übergabe an Gläubiger 1163 Abs. 2, 1172, 1176.
5. falls Gläubiger unbekannt, mit Erlassung des Ausschlußurtheils 1170.
6. falls durch vollstreckbare Entscheidung Zwangsvollstreckung u. s. f. für unzulässig erklärt wird, die auf Grund Urtheils eingetragene Hypothek C.P.O. 868.
7. durch Verzicht des Gläubigers (Erklärung und Eintragung) 1168, 1175, 1176, 1178 Abs. 2, (Verlangen des Eigenthümers, daß Gläubiger verzichtet, 1169).
— Umwandlung der E. in Grundschuld, wenn dem Eigenthümer Forderung nicht zusteht, 1177, 1163 Abs. 1, 362.
— Vormerkung im Grundbuch zur Sicherung des Anspruchs auf Löschung der E. 1179, 883.
Eigenthumsanspruch, Aufsuchen und Wegschaffen vom Grundstück eines Andern 1005, 1011.
— gegenüber Besitzer bei Störung durch Entziehung und Vorenthaltung (Gegenansprüche des Besitzers s. das.).
1. Haftung des Besitzers a) nach Eintritt der Rechtshängigkeit für Verschlechterung, Untergang u. s. f. aus seinem Verschulden 989, 1007, — b) falls bei Erwerb des Besitzes nicht in gutem Glauben, — Herausgabe der Nutzungen und Schadensersatz, — weitergehende Haftung wegen Verzugs bleibt bestehen 990, 991, 987, 989, 1007, — c) falls durch verbotene Eigenmacht oder strafbare Handlung Besitz erlangt, nach Vorschriften über Schadensersatz wegen unerlaubter Handlung 992,

1007, — d) sonst nach Vorschriften über Herausgabe ungerechtfertigter Bereicherung 993, 1007.
2. Herausgabe der Sache 985, 1006, 1007, 1011, 891 und der Nutzungen 987, 988, 993.

Eigenthumsanspruch bei anderweitiger Störung: Beseitigung der Beeinträchtigung und Klage auf Unterlassung, (außer wenn Eigenthümer zur Duldung verpflichtet), 1004, 1006, 1011, — bei Eisenbahn-, Dampfschifffahrts- u. s. f. Unternehmen nach Landesgesetz **E.** Art. 125.

— bei gestohlenen, verlorenen und sonst abhanden gekommenen Sachen, außer bei Geld und Inhaberpapieren 935, 1006, 1007.

— bei widerrechtlicher Verletzung des Eigenthums, Schadensersatz 823, 848—851.

— entsprechende Anwendung 1017, 1065, 1227, **E.** Art. 196.

Eigenthumsbeschränkungen, — Regel: der Eigenthümer kann nach Belieben über die Sache verfügen und die Einwirkung Anderer ausschließen 903, 905.

— Ausnahmen:
1. bei Abmarkung und Grenzverwirrung Mitwirkung 919, 920, 924.
2. Abstand von Grenze s. auch Fensterrecht, (keine allgemeinen Vorschriften!) a) Balkone, Erker, Gallerien u. s. f., wenn nicht an der Baulinie und weniger als 0,60 m von Nachbargrenze, (Gebäude, Hofraum, Hausgarten) Abschluß so, daß weder Öffnen noch Durchblicken möglich, — gegenüber Eisenbahnanlage Durchblicken gestattet, — falls 1. Jan. 1900 bestehen, so bisherige Vorschriften, falls geringere Beschränkung, — keine Verjährung! **E.** Art. 124, **A.** Art. 63—66, 67 Abs. 2, 78, — b) Gewächse (Baum, Strauch, Weinstock, Hopfenstock) mindestens 0,50 m — falls über 2 m hoch, mindestens 2 m von Grenze — gegenüber Wald nur 0,50 m — gegenüber landwirthschaftlichem Grundstück Bäume (außer Stein- und Kernobst) von mehr als 2 m Höhe mindestens 4 m! (Ausn.: wenn Gewächse hinter Mauer u. s. f., an öffentlicher Straße u. s. f., zum Schutz des Ufers, der Eisenbahn u. s. f.), — für 1. Januar 1900 vorhandene Gewächse bisherige Vorschriften, — Verjährung des Anspruchs auf Beseitigung in 5 Jahren **E.** Art. 124, **A.** Art. 71—75, 78.
3. Anlagen (s. auch 2a), durch welche unzulässig auf Nachbargrundstück eingewirkt wird, verboten 907, 924.
4. Anwenderecht, d. i. Überschreitung der Grenze bei Bestellung landwirthschaftlicher Grundstücke, — soweit in Bayern r. d. Rh. örtliches Herkommen — aufrecht, (Erlöschen durch Verzicht — Form! und 10 Jahre nach letzter Ausübung) **E.** Art. 124, **A.** Art. 76, 77, 79.
5. Chikaneverbot s. Chikane und 7.
6. bei drohendem Einsturz des Gebäudes u. s. f. — Verlangen der erforderlichen Vorkehrungen 908, 924.
7. Einwirkung auf Grundstücke in solcher Höhe und Tiefe gestattet, daß kein Interesse am Ausschluß, 905.
8. Fensterrecht, Übergangsbestimmungen: a) für am 1. Januar 1900 bestehende Fenster bisherige Vorschriften, soweit geringere Beschränkung, (nicht verjährbar) **E.** Art. 124, **A.** Art. 66, 78, b) für preußisches und pfälzisches Recht **A.** Art. 67. — Fenster, die nicht an der Baulinie und weniger als 0,60 m von Gebäude, Hofraum, Hausgarten, öffentlichen Eisenbahnanlagen entfernt, auf Verlangen bis 1,80 m über Boden weder Öffnen noch Durchblicken (Ausn.: bei Eisenbahn) möglich, — Anspruch nicht verjährbar **E.** Art. 124, **A.** Art. 62, 64, 65, 78.
9. in der Umgebung von Festungen **E.** Art. 54.
10. Recht an Früchten eines auf der Grenze befindlichen Baums od. Strauchs 923, 924, **E.** Art. 122.
11. Recht, die Früchte, die vom Nachbarbaum herüberfallen, zu behalten, (Ausn.!) 911.
12. Grenzmauern (s. auch 24), — Übergangsbestimmungen **A.** Art. 70,

69, 77, — Erhöhung der Mauern, — Ersatz der Baukosten, — nicht verjährbar, — Verzicht (Form!) **E.** Art. 124, **A.** Art. 68, 69, 77, 78.
13. Hammerschlagsrecht, Leiterrecht nicht aufgenommen, auch nicht durch Übergangsbestimmungen gewahrt.
14. Lichtöffnungen s. 8, Fensterrecht **A.** Art. 62 Abs. 2.
15. Neidbau nicht erwähnt, s. 226.
16. bei Nothstand Abwendung gegenwärtiger großer Gefahr, Verhältniß des Schadens 904.
17. Nothweg, Duldung s. Nothweg 917, 918, 924, **E.** Art. 123 (in Bayern nicht!)
18. Beschränkungen im öffentlichen Interesse **E.** Art. 52, 53, 109, 111, 120 Abs. 2 Nr. 3, **A.** Art. 1.
19. Traufrecht s. 907, 922.
20. Überbau (s. das.) Duldung, 912—916, 924.
21. Vertiefungen bedrohliche, Verbot 909, 924.
22. Recht, eindringende Wurzeln, herabhängende Zweige bei Beeinträchtigung zu entfernen, falls sie Nachbar nicht innerhalb angemessener Frist beseitigt, (in Bayern: zu Gunsten bestehender Waldungen) 910, **E.** Art. 122, 183, **Ue.** Art. 9.
23. Zuführung von Gasen, Geräusch, Ruß (außer in eigenen Leitungen) gestattet, wenn hiedurch Grundstücksbenutzung unwesentlich beeinträchtigt und Zuführung gewöhnlich 906, Gewerbeordnung § 26.
24. an Zwischenräumen, Hecken, Mauern, Winkeln — im Zweifel gemeinschaftliches Benutzungsrecht 921—923.

Eigenthumserwerb und **-Verlust**
1. durch Aneignung (s. das.) a) von beweglichen Sachen 958—964, — b) von Grundstücken, die herrenlos, durch Fiskus 928 Abs. 2, **E.** Art. 129, 190.
2. durch Aushändigung der Schuldverschreibung auf den Inhaber u. s. f. (Aussteller wird Eigenthümer, auch wenn Inhaber nicht verfügungsberechtigt) 797, 807.
3. durch Eintrag in das Grundbuch auf Grund des vom 30jährigen Eigenbesitzer im Aufgebotsverfahren erwirkten Ausschlußurtheils 927 Abs. 2, — Vereinig. mehrerer Grundstücke 890, 1131.
4. durch Enteignung **E.** Art. 109.
5. durch Erbfolge (s. das.) 1922, 1942, 2032, 2139, **A.** Art. 102.
6. durch Ersitzung (s. das.) a) von beweglichen Sachen 937—945, **E.** Art. 185, (justus titulus nicht erforderlich 937), — b) v. Grundstücken — (Tabularersitzung) — 30jährig. Eigenbesitz und Eintrag im Grundbuch 900, **E.** Art. 189 Abs. 2, — Ausschluß im Aufgebotsverfahren 927.
7. an Erzeugnissen und sonstigen Bestandtheilen 953—957.
8. von Familienfideikommissen u. s. f. **E.** Art. 57—59.
9. durch Fiskus oder Hinterlegungsstelle **E.** Art. 145.
10. durch Fund (s. das.) 965—984.
11. seitens geistlicher Gesellschaften **E.** Art. 86, **A.** Art. 7—10.
12. durch Gemeinheitstheilung **E.** Art. 113.
13. bei Gütergemeinsch. (s. das.) 1438, 1519.
14. durch Einverleibung in das Inventar bei Pacht 588 Abs. 2, — d. Ablehnung der Übernahme von überflüssigen und zu werthvollen Inventarstücken hiebei 589 Abs. 2, — bei Nießbrauch an Grundstücken 1048.
15. durch Konfiskation s. Reichsstrafgesetzbuch §§ 40, 295.
16. an Lehen (s. Nr. 7) **E.** Art. 57—59.
17. von Nichtberechtigten 932—935, H.G.B. 366.
18. durch rechtmäßige Pfandveräußerung 1242.
19. am Schatz (s. das.) 984.
20. durch Trennung des Baums auf der Grenze bei Verzicht des anderen Nachbarn 923 Abs. 2, 924.
21. durch Übertragung a) von beweglichen Sachen: Einigung über Eigenthumsübergang und Übergabe (Ausn.!) 929—931, 986 Abs. 3, (brevi manu traditio 929 Satz 2, 932, 936, constitutum possessorium 930, 933), besondere Fälle: α) bei Auslobung (E. am Werk) 661 Abs. 4, β) bei

Eigenthumsvorbehalt 455, γ) durch gutgläubigen Erwerber, falls Sachen nicht dem Veräußerer gehören, außer bei Diebstahl und Verlust 932—936, δ) durch Ehemann mit Mitteln des eingebrachten Gutes 1381, 1525, 1550, ε) durch Vater oder Mutter mit Mitteln des Kindes 1646, 1648, b) von *Grundstücken*: (*Übergangsbestimmung*: bis Anlage des Grundbuchs nach bisherigen Gesetzen **E.** Art. 189, **Ue.** Art. 2 Abs. 3), α) Einigung der Betheiligten (*Auflassung* s. auch das.) bei gleichzeitiger Anwesenheit vor Grundbuchamt oder Notar (in Bayern) — nicht bedingt oder mit Zeitbestimmung! — und Eintragung in das Grundbuch: 873, 925—928, 878, **E.** Art. 142, 143, **Ue.** Art. 39, **A.** Art. 81, 82, **N.** Art. 30, 134. (Vertrag, durch den sich ein Theil zur Eigenthumsübertragung verpflichtet, notariell! — doch gültig, wenn Auflassung und Eintragung im Grundbuch erfolgt ist, 313, **E.** Art. 142, **A.G.O.** Art. 12, 53), β) Aufgabe durch Verzichtserklärung und Eintragung 928, C.P.O. 58, 787, *besondere Fälle*: α) Grundstückserwerb durch Ausländer **E.** Art. 88, **A.** Art. 10, β) Grundstücke, die nicht in das Grundbuch eingetragen, **E.** Art. 127, **G.O.** 90, — Einigung und öffentliche Beurkundung (nicht unter Bedingung oder Zeitbestimmung) **A.** Art. 83, γ) Übertragung von Grundstücken des Staats an Kommunalverband und umgekehrt **E.** Art. 126, δ) Recht des Eigenthümers, Übertragung des überbauten Theils seines Grundstücks gegen Werthersatz zu verlangen 915, ε) Verfügung über Grundstücke durch Vater oder Vormund, Genehmigung des Vormundschaftsgerichts 1643, 1821 Nr. 2 u. 4 u. Abs. 2.

22. durch *Verarbeitung*, *Verbindung*, *Vermischung* s. das. 946—952, (Vereinigung mehrerer Grundstücke s. 3, — 890, 1131).

23. durch *Zwangsversteigerung*, (falls durch Notar, so bedarf es bei Auflassung, falls diese noch im Versteigerungstermin, nicht gleichzeitiger Anwesenheit!) **E.** Art. 109, 143, **Z.V.** 89, 90, **A.** Art. 82.

Eigenthumsklage s. Eigenthumsanspruch.

Eigenthumsstörung s. Eigenthumsanspruch.

Eigenthumsübertragung s. Eigenthumserwerb.

Eigenthumsverletzung s. Eigenthumsanspruch.

Eigenthumsverlust s. Eigenthumserwerb.

Eigenthumsverschaffung, Pflicht des *Unternehmers* eines aus von ihm zu beschaffenden Stoff herzustellenden Werks 651.

— — des *Verkäufers* und beim Tausch 433, 445, 515.

Eigenthumsvorbehalt beim *Kauf* bis zur Zahlung des Kaufpreises, — so im Zweifel Eigenthumsübertragung unter der aufschiebenden Bedingung vollständiger Zahlung des Kaufpreises und Rücktrittsberechtigung bei Zahlungsverzug des Käufers 455.

— bei *Veräußerung* eines Grundstücks s. Rückfallsrecht (Übergangsbestimmung für Bayern r. d. Rh. **Ue.** Art. 39).

Einberufung des Familienraths 1873, 1875, 1876.

Einbringung von Sachen bei Gastwirth (nicht Restaurateur!): Gastwirth, der gewerbsmäßig Fremde beherbergt, haftet dem im Betrieb des Gewerbes aufgenommenen Gast für Schaden durch Verlust oder Beschädigung der eingebrachten Sache, (d. i. der dem Gastwirth oder dessen Leuten übergebenen oder an dazu bestimmten Ort gebrachten Sache), — (unverzügliche Anzeige, — sonst Erlöschen der Haftung, außer bei Übergabe der Sache), — (keine Haftung, wenn Schaden vom Gast, dessen Begleiter oder von Beschaffenheit der Sache oder höherer Gewalt herrührt), — bei Geld, Werthpapieren bis 1000 Mk. — Ausn.!) — (Anschlag der Haftungsablehnung — werthlos) 701—703.

— *Gastwirth* hat ein *Pfandrecht* an den eingebrachten Sachen 704, 559 — 563.

Einbringung von Sachen in öffentliche Verpflegungsanstalt — Eigenthumsübergang mit Erbfall **A.** Art. 102.
Einfallendes Licht nicht erwähnt, s. **E.** Art. 111.
Einfangen v. Bienenschwärmen 961—964.
Einfriedigung auf verpachtetem landwirthschaftlichem Grundstück vom Pächter ausbessern! 582, 536.
Eingebrachtes Gut, Übergangsbestimmungen s. die einzelnen Güterstände u. **Ue.** Art. 97—104, 124—140.
— — A. bei Errungenschaftsgemeinschaft (s. auch 1478) ist
1. das durch Ehevertrag für E.G. Erklärte 1523.
2. das auf Grund eines zum E.G. gehörenden Rechts, als Ersatz für Zerstörung u. s. f. eines dazu gehörenden Gegenstands oder durch ein sich auf E.G. beziehendes Rechtsgeschäft Erworbene (Ausn.!) 1524.
3. das als Ausstattung, Schenkung, von Todeswegen Erworbene (Ausn.!) 1521.
4. das Ehegatten bei Eintritt der Errungenschaftsgemeinschaft Gehörende 1520.
5. nicht durch Rechtsgeschäft übertragbare Gegenstände 1522.
6. mit Tod des Ehegatten entstehende oder erlöschende Rechte 1522. (Lasten des E.G. 1529 Abs. 2, 1530 Abs. 2, Nutzungen gehören Gesammtgut 1525, Verwaltg. vom Mann für Rechnung des Gesammtguts 1443, 1519, 1525, Zwangsvollstreckung C.P.O. 739, 742, 751 Abs. 2, s. im Übrigen unten unter D, 1525 Abs. 2, 1546 Abs. 3).
— — B. bei Fahrnißgemeinschaft ist
1. das durch Ehevertrag für E.G. Erklärte 1553 Nr. 1.
2. wie oben A 2 1554.
3. das durch Schenkung oder von Todeswegen unter der Bestimmung, daß es E.G. sein soll, Erworbene 1553 Nr. 2.
4. wie oben A 5 1552.
5. unbewegliches Vermögen 1550, Rechte an fremden Grundstücken — Ausn.! 1551 Abs. 2, (wie bei A 1550, und D 1550).
— — C. beim gesetzlichen Güterrecht (s. auch das.) ist das gesammte Vermögen der Frau, auch das während der Ehe erworbene 1363, Ausn.: Vorbehaltsgut s. das. 1365—1370. (Mann hat Verwaltung und Nutznießung 1363, — erwirbt Nutznießungen wie Nießbraucher 1383, — trägt Kosten der Nutzungsgewinnung, der Erhaltung der zum E.G. gehörenden Gegenstände u. s. f., — haftet soweit den Gläubigern der Frau gegenüber als Gesammtschuldner 1384—1388, — muß Reinertrag des E.G. ohne Rücksicht auf sonstige Verpflichtung zum Unterhalt der Frau und gemeinschaftlichen Abkömmlinge verwenden 1389, 1394, — Zwangsvollstreckung C.P.O. 739, 742, 751 Abs. 2, s. im Übrigen D).
Eingebrachtes Gut D. Weitere Vorschriften zu A—C.
1. Ersatz von Aufwendungen für Verwaltung durch Frau 1390.
2. Rechte des Mannes auf Besitz 1373.
3. einseitige sich auf E.G. beziehende Rechtsgeschäfte 1403.
4. bei Gefährdung des E.G. — Recht der Frau, Sicherheit zu verlangen oder Hinterlegung oder Umschreibung der zum E.G. gehörenden Inhaberpapiere, 1391—1394.
5. Haftung des E.G. der Frau nicht für Schulden des Manns 1410, C.P.O. 861, 766, doch, ohne Rücksicht auf Verwaltung u. Nutznießung des Mannes, für Schulden der Frau (Ausn.!) 1411—1414.
6. Herausgabe und Rechenschaftslegung seitens Mannes nach Ende der Verwaltung 1421—1424.
7. Klage auf ein zum E.G. gehörendes Recht durch Mann im eigenen Namen, — Wirkung gegen Frau, soweit er zur Verfügung über das Recht ohne Zustimmung der Frau berechtigt, 1380.
8. Rechte des Mannes an E.G. nicht übertragbar! 1408.
9. Verfügungen über E.G. durch Frau: Zustimmung des Mannes, ev. des Vormundschaftsgerichts 1395, 1398, 1399 Abs. 2, 1402, Ausn.: 1399 Abs. 1, 1401, 1405—1407, bei einseitigen Rechtsgeschäften 1398, 111, nachträgliche Genehmigung des Mannes

1396, 1397, Rechtsstreit der Frau, ohne Zustimmung des Mannes — diesem gegenüber bezüglich E.G. unwirksam, — ein zum E.G. gehörendes Recht kann Frau nur mit Zustimmung des Mannes einklagen 1400, 1404.

10. Verwaltung und Auskunftsertheilung seitens des Mannes, — Geldanlage, — Werthersatz für verbrauchbare Sachen 1374, 1377, 1378.

11. Verzeichniß des E.G. auf Verlangen eines Ehegatten, eventuell unter Zuziehung von Sachverständigen 1372, 1528, **Ue.** Art. 31 Abs. 2, **F.G.** 164.

12. Verhältniß zwischen E.G. und Vorbehaltsgut 1415—1417.

13. Vertretung des unter Vormundschaft befindlichen Mannes vom Vormund, auch wenn dieser Frau ist, 1409.

14. Zustimmung der Frau zu Verfügungen über E.G. und sie verpflichtende Rechtsgeschäfte, unter Umständen Ersatz durch Vormundschaftsgericht 1375, 1379, — Ausn.: freie Verfügung 1376—1378.

Eingebrachte Sachen, Pfandrecht seitens des Gastwirths 704.

— — Pfandrecht bei Miethe, jedoch nicht bei der Pfändung nicht unterworfenen Sachen, für Forderung aus Miethverhältniß (Ausn.!), Erlöschen, — Verhinderung der Entfernung, — Sicherheitsleistung 559—563.

— — Pfandrecht bei Pacht 581 Abs. 2, 585.

Eingehen s. auch Ehe.

— einer Verbindlichkeit ohne rechtlichen Grund 821.

Eingemauerte Sache s. Schatz.

Eingetragener Verein s. auch Verein.

— — ist ein Verein, dessen Zweck nicht auf wirthschaftlichen Geschäftsbetrieb gerichtet ist und der Rechtsfähigkeit erst durch Eintrag in Vereinsregister des Amtsgerichts, in dessen Bezirk V. seinen Sitz hat, erlangt, 21, 55, **F.G.** 159, **Ue.** Art. 1.

— — Anmeldung zur Eintragung durch den Vorstand, — Mittheilung an zuständige Verwaltungsbehörde, — falls binnen 6 Wochen kein Einspruch, Eintragung, — Veröffentlichung durch Amtsgericht 59—66, 77, **F.G.** 159, **A.** Art. 4, — von Änderungen des Vorstands 67, 68, 70, 77 und der Satzung 71, 77, **A.** Art. 4.

Eingetragener Verein, bei Eintragung mindestens 7 Mitglieder 56, später mindestens 3, sonst Entziehung der Rechtsfähigkeit 73.

— — Auflösung, Entziehung der Rechtsfähigkeit, Konkurs, Liquidatoren 73—76, 77.

— — Einsicht ins Vereinsregister — Abschrift 79.

— — Ordnungsstrafen 78, **F.G.** 159.

— — Satzung (Zweck, Name, Sitz) 57, 58.

— — Legitimation des Vorstands gegenüber Behörde 69.

Einigung bei Änderung der Forderung, für welche Hypothek bestellt ist, 1180.

— über außergerichtliche Vertheilung des Versteigerungserlöses bei Zwangsversteigerung u. s. f. **Z.V.** 143—145, 160.

— bei Eigenthumsübertragung s. auch Auflassung und Eigenthumserwerb 873, 878, 925, 929, 1015, **E.** Art. 127, 128, 143, **G.O.** 20, **A.** Art. 81—84.

— bei Nießbrauchsbestellung 1032, 929—936.

— bei Pfandrechtsbestellung 1205, 1260, 1272, 1292, — über Art des Pfandverkaufs 1246 Abs. 2.

— bei Vertragsabschluß 154, 155.

Einkindschaft im B.G.B. nicht erwähnt, Übergangsbestimmungen s. die einzelnen Güterstände (z. B. **Ue.** Art. 72, 74, — bez. Heimath s. **A.** Art. 154 Abs. 2.

Einlage s. auch Beitrag.

— in die Gesellschaft — im Zweifel gleich, — auch Dienste, — keine Verpflichtung zur Erhöhung oder Ergänzung der durch Verlust verminderten E. — Gesellschaftsvermögen 706, 707, 718, 722, 739, — Zurückerstattung 733 Abs. 2 u. 3, 735.

Einlösung des Inhaber- oder Orderpapiers, an dem Nießbrauch besteht, 1083 Abs. 2.

Einquartierungslast hat Vermiether und Verpächter zu tragen 546, 581 Abs. 2.

Einrechnung s. Anrechnung.

Einreden, Einwendungen — a) die Geltendmachung d. Anspruchs dauernd ausschließen (peremtorische E.).
Folgen:
1. Beseitigung der eingetragenen Vormerkung 886.
2. Rückforderung des zum Zweck der Erfüllung Geleisteten 813, 202 Abs. 2, 222 Abs. 2, — Rückgabe des Pfandes 1254, 1266.
3. Verzicht des Gläubigers auf die Hypothek 1169.

b) die nur vorübergehend zur Verweigerung der Leistung berechtigen, aufschiebende, dilatorische E.
Folgen:
1. Hemmung der Verjährung, Ausn.: bei Zurückbehaltungsrecht, E. des nicht erfüllten Vertrags, mangelnder Sicherheitsleistung, Vorausklage des Bürgen (nach 770) u. des Erben (nach 2014 u. 2015) 202.
2. hindern Aufrechnung d. Forderung 390.

— Einzelne E.:
1. des Angewiesenen gegenüber Anweisungsempfänger u. bei Übertragung der Anweisung an Dritte 784, 792 Abs. 3.
2. von bereits verjährten Ansprüchen 478, 490, 639, 821, 853.
3. Dritten gegenüber aus Aufhebung a) der Errungenschaftsgemeinschaft 1545 Abs. 2, — b) aus Wiederherstellung der letzteren 1548 Abs. 2, — c) aus Aufhebung der Gütergemeinschaft 1470 Abs. 2, — d) der Fahrnißgemeinschaft 1549.
4. des Beschenkten, die Auflage zu vollziehen, weil in Folge Mangels der Werth der Zuwendung nicht Höhe der zur Auflagenvollziehung erforderlichen Aufwendung erreicht, 526.
5. gegen Gestattung der Aufsuchung u. Wegschaffung der auf fremdes Grundstück gelangten Sache 867.
6. des Auslobenden 660 Abs. 2.
7. des Ausstellers von Schuldverschreibungen auf den Inhaber 796.
8. gegen Verlangen einer Aussteuer 1621.
9. der mehreren Beischläfer 1717, 1718.
10. des Beschwerten bei Anfechtbarkeit der letztwilligen Verfügung 2083.
11. des Besitzers gegen Verlangen des Eigenthümers auf Herausgabe der Sache 986, 1000.
12. des Besitzers einer Sache gegenüber Verlangen auf Vorlage (Kostenvorschuß, Sicherheit) 811.
13. bei Bürgschaft: a) Bürge kann E. des Hauptschuldners (auch bei dessen Verzicht) geltend machen, (nicht bei Tod des letzteren, daß Erbe nur beschränkt haftet) 768, — b) des Bürgen, daß Hauptschuldner Rechtsgeschäfte anfechten oder aufrechnen kann, 770, — c) E. des Hauptschuldners bei Übergang der Forderung auf den Bürgen 774, — d) der Vorausklage (Ausschluß) 771—773, 202 Abs. 2, H.G.B. 349, 351.
14. gegenüber Verlangen eines Ehegatten nach Herstellung der ehelichen Gemeinschaft 1353 Abs. 2.
15. des Eigenthümers gegen die Hypothek 1137, 1138, 1157, 1158, 1169, falls derselbe nicht im Grundbuch eingetragen, 1148.
16. des neuen Eigenthümers bei Vorkaufsrecht 1100.
17. des Erben gegenüber Anspruch gegen den Nachlaß vor Annahme der Erbschaft 1958.
18. — aufschiebende gegen Berichtigung von Nachlaßverbindlichkeiten 2014—2017, 202 Abs. 2, 2059, 2318, 2319, 2323, 2328, C.P.O. 305, 782—786 (s. Nachlaßverbindlichkeiten).
19. — gegenüber einem im Aufgebotsverfahren ausgeschlossenen Nachlaßgläubiger 1973, 1989.
20. des Erbschaftsbesitzers 2022, 2026.
21. Dritten gegenüber aus Einspruch und Widerruf der Einwilligung des Mannes zum selbständigen Betrieb eines Erwerbsgeschäftes durch Frau 1405 Abs. 2.
22. bei Forderungsübertragung 404, 405.
23. Dritten gegenüber aus Beschränkung oder Ausschluß des Rechtes der Frau, innerhalb des häuslichen Wirkungskreises Geschäfte abzuschließen, 1357 Abs. 2.

24. der vom Vertragsgegner zu bewirkenden Gegenleistung 322.
25. Dritten gegenüber aus Gütertrennung 1431 Abs. 1.
26. beim Kauf (und Werkvertrag) aus Mangel der Sache 478, 639.
27. aus Vertrag bei Versprechen der Leistung an Dritte 334.
28. aus Nichtigkeit der Ehe gegenüber Dritten 1344.
29. des persönlichen Schuldners gegenüber d. Hypothekgläubiger 1166.
30. bei Schenkung, zur Erfüllung des Versprechens außer Stande zu sein, 519.
31. bei Schuldübernahme 417.
32. der Theilung ausgeschlossen bei Gesammtschuld, Bürgschaft, Gesammthypothek und Pfandrecht an mehreren Sachen 421, 769, 1132, 1222.
33. des Unternehmers beim Werkvertrag 633 Abs. 2.
34. der Verjährung 222 (von verjährten Ansprüchen s. Nr. 2).
35. des Vermächtnißnehmers 2187.
36. der Vermögensverschlechterung 321.
37. des Verpfänders gegenüber dem Pfandgläubiger 1211.
38. des nichterfüllten Vertrags 320, 202 Abs. 2.
39. Dritten gegenüber aus Abänderung od. Ausschluß der Verwaltung u. Nutznießung des Mannes durch Ehevertrag 1435, **E.** Art. 16.
40. des Vorerben 2145
41. gegen Verlangen auf Wiedereinräumung des durch verbotene Eigenmacht entzogenen Besitzes 861 Abs. 2, — gegen Beseitigung der Störung 862 Abs. 2.
42. Dritten gegenüber aus Wiederherstellung der Verwaltung und Nutznießung des Mannes 1431 Abs. 2.
43. des Zurückbehaltungsrechts 273, 274, 202 Abs. 2.

Einreichen des Inventars und des Verzeichnisses bei Gericht s. Inventar und Verzeichniß.

Einrichtung von Räumen u. s. f. durch Dienstherrn 618.
— Wegnahme bei herauszugebender Sache gestattet, (Wiederherstellung in den vorigen Stand auf Kosten des Wegnehmenden — Sicherheitsleistung 258.)
1. dem Entleiher 601 Abs. 2, 606.
2. dem Miether 547 Abs. 2, 558.
3. dem Nießbraucher 1049 Abs. 2, 1057.
4. dem Pächter 581 Abs. 2.
5. dem Pfandgläubiger 1216, 1226.
6. dem Vorerben 2125 Abs. 2.
7. dem Wiederverkäufer 500.
8. dem Wohnungsberechtigten 1093, 1057.
— bei dinglichem Wohnungsrecht 1093 Abs. 3.

Einseitige Rechtsgeschäfte, Anfechtung 143 Abs. 3 u. 4.
— eines Bevollmächtigten oder Vertreters (gewöhnlich unwirksam! Ausn.!) 174, 180.
— des elterlichen Gewalthabers oder Vormunds (Genehmigung des Vormundschaftsgerichts!) 1643 Abs. 3, 1831, 1832.
— einer Frau bez. eingebrachten Gutes 1398, 1401, 1403, 1404, 1525 Abs. 2, 1550, — falls Frau Erwerbsgeschäft betreibt, 1405, 1525 Abs. 2, 1550.
— eines Minderjährigen oder sonst beschränkt Geschäftsfähigen (gewöhnlich unwirksam! Ausn.!) 111, 114.
— Zustimmung und Genehmigung (schriftliche Form!) 182—184.

Einsetzung des Erben s. Erbe, Ersatzeinsetzung, Nacherbe.
— des Familienraths s. das. 1858, 1859, 1868.

Einsicht ist jedem gestattet:
1. in das Bergwerksverleihungsbuch **A.** Art. 134.
2. in die Mittheilungen des Grundbuchamts u. s. f. bei Zwangsversteigerung **Z.V.** 42.
3. in das Grundsteuerkataster **A.** Art. 134.
4. in das Güterrechtsregister 1563.
5. in das Handelsregister H.G.B. 9.
6. in das Offenbarungseidsverzeichniß s. C.P.O. 915 Abs. 3.
7. in das Vereinsregister und die von Vereinen beim Amtsgericht eingereichten Schriftstücke 79.
— ist jedem, der rechtliches Interesse glaubhaft macht, gestattet:

1. in Anzeige des Eintrittes der Nacherbfolge 2146 Abs. 2.
2. in Anzeige des Erbschaftskaufs 2384 Abs. 2.
3. in Erklärung der Anfechtung der Ehe nach dem Tod eines Ehegatten 1342 Abs. 2.
4. in Erklärung der Ausschlagung der Erbschaft u. s. f. 1953 Abs. 3, 1957 Abs. 2.
5. in Erklärung der Anfechtung der Ehelichkeit eines Kindes 1597 Abs. 2.
6. in Erklärung der Anfechtung einer letztwilligen Verfügung 2081 Abs. 2.
7. in Erklärungen beim Nachlaßgericht betr. Bestimmung des Testamentsvollstreckers durch Dritten, Ernennung von Mitvollstreckern oder Nachfolgern, Ablehnung, Kündigung des Amts desselben 2228, **F.G.** 78.
8. in die Fideikommißmatrikel und die bezügl. Urkunden **A.** Art. 134 Abs. 2.
9. in das Grundbuch und die bezüglichen Urkunden **G.O.** 11, 93, 94, **A.G.O.** Art. 11, 53.
10. in das Inventar des Erben 2010.
11. in Notariatsurkunden **N.** Art. 22, 136.
12. in das eröffnete Testament (nicht bei gemeinsamen und nicht bei Erbvertrag) 2264, 2273, 2300, — (vor Eröffnung nur mit Einwilligung des Verfügenden **N.** Art. 22, 136).

Einsicht ist jedem gestattet, der rechtliches Interesse hat an E. einer Urkunde bei Besitzer, wenn diese Urkunde in seinem Interesse errichtet oder Rechtsverhältniß zwischen ihm und Andern beurkundet oder Verhandlungen über ein ihn betreffendes Rechtsgeschäft enthält, 810, 811, s. auch Bayer. Gesetz zur Ausführung der C.P.O. Art. 3 (G. u. V.Bl. 1899 S. 402).
— des Gesellschafters in Geschäftsbücher und Papiere der Gesellschaft 716.
— des Gegenvormunds in die auf die Vormundschaft sich beziehenden Papiere 1799 Abs. 2.
— des Grundbuchs durch Notar vor Vertragsbeurkundung **N.** Art. 30, 134.

Einsiegelung des amtlich zu verwahrenden Testaments oder Erbvertrags 2246, 2249, 2277.

Einspruch des Mannes gegen Betrieb eines Erwerbsgeschäfts durch die Frau 1405 Abs. 2 u. 3, 1525 Abs. 2, 1550, **Ue.** Art. 25 Abs. 2, 27 Abs. 2, 31, 139 Abs. 3.
— gegen Verfügung des Registergerichts **F.G.** 132, 133.
— der Verwaltungsbehörde gegen Eintragung eines Vereins in das Vereinsregister 61–63, **A.** Art. 4.

Einstandsrecht s. Vorkaufsrecht.

Einstehen für Erfüllung der Verbindlichkeit eines Dritten s. Bürgschaft.

Einstellung des Konkursverfahrens über den Nachlaß (s. auch K.O.) 1989–1992.

Einstimmigkeit ist erforderlich:
1. im Zweifel bei jedem Geschäft seitens der Gesellschafter (Ausn.!) 709, 711, 712, 715.
2. seitens aller Vereinsmitglieder zu einem außerhalb der Mitgliederversammlung gefaßten Beschluß 32 Abs. 2 und zu Änderung des Vereinszwecks (Ausn.!) 33, 40.

Einsturz eines Gebäudes oder Werks, Schadensersatz 836–838, Abwendung der Gefahr 908, 924.

Einstweilige Einstellung der Zwangsversteigerung **Z.V.** 28, 30–33, 37 Nr. 5, 55 Abs. 2, 72 Abs. 3, 75–77, 95, 118 Abs. 2, 121 Abs. 4, **A.G.O.** Art. 25 Abs. 2, 53.

Einstweilige Verfügung s. C.P.O. und Einführungsgesetz hiezu 16 Nr. 3.
— — Eintrag einer Vormerkung im Grundbuch (Anspruchsgefährdung braucht nicht glaubhaft gemacht werden) 885, 1990 Abs. 2, 2016 Abs. 2, **G.O.** 25, 76.
— — eines Widerspruchs im Grundbuch oder Schiffsregister (—) 899, 1263 Abs. 2, **G.O.** 25, 42, 76, **F.G.** 103, 123.
— — vor Geburt des unehelichen Kindes auf Unterhalt für 3 Monate, Entbindungskosten u. s. f. (—) 1716.
— — bei Viehgewährschaft Anordnung der öffentlichen Versteigerung und Hinterlegung des Erlöses 489, 515.

Eintragung, Übergangsbestimmung: Hat ein Anspruch aus Schuldverhältniß

nach bisherigen Gesetzen durch E. in öffentliches Buch Wirksamkeit gegen Dritte erlangt, so behält er diese auch nach 1. Januar 1900 **E.** Art. 179.

Eintragung I. in das Genossenschaftsregister s. R.G.Bl. 1899 S. 347 ff.

— II. in das Grundbuch (s. auch das.).

— — Übergangsbestimmungen: **Ue.** Art. 25, 26, 27 Abs. 2, 28 Abs. 2, 30, Bayer. Gesetz vom 1. Juli 1898 Art. 23 ff (G. u. V.Bl. 98 S. 375).

— — Erforderlichsein der E. in das Grundbuch:

1. Ablösungssumme bei der Rentenschuld 1199 Abs. 2.
2. dessen, der Ausschlußurtheil erwirkt hat, als Eigenthümer 927 Abs. 2.
3. Bergwerkseigenthum **E.** Art. 114, 116, 187—192, **A.** Art. 157 II—IV, Berggesetz vom 20. März 1869 Art. 36a, 40, 41.

3a. Berichtigung s. das.

4. Grunddienstbarkeiten (s. auch unter Nr. 14) **E.** Art. 114, 116, 187—192, **Ue.** Art. 10—18, 44.
5. Grundschuld, Rentenschuld s. unter Nr. 14 und 7.
6. Bestimmung des Höchstbetrags des Wertherſatzes eines Rechtes aus dem Zwangsversteigerungserlös 882.
7. Hypothek (s. das. und Hypothekenbrief) **G.O.** 26, 37, 38, 42, 43, 54 Abs. 2, 99, Änderung der Forderung, für die sie bestellt, 1180, 1183, — Gläubiger, Geldbetrag der Forderung, Zinssatz, Geldbetrag anderer Nebenleistungen 1115, 1155, **G.O.** 40 Abs. 2, — Höchstbetrag der Forderung, für die sie haftet, 1190, — Pfändung, Überweisung von Hypothekforderungen C.P.O. 830, 837, — Belastung, Übertragung 1274, 1009, **G.O.** 26, Berichtigung durch persönlichen Schuldner bei Befriedigung des Gläubigers 1167, — Bestellung der Hypothek für Forderungen aus Schuldverschreibungen auf den Inhaber 1188, **G.O.** 44, 51, — Verzicht auf Hypothek 1168 Abs. 2, 1176, **G.O.** 27, **Z.V.** 131, — Ausschließung der Ertheilung eines Hypothekenbriefs 1116 Abs. 2, 873 Abs. 2, 876, 878, — Rangverhältniß s. Nr. 10, 879—881, 1151, **E.** Art. 118, — Sicherungshypothek, Bezeichnung als solche, Bestellung eines Vertreters hiebei 1184 Abs. 2, 1187, 1189, 1190, C.P.O. 866, 867, — Vormerkung 883—888, 1179, — Widerspruch 1139, 1140, 1185 Abs. 2, **G.O.** 8 Abs. 2, 14, 22, 42, 84.
8. bei Konkurseröffnung s. K.O. 106, 113—115.
9. bestimmte Vereinbarungen zwischen Miteigenthümer 1010, 2044, 2204, **Ue.** Art. 42 Abs. 2, 40.
10. Änderungen und Vorbehalt bez. des Rangverhältnisses mehrerer das Grundstück belastender Rechte 879 Abs. 3, 880 Abs. 2, 881, **E.** Art. 189, **G.O.** 46.
11. Aufhebung und Änderung eines Rechts an Grundstücken 875, 877, 878, **E.** Art. 189, **Ue.** Art. 33 (s. auch Nr. 13).
12. Verbindung einer Reallast mit nur einem Theil des Grundstücks 1109 Abs. 2.
13. Treuhänder 1189, **G.O.** 44 Abs. 2.
14. Übertragung des Eigenthums an Grundstücken, Belastung derselben mit Rechten, Übertragung oder Belastung solchen Rechts (vorher keine Bindung, Ausn.!) 873, 874, 878, **E.** Art. 189, **Ue.** Art. 46, **Z.V.** 130, **G.O.** 50.
15. Verfügungsbeschränkungen zu Gunsten einer bestimmten Person 892, 1138, 1155, 1185.
16. Verzicht auf Grundstück 928.
17. Verzicht auf Rente f. Überbau, Feststellung deren Höhe durch Vertrag, ebenso für Nothweg 914 Abs. 2, 917 Abs. 2.
18. Vormerkung, Widerspruch s. das.
19. Anordnung der Zwangsversteigerung u. s. f. **Z.V.** 17, 19, 22 Abs. 1, 27, 133, 146 Abs. 2, 147, **A.G.O.** 19, 20, 53.

E. nicht erforderlich:

1. Grundgefälle des Staats und der Ablösungs-Kasse **A.** Art. 128.
2. Recht auf Rente beim Überbau und Nothweg 914, 917.
3. **E.** Art. 127, 128, **G.O.** 90, **A.** Art. 83, 84.

Eintragung, Folgen der E.:
1. der Auflassung — Heilung der Formlosigkeit des Veräußerungsvertrags 313.
2. d. Hypothekabtretung — Heilung d. Formlosigkeit der Abtretungserklärung 1154.
3. Eigenthumserwerb des Nichteigenthümers 900.
4. Übergang der Gefahr, Lasten, Recht auf Nutzungen auf den Käufer 446 Abs. 2, 450, 451, 515.
5. keine Verjährung des Anspruchs aus eingetragenen Rechten, (Ausn.: Rückstände wiederkehrender Leistungen oder Schadensersatz und bei Grunddienstbarkeiten) 902, 1028.
6. Vermuthungen: a) daß Recht dem, für den E., zusteht, falls Recht gelöscht, daß es nicht besteht 891, — b) Inhalt gilt zu Gunsten des (auch unentgeltlichen) Erwerbers eines Rechts, außer wenn Widerspruch eingetragen oder ihm Unrichtigkeit bekannt war, (Ausn.!) 892, 893, 1028 Abs. 2, 1140, 1148, 1155, 1157—1159, **E.** Art. 118.
— — Form (s. auch Grundbuch): Angabe des Tags, — Unterschrift **G.O.** 45.
— — Voraussetzungen d. E. a) nur auf Antrag, soweit nicht Gesetz Anderes vorschreibt, **G.O.** 13, (ohne Vorbehalt! **G.O.** 16), (Bezeichnung des Grundstücks u. s. f. **G.O.** 28), berechtigt zum Antrag:
1. jeder, dessen Recht von E. betroffen oder zu dessen Gunsten E. **G.O.** 13 Abs. 2.
2. auf Berichtigung durch E. eines Berechtigten der, der auf Grund eines gegen Letzteren vollstreckbaren Titels E. in Grundbuch verlangen kann, **G.O.** 14.
3. Notar **G.O.** 15.
— Form: öffentliche oder öffentlich beglaubigte Urkunde oder zu Protokoll vor Grundbuchamt nur, wenn durch Antrag zugleich eine zur E. erforderliche Erklärung ersetzt werden soll, **G.O.** 30, ferner bei Zurücknahme des Antrags oder Widerruf d. Vollmacht hiezu **G.O.** 32.
— Zurückweisung des Antrags oder angemessene Frist, falls Hinderniß! **G.O.** 18, — b) E. nur, wenn derjenige, dessen Recht durch sie betroffen, als Berechtigter eingetragen (Ausn.!) **G.O.** 40, 41, — c) E. bei Bewilligung dessen, dessen Recht von E. betroffen, **G.O.** 19, 21, (Bezeichnung des Grundstücks u. s. f. **G.O.** 28).

Eintragung, Form: („soll") zu Protokoll oder öffentliche Urkunden! **G.O.** 29, **A.G.O.** Art. 10, 53.
Bewilligung erforderlich:
1. bei Auflassung der Grundstücke und Bestellung oder Übertragung des Erbbaurechts **G.O.** 20, 22 Abs. 2, 31, 32, 98, 925.
2. bei Löschung eines Rechts, das auf Lebenszeit od. bis zu bestimmtem Lebensalter od. Ereigniß u. s. f. des Berechtigten beschränkt (Frist: 1 Jahr!) **G.O.** 23, 24.
3. bei Hypotheken, Grund-, Rentenschuld s. das.
Bewilligung nicht erforderlich:
1. zur Berichtigung des Grundbuchs, wenn Unrichtigkeit nachgewiesen, (Ausn.!) **G.O.** 22.
2. zur Löschung einer Vormerkung oder Widerspruchs, wenn einstweilige Verfügung wieder aufgehoben, **G.O.** 25,
— d) E. auf Grund Urtheils s. C.P.O. 895, 896.
— — Beschwerde gegen E. unzulässig (Ausn.) **G.O.** 71 Abs. 2.
— — Kosten der E. beim Kauf eines Grundstücks: Käufer 449, 451.
— — Unwirksamkeit der E. nicht deshalb, weil von ausgeschlossenem Grundbuchbeamten bethätigt, **G.O.** 10.
— — Verschiedene E.
1. von Dienstbarkeiten und Reallasten s. das. **G.O.** 50.
2. mehrerer Grundstücke als eins 890, **E.** Art. 119 Nr. 3, **G.O.** 49.
3. eines Rechtes für Mehrere gemeinschaftlich **G.O.** 48.
4. eines Testamentvollstreckers **G.O.** 53.
5. eines Vorerben **G.O.** 52.
— III. in das Güterrechtsregister.
— — (Übergangsbestimmung s. **Ue.** Art. 25, 26, 27 Abs. 2, 31) bei dem Amtsgericht, in dessen Bezirk der Mann seinen Wohnsitz hat, (bei Verlegung des Wohnsitzes Wiederholung der E.) 1558, 1559, (vgl. Einführungsgesetz zum H.G.B. Art. 4), — nur auf öffentlich beglaubigten Antrag beider Ehegatten (Ausn.!) 1560, 1561, — (Ver-

öffentlichung durch Amtsgericht — Gestattung der Einsicht) 1562, 1563, — (Anmeldung, Eintragung, Benachrichtigung der Ehegatten — Bescheinigung über E. **F.G.** 161, 162).

Eintragung erforderlich zur Wirkung gegen gutgläubige Dritte:
1. Aufhebung der Fahrnißgemeinschaft 1549, 1470 Abs. 2.
2. Aufhebung der Gütergemeinschaft 1470 Abs. 2.
3. Aufhebung oder Änderung einer in das G. eingetragenen Regelung der güterrechtlichen Verhältnisse durch Ehevertrag 1435 Abs. 2, **E.** Art. 16, **Ue.** Art. 25, 26, 27 Abs. 2, 31.
4. Ausschluß oder Änderung der Verwaltung und Nutznießung des Mannes durch Ehevertrag 1435 Abs. 1, **E.** Art. 16, **Ue.** Art. 25, 26, 27 Abs. 2, 31.
5. Ausschluß oder Beschränkung der Ehefrau bei Geschäften innerhalb des häuslichen Wirkungskreises 1357 Abs. 2, 1561.
6. Beendigung der Errungenschaftsgemeinschaft 1545 Abs. 2.
7. Bestimmung von Gegenständen zu Vorbehaltsgut durch Ehevertrag 1371, 1441, 1526 Abs. 3, 1549.
8. Einspruch und Widerruf der Einwilligung des Mannes bei Erwerbsgeschäft der Frau 1405 Abs. 3, 1561.
9. Eintritt der Gütertrennung 1431 Abs. 1.
10. Wiederherstellung der Errungenschaftsgemeinschaft 1548 Abs. 2.
11. Wiederherstellung der Verwaltung und Nutznießung des Mannes, wenn Aufhebung in G. eingetragen war, 1431 Abs. 2.

— IV. in das Handelsregister s. H.G.B.

— V. in das Heirathsregister **F.G.** 69—71, **Ue.** Art. 35, 147, Bekanntmachung vom 25. März 1899 (R.G.Bl. 1899 S. 225), — Eheschließung durch Standesbeamten 1318 Abs. 3, — Wirkung bei wegen Formmangels nichtigen Ehen 1324 Abs. 2, 1329, 1344 Abs. 2, 1345 Abs. 2, 1699 Abs. 2, 1771 Abs. 2.

— VI. in das Schiffsregister s. das.
1. Höchstbetrag der Haftung d. Schiffes für eine noch festzustellende Forderung 1271.
2. des Pfandrechts am Schiff oder Schiffspart 1260, 873 Abs. 2, 1262, 878, **F.G.** 100—124.
3. Rangverhältniß 1261, 879—881, 1151, **F.G.** 114.

Eintragung VII. in das Vereinsregister Rechtsfähigkeit für eingetragenen Verein s. Eingetragener Verein 21, 55—79, **Ue.** Art. 1, **F.G.** 159, **A.** Art. 4.

Eintragungsbewilligung, Bezugnahme auf E. bei Eintragung zur näheren Bezeichnung des Rechts 874, 1260, 1272, — ebenso bei Vormerkung 885 Abs. 2, bei Eintragung der Hypothek 1115.

— Bindung der Betheiligten vor Eintragung durch Aushändigung einer E., die G.O. entspricht, 873 Abs. 2, 877, 1260, 1272.

— bei Eintragung in das Grundbuch **G.O.** 9 Abs. 2, 19—38, 50, 99, **A.G.O.** Art. 10, 53, für Pfalz s. Bayr. Gesetz v. 1. Juli 1898 Art. 26 (G. u. V.Bl. 98 S. 375), für rechtsrheinisches Bayern s. **Ue.** Art. 44 (s. Eintragung).

— als Grund der Eintragung einer Vormerkung oder eines Widerspruchs gegen Richtigkeit des Grundbuchs 885 Abs. 1, 899 Abs. 2.

— zur Eintragung in das Schiffsregister s. das. **F.G.** 101—111.

Eintritt der Bedingung s. Bedingung.

Eintrittsrecht s. auch Vorkaufsrecht, d. h. Recht, den Gläubiger zu befriedigen, jeder, der Gefahr läuft, durch Zwangsvollstreckung Recht an einem Gegenstand zu verlieren, 268, 1150, 1249.

Einverleibung neuer Stücke in das Inventar durch den Pächter 588 Abs. 2, — durch den Vorerben 2111 Abs. 2.

Einwand s. Einrede.

Einweisung des muthmaßlichen Erben in das Vermögen des Verschollenen nach bisherigem Recht **E.** Art. 161, 162, — Übergangsbestimmungen für die Pfalz **Ue.** Art. 107 Abs. 2, 108, 110—112.

Einwendung s. Einrede.

Einwerfung s. Ausgleichung.

Einwilligung s. auch Zustimmung, Erlaubniß, Weigerung.
— ist vorherige Zustimmung zu einem Rechtsgeschäft (im Gegensatz zu Genehmigung s. das.).
— E. ist erforderlich (sonst unwirksam!) (soweit nicht ausdrücklich bemerkt, keine Form erforderlich! 182 Abs. 2):
1. zur Annahme an Kindesstatt — a) durch Verheiratheten seitens der Ehegatten (Ausn.!) (Form!) 1746, 1748, 1755, 1756, — b) eines Kindes unter 21 Jahr seitens der Eltern, bezw. Mutter (Ausn.!) (Form!) 1747, 1748, 1755, 1756.
2. seitens des gesetzlichen Vertreters eines beschränkt Geschäftsfähigen zu Willenserklärungen, durch die er nicht lediglich rechtlichen Vortheil erlangt, 107—114 (s. auch Nr. 3), **A.** Art. 109.
3. seitens des gesetzlichen Vertreters (ev. des Vormundschaftsgerichts) zur Eheeingehung (bis vollendetem 21. Lebensjahr) 1304—1308, 1331, 1621, 1661.
4. seitens des Kindes, ev. der Mutter u. der Ehefrau des Mannes (ev. des Vormundschaftsgerichts) zur Ehelichkeitserklärung (Form! notariell!) 1726—1731, 1735.
5. seitens des Mannes zur Verfügung der Frau über eingebrachtes Gut 1395—1398, 1525 Abs. 2, 1550, und zum selbständigen Betrieb eines Erwerbsgeschäftes 1405, 1412, 1414, 1452, 1460, 1462, 1519, 1532, 1533, **E.** Art. 16 Abs. 2, **Ue.** Art. 25 Abs. 2, 27 Abs. 2, 31, 139 Abs. 3, **A.** Art. 109.
6. seitens des Theilhabers zu Maßregeln, die zur Erhaltung des gemeinschaftlichen Gegenstandes erforderlich sind, 744 Abs. 2.
7. seitens des Schuldners bei Leistung durch Dritten 267.
8. seitens der Frau zu Verfügungen des Mannes über das Gesammtgut 1444—1449, 1456, 1468 Nr. 1, 1495 Nr. 1, **Ue.** Art. 99.
9. seitens des Nacherben zu Verfügungen des Vorerben (Form auf Verlangen) 2114, 2120.
10. seitens des Berechtigten zu Verfügungen eines Nichtberechtigten, insbes. bei Leistung an einen Dritten zum Zweck der Erfüllung 185, 362 Abs. 2.
11. seitens des Gebrechlichen zur Anordnung der Pflegschaft 1910 Abs. 3, 1920.
12. seitens des Erben zur Eingehung von Verbindlichkeiten d. Testamentsvollstreckers 2206 Abs. 2, 2207, 2208.
13. seitens des unehelichen Kindes und dessen Mutter, daß ersteres den Familiennamen des Ehemannes der Mutter führe (Form!) 1706 Abs. 2.
14. seitens des Minderjährigen (ev. dessen Gewalthaber — Ausn.!) zur Volljährigkeitserklärung 4.

Einwilligung ist widerruflich (durch Erklärung gegenüber dem einen oder anderen Theil) 183.
— Ausn.: E. unwiderruflich:
1. zur Änderung des Rangverhältnisses unter mehreren, ein Grundstück belastenden Rechten 880 Abs. 2.
2. zur Änderung eines verpfändeten Rechts, sofern hiedurch Pfandrecht beeinträchtigt wird, 1276 Abs. 2.
3. bei Annahme an Kindesstatt 1748.
4. bei Aufhebung der Hypothek durch Rechtsgeschäfte (E. des Eigenthümers) 1183.
5. bei Aufhebung des Rechts eines Dritten an einem Grundstück 876.
6. bei Aufhebung eines dem Nießbrauch unterliegenden Rechtes 1071.
7. bei Aufhebung des mit Rechten Dritter belasteten Pfandrechts 1255 Abs. 2.
8. — — eines verpfändeten Rechts 1276.
9. E. des Ehegatten zu Verfügungen des anderen (bei Ausschluß von fortgesetzter Gütergemeinschaft u. s. f., — Verzicht eines Abkömmlings auf seinen Antheil am Gesammtgut u. s. f.) 1516 Abs. 2, 1517.
10. zur Ehelichkeitserklärung 1726 Abs. 2.
11. soweit sich Unwiderruflichkeit aus dem ihrer Ertheilung zu Grund liegenden Rechtsverhältniß ergiebt 183.
12. bei Pfandverkauf E., dessen Recht hiedurch erlischt 1245.
13. bei Verzicht auf Hypothek für Rückstände von Zinsen u. s. f. 1178 Abs. 2.

Einwirkung auf belastetes Grundstück, Klage des Hypothekgläubigers auf Unterlassung 1134.
— eines Dritten auf fremdes Eigenthum verboten (Ausn.!) s. Eigenthumsbeschränkung 903—909, 912, 924, 917, **E.** Art. 125.
Einzelausgebot bei Zwangsversteigerung mehrerer Grundstücke **Z.V.** 63, 64, 83 Nr. 2.
Einziehen von Bienenschwarm in fremde Bienenwohnung 962, 964.
Einziehung eines unrichtigen Erbscheins durch das Nachlaßgericht (Kraftloswerden) 2361.
— der Forderung bei der Bürgschaft 772, 777.
— der Forderung des Mündels durch Vormund (Genehmigung des Gegenvormunds und Vormundschaftsgerichts) 1812, 1813, 1819—1822, 1832.
— — durch Nießbraucher 1074—1079, der Grund- und Rentenschuld — 1080, — bei Inhaber- od. Orderpapier mit Blankoindossament 1083, 1084.
— der Forderung durch Pfandgläubiger an denselben (Geldforderung nur soweit, als sie zur Befriedigung erforderlich) 1282—1291.
— der Forderung eines Vereins oder einer Stiftung durch die Liquidatoren 49, 88.
— — durch Vorerben 2112, 2114.
— der gemeinschaftlichen Forderung bei Aufhebung der Gemeinschaft und Auseinandersetzung der Erbschaft 754, 2042 Abs. 2.
— des Mieth- und Pachtzinses, Wirkung gegenüber Hypothekgläubiger 1124, 1125.
Eisenbahnen s. auch Eigenthumsbeschränkungen **E.** Art. 124, **A.** Art. 64—66.
— Anspruchsverjährung wegen Fahrgeld, Fracht u. s. f., einschließlich Auslagen: 2 Jahre 196 Nr. 3, 201, 218.
— Bahneinheiten, landesges. Vorschriften **E.** Art. 112.
— Verbot der Einwirkung auf Nachbargrundstück, Betriebseinstellung **E.** Art. 125, **A.** Art. 80.
— Fund in den Geschäftsräumen und Beförderungsmitteln 978—983.
Eisenbahnen, Grundbuchblatt für Grundstücke **G.O.** 90, — Bayer. Verordng. vom 1. Juli 1898 (G. u. V.Bl. 98 S. 377).
— Haftung für Schaden, — außer bei höherer Gewalt und eigenem Verschulden — Verjährung in 2 Jahren nach Unfall **E.** Art. 105, **A.** Art. 58.
— Körperverletzung u. s. f. beim Betrieb **E.** Art. 42.
— Nothweg zur Verbindung eines Grundstücks mit E. — landesgesetzliche Vorschriften **E.** Art. 123.
— Pflanzungen zum Schutz der E. **A.** Art. 74, 78.
Elchwild, Schadensersatz s. Jagd 835.
Elsaß-Lothringen gilt als Bundesstaat im Sinn des B.G.B. und **E.** **E.** Art. 5.
Elterliche Gewalt s. auch C.P.O. 640, 642—644, — über minderjährige eheliche Kinder 1626 (sonst Vormundschaft 1773) steht gewöhnlich dem Vater zu 1627, ausnahmsweise der Mutter (Beistand derselben 1687, **E.** Art. 205), — a) bei Nichtigkeit der Ehe, wenn Vater dieselbe bei Eheschließung kannte, 1701, — b) — durch welche das Kind legitimirt wurde 1721, — c) bei thatsächlicher Verhinderung des Vaters an Ausübung der E. G. und Ruhen derselben (Ausn.) 1685, — d) beim Tod oder Todeserklärung des Vaters 1684 Nr. 1, — e) bei Verwirken d. E. G. d. Vaters und Auflösung der Ehe 1684 Nr. 2.
— Ende der elterlichen Gewalt:
1. bei Abschluß einer nichtigen Ehe mit dem angenommenen Kind 1771 Abs. 2.
2. bei Annahme an Kindesstatt 1765.
3. bei Tod oder Todeserklärung des Gewalthabers 1679, **E.** Art. 160.
4. bei Tod des Kindes 1683.
5. bei Verwirkung wegen Verbrechens oder Vergehens gegen das Kind, worauf Zuchthaus oder Gefängniß von mindestens 6 Monaten 1680, (Folge: Aufhebung der fortgesetzten Gütergemeinschaft 1495 Nr. 5, 1496, 1502 Abs. 2, 1518).
6. bei Volljährigkeit des Kindes 1626.
7. bei dessen Volljährigkeits-Erklärung 3 Abs. 2.

8. bei Wiederverehelichung der Mutter 1697.
Folgen des Endes (s. auch 5) a) Herausgabe des Vermögens, Rechenschaftsablegung 1681—1683, — b) Übergang der E. G. auf die Mutter 1684.

Elterliche Gewalt, Pflichten des Gewalthabers:
1. bei Eingehung einer neuen Ehe durch denselben 1669—1675, 1740, 1761.
2. Haftung für widerrechtliche Schadenszufügung 832.
3. Sorgfalt, wie in eigenen Angelegenheiten 1664, 1686.
4. Sorge für Person und Vermögen des Kindes (s. auch Nr. 5 und 6) 1627, 1635—1637, Übergangsbestimmung: Beschränkungen durch zuständige Behörde, die am 1. Januar 1900 bestehen, bleiben in Kraft **E.** Art. 204. a) Aufwendungen, Ersatz durch das Kind 1648, — b) Ausnahme bei Angelegenheiten, für die Pfleger bestellt, 1628, 1629, — c) Beschwerde **F.G.** 57 Nr. 9, 59, — d) Fortführung nach Ende der E. G. 1682, 1686.
5. Sorge für Person (s. auch Nr. 4) obliegt der Mutter a) bei Auflösung d. Ehe durch Wiederverheirathung 1637, — b) bei geschiedener Ehe 1635, 1636, **E.** Art. 206, — c) bei Kenntniß von Nichtigkeit der Ehe 1702, — d) beim Ruhen der E. G. wegen ihrer Minderjährigkeit 1696, — e) — des Vaters 1676, — f) beim unehelichen Kind 1707, — g) neben Vater 1634, neben Vormund und Pfleger 1698, h) bei Wiederverheirathung 1697). besteht in: a) Aufenthaltsbestimmung, Beaufsichtigung, Erziehung, Anwendung angemessener Zuchtmittel (event. Unterstützung durch das Vormundschaftsgericht) 1631, Meinung des Vaters geht der der Mutter vor 1634—1637, — b) Vertretung des Kindes (Ausn.) 1630, 1633, 1634, 1635 Abs. 2, — bei verheiratheten Töchtern auf Vertretung in persönlichen Angelegenheiten beschränkt 1633, — (bei Vernachlässigung, Mißbrauch u. s. f.: Maßregeln des Vormundschaftsgerichts 1666, 1656 Abs. 2, 1671, 1673, 1686, **E.** Art. 204.)
6. Sorge für das Vermögen (s. auch Nr. 4), Vermögensverwaltung, — (erstreckt sich nicht auf Vermögen, das von Todeswegen oder unter Lebenden unentgeltlich mit der Bestimmung, daß es der Verwaltung entzogen sei, zugewendet wird, und ebenso nicht auf Erwerb eines zu solchem Vermögen gehörenden Rechts oder auf Ersatz für Zerstörung u. s. f. eines dazu gehörenden Gegenstandes 1638, 1639). — a) Genehmigung des Vormundschaftsgerichts s. das., — b) mit Mitteln des Kindes erworbene bewegliche Sachen gehen mit dem Erwerb in dessen Eigenthum über (Ausn.) 1646, — c) keine Schenkung in Vertretung des Kindes (Ausn.) 1641, — d) Vermögensverzeichniß bei Vormundschaftsgericht einreichen 1640, 1670, — e) verzinsliche Anlage (Ausn.) 1642. Ende der Vermögensverwaltung (s. auch oben Ende der E.G.) — durch Entziehung seitens des Vormundschaftsgerichts: a) bei Annahme an Kindesstatt 1760 Abs. 2, — b) bei Eingehung neuer Ehe 1669—1673, — c) bei erheblicher Gefährdung des Unterhalts 1666 Abs. 2, 1670, 1673, **E.** Art. 204 Abs. 2, — d) bei Pflichtverletzung oder Vermögensverfall, ev. auch Sicherheitsleistung 1667, 1668, 1670—1673.

Elterliche Gewalt, Rechte des Gewalthabers:
1. Anordnung der befreiten Vormundschaft 1856.
2. — oder Untersagung der Einsetzung eines Familienraths 1858, 1859, 1868.
3. Beiordnung eiues Beistands für die Mutter, die E.G. hat, s. Beistand.
4. Benennung von Vormund, Gegenvormund, Mitglied des Familienraths 1777, 1792 Abs. 4, 1861, 1868.
5. Nutzung am Vermögen des Kindes 1649, 1686. — a) Übergangsbestimmung: falls am 1. Januar 1900 durch zuständige Behörde entzogen, so ist diese Anordnung auf Antrag aufzuheben (Ausn.) **E.** Art. 204 Abs. 2, — b) ausgeschlossen von der Nutzung

freies Vermögen 1678: — α) bei Annahme an Kindesstatt nach Vertrag 1767, — β) Erwerb durch Arbeit oder Erwerbsgeschäft 1651 Nr. 1, — γ) — unentgeltlicher unter der ausdrücklichen Bestimmung 1651 Nr. 2, — δ) — auf Grund eines zu dem unter γ erwähnten Vermögen gehörenden Rechts, als Ersatz für Zerstörung u. s. f. 1651 Abs. 2, — ε) die ausschließlich zum persönlichen Gebrauch des Kindes bestimmten Sachen, besonders Kleider, Schmuck, Arbeitsgeräthe 1650, — c) Ende der Nutznießung: α) bei Entziehung durch das Vormundschaftsgericht 1666 Abs. 2, 1673, 1678, E. Art. 204 Abs. 2, — β) bei Heirath des Kindes (Ausn.) 1661, — γ) bei Verzicht des Vaters (Form!) 1662, — d) Erwerb der Nutzungen, wie seitens des Nießbrauchers 1652, — e) bei Erwerbsgeschäft gebührt dem Gewalthaber nur der Reingewinn 1655, 1658 Abs. 2, — f) Lasten vom Gewalthaber zu tragen, auch Kosten eines Rechtsstreits und der Vertheidigung 1654, — g) Recht auf Nutzung nicht übertragbar 1658, — h) bei verbrauchbaren Sachen 1653, 1659 Abs. 2, — i) Verhältniß zu Gläubigern des Kindes 1659, 1660, — k) bei Vermiethung oder Verpachtung eines Grundstücks 1663, — l) falls nicht Verwaltung, so nicht Nutzung! 1656, 1657, 1658 Abs. 2.

6. Sorge für Person und Vermögen des Kindes s. auch oben bei den Pflichten des Gewalthabers Nr. 4—6, — insbes. auch Recht, Herausgabe des Kindes von Jedem zu verlangen, der es widerrechtlich vorenthält, 1632, — Einwilligung zur Volljährigkeitserklärung 4 Abs. 2.

Elterliche Gewalt, Ruhen der E.G.:

1. bei beschränkter Geschäftsfähigkeit oder Bestellung eines Pflegers für den Gewalthaber 1676 Abs. 2, 1686, 1696.
2. bei Geschäftsunfähigkeit des Gewalthabers 1676 Abs. 1, 1686, 1696.
3. bei dauernder thatsächlicher Verhinderung 1677, 1686, 1702 Abs. 3, 1738, 1765 Abs. 2.

Folgen des Ruhens der E.G.

1. Ausübung der E.G. durch die Mutter s. oben, Ausnahmen 1685, 1696.
2. Bestellen eines Vormunds 1698, 1696.
3. Ende des Amts als Beistand der Mutter 1694 Abs. 2.
4. Herausgabe des Vermögens, Rechenschaftsablegung 1681.
5. Nutznießung verbleibt (Ausn.!) 1678, 1685 Abs. 2.
6. sofortige Erfüllung der Verbindlichkeit des Gewalthabers gegenüber dem Kind 1657.
7. Unterhaltskosten des Kindes aus Nutzungen 1656 Abs. 2.

Elterliche Gewalt, Verhinderung des Gewalthabers (ev. Pflegschaft) 1665, 1677, 1685, 1909, 1916—1919, FG. 51.

Eltern s. Elterliche Gewalt, Erbfolge, Kind an Kindesstatt angenommen, eheliches, uneheliches u. s. f., Pflichttheil, Mutter, Unterhaltspflicht, Vater, s. auch C.P.O. 640—644, 704 Abs. 2.

— Ablehnung der Vormundschaft, falls sie mehr als 4 eheliche Kinder haben, 1786 Nr. 3, 1889, 1895.

— Eintritt der Vormundschaft (s. das.), falls E. nicht zur Vertretung der Minderjährigen berechtigt, 1773.

— Rechtsverhältnisse zwischen E. und Kindern (s. das.):

1. Übergangsbestimmung: falls eheliches Kind vor 1. Januar 1900 geboren, nach B.G.B. E. Art. 203.
2. Eheeingehen von E., welche minderjährige Kinder haben, 1314, 1845.
3. Eheverbot 1310 Abs. 2.
4. Einwilligung zur Annahme an Kindesstatt 1306 Abs. 2, 1747, 1748, 1755, 1756.
5. — zur Eheschließung 1305, 1307, 1308.

Emancipation s. auch E. Art. 154.

— des Kindes aus elterlicher Gewalt s. das. (Ende).

Embryo s. Leibesfrucht.

Empfängniß des Kindes s. Kind 1591, 1592.

— **-Zeit:** 181.—302. (incl.) Tag vor der Geburt 1592, 1717, 1720.

Empfangsbedürftige Willenserklärung s. Anfechtung, Annahme, Kündigung, Mahnung, Rücktritt, Widerruf, Zustimmung.

Empfangsberechtigung der Empfangsbestätigung 370.
— Nachweis bei der hinterlegten Sache 380.

Empfangsbestätigung, Beweiskraft s. Einführungsgesetz zur C.P.O. 17.
— schriftliche (Quittung), Pflicht des Gläubigers, solche auf Verlangen zu ertheilen, (falls rechtliches Interesse in anderer Form) 368, — (daneben Rückgabe des Schuldscheins 371), — Kosten derselben: Schuldner (Ausn.!) 369, — Überbringer zum Empfang ermächtigt, sofern nicht Umstände dieser Annahme entgegenstehen u. dem Schuldner bekannt sind, 370.
— der Zahlung der Staatsschuldverschreibung (Form!) **A.** Art. 51 Abs. 6, 52, 55, 57.

Empfehlung macht, außer bei Vertragsverhältniß oder unerlaubter Handlung, nicht schadensersatzpflichtig 676.

Emphyteusis, Landesgesetze aufrecht **E.** Art. 63.

Emtio-venditio s. Kauf.

Ende s. die einzelnen Worte.
— einer Frist: Ablauf des letzten Tages, — desjenigen Tages, der durch seine Benennung oder Zahl dem Tag entspricht, in den Ereigniß oder Zeitpunkt fällt, — ev. letzten Tags des Monats, — an Stelle des Sonn- oder Feiertags nächster Werktag 188, 193.
— „E." des Monats ist dessen letzter Tag 192.

Endtermin s. Zeitbestimmung.

Englische Fräulein in Bayern, Eigenthumserwerb unbeschränkt **A.** Art. 9.

Enkel s. Kind.

Entbindung, Kosten bei unehelichem Kind 1715, 1716, **E.** Art. 21.

Entdeckung eines Schatzes s. das. 984.

Enteignung (s. auch Zwangsenteignung).
— auf Grund Landesgesetzes **E.** Art. 109.
— auf Grund Reichsgesetzes **E.** Art. 52, 53.

Enterbung s. Pflichttheil.

Entfernung s. auch Wegnahme.

Entfernung von Bestandtheilen eines Grundstücks, Einfluß auf Hypothekhaftung 1121, 1122, 1192.
— des Ehegatten von häuslicher Gemeinschaft 1567.
— eingebrachter Sachen bei Miethe und Pacht 560, 561, 581 Abs. 2.
— des Wohnsitzes des Vormundes vom Sitz des Vormundschaftsgerichts 1786 Nr. 5, 1889, 1895.
— von Zubehörstücken vom verpfändeten Schiff 1265 Abs. 2.

Entführung s. 823, 825, 847, 1335, 1364, 1621.

Entgangener Gewinn ist Theil des zu ersetzenden Schadens, als e. G. gilt, was nach dem gewöhnlichen Lauf der Dinge oder nach den besonderen Umständen mit Wahrscheinlichkeit erwartet werden konnte, 252.

Entgeltliche Veräußerungs- u. Belastungsverträge 445, 493.

Entlassung von Dienstboten s. das.
— als Familienrathsmitglied 1871, 1878, **F.G.** 60 Nr. 4, 64.
— als Gegenvormund 1886—1889, 1895, **F.G.** 57 Nr. 6, 60 Nr. 3.
— als Pfleger 1915, **F.G.** 57 Nr. 6, 60 Nr. 3.
— aus dem Staatsverband s. das. 1827, 1847, **E.** Art. 41.
— als Testamentsvollstrecker 2227, **F.G.** 81 Abs. 2.
— als Verwalter bei Zwangsverwaltung **Z.V.** 153 Abs. 2.
— als Vormund 1790, 1886—1895, 1897, **F.G.** 57 Nr. 6, 60 Nr. 3.

Entlastung s. Decharge.

Entleihen s. Leihe.

Entmündigung, Übergangsbestimmung: wer am 1. Januar 1900 entmündigt ist, steht von da an dem nach B.G.B. Entmündigten gleich **E.** Art. 155, 156.
— Antrag auf E. (Beschwerde **F.G.** 57 Nr. 3).
Folgen des Antrags:
1. Unfähigkeit zur Testamentserrichtung 2229 Abs. 3.
2. vorläufige Vormundschaft, falls erforderlich, 1906—1908.

3. Wirksamkeit der Rechtsgeschäfte bei Zurücknahme oder Abweisung des Antrags 115 Abs. 2.
Entmündigung, Arten der E.
1. wegen Geisteskrankheit (Geschäftsunfähigkeit) 6 Nr. 1, 104 Nr. 3.
2. wegen Geistesschwäche (Beschränkung der Geschäftsfähigkeit) 6 Nr. 1, 114.
3. wegen Trunksucht (—) 6 Nr. 3, 114.
4. wegen Verschwendung (—) 6 Nr. 2, 114.
— Aufhebung der E. **F.G.** 52.
1. in Folge Anfechtungsklage gegen den Beschluß — (Wirksamkeit der vom Entmündigten und gesetzlichen Vertreter vorgenommenen Rechtsgeschäfte) 115, 2230 (Frist: 1 Monat), C.P.O. 664 ff. (Klage des Mannes auf Wiederherstellung der Verwaltung u. s. f. 1425, 1547).
2. bei Wegfall des Grundes 6 Abs. 2.
— eines Ausländers im Inland **E.** Art. 8, 23.
— Folgen der E. **F.G.** 52.
1. Aufstellung eines Vormunds s. das. 1896—1908.
2. der Frau: Klage des Mannes auf Aufhebung der allgemeinen Güter-, Errungenschafts-, Fahrniß-Gemeinschaft 1469, 1542, 1549.
3. des Mannes: Klage der Frau auf Aufhebung der Verwaltung und Nutznießung 1418 Nr. 3, 1422, 1425, 1426, und der Errungenschaftsgemeinschaft 1542, 1545, 1547 Abs. 2, 1548, 1418 Nr. 3, 1468 Nr. 4, — Recht derselben, Beitrag zum ehelichen Aufwand zur eigenen Verwendung, soweit zur Unterhaltsbestreitung erforderlich, zurückzubehalten 1428 Abs. 2.
4. des Mannes wegen Verschwendung: Klage des antheilsberechtigten Abkömmlings auf Aufhebung der fortgesetzten Gütergemeinschaft 1495 Nr. 4, 1496, 1502 Abs. 2, 1518, — Klage der Frau auf Aufhebung der Güter- und Fahrnißgemeinschaft 1468 Nr. 4, 1470, 1479, 1509, 1549.
5. Unfähigkeit zum Amt des Vormundes, Gegenvormundes, Pflegers, Mitglieds des Familienraths, Beistands, 1780, 1897, 1792, 1915, 1865, 1694.
6. Unfähigkeit zur Eheeingehung oder -bestätigung ohne Genehmigung, sonst anfechtbar 1304, 1325, 1331.
7. — zur Testamentserrichtung, — doch ist Widerruf eines vorher errichteten Testaments, außer bei Geisteskranken, zulässig 2229 Abs. 3, 2230, 2253 Abs. 2, (bez. Erbvertrag s. 2275).
Entmündigung, Zuständigkeit C.P.O. 645, 646, 680, Bayr. Gesetz v. 29. April 1869 Art. 36 Abs. 4, **A.** Art. 160 VIII.
Entrichtung s. die einzelnen Rechtsinstitute.
Entschädigung s. Schadensersatz.
Entscheidung s. auch Urtheil.
— in allen das gemeinschaftliche eheliche Leben betreffenden Angelegenheiten steht Mann zu, (Ausn. bei Mißbrauch) 1354.
— bei Preisbewerbung 661 Abs. 2 u. 3.
Entschlagung der Erbschaft s. Erbschaft.
Entschuldbarkeit des Irrthums s. Irrthum.
Entsetzung des Miethers oder Pächters 553, 554, 581.
— des Thäters bei Entziehung des Besitzes eines Grundstückes durch Eigenmacht 859 Abs. 3.
Entstehung s. die einzelnen Rechtsinstitute.
Entwässerung von Grundstücken, landesges. Vorschr. unberührt **E.** Art. 65, Bayer. Gesetz. v. 28. Mai 1852, Abänderung s. **A.** Art. 148.
Entwehrung s. Gewährleistung.
Entwendung s. Diebstahl.
Entziehung d. Antheils am Gesammtgut nach Ende der fortgesetzten Gütergemeinschaft 1513, 1514, 1516, 1518, 2336 Abs. 2—4.
— der Ausübung des Nießbrauches 1052.
— der Befugniß zur Geschäftsführung und der Vertretungsmacht bei der Gesellschaft 712, 715.
— des Besitzes durch unerlaubte Handlung und verbotene Eigenmacht 848—851, 858—871.
— des Eigenthums 985—1003.
— Ersatz für E. eines Gegenstandes tritt an dessen Stelle:
1. beim eingebrachten Gut der Errungenschafts- und Fahrnißgemeinschaft 1524, 1554.
2. beim Erbschaftskauf 2374.
3. beim Gesammtgut nach Beendigung der Gütergemeinschaft bis zur Auseinander-

setzung 1473, 1497 Abs. 2, 1546, 1549.
4. beim gemeinschaftlichen Nachlaß 2041.
5. beim Gesellschaftsvermögen 718.
6. bei der Herausgabe ungerechtfertigter Bereicherung 818.
7. bei dem der Vermögensverwaltung u. s. f. des elterlichen Gewalthabers entzogenen Vermögen d. Kindes 1638, 1651, 1686.
8. bei der Nacherbschaft 2111.
9. beim Vermächtniß 2169 Abs. 3, 2172 Abs. 2, 2288.
10. beim Vorbehaltsgut 1370, 1440, 1486, 1526, 1549.

Entziehung des Gebrauchs bei der Miethe 541, 542.
— des Pflichttheils s. das.
— der Rechtsfähigkeit eines Vereins 43—45, 50, 74, **A.** Art. 4.
— des Rechts auf Unterhalt durch Tödtung des Pflichtigen 844 Abs. 2.
— einer Sache im öffentlichen Interesse **E.** Art. 52, 53, 109, 120 Abs. 2 Nr. 3, **A.** Art. 1, Bayer. Gesetz vom 15. Juni 1898 (G. u. V. Bl. 98 S. 301) Art. 18.
— der Sorge für Person, Vermögen des Kindes s. Elterliche Gewalt.
— der Vergütung des Vormunds und Gegenvormunds 1836.
— der Vertretung des Kindes durch den elterlichen Gewalthaber oder Vormund 1630 Abs. 2, 1673, 1796, 1801.
— der Verwaltung des Vorerben 2129, 2136—2138.
— — und Benutzung des Grundstücks bei der Zwangsverwaltung **Z.V.** 148 Abs. 2, 149.

Epidemie, außerordentliche Testamentsform bei Absperrung eines Ortes 2250.

Erbacher Recht, allgemeine Gütergemeinschaft; für höhere Stände Dotalrecht, — Übergangsbestimmungen s. **Ue.** Art. 62 Abs. 2, 64, 67, 75 Abs. 2, 94, 97—104.

Erbanfall s. Anfall, Erbfall.

Erbanwärter s. Nacherbe.

Erbauseinandersetzung s. Miterbe und Nachlaßgericht.

Erbbaurecht, Übergangsbestimmungen:
1. für ein am 1. Januar 1900 bestehendes E. **E.** Art. 184.
2. für die Pfalz Bayer. Gesetz v. 1. Juli 1898 Art. 19 (G. u. V.Bl. 1898 S. 374).

Erbbaurecht ist die Belastung eines Grundstücks mit dem vererblichen und veräußerlichen Recht, auf oder unter der Grundstücksoberfläche ein Bauwerk zu haben, 1012.
— Beeinträchtigung durch Überbau oder Nothweg 916, 917, **E.** Art. 116.
— Begründung: Einigung der Betheiligten (Form!) und Eintragung in das Grundbuch 1015, 873, **E.** Art. 143, **A.** Art. 81, **G.O.** 20, 22 Abs. 2, 84, 31, (besonderes Grundbuchblatt **G.O.** 7, 84), Bayern: Kgl. V. v. 23. Juli 1898 (G. u. V. Bl. 98 S. 493) § 29.
— unzulässig: Beschränkung auf einen Theil des Gebäudes, — Erstreckung auf Benutzung eines für das Bauwerk nicht erforderlichen Theil des Grundstücks, wenn hiedurch für Benützung Vortheil, 1014, 1013.
— erlischt nicht durch Untergang des Bauwerkes 1016.
— Anwendung der Vorschriften für Grundstücke 1017.

Erbbescheinigung s. Erbschein.

Erbe s. auch Anfall, Annahme, Ausschlagung, Erbe des Erben, Erbe gesetzlicher, Miterbe, Vertragserbe.
— Übergangsbestimmungen: ist Erblasser vor 1. Januar 1900 gestorben, so sind für die erbrechtlichen Verhältnisse die bisherigen Gesetze maßgebend **E.** Art. 213, **Ue.** Art. 51, 55 Abs. 2, 142—146.
— ist die Person, auf welche mit dem Tode einer anderen deren Vermögen als Ganzes übergeht 1922, — Voraussetzung: Leben zur Zeit des Erbfalls (Ausn.: wer zu dieser Zeit noch nicht lebt, aber schon erzeugt ist, gilt als vor dem Erbfall geboren; falls noch nicht erzeugt, im Zweifel Nacherbe) 1923, 1963, 2141, 2101.
— gesetzlicher Erbe s. Erbe gesetzlicher, — testamentarischer Erbe s. auch Erbeinsetzung 1937, 1938, (Bezeichnung als „E." nicht erforderlich 2087), — Vertragserbe s. das.

Erbe, Pflichten des E.
1. Anzeigepflicht 1894, 1895, 1897, 1915, 673, 727 Abs. 2.
2. Verpflichtung zur Ausgleichung s. das. 2052, 2057, 2204.
3. Einholung der Genehmigung einer Stiftung des Erblassers 83.
4. muß Fehlerhaftigkeit des Besitzes des Erblassers gegen sich gelten lassen 858 Abs. 2, 859 Abs. 4, 861 Abs. 2, 862 Abs. 2, 863, 869.
5. haftet für die Nachlaßverbindlichkeiten s. das. (mehrere E. als Gesammtschuldner, doch Ausn.!) 1967, 2007, 2058—2061, **E.** Art. 24 Abs. 2, — Beschränkung d. Haftung s. Beschränkte Haftung.

haftet insbes. unbeschränkt: a) wenn nicht Nachlaßkonkurs oder -verwaltung beantragt ist 1967, 1975, — b) soweit Anspruch durch Vormerkung im Grundbuch gesichert ist 884, — c) wenn er nicht binnen gestellter Frist Inventar errichtet 1994, 2000, — d) wenn er es absichtlich falsch errichtet 2005, — e) wenn er den Offenbarungseid nicht leistet, dem Gläubiger gegenüber 2006 Abs. 3, — f) wenn er nicht beim Mangel genügender Masse Nachlaß zur Befriedigung der Gläubiger im Weg der Zwangsvollstreckung herausgiebt 1990, 1992.

Folgen der unbeschränkten Haftung: a) E. hat nicht das Recht, aufschiebende Einreden (Ablauf d. ersten drei Monate u. s. f.) vorzubringen, 2016, 2014, 2015, — b) muß auch die im Aufgebotsverfahren ausgeschlossenen Nachlaßgläubiger befriedigen (Ausn.!) 2013, 1973, 1974, — c) seine Haftung beschränkt sich nicht auf den Nachlaß 2013, 1975, — d) es kommt ihm die Errichtung des Inventars durch einen Miterben nicht zu Statten 2063, — e) bei Nacherben 2144, 2145, — f) seine Haftung vor und nach dem Nachlaßkonkurs ist nicht beschränkt 2013, 1977—1980, 1989—1992, — g) ist nicht berechtigt, Nachlaßverwaltung zu beantragen 2013, — h) hat nicht das Recht, bei mehreren Erben bis zur Nachlaßtheilung die Berichtigung der Nachlaßverbindlichkeiten in Ansehung des seinem Erbtheil entsprechenden Theils der Verbindlichkeit zu verweigern, 2059, — i) hat nicht das Recht, Zwangsversteigerung eines Grundstücks zu beantragen, **Z.V.** 175 Abs. 2.
6. Herausgabe des Gegenstandes, der ihm nach Vorschrift des Erblassers nicht zufallen soll, 2149.
7. Herausgabe u. Ergänzung des Pflichttheils s. das. 2303—2338.
8. trägt Kosten der standesmäßigen Beerdigung des Erblassers, — Verpflichtung, die Familienangehörigen des Erblassers 30 Tage zu unterhalten u. s. f., Dreißigster 1967—1969.
9. Offenbarungseid auf Verlangen 2006, **F.G.** 79.
10. Unterhaltspflicht des E. des geschiedenen Ehegatten und des Vaters des unehelichen Kindes 1582 Abs. 2, 1712.
11. Verpflichtung, Vermächtniß oder Auflage zu tragen, s. Vermächtniß, Auflage 1940, 2147, 2148, 2161, 2163 2187 Abs. 2, 2192, 2210, 2288.

Erbe, Anzeige vom Tode des Erblassers an den voraussichtlichen Erben 1342, 1597.

— E., der selbst pflichttheilsberechtigt ist, 2318 Abs. 3, 2319, 2323, 2324, 2328, 2330.

— Rechte des E.
1. Anspruch auf Herausgabe des vom Erbschaftsbesitzer Erlangten s. Erbschaftsbesitzer 2018—2031.
2. Anspruch auf das ihm zugewendete Vermächtniß s. Vorvermächtniß.
3. Antragsrecht bei Erbauseinandersetzung **F.G.** 86.
4. Recht auf Antrag d. Zwangsversteigerung eines zum Nachlaß gehörenden Grundstückes (Ausn.!) **Z.V.** 175—179.
5. aufschiebende Einreden: a) vor Annahme der Erbschaft 1958, — b) drei Monate nach Annahme (Ausn.!) 2014, 2016, 2017, 202 Abs. 2, — c) bis Beendigung des Aufgebotsverfahren, falls Antrag innerhalb eines Jahres nach Annahme gestellt und zugelassen

ist, (Ausn.!) 2015, 2016, 2017, 202 Abs. 2, C.P.O. 305, 782—786.
6. Recht, die Vollziehung einer Auflage zu verlangen, 2194.
7. Übergang des Besitzes 857.
8. Beschwerderecht F.G. 76, 77.
9. Recht auf einen Erbschein s. das. 2353—2370.
10. Ersitzungszeit, die zu Gunsten des Erbschaftsbesitzers verstrichen ist, kommt E. zu statten 944.
11. Recht, die Herausgabe des unrichtigen Erbscheins zu verlangen, 2362.
12. Recht zur Kündigung bei Miethe 569.
13. Verfügung eines Nichtberechtigten wird wirksam, wenn er vom Berechtigten beerbt wird und dieser für die Nachlaßverbindlichkeiten unbeschränkt haftet, 185.
14. Recht, die angefallene Erbschaft zu verkaufen s. Erbschaftskauf 2371—2385.
15. Verzicht auf Zuwendung s. auch Erbverzicht 2352.
16. Recht des Widerrufs einer Schenkung oder Stiftung des Erblassers 530 Abs. 2, 81.

Erbe, Verhältniß zum Testamentsvollstrecker s. das. 2206 Abs. 2, 2211—2215, 2218—2220, 2368 Abs. 2.
— Unbekanntsein des E. — Sicherung des Nachlasses — Nachlaßpfleger 1960—1962, — Bestimmung desselben durch ein erst nach Erbfall eintretendes Ereigniß 2105 Abs. 2.
— Wegfall des E. 2094, 2095—2099.

Erbe gesetzlicher s. auch Erbe.
— — Voraussetzung: Leben z. Zt. des Erbfalls (Ausn.) 1923.
— — Annahme u. Ausschlagung (s. das.), wer durch Verfügung von Todeswegen als Erbe berufen ist, kann Erbe als eingesetzter Erbe ausschlagen und als g. E. annehmen 1948.
— — Ausschluß durch Testament 1938, Anfechtung 2081.
— — falls g. E. ohne nähere Bestimmung bedacht 2066, 2067, 2091.
— — Antrag auf Ertheilung des Erbscheins 2354—2356 (s. Erbschein).
— — ist zur Eröffnung des Testaments oder Erbvertrags zu laden 2260—2262, 2300.

Erbe gesetzlicher als Nach- und Vorerbe 2104, 2105.
— — erhält Nachlaßgegenstand, den Erbe nach Anordnung des Erblassers nicht erhält, als Vermächtniß (Ausn.: beim Fiskus) 2149.
— — Ordnung: solange Verwandte vorhergehender Ordnung, ist Verwandter der nachfolgenden nicht zur Erbfolge berufen 1930.

I. Ordnung:
Abkömmlinge des Erblassers, — a) der z. Zt. des Erbfalls Lebende schließt seine Abkömmlinge von Erbfolge aus, — b) an Stelle des zu dieser Zeit nicht mehr Lebenden treten seine Abkömmlinge, (Erbfolge nach Stämmen), Kinder zu gleichen Theilen, — c) wer verschiedenen Stämmen angehört, erhält den in jedem Stamme ihm zufallenden Antheil 1924, 1927, — d) Ausgleichung bei Auseinandersetzung s. Ausgleichung 2050—2057, — e) der überlebende Ehegatte ist neben den Abkömmlingen zu einem Viertheil zur Erbfolge berufen 1931, 1934.

II. Ordnung:
Eltern des Erblassers und deren Abkömmlinge (nicht bei Annahme an Kindesstatt 1759), — a) leben Eltern z. Zt. des Erbfalls, so Alleinerben und zu gleichen Theilen, — b) lebt Vater oder Mutter nicht mehr, so an deren Stelle deren Abkömmlinge, falls keine vorhanden, erbt Überlebende allein — c) wie bei I. Ordnung c, — d) daneben überlebender Ehegatte des Erblassers zur Hälfte berufen, außerdem gebühren ihm Haushaltungsgegenstände (Ausn.) u. Hochzeitsgeschenke als Voraus 1925, 1927, 1930—1932, 1934.

III. Ordnung:
Großeltern des Erblassers und deren Abkömmlinge, — a) leben die Großeltern z. Zt. des Erbfalls, so wie bei II. Ordnung a, — b) lebt einer derselben nicht mehr, so wie daselbst b, — c) leben väterliche oder mütterliche Großeltern nicht mehr, und sind keine Abkömmlinge da, so werden die anderen

Großeltern oder deren Abkömmlinge Alleinerben, — d) Angehörigkeit verschiedener Stämme s. I. Ordnung c, — e) daneben überlebender Ehegatte wie bei II. Ordnung d 1926, 1927, 1930—1932, 1934.
Falls weder Verwandte I. oder II. Ordnung, noch Großeltern vorhanden, so erhält der überlebende Ehegatte die ganze Erbschaft. (Ausschluß! — falls zugleich Verwandter!) 1931 Abs. 2, 1933, 1934.

Erbe gesetzlicher,
IV. Ordnung:
Urgroßeltern und deren Abkömmlinge 1928, 1930.
V. Ordnung:
entferntere Voreltern und deren Abkömmlinge 1929, 1930.
Falls weder Verwandte noch Ehegatte vorhanden: Fiskus 1936, 1942 Abs. 2, 1964—1966, 2011, **E.** Art. 138, 139, **F.G.** 78.
— — Pflichttheilslast und Vermächtniß 2320, 2323, 2324.
— — Vertrag unter künftigen g. E. über gesetzlichen Erbtheil oder Pflichttheil zulässig (Form!) 312 Abs. 2, — Vorkaufsrecht erstreckt sich i. Zw. nicht auf Verkauf, der mit Rücksicht auf künftiges Erbrecht an g. E. erfolgt, 511.
— — Verzicht auf gesetzliches Erbrecht 2346—2351.
— — Wegfall eines g. E. u. Erhöhung des Erbtheils eines anderen dadurch 1935, 2007.

Erbe des Erben, Ausgleichung s. das. 2051, 2052, 2057, 2204, 2315 Abs. 3, 2327 Abs. 2.
— — Erbe des Nacherben, Übergang des Rechts 2108 Abs. 2.
— — Stirbt Erbe vor Ablauf der Ausschlagungsfrist, so endet letztere erst mit Ablauf der für die Erbschaft des Erben vorgeschriebenen Ausschlagungsfrist 1952 Abs. 2 u. 3, 2180 Abs. 3

Erbeinsetzung s. auch Anwachsung, Ersatzerbe, Nacherbe.
— ist Zuwendung des Vermögens oder eines Theils desselben durch Erblasser an Bedachten (Bezeichnung „Erbe" nicht nöthig), im Zw. keine E., wenn nur einzelne Gegenstände zugewendet (auch bei Bezeichnung „Erbe"), ebenso bei Pflichttheilszuwendung 2087, 2304.

Erbeinsetzung, Anfechtung (Frist!) 2081—2083.
— Auslegungsregeln:
1. E. eines Erben auf Bruchtheil oder mehrerer Erben, deren Theile das Ganze nicht erschöpfen, so tritt für den Rest gesetzliche Erbfolge ein 2088.
2. E. mehrerer Erben, wie bei 1., die aber nach dem Willen des Erblassers alleinige Erben sein sollen, so verhältnißmäßige Erhöhung der Bruchtheile 2089, 2093, 2157.
3. Übersteigen die Bruchtheile das Ganze, so verhältnißmäßige Minderung 2090, 2093, 2157.
4. E. mehrerer Erben ohne Bestimmung d. Bruchtheile, so gelten sie zu gleich. Theilen eingesetzt (Ausn.) 2091, 2093, 2157.
5. E. mehrerer theils auf Bruchtheile, theils ohne 2092, 2093, 2157.
6. E. einiger Erben auf dens. Bruchtheil (gemeinschaftl. Erbtheil) 2093, 2157.
— Bedingung oder Zeitbestimmung zulässig 2074, 2103—2105.
— eines z. Zt. des Erbfalles noch nicht Erzeugten (gilt im Zw. als Nacherbe) 2101.
— gegenseitige der Ehegatten in gemeinschaftlichem Testament 2265—2273, im Erbvertrag 2280, 2285.
— durch Testament 1937, 1938, durch Vertrag (s. Vertragserbe) 1941, 2278 Abs. 2, 2281.

Erbeinsetzungsvertrag s. Erbeinsetzung u. Erbvertrag.

Erbentsagung s. Ausschlagung und Erbverzicht.

Erbeslegitimation s. Erbschein.

Erbfähigkeit s. Erbe und Erbunfähigkeit.

Erbfall ist Tod einer Person 1922.
— Einfluß der Zeit auf Berechnung des Pflichttheils 2311, 2325 Abs. 2.
— — des E. auf Vermächtniß s. das. 2169—2173, 2182 Abs. 2, 2188 Abs. 2, 2192.
— — auf Zuständigkeit des Nachlaßgerichts **F.G.** 73.
— Zeit des E. maßgebend für die Person des Erben (Leben oder Er-

zeugtsein desselben zu dieser Zeit) 1923—1936, 2101, 2108, 2105 Abs. 2, 2106 Abs. 2, 2178, 2179 und des mit Vermächtniß Bedachten 2160.

Erbfall, falls z. Zt. des E. Geburt eines Erben oder Nacherben zu erwarten ist, 1963, 2141.
— wer zur Zeit des E. mit Erblasser in häuslicher Gemeinschaft, Verpflichtung zum Offenbarungseid 2028.
— Übergehen des z. Zt. des Erbfalls vorhandenen Pflichttheilsberechtigten s. Pflichttheil.
— Erstrecken des Vermächtnisses auf z. Zt. des E. vorhandenes Zubehör 2164.
— mit E: a) Ablehnung der Fortsetzung der Gütergemeinschaft 1484, 1518, 1946, — b) Anfall des Vermächtnisses (Ausn.!) 2176—2179, — c) Anspruch auf Pflichttheil 2317, — d) Erlöschen von Rechtsverhältnissen durch Vereinigung 1976, 1991 Abs. 2, 2175, 2377, — e) Recht der Annahme und Ausschlagung der Erbschaft 1946, 2142, — f) Übergang der Erbschaft auf Erben 1922, 1953 Abs. 2
— nach dem E.: a) Anfechtung der Erbunwürdigkeit 2340 Abs. 2, — b) Annahme und Ausschlagung des Vermächtnisses 2180 Abs. 2, — c) Eintritt einer der Zuwendung hinzugefügten Bedingung oder Zeitbestimmung 2066, 2067, 2091, 2070, 2074, 2108 Abs. 2, 2177, 2179, — d) Erklärung über Annahme oder Ausschlagung des Amts als Testamentsvollstrecker 2202 Abs. 2, 2228, — e) Tod des Nacherben und vor Eintritt der Nacherbfolge 2108 Abs. 2, — f) 5 Jahre, 30 Jahre nach E. s. unter Frist.

Erbfolge s. auch Erwerb von Todeswegen.
— Übergangsbestimmung: falls Erblasser vor 1. Januar 1900 gestorben, so bisherige Gesetze maßgebend **E.** Art. 213.
— ist Übergang des Vermögens einer Person als Ganzes mit deren Tod auf eine oder mehrere andere Personen 1922.

Erbfolge, Ausschluß s. Pflichttheil 2303—2338.
— Erwerb durch E. bei allgemeiner Gütergemeinschaft 1440 Abs. 2, 1477 Abs. 2, — bei Errungenschaftsgemeinschaft 1521, 1526, 1546 Abs. 2, — bei Fahrnißgemeinschaft 1549, 1551, 1553 Nr. 2, — bei fortgesetzter Gütergemeinschaft 1486, 1502 Abs. 2, — bei gesetzlichem Güterrecht 1369.
— nach Graden: Abkömmlinge der Urgroßeltern und entfernteren Voreltern 1928 Abs. 3, 1929 Abs. 2.
— nach Köpfen: d. h. es erben zu gleichen Theilen: Kinder 1924 Abs. 4, — Großeltern 1926 Abs. 2, — Urgroßeltern 1928 Abs. 2, — entferntere Voreltern 1929 Abs. 2, — gleich nahe Verwandte IV. Ordnung 1928 Abs. 3.
— nach Linien: Abkömmlinge der Eltern und Großeltern 1925 Abs. 3, 1926 Abs. 3, — (nicht bei Urgroßeltern oder entfernteren Voreltern 1928 Abs. 2 u. 3, 1929).
— nach Stämmen liegt vor, wenn die durch den zur Zeit des Erbfalles nicht mehr lebenden Abkömmling mit dem Erblasser verwandten Abkömmlinge an des Ersteren Stelle treten, 1924 Abs. 3, — tritt ein bei der gesetzlichen E. (s. Erbe gesetzlicher) bei den Abkömmlingen der drei ersten Ordnungen 1924 Abs. 3, 1925 Abs. 3, 1926 Abs. 5, 1927.
— gesetzliche s. Erbe gesetzlicher.
— testamentarische s. Testament 1937, 2064—2146, 2229—2273.
— vertragsmäßige s. Erbvertrag.
— Nacherbfolge s. Nacherbe 2100—2146.
— Nachweis vor Grundbuchamt **G.O.** 36—38, 99.
— — bei Antrag auf Zwangsversteigerung **Z.V.** 17 Abs. 3, 181 Abs. 4.

Erbgut landwirthschaftliches s. Familienfideikommiß.

Erbieten öffentliches zur Besorgung von Geschäften 663.

Erblasser s. auch Erbe, Erbe gesetzlicher, Erbfolge, Erbvertrag, Ersatz-, Nacherbe, Pflichttheil, Testament.

Erblasser, Übergangsbestimmungen:
1. Tod des E. vor 1. Januar 1900 — so erbrechtliche Verhältnisse nach bisherigen Gesetzen **E.** Art. 213, **Ue.** Art. 52, 55 Abs. 2, 142—146.
2. Tod des E. nach 1. Januar 1900, Errichtung oder Aufhebung einer Verfügung von Todeswegen vor 1. Jan. 1900 — so bisherige Gesetze **E.** Art. 214.
— Gesetzesanwendung **E.** Art. 24—28.
— standesmäßige Beerdigung, Kosten trägt der Erbe 1968.
— Verwandte und Verschwägerte des E.: — a) Abkömmlinge, Eltern, überlebender Ehegatte — Erbrecht s. Erbe gesetzlicher und Pflichttheil, — b) Familienangehörige, Unterhalt während 30 Tagen 1969, — c) Unfähigkeit zur Testaments- oder Erbvertragserrichtung als Notar, Zeuge u. s. f. mitzuwirken 2234 Nr. 2, 2235, 2236, 2244, 2249, 2250 Nr. 2, 2276, 2290 Abs. 4.

Erblegitimation s. Erbschein.

Erblosigkeit, Erbrecht d. Fiskus 1936, 2011.

Erborger s. Darlehen.

Erbpachtrecht, landesges. Vorschriften unberührt **E.** Art. 63.

Erbrecht s. auch Erbfolge.
— Übergangsbestimmungen **E.** Art. 213, für die Pfalz **Ue.** Art. 142—146, — für Bayern r. d. Rh. **Ue.** Art. 51, 55 Abs. 2.
— Gesetzesanwendung, wenn Deutscher im Ausland Wohnsitz hat u. s. f., **E.** Art. 24—28, — Ausländer im Inland **E.** Art. 7 Abs. 3.
— kein E. durch Annahme an Kindesstatt für den Annehmenden begründet 1759, — E. des Kindes hiebei ausschließbar 1767.
— Wegfall des E. des Ehegatten durch Scheidung oder Aufhebung der ehelichen Gemeinschaft 1564, 1586.
— Zeugniß über E. s. Erbschein.

Erbschaft (s. auch die folgenden Worte, ferner Annahme, Ausschlagung).
— Übergangsbestimmung: bei Tod des Erblassers vor 1. Januar 1900, bisherige Gesetze **E.** Art. 213.

Erbschaft, Gesetzesanwendung bei Deutschen im Ausland oder Ausländern **E.** Art. 24—28.
— ist Vermögen einer verstorbenen Person 1922.
— Anfall derselben s. Anfall (ipso iure) 1942.
— eines Dritten, an den zum Zwecke der Erfüllung geleistet wurde, 362.
— eines Ehegatten bei allgemeiner Gütergemeinschaft, falls kein gemeinschaftlicher Abkömmling vorhanden ist, 1482, 1483, 1484 Abs. 3, 1518.
— Erwerb der E. durch Vertrag vom Erbschaftsbesitzer 2030, — Erwerb der E. s. auch Erbfolge, — Verbindlichkeiten der Frau in Folge Erwerbs einer E. 1413, 1461, 1525, 1549, 1550.
— Nießbrauch an E. 1089, 1085—1088.
— Verfügungen des Vaters oder Vormundes über eine dem Kind oder Mündel angefallene E. (Genehmigung durch das Vormundschaftsgericht) 1643, 1822 Abs. 1.
— Vertrag über künftige E. nichtig (Ausn.!) 312 (s. auch Erbschaftskauf).

Erbschaftsanspruch, Übergangsbestimmung **E.** Art. 213.
— Anspruch des Erben auf Auskunftsertheilung seitens d. Erbschaftsbesitzers und dessen, der Nachlaßsachen in Besitz hat 2027, — sowie dessen, der z. Zt. des Erbfalles mit Erblasser sich in häuslicher Gemeinschaft befand, 2028.
— Anspruch des Erben auf Herausgabe dessen, was jemand auf Grund eines ihm nicht zustehenden Erbrechts aus der Erbschaft erlangt hat, (s. auch Erbschaftsbesitzer) 2018—2031, — auch gegenüber dem, der Erbschaft durch Vertrag vom Erbschaftsbesitzer erwarb, und dem falsch für todt Erklärten 2030, 2031.
— Anspruch des Erben auf Leistung des Offenbarungseides durch den, der z. Zt. des Erbfalles mit Erblasser in häuslicher Gemeinschaft war, falls Grund zu der Annahme, daß Auskunft nicht mit der erforderlichen Sorgfalt, 2028.

Erbschaftsantritt s. Antretung der Erbschaft 1922, 1942.

Erbschaftsbesitzer, Übergangsbestimmung E. Art. 213.
— ist derjenige, der auf Grund eines ihm nicht zustehenden Erbrechts etwas aus der Erbschaft erlangt hat, 2018.
— Recht des E. gegenüber Erben auf Ersatz von Verwendungen und Aufwendungen 2022.
— Verpflichtungen des E. gegenüber dem Erben:
1. Auskunftsertheilung, ev. Offenbarungseid 2027, 2028.
2. Haftung für einzelne Erbschaftsgegenstände 2029.
3. — für Schaden u. s. f. vom Eintritt der Rechtshängigkeit an 2023, — falls E. nicht in gutem Glauben beim Beginn des Erbschaftsbesitzes 2024, — falls Gegenstand durch strafbare Handlung oder verbotene Eigenmacht erworben, 2025.
4. Herausgabe des Erlangten 2018, 2019, 2021, 2022.
5. — der gezogenen Nutzungen u. Früchte 2020—2022.
6. kann sich nicht auf Ersitzung berufen, solang Erbschaftsanspruch nicht verjährt ist, 2026.

Erbschaftserwerb s. Annahme, Ausschlagung, Erbfolge, Erbschaft.
Erbschaftsforderung s. Miterbe, Nachlaß.
Erbschaftsgericht s. Nachlaßgericht.
Erbschaftsgläubiger s. Nachlaßgläubiger.
Erbschaftskauf ist e. Vertrag, durch welchen d. Erbe d. ihm angefallene Erbschaft verkauft, (Form: notariell od. gerichtlich!) 2371.
— allgemeine Vorschriften:
1. die durch Vereinigung u. s. f. in Folge Erbfalls erloschenen Rechtsverhältnisse gelten zwischen Käufer und Verkäufer nicht als erloschen 2377.
2. Einsicht der Anzeige vom E. beim Nachlaßgericht durch jeden, der rechtliches Interesse glaubhaft macht, 2384 Abs. 2.
— Pflichten des Käufers (s. auch Rechte des Verkäufers):
1. Haftung für zufälligen Untergang oder Verschlechterung vom Kaufsabschluß an 2380.
2. — gegenüber Nachlaßgläubiger von da an (kein Ausschluß oder Beschränkung durch Vereinbarung zwischen Käufer und Verkäufer) 2382 Abs. 2, 2383.
3. Lastentragung von da an 2380.

Erbschaftskauf, Rechte des Käufers (s. auch Pflichten des Verkäufers):
1. Nutzungen vom Kaufsabschluß an 2380.
2. Recht auf Vortheile aus Wegfall von Vermächtnissen, Auflagen, Ausgleichung 2372.
— Pflichten des Verkäufers (s. auch Rechte des Käufers):
1. Ersatzleistung für von ihm vor Kaufsabschluß verbrauchte, unentgeltlich veräußerte oder belastete Erbschaftsgegenstände (Ausn.! — außerdem kein Ersatz für Untergang u. s. f.) 2375, 2385 Abs. 2.
2. Gewährleistung wegen Mangels im Recht nur: a) daß ihm Erbrecht zusteht, — b) daß es nicht durch Recht eines Nacherben oder Testamentsvollstrecker beschränkt ist, — c) daß keine Vermächtnisse u. s. f. bestehen, — d) daß nicht unbeschränkte Haftung gegenüber Nachlaßgläubiger besteht, — e) dagegen nicht wegen Fehlen einer Erbschaftssache 2376, 2378, 2385 Abs. 2.
3. Haftung gegenüber Nachlaßgläubiger neben Käufer 2382, — und für sofortige Anzeige des Verkaufs an das Nachlaßgericht 2384.
4. Herausgabe der z. Zt. des Verkaufs vorhandenen Erbschaftsgegenstände an Käufer 2374.
5. Lastentragung vor Kaufsabschluß, einschließlich der Zinsen der Nachlaßverbindlichkeiten, nicht dagegen Erbschaftsabgabe und außerordentliche Lasten 2379, 2382.
— Rechte des Verkäufers (s. auch Pflichten des Käufers):
1. Anspruch geg. Käufer auf Erfüllung der Nachlaßverbindlichkeiten (Ausn. 2376!) 2378.
2. — — auf Tragung der Abgaben u. außerordentlichen Lasten 2379, 2382.
3. Ersatz für von ihm vor Verkauf erfüllten Nachlaßverbindlichkeiten 2378 Abs. 2.
4. — der nothwendigen Verwendungen vor Verkauf u. s. f. 2381.

5. Erbtheil, d. nach Kaufsabschluß d. Nacherbfolge, Wegfall eines Miterben an Verkäufer fällt, u. Vorausvermächtniß gelten im Zweifel nicht als mitverkauft 2373.
6. Recht auf die vor Verkauf anfallenden Nutzungen 2379, 2382.

Erbschaftskauf, Vorkaufsrecht eines Miterben s. Vorkaufsrecht 2034—2037.

Erbschaftsklage s. Erbschaftsanspruch.

Erbschaftsobsignation s. auch Siegelung 1960, **E.** Art. 140.

Erbschaftsschenkung, Anwendung der Vorschriften über Erbschaftskauf (s. das.), jedoch a) keine Verpflichtung des Schenkers, für die vor Schenkung verbrauchten oder unentgeltlich veräußerten oder belasteten Erbschaftsgegenstände Ersatz zu leisten, — b) keine Verpflichtung zur Gewährleistung wegen eines Mangels im Recht, außer bei arglistigem Verschweigen 2385 Abs. 2.

Erbschaftsschulden s. Nachlaßverbindlichkeiten.

Erbschaftssteuer hat Erbschaftskäufer zu tragen 2379.

Erbschaftsverhältnisse, Bayer. Gesetz vom 23. Februar 1868, abgeändert **A.** Art. 153.

Erbschaftsvertreter s. Nachlaßpfleger.

Erbschein, Übergangsbestimmung: beim Tod des Erblassers vor 1. Januar 1900 — bisheriges Recht **E.** Art. 213.
— ist Zeugniß des Nachlaßgerichts über Erbrecht und Größe des Erbtheils 2353.
— Antrag auf Ertheilung d. E. beim Nachlaßgericht: a) seitens des gesetzlichen Erben hat zu enthalten (Beweis!):
1. Zeit des Todes des Erblassers (öffentliche Urkunde! — Ausn.!) 2354 Nr. 1, 2356 Abs. 1 u. 3.
2. Verhältniß, auf dem sein Erwerb beruht, (— Ausn.!) 2354 Nr. 2, 2356 Abs. 1 u. 3.
3. ob und welche Personen vorhanden, durch die er von der Erbfolge ausgeschlossen oder sein Erbtheil gemindert würde, (Versicherung an Eidesstatt! — Ausn.!) 2354 Abs. 3, 2356 Abs. 2 u. 3.
4. ob u. welche Verfügungen des Erblassers von Todeswegen vorhanden (— —) 2354 Nr. 4, 2356 Abs. 2 u. 3.
5. ob ein Rechtsstreit über sein Erbrecht anhängig ist (— —) 2354 Nr. 5, 2356 Abs. 2 u. 3.
6. Angabe der Art des Wegfalls einer Person, durch die er von Erbfolge ausgeschlossen oder sein Erbtheil gemindert worden wäre, 2354 Abs. 2, 2356 Abs. 1 u. 3.

b) seitens des Erben auf Grund einer Verfügung von Todeswegen: (Angaben und Nachweis!)
1. Verfügung, auf der sein Erbrecht beruht (Vorlage, Ausnahme) 2355, 2356, Abs. 1 u. 3, 2360 Abs. 2 u. 3.
2. ob und welche sonstige Verfügungen von Todeswegen vorhanden, Versicherung an Eidesstatt, Ausnahmen 2355, 2356 Abs. 2 u. 3.
3. (wie oben unter a 1, 5, 6) 2355, 2356.

Erbschein, Einsicht **F.G.** 78.
— Ertheilung des E.
1. nur, wenn das Nachlaßgericht die erforderlichen Thatsachen für festgestellt erachtet (Ermittelung von Amtswegen, — ev. öffentliche Aufforderung), 2359, 2358.
2. bei Rechtsstreit über Erbrecht — vorher Gegner anhören (Ausn.!) 2360 Abs. 1 u. 3.
3. falls Verfügung, auf der Erbrecht beruht, nicht in vorliegender öffentlicher Urkunde — vorher Anhören dessen, der im Falle ihrer Unwirksamkeit Erbe sein würde, (Ausn.!) 2360 Abs. 2 u. 3.
4. für im Inland befindliche, zur ausländischen Erbschaft gehörige Gegenstände 2369.

Ausfertigung auch für den, der rechtliches Interesse glaubhaft macht, **F.G.** 85.
— gemeinschaftlicher E. bei mehreren Erben 2357.
— Inhalt des E.:
1. Angabe, daß Nacherbfolge angeordnet, wer Nacherbe, unter welchen Voraussetzungen u. s. f. 2363.
2. Ernennung des Testamentsvollstreckers 2364.
3. die im Inland befindlichen, zu ausländischer Erbschaft gehörigen Gegenstände 2369.

4. Recht des Beisitzes, der Verwaltung u. s. f. **Ue.** Art. 28.
5. Zeugniß über Erbrecht und Größe des Erbtheils 2353.

Erbschein unrichtiger:
1. Einziehung oder Kraftloserklärung durch das Nachlaßgericht 2361, **F.G.** 84.
2. Herausgabe auf Verlangen des richtigen Erben an das Nachlaßgericht 2362, 2363 Abs. 2, 2364 Abs. 2, 2370 Abs. 2.

— Wirkungen des E.:
1. bei Erwerb eines Erbschaftsgegenstandes u. s. f. durch Rechtsgeschäft von den im E. als Erben Bezeichneten, so gilt zu Gunsten gutgläubigen Erwerbers Inhalt des E. als richtig 2366, 2367, 2370.
2. — bei Leistung an den im E. als Erben Bezeichneten 2367, 2370.
3. Vermuthung, daß dem als Erben Bezeichneten das im E. angegebene Erbrecht zusteht und er nicht durch andere Anordnungen, als angegeben, beschränkt ist, 2365, 2366, 2367, 2370.

— entsprechende Anwendung der Vorschriften auf Zeugniß über Ernennung des Testamentsvollstreckers 2368 und Fortsetzung der Gütergemeinschaft 1507, 1518.

Erbtheil ist der Antheil eines Miterben (gleiche Vorschriften, wie bei Erbschaft s. das.) 1922 Abs. 2.
— Anfall nach Erbschaftskauf — E. gilt i. Zw. nicht als mitverkauft 2373.
— Berufung zu mehreren E.: Annahme des einen und zugleich Ausschlagung des anderen E. zuläßig, wenn Berufung auf verschiedenen Gründen beruht, 1951, — (Ausschlagung durch Erben des Erben 1952 Abs. 3), — Haftung für Nachlaßverbindlichkeiten so, wie wenn E. verschiedenen Erben gehörten, 2007.
— als besonderer E. gilt:
1. Antheil, der gesetzlichen Erben der 3 ersten Ordnungen in verschiedenen Stämmen zufällt, 1927.
2. Anfall von überlebenden Ehegatten auf Grund Verwandtschaft 1934.
3. Anfall an Erben durch Anwachsung in Ansehung der Vermächtnisse, Auflagen, Ausgleichungspflicht s. auch Anwachsung 2095, 2007.
4. Theil, um den sich E. eines gesetzlichen Erben durch Wegfall eines anderen erhöht, 1935, 2007.

Erbtheil gemeinschaftlicher, falls einige von mehreren Erben auf denselben Bruchtheil der Erbschaft eingesetzt, 2093, 2094, 2098 Abs. 2, 2157, 2190.
— kein Konkursverfahren über E. s. K.O. 235.
— Bemessung des E. einer Leibesfrucht 1963, 2141.
— Nichtbestimmung b. Einsetzung mehrerer Erben 2091, 2093, 2157.
— Unbestimmtheit wegen zu erwartender Geburt eines Miterben u. s. f. 2043.
— maßgebend für Unterhaltspflicht der Abkömmlinge 1606.
— Verfügung, insbes. Verkauf durch Miterben 2033—2041, — des Vaters oder Vormunds über künftigen, gesetzlichen E. des Kinds u. s. f. — Genehmigung des Vormundschaftsgerichts 1643, 1822 Nr. 1.
— Vertrag unter künftigen gesetzlichen Erben über gesetzlichen E. zuläßig (notariell!) 312 Abs. 2.
— Hälfte des Werths des gesetzlichen E. ist Pflichttheil 2303, — Feststellung d. E. u. s. f. s. Pflichttheil 2310.
— Zeugniß über Größe s. Erbschein.

Erbtheilung s. Miterben.

Erbtheilungsvertrag des Mündels, — Genehmigung des Vormundschaftsgerichts 1822 Nr. 2.

Erbunfähigkeit, Übergangsbestimmung **E.** Art. 213.
— wer zur Zeit des Erbfalls noch nicht lebt oder wenigstens erzeugt ist 1923, 2108, 2160, 2178.
— landesgesetzliche Vorschriften über juristische Personen **E.** Art. 86, — Mitglieder religiöser Orden u. s. f. **E.** Art. 87 Abs. 2 u. 3, **A.** Art. 7—10.

Erbunwürdigkeit, Übergangsbestimmung: beim Tod des Erblassers vor 1. Januar 1900 nach bisherigem Recht **E.** Art. 213.
— wer ist erbunwürdig?
1. der den Erblasser vorsätzlich und widerrechtlich getödtet oder zu tödten versuchte

oder in Zustand versetzte, in Folge dessen er bis zum Tod unfähig ist, eine Verfügung von Todeswegen zu errichten oder aufzuheben, 2339 Nr. 1, 2345.
2. der den Erblasser verhindert, derartige Verfügungen zu errichten oder aufzuheben, 2339 Nr. 2, 2345.
3. — durch arglistige Täuschung oder widerrechtlich durch Drohung bestimmt, solche Verfügungen zu errichten oder aufzuheben (Ausn.), 2339 Nr. 3 u. Abs. 2, 2345.
4. der sich bezüglich einer derartigen Verfügung einer Urkundenfälschung schuldig gemacht hat (Ausn.) 2339 Nr. 4 u. Abs. 2, 2345.

Erbunwürdigkeit, Geltendmachung:
1. wie? — durch Anfechtung des Erbschaftserwerbs (erst nach Anfall der Erbschaft!) — binnen Jahresfrist! von Kenntniß des Anfechtungsgrunds — nicht mehr nach 30 Jahren 2340, — Klage darauf, daß „Erbe für erbunwürdig erklärt wird", 2342.
2. durch wen? — durch jeden, dem der Wegfall des Erben zu Statten kommt, 2341, 2345.
3. ausgeschlossen, wenn Erblasser dem Erbunwürdigen verziehen hat, 2343, 2345, — und nach Ablauf der Frist 2340 Abs. 3, 2082.
4. Wirkungen: (erst mit Rechtskraft des Urtheils 2342 Abs. 2) — a) Anfall gilt als nicht erfolgt, — b) Erbschaft kommt an den, der berufen, wenn Erbunwürdiger z. Zt. des Erbfalls nicht gelebt hätte; Anfall: mit Eintritt des Erbfalls 2344, — c) Erbunwürdiger bei Berechnung des für Pflichttheil maßgebenden Erbtheils mitgezählt 2310, — d) falls gemeinschaftlicher Abkömmling erbunwürdig, so auch bei fortgesetzter Gütergemeinschaft des Antheils am Gesammtgut unwürdig (nicht abänderlich!) 1506, 1518.

— (Anwendung auf Vermächtnißnehmer und Pflichttheilsanspruch 2345, — und auf Unwürdigkeit bei fortgesetzter Gütergemeinschaft 1506.)

Erbvertrag s. auch Eröffnung.

Erbvertrag, Übergangsbestimmung: falls E. vor 1. Januar 1900 errichtet, Bindung des Erblassers nach bisherigen Gesetzen **E.** Art. 214 Abs. 2.

— Anfechtung des E. durch Erblasser oder Dritten s. Anfechtung (nur binnen Jahresfrist durch Erblasser! notarielle Erklärung — nicht durch Vertreter — Bestätigung nur persönlich!) 2281—2285.

— Aufhebung des E.
1. durch Anordnung eines Vermächtnisses oder einer Auflage durch Testament und Zustimmung des andern Theils (Form! unwiderruflich!) 2291, 2297.
2. durch gemeinschaftliches Testament bei Ehegatten 2292.
3. durch Vertrag zwischen den Personen, die E. geschlossen haben, (nicht mehr nach Tod einer derselben), (nur persönlich! — Form! — Zustimmung der gesetzlichen Vertreter nicht erforderlich, jedoch Genehmigung des Vormundschaftsgerichts) 2290, 2297, 2299 Abs. 3.

— Fähigkeit zum Abschluß des E.: nur, wer unbeschränkt geschäftsfähig ist, 2275.
Ausnahmen:
1. bei Ausländern u. dem, der vor 1. Jan. 1900 Fähigkeit schon erlangt hat, **E.** Art. 24 Abs. 3, 213.
2. bei Ehegatten und Verlobten mit Zustimmung des gesetzlichen Vertreters, ev. des Vormundschaftsgerichts 2275 Abs. 2 u. 3,

wer Erblasser Fähigkeit nimmt, ist erbunwürdig s. Erbunwürdigkeit 2339.

— Form des Abschlusses:
1. nur persönlich vom Erblasser 2274
2. nur vor Notar bei gleichzeitiger Anwesenheit beider Theile unter Zuziehung von Zeugen, ev. eines Dolmetschers 2276, 2233—2245, **E.** Art. 141, 149, — Ausn.: bei Ehegatten und Verlobten, falls E. mit Ehevertrag in gleicher Urkunde, so genügt Form des Ehevertrags s. das. 2276 Abs. 2.
3. Urkunde verschließen — Aufschrift — amtliche Verwahrung, sofern Parteien nicht Gegentheil verlangen, (im Zw. gilt Letzteres, wenn E. mit anderem

Vertrag in gleicher Urkunde), — Hinterlegungsschein 2277, 2246, **F.G.** 200, **N.** Art. 1,

4. Eröffnung, falls in amtlichem Verwahr, 2300, **N.** Art. 1 Abs. 2.

Erbvertrag, Inhalt: a) Stiftung 83, — b) jede Verfügung, die im Testament getroffen werden kann, einseitig durch Vertragschließenden 2299, — c) Verfügungen zu Gunsten d. Andern oder Dritter, insbes. Erbeinsetzung, Vermächtniß, Auflagen 1941, 2278—2280.

— Nichtigkeit des E., falls von beiden Theilen vertragsmäßige Verfügung u. eine derselben nichtig ist (Rücktritt hiebei), 2298.

— Rücktritt vom E. (Form! — nicht durch Vertreter! — soweit hiezu berechtigt, Aufhebung des E. auch nach dem Tod eines Vertragstheils durch Testament 2296, 2297, 2299 Abs. 3.)

1. bei Vorbehalt des Rücktritts im E. (Erlöschen des Rechts mit Tod des andern Vertragstheils — Ausn.!) 2293, 2298 Abs. 2 u. 3.
2. bei Verfehlung des Bedachten, die zur Entziehung des Pflichttheils (s. das.) berechtigen würde, 2294, 2297.
3. falls Verfügung mit Rücksicht auf rechtsgeschäftliche Verpflichtung des Bedachten, dem Erblasser für dessen Lebenszeit wiederkehrende Leistungen zu entrichten (bes. Unterhalt), getroffen und diese Verpflichtung vor dem Tod des Erblassers aufgehoben wird, 2295.

— Vertrag, durch den sich jemand verpflichtet, E. zu errichten, nicht zu errichten, aufzuheben, nicht aufzuheben, ist nichtig 2302.

— Verzicht des Dritten auf Zuwendung im E. 2352.

— Wirkungen des E.

1. Annahme und Ausschlagung des Erben s. Annahme und Ausschlagung.
2. Recht des Erblassers, über sein Vermögen durch Rechtsgeschäft unter Lebenden zu verfügen, wird durch E. nicht beschränkt 2286.
3. falls Erblasser in der Absicht, den Vertragserben zu beeinträchtigen, Schenkung macht, so Recht des Letzteren, die Herausgabe zu verlangen, (Anspruchsverjährung: 3 Jahre nach Erbschaftsanfall) 2287, 2288 Abs. 2.
4. — — Gegenstand des Vermächtnisses zerstört, beschädigt u. s. f., so tritt der Werth an Stelle des Gegenstandes 2288.
5. durch E. werden frühere letztwillige Verfügungen und spätere, soweit Erblasser nicht zum Rücktritt vom E. berechtigt, aufgehoben, soweit Recht des Bedachten durch sie beeinträchtigt wird, (Ausn.!) 2289.

Erbvertrag (entsprechende Anwendung der Vorschriften:

1. vertragsmäßige Zuwendungen und Auflagen 2279.
2. Schenkungs- oder Schuldversprechen unter der Bedingung, daß der Beschenkte den Schenker überlebt, 2301).

Erbverzeichniß s. Inventar.

Erbverzicht, Übergangsbestimmung: E., vor 1. Januar 1900 errichtet, nach bisherigen Gesetzen **E.** Art. 217, **Ue.** Art. 143 Abs. 2.

— ist ein Vertrag zwischen Erblasser und dessen Verwandten oder Ehegatten, wodurch Letztere auf ihr gesetzliches Erbrecht verzichten, — oder zwischen Erblasser und dem, der durch Testament als Erbe eingesetzt oder mit Vermächtniß bedacht oder im Erbvertrag Zuwendung erhielt, wodurch auf diese Zuwendung verzichtet wird, — (Form: notariell! — Erblasser nur persönlich — Ausn.! Genehmigung d. Vormundschaftsgerichts, falls Verzichtender unter Vormundschaft oder elterlicher Gewalt, — Ausn.!), 2346, 2347, 2348, 2351, 2352, **E.** Art. 141.

— Aufhebung des E. durch Vertrag (Form! — Erblasser nur persönlich!) 2351, **E.** Art. 217 Abs. 2.

— Folgen:

1. Ausschluß des Verzichtenden von gesetzlicher Erbfolge und Pflichttheil (Beschränkung auf letzteren zulässig) u. s. f. 2346.
2. bei Abkömmlingen oder Seitenverwandten des Erblassers Wirkung auch bez. deren Abkömmlinge, soweit nicht Anderes bestimmt, 2349, 2350 Abs. 2.

3. wer durch E. von gesetzlicher Erbfolge ausgeschlossen, wird bei Feststellung des für d. Pflichttheil maßgebenden Erbtheils nicht mitgezählt 2310, 2316.
Erbverzicht zu Gunsten eines Andern soll im Zweifel nur gelten, wenn Andere Erbe wird, 2350.
— (entsprechende Anwendung d. Vorschriften auf Verzicht eines Abkömmlings auf Antheil am Gesammtgut der fortgesetzten Gütergemeinschaft 1517).
Erbzeugniß s. Erbschein.
Erdboden, Vertiefung eines Grundstücks 909.
Erdkörper unter Grundstück 905.
Erfolg bei Auslobung 657—661.
— der Zwangsvollstreckung bei der Bürgschaft 771, 773 Nr. 4.
— Nichteintritt des bezweckten E. s. Ungerechtfertigte Bereicherung.
Erfüllung s. auch Leistung, Schadensersatz und die folgenden Worte.
— der Auflage und des Vermächtnisses s. das.
— durch Dritten s. Bürgschaft und Dritter.
— als Erlöschungsgrund des Schuldverhältnisses:
1. durch Annahme einer andern als der geschuldeten Leistung an Erfüllungsstatt 364, 365, 422.
2. durch Leistung an Gläubiger (Beweislast!) 362, 363.
3. — an Dritten 362 Abs. 2, 185, 1074, 1077, 1080, 1281, 1282, 1291, — (Tilgung welcher Schuld? — Quittung s. Empfangs-Bestätigung 366—371).
— durch einen Gesammtschuldner wirkt auch für die übrigen, an einen Gesammtgläubiger gegen die übrigen 422, 429.
— der Verpflichtung eines Gesellschafters (Sorgfalt, wie in eigenen Angelegenheiten) 708.
— der Nachlaßverbindlichkeiten beim Erbschaftskauf s. das. 2378, 2382, 2383.
— Nichterfüllung: a) Hinterlegung statt E. 372, 378, 422, — b) Rücktritt bei N. (Beweislast!) 357, 358, 360, — c) Schadensersatz bei Unmöglichkeit und theilweiser Unmöglichkeit der E. (Rückforderung!) 280 Abs. 2, 815, — bei N. der Unterhaltspflicht 1613, 1615, — — nach dem Urtheil 283, — d) Vertragsstrafe (Beweislast!) 339—345, — e) Wandelung bei N. der Zusicherung bestimmter Größe beim Grundstückskauf, nur wenn Mangel so groß, daß Käufer an E. kein Interesse, 468.
Erfüllung, Rückforderung des zum Zwecke der E. Geleisteten:
1. falls Anspruch durch Einrede dauernd ausgeschlossen, 813.
2. falls Leistung ohne rechtlichen Grund geschah, 812.
keine Rückforderung:
1. bei E. eines Heirathsvermittlungsversprechens 656.
2. bei Leistung, die sittlicher Pflicht u. s. f. entspricht, 814.
3. bei E. einer Spiel- oder Wettschuld 762.
4. bei E. einer verjährten Schuld 222 Abs. 2.
5. bei vorzeitiger E. einer betagten Verbindlichkeit 813 Abs. 2.
6. bei Wissen des Leistenden, daß er zur E. nicht verpflichtet, 814.
— der Unterhaltspflicht für Vergangenheit 1613, 1615.
— der Verbindlichkeit des Vaters gegenüber dem Kind 1657.
— Haftung des Vertreters für E. 179.
— Verweigerung der E. eines Schenkungsversprechens bei Unterhaltsgefährdung 519.
— — falls Verbindlichkeit ohne rechtlichen Grund, 821.
— — einer durch unerlaubte Handlung erlangten Forderung, auch wenn Anspruch auf Aufhebung verjährt ist, 853.
— E. Zug um Zug 274, 298, 320—327.
Erfüllungsfrist s. Frist angemessene.
Erfüllungsort ist der Ort, der für Leistung bestimmt ist, — ev. aus den Umständen, insbes. Natur des Schuldverhältnisses zu entnehmen ist, — ev. an dem Schuldner z. Zt. der Entstehung des Schuldverhältnisses seinen Wohnsitz oder gewerbliche Niederlassung hatte 269.

Erfüllungsort, Umstand, daß Schuldner Kosten der Versendung übernommen, beweist nicht, daß Ort, wohin Versendung zu erfolgen hat, E. 269 Abs. 3, — ebenso ändern die Vorschriften über Geldübermittlung nichts am E. 270 Abs. 4.
— Verschiedenheit der E. bei Aufrechnung der Forderungen 391.
— Versendung der verkauften Waare oder des bestellten Werks auf Verlangen des Käufers oder Bestellers nach anderm Ort als E., — Übergang der Gefahr 447, 644.
— im Zweifel der Marktpreis des E. zur Erfüllungszeit 453.
Erfüllungsstatt, Hingabe an E., Gewährleistung durch Schuldner 365.
— Leistung an E. durch Gesammtschuldner und an Gesammtgläubiger 422, 429.
— Übernahme an E. und dadurch bewirktes Erlöschen des Schuldverhältnisses 364.
Erfüllungsübernahme ohne Schuldübernahme 329.
Erfüllungszeit s. Zeit, Fälligkeit.
— Bestimmung, — nach den Umständen, — ev. sofort 271.
— bei Bestimmung kann im Zweifel Gläubiger nicht vorher verlangen, Schuldner aber vorher bewirken 271 Abs. 2.
Ergänzung s. auch Erhöhung.
— der verminderten Gesellschaftseinlage kann nicht verlangt werden 707.
— des Grundstücksinventars durch Pächter und Verpächter 586—589.
— des unvollständigen Inventars eines Erben 2005 Abs. 2, 2013.
— einer letztwilligen Verfügung, Vorbehalt der E. 2086.
— einer Sicherheit, falls diese ohne Verschulden des Berechtigten unzureichend wird, 240.
— des Pflichttheils u. s. f. s. das. 2303—2338, 1505.
Erhaltung der Anlagen auf einem mit Grunddienstbarkeit belasteten Grundstück 1020.
— des eingebrachten Guts beim gesetzlichen Güterrecht (durch Mann) 1384.
— eines gemeinschaftlichen Gegenstands, auch ohne Zustimmung der Theilhaber, auf gemeinsame Kosten 744 Abs. 2, 748, — ebenso bei Miterben 2038, — und bei mehreren Testamentsvollstreckern 2224 Abs. 2.
Erhaltung des geschuldeten Gegenstands durch Schuldner bei Verzug des Gläubigers 304.
— gewöhnliche Kosten der E. hat zu tragen: Besitzer, soweit ihm Nutzungen verbleiben, 994, 997 Abs. 2, 1007 Abs. 3, — Entleiher 601, — Vorerbe 2124—2126.
— einer Sache in ihrem wirthschaftlichen Bestand liegt Nießbraucher ob 1041—1044, 1048—1050.
— der vermietheten oder verpachteten Sache in gebrauchsmäßigem Zustand liegt Vermiether und Verpächter ob 536, 581 Abs. 2.
Erheblichkeit s. auch Gefährdung.
— der Gesundheitsgefährdung bei Miethe 544.
— des Mangels beim Grundstückskauf 468.
— der Verletzung der Rechte der Frau beim gesetzlichen Güterrecht 1391—1394, — des Vermiethers 553, — des Verpfänders 1217.
Erhöhung s. auch Ergänzung.
— des Erbtheils in Folge Wegfalls eines gesetzlichen Erben 1935, 2007.
— der Kommunmauer **E.** Art. 124, **A.** Art. 68—70, 77, 78.
— der Sicherheitsleistung des Vaters oder Vormunds 1671, 1844.
— verhältnißmäßige der Bruchtheile der Erben 2089, 2093, 2157.
Erholungszeit der in die häusliche Gemeinschaft aufgenommenen Dienstverpflichteten 618 Abs. 2.
Erkenntniß s. auch Urtheil.
— der Verantwortlichkeit bei der Schadenszufügung 828 Abs. 2, 829, 832.
Erker s. Balkon.
Erklärung s. Form, Frist, Notarielle Beurkundung.
Erkrankung s. auch Krankheit.
— des in die häusliche Gemeinschaft aufgenommenen Dienstverpflichteten 617.
— lebensgefährliche eines Verlobten, Unterbleiben des Aufgebots 1316 Abs. 2, **E.** Art. 46 § 50.

Erlaß der Haftung wegen Vorsatzes im voraus unzulässig 276 Abs. 3, 278.
— der Gewährleistung wegen Mängel bei Kauf oder Miethe oder Werkvertrag, falls Arglist, nichtig 476, 540, 637.
— der Schuld (Erlöschen des Schuldverhältnisses — Vertrag) 397, bei Gesammtschuldverhältniß 423, 429.
Erlaubniß zur Eheschließung von Militärpersonen, Beamten, Ausländern 1315.
— zur Übernahme einer Vormundschaft u. s. f. durch Beamte u. Religionsdiener 1784, 1888, 1895.
— des Vermiethers zur Untervermiethung s. das. 549, 553.
Erleichterung der Verjährungsbestimmungen zulässig 225.
Erlös der Versteigerung, Hinterlegung 383, 489, 1219 Abs. 2.
— Theilung des E. einer gemeinschaftlichen Sache 753.
— an Stelle der versteigerten Sache beim Fund 966 Abs. 2, 967, 975, 978—982, 983, — beim Pfand 1219 Abs. 2, 1247.
— bei Zwangsversteigerung und -verwaltung s. das. **Z.V.** 37 Nr. 5, 65, 92, 105—145, 146, **A.G.O.** Art. 32, 53.
Erlöschen s. auch Freiwerden, sowie die einzelnen Rechtsinstitute.
— dinglicher Rechte an fremden Grundstücken
1. durch Erklärung des Berechtigten und Löschung im Grundbuch 875, 876, 878.
2. falls nicht im Grundbuch eingetragen, **E.** Art. 189 Abs. 3, **Ue.** Art. 11—18, 122 Abs. 2.
3. bei Zwangsversteigerung (Ausn.!) **Z.V.** 52, 59, 68 Abs. 2, 91, 92, 112 Abs. 2, 113 Abs. 2, 121, **E.Z.V.** 9, **Ue.** Art. 48 Abs. 3, 117 Abs. 3, — E. dagegen nicht dadurch, daß Eigenthümer Recht oder umgekehrt erwirbt, 889, — oder, falls im Grundbuch eingetragen, durch Verjährung 902, 901.
— des Gebots bei Zwangsversteigerung **Z.V.** 72, 77.
— der Schuldverhältnisse oder Rechte durch
1. Ablauf der Fristen s. das.
2. Aufrechnung s. das. 387—396.
3. Eintritt der auflösenden Bedingung 158 Abs. 2, — oder des Endtermins 163.
4. Erfüllung s. das. 362—371.
5. Erlaß s. das. 397.
6. Hinterlegung s. das. 372—386.
7. Unmöglichkeit der Leistung, soweit in Folge eines vom Schuldner nicht zu vertretenden Umstandes, 275, 323.
8. Vereinigung von Recht und Verbindlichkeit s. das.
Erlöschende Verjährung s. Verjährung.
Ermächtigung eines beschränkt Geschäftsfähigen zum selbständigen Betrieb eines Erwerbsgeschäfts und zum in Dienst oder Arbeit treten 112, 113.
— zum Leistungsempfang durch Quittung 370.
— eines nicht zuständigen Standesbeamten zur Eheschließung durch zuständigen 1321.
— des Testamentsvollstreckers, Mitvollstrecker oder Nachfolger zu ernennen, 2199, 2228.
— des Vormundschaftsgerichts s. das.
Ermessen billiges bei Auseinandersetzung des Nachlasses durch Dritten nach Anordnung des Erblassers (ev. Urtheil) 2048, 2204.
— — bei Bestimmung des Finderlohnes, falls Sache nur für Empfangsberechtigten von Werth, 971, — — der Geldrente beim Leibgeding **A.** Art. 43, 44, — — der Leistung (im Zweifel) durch Dritten 317—319, — durch Vertragschließenden 315, — bei Vermächtniß oder Auflage (ev. Urtheil) 2156, 2192, — — eines von den gesetzlichen Vorschriften abweichenden Pfandverkaufs 1246.
— — bei Haftung nicht verantwortlicher Personen für Schaden 829.
— — bei Regelung der Ausübung zusammentreffender Grund- oder beschränkt persönlicher Dienstbarkeiten mit gleichem Rang 1024, 1060, 1090 Abs. 2, **E.** Art. 184.
— — bei Vertheilung bei der Auslobung (ev. Urtheil) 660.
— — bei Verwaltung und Benutzung gemeinschaftlicher Gegenstände 745 Abs. 2, 2038 Abs. 2.

Ermessen freies bei Verwendung der Einkünfte bei Gütertrennung 1430, — und aus dem Vermögen des Kindes 1619.
Ermittlung des Empfangsberechtigten beim Fund 970, 980.
— des Erben 1964, 1965.
— der zur Ertheilung eines Erbscheins erforderlichen Thatsachen von Amtswegen 2358, 2359, 2361 Abs. 3.
— des Familienstands 1773 Abs. 2.
— des Werths von Grundstücken **A.** Art. 87, 88, **F.G.** 164.
Ernennung des Testamentsvollstreckers s. das.
Erneuerung der zum Nießbrauch gegebenen Sache 1041—1044, 1049, — beim dinglichen Wohnungsrecht 1093.
Erneuerungsschein ist Urkunde, die den Inhaber zum Empfang von neuen Zins- oder Rentenscheinen für Schuldverschreibung auf den Inhaber ermächtigt, 805, **A.** Art. 55.
— Besitz am E. bei Nießbrauch an Inhaberpapieren steht Nießbraucher und Eigenthümer gemeinschaftlich zu 1081.
— bei Sicherheitsleistung mit Werthpapier zu hinterlegen 234, 1082, 1392, 1667, 1814, 2116.
— Widerspruch gegen Ausgabe neuer Zins- und Rentenscheine an den Inhaber des E. 805.
Ernstlichkeit der Willenserklärung 116—118, — bei Eheschließung 1332.
Eröffnung des Nachlasses im Ausland **E.** Art. 26.
— des Konkurses s. Konkurseröffnung.
— des Testaments und Erbvertrags im Termin vor dem Nachlaßgericht (Aufnahme eines Protokolls!), — ev. vor dem Gericht, das die Urkunde in Verwahrung hatte, 2260, 2261, 2300, — — die seit mehr als 54 Jahren in amtlicher Verwahrung, (Ausn.!) **A.** Art. 108.
— Anordnung des Erblassers, wonach E. des Testaments oder Erbvertrags bald nach Tod verboten, ist nichtig 2263, 2300.
— des gemeinschaftlichen Testaments (wieder verschließen!) 2273.
Erreichung des Gesellschaftszwecks 726.
Errichtung s. auch Erbvertrag, Inventar, Testament.
Errichtung von Grenzzeichen 919, 924.
— Verhindern und Täuschen bei E. von Verfügungen von Todeswegen s. Erbunwürdigkeit 2339, 2345.
Errungenschaft bei der Fahrnißgemeinschaft s. das. 1549—1557.
Errungenschaftsgemeinschaft, Übergangsbestimmungen (s. auch Güterrecht eheliches) **E.** Art. 200.
1. für Bayern r. d. Rh.: an Stelle der bisherigen Vorschriften die des B.G.B. über E. (Ausn.!) **Ue.** Art. 75, 94, 97—104, 24, — s. auch unter folgenden Worten: a) (reine E. unter:) Bamberger Landrecht; Bayreuth Fürstenthum; Castell; Deutschorden a. d. Tauber; Deutschorden der Balley — Franken; Fränkische Landgerichtsordnung; Koburger Recht; Memmingen; Oberpfälzer Recht; Regensburg; Rettenberger Landesordnung; Rothenburg; Rothenfelser Landesbrauch; Schweinfurt; Württembergisches Landrecht; Würzburg, — b) (Gemeinschaft des Zugewinnstes:) Ansbach; Augsburg; Bamberg domprobstliche Observanzen; Bayerisches Landrecht; Mainzer Landrecht; Nürnberg; Solmser Landrecht **Ue.** Art. 75—89, 94, 97—104, 24.
2. für die Pfalz: für am 1. Januar 1900 bestehende Ehen treten bei E. Vorschriften des B.G.B. über E. **Ue.** Art. 124 Abs. 3, 125—140, 24.
3. auf anhängigen Rechtsstreit Änderung ohne Einfluß **Ue.** Art. 103, 130.
— Abschluß: nur durch Vertrag (auch nach Eheabschluß! — gleichzeitige Anwesenheit vor Notar!) 1432, 1434, — Bestimmungen abänderlich! 1508.
— Princip: Erwerb der Eheleute während der E. wird gemeinschaftliches Vermögen (sog. Gesammtgut) 1519.
— Eingebrachtes Gut s. Eingebrachtes Gut, Vermuthung bei verbrauchbaren Sachen 1540, — auf Verlangen Verzeichniß und Schätzung durch Sachverständige 1528, — Verhältniß zum Gesammtgut, Ausgleichung 1539—1541, — Inventarerrichtung, falls Ehefrau Erbin wird, 2008, — Zwangsvollstreckung in dasselbe **C.P.O.** 739, 742.

Errungenschaftsgemeinschaft, Ende der E. während der Ehe (Eintrag in d. Güterrechtsregister 1545 Abs. 2, 1435):
1. durch Ehevertrag 1436.
2. durch Konkurseröffnung über d. Mann 1543, K.O. 2.
3. durch Todeserklärung eines Ehegatten 1544.
4. durch Urtheil auf Klage eines der Ehegatten und zwar a) der Frau: α) bei Abwesenheitspflegschaft über den Mann, deren baldige Aufhebung nicht zu erwarten ist, 1542, 1418 Nr. 5, — β) bei begründeter Besorgniß, daß durch Verhalten des Mannes Rechte und Ansprüche der Frau erheblich gefährdet werden, 1542, 1418 Nr. 1, 1391, — γ) bei Entmündigung des Mannes 1542, 1418 Nr. 3, — δ) bei Pflegschaft über Mann 1542, 1418 Nr. 4, — ε) bei Vorhandensein der Gründe zur Klage auf Aufhebung der Gütergemeinschaft s. das. 1542, 1468, — b) des Mannes wie bei a, ε, 1542, 1469.

Wirkungen des Endes der E.:
1. Auseinandersetzung des Gesammtguts (s. Gütergemeinschaft allgemeine), — Herausgabe des eingebrachten Guts der Frau (—) 1546 Abs. 2 u. 3, 1475—1477, 1479—1481, 1421—1424.
2. Erlöschen der Haftung des Mannes für Verbindlichkeiten der Frau (Ausn.!) 1530 Abs. 2.
3. Gütertrennung, Wirkung gegenüber Dritten bei Eintragung in d. Register 1545.
4. Klage auf Wiederherstellung d. E. 1547.
5. Rechtsverhältniß der Ehegatten bis zur Auseinandersetzung (keine Verfügung üb. Antheil — nicht Recht, Theilung zu beantragen, — gemeinschaftliche Verwaltung — Mitwirkung zur ordnungsmäßigen Verwaltung) 1546, 1442, 1472, 1473.
6. Zwangsvollstreckung C.P.O. 743, 744.

— Gesammtgut ist alles von den Ehegatten während der E. Erworbene, einzelne Gegenstände werden ohne Übertragung gemeinsam 1519 Abs. 2, 1438 Abs. 2, — a) Aufrechnung durch Dritte 1519 Abs. 2, 1442, — b) Ausgleichung zwischen Gesammt- u. eingebrachtem Gut 1539—1541, — c) Ausschluß des Theilungsrechts 1519 Abs. 2, 1442, — d) Einwilligung der Frau, Ersatz durch Vormundschaftsgericht 1519 Abs. 2, 1447, 1448 Abs. 3, — e) Haftung der einzelnen Eheleute für Gesammtgutsverbindlichkeiten 1535—1538, — f) Haftung des Gesammtguts
1. für Ausstattung des Kindes (Grenze!) 1538.
2. für ehelichen Aufwand 1529.
3. für alle Gesammtgutsverbindlichkeiten des Mannes 1530, — und gewisse der Frau 1531—1534.
4. für Lasten des eingebrachten Guts 1529 Abs. 2, 1531.

g) Unveräußerlichkeit durch einen Ehegatten 1519, 1442, — h) Vermuthung für das Gesammtgut! 1527, **Ue.** Art. 125 Abs. 3, — i) Verwaltung steht dem Mann, eventuell dessen Vormund 1519 Abs. 2, 1443, 1457, nach Aufhebung der E. bis zur Auseinandersetzung beiden Ehegatten gemeinsam zu 1546, 1472, — k) Zuwendung aus Gesammtgut an den Abkömmling, Ausgleichung, besonders bei der Pflichttheilsberechnung 2054, 2204, 2331, 2332 Abs. 2, — l) Zwangsvollstreckung in das Gesammtgut C.P.O. 740, 743, 744, 860.

Errungenschaftsgemeinschaft, Unterhaltspflicht der Ehegatten gegenüber Verwandten 1604 Abs. 2, Pflicht zur Aussteuer 1620 Abs. 2.

— Vorbehaltsgut (s. das.) nur für Frau zulässig 1526 Abs. 2.

Ersatz s. Aufwendungen, Beschädigung, Erwerb, Kosten, Schadensersatz, Untergang, Verschlechterung, Verwendungen, Vormundschaftsgericht, Werth, Zerstörung.

Ersatzerbe (s. auch Ersatzvermächtnißnehmer) ist der vom Erblasser für den Fall, daß ein Erbe vor oder nach dem Eintritt des Erbfalls wegfällt, eingesetzte Erbe 2096, —(Einsetzung als E. f. Fall, daß jemand nicht Erbe sein kann, gilt im Zweifel auch für den Fall, daß er nicht Erbe sein will u. umgekehrt, 2097).

Ersatzerbe, Ausgleichungspflicht 2051 Abs. 2, 2052, 2053, 2057, 2204.
— gegenseitige Einsetzung als E., im Zweifel nach Verhältniß der Erbtheile 2098, 2190.
— Einsetzung als Nacherbe (s. das.) enthält im Zweifel auch Einsetzung als E., ist es zweifelhaft, ob jemand Nacherbe oder E., so gilt er als E. 2102, 2191 Abs. 2.
— Vorgehen des Rechts des E. dem Anwachsungsrecht 2099, 2190.

Ersatzgeld, landesges. Vorschriften unberührt **E.** Art. 89, **A.** Art. 1.

Ersatzmitglied des Familienraths 1863, 1864, 1868.

Ersatzvermächtnißnehmer ist der vom Erblasser für den Fall, daß der zunächst Bedachte Vermächtniß nicht erwirbt, Bedachte (entsprechende Anwendung der Vorschriften über Ersatzerbe s. das.) 2190, 2191 Abs. 2, 2102.

Erscheinen im Aufgebotstermin 2015 Abs. 2.
— im Offenbarungseidstermin 2006 Abs. 3.
— im Sühnetermin vor der Scheidungsklage 1571 Abs. 3.

Erschütterung eines fremden Grundstücks 906.

Erschwerung der Testamentserrichtung vor Notar 2250—2252.
— der Verjährung unzulässig 225.
— wesentliche der Rechtsverfolgung wegen Aussteuergewährung 1620 Abs. 2, — bei Bürgschaft 773 Nr. 2, 775 Nr. 2, — gegen Verwandte im Inland wegen Unterhalts 1607 Abs. 2, 1608.
— der Verwirklichung eines Anspruchs, Selbsthülfe 229.

Ersitzung des Eigenthums und Nießbrauchs I. an beweglichen Sachen 937—945, 1033.
— Übergangsbestimmung: ist am 1. Januar 1900 E. des Eigenthums oder Nießbrauchs noch nicht vollendet, so nach B.G.B. — jedoch Beginn, Hemmung, Unterbrechung nach bisherigen Gesetzen **E.** Art. 185, 189 Abs. 2.
— Voraussetzungen:
1. 10jähriger Eigenbesitz 937, — (falls am Anfang und Ende Eigenbesitz, so Vermuthung für die Zwischenzeit! 938.) Anrechnung der Ersitzungszeit:
a) Zeit bis Unterbrechung nicht in Betracht! 942, — b) — des Rechtsvorgängers kommt Nachfolger zu statten, — c) ebenso die des Erbschaftsbesitzers dem Erben 943, 944.
2. guter Glaube (keine grobe Fahrlässigkeit!) beim Erwerb des Eigenbesitzes und während der Ersitzungszeit 937 Abs. 2, 932 Abs. 2.
3. keine Hemmung der Verjährung des Eigenthumsanspruchs 939, 206, 207.

Ersitzung, Folgen:
1. Erlöschen der an der Sache vor Erwerb des Eigenbesitzers begründeten Rechte Dritter (Ausn.: wenn Eigenbesitzer nicht in gutem Glauben) 945, 1033.
2. Erwerb des Eigenthums oder Nießbrauchs 945, 1033.
— Unterbrechung:
1. durch Verlust des Eigenbesitzes (Ausn.: falls wider Willen verloren und binnen Jahresfrist oder mit einer innerhalb dieser Frist erhobenen Klage wiedererlangt) 940.
2. (jedoch nur zu Gunsten desjenigen, der sie herbeiführt,) durch Klage auf Eigenthum gegen Eigenbesitzer 941, 209—212, 216, 219, 220, — (Wirkung der Unterbrechung 942).
— durch Erbschaftsbesitzer nicht dem Erben gegenüber, solang Erbschaftsanspruch nicht verjährt ist, 2026.
— II. an Grundstücken, Voraussetzungen:
1. Eintrag als Eigenthümer oder sonst Berechtigter im Grundbuch, ohne Erlangen des Eigenthums.
2. 30jähriger Eintrag.
3. 30jähriger Eigenbesitz 900. (Übergangsbestimmung **E.** Art. 189 Abs. 2, 169.)

Ersparniß an Aufwendungen (Anrechnung auf Gegenleistung)
1. beim Annahmeverzug des Dienstberechtigten 615.
2. bei Kündigung des Werkvertrags durch den Unternehmer 649.
3. bei Unmöglichkeit der Leistung 324.
4. bei Verhinderung des Miethers oder

Pächters am Gebrauch der Sache 552, 581 Abs. 2.
5. beim Verzug des Bestellers eines Werks, bei Entschädigung berücksichtigen 642 Abs. 2.
Erstattung des Kaufpreises beim Vorkaufsrecht 1100—1103.
Ersteher eines rechtmäßig veräußerten Pfandes erlangt die gleichen Rechte, wie wenn er Sache vom Eigenthümer erworben hätte, 1242.
Ertrag beim Pachtvertrag 581.
— einer Sache oder eines Rechts, Früchte 99.
Ertragswerth eines Landguts bestimmt sich nach dem Reinertrag nach bisheriger ordnungsmäßiger Bewirthschaftung 2049 Abs. 2, 1515 Abs. 2 u. 3, 2204, 2312.
— landesges. Vorschriften vorbehalten **E.** Art. 137, — Festsetzung des E. eines Landguts **A.** Art. 103.
Erweiterung der Haftung des Pfandes nach der Verpfändung 1210, 1264 Abs. 2.
— der Hypothek (Haftung für 5% Zinsen) 1119.
— der Verpflichtung des Bürgen 767.
Erwerb s. die einzelnen Rechtsinstitute und Güterstände, sowie die folgenden Worte, ferner Eigenthumserwerb.
— durch Arbeit bei der geschiedenen Ehefrau 1578.
— einer beweglichen Sache oder Rechts an solcher durch Erbschaftsbesitzer 2019, — durch Vater mit Mitteln des Kindes 1646, 1686.
— als Ersatz für Beschädigung, Entziehung, Zerstörung eines zum Vermögen gehörenden Gegenstandes oder auf Grund eines hiezu gehörenden Rechtes tritt an dessen Stelle:
1. beim Erbschaftskauf 2374.
2. beim eingebrachten Gut der Errungenschafts- und Fahrnißgemeinschaft (Ausn.) 1524, 1554.
3. beim Gesammtgut 1473, 1497, 1546.
4. beim Gesellschaftsvermögen 718.
5. bei der Nacherbschaft 2111.
6. beim gemeinschaftlichen Nachlaß 2041.
7. bei der ungerechtfertigten Bereicherung 818.
8. bei dem der Vermögensverwaltung oder Nutznießung des Gewalthabers oder Vormunds entzogenen Vermögen 1638, 1651.
9. beim Vorbehaltsgut 1370, 1440, 1486, 1526.
Erwerb einer Forderung, Einfluß auf die Aufrechnung 392.
— von Grundstücken durch Ausländer **E.** Art. 88, **A.** Art. 10.
— der juristischen Personen, landesgesetzliche Beschränkungen **E.** Art. 86, **A.** Art. 7—10.
— einer Sache durch den, der sie zu schenken versprach, 523, 524 Abs. 2.
— von Todeswegen, d. i. E. durch Erbfolge, Vermächtniß, als Pflichttheil 1369.
1. bei Auseinandersetzung des Gesammtguts 1477, 1502, 1546, 1549.
2. mit Rücksicht auf künftiges Erbrecht bei der Errungenschaftsgemeinschaft 1521.
3. Bestimmung seitens des Erblassers als a) eingebrachtes Gut bei der Fahrnißgemeinschaft 1553 Abs. 2, — b) freies Vermögen des Kindes 1651, 1686, — c) von Vermögensverwaltung des Gewalthabers oder Vormunds ausgeschlossen 1638, 1639, 1686, 1909, 1917, — d) Vorbehaltsgut 1369, 1440, 1486, 1526, 1549.
4. durch religiöse Orden **E.** Art. 87, **A.** Art. 7, 9, 10.
5. durch Schenkung — Verwaltung nach Anordnung, ev. Pflegschaft, 1639, 1686, 1803, 1909, 1917.
Erwerbsbenachtheiligung durch unerlaubte Handlung, Schadensersatz 842, 843, — durch unwahre üble Nachrede, Schadensersatz 824.
Erwerbsfähigkeit, Aufhebung u. Minderung durch Körperverletzung u. s. f., Schadensersatz 843, **E.** Art. 42 § 7.
— des Ehegatten, maßgebend für gegenseitige Unterhaltspflicht 1360, 1361.
Erwerbsgeschäft, Angestellter gilt nicht als Besitzer, doch Selbsthülfe gegen verbotene Eigenmacht 855, 860.
— selbständiger Betrieb durch Ehefrau:
1. bei allgemeiner Gütergemeinschaft: a) Haftung des Gesammtguts

für Verbindlichkeiten aus E. 1462, — b) Zustimmung des Mannes zu Rechtsgeschäften und Rechtsstreitigkeiten, die E. mit sich bringt, nicht erforderlich 1452.

2. nach Ehescheidung — Beitrag zum Unterhalt des Kindes 1585.
3. bei Errungenschafts- und Fahrnißgemeinschaft: a) Erwerb aus Betrieb eines zum eingebrachten Gut gehörenden E. wird Gesammtgut 1524, 1554, — b) Haftung des Gesammtguts wie bei 1 a, 1533, 1537 Abs. 2, 1549, — c) Zustimmung des Mannes wie bei 1 b, 1519 Abs. 2, 1549.
4. beim gesetzlichen Güterrecht: a) Beitrag zum ehelichen Aufwand 1371, 1427 Abs. 2, — b) Betrieb bedarf ausdrücklicher oder stillschweigender Zustimmung des Mannes 1405, **Ue.** Art. 25 Abs. 2, 27 Abs. 2, 31, 139 Abs. 3, — c) Erwerb wird Vorbehaltsgut 1367, — d) Zustimmung des Mannes wie bei 1 b, 1405, 1412, 1414, 1561 Abs. 1, **E.** Art. 16 Abs. 2.
5. bei Gütertrennung: Einwilligung des Mannes nicht erforderlich, doch hat dieser Untersagungsrecht 1354.
6. Zwangsvollstreckung s. C.P.O. 741, 774.

Erwerbsgeschäft eines Minderjährigen (s. auch Geschäftsbeschränktheit).

— I. Ausübung durch gesetzlichen Vertreter:

1. Auflösung des E. durch elterlichen Gewalthaber ohne Genehmigung des Vormundschaftsgerichts 1655, — anders durch Vormund 1823, 1827 Abs. 2.
2. Beginn eines neuen E. im Namen des Kindes nicht ohne Genehmigung des Vormundschaftsgerichts („soll") 1645, 1686, 1690, 1823, 1827 Abs. 2.
3. Bilanz jährlich 1840, 1841.
4. Genehmigung des Vormundschaftsgerichts während Betrieb des E. erforderlich (Erklärung gegenüber gesetzlichem Vertreter): a) zum Abschluß eines Gesellschaftsvertrags (z. B. offene Handelsgesellschaft) 1822 Nr. 3, — b) — eines Miethvertrags oder Vertrags über wiederkehrende Leistungen, wenn Verhältniß 1 Jahr noch nach 21. Lebensjahr des Mündels dauern soll, 1822 Nr. 5, — c) zur Aufnahme von Geld auf den Kredit des Mündels 1822 Nr. 8, — allgemeine Ermächtigung 1643 Abs. 1 u. 3, 1825, — d) zur Ausstellung von Schuldverschreibungen auf den Inhaber u. s. f. 1822 Nr. 9, — allgemeine Ermächtigung 1643 Abs. 1 u. 3, 1825, — e) zum entgeltlichen Erwerb oder Veräußerung eines E. 1643, 1822 Nr. 3, — f) zur Ertheilung der Prokura 1822 Nr. 11, — g) zur Übernahme fremder Verbindlichkeiten 1822 Nr. 10, — allgemeine Ermächtigung 1643 Abs. 1 u. 3, 1825, — h) falls gesetzlicher Vertreter Vormund ist, α) zu einem Rechtsgeschäft, wodurch für Mündel bestehende Sicherheit aufgehoben oder gemindert wird u. s. f., 1822 Nr. 13, — β) zu einem Vergleich oder Schiedsvertrag, falls Werthsgegenstand über 300 Mark, 1822 Nr. 12.
5. Rechtsstreite aus Anlaß des Geschäftsbetriebs: Minderjähriger ist Partei, vertreten durch gesetzlichen Vertreter C.P.O. 50.

Erwerbsgeschäft, II. Ausübung durch Minderjährigen selbst.

1. der vom gesetzlichen Vertreter mit Genehmigung des Vormundschaftsgerichts zum Betrieb eines E. ermächtigte Minderjährige ist unbeschränkt geschäftsfähig 112, 114, — soweit nicht gesetzlicher Vertreter Genehmigung des Vormundschaftsgerichts bedarf (s. oben) 112, 1643, 1819, 1822.
2. Erwerb aus E. des Kindes wird freies Vermögen desselben 1651 Nr. 1.
3. falls E. der Nutznießung des elterlichen Gewalthabers unterliegt, gebührt Letzterem nur jährlicher Reingewinn (nicht übertragbar!) 1655, 1658 Abs. 2, 1686.
4. kaufmännische Buchführung — Bilanz als Rechnungsstellung des Vormunds 1841 Abs. 2.
5. nachträgliche Aufhebung der Verfügung des Vormundschaftsgerichts **F.G.** 32, 43.

Erwerbsgesellschaften, Bayer. Gesetz betr. privatrechtliche Stellung der E. für die E., die am 1. Januar 1900 bestehen,

Exceptio rei iudicatae s. Rechtskraft.
— rei venditae et traditae nicht aufgenommen.
— S. C. Macedoniani nicht aufgenommen.
— spolii nicht aufgenommen.
— vitiosae possessionis 861 Abs. 2, 862 Abs. 2.
Execution s. Zwangsvollstreckung.
Exheredatio s. Pflichttheil.
Exhibition s. Verlegung.
Exmission s. Miethe, Pacht 553—555.
Expensen s. Aufwendungen, Verwendungen.
Expromission s. Schuldübernahme.
Expropriation s. Enteignung.
Exterritorialität F.G. 3.
Extinctivverjährung s. Verjährung.
Extranei heredes im Gegensatz zu heredes necessarii s. Erbe.

F.

Fabrik, Zubehör: Maschinen und Geräthschaften 98, 97.
Fabrikant, Anspruchsverjährung: 2 und 4 Jahre 196 Nr. 1 u. Abs. 2, 201, 218.
Fabrikarbeiter s. Arbeiter.
Facsimile der Namensunterschrift bei Schuldverschreibungen auf den Inhaber genügt 793 Abs. 2.
Facultas testandi s. Testament.
Fahrgeld, Verjährung: 2 Jahre 196 Nr. 3, 201, 218.
Fahrlässigkeit (s. auch Kenntniß) ist Außerachtlassen der im Verkehr erforderlichen Sorgfalt 276.
— Haftung für F.:
a) für jede F.:
1. Schuldner, wenn nicht anders bestimmt, (s. unten) 276.
2. stets, auch wenn sonst nur Haftung für grobe F., während Verzug 287.
3. bei Verletzung der Amtspflicht s. das. und Beamter.
b) nur für grobe F. (s. auch Vorsatz und oben a 2) (H.G.B. 347 Abs. 2):
1. Finder 968.
2. Geschäftsführer, falls Geschäftsführung Abwendung drohender Gefahr bezweckt, 680.
3. Schenker 521.
4. Verleiher 599.
5. während Verzug des Gläubigers 300.
Folgen der groben F.:
1. beim Bauen über die Grenze 912.
2. bei dadurch bewirkter Bedürftigkeit des Schenkers: Ausschluß des Anspruchs auf Herausgabe des Geschenkes 529.
3. bei dadurch herbeigeführter Erkrankung des Dienstverpflichteten 617.
4. bei Verletzung wesentlicher Verpflichtungen des Gesellschafters 723.
c) nur für Außerachtlassung der Sorgfalt, wie in eigenen Angelegenheiten, (haftet aber auch für grobe F. 277) (vgl. H.G.B. 347 Abs. 2):
1. Ehegatten unter einander 1359.
2. elterlicher Gewalthaber 1664, 1686.
3. Gesellschafter 708.
4. unentgeltlicher Verwahrer 690.
5. Vorerbe 2131.
d) Haftung f. Schaden auch ohne F.:
1. bei Abgabe nicht ernstlich gemeinter, irriger, unrichtig übermittelter Willenserklärung 122.
2. bei Abschluß eines Vertrags als Vertreter ohne Vollmacht 179.
3. bei irrthümlich für berechtigt gehaltener Selbsthülfe 231.
4. bei durch Thier verursachten Schaden 833.
5. bei Wildschaden 835.
e) bei unerlaubten Handlungen s. das. 823, 824, 831, 832, 834, 836—838.
f) des gesetzlichen Vertreters und der Personen, deren sich Schuldner bedient, (von diesem zu vertreten) 278.
g) entsprechend bei verschuldeter Bewußtlosigkeit u. s. f. 827, A. Art. 61.
Fahrnißgemeinschaft s. Vorschriften über Gütergemeinschaft allgemeine 1549, K.O. 2, C.P.O. 739, 740, 742—744, 860, 861.
— Übergangsbestimmung: wie bei Errungenschaftsgemeinschaft E. Art. 200.
— Abschluß: ebenso 1432, 1435.
— Princip: Gemeinschaft des beweglichen Vermögens u. der Errungenschaft 1549.
— bei Aufhebung im Zweifel Gütertrennung 1549, 1436, 1470.

Fahrnißgemeinschaft, fortgesetzte Gütergemeinschaft nur, wenn durch Ehevertrag vereinbart, 1554.
— Gesammtgut s. oben Princip 1549. hievon ausgeschlossen
1. eingebrachtes Gut s. das. 1550.
2. Vorbehaltsgut (s. das.) der Frau 1549, 1440, 1441, — und des Mannes 1555.
— Inventarerrichtung, falls Ehefrau Erbin wird, 2008.
— Unterhaltspflicht, Pflicht zur Aussteuer 1604 Abs. 2, 1620 Abs. 2.
— Verbindlichkeiten, verhältnißmäßige Vertheilung 1556.
— Zuwendung aus dem Gesammtgut, Ausgleichungspflicht, bes. bei Pflichttheilsberechnung 2054, 2204, 2331, 2332 Abs. 2.

Fahrwegsgerechtigkeit nicht erwähnt.
Fahrzeug s. Schiff.
Falcidische Quart nicht aufgenommen s. 1992.

Fälligkeit, Eintritt der F.:
1. eines Darlehens: nach der bestimmten Zeit, sonst nach Kündigung (Frist!) 609.
2. einer Leistung nach der Vereinbarung, d. h. Gläubiger kann im Zweifel nicht vorher verlangen, Schuldner aber vorher bewirken; ev. nach Umständen; sonst sofort (Bezahlung unverzinslicher Schuld vor F., kein Abzug von Zwischenzinsen) 271, 272.
3. eines Vermächtnisses, dessen Leistung dem freien Belieben des Beschwerten überlassen ist, im Zweifel mit Tod des Beschwerten, ebenso bei Auflage 2181, 2192.
— Einfluß der F.:
1. bei Auflösung der Gesellschaft, Zurückbehaltung für noch nicht fällige Verbindlichkeiten 733.
2. bei Ausscheiden eines Gesellschafters 738.
3. bei Bürgschaft, falls Hauptverbindlichkeit noch nicht fällig, Sicherheitsleistung 775 Abs. 2.
4. der Gesammtgutsverbindlichkeiten bei Auseinandersetzung d. allgemeinen Gütergemeinschaft, — Zurückbehaltung 1475, 1480, 1481, 1504.
der Nachlaßverbindlichkeiten bei Auseinandersetzung — 2046, 2204.
5. d. Mieth-, Pachtzinses, d. Versicherungssumme, wiederkehrender Leistungen auf die Haftung für Hypothekforderungen 1123—1126, 1128, 1129.
6. bei Tilgung mehrerer Schulden — falls Schuldner keine Bestimmung trifft, so zuerst fällige Schuld 366 Abs. 2.
7. vorzeitige Erfüllung betagter Verbindlichkeit giebt nicht Recht der Rückforderung 813 Abs. 2.

Fälligkeit, Erforderniß der F. bei
1. Ausübung der Aufrechnung 387, 392, 406.
2. — des Zurückbehaltungsrechts 273.
3. Recht des Eigenthümers, den Hypothekgläubiger zu befriedigen, 1142, 1141, 1145, — und demselben das Recht einzuräumen, zum Zwecke der Befriedigung Eigenthumsübertragung am Grundstück zu verlangen u. s. f. 1149.
4. Verkauf des Pfandes durch den Pfandgläubiger 1228 Abs. 2, 1229, 1243, 1282—1286, — Herausgabe der Zins- u. s. f. Scheine an den Verpfänder 1296.
— Wirkungen der F.:
1. Verzinsung der Schuld von F., nicht von Rechtshängigkeit an 291.
2. Verzug des Schuldners bei Mahnung, Klageerhebung, Zustellung eines Zahlungsbefehls nach F. 284, — — ohne Mahnung, falls für Leistung Zeit nach dem Kalender bestimmt oder F. von Kündigung abhängt 284 Abs. 2.

Fälschung des Dienstbotenbuchs, Grund zur Kündigung ohne Frist **A.** Art. 24 Nr. 1 u. Abs. 2.
— der Verfügung des Erblassers — Erbunwürdigkeit 2339 Nr. 4 u. Abs. 2, 2345.

Falsus procurator s. Vertretung 177—180.
Familiae herciscundae actio s. Actio.
Familie, Zwangserziehung s. das.
Familienangehöriger, Pflicht zur Auskunftsertheilung und Offenbarungseid gegenüber Erben 2028.
— Recht auf Unterstützung 30 Tage nach Tod des Erblassers 1969.
Familienbild beim Erbschaftskauf i. Zw. nicht mitverkauft 2373.

Familienfideikommiß s. auch Fideikommißgut, Fideikommißmatrikel.
— landesgesetzliche Vorschriften unberührt **E.** Art. 59—61, **A.** Art. 1, 152, — in der Pfalz nicht errichtbar! **A.** Art. 135.
— Eintrag in das Grundbuch, — Mittheilung an Fideikommißgericht **A.G.O.** Art. 13, 53.
— Nachfolge von Todeswegen, Zeugniß des Fideikommißgerichts (Vorschriften des Erbscheins!) **A.G.O.** Art. 16, 53.
— Schuldverschreibungen des Staats u. s. f., die zu F. gehören, **A.** Art. 50 Abs. 4, 55, 57.
— Trennung eines Theils — Unschädlichkeitszeugniß s. Bayer. Gesetz vom 15. Juni 1898 (G. u. V.Bl. 1898 S. 301) Art. 14.
— Zwangsvollstreckung s. Ausführungsgesetz zur C.P.O. Art. 68 (jetzt 28), **A.** Art. 166 XIII, Einführungsgesetz zur C.P.O. 15 Nr. 4, — Mittheilung an Fideikommißgericht — Kündigung bei Zwangsverwaltung gegenüber Miether oder Pächter eines zu F. gehörenden Grundstücks **A.G.O.** Art. 34—36, 53, **E.Z.V.** 2.
Familiengut s. Familienfideikommiß.
Familienname s. Name.
Familienpapiere beim Erbschaftskauf i. Zw. nicht mitverkauft 2373.
— bleiben bei Nachlaßauseinandersetzung gemeinschaftlich 2047 Abs. 2.
Familienrath, Übergangsbestimmung für Preußen **E.** Art. 210 Abs. 2.
— Angabe in Bestallung des Vormundes 1791 Abs. 2.
— Aufhebung des F. durch das Vormundschaftsgericht (Mittheilung an Mitglieder, Vormund, Gegenvormund)
1. falls nicht beschlußfähige Mitgliederzahl und nicht geeignete Personen zur Ergänzung,
2. bei Anordnung der Eltern für Eintritt künftigen Ereignisses bei dessen Eintritt 1879—1881, 1905, — Beschwerde **F.G.** 57 Nr. 4, 60 Nr. 4, 64.
— Beschlußfassung, erforderlich: Vorsitzender und mindestens 2 Mitglieder — Stimmenmehrheit — Stichentscheid des Vorsitzenden — (Ausschluß eines Mitgliedes!) 1874.
Familienrath, Bestellung
1. falls vom Vater oder ehelicher Mutter angeordnet (auch für den Eintritt eines bestimmten Ereignisses); nicht, falls nicht erforderliche Anzahl geeigneter Personen 1858, 1868, 1905 Abs. 2.
2. auf Antrag eines Verwandten oder Verschwägerten des Mündels, Vormundes, Gegenvormundes und falls Vormundschaftsgericht es im Interesse des Mündels hält, (nicht, falls von Vater oder Mutter untersagt) 1859, 1868, 1905, — Beschwerde **F.G.** 57 Nr. 4, 60 Nr. 1 u. Abs. 2.
— Einberufung vom Vorsitzenden auf Antrag zweier Mitglieder, des Vormundes, Gegenvormundes, oder falls im Interesse des Mündels gelegen, (mündliche oder schriftliche Einladung) 1873.
— Einsetzung durch Vormundschaftsgericht — Verpflichtung mittels Handschlags an Eidesstatt — (ev. auch bedingte Einsetzung) 1858, 1859, 1868, 1870, 1871.
— Mitglieder: (keine Verpflichtung zur Übernahme des Amtes 1869, — nur persönliche Ausübung! Haftung) 1872 Abs. 2.
1. Vorsitzender: Vormundschaftsrichter
2. 2 — höchstens 6 — Mitglieder 1860, **FG.** 190, — und zwar a) wer von Eltern des Mündels benannt 1861, 1868, 1905, — b) ev. Auswahl durch Gericht (vorher: Anhören des Gemeindewaisenraths, ev. Verwandter u. s. f.) (weitere Mitglieder durch F.) 1862.
3. 1—2 Ersatzmitglieder, falls nur 2 Mitglieder, — zu wählen durch F. (Anordnungen der Eltern befolgen!), — — bei vorübergehender Verhinderung eines Mitgliedes durch den Vorsitzenden 1863, 1864, 1867, 1868, 1905.
4. zum Mitglied kann nicht bestellt werden: a) Geschäftsunfähiger, — b) wegen Geistesschwäche, Verschwendung, Trunksucht Entmündigter 1865. soll nicht bestellt werden: a) Vormund des Mündels, b) wer nicht als solcher bestellt werden soll, c) wer durch Anordnung der Eltern ausgeschlossen ist

1866, 1868, 1905, — d) wer mit Mündel weder verwandt, noch verschwägert ist, (Ausn.) 1867, 1905.

Familienrath, Ende des Amtes eines Mitgliedes:

1. mit seiner Entlassung (gegen seinen Willen nur durch das dem Vormundschaftsgerichte vorgesetzte Gericht!) a) auf seinen Antrag bei wichtigem Grund! — b) falls ihm die bürgerl. Ehrenrechte entzogen werden, — c) bei Gefährdung der Mündelinteressen, — d) falls er in Konkurs kommt, — e) falls er unter vorläufige Vormundschaft oder Pflegschaft kommt 1878, 1886, 1889, — (Beschwerde **F.G.** 60 Nr. 4, 64).
2. mit seiner Entmündigung 1878, 1885.
3. mit seinem Tode oder Todeserklärung 1878, 1885 Abs. 2, **E.** Art. 160.

— Rechte und Pflichten des F.: a) wie Vormundschaftsgericht 1872, — b) Auslagenersatz 1879, — c) Beschluß über erforderliche Maßregeln 1876, — d) Bestimmung und Auswahl weiterer Mitglieder 1862 Abs. 2, — e) Folgeleistung der Einberufung, sonst Kosten und Ordnungsstrafen 1875, — f) Wahl der Ersatzmitglieder 1863, 1868.

— Rechte des Vorsitzenden: a) Anordnung, falls sofortiges Einschreiten nöthig, 1876, — b) Ausschluß eines Mitgliedes von der Abstimmung 1874 Abs. 3, — c) Auswahl eines Ersatzmitgliedes bei vorübergehender Verhinderung eines Mitgliedes 1864, 1867, — d) Einberufung, Geschäftsleitung 1873, 1872, — e) Festsetzung der Auslagen der Mitglieder 1877, — f) Stichentscheid bei Abstimmungen 1874 Abs. 3, — g) Verpflichtung der Mitglieder 1870, — h) Verurtheilung der Mitglieder in Kosten und Ordnungsstrafen 1875.

Familienrecht IV. Buch 1297—1921.

Familienrechtliche Rechtsgeschäfte eines Ausländers im Inland **E.** Art. 7 Abs. 3.

Familienrechtliche Verhältnisse, keine Anspruchsverjährung 194 Abs. 2, 200.

Familienstand, falls bei Minderjährigen nicht zu ermitteln, Vormundschaft (s. das.) 1773 Abs. 2, **F.G.** 36 Abs. 3, 48.

Familienstiftung nicht erwähnt, s. Stiftung.

Fasan, Schadensersatz s. Jagd 835.

Faustpfand s. Pfandrecht.

Fehlbetrag bei Auflösung der Gesellschaft 735, 739.

Fehler s. Gewährleistung.

Fehlerhafter Besitz s. Eigenmacht.

Feiertag, an dessen Stelle tritt bei Ende einer Frist der nächste Werktag 193, **F.G.** 17 Abs. 2.

Feldbereinigung, landesges. Vorschriften **E.** Art. 113, 116.

Felddienstbarkeit s. Grunddienstbarkeit.

Feldfrucht s. Frucht.

Feldmesser, Anspruchsverjährung (2 Jahre) 196 Nr. 15, 201, 218.

Feldpolizeigesetze, Zuwiderhandlungen nach Landesgesetzen **E.** Art. 107.

Fensterrecht s. Eigenthumsbeschränkungen Nr. 8.

Fernsprecher, Vertragsantrag mittels F. muß sofort angenommen werden (wie bei Anwesenden) 147

Festbestimmte Zeit oder **Frist** bei gegenseitigem Vertrag, Rücktritt 361, im Zweifel bei nicht rechtzeitiger Erfüllung.

— — im Zweifel Aufrechnung mit Forderungen, die andern Leistungsort haben, ausgeschlossen 391 Abs. 2.

Festmachung einer Schuldverschreibung auf den Inhaber 806.

Festnahme eines Fluchtverdächtigen zum Zweck der Selbsthülfe 229—231.

Festsetzung der Auslagen der Verwandten und Verschwägerten des Mündels 1847 Abs. 2, 1673 Abs. 2, 1308 Abs. 2.

— — der Mitglieder des Familienraths 1877.

Feststellung s. auch Ertragswerth, Sachverständige, Werth.

— der zur Begründung des Antrags auf Ertheilung eines Erbscheins erforderlichen Thatsachen 2354—2359.

— des Ehebruchs im Scheidungsurtheil — Ehehinderniß 1312, 1322.

— der Forderung, falls nur der Höchstbetrag, für den die Hypothek haftet, bestimmt, 1190.

Feststellung der Forderungen im Konkurs s. Konkurs.
— des Nachlaßgerichts, daß Fiskus Erbe sei, 1964—1966.
— des Wildschadens s. das.
— des Zustandes der Sachen beim Nießbrauch 1034, 1067.
— — des eingebrachten Gutes beim gesetzlichen Güterrecht, Errungenschafts-, Fahrnißgemeinschaft 1372, 1528, 1549, **Ue.** Art. 31 Abs. 2.
— — bei Nacherbfolge 2122, **F.G.** 164.
Feststellungsklage unterbricht die Verjährung 209.
Festtag s. Feiertag.
Festung, Beschränkung des Grundeigenthums in der Umgebung von F. (Gesetz vom 21. Dezember 1871) **E.** Art. 54.
Feuerversicherung s. Versicherung.
Fiction s. Fiktion.
Fideicommiß s. Familienfideikommiß.
Fideicommissarische Substitution s. Nacherbfolge.
— — Bayer. Verfassungsurkunde, Beil. VII § 28 Satz 2 und § 9 aufgehoben **A.** Art. 135.
Fideicommissum eius, quod supererit 2137, 2163.
— hereditatis s. Nacherbfolge.
Fideijussio s. Bürgschaft.
Fideikommißgericht **A.G.O.** Art. 13 Abs. 2, 16, 34 Abs. 2, 53, **E.Z.V.** 2, **E.** Art. 59.
Fideikommißgut s. Familienfideikommiß — ist als nicht übertragbares Gut bei allgem. Gütergemeinschaft Sondergut 1439, 1486 Abs. 2, — bei Errungenschafts- und Fahrnißgemeinschaft eingebrachtes Gut 1522, 1552.
Fideikommißmatrikel, Einsicht **A.** Art. 134 Abs. 2, **A.G.O.** 34, 53.
Fides s. Guter Glaube, Böser Glaube, Kenntniß.
Fiduziar s. Vorerbe.
Fiktion — des Fortbestehens des Auftrags trotz Erlöschens 672—674.
— — der Gesellschaft trotz Auflösung 727—730.
— der Geburt vor dem Erbfalle 1923 Abs. 2, 2108.
Fiktion des Nichtanfalls der Erbschaft bei Ausschlagung, Erbunwürdigkeit, Verzicht 1953, 2344, 2346.
— des Nichteintritts der Aufrechnung vor Nachlaßverwaltung oder -konkurs 1977.
— — des Erlöschens hiebei 1976 u. bei Nacherbfolge 2143.
— der Nichterrichtung eines außerordentlichen Testaments nach Ablauf der 3 Monatsfrist u. noch Leben des Erblassers 2252.
— der Rechtshängigkeit bei bösem Glauben des Besitzers 990, — oder des Erbschaftsbesitzers 2024, — bei Empfänger ohne rechtlichen Grund 819, — unter Verstoß gegen gesetzliches Verbot oder gute Sitten 819 Abs. 2, — bei Nichteintritt des bezweckten Erfolgs oder Wegfall des Rechtsgrundes 820.
Finder, Finderlohn s. Fund.
Findling 1773 Abs. 2.
Finium regundorum actio s. actio.
Firma s. H.G.B. 2—6, 17—37.
Fisch im Teich und geschlossenen Privatgewässern ist nicht herrenlos 960.
Fischereirecht, — landesges. Vorschriften unberührt **E.** Art. 69, **A.** Art. 1 (jedoch 958 Abs. 2), — Bayern: Kgl. Ver. vom 23. Juli 1898 (G. u. V.Bl. 98 S. 493) § 29 Abs. 2, — Grundbuchblatt für F. nur auf Antrag oder bei Veräußerung oder Belastung **A.G.O.** Art. 17, 53.
Fiskus s. auch Kassen.
— Aneignung von aufgegebenen Grundstücken 928 Abs. 2, **E.** Art. 129.
— Anfall von Vermögen bei Auflösung von Vereinen 45, 46, **E.** Art. 85.
— — bei Erlöschen einer Stiftung 88, **E.** Art. 85, **A.** Art. 6.
— Anspruch gegen Gemeinde auf Ersatz der Kosten, die aus Einschreiten der bewaffneten Macht zur Erhaltung der inneren Sicherheit u. s. f. entstehen, — Erlöschen nach 1 Jahr vom Ende der Verwendung der bewaffneten Macht — Ausführungsgesetz zur C.P.O. Art. 11 abgeändert **A.** Art. 166.
— Anspruch auf Ersatz der für Unterhalt gemachten Aufwendungen,

landesges. Vorschriften **E.** Art. 103, **A.** Art. 160.

Fiskus ist gesetzlicher Erbe, falls z. Zt. des Erbfalls weder Verwandte noch Ehegatte des Erblassers vorhanden sind, (Bundesstaat — mehrere – Reich). (kann Erbschaft nicht ausschlagen), 1936, 1942 Abs. 2, 2011, **E.** Art. 138, — Feststellung durch Nachlaßgericht 1964, 1965, — Rechte von oder gegen F. erst nach Feststellung, daß sonstige Erben nicht vorhanden, geltend zu machen 1966, — keine Inventarfrist! Auskunft gegenüber Nachlaßgläubiger 2011, (nicht gesetzlicher Erbe bei Nacherbschaft und Vermächtniß 2104, 2149), — landesgesetzl. Vorschriften, daß F. wegen Unterstützung u. s. f. Erbrecht, Pflichttheilsrecht u. s. f. habe, **E.** Art. 139, **F.G.** 78.
— Grundstücke des F., nach landesherrlicher Verordnung zulässig, daß nur auf Antrag Grundbuchblatt, **G.O.** 90, — Bayer. Gesetz vom 18. Juni 1898 Abs. 2, kgl. Ver. vom 1. Juli 1898, (G. u. V.Bl. 98 S. 377).
— Haftung für durch seine Beamten zugefügten Schaden s. Beamter.
— vor Klage Administrativweg! Bayer. Gesetz zur Ausführung der C.P.O. Art. 2 (G. u. V.Bl. 1899 S. 402).
— Recht auf Eintragung von Hypotheken zu Gunsten seiner Forderungen nach Landesgesetz **E.** Art. 91, (Bayer. Hypothekenges. v. 1. Juni 1822 § 12 Z. 1 u. 2), **Ue.** Art. 50, 55 Abs. 3, 120—122, **A.** Art. 122, 123, 128.
— — auf Versteigerungserlös bei Fund in den Geschäftsräumen öffentl. Behörden oder Verkehrsanstalten 981.
— landesgesetzliche Vorschriften über Schuldverschreibungen auf den Inhaber s. das.
— Zwangsvollstreckung gegen F. s. Bayer. Ausführungsgesetz zur C.P.O. Art. 9 (G. u. V.Bl. 1899 S. 404).

Fixgeschäft s. Festbestimmte Zeit.

Flößereirecht, landesges. Vorschriften unberührt **E.** Art. 65.

Flötzrecht, landesges. Vorschriften unberührt **E.** Art. 65.

Fluchtverdächtig, Festnahme zur Selbsthülfe 229.

Flurbereinigung (s. Zusammlegung) **E.** Art. 113, — Bayer. Gesetz v. 29. Mai 1886 abgeändert **A.** Art. 171.

Flußbett verlassenes, landesges. Vorschrift unberührt **E.** Art. 65.

Flüssigkeit s. Vermischung.

Folgepflicht der Ehefrau 1354.

Forderung s. Abtretung, Aufrechnung, Erlöschen, Hypothek, Nießbrauch, Pfandrecht, Übertragung, Verjährung u. s. f.

Form s. auch Formmangel.
— Bayer. Gesetz vom 5. Mai 1890, Formen einiger Rechtsgeschäfte betr., aufgehoben **E.** Art. 175 Nr. 33.
— Gesetzesanwendung: bei Form der Eheschließung **E.** Art. 13, 198, — der Errichtung und Aufhebung der Verfügung von Todeswegen **E.** Art. 24, 214, — sonstiger Rechtsgeschäfte (nach Gesetzen, die für das den Gegenstand des Rechtsgeschäfts bildende Rechtsverhältniß maßgebend sind, es genügt Gesetz des Ortes, an dem Rechtsgeschäft vorgenommen, — Ausn.!) **E.** Art. 11.
— der Eheschließung s. Ehe.
— formlos (s. auch H.G.B.):
1. Bestätigung eines anfechtbaren Rechtsgeschäfts 144 Abs. 2.
2. — einer nichtigen Ehe 1325 Abs. 2.
3. Erklärung des Wieder- und Vorkaufs 497, 505.
4. Ertheilung einer Vollmacht (Ausn.) 167.
5. Zustimmung eines Dritten zu einem Rechtsgeschäft (Ausn. notariell: 1516 Abs. 2, 1517, 1730, 1748 Abs. 3, 2291 Abs. 2), 182 Abs. 2.

— notarielle oder gerichtliche Beurkundung s. auch das. u. Notar **E.** Art. 141, — soweit nach Reichsgesetz durch Gericht oder Notar Beurkundung zu bewirken, Amtsgericht nicht zuständig **A.** Art. 167 I.
gesetzlich vorgeschrieben bei:
1. Ablehnung der Fortsetzung der Gütergemeinschaft, Anfechtung dieser Ablehnung, Vollmacht hiezu 1484, 1518, 1945, 1955.
2. Anerkennung der Vaterschaft (auch vor Gericht und Standesbeamten) 1718,

1720 Abs. 2, **Ue.** Art. 141, **F.G.** 167 Abs. 2.
3. Antrag auf Ehelichkeitserklärung und Zustimmung hiezu 1730.
4. Auflassung (gleichzeitige Anwesenheit) 925, **A.** Art. 81, 82.
5. Bestellung eines Erbbaurechts (gleichzeitige Anwesenheit) 1015.
6. Ehevertrag (—) 1434.
7. Einwilligung zur Annahme an Kindesstatt 1746—1748.
8. Erbschaftskaufvertrag 2371, 2385.
9. Erbvertrag (gleichzeitige Anwesenheit) 2276, — Anfechtung desselben durch Erblasser 2282 Abs. 3, — Aufhebung (gleichzeitige Anwesenheit) 2290, — Erklärung des Rücktritts 2296 Abs. 2, — Zustimmung des andern Erbvertragstheils zur testamentarischen Aufhebung von Auflagen und Vermächtnissen 2291 Abs. 2.
10. Erbverzichtsvertrag und dessen Aufhebung 2348, 2351, 2352.
11. Erklärung über Eigenthumsübertragung, Belastung von Grundstücken, Rechten daran, Ausschließung von Hypothekbriefertheilung, Pfandrecht am Schiff und Schiffsgut 873 Abs. 2, 875—877, 1116 Abs. 2, 1160, 1272, **E.** Art. 142, **A.** Art. 83, 84.
12. s. auch H.G.B. 182, 188, 190, 259, 320, 321.
13. schenkweises Versprechen einer Leistung, Schuldversprechen, Schuldanerkennung (durch Leistung ersetzt) 518, 780, 781.
14. Testament, mit Ausnahme des eigenhändig ge- und unter Angabe von Ort und Tag unterschriebenen 2231, — Widerruf einzelner im gemeinschaftlichen Testament enthaltener letztwilliger Verfügungen 2271.
15. Vereinbarung zwischen Vater des unehelichen Kindes und diesem oder Mutter (Amtsgericht neben Notar!) **A.** Art. 167 I., **F.G.** 167 Abs. 2.
16. Vertrag der Annahme an Kindesstatt und dessen Aufhebung (gleichzeitige Anwesenheit) 1750 Abs. 2, 1770.
17. — künftiger gesetzlicher Erben über gesetzlichen Erb- oder Pflichttheil 312 Abs. 2.
18. Vertrag, durch den Miterbe über seinen Antheil verfügt, 2033, 2037.
19. — zwischen überlebenden Ehegatten und Abkömmling über Verzicht auf Antheil am Gesammtgut oder Aufhebung der fortgesetzten Gütergemeinschaft 1491 Abs. 1 u. 2, 1492, 1518, — und über Nichtanrechnung der Abfindung des Abkömmlings für seinen Verzicht bei Auseinandersetzung hiebei 1501 Abs. 2, 1518.
20. — über Übertragung des gegenwärtigen Vermögens oder eines Theils desselben oder Belastung mit Nießbrauch 311.
21. — über Verpflichtung zur Übertragung von Grundstücken, (ersetzt durch Auflassung und Eintragung in das Grundbuch) 313, **E.** Art. 142, **A.G.O.** Art. 12, 53.
22. Zustimmungserklärung des Ehegatten zu Verfügungen des andern bei fortgesetzter Gütergemeinschaft 1516 Abs. 2, 1517, 1518.

Form, öffentliche Beglaubigung (s. auch Notar und oben), — (schriftliche Abfassung — Unterschrift oder Handzeichen beglaubigen, — durch notarielle Beurkundung ersetzt 129), **F.G.** 167 Abs. 2, 183, 191, 194, **N.** Art. 35.

— — ist gesetzlich vorgeschrieben bei:
1. Abtretungserklärung einer Hypothekforderung anstatt Eintragung in das Grundbuch, wenn neuer Gläubiger Besitzer des Hypothekenbriefs ist, 1154, 1155.
2. Anfechtung der Annahme oder Ausschlagung der Erbschaft 1955, 1945.
3. — der Ehe nach Tod eines Ehegatten 1342.
4. Anmeldungen zum Vereinsregister 77, — zum Handelsregister H.G.B. 12.
5. Antrag auf Eintrag in das Güterrechtsregister 1560, 1561 Abs. 3 Nr. 3.
6. Antrag, der Verfügung über Staatsschuldverschreibung enthält, u. s. f. (Ausn.!) **A.** Art. 51 Abs. 2—6, 55, 57.
7. Aufhebung der fortgesetzten Gütergemeinschaft (Erklärung, nicht Vertrag!) 1492, 1518.

8. Aufhebung der nicht eingetragenen Grunddienstbarkeit oder Reallast **A.** Art. 84 Abs. 2, **E.** Art. 189 Abs. 3, **Ue.** Art. 12, 46 Abs. 2.
9. Ausschlagung einer Erbschaft und Vollmacht hiezu 1945.
10. Auszüge aus Urkunden zum Beweis des Rechts an verkauftem Gegenstand 444.
11. Benachrichtigung der auszahlenden öffentlichen Kasse bei Abtretung des Diensteinkommens u. f. f. 411.
12. Bestimmung des Testamentsvollstreckers 2198, 2199 Abs. 3, 2228.
13. Bewilligung zur Eintragung in das Grundbuch — (bei Eintragungsantrag nur ausnahmsweise, doch bei dessen Zurücknahme oder Widerruf der Vollmacht), **G.O.** 29, 30, 32, **A.G.O.** Art. 9, 10, 53.
14. — eines Schiffspfandrechtes **F.G.** 107—109.
15. Erklärung der Anfechtung der Ehelichkeit eines Kindes nach dessen Tod 1597.
16. — der Untersagung der Führung des Familiennamens des Mannes durch geschiedene Ehefrau 1577 Abs. 3.
17. — der Wiederannahme des früheren Namens durch — 1577 Abs. 2.
18. Ertheilung des Namens des Mannes an uneheliches Kind der Frau und Zustimmungserklärungen hiezu 1706.
19. Genehmigung eines unzulässigen Verfahrens bei der Zwangsversteigerung **Z.V.** 84 Abs. 2, 100.
20. s. auch H.G.B. 12, 201, 222 Abs. 3, 234, 269, 284, 304, 320, 330.
21. Nachweis der Einigung zur außergerichtlichen Vertheilung des Versteigerungserlöses **Z.V.** 143—145, 160.
22. Unterzeichnung mittels Handzeichen, falls durch Gesetz oder Rechtsgeschäft schriftliche Form bestimmt ist, (durch Notar) 126, 127, **A.** Art. 167 I.
23. Vertretungsmacht oder Zustimmung zu Abgabe eines Gebots bei der Zwangsversteigerung **Z.V.** 71 Abs. 2, 81 Abs. 3, 103, 105, 116.
24. Verzicht des antheilsberechtigten Abkömmlings auf seinen Antheil am Gesammtgut der fortgesetzten Gütergemeinschaft (Erklärung, nicht Vertrag!) 1491 Abs. 1 u. 2, 1518.
25. Verzicht des elterlichen Gewalthabers auf Nutznießung am Kindsvermögen 1662, 1686.
26. — des Nachbarn auf nachbarrechtliche Befugnisse **A.** Art. 77.

Form, öffentliche Beglaubigung hat auf Verlangen zu erfolgen bei
1. Abschrift der Eintragung im Güterrechtsregister 1563.
2. — der Schriftstücke, deren Einsicht (s. das.) gestattet, **F.G.** 78 Abs. 2, **A.** Art. 134, **N.** Art. 33, 34.
3. Anerkenntniß, daß Schuld erloschen, falls Schuldschein verloren, 371.
4. Einwilligung des Nacherben zu Verfügungen des Vorerben 2120.
5. Empfangsbestätigung 368.
6. Forderungsübertragung 403, 412, 1154.
7. Verzeichniß des Bestandes eines zum Nießbrauch gegebenen Inbegriffs und des eingebrachten Guts 1035, 1372, 1528, 1550 Abs. 2.
8. — bei Pflichttheilsberechtigung 2314.
9. — des Testamentsvollstreckers 2215 Abs. 2, 2220.
10. — über das Vermögen des Kindes u. Mündels 1640, 1667, 1686, 1692, 1760, 1802, 1897, 1915.
11. — des Vorerben 2121.

— Schriftlichkeit erfordert eigenhändige Namensunterschrift oder notariell beglaubigtes Handzeichen, wird ersetzt durch gerichtliche oder notarielle Beurkundung, — ebenso bei rechtsgeschäftlich bestimmter Form, doch genügt Telegramm und Briefwechsel, 126, 127.

— — a) wenn verabredet, so im Zweifel Vertrag erst mit Beurkundung geschlossen, 154 Abs. 2.

— — b) ist gesetzlich vorgeschrieben bei
1. Abtretung der Hypothekforderung, ev. Erklärung vor Grundbuchamt 1154.
2. Anerkennung der Rechnung des Vormundes durch Vormundschaftsgericht 1892 Abs. 2.
3. Annahme und Übertragung einer Anweisung 783, 784 Abs. 2, 792.
4. Anzeige der Forderungsabtretung, sonst Folgen! 410 Abs. 2.

5. Bestellung des Nießbrauchs od. Pfandrechts an Hypotheken 1069, 1274.
6. Bürgschaftsvertrag (durch Erfüllung Mangel geheilt) 766, s. aber H.G.B. 350, 351.
7. Dienstzeugniß 630.
8. Einwilligung des gesetzlichen Vertreters zur Vornahme einseitiger Rechtsgeschäfte des Minderjährigen und Entmündigten 111, 114.
9. Empfangsbestätigung 368.
10. Ermächtigung d. unzuständigen Standesbeamten zur Eheschließung durch den zuständigen 1321.
11. Genehmigung d. Vormundschaftsgerichts bei einseitigen Rechtsgeschäften des Vormundes 1831, 1832.
12. Lehrvertrag (sonst Folgen!) H.G.B. 79.
13. Mieth- und Pachtverträge auf länger als ein Jahr 566, 581.
14. Mittheilung des Grundstücksveräußerers an d. Hypothekgläubiger von d. Schuldübernahme 416 Abs. 2.
15. Protokoll üb. Testamentserrichtung u. s. f. s. Protokoll.
16. Rechnungslegung 259.
17. Satzung eines eingetragenen Vereins 59.
18. Schuldverschreibung auf den Inhaber 793 Abs. 2.
19. Schuldversprechen und =anerkenntniß (mindestens! — außer bei Abrechnung und Vergleich) 780—782, s. aber H.G.B. 350, 351.
20. Stiftungsgeschäft unter Lebenden 81.
21. eigenhändiges Schreiben und Unterschreiben beim Testament 2231 Nr. 2, 2246 Abs. 2, 2247, 2248, 2267.
22. Versprechen ein. Leibrente (mindest.!) 761.
23. Vollmacht zur Vertretung v. Aktionären H.G.B. 252 Abs. 2.
24. Zustimmung eines Dritten zu einseitigen Rechtsgeschäften 182 Abs. 3.
25. — der Ehefrau, des elterlichen Gewalthabers und Vormundes 1398, 1525 Abs. 2, 1550 Abs. 2, 1643 Abs. 3, 1831, 182 Abs. 3.
26. — der Vereinsmitglieder zu Beschlüssen außerhalb der Mitgliederversammlung u. der nicht erschienenen zu Zweckänderung 32 Abs. 2, 33.

Form bei Schuldverschreibungen auf den Inhaber nach Landesges. **E.** Art. 100 Nr. 1.

Form des Testaments s. das.

Formmangel, Heilung desselben bei der Ehe durch Eintragung in das Heirathsregister und Zeitablauf 1324 Abs. 2, — bei Grundstücksveräußerung durch Auflassung und Eintragung 313, **A.G.O.** Art. 12, 53, — beim Schenkungsversprechen durch Leistung 518 Abs. 2, 2301.
— Nichtigkeit der Rechtsgeschäfte bei Mangel der gesetzlichen oder durch Rechtsgeschäfte bestimmten Form 125, 1324.

Forstberechtigung kann auch in der Pfalz nicht begründet werden **E.** Art. 115, **A.** Art. 86, (Forstgesetz vom 28. März 1852 Art. 34).

Forstordnungen, landesges. Vorschriften unberührt, soweit sie im öffentlichen Interesse das Eigenthum beschränken, **E.** Art. 111, (Forstgesetz vom 28. März 1852, Abänderung **A.** Art. 146).

Forstpolizeigesetz, Schadensersatz wegen Zuwiderhandlungen nach Landesgesetz **E.** Art. 107, (Forststrafpolizeigesetz für die Pfalz abgeändert **A.** Art. 138).

Forstwirthschaft s. Grundstück und Landwirthschaft, H.G.B. 3.

Fortbestehen des Auftrags nach dem Erlöschen 672—674.
— der Befugniß zur Geschäftsführung nach Auflösung der Gesellschaft 729.
— der Gesellschaft bei Tod und Konkurs 727 Abs. 2, 728, 730, 736.

Fortführung der Geschäfte durch den Erben des Gesellschafters 727 Abs. 2.
— der Verwaltung nach deren Beendigung bei gesetzlichem Güterrecht 1424.
— — nach Erledigung der sonstigen Aufgaben des Testamentsvollstreckers 2209, 2210.

Fortgesetzte Gütergemeinschaft s. Gütergemeinschaft fortgesetzte.

Fortkommen s. Erwerbsbenachtheiligung, Erwerbsthätigkeit.

Fortsetzung des Dienstverhältnisses nach Ablauf der Dienstzeit 625.
— des Gebrauchs der Sache nach Ablauf der Mieth- und Pachtzeit 568, 581 Abs. 2.
— der Geschäftsbesorgung nach Erlöschen des Auftrags 672—674, 727 Abs. 2, 2218, 2220

Fortsetzung der Gesellschaft nach Ablauf der Zeit 724.
— eines Rechtsstreits nach Eheschließung 1407 Nr. 1, 1454.
— des Zwangsversteigerungsverfahrens **Z.V.** 31, 76 Abs. 2, 77 Abs. 2, 95.
Fracht, Anspruchsverjährung (2 Jahre) 196 Nr. 3, 201, 218.
Frachtfuhrleute s. Fracht.
Frachtkosten, Übernahme der F. durch Schuldner ist nicht bestimmend für den Erfüllungsort 269 Abs. 3.
Frachtvertrag s. Werkvertrag und H.G.B. 556—678.
Fraischgebiet in der Oberpfalz in Bayern, — österreichisches Recht, — Übergangsbestimmungen s. **Ue.** Art. 90, 94, 97—104.
Fränkische Landgerichtsordnung, allgemeine Gütergemeinschaft bei Vorhandensein von Kindern (Ausn.!), — Errungenschaftsgemeinschaft (s. das.) bei unbekindeten Ehen (Ausn.!), — Dotalrecht (s. das.) für vormals reichsunmittelbaren Adel s. **Ue.**
Frau s. Ehefrau, Erwerbsgeschäft, Frauensperson, Verlobter.
Frauensperson s. Ehefrau, Erwerbsgeschäft, Verlobter.
— Ablehnung und Entlassung bei Vormundschaft, Gegenvormundschaft 1786 Nr. 1, 1792 Abs. 4, 1887, 1895.
— Aufstellung als Waisenpflegerin **A.** Art. 98.
— Kündigung des weiblichen Dienstboten **A.** Art. 24 Nr. 12 u. Abs. 2.
— Schadensersatzanspruch bei Sittlichkeitsvergehen und außerehelichem Beischlaf 823, 825, 842, 847.
Freie Hand, Verkauf der hinterlegten Sache aus f. H. durch Schuldner, falls Sache Börsen- oder Marktpreis hat, 385, 457.
— — — aus f. H. durch Konkursverwalter beim Vorkaufsrecht 1098.
— — — des Pfandes, das Börsen- oder Marktpreis hat, 1221, 1235 Abs. 2.
— — — (Gold- und Silbersachen) 1240 Abs. 2, 1244.
Freies Belieben, Leistungsbestimmung durch Dritten nach f. B. 319.
Freies Belieben, Bestimmung d. Erfüllungszeit eines Vermächtnisses nach f. B. des Beschwerten 2181.
Freies Vermögen ist das von der Nutznießung der elterlichen Gewalthaber ausgeschlossene Vermögen des unter elterlicher Gewalt stehenden Kindes:
1. die ausschließlich zu dessen persönlichem Gebrauch bestimmten Sachen, bes. Kleider, Schmuck, Arbeitsgeräthe.
2. der Erwerb des Kindes durch seine Arbeit oder aus einem Erwerbsgeschäft.
3. der Erwerb des Kindes von Todeswegen oder unentgeltlich unter Lebenden mit der Bestimmung, daß die Nutznießung ausgeschlossen sei, 1650, 1651.
Freigebige Verfügung s. Zuwendung.
Freiheit von Rechten beim Kauf 434—436, 2182.
— von wilden Thieren 960.
Freiheitsentziehung, Schadensersatz wegen F. 823, 842, 845—847.
Freiwerden s. auch Erlöschen.
— von Haftung für Hypotheken: a) der Bestandtheile des Grundstückes 1121, 1122, — b) der Mieth- und Pachtzinsforderung 1123 Abs. 2, — c) der wiederkehrenden Leistungen 1126.
— — des Käufers eines Miterbenantheils 2036, 2037.
— der Grundstücke bei Gesammthypothek 1181 Abs. 2.
— des persönlichen Schuldners bei Hypothekforderung 1165.
— der Zubehörstücke bei verpfändetem Schiff 1265 Abs. 2.
Freiwillige Gerichtsbarkeit, Gesetz über die Angelegenheiten der f. G. (citirt **F.G.**) vom 17. Mai 1898 (in Kraft vom 1. Januar 1900) **F.G.** 185, **A.** Art. 129—133.
Freizügigkeit, Gesetz vom 1. November 1867, Abänderung **E.** Art. 37.
Fremde Sache, Besitz, dingliche Rechte s. das.
— Veräußerung 433, 434, 932—935.
— Verbindung, Vermischung, Verarbeitung 946—951.
— Vermächtniß 2169, 2170.
— Verpfändung 1207.
Friedhof s. Beerdigung.

Fristen s. auch Gewährfristen, Verjährungsfristen, Zeitbestimmung.
— Auslegungsvorschriften: Anfang 187, — Ende 188, 193, — halbes Jahr = 6 Monate, 1/4 Jahr = 3 Monate, 1/2 Monat = 15 Tage 189, — Monat (falls nicht zusammenhängend zu verlaufen braucht) = 30, Jahr (—) = 365 Tage 191, — Verlängerung (neue F. vom Ablauf der vorigen F. an berechnen!) 190, — (Anwendung auf freiwillige Gerichtsbarkeit **F.G.** 17, u. auf C.P.O. s. das. 222, s. auch H.G.B. 359 Abs. 2).
— A. angemessene F. ist vorgeschrieben bei:
1. Aufforderung des Ehegatten bei Ehenichtigkeit 1347 Abs. 2.
2. Aufforderung zur Erklärung, ob Käufer Wandelung will, 466.
3. außerordentliche Kündigung des Miethers 542.
4. Beseitigung des dem Antrag auf Eintragung im Grundbuch entgegenstehenden Hindernisses **G.O.** 18.
5. Beseitigung oder Gefährdung der Hypotheksicherheit 1133.
6. Beseitigung von Zweigen aus dem Nachbargrundstück 910, **E.** Art. 122.
7. Billigung einer auf Probe gekauften Sache 496.
8. Erklärungen des Eigenthümers 1003, 1056 Abs. 3, 2022.
9. Erklärung über Schenkungsannahme 516 Abs. 2.
10. Ermittelung des Erben 1964.
11. Kündigung der Wohnung beim Leibgeding **A.** Art. 44, 46.
12. Rücktritt vom Vertrag 354, 355.
13. Verurtheilung des Schuldners zur Leistung 283, 325 Abs. 3.
14. Verzug bei gegenseitigem Vertrag 326.
15. Verzug des wahlberechtigten Gläubigers 264 Abs. 2.
16. Vollziehung der Auflage 2193 Abs. 2, **F.G.** 80.
17. Werkvertrag zur Beseitigung eines Mangels durch den Unternehmer und zur Nachholung der erforderlichen Handlung des Bestellers 634, 643.
18. Werthminderung des Pfandes zu anderweiter Sicherheit 1220.
19. Wiederherstellung durch Schadensersatzpflichtigen 250.

Fristen, B. unverzüglich, d. i. ohne schuldhaftes Zögern, ist vorgeschrieben bei:
1. Ablehnung eines Auftrags durch öffentlich Bestellte u.s.f. 663, (s. auch H.G.B. 85).
2. Ablieferung des Testaments oder Erbvertrags an das Nachlaßgericht 2259, 2300.
3. Anfechtung einer durch Dritten bestimmten Leistung 318 Abs. 2, 2156, 2192.
4. — einer irrigen Willenserklärung 121.
5. Antrag auf Aufgebot der Nachlaßgläubiger 2045, 2204.
6. — des Erben auf Eröffnung des Nachlaßkonkurses 1980, 1985 Abs. 2, 2013, 2036.
7. Anzeige des Anweisungsempfängers von Verweigerung durch Angewiesenen 789.
8. — des Beistandes der Mutter an das Vormundschaftsgericht 1689.
9. — von drohendem Verderb des Pfandes 1218 Abs. 2.
10. — des Eintritts des Bedürfnisses einer Pflegschaft 1909 Abs. 2, 1916—1919.
11. — vor Einziehung der verpfändeten Forderung 1285 Abs. 2.
12. — des Erben des Beauftragten von dessen Tod 673, 2218, 2220.
13. — des Gesellschafters — 727 Abs. 2.
14. — der Erbschaftskäufer an das Nachlaßgericht 2384.
15. — bei Fund von Gegenständen 965, 978.
16. — des Gegenvormundes an das Vormundschaftsgericht 1799.
17. — der Hinterlegung 374 Abs. 2.
18. — von Mängeln u. s. f. bei Miethvertrag 545.
19. — an den persönlichen Schuldner bei Zwangsversteigerung 1166.
20. — des Todes des Vormundes, Gegenvormundes u. s. f. 1894, 1895.
21. — von Überschreitung des Kostenanschlags beim Werkvertrag 650.
22. — der Übertragung des Antheils am Nachlaß an den Miterben 2035 Abs. 2, 2037.

23. Anzeige von Verlust oder Beschädigung von bei Gastwirthen eingebrachten Sachen 703.
24. — von Versteigerung und Verkauf der verpfändeten Forderung 1220 Abs. 2 u. 3, 1241, — u. der hinterlegten Sache 384 Abs. 2 u. 3.
25. — des Vorerben vom Eintritt der Nacherbfolge 2146.
26. — bei Zerstörung, Gefahr u. s. f. für die dem Nießbrauch unterliegenden Sachen 1042.
27. Aufrechnungserklärung bei Rücktritt vom Vertrag und bei Reugeld 357, 359.
28. — gegenüber Miethzins bei Kündigung 554 Abs. 2.
29. Betreibung der Forderungseinziehung u. s. f. bei Bürgschaft auf Zeit 777.
30. Entrichtung des Kaufpreises beim Pfandverkauf 1238.
31. Mittheilung des Vertrags mit Dritten an den Vorkaufsberechtigten 510.
32. — eines Verzeichnisses der Nachlaßgegenstände u. s. f. durch Testamentsvollstrecker an den Erben 2215, 2220.
33. Verfolgung gefangener wilder Thiere, die Freiheit wieder erlangen, und von Bienenschwärmen, — sonst herrenlos! 960 Abs. 2, 961.
34. Widerspruch bei Fortsetzung d. Dienstverhältnisses nach Ablauf der Zeit 625.
35. Zurückweisung des einseitigen Rechtsgeschäftes, falls Vormund nicht schriftliche Genehmigung vorlegt, 1831, 1832.
36. — der Kündigung bei abgetretener Forderung 410.
37. — — oder Mahnung der Hypothekforderung 1160 Abs. 2 u. 3.

Fristen, C. eine Stunde mindestens ist vorgeschrieben für F. zwischen Aufforderung zur Abgabe von Geboten und Schluß der Versteigerung **Z.V.** 73, 83 Nr. 7.

— D. zwei Tage vorgeschrieben für Anzeige des Mangels des gekauften Thieres nach Ablauf der Gewährfrist oder Tod des Thieres 485.

— E. drei Tage vorgeschrieben als F. zwischen Hinterlegung des Theilungsplanes und dem Termin bei der Zwangsversteigerung **Z.V.** 106, — als Gewährfrist bei Rothlauf der Schweine — kais. Verordnung vom 27. März 1899 1 IV 1 (R.G.Bl. 1899 S. 220).

Fristen, F. sechs Tage für Anzeige von Wildschaden Bayer. Gesetz v. 15. Juni 1850, Ersatz des Wildschadens betr., Art. 8a, **A.** Art. 144 V.

— G. eine Woche vorgeschrieben für Ausübung des Vorkaufsrechts nach der Mittheilung (außer bei Grundstücken) 510 Abs. 2, — (höchstens!) für F. zwischen Versteigerungstermin u. Verkündung des Zuschlagbeschlusses **Z.V.** 87 Abs. 2.

— H. zehn Tage Gewährfrist bei Schweineseuche — kais. Verordnung vom 27. März 1899 § 1 IV 2 (R.G.Bl. 1899 S. 220).

— I. vierzehn Tage gewöhnliche Gewährfrist beim Viehhandel — kaiserl. Verordnung vom 27. März 1899 (R.G.Bl. 1899 S. 219).

— K. zwei Wochen vorgeschrieben für:
1. Antrag auf Bestimmung neuer Inventarfrist 1996 Abs. 2, 1997, 1998.
2. — auf neuen Termin nach Nichterscheinen des Erben im Aufgebotstermin oder Erlassung eines Ausschlußurtheils 2015 Abs. 2 u. 3.
3. Beschwerde **A.** Art. 4.
4. F. zwischen Aufforderung u. Erklärung der Berechtigten bei Unschädlichkeitszeugniß — Bayer. Gesetz vom 15. Juni 1898 Art. 7 Abs. 3 (G. u. V.Bl. 1898 S. 301).
5. F. zwischen Ladung und Termin zur Erbauseinandersetzung **F.G.** 90.
6. Genehmigung eines durch Vertreter abgeschlossenen Vertrags 177, — eines Vertrags der Frau bei gesetzlichem Güterrecht u. allgemeiner Gütergemeinschaft 1396 Abs. 2, 1448 Abs. 2, — eines Vertrags des Vormundes 1829 Abs. 2, 1832.
7. Wiedereinsetzung bei Versäumung des Termins zur Erbauseinandersetzung **F.G.** 92.
8. gewisse Zustellungen bei Zwangsversteigerungen **Z.V.** 41 Abs. 2, 43 Abs. 2, 44 Abs. 2, 83 Nr. 1, 105 Abs. 4, 106.

Fristen, L. ein Monat vorgeschrieben für:
1. Antrag auf Widerspruch nach Hypothekeintrag 1139, 1185.
2. Erlöschen des Anspruchs auf Ersatz von Verwendungen bei Herausgabe der Sache 1002, 2022.
3. — des Pfandrechts des Vermiethers nach Kenntniß von der Entfernung der eingebrachten Sache 561 Abs. 2.
4. Inventarfrist (Mindestbetrag) 1995, 1997.
5. Klage bei Zwangsenteignung Ausführungsgesetz zur C.P.O. Art. 21 (G. u. V.Bl. 1899 S. 408).
6. Kündigung von Dienstboten (außer landwirthschaftlichen) **A.** Art. 22 Abs. 2, 28.
7. Kündigung des verzinslichen Darlehens bis 300 Mk. 609 Abs. 2.
8. Vertheilung des hinterlegten Betrags bei Unschädlichkeitszeugniß — Bayer. Gesetz vom 15. Juni 1898 Art. 11 (G. u. V.Bl. 1898 S. 301).
9. Wirksamkeit der Kraftloserklärung nach letzter Einrückung des Beschlusses 2361 Abs. 2.
10. Pfandverkauf nach Androhung u. s. f. 1234 Abs. 2, H.G.B. 368, 371 Abs. 2.
11. Zahlung der Versicherungssumme nach Anzeige des Schadens an die Hypothekgläubiger 1128, **E.** Art. 120 Abs. 2 Nr. 3.

— M. achtundzwanzig Tage Gewährfrist bei Lungenseuche des Rindviehs — kaiserl. Verordnung v. 27. März 1899 § 1 II 2 (R.G.Bl. 1899 S. 220).

— N. dreißig Tage sind vorgeschrieben für Unterhalt der Familienangehörigen des Erblassers nach Eintritt des Erbfalls, (falls nicht abweichende Anordnung!), 1969.

— O. sechs Wochen sind vorgeschrieben für:
1. Ablehnung der Fortsetzung der Gütergemeinschaft und Anfechtung dieser Ablehnung 1484, 1518, 1944, 1954.
2. Ausschlagung einer angefallenen Erbschaft 1944, — und Anfechtung der Annahme oder Ausschlagung derselben 1954, 1956.
3. Bekanntmachung d. Terminsbestimmung vor Zwangsversteigerungstermin **Z.V.** 43, 83 Nr. 7.
4. Kündigungsfrist landwirthschaftl. Dienstboten **A.** Art. 22.
5. Verpflegung u. s. f. erkrankter Dienstverpflichteter 617.

Fristen, P. zwei Monate sind vorgeschrieben für Ausübung des Vorkaufsrechts bei Grundstücken 510 Abs. 2, — und bei Antheil des Miterben 2034 Abs. 2, 2035.

— Q. drei Monate sind vorgeschrieben für:
1. Aufgebotsverfahren zur Ausschließung des unbekannten Berechtigten bei Zwangsversteigerung **Z.V.** 138.
2. — — unbekannter, nicht eingetragener Grunddienstbarkeiten (Mindestfrist) **Ue.** Art. 16 Abs. 6.
3. Gültigkeit eines außerordentlichen Testaments 2252.
4. Geltendmachung von Erbrechten nach Ablauf d. Anmeldungsfrist 1965 Abs. 2.
5. Inventarfrist (Höchstbetrag! Ausn.!) 1995—1998.
6. Verweigerung der Berichtigung einer Nachlaßverbindlichkeit nach Annahme der Erbschaft 2014, 2016, 2017.

— R. „Kalendervierteljahr" ist vorgeschrieben für Entrichtung des Miethzinses von Grundstücken 551 Abs. 2, — Haftung des Mieth- und Pachtzinses für Hypothek 1123 Abs. 2, 1124 Abs. 2.

— S. sechs Monate sind vorgeschrieben für:
1. Ablehnung der Fortsetzung der Gütergemeinschaft und deren Anfechtung, falls Verstorbener letzten Wohnsitz im Ausland hatte, u. s. f., 1484, 1518, 1944 Abs. 3, 1954 Abs. 3.
2. Anfechtung der Ehe (Berechnung d. F.!) 1339, 1350, **E.** Art. 198 Abs. 2.
3. Anmeldung der Forderung der Nachlaßgläubiger nach öffentlicher Aufforderung 2061, 2045.
4. Annahme der Genehmigungsertheilung nach Empfang der Mittheilung der Schuldübernahme 416.
5. Antrag auf Fortsetzung des Zwangsversteigerungsverfahrens **Z.V.** 31 Abs. 2, 118 Abs. 2.
6. Aufgebot bei Todeserklärung s. C.P.O. 965, 994.

7. Ausschlagung einer Erbschaft, Anfechtung der Annahme oder Ausschlagung, wenn Erblasser oder Erbe im Ausland, 1944 Abs. 3, 1954 Abs. 3, 1956.
8. Eheschließung nach Aufgebot, (sonst verliert letzteres seine Kraft), 1316.
9. Erlöschen des Anspruchs auf Ersatz von Verwendungen bei Herausgabe eines Grundstückes an den Eigenthümer 1002.
10. Kündigung bei Grund- u. Rentenschuld (abw. Best.) 1193, 1202.
11. — einer mit mehr als 6 % verzinslichen Schuld 247.
12. Scheidungsklage von Kenntniß des Scheidungsgrunds an 1571.
13. Zeitraum zwischen Anberaumung und Abhaltung des Zwangsversteigerungstermins (nicht mehr!) **Z.V.** 36 Abs. 2.

Fristen, T. zehn Monate sind vorgeschrieben für: Wartezeit der Ehefrau nach Auflösung od. Nichtigkeitserklärung der Ehe (Befreiung möglich!) 1313, 1322.

— U. ein Jahr ist vorgeschrieben für:
1. Anfechtung einer arglistigen oder durch Drohung bestimmten Willenserklärung (Fristbeginn! Verjährung!) 124.
2. — der Ehelichkeit (von Kenntniß des Mannes von Geburt des Kindes an! Ausnahmen!) 1594, 1595 Abs. 2.
3. — des Erbvertrags 2283.
4. — der letztwilligen Verfügung (von Kenntniß des Grundes an!) — und des Erbschaftserwerbs wegen Erbunwürdigkeit 2082, 2340 Abs 3, 2345.
5. Antrag auf neue Inventarfrist nach Ablauf der alten 1996 Abs. 2, 1997, 1998.
6. Ausschluß des Widerrufs d. Schenkung von Eintritt der Voraussetzung und Rechtskraft des Scheidungsurtheils an 523, 1584 Abs. 2.
7. Ausübung der Grunddienstbarkeit vor deren Störung — Besitzschutz 1029.
8. Ehescheidung wegen böslicher Verlassung 1567.
9. Freiwerden des Mieth- oder Pachtzinses von Haftung für Hypothek nach Fälligkeit 1123 Abs. 2.
10. Haftung des früheren Grundstücksbesitzers für Schaden durch Einsturz 836 Abs. 2.
11. Vollendung der Verjährung des Anspruchs auf Herausgabe des Vermögens des für todt Erklärten nach Kenntniß von Todeserklärung 2031.

Fristen, V. zwei Jahre sind vorgeschrieben für:
1. Antrag auf Nachlaßverwaltung durch Nachlaßgläubiger nach Annahme der Erbschaft 1981 Abs. 2, 2013 Abs. 2, 2062.
2. Beseitigung von vom Nachbargrundstück herüberragenden Zweigen **Ue.** Art. 9 Abs. 2.

— W. drei Jahre sind vorgeschrieben für:
1. Erlöschen der Haftung aus Dienstzeugniß treuen Verhaltens, trotzdem Dienstbote schwere Veruntreuung beging, **A.** Art. 29.
2. Erlöschen des Wiederkaufsrechts bei anderen Gegenständen als Grundstücken 503.
3. Gültigkeit der Ehe bei Eintrag ins Heirathsregister, Zusammenleben der Ehegatten und Tod des einen 1324 Abs. 2.

— X. vier Jahre sind vorgeschrieben für Hinterlegung von Zinsen bei Ausschluß d. unbekannten Hypothekgläubigers 1171.

— Y. fünf Jahre sind vorgeschrieben für Geltendmachung der Forderung des Nachlaßgläubigers 1974, 2013, 2060 Nr. 2.

— Z. zehn Jahre sind vorgeschrieben für:
1. Anfechtung nach Verkündung des Urtheils, durch das ein Ehegatte für todt erklärt wird, bei Eingehung neuer Ehe 1349.
2. Ausschluß des Anspruchs auf Herausgabe des Geschenks nach Schenkung 529.
3. Ausschluß der Scheidungsklage nach Eintritt des Grundes 1571.
4. — des unbekannten Hypothekgläubigers nach Eintrag im Grundbuch oder Schiffsregister 1170, 1269.
5. endgültige Einweisung in den Besitz des Vermögens eines Abwesenden seit der vorläufigen (in der Pfalz) **Ue.** Art. 111.
6. Erlöschen des Anwenderechts **A.** Art. 79.

7. Erlöschen einer nicht eingetragenen Dienstbarkeit oder Reallast nach der letzten Ausübung **Ue.** Art. 13, 46 Abs. 2, **A.** Art. 84 Abs. 3.
8. nicht mehr Berücksichtigen der Schenkung des Erblassers bei Pflichttheilsergänzung 2325 Abs. 3.
9. Zusammenleben der Ehegatten u. Eintrag in das Heirathsregister für Gültigkeit der Ehe von Anfang an, statt Nichtigkeit wegen mangelnder Form 1324 Abs. 2.

Fristen, AA. dreißig Jahre sind vorgeschrieben für:
1. Ausschluß der Anfechtung: a) der Ablehnung fortgesetzter Gütergemeinschaft 1484, 1518, 1954 Abs. 4, — b) der Annahme oder Ausschlagung der Erbschaft 1954 Abs. 4, — c) der Leistungsbestimmung durch Dritte 318 Abs. 2, 2156, 2192, — d) der letztwilligen Verfügung nach Erbfall 2082 Abs. 3, 2083, 2340 Abs. 3, 2345, — e) von Willenserklärung nach deren Abgabe 121, 124.
2. Erlöschen des Anspruchs aus Schuldverschreibung auf den Inhaber (Ausn.!) 801, 1188 Abs. 2.
3. — des Rechts des Gläubigers auf hinterlegten Betrag 382, **Z.V.** 142, 157 Abs. 2.
4. — des Rechts des unbekannten Hypothekgläubigers auf hinterlegten Betrag 1171 Abs. 3, 1269.
5. — des Wiederkaufsrechts bei Grundstücken 503.
6. Unwirksamkeit der Anordnung, daß Testamentsvollstrecker auch nach Erledigung sonstiger Aufgaben Verwaltung fortführe, 2210.
7. Unwirksamkeit des Ausschlusses der Auseinandersetzung zwischen mehreren Erben nach dem Erbfall 2044 Abs. 2, 2204.
8. — der Einsetzung eines Nacherben, falls Nacherbfolge nicht vorher eintrat, (Ausn.!) 2109.
9. — der Vermächtnisse nach Erbfall (Ausn.!) 2162, 2163, 2210.

Fristsetzung s. Frist angemessene, Kündigung.
— bei Auslobung gilt i. Zw. als Verzicht auf den Widerruf 658 Abs. 2.

Fristsetzung bei Auslobung, die Preisbewerbung zum Gegenstand hat, ist zur Gültigkeit erforderlich, 661.
— seitens der Polizeibehörde beim Fund 976 Abs. 2.
— durch Gericht bei Nießbrauch zur Sicherheitsleistung 1052.
— durch Nachlaßgericht zur Bestimmung des Vermächtnißnehmers u. s. f. 2151 Abs. 3, 2153 Abs. 2, 2154 Abs. 2, 193 Abs. 3, **F.G.** 80, — zur Ernennung des Testamentsvollstreckers 2198 Abs. 2, **F.G.** 80, — und Erklärung über Annahme des Amts als Testamentsvollstrecker 2202 Abs. 3.

Früchte einer Sache sind deren Erzeugnisse und sonstige bestimmungsgemäße Ausbeute, gehören zu den Nutzungen, (s. das.) 99, 100, — eines Rechts sind dessen bestimmungsgemäße Erträge und die es vermöge eines Rechtsverhältnisses gewährt, gehören zu den Nutzungen (s. das.) 99 Abs. 2 u. 3, 100.
— Berechtigung, F. bis zu oder von einer bestimmten Zeit an zu beziehen, 101.
— Erwerb der F. bei Auseinandersetzung zwischen Miterben 2038 Abs. 2, — von einem Baum auf der Grenze 923, — die vom Baum auf das Nachbargrundstück fallen, 911, — bei der Gemeinschaft 743, — beim Nießbrauch 1039, — bei Pacht durch Pächter, soweit F. als Ertrag anzusehen, Kostenersatz 581, 592, — beim Pfandrecht 1213, 1214, 585, — nach Trennung 953—957, — durch Vorerben 2133, 2136—2138.
— Herausgabe seitens des Besitzers an Eigenthümer 987—993, 1007 Abs. 3, — — seitens Erbschaftsbesitzers 2020—2023, — — bei einer zum Vermächtniß gehörenden Sache 2185.
— Kostenersatz kann der zur Herausgabe von F. Verpflichtete verlangen, soweit sie ordnungsgemäßer Wirthschaft entsprechen und der Ersatz den Werth der F. nicht übersteigt, 102, — Ersatz zu verzinsen (Ausn.!) 256, — bei landwirthschaftlichem Grundstück 998, 1007 Abs. 3, — bei Leibgedingvertrag **A.** Art. 48.

Früchte, Pfändung s. C.P.O. 810, 813.
Fruchttragende Sache, Pfandbestellung 1213 Abs. 2, 1273.
Fugger-Babenhausen, subsidiär Dotalrecht.
Fuhrleute s. Fuhrlohn.
Fuhrlohn, Verjährung: 2 Jahre 196 Nr. 3, 201, 218.
Führung s. auch Namen, Vormundschaft.
— im Dienst, Zeugniß 630, **A.** Art. 29.
— der Geschäfte bei der Gesellschaft 709—714, 729, 730.
Fuhrwerksgerechtigkeit s. Dienstbarkeit.
Fuldaer Recht, allgemeine Gütergemeinschaft, Übergangsbestimmungen **Ue.** Art. 20, 67, 72, 74 Abs. 2 u. 3, 94, 97—104.
Fund eines Schatzes, d. i. einer Sache, die solange verborgen war, daß der Eigenthümer nicht mehr zu ermitteln ist; je Hälfte des Eigenthums: Entdecker und Eigenthümer der Sache, in der Schatz geborgen, 984.
— einer verlorenen Sache:
A. Rechte des Finders (der Sache an sich nimmt):
1. Ablieferung an Polizei 967, 975, 978.
2. Befreiung durch Hinausgabe an den Verlierer 969, 978.
3. Eigenthumserwerb: 1 Jahr nach Anzeige bei Polizei (Ausn.!), — bei Sachen von 3 Mark Werth und weniger: 1 Jahr nach Fund (Ausn.!) 973, 974, 976, 978, — auch bei Ablieferung an Polizei oder Versteigerung (Ausn.!) 975, 978, — durch die Gemeinde des Fundorts 972, 976, 978.
4. Ersatz der Aufwendungen 970, 972, 978.
5. Finderlohn: nach Werth der Sache: bis 300 Mark 5%, — bei Mehrwerth 1%, — bei Thieren 1%, — falls nur Werth für Empfangsberechtigten: nach billigem Ermessen, — Ausn.: bei Verletzung der Anzeigepflicht, Verheimlichung bei Nachfrage, bei Fund in Geschäftsräumen u. s. f. öffentlicher Behörden u. s. f. 971, 972, 978.
6. Haftung nur für Vorsatz und grobe Fahrlässigkeit 968, 978.
B. Verpflichtungen des Finders:
1. Ablieferung an Polizei auf deren Anordnung 967, 978.
2. Anzeige unverzügliche an Verlierer, Eigenthümer, sonstigen Empfangsberechtigten, eventuell Polizei, — Ausn., falls Werth 3 Mark oder weniger, 965, 978.
3. Aufbewahrung der Sache oder des Versteigerungserlöses (vorher Anzeige an Polizei!), — Versteigerung, falls Verderb oder unverhältnißmäßige Aufbewahrungskosten, 966, 975, 978.
4. Herausgabe des Erlangten an den Rechtsverlust Erleidenden — binnen 3 Jahren nach Eigenthumsübergang 977, 978.
5. bei Fund in Geschäftsräumen oder Beförderungsmitteln öffentlicher Behörden oder Verkehrsanstalten: unverzügliche Anzeige an Behörde (965—977 keine Anwendung!), — Behörde kann öffentlich versteigern lassen, vorher öffentliche Bekanntmachung mit Frist (Ausn.!), Erlös nach Kostenabzug 3 Jahre nach Ablauf der Frist an Fiskus, Gemeinde, Verkehrsanstalt 978—982.
— — entsprechende Anwendung, falls öffentliche Behörde im Besitz einer Sache ist, zu deren Herausgabe sie — nicht vertragsmäßig — verpflichtet ist, falls Empfangsberechtigter od. dessen Aufenthalt unbekannt, 983.
Fungible Sachen s. Vertretbare Sachen.
Furcht s. Drohung.
Furiosi s. Geisteskranke.
Furtum s. Diebstahl.
Fütterungskosten hat zu tragen: a) beim geliehenen Thiere: Entleiher 601, — b) beim gemietheten Thiere: Miether 547, — c) bei Wandelung wegen Viehmängel: Verkäufer 488.

G.

Gallerie s. Balkon.
Garantie s. Eigenschaft.
Garantievertrag nicht erwähnt, Thatfrage, ob Bürgschaft, s. auch das.

Garnisonsort, Wohnsitz f. Militärpersonen 9.
Gase, Zuführung auf fremdes Grundstück 906, Gewerbeordnung § 26.
Gast s. Einbringung.
Gastwirth s. auch Bierlieferungsvertrag.
— Anspruchsverjährung (2 Jahre) 196 Nr. 4, 201, 218.
— s. Einbringung 701—703, — Pfandrecht an eingebrachten Sachen 704.
Gatten s. Ehegatten.
Gattung, nur der G. nach bestimmte Sachen müssen, falls geschuldet, von mittlerer Art und Güte sein 243, — (s. auch H.G.B. 360), — falls vermacht oder Gegenstand einer Auflage, den Verhältnissen des Bedachten entsprechen 2155, 2192, — Beschränkung des Schuldverhältnisses auf bestimmte Sache, falls Schuldner das zur Leistung seinerseits Erforderliche gethan hat, 243 Abs. 2, — Haftung des Schuldners auch für unverschuldetes Unvermögen, solange Leistung aus G. möglich, 279, — Übergang der Gefahr auf Gläubiger bei Annahmeverzug 300 Abs. 2, — bei Mangel statt Wandelung oder Minderung Anspruch auf Lieferung mangelfreier Sache 480, 491, — ebenso bei Schenkung und Vermächtniß, ev. Schadensersatz 524 Abs. 2, 2183, — Vermächtniß einer solchen Sache 2155, 2182, 2183, 2192.
Gebäude s. auch Grundstück.
— sind wesentliche Bestandtheile eines Grundstücks (Ausn.!) 94, 95, — wesentliche Bestandtheile eines G. sind die zu dessen Herstellung, nicht nur zu vorübergehendem Zwecke, eingefügten Sachen 94 Abs. 2, 95 Abs. 2, — Zubehör eines G. 97, 98 Nr. 1.
— Bau über die Grenze s. Überbau.
— Erbbaurecht an einem Theil eines G. unzuläßig 1014.
— Einsturz: Haftung für Schadensersatz, Vorkehrung zur Abwendung der Gefahr 836—838, 908, 924, — landesgesetzliche Vorschriften über Wiederherstellung in anderer Lage E. Art. 110.
— Versicherung, Haftung den Hypothekgläubigern gegenüber 1128, 1130. bei Abbrennung Bayer. Gesetz vom 15. Juni 1898 Art. 17.
Gebäude, Wohnungsrecht s. das.
Gebäudeversicherung 1128, 1130, Bayer. Gesetz vom 15. Juni 1898 Art. 17.
Gebot s. auch Geringstes Gebot, Zwangsversteigerung.
— bei Pfandversteigerung: Zurückweisen 1239 Abs. 2, 1240, 1243—1245.
— — bei Versteigerung: Erlöschen mit Abgabe eines Überg. oder Schluß der Versteigerung ohne Zuschlag 156, F.G. 181.
— bei Zwangsversteigerung eines Anwesens: zurückweisen Z.V. 70 Abs. 2, 71.
— — — in Bergwerk u. s. f. A.G.O. Art. 50, 51, 53.
Gebrauch eines gemeinschaftlichen Gegenstands 743 Abs. 2, 866, 2038 Abs. 2.
— beim Leihvertrag (unentgeltlich) 598, 602, 603, 604, 608.
— der Sache bei Miethe und Pacht 535, 536, 541, 542, 568, 549, 552, 581.
— vertragsmäßiger G. hiebei 548, 581,
— vertragswidriger G. 550, 553, 581.
— beim Nießbrauch 1053.
— beim Werkvertrag 633—635.
Gebrauchsgegenstände persönliche d. Frau, hiezu bestimmte Sachen bei Ehe und Auseinandersetzung der Gütergemeinschaft 1362 Abs. 2, 1366, 1477 Abs. 2, — G. des Kindes, freies Vermögen 1650.
Gebrauchsleihe s. Leihe.
Gebrauchsüberlassung beim Leihvertrag nur mit Erlaubniß des Verleihers, 603, 604 Abs. 4.
— bei Miethe u. Pacht s. Untervermiethung 552, 581.
Gebrechen, Übergangsbestimmung: Vormundschaft wegen körperlicher G. vor 1. Januar 1900 gilt als Pflegschaft E. Art. 210.
— geistige oder körperliche bei unehelichem Kind, Erstrecken der Unterhaltspflicht des Vaters über 16 Jahre 1708 Abs. 2, s. im Übrigen Pflegschaft.
— Grund zur Ablehnung der Vormundschaft, Gegenvormundschaft 1786 Nr. 4, 1792 Abs. 4, 1889, 1895, 1897, 1915.

Gebundenheit s. Bindung.
Geburt s. auch Entbindung, Kind, Verwandter.
— Ehelichkeit der G. s. Kind.
— Einfluß auf Wiederverehelichung der geschiedenen Ehefrau 1313, 1322.
— des Erben nach dem Erbfall 1923, 1963, 2043, 2108, 2141, 2204.
— des Kindes: Ende der Pflegschaft der Leibesfrucht 1918 Abs. 2.
— — — nach Tod des Vaters, Recht, Vormund zu benennen, 1777 Abs. 2.
— des zur Zeit des Erbfalls noch nicht erzeugten Nacherben 2106 Abs. 2.
— des Pflichttheilsberechtigten nach Errichtung der letztwilligen Verfügung 2079, 2080 Abs. 2, 2285.
— Todtgeburt des unehelichen Kindes, Anspruch der Mutter 1715 Abs. 2.
— des unehelichen Kindes, Anzeigepflicht **F.G.** 48.
— des Vermächtnißnehmers nach dem Erbfall 2178, 2179.
— Vollendung der G., — Beginn der Rechtsfähigkeit 1.
— Zahl der G. bestimmt Verwandtschaftsgrad 1589.
Geburtstag bei Berechnung des Lebensalters mitzählen 187.
Geeigneter Ort zur Pfandversteigerung 1236.
Gefahr s. auch Abwendung u. nächstes Wort.
— Abwendung, Beschädigung oder Zerstörung fremder Sache u. s. f., falls erforderlich, eventuell Schadensersatz 228, 904.
— für Leben eines Verlobten befreit vom Aufgebot 1316.
— Tragung der G.:
1. bei Auszahlung des Versteigerungserlöses u. s. f. bei Zwangsversteigerung u. s. f vom Berechtigten, der im Vertheilungstermin nicht anwesend, **A.G.O.** Art. 32, 53.
2. bei Geldsendungen i. Zw. vom Schuldner 270.
3. bei der Geschäftsführung ohne Auftrag wider Willen des Geschäftsherrn vom Geschäftsführer 678, 679.
4. bei der Gesellschaft bezüglich der ihr zur Benutzung überlassenen Sachen vom betreffenden Gesellschafter 732.
5. bei Hinterlegung einer Sache vom Gläubiger 379 Abs. 2.
6. beim Leibgedingsvertrag vom Verpflichteten **A.** Art. 37 Abs. 2.
7. bei Miethe und Pacht vom Vermiether und Verpächter 536, 548, 581, — bei dem zum Schätzungswerth übernommenen Inventar eines Pachtgrundstücks vom Pächter 588.
8. beim Rücktritt vom Vertrag vom Empfänger des herauszugebenden Gegenstands 350.
9. bei der unerlaubten Handlung vom Thäter 848.
10. bei Vorlegung von Sachen von dem, der sie verlangt, 811 Abs. 2.
11. beim Werkvertrag bezüglich des vom Besteller gelieferten Stoffs vom Besteller 644, 645.
12. beim Wiederkaufsrecht vom Wiederkäufer 498, 501.
Gefahr eines ungewöhnlich hohen Schadens, Aufmerksammachen des Schuldners 254 Abs. 2.
— Voraussetzung zur Selbsthülfe 229—231.
— Übergang der G.:
1. beim Erbschaftskauf mit Abschluß des Vertrags 2380.
2. beim Kauf mit Übergang der Sache auf den Käufer (bei Eintragung in das Grundbuch vor Übergabe mit Eintragung) 446, — (Zeitpunkt der Gewährfrist 459, 483, 484).
3. bei Versendung an anderen als Erfüllungsort mit Übergabe an Spediteur 447.
4. bei Verzug der Annahme einer nur nach Gattung bestimmten Sache mit Zeitpunkt des Verzugs auf Gläubiger 300 Abs. 2.
5. beim Werkvertrag auf den Besteller mit Abnahme des Werks, eventuell mit Annahmeverzug 644, 646, 651.
6. bei der Zwangsversteigerung **Z.V.** 56.
— Umkommen in gemeinsamer G., Vermuthung 20.
— der Unmöglichkeit einer Leistung 287, 323.
— Vorkehrung gegen nicht vorhergesehene G. beim Nießbrauch 1042.

Gefahr bei Zwangsvollstreckung, ein Recht zu verlieren, 268, 1150.

Gefahr auf Verzug bei Abweichung vom Auftrag 680, 681.

— — — bei Änderung des Aufbewahrungsorts 692.

— — — bei Auflösung der Gesellschaft durch Tod 727 Abs. 2.

— — — bei Aufschub der Erklärung der Genehmigung u. s. f. von Mann oder Frau 1358 Abs. 2 u. 3, 1379 Abs. 2, 1401, 1447 Abs. 2, 1450, **F.G.** 53 Abs. 2.

— — — der Versteigerung 384.

— — — bei Befriedigung eines Gläubigers durch Besteller des Nießbrauchs am Vermögen 1087 Abs. 2.

— — — bei Ende der elterlichen Gewalt 1683.

— — — bei Ende d. Verwaltung und Nutznießung d. Mannes 1424 Abs. 2.

— — — bei Erlöschen des Auftrags 672, 673, 2218, 2220.

— — — bei Geschäftsführung ohne Auftrag 680, 681.

— — — bei Miethe 545.

— — — bei Selbsthülfe 229—231.

— — — bei Wegschaffen einer auf fremdes Grundstück gelangten Sache 867.

Gefährdung des Dienstboten oder der Dienstherrschaft **A.** Art. 24 Nr. 4 u. Abs. 2, 25 Nr. 2.

— des Ehemannes durch Überschuldung des Gesammtguts, Klagerecht auf Aufhebung des Güterstandes 1469, 1542, 1549.

— des späteren Erwerbs d. Abkömmlings durch Verschwendung oder Überschuldung, Beschränkung d. Pflichttheilsrechts 2338, 2289 Abs. 2.

— der Gegenleistung bei gegenseitigem Vertrag durch Vermögensverschlechterung, Sicherheit 321.

— des geistigen oder leiblichen Wohls des Kindes durch elterlichen Gewalthaber 1666, 1671—1674, 1686, 1687 Nr. 3.

— des Gemeinwohls durch eine Stiftung 87.

— der Gesundheit bei geliehener Sache, Kündigung 605 Nr. 2, — bei gemietheter oder gepachteter Sache, Kündigung 553, 581, — bei gemietheten oder gepachteten Wohnräumen, Kündigung 544, 581.

Gefährdung, Glaubhaftmachung bei einstweiligen Verfügungen 885, 899 Abs. 2, 1263 Abs. 2, 1716 Abs. 2, ferner C.P.O.

— eines Grundstücks durch drohenden Einsturz 908, 924.

— der Hypothek durch Verschlechterung des Grundstücks u. s. f. 1133—1135.

— der Interessen des Mündels, — Übergehen des berufenen Vormunds u. s. f., — Entlassen desselben, — Außerkraftsetzen von Anordnungen, — Anzeige durch Gemeindewaisenrath, — vorläufige Vormundschaft 1778, 1792, 1797 Abs. 3, 1803 Abs. 2, 1850, 1857, 1878, 1886, 1895, 1897, 1903, 1904, 1906, 1915, 1917 Abs. 2.

— des Kredits durch üble Nachreden, Schadensersatz 824.

— des Nachlasses durch Anordnungen des Erblassers, Außerkraftsetzen 2216 Abs. 2.

— der Nachlaßgläubiger durch Verhalten oder Vermögenslage des Erben, Nachlaßverwaltung 1981 Abs. 2, 2013 Abs. 2, 2062.

— der Rechte und Ansprüche der Ehefrau bezüglich eingebrachten Guts, Sicherheitsleistung, Klagerecht 1391, 1394, 1418 Nr. 1, 1525, 1542, 1550, — bezüglich Gesammtguts, Klage auf Aufhebung des Güterstandes 1468 Nr. 1 u. 2 u. 4 u. 5, 1542, 1549.

— — — des Nacherben durch den Vorerben, Sicherheit 2128.

— der Rentenschuld durch Verschlechterung des Grundstücks 1201 Abs. 2.

— der Rückerstattung eines versprochenen Darlehens, Widerruf 610.

— der Sicherheit Anderer durch Trunksucht, Entmündigung 6 Nr. 3.

— — des Pfandgläubigers durch Werthsminderung u. s. f. 1133—1135.

— — der verpfändeten Forderung, Einziehung 1286.

— — einer verzinslichen Forderung, an der Nießbrauch besteht, 1078.

Gefährdung des Unterhalts der Ehefrau, Klage auf Aufhebung des Güterstandes 1418 Nr. 2, 1468 Nr. 3, 1542, 1549, — Zurückbehaltung des Beitrags zum ehelichen Aufwand 1428, 1441, 1526, 1549, 1585, — bei der geschiedenen Ehefrau 1579, 1585 Abs. 2.
— des eigenen standesmäßigen Unterhalts: a) befreit von der Aussteuer 1620, — b) und dem gesetzlichen Unterhalt 1603, 1607, 1608, — c) beschränkt Unterhalt des geschiedenen Gatten 1579, — d) giebt Einrede gegen Anspruch aus Schenkungsversprechen und auf Rückforderung des Geschenkes 519, 528, 529, — e) schließt Ersatzpflicht des Unzurechnungsfähigen aus 829.
— des nothdürftigen Unterhalts der pflichttheilsberechtigten Angehörigen d. Erblassers durch Ansprüche der öffentlichen Wohlthätigkeitsanstalten **E.** Art. 139, **A.** Art. 101.
— des Unterhalts des Kindes durch elterlichen Gewalthaber 1666 Abs. 2, 1687 Nr. 3.
— — nach der Ehescheidung 1585 Abs. 2.
— des Vermögens des Kindes durch elterlichen Gewalthaber 1667, 1668, 1670—1674, 1686, 1687 Nr. 3, 1692.
— des Werthersatzes beim Nießbrauch an verbrauchbaren Sachen 1067 Abs. 2.
— der ordnungsmäßigen Wirthschaft bei Beschlagnahme eines Grundstücks **Z.V.** 25, — des Grundstücks und der Verwaltung **Z.V.** 149 Abs. 2.
Gefangenes Thier s. Thier.
Gefangenhaltung s. Freiheitsentziehung.
Gefängnißstrafe, Grund zur Verwirkung der elterlichen Gewalt wegen Vergehen gegen das Kind, bei Dauer von mindestens 6 Monaten, 1680, 1686.
Gefundene Sachen s. Fund.
Gegenforderung s. Aufrechnung.
Gegenleistung s. auch Anrechnung.
— Anspruch auf G. bei Unmöglichkeit der Leistung geht verloren bei zufälliger oder vom Schuldner der Leistung zu vertretender Unmöglichkeit 323, 325, — bleibt bestehen bei Verschulden oder Annahmeverzug des zur Gegenleistung Verpflichteten 324.
Gegenleistung, Bestimmung des Umfangs im Zweifel von dem, der sie zu fordern hat, 316.
— Verweigerung der Leistung bis zu der Bewirkung der G. 320—322.
Gegenrechnung s. Aufrechnung.
Gegenseitige Einsetzung der Erben als Ersatzerben 2098, 2190.
Gegenseitiger Vertrag s. Vertrag 320—327.
Gegenseitiges Testament s. Testament.
Gegenstand, Begriff umfaßt Sachen und Rechte 90.
— der Zuwendung und Auflage s. das.
Gegenvormund, Übergangsbestimmung **E.** Art. 210 Abs. 2.
— wann? — kann neben Vormund bestellt werden, — „soll" bestellt werden, wenn mit Vormundschaft Vermögensverwaltung, außer wenn diese unerheblich oder mehrere Vormünder gemeinschaftlich aufgestellt, 1792 Abs. 1 u. 2, — (bei mehreren Vormündern kann der eine zum G. des andern bestellt werden!) (ausschließbar!) (bei Pflegschaft nicht erforderlich!) 1792 Abs. 3, 1852, 1855—1857, 1915 Abs. 2, **E.** Art. 136 Nr. 4, **A.** Art. 100 Abs. 3.
— Beaufsichtigung durch Vormundschaftsgericht 1837, 1897.
— Berufung und Bestellung wie bei Vormund s. das. 1792 Abs. 4.
— Rechte und Pflichten:
1. Achtung, daß Vormundschaft pflichtmäßig geführt, — unverzügliche Anzeige von Pflichtwidrigkeit an Vormundschaftsgericht, — ebenso von jedem Fall, bei dem Gericht einzuschreiten hat, bes. Tod des Vormunds, Ende der Vormundschaft u. s. f., 1799, 1894, 1895.
2. Anhörung seitens des Vormundschaftsgerichts, Auskunftsertheilung 1826, 1839, 1891 Abs. 2.
3. Antrag auf Einsetzung eines Familienraths 1859, 1868, 1873, 1905.
4. Beschwerderecht **F.G.** 57 Nr. 6 u. 7, 60.
5. Fortführung der Geschäfte nach Beendigung des Amts oder Tod des Kindes 1682, 1683, 1893, 1895.

6. Genehmigung bei Anlage des Mündelvermögens 1809, 1810, 1832, — bei Verfügungen des Vormundes über Forderungen u. s. f., kraft deren Mündel Leistung verlangen kann, und über Werthpapiere (Ausn.!) 1812, 1813, 1825, 1832, 1852 Abs. 2, 1855, 1856, **E.** Art. 136 Nr. 3.
7. Haftung gegenüber Mündel 1833.
8. Mitwirken bei Aufnahme des Vermögensverzeichnisses, Prüfung der Rechnungsbelege 1802, 1842, 1854 Abs. 3, 1855, 1856, 1891, 1895.
9. Recht, die Vormundschaft abzulehnen, wer zwei Gegenvormundschaften führt, 1786 Nr. 8, 1787.
10. Unentgeltlichkeit der Führung, — angemessene Vergütung, — Ersatz der Aufwendungen 1835, 1836.
11. Zurückgabe der Bestallung 1881, 1893, 1895.

Gegenvormund, Tod des G. 1894, 1897.

Gegenwärtiges Vermögen, Übertragung oder Nießbrauch, Form! 311, — Genehmigung des Vormundschaftsgerichts 1822 Nr. 1.

Gehalt s. Dienstbezug.

Gehülfe s. auch Arbeiter.
— des Notars u. s. f. bei Errichtung von Urkunden (nicht als Zeuge) 2237 Nr. 4, 2244, 2249, 2250 Abs. 2, 2276, 2290 Nr. 4, **E.** Art. 151, **F.G.** 173 Nr. 4.
— Schadensersatz bei unerlaubten Handlungen 830 Abs. 2, 840.
— Verschulden des G. des Beamten s. das. **E.** Art. 78, **A.** Art. 1, — des Beauftragten, Verwahrers, geschäftsführenden Gesellschafters 664, 691, 713, 2218, 2220, — Haftung des Schuldners 278.
— des mit Zwangsvollstreckung Betrauten, Ausschluß vom Kauf 456.

Geißel, Errichtung einer letztwilligen Verfügung **E.** Art. 44.

Geisteskrankheit, Übergangsbestimmung: wer am 1. Januar 1900 wegen G. entmündigt, steht von da an einem nach B.G.B. wegen G. Entmündigten gleich **E.** Art. 155.

Geisteskrankheit, Entmündigung, wer infolge G. seine Angelegenheiten nicht besorgen kann, (Wiederaufhebung bei Wegfall des Grundes) 6.
Folgen:
1. Ehescheidungsgrund, (falls mindestens 3 Jahre während der Ehe gedauert und geistige Gemeinschaft und Aussicht auf deren Wiederherstellung ausgeschlossen, — Unterhaltsgewährung) 1569, 1583, C.P.O. 623, — (Auseinandersetzung bei allgemeiner Gütergemeinschaft 1478 Abs. 3).
2. Geschäftsunfähigkeit 104 Nr. 3.
3. erhalten Vormund s. Vormundschaft 1896, — vorläufigen Vormund 1906.

Geistesschwäche, Übergangsbestimmungen **E.** Art. 210, 211.
— Entmündigung, wie bei Geisteskrankheit 6.
Folgen:
1. beschränkte Geschäftsfähigkeit 114.
2. können ohne Genehmigung des gesetzlichen Vertreters Ehe nicht schließen oder bestätigen 1304, 1325, 1331.
3. können nicht Vormund, Gegenvormund, Beistand, Familienrathsmitglied, Pfleger werden 1780, 1792, 1694, 1865, 1915.
4. erhalten Vormund, ev. vorläufigen Vormund 1896, 1906.
5. können Testament nicht errichten 2229, 2230, — (aber widerrufen 2253), — können Erbvertrag nicht schließen (Ausn.: Ehegatten und Verlobte) 2275.

Geistesstörung, die freie Willensbestimmung, nicht nur vorübergehend, ausschließt:
1. Geschäftsunfähigkeit 104 Nr. 2, — (bei vorübergehender G. Willenserklärung nichtig 105 Abs. 2, — insbes. auch Ehe 1325, 1329).
2. keine Haftung für Schadenszufügung (Ausn.!) 827, 829, 832, — doch des Staates u. s. f. für seine Beamten **A.** Art. 61.

Geistige Gebrechen s. Gebrechen.

Geistiges Wohl des Kindes, Gefährdung durch die elterlichen Gewalthaber 1666, 1671—1674, 1686.

Geistliche Gesellschaft, Rechtsfähigkeit nach Landesgesetz **E.** Art. 84, —

Beschränkungen des Erwerbs **E.** Art. 86, **A.** Art. 7—10.
Geistlicher, Abtretung des übertragbaren Theils des Diensteinkommens, Wartegelds, Ruhegehalts 411, — landesgesetzliche Beschränkungen aufrechterhalten **E.** Art. 81, **A.** Art. 12.
— Recht, die Miethe (nicht Pacht) bei Versetzung zu kündigen, 570, 596 Abs. 3.
— Siegelmäßigkeit (Bayer. Verfassungsurkunde Tit. V § 4 Abs. 2 Nr. 5) aufgehoben **A.** Art. 135.
— landesgesetzliche Bestimmungen über vermögensrechtliche Ansprüche in Kraft **E.** Art. 80, **A.** Art. 1, 126, 127.
— Erlaubniß zur Bestellung als Vormund, Gegenvormund, Pfleger 1784, 1792, 1888, 1897, 1915.
Geld s. auch Geldforderung, Geldschuld, Zinsen.
— Anlegung verzinsliche von Mündelgeld:
1. in Forderungen, für die sichere Hypothek an inländischen Grundstücken besteht, — oder in sicherem Grund, — oder Rentenschulden an inländischen Grundstücken (Sicherheit nach Landesgesetz) 1807 Nr. 1 u. Abs. 2.
2. in verbrieften Forderungen gegen Reich und Bundesstaat oder deren Verzinsung vom Reich oder Bundesstaat gewährleistet ist, 1807 Nr. 2 u. 3, 1816, 1817.
3. in Werthpapieren (bs. Pfandbriefen) u. s. f. von inländischer kommunaler Körperschaft oder deren Kreditanstalt, falls sie Bundesrath für geeignet erklärt hat, 1807 Nr. 4.
4. bei inländischen öffentlichen Sparkassen, wenn sie von zuständiger Behörde des betr. Bundesstaats hiefür für geeignet erklärt ist, 1807 Nr. 5, 1809.
5. ev. bei Reichs-, Staatsbank oder bei anderer durch Landesgesetz für geeignet erklärten inländischen Bank oder Hinterlegungsstelle 1808, 1809, 1811.
6. ausnahmsweise aus besonderen Gründen andere Anlegung 1811, 1852 Abs. 2.
7. in Werthpapieren, die nach Landesgesetz für geeignet erklärt sind, **E.** Art. 212, **Ue.** Art. 32, Bek. vom 9. September 1899 (G. u. V. Bl. 99 S. 830).
— Anwendung dieser Vorschriften auf Anlegung von einem Nießbrauch oder Pfandrecht unterliegenden eingezogenen Forderungen 1079, 1288, — G., das zum eingebrachten Gut der Frau gehört, 1377, 1525, 1550, — G. des minderjährigen Kindes durch elterlichen Gewalthaber 1642, 1653, 1686, 1691, — G. der Erbschaft durch Vorerben 2119, 2136, 2137.
Geld, Annahme und Aufnahme von G. für den Mündel durch den Vormund 1805, 1813, 1822 Nr. 8, 1834.
— Aufbewahrung durch den Notar **N.** Art. 4.
— ausländisches, Umrechnung 244.
— als Gegenstand:
1. der Anweisung 783.
2. des Darlehens s. das. 607—610.
3. der Einbringung bei Gastwirthen 702.
4. der Gegenleistung bei Rücktritt vom Vertrag 346.
5. der Grundschuld 1191.
6. der Hinterlegung s. das. 698, 700, — — als Sicherheit 232, 233, 235, 372, — — des Nachlasses bis zur Annahme der Erbschaft 1960 Abs. 2, — landesgesetzliche Vorschriften **E.** Art. 145, 146.
7. der Hypothek 1113.
8. des Schadensersatzes, statt Herstellung bei Verletzung der Person, Sachbeschädigung u. s. f. 249—251, falls kein Vermögensschaden, billige Entschädigung in Geld nur in folgenden Fällen: a) bei Rechtsverlust durch Verbindung, Verarbeitung u. s. f. 951, — b) bei Rücktritt vom Verlöbniß, falls unbescholtene Verlobte Beischlaf gestattete, 1300, 1302, — c) bei Sittlichkeitsverbrechen gegen Frau oder deren Bestimmung zum außerehelichen Beischlaf durch List, Drohung u. s. f. 847 Abs. 2, — d) bei Verletzung des Körpers, der Gesundheit, Freiheitsentziehung 847.
9. des Schiffspfandrechts 1260 Abs. 2, 1271, 1272.
10. der Vertragsstrafe 339—341, 343—345.
— Eigenthumserwerb an gestohlenem G. bei gutem Glauben 935 Abs. 2, 1006, 1007 Abs. 2.
— inländische Schuldverschreibungen auf den Inhaber auf bestimmte Geld-

summe nur mit staatlicher Genehmigung 795.

Geld, Übersendung des G. auf Kosten u. Gefahr des Schuldners an den Gläubiger 270.

— Umsetzung in Geld: a) des Gesammtguts, soweit zur Auseinandersetzung erforderlich, 1475 Abs. 3, 1477, 1498, 1546, 1549, — b) des gemeinschaftlichen, nicht in Natur theilbaren Gegenstandes 753, — c) des Gesellschaftsvermögens 733, — d) von Leistungen nicht vertretbarer Sachen bei Wandelung oder Minderung 473, — e) des Nachlasses 2046 Abs. 3, 2204.

— Verfügung über G., das zum eingebrachten Gute der Frau gehört, durch Mann ohne Zustimmung der Frau, — Anlegung von Mündelgeld 1376, 1377, 1525, 1550, — — des Kindes durch elterlichen Gewalthaber nur mit Genehmigung des Vormundschaftsgerichts 1653, 1659 Abs. 2, 1642, 1643, 1691, 1822 Nr. 8.

— Vermächtniß der Forderung auf Zahlung einer Geldsumme gilt, wenn sie nicht in der Erbschaft ist, als Vermächtniß des Geldes 2173.

Geldforderung, Bürgschaft für G. 772.

— Pfandverkauf oder Einziehung verpfändeter G. 1228 Abs. 2.

Geldrente als Schadensersatz:

1. bei Aufhebung oder Minderung der Erwerbsfähigkeit oder bei Bedürfnißmehrung durch Körperverletzung u. s. f. 843, **E.** Art. 42 III § 7, C.P.O. 324, — Pfändung C.P.O. 850 Abs. 3.
2. falls beim Leibgeding Berechtigter genöthigt ist, Grundstücke dauernd zu verlassen, **A.** Art. 43, 44.
3. für Nießbrauch u. s. f., der durch Zuschlag bei Zwangsversteigerung erlischt, **Z.V.** 92 Abs. 2, 121.
4. beim Nothweg s. das. 912 Abs. 2, 913, 914, 916, 917 Abs. 2, 924, **E.** Art. 116.
5. bei Tödtung an den dem Getödteten gegenüber Unterhaltsberechtigten 844 Abs. 2, 846, C.P.O. 324.
6. bei Tödtung, Körperverletzung u. s. f. an den dem Verletzten gegenüber Dienstberechtigten 845, 846, C.P.O. 324.
7. beim Überbau s. das. 912 Abs. 2, 913—915, 924, **E.** Art. 116.

Geldrente, Sicherheitsleistung bei Vermögensverschlechterung C.P.O. 324.

— als Unterhalt bei Getrenntleben der Ehegatten 1361, — bei Scheidung 1580, 1582 Abs. 2, C.P.O. 324, — an das uneheliche Kind 1710, — an unterhaltsberechtigte Verwandte 1612.

— Vorausbezahlung für 3 Monate 760 Abs. 2, 1710 Abs. 2, **Z.V.** 92 Abs. 2, 121.

— Vorrang nach Landesgesetz wegen eines zur Verbesserung des belasteten Grundstücks gewährten Darlehens **E.** Art. 118.

Geldschuld, Verwandlung in Darlehensschuld 607 Abs. 2.

— Verzinsung 288, 289, 291.

— Zahlung in welcher Münzsorte? 244, 245.

Geldsumme s. Geld.

Gelegenheitsgeschenke s. Schenkung.

Gemälde s. Bild.

Gemeinde s. auch Beamter, Kommunalverband, Zusammenrottung.

— des Fundorts, Recht auf gefundene Sache 976, 977, 979, 981.

— Grundbuchblatt für deren Grundstücke **G.O.** 90, — Bayern: Kgl. Verordnung vom 1. Juli 1898 (G. u. V.Bl. 98 S. 377).

— Haftung für Wildschaden nach Landesgesetz **E.** Art. 71 Nr. 6.

— kein Konkurs! Bayer. Ausführungsgesetz zur C.P.O. Art. 10 (G. u. V.Bl. 1899 S. 404).

— keine Sicherheitsleistung bei Zwangsversteigerung **A.Z.V.** Art. 30, 53.

— Zwangsvollstreckung s. Bayer. Ausführungsgesetz zur C.P.O. Art. 9 (G. u. V.Bl. 1899 S. 404).

Gemeindebeamter s. Beamter.

Gemeindetestament s. Testament 2249, **E.** Art. 150.

Gemeindevorsteher s. auch Bürgermeister.

— Errichtung von Testamenten vor G. 2260, **E.** Art. 150.

Gemeindewaisenrath, Bildung des G.: für jede Gemeinde, ev. für Städte mit mehr als 100,000 Einwohner mehrere, — Bürgermeister oder dessen Vertreter

und Anzahl (durch Magistrat unter Zustimmung der Gemeindebevollmächtigten, ev. Gemeindeverwaltung festzustellender und zu wählender) Waisenräthe **A.** Art. 93—96, — (erste Wahl 1899 **A.** Art. 178), — Amt ist unentgeltliches Gemeindeamt **A.** Art. 97, — Verpflichtung durch Handgelübde **A.** Art. 96 Abs. 6, — Aufstellung von Waisenpflegerinnen in widerruflicher Weise **A.** Art. 98.

Gemeindewaisenrath, Pflichten:

1. Anzeige an Vormundschaftsgericht behufs Einschreiten 1675, 1686, — behufs Bestellung des Vormundes u. s. f. **F.G.** 49, — (Geschäftsführung, Verkehr mit Vormundschafsgericht durch Ministerien zu regeln **A.** Art. 99).
2. — der Verlegung des Wohnsitzes des Mündels 1851 Abs. 2.
3. Überwachung des Vormundes u. Pflegers, — Anzeige an Vormundschaftsgericht 1850, 1897, 1915, **A.** Art. 99.
4. Vorschlag des Vormundes u. s. f. 1849, 1915, **F.G.** 49.

— Rechte:

1. Anhören bei Auswahl des Vormundes u. s. f. 1779, 1792 Abs. 4, 1849, 1862, 1897, 1915, **A.** Art. 99.
2. Mittheilung an G. vom Wechsel des Vormundes u. s. f., dessen Aufenthalt u. s. f. 1851, **A.** Art. 99.

Gemeine Gefahr, Betrieb mit, Schadensersatz nach landesgesetzlichen Vorschriften **E.** Art. 105, — Haftpflicht (außer bei höherer Gewalt oder eigenem Verschulden — Verjährung: 2 Jahre nach Unfall!) **A.** Art. 58.

Gemeinheitstheilung, landesgesetzliche Vorschriften unberührt **E.** Art. 113, 116, — bei Eintragungen ins Grundbuch Vorlegung der Urkunden **A.G.O.** Art. 19, 20, 53.

Gemeinsame Gefahr, Umkommen in g. G., Vermuthung gleichzeitigen Todes 20.

Gemeinschaft eheliche s. Eheliche Gemeinschaft.

Gemeinschaft geistige, Aufhebung zwischen Ehegatten durch Geisteskrankheit, Ehescheidung 1569.

Gemeinschaft häusliche beim Dienstvertrag, — Anspruch auf 6 wöchentliche Verpflegung 617, — Einrichtung der Räume, Verpflegung, Arbeits- u. Erholungszeit nach Gesundheit, Sitte, Religion 618 Abs. 2 u. 3.

Gemeinschaft häusliche der Ehegatten 1353—1362, 1567 Abs. 2 Nr. 1, 1571 Abs. 2, — s. auch Eheliche Gemeinschaft.

— — mit Erblasser z. Zt. des Erbfalls, Anspruch auf Dreißigsten 1969, — Pflicht zur Auskunft und Offenbarungseid 2028.

Gemeinschaft nach Bruchtheilen, Übergangsbestimmung: auf eine am 1. Januar 1900 bestehende G. n. B. findet von da an B.G.B. Anwendung **E.** Art. 173.

— — Aufhebung der G. nach Bruchtheilen:

wann?

1. kann von jedem Theilhaber jederzeit verlangt werden, — Anspruch auf Aufhebung nicht verjährbar 749, 758, — (bei Nießbrauch und Pfandrecht 1066, 1258).
2. falls ausgeschlossen: bei wichtigem Grund (nicht ausschließbar) 749, 1010, **E.** Art. 131, — z. B. K.O. 16 Abs. 2.
3. falls auf Zeit ausgeschlossen, beim Tod 750, **E.** Art. 131, K.O. 16 Abs. 2.
4. bei Voraussetzung von 2 und 3, falls Gläubiger Antheil auf Grund ein. nicht bloß vorläufig vollstreckbaren Schuldtitels pfändete, 751, **E.** Art. 131.
5. landesges. Vorschrift für Miteigenthümer eines mit Gebäude versehenen Grundstückes **E.** Art. 131, **Ue.** Art. 42, 43, 113—115.

wie?

1. Theilung in Natur — ev. Loos (Gewährleistung wegen Mängel) 752, 757.
2. ev. Verkauf (Zwangsversteigerung) und Theilung des Erlöses 753, **Z.V.** 180—184, **Ue.** Art. 41, 113—115.
3. bei Forderungen eines Theilhabers gegen den anderen 756, 1010 Abs. 2.
4. bei gemeinschaftlichen Forderungen 754.
5. gemeinschaftliche Verbindlichkeiten aus gemeinschaftlichem Gegenstand berichtigen 755, 1010 Abs. 2, K.O. 51.

— — Geltung der Vorschriften, sobald ein Recht Mehreren gemein-

schaftlich u. ungetheilt zusteht, 741, — (Ausnahmen bei allgemeiner Güter-, Fahrniß-, Errungenschaftsgemeinschaft, Gemeinschaft der Miterben, Gesellschaft s. das.).
abweichende Bestimmungen beim a) gemeinschaftlichen Besitz 866, — b) gemeinschaftlichen Nutzungsrecht an Grenzeinrichtungen 922, — c) Miteigenthum 1008—1011, **E.** Art. 131, — d) Nießbrauch am Antheil des Miteigenthümers 1066, — e) Pfandrecht hieran 1258.

Gemeinschaft nach Bruchtheilen, Pflicht des Theilhabers: Lasten und Kosten nach Verhältniß des Antheils 748.
— — Rechte des Theilhabers:
1. im Zweifel gleiche Antheile 742.
2. den Antheilen entsprechender Theil der Früchte 742.
3. Gebrauch, soweit nicht Mitgebrauch beeinträchtigt, 743.
4. Verwaltung gemeinschaftlich (Stimmenmehrheit!) 744—746.
5. Verfügungsrecht über Antheil, — über gemeinschaftlichen Gegenstand gemeinschaftlich 747.

Gemeinschaftlicher Abkömmling s. auch Kind.
— — Annahme an Kindesstatt von Ehepaar 1749, 1757 Abs. 2, 1758, 1768 Abs. 3, 1769, 1772, 1306.
— — Beitrag der geschiedenen Ehefrau an den Mann zum Unterhalt des g. A. 1352, 1585.
— — Fortsetzung der Gütergemeinschaft mit g. A. 1482—1508.

Gemeinschaftliche Annahme an Kindesstatt durch ein Ehepaar 1306.

Gemeinschaftlicher Antrag auf Anordnung einer Nachlaßverwaltung 2062.

Gemeinschaftliche Ausübung eines Rechtes bei Auseinandersetzung der fortgesetzten Gütergemeinschaft 1502 Abs. 2.

Gemeinschaftliche Benutzung s. auch Kommunmauer.
— — einer Zwischenmauer u. s. f. durch die Eigenthümer der beiden Nachbargrundstücke 92, **E.** Art. 124, **A.** Art. 68—70, 77, 78.

Gemeinschaftlicher Besitz u. s. f. bei Inhaber- oder Orderpapieren mit Blankoindossament als Gegenstand des Nießbrauchs 1081—1083.

Gemeinschaftliche Eintragung eines Rechtes im Grundbuch **G.O.** 48.

Gemeinschaftlicher Erbschein bei Vorhandensein mehrerer Erben 2357.

Gemeinschaftlicher Erbtheil, Einsetzung einiger von mehreren Erben auf denselben Bruchtheil der Erbschaft 2093, 2094, 2098 Abs. 2, 2157, 2190.

Gemeinschaftliche Führung des Amtes durch mehrere Testamentsvollstrecker 2224, 2219 Abs. 2, 2220, 2197, 2199.
— — der Vormundschaft 1786 Nr. 7, 1787, 1797, 1798.

Gemeinschaftliches Kind s. Gemeinschaftlicher Abkömmling.

Gemeinschaftliche Leistung bei untheilbarer Leistung s. Leistung 432, 1109.
— — bei verpfändeter Forderung 1281, 1284, 1285, 1287.

Gemeinschaftliches Testament s. Testament.

Gemeinschaftliches Vermögen s. die einzelnen Güterrechte.

Gemeinschaftliche Verwaltung des Gesammtguts nach Ende der Gütergemeinschaft 1472.
— — des Nachlasses durch mehrere Erben 2038—2041.

Gemeinschaftliche Zahlung u. s. f. beim Nießbrauch an verzinslichen Forderungen 1077—1079.

Gemeinschuldner s. Konkurs.

Gemeinwohl, Gefährdung durch Erfüllung des Stiftungszwecks 87.
— Gefährdung durch Verein 43.

Genehmigung s. auch Beistand, Vormund, Vormundschaftsgericht, Weigerung.
— staatliche ist erforderlich:
1. zur Änderung der Satzungen von Vereinen, deren Rechtsfähigkeit auf Verleihung beruht, 33 Abs. 2.
2. zur Entstehung einer rechtsfähigen Stiftung 80—82, 84, 2043 Abs. 2, 2101 Abs. 2, 2204.
3. zum Inverkehrbringen inländischer Schuldverschreibungen auf den Inhaber auf bestimmte Geldsumme 795.
4. zu Lotterien und Ausspielverträgen 763.

5. zum Rechtserwerb durch juristische Personen u. s. f., — Grundstückserwerb durch Ausländer E. Art. 86—88, A. Art. 7—10.

Genehmigung von Verträgen und einseitigen Rechtsgeschäften ist nachträgliche Zustimmung, rückwirkend 184, — Abänderung F.G. 55.

1. bei beschränkt Geschäftsfähigen, — Wirksamkeit des ohne Einwilligung des gesetzlichen Vertreters geschlossenen Vertrags, — Aufforderung zur Erklärung 107—114, — geschlossene oder bestätigte Ehe, — Ausschluß der Anfechtung 1337.
2. bei Ehefrau über eingebrachtes Gut 1396, 1397, 1401, 1404, 1525. 1550.
3. bei Geschäftsführung ohne Auftrag, — Ersatz der Verwendungen 670, 683, 684.
4. bei Leistung an Dritten zum Zwecke der Erfüllung durch Gläubiger, Wirksamkeit 362, 185.
5. bei Nichtberechtigten durch Berechtigten, Wirksamkeit 185 Abs. 2.
6. bei notariellen u. s. f. Urkunden F.G. 174, 177.
7. bei Protokollen über Errichtung des Testaments u. s. f. 2242, 2249, 2250 Abs. 2, 2251, 2276, 2290 Abs. 4, 2243 Abs. 2, E. Art. 151.
8. bei Rechtsgeschäften des Mannes ohne Einwilligung der Frau über Gesammtgut 1448, 1519, 1549.
9. bei Schuldübernahme durch Gläubiger (Aufforderung) 415, 416.
10. bei Verfügungen des Vorerben durch Nacherben 2114, 2120, 2136 - 2138.
11. bei Vertreter ohne Vertretungsmacht, Aufforderung zur Erklärung 177—179, beim Kauf 458.
12. bei Verwendungen des Besitzers durch den Eigenthümer, Ersatzanspruch 1001—1003, 2022.

Generalhypothek ausgeschlossen durch Specialitätsprincip s. Hypothek.

Generalversammlung eines Vereins s. Mitgliederversammlung.

Generische Obligation 243.

Genossenschaftsregister F.G. 147, 148.

Genugthuung s. Schadensersatz.

Genus s. Gattung.

Geräth, Geräthschaft zum Wirthschafts- oder Gewerbebetrieb bestimmt, Zubehör 97, 98.

— — zur Verrichtung von Diensten bestimmt, möglichst wenig Gefahr für Verpflichteten! 618, A. Art. 25 Nr. 5, 26, 30, H.G.B. 62.

— — Schadensersatzpflicht dessen, der G. zu beschaffen hat, wegen Fahrlässigkeit hiebei 831.

Geräusch, Zuführung auf fremdes Grundstück 906, Gewerbeordnung § 26.

Gerechtsame, Verpflichtung zur Auskunftsertheilung beim Kauf 444.

Gericht s. auch Amts-, Nachlaß-, Vormundschaftsgericht.

— Vermiether kann auch ohne Anrufung des G. die Entfernung der eingebrachten Sachen verhindern 561.

— Bestätigung der Annahme an Kindesstatt und deren Aufhebung 1741, 1770.

— Bestellung des Verwalters beim Nießbrauch 1052, 1054, — des Verwahrers beim Pfandrecht 1217, 1281.

— Entlassung eines Mitglieds des Familienraths 1878.

— Entscheidung über Art des Pfandverkaufs 1246 Abs. 2.

— Verwahrung des Testaments oder Erbvertrags 2261, 2300.

Gerichtliche Beurkundung s. Form und Notarielle Beurkundung.

Gerichtliche Fristen und Termine s. Frist, Termin.

Gerichtliche Geltendmachung s. Klage.

Gerichtliche Hypothek in der Pfalz s. Bayer. Gesetz v. 1. Juli 1898 Art. 12, (G. u. V.Bl. 1898 S. 372).

Gerichtliches Veräußerungsverbot steht dem gesetzlichen gleich 136.

Gerichtsbarkeit freiwillige s. Freiwillige Gerichtsbarkeit.

Gerichtsgebrauch nicht erwähnt.

Gerichtskosten s. Kosten.

Gerichtsschreiber, Ausfertigung gerichtlicher Protokolle F.G. 182.

— als Zeuge bei Errichtung eines Testaments oder Erbvertrags oder bei Aufhebung des letzteren 2233—2237, 2239, 2241, 2246, 2276, 2290 Abs. 4, E. Art. 151.

Gerichtsschreiber als Zeuge bei Errichtung gerichtlicher Urkunden **F.G.** 169—172, 174.
Gerichtsstand s. Zuständigkeit.
Gerichtsverfassungsgesetz, Abänderung **E.** Art. 1.
— Anwendung des B.G.B. auf seine Vorschriften **E.** Art. 33.
Gerichtsvollzieher, Haftung des Staats s. Beamter **E.** Art. 77, **A.** Art. 60 Abs. 1.
— Anspruchsverjährung (2 Jahre) 196 Nr. 15, 201, 218.
— Versteigerung 385 Abs. 3.
— Zustellung von Willenserklärungen 132 u. C.P.O.
Geringes Versehen nicht erwähnt s. Fahrlässigkeit.
Geringstes Gebot s. Zwangsversteigerung **Z.V.** 44—54, 64, 66, 83 Nr. 1, 84, 100, 112, 130 Abs. 2, 169, 174, 179, 182, **E.Z.V.** 8, 9, **A.G.O.** Art. 27, 49, 53.
Gerüche, Zuführung auf fremde Grundstücke 906, Gewerbeordnung § 26.
Gesammtausgebot bei Zwangsversteigerung **Z.V.** 63, 83 Nr. 2, 112.
Gesammtgläubiger sind mehrere Gläubiger, von denen jeder die ganze Leistung fordern kann, der Schuldner aber dieselbe nur einmal zu bewirken braucht 428, — Schuldner kann nach seinem Belieben an jeden Gläubiger, auch nach Klageerhebung, leisten 428.
— G. sind mehrere mit einem Vermächtniß u. s. f. Bedachte, falls Beschwerter oder Dritter zu bestimmen hat, wer Vermächtniß erhalten soll, und diese Bestimmung nicht getroffen werden kann oder binnen der vom Nachlaßgericht festgesetzten Frist nicht getroffen wird, 2151 Abs. 3, 2153 Abs. 2, 2154 Abs. 2, 2193 Abs. 3.
— Abtretung der Forderung eines G. läßt Rechte der andern unberührt 429 Abs. 3.
— Erfüllung u. s. f. wirkt gegen alle 422, 429 Abs. 3, — Wirkung eines Erlaßvertrags 423, 429 Abs. 3, — Kündigung, Verzug des Schuldners, Verjährung u. s. f. wirken nur für betreffenden G. 425, 429 Abs. 3.
Gesammtgläubiger, Erlöschen der Rechte sämmtlicher G., wenn sich Forderung und Schuld in Person des G. vereinigen, 429 Abs. 2.
— G. im Verhältniß zu einander zu gleichen Antheilen berechtigt, soweit nicht Anderes bestimmt, 430.
— Verzug des einen G. wirkt auch gegen die übrigen 429.
Gesammtgrundschuld s. Gesammthypothek 1192, 2168.
Gesammtgut s. die einzelnen Güterrechte.
Gesammtgutsverbindlichkeiten s. das.
Gesammthypothek:
1. Begriff: Hypothek für eine Forderung an mehreren Grundstücken 1132, — (nur ein Hypothekenbrief — Ausn.! **G.O.** 59), — (bei Vertheilung auf d. einzelnen Grundstücke für jedes neuer Hypothekenbrief **G.O.** 64).
2. Folge: Haftung jedes Grundstücks für die ganze Forderung 1132.
3. Rechte des Gläubigers: a) Befriedigung nach seinem Belieben aus jedem der Grundstücke ganz oder zum Theil, — b) Vertheilung der Forderung auf die einzelnen Grundstücke so, daß jedes nur für zugetheilten Betrag haftet (Erklärung gegenüber Grundbuchamt!), 1132, 875, 876, 878, — Bayer. Gesetz vom 18. Juni 1898 Art. 5—7.
4. einzelne Bestimmungen: a) falls Forderung nicht entstanden, so steht G. den Eigenthümern der betreffenden Grundstücke gemeinsam zu, ebenso bei Erlöschen der Forderung und bis Übergabe des Hypothekenbriefs; jeder kann Beschränkung auf entsprechenden Theilbetrag verlangen 1163, 1172, 1176, — b) bei Befriedigung des Gläubigers durch Eigenthümer eines Grundstücks oder bei Übertragung des Gläubigerrechts auf Eigenthümer oder bei Vereinigung von Forderung und Schuld im Eigenthümer: Eigenthümer erwirbt Hypothek an seinem Grundstück, Hypotheken der übrigen erlöschen, außer wenn er Ersatz verlangen kann, 1173, 1176, 1143 Abs. 2, — c) — — aus einem Grundstück, Freiwerden der übrigen, eventuell Schadensersatz 1181 Abs. 2,

1182, — d) bei Befriedigung durch persönlichen Schuldner oder Vereinigung von Forderung und Schuld in einer Person: Übergang der Hypothek an dem Grundstück, von dessen Eigenthümer Ersatz verlangt werden kann, Erlöschen der Hypotheken an d. andern 1174, 1176, — e) Theilung eines mit Hypotheken belasteten Grundstücks u. s. f. — Bayer. Gesetz vom 18. Juni 1898 Art. 6, 7, — f) bei Verzicht des Gläubigers fällt die Hypothek den Eigenthümern gemeinschaftlich zu; bei Verzicht auf Hypothek an einem Grundstück Erlöschen dieser Hypothek, ebenso bei Ausschluß des Gläubigers 1175, 1176, — g) bei Zwangsversteigerung des Anwesens **Z.V.** 64, 83 Nr. 3.

Gesammtpfandrecht ist Pfandrecht an mehreren Sachen oder Rechten 1222, 1273 Abs. 2, — Haftung jeder Sache für ganze Forderung 1222, — Pfandgläubiger kann, sofern nicht anderes bestimmt, das Pfand, welches verkauft werden soll, wählen 1230.

Gesammtpreis für mehrere verkaufte Sachen, bei Wandelung oder Minderung wegen Fehlerhaftigkeit einzelner Sachen 469, 471, 472, — bei Miethe oder Pacht 453, 581 Abs. 2.

— s. mehr. Gegenstände, an denen bei einzelnen Vorkaufsrecht besteht, 508, 1098.

Gesammtrentenschuld s. Gesammthypothek 1199, 1192, 2168.

Gesammtsache s. Sachinbegriff.

Gesammtschätzungswerth von Inventarstücken 589 Abs. 3.

Gesammtschuldner sind Schuldner, welche eine Leistung so schulden, daß jeder die ganze Leistung zu bewirken verpflichtet, Gläubiger aber Leistung nur einmal zu fordern berechtigt ist 421.

— G. sind nach dem Gesetz (s. auch H.G.B. 128, 202, 204, 209, 225 Abs. 2, 241 Abs. 2, 249 Abs. 2, 269 Abs. 4, 273 Abs. 2).

1. mehrere Bürgen für selbe Verbindlichkeit 769.
2. diejenigen, die Dienstboten zum Vertragsbruch verleiten oder wissentlich bereits verdungene Dienstboten für selbe Zeit dingen, **A.** Art. 30.
3. die Ehegatten für Gesammtgutsverbindlichkeiten, die nicht vor Theilung des Gesammtguts berichtigt sind, 1480, 1504, 1546, 1549, 1990, 1991.
4. Ehemann u. Gesammtgut für Gesammtgutsverbindlichkeiten der Frau 1459 Abs. 2, 1530 Abs. 2, 1549.
5. Ehemann gegenüber Gläubigern beim gesetzlichen Güterrecht, soweit er der Frau gegenüber ihre Verbindlichkeiten aus eingebrachtem Gut zu tragen hat, 1388.
6. Eigenthümer eines getheilten reallastpflichtigen Grundstücks 1108 Abs. 2, — Miteigenthümer eines versicherten Gebäudes für Beiträge s. Bayer. Gesetz vom 3. April 1875, Brandversicherungsanstalt betr., Art. 71, **A.** Art. 164 IX.
7. die Erben für gemeinschaftliche Nachlaßverbindlichkeit 2058.
8. bei Kostentragung C.P.O. 100 Abs. 4, 101 Abs. 2.
9. Liquidatoren eines Vereins oder einer Stiftung 53, 88.
10. falls sich Mehrere durch Vertrag gemeinschaftlich zu theilbarer Leistung verpflichten, im Zweifel 427.
11. mehrere aus unerlaubter Handlung nebeneinander Schadensersatzpflichtige 830, 835 Abs. 3, 840.
12. Mehrere, die untheilbare Leistung schulden, 431.
13. Mehrere, die im Namen eines nicht rechtsfähigen Vereins handeln, 54, **Ue.** Art. 2 Abs. 2.
14. mehrere als Vormünder oder Gegenvormünder dem Mündel Schadensersatzpflichtige 1833 Abs. 2, 1915.
15. mehrere Testamentsvollstrecker 2219 Abs. 2, 2220.
16. Vorstandsmitglieder eines Vereins, Stiftung u. s. f. bei schuldhafter Verzögerung der Konkursanmeldung 42 Abs. 2, 86, 89.
17. Meistbietende und Ersteher bei Zwangsversteigerung eines Anwesens **Z.V.** 81 Abs. 4, 82, 88, 100, 132.

Gesammtschuldner, Aufrechnung durch G. nur mit eigenen Forderungen 422 Abs. 2.

— Erfüllung, Leistung an Erfüllungsstatt, Hinterlegung, Aufrechnung durch G. wirkt auch für die übrigen G. 422.

— Erlaßvertrag zwischen Gläubiger u. einem G. wirkt für die übrigen G., falls Vertragschließende das ganze Schuldverhältniß aufheben wollten, 423.

Gesammtschuldner, Recht des Gläubigers: kann Leistung nach seinem Belieben von jedem der G. ganz oder zum Theil fordern; bis Bewirkung der ganzen Leistung bleiben sämmtliche G. verpflichtet 421.

— Verhältniß der G. zu einander: gleiche Antheile, soweit nicht anderes bestimmt, — Ausfall bei einem G. ist von den übrigen G. zu tragen, — bei Befriedigung des Gläubigers durch G. geht, falls er Ausgleichung von den übrigen G. verlangen kann, Forderung auf ihn über, — nicht zum Nachtheil des Gläubigers geltend machen! 426.

— Verzug des Gläubigers einem G. gegenüber wirkt auch für die übrigen G. 424, — andere Thatsachen (bes. Kündigung, Verzug, Verschulden, Unmöglichkeit der Leistung, Verjährung, Vereinigung der Forderung mit Schuld, rechtskräftiges Urtheil) wirken nur für und gegen G., in dessen Person sie eintreten (Ausnahmen!), 425.

Geschäft s. Erwerbsgeschäft u. die folgenden Worte.

— Arbeit der Frau im G. des Mannes 1356 Abs. 2.

— Dienstleistung des Kindes im G. der Eltern 1617.

Geschäftsbeschränktheit, Übergangsbestimmung: G. einer Frau nach bisherigem Gesetz, solange Güterstand bleibt, **E.** Art. 200 Abs. 3.

— Gesetzesanwendung: nach Gesetzen des Staates, dem Person angehört, **E.** Art. 7, 27.

— wann?

1. bei Minderjährigen vom 7. Lebensjahre an 106.
2. bei wegen Geistesschwäche, Verschwendung, Trunksucht Entmündigten u. bei unter vorläufige Vormundschaft gestellten Personen 114, 115, 1906.

— Wirkungen der G.:

1. G. eines Ausländers, der im Inland Rechtsgeschäft vornimmt, **E.** Art. 7 Abs. 3, Art. 27.
2. G. einer Ehefrau nach bisherigem Gesetz bleibt bestehen, solange bisheriger Güterstand besteht, **E.** Art. 200 Abs. 3.
3. Entlassung aus dem Staatsverband **E.** Art. 41 II.
4. gesetzlicher Vertreter: a) elterlicher Gewalthaber 1626, 1630, 1686, — b) oder Pfleger 1628, 1794, 1909, 1915, — c) oder Vormund 1773, 1793, 1896.

dessen Einwilligung erforderlich: a) zum Abschluß eines Erbvertrags unter Ehegatten oder Verlobten 2275 Abs. 2 u. 3, — b) zur Annahme an Kindesstatt und Aufhebung 1751, 1770, — c) zum Antrag des Vaters auf Ehelichkeitserklärung und Einwilligung des Kindes 1729, 1731, — d) zur Eheeingehung 1304, 1307, 1847, (sonst Anfechtung, — doch auch Genehmigung, — keine Verwaltung u. Nutznießung des Mannes, — sondern Gütertrennung 1331, 1336 Abs. 2, 1364, 1426), — e) zum Ehevertrag, durch den allgemeine Gütergemeinschaft vereinbart oder aufgehoben wird, 1437 Abs. 2, — oder Fortsetzung der Gütergemeinschaft ausgeschlossen wird, 1508 Abs. 2, — f) zu Willenserklärungen, durch die er nicht lediglich rechtlichen Vortheil erlangt, 107, 114, — (Ausn.: 110, 112, 113, 165), — (Folgen: falls nicht erforderliche Einwilligung: Genehmigung, — sonst unwirksam, — Rücktritt 108—111).

keine Einwilligung erforderlich: a) zum Abschluß eines Erbverzichtsvertrags 2347 Abs. 2, 2351, — b) zur Anfechtung der Ehe 1336, — c) zur Anfechtung der Ehelichkeit eines Kindes durch den Vater 1595, 1598 Abs. 3, — und der Anerkennung der Ehelichkeit 1599, — d) zur Anfechtung oder Aufhebung eines Erbvertrags durch Erblasser 2282, 2290 Abs. 2, — zum Rücktritt von solchem 2296, — e) zur Einwilligung zur Annahme an Kindesstatt 1748 Abs. 2, — zur Anfechtung oder Bestätigung dieser Einwilligung 1755, — f) zur Einwilligung zum Antrag des Vaters auf Ehelichkeitserklärung des Kindes 1729, —

zur Anfechtung od. Bestätigung dieser Einwilligung 1731, — g) zur Einwilligung zur Ehe eines Kindes durch Eltern 1307, — h) falls vertragsmäßige Leistung mit Mitteln bewirkt, die Geschäftsbeschränkten zu diesem Zweck oder freier Verfügung vom Vertreter oder mit dessen Zustimmung von Dritten überlassen wurde, 110, — i) für Rechtsgeschäfte, welche das mit Genehmigung des gesetzlichen Vertreters betriebene Erwerbsgeschäft mit sich bringt (Ausn.!), 112, — ebenso bei Eingehung oder Aufhebung eines Dienst- oder Arbeitsverhältnisses 113, — k) zu Spareinlagen **E.** Art. 99, **A.** Art. 109, — l) zur Testamentserrichtung (falls Minderjähriger über 16 Jahre) 2229, — m) zur Zustimmung des einen Ehegatten zu letztwilligen Verfügungen des anderen bez. fortgesetzter Gütergemeinschaft 1516 Abs. 2, 1518, — n) zur Zustimmung des Ehemannes bei Verpflichtung der Frau zu persönlichen Leistungen an Dritte und Kündigung hiebei 1354 Abs. 3.

5. bei Geschäftsführung ohne Auftrag, Haftung des Geschäftsführers 682.
6. Haftung für Verschulden des gesetzlichen Vertreters 278.
7. Ruhen der elterlichen Gewalt 1656 Abs. 2, 1676 Abs. 2, 1681, 1685.
8. Unfähigkeit zur Testamentserrichtung bis zum 16. Lebensjahr 2229, — — zur Bestätigung des Erbvertrags 2284, — — zur Errichtung eines Erbvertrags (Ausn.: bei Ehegatten und Verlobten) 2275.
9. Unfähigkeit zum Testamentsvollstrecker 2201, 2225.
10. Vollendung der Verjährung, falls kein gesetzlicher Vertreter da, 206.
11. Willenserklärung gegenüber G. erst wirksam, wenn sie gesetzlichem Vertreter zugeht (Ausn.!), 131 Abs. 2.
12. ist Vertreter geschäftsbeschränkt, so Willenserklärung doch wirksam, — jedoch keine Haftung 165, 179 Abs. 3.
13. Geschäftsbeschränkter kann ohne Einwilligung des gesetzlichen Vertreters weder Wohnsitz begründen noch aufheben 8.

Geschäftsbesorgung s. auch Geschäftsführung.
— als Gegenstand eines Dienst- oder Werkvertrags 675.
— des Erben vor Ausschlagung der Erbschaft 1959.
— gewerbsmäßige für Andere, Verjährung (2 Jahre) 196 Nr. 7, 201, 218.
— ohne Auftrag s. Geschäftsführung ohne Auftrag.
— Recht der Frau zur G. für den Mann in ihrem häuslichen Wirkungskreis 1357.
— unentgeltliche beim Auftrag s. das. 662—676.

Geschäftsbetrieb s. Erwerbsgeschäft.
— wirthschaftlicher bei Vereinen, Rechtsfähigkeit durch staatliche Verleihung 21, 22.

Geschäftsbuch der Gesellschaft, Einsichtnahme durch Gesellschafter 716.

Geschäftsfähigkeit s. Geschäftsbeschränktheit und Geschäftsunfähigkeit.
— nach Gesetz des Staates zu beurtheilen, dem Person angehört, **E.** Art. 7.
— ist die Fähigkeit zur Vornahme von Rechtsgeschäften 104—115 (der Parteivereinbarung entzogen!).
— nicht erforderlich zum Besitzerwerb 854.

Geschäftsführung, Bestellung zur G. durch Beamte, Verletzung der Amtspflicht 841.
— des Gemeindewaisenraths **A.** Art. 99.
— der Gesellschafter s. Gesellschaft.
— des Vorstandes und der Liquidatoren eines Vereines oder Stiftung 27 Abs. 3, 48, 86, 88.

Geschäftsführung ohne Auftrag ist Besorgung eines Geschäftes für Anderen, ohne von diesem beauftragt oder ihm gegenüber sonst dazu berechtigt zu sein, 677, — (nicht, wenn jemand fremdes Geschäft in der Meinung, es sei das eigene, besorgt 687), — (bei Irrthum über Person des Geschäftsherrn wird der wirkliche verpflichtet und berechtigt 686).
— Rechte des Geschäftsführers:
1. Ersatz der Aufwendungen, wenn Übernahme Interesse und Willen des Herrn entspricht (Ausnahmen!), 683, — oder Herr G. genehmigt hat, 684, — nicht, wenn G.führer nicht Absicht hatte, Ersatz zu verlangen (i. Zw. anzunehmen,

wenn Eltern oder Voreltern Abkömmlingen Unterhalt gewähren), 685.
2. sonst Recht, Alles herauszuverlangen, was Herr durch G. erlangt hat, nach Vorschriften über Herausgabe der ungerechtfertigten Bereicherung, 684.

Geschäftsführung ohne Auftrag, Verpflichtungen des Geschäftsführers:
1. Anzeige an Geschäftsherrn, sobald thunlich, — dessen Entschließung abwarten, wenn nicht Gefahr, 681.
2. Pflicht zur Auskunftsertheilung, — Rechenschaftslegung, — Herausgabe, — Verzinsung des für sich verwendeten Geldes 666, 668—681, 259.
3. Geschäft im Interesse des Herrn mit Rücksicht auf dessen wirklichen oder muthmaßlichen Willen zu führen 677.
4. Haftung für Fahrlässigkeit, nur für Vorsatz und grobe Fahrlässigkeit, wenn durch G. drohende dringende Gefahr abgewendet wird, 680, — Haftung, falls geschäftsunfähig oder =beschränkt 682.
5. Verpflichtung zum Schadensersatz, wenn Übernahme der G. mit Willen des Herrn in Widerspruch u. G.führer das erkennen muß (Ausn.!), 678, 679.
— Anwendung obiger Vorschriften, wenn jemand bewußt fremdes Geschäft als sein eigenes behandelt, 687 Abs. 2.

Geschäftsgehülfe, Anspruchs=Verjährung (2 Jahre) 196 Nr. 8, 201, 218.

Geschäftsherr s. auch Geschäftsführung ohne Auftrag.
— Haftung für Schaden, den der von ihm Bestellte widerrechtlich zufügt, — nicht: a) bei Anwendung der im Verkehr erforderlichen Sorgfalt bei Auswahl des Bestellten u. s. f., — b) wenn Schaden auch bei Anwendung dieser Sorgfalt entstanden wäre, 831.

Geschäftsjahr, bei Gesellschaft Rechnungsabschluß, Gewinnvertheilung 721 Abs. 2.

Geschäftsraum einer Behörde s. Fund 978—982.

Geschäftsunfähigkeit s. auch Geschäftsfähigkeit und Geschäftsbeschränktheit.
— Gesetzesanwendung des Staats, dem Person angehört, **E.** Art. 7, 27.
— wann?
1. Kinder unter 7 Jahren.
2. bei nicht nur vorübergehender, krankhafter, die freie Willensbestimmung ausschließender Geistesstörung.
3. bei Entmündigung wegen Geisteskrankheit 104.

Geschäftsunfähigkeit, Folgen:
1. bei Ausländer, der im Inland Rechtsgeschäfte vornimmt, **E.** Art. 7 Abs. 3, 27.
2. Ausschluß von: a) Beistandschaft 1694, 1792 Abs. 4, 1780, — b) elterlicher Gewalt 1676, 1686, — c) Gegenvormundschaft 1792 Abs. 4, — d) Mitgliedschaft des Familienraths 1866 Nr. 2, — e) Pflegschaft 1915, — f) Amt als Testamentsvollstrecker 2201, 2225, — g) Vormundschaft 1778, 1780, 1785.
3. kein Beschwerderecht **F.G.** 59 Abs. 2.
4. G.unfähige können Besitz erwerben 854.
5. bei G. bedarf der gesetzliche Vertreter der Genehmigung des Vormundschaftsgerichts: a) bei Abschluß oder Aufhebung eines Erbverzichtsvertrags 2347 Abs. 2, 2351, — b) bei Anfechtung der Ehe 1336 Abs. 2, 1337, 1340, — c) — der Ehelichkeit des Kindes 1595 Abs. 2, — d) — eines Erbvertrags 2282, — e) bei Antrag auf Entlassung aus dem Staatsverband **E.** Art. 41 II, — f) bei Einwilligung zur Ehelichkeitserklärung oder Anfechtung derselben 1728 Abs. 2, 1731, — g) bei Vertrag über Annahme an Kindesstatt, Aufhebung oder Anfechtung desselben 1750, 1771 Abs. 2, 1755,
6. Einfluß der G. auf Haftung bei Geschäftsführung ohne Auftrag 682.
7. inwieweit Haftung für unerlaubte Handlung 827, 828, 829, 832.
8. nachfolgende G. ohne Einfluß auf Wirksamkeit: a) einer Anweisung 791, — b) eines Auftrags (im Zweifel) 672, — c) von Schuldverschreibung auf Inhaber u. s. f. 794, 807, — d) eines Vertragsantrags 153, — e) einer Willenserklärung 131 Abs. 2.
9. Nichtigkeit der Willenserklärungen 105, 153, — — der Ehe=

schließung (doch nachträgliche formlose Bestätigung!) 1325, 1329.
10. Ruhen der elterlichen Gewalt 1656 Abs. 2, 1676, 1681, 1685, 1702 Abs. 3, 1738, 1765 Abs. 2.
11. Unfähigkeit zum Abschluß eines Erbvertrags 2275.
12. Verjährung von Ansprüchen bei G. 206.
13. Vertretung durch gesetzlichen Vertreter in allen die Person oder das Vermögen betreffenden Angelegenheiten 855, — gesetzlicher Vertreter ist a) Vater 1626, 1627, 1630, — b) Mutter, 1684, 1686, — c) Vormund 1773, 1793, 1896, — d) Pfleger 1906, 1909, 1910, 1915.
14. Willenserklärung gegenüber G. unfähigen erst wirksam, wenn sie gesetzlichem Vertreter zugeht, 131.
15. keine Begründung oder Aufhebung des Wohnsitzes ohne Willen des gesetzlichen Vertreters 8.

Geschäftsverhältniß, Bedenkung von Personen, die im G. mit Erblasser standen, ohne nähere Bestimmung 2071.

Geschenk s. auch Schenkung.
— Herausgabe bei Unterbleiben der Eheschließung 1301, 1302.
— Hochzeitsg. erhält überlebender Ehegatte, der nicht neben Abkömmlingen erbt, als Voraus 1932.

Geschenkgeber, — -nehmer s. Schenkung.

Geschlechtsgemeinschaft s. auch Ehebruch.
— mit Eltern, Voreltern, Abkömmlingen ist Ehehinderniß 1310 Abs. 2.

Geschwaderauditeur, Beurkundung von Rechtsgeschäften **F.G.** 184.

Geschwister, Eheverbot für voll- und halbbürtige 1310.
— erbberechtigt untereinander, wenn keine Abkömmlinge und nicht beide Eltern des Erblassers leben, 1925 Abs. 3.
— keine Unterhaltspflicht 1601, — kein Pflichttheilsrecht 2303.
— als Nacherbe oder Vermächtnißnehmer bestimmt 2109 Abs. 1 Nr. 2, 2163 Abs. 1 Nr. 2.
— erhalten gewöhnlich nur einen Vormund 1775, 1786 Nr. 8.

Geschwisterkinder, Erbrecht untereinander 1926.

Geselle s. Arbeiter.

Gesellschaft (unberührt sonstige Reichsgesetze, bes. H.G.B., Gesetz über Gesellschaften mit beschränkter Haftung, s. auch **E.** Art. 83).
— Auseinandersetzung nach Auflösung:
1. Geschäftsführung für Beendigung der schwebenden Geschäfte u. s. f. allen gemeinsam 730.
2. Grundsätze der Theilung 731—735, — insbes.: zunächst gemeinschaftl. Schulden, — dann Rückerstattung der Einlagen, — Überschußvertheilung nach Gewinnantheil 733, 734, — Ausfall nach Verhältniß, nach dem Gesellschafter Verlust zu tragen haben, zu decken 735.
— Ausscheidung eines Gesellschafters: falls bestimmt, daß bei Kündigung, Tod, Konkurs G. unter den Andern fortbestehen soll, 736—740.
— Ausschluß eines Gesellschafters 737.
— Begründung durch Vertrag (formfrei, auch stillschweigend) mit der gegenseitigen Verpflichtung, die Erreichung gemeinsamen Zwecks in der durch den Vertrag bestimmten Weise zu fördern, insbes. durch Beitragsleistungen, 705. (Vertragsbestimmungen zunächst geltend!)
— Ende der G.:
1. bei Erreichen oder Unmöglichwerden des vereinbarten Zwecks 726, 729, 169.
2. bei Konkurseröffnung über Vermögen eines Gesellschafters 728, 729, 736, 169, K.O. 28.
3. bei Kündigung: a) bei bestimmter Zeit, — vorher bei wichtigem Grund (Pflichtverletzung u. s. f.) 723, 736, — b) falls Zeit nicht bestimmt oder G. auf Lebenszeit: jederzeit (event. Schadensersatz), (Vereinbarung, daß Kündigung ausgeschlossen, nichtig!) 723, 724, — c) durch Gläubiger eines Gesellschafters, d. Antheil am G.vermögen gepfändet, 725, C.P.O. 859.
4. durch Tod eines Gesellschafters, falls Vertrag nicht anderes bestimmt, 727, 729, 736, 169.
— Gesellschaftsvermögen besteht aus Beiträgen und durch Geschäfts-

führung erworbenen Sachen 718, 720, Beiträge im Zweifel gleich — auch Dienste! 706, — keine Verpflichtung zur Erhöhung oder Ergänzung 707. (Princip der gesammten Hand!)

Gesellschaft, Rechte u. Pflichten der Gesellschafter: zunächst Vertragsbestimmungen!
1. Antheil am Gewinn u. Verlust im Zweifel gleich, ohne Rücksicht auf Beitrag 722.
2. Ansprüche gegen einander nicht übertragbar (Ausnahmen!) 717.
3. keine Aufrechnung des Schuldners mit Forderungen gegen Gesellschafter gegen Forderungen des Gesellschaftsvermögens 719 Abs. 2.
4. Einsicht der Bücher, Papiere, persönlicher Unterricht von Geschäftsangelegenheiten 716.
5. Haftung für Sorgfalt wie in eigenen Angelegenheiten, 708.
6. Geschäftsführung: a) Anspruch auf Vorschuß und Ersatz v. Aufwendungen 669, 670, 713, — b) Auskunftsertheilung, Herausgabe des Empfangenen, Verzinsung für sich verwendeter Gelder, Offenbarungseid 665—668, 713, — c) gewöhnlich gemeinschaftlich, — Zustimmung Aller, — falls nach Vertrag Mehrheit, so im Zweifel nach Zahl der Gesellschafter zu berechnen, — falls nur einer, so die übrigen ausgeschlossen, — falls jeder allein, so kann jeder Geschäftsvornahme durch Andern widersprechen 709—711, — d) Entziehung bei wichtigem Grund, bes. bei grober Pflichtverletzung und Unfähigkeit zu ordnungsgemäßer Geschäftsführung, ebenso Kündigung 712, — e) im Zweifel nicht übertragbar, event. Haftung für Verschulden hiebei und für Gehülfen 664, 713, — f) im Zweifel Vertretung des andern Gesellschafters gegenüber Dritten 714, 715, 729.
7. Pfändung C.P.O. 736, 859.
8. Rechnungsabschluß und Vertheilung erst nach Gesellschaftsauflösung, bei G. mit längerer Dauer im Zweifel am Schluß des Geschäftsjahres 721.
9. Verfügung über Antheil und einzelne Gegenstände nicht zulässig, nicht Theilungsverlangen 719.

— Anwendung der Vorschriften über G. auf nicht rechtsfähige Vereine 54, — und nicht anerkannte ausländische Vereine E. Art. 10.

Gesellschaft geistliche, Landesgesetze über Rechtsfähigkeit E. Art. 84.

Gesellschafterin, Anspruchsverjährung (2 Jahre) 196 Nr. 8, 201, 218.
— Kündigung des Dienstverhältnisses 622.

Gesellschaftsvertrag s. Gesellschaft.
— zum Betrieb eines Erwerbsgeschäfts des Kindes oder Mündels Genehmigung des Vormundschaftsgerichts 1643, 1822 Nr. 3.

Gesetz s. auch Ausländisch, Landesgesetz.
— ist jede Rechtsnorm E. Art. 2.
— örtliche Anwendung s. Gesetzesanwendung, zeitliche E. Art. 153—218.

Gesetzesanwendung (Statutencollision).
— Ausschluß des ausländischen Rechtes, wenn es gegen gute Sitten oder Zweck eines deutschen Gesetzes verstößt, E. Art. 30.
— maßgebend sind für
1. eheliche Abstammung, Rechtsverhältniß zwischen Eltern und ehelichem Kind, Mutter und unehelichem Kind: deutsche Gesetze (Ausn.!) E. Art. 18—20.
2. eheliches Güterrecht: deutsche Gesetze, wenn Ehemann zur Zeit der Eheschließung Deutscher war, E. Art. 15, 16.
3. Eheeingehung: a) Form, falls im Inland, nur deutsche Gesetze E. Art. 13 Abs. 3, — b) in Ansehung jedes Verlobten Gesetz des Staates, dem er angehört, E. Art. 13, 27.
4. Ehescheidung: Gesetze des Staats, dem Ehemann zur Zeit der Klageerhebung angehört (Ausn.!), E. Art. 17, 27.
5. Erbrecht eines Deutschen: deutsches Gesetz, sonst E. Art. 24—28.
6. Form der Rechtsgeschäfte: Gesetz, das für das Gegenstand des Rechtsgeschäftes bildende Rechtsverhältniß maßgebend ist, (es genügt Gesetz des Ortes, an dem es vorgenommen) (Ausn.!), E. Art. 11.
7. Beurtheilung der Geschäftsfähigkeit: Gesetz des Staates, dem Person angehört, E. Art. 7, 27, — falls Person keinem Staate angehört E. Art. 29.

8. Legitimation, Annahme an Kindesstatt: deutsche Gesetze (Ausn.!) E. Art. 22.
9. persönliche Rechtsbeziehungen deutscher Ehegatten: deutsche Gesetze, auch wenn Wohnsitz im Ausland, E. Art. 14.
10. Unterhaltspflicht des Vaters gegenüber unehelichem Kind und Mutter: Gesetz des Staates, dem Mutter zur Zeit der Geburt angehört, jedoch nicht weitergehend, als nach deutschem Gesetz, E. Art. 21.

Gesetzesanwendung, Vergeltungsrecht gegen ausländischen Staat E. Art. 31.

Gesetzlicher Erbe s. Erbe gesetzlicher.

Gesetzliche Frist s. Frist.

Gesetzliches Güterrecht s. auch Güterrecht eheliches. (Eintheilung: Anwendung C., Beendigung der Verwaltung L., Gesetzesanwendung B., Pflichten der Frau F., des Mannes H., Princip D., Rechte der Frau E., des Mannes G., Rechtsstreitigkeiten I., Übergangsbestimmungen A., Verhältniß zu Dritten K.)

— — A. Übergangsbestimmungen s. auch die einzelnen Rechte und Güterstände (z. B. Gütergemeinschaft).
1. für den Güterstand einer am 1. Jan. 1900 bestehenden Ehe bisherige Gesetze maßgebend, — Beschränkung der Ehefrau nach bisherigem Gesetz solange, als bisheriger Güterstand besteht, E. Art. 200, — jedoch Ue. Art. 62 Abs. 1, 75, 90, 94, 97—104, 124.
2. (g. G. nach Recht des Ortes, wo Ehegatten ersten ehelichen Wohnsitz), — falls am 1. Januar 1900 in Bayern g. G. nach Recht, das auch in anderen Bundesstaaten gilt, so diese Vorschriften, auch wenn erster ehelicher Wohnsitz nicht in Bayern (Ausn.!), Ue. Art. 20, — falls g. G. für das in Bayern nicht geltende Güterrecht eines anderen Bundesstaates maßgebend, so Überleitungsvorschriften des letzteren, — ev. durch königliche Verordnung zu bestimmen Ue. Art. 22, — falls Ehegatten Wohnsitz in Bayern erst nach 1. Januar 1900 begründen, so finden bayer. Überleitungsbestimmungen Anwendung, — Ausn., falls bereits vorher durch Gesetze eines anderen Bundesstaates mit B.G.B. in Einklang, Ue. Art. 23.

Gesetzliches Güterrecht, B. Gesetzesanwendung E. Art. 15, 16, 27, 28.

— — C. Anwendung: subsidiär, falls kein Ehevertrag! 1434, 125, E. Art. 141, F.G. 167.

— — D. Princip: Gütertrennung, jedoch Verwaltungsgemeinschaft: das Vermögen der Frau, auch das während der Ehe erworbene (eingebrachtes Gut s. das.) durch die Eheschließung der Verwaltung und Nutznießung des Mannes unterworfen 1363, 1604, — (Eigenthum an beweglichen Sachen oder Rechten hieran mit Erwerb aus Mitteln des eingebrachten Gutes 1381). Ausnahmen: keine Verwaltung und Nutznießung:
1. bei Ehe mit beschränkt geschäftsfähiger Frau ohne Einwilligung des gesetzlichen Vertreters (Gütertrennung!) 1364, 1426.
2. am Vorbehaltsgut s. das. 1366—1370.
3. bei Aufhebung des g. G. auf Klage der Frau, durch Konkurs oder Todeserklärung des Mannes (Gütertrennung) 1426, 1418—1420.
4. bei Ausschluß durch Ehevertrag (i. Zw.: Gütertrennung!) 1432—1436.

— E. Rechte der Frau (s. auch Pflichten des Mannes):
1. Eigenthum an ihrem Vermögen, mittelbarer Besitz an Sachen des eingebrachten Guts 866, 868.
2. Eigenthumserwerb an mit Mitteln des eingebrachten Guts erworbenen Gegenständen und Rechten (Ausn.!) 1381.
3. Ersatz der grundlos verweigerten Zustimmung des Mannes durch Vormundschaftsgericht 1402, 1412.
4. Klage u. s. f. s. unten.
5. keine Zustimmung des Mannes erforderlich: a) zur Ablehnung eines Vertragsantrags oder einer Schenkung 1405, 1412, — b) zur Annahme und Ausschlagung einer Erbschaft, von Vermächtnissen u. s. f. 1405, 1412, 1413, — c) bei Erwerbsgeschäft s. das. 1405, 1412, 1414, — d) zur Fortsetzung eines zur Zeit der Eheschließung anhängigen Rechtsstreits 1407, 1412, 1416, 1417, — e) zur gerichtlichen Geltendmachung

eines zum eingebrachten Gut gehörenden Rechts gegen Mann u. s. f. 1407, 1412, 1416, 1417, — f) — eines Widerspruchsrechts gegen Zwangsvollstreckung 1407, 1412 Abs. 2, — g) zu Rechtsgeschäften gegenüber Ehemann 1406, 1412, — h) —, durch die sich Frau zu einer Leistung verpflichtet (Ausn.!), 1399, 1400, 1404, 1412.
6. an zum persönlichen Gebrauch bestimmten Sachen und Haushaltungsgegenständen 1362, 1382.
7. Unterhaltsanspruch 1360, 1361.
8. Verfügung und Verwaltung des Vorbehaltsguts s. das., — Verfügungsrecht innerhalb Schlüsselgewalt 1357 (s. unten 10).
9. Verlangen der Verwendung des Reinertrags des eingebrachten Guts durch den Mann zur Deckung des ehelichen Aufwands 1389 Abs. 2, 1394.
10. Vollmacht zur Vertretung des Mannes in allen die Führung des Haushalts betreffenden Rechtsgeschäften (Schlüsselgewalt — Entziehung — Anfechtung) 1357, **E.** Art. 16 Abs. 2.

Gesetzliches Güterrecht, F. Pflichten der Frau (s. auch Rechte des Mannes), s. auch Klage, Vorbehaltsgut:
1. Einwilligung des Mannes erforderlich zur Verfügung über eingebrachtes Gut (Ausn.!) 1395—1398, 1400, 1404, 1412.
2. gerichtliche Geltendmachung von Ansprüchen gegen Mann auf Grund Verwaltung u. s. f. des eingebrachten Guts erst nach deren Ende (Ausn.!) 1394, 1411.
3. Haftung gegenüber Mann für Sorgfalt wie in eigenen Angelegenheiten 1359.
4. kein Antheil an der Errungenschaft!

— G. Rechte des Mannes, nicht übertragbar, nicht pfändbar 1408, (s. auch K.O. 1 Abs. 4, C.P.O. 861), — (falls unter Vormundschaft, so vom Vormund, auch wenn dies die Frau ist, vertreten 1409).
1. Ersatz für Aufwendungen zum Zweck der Verwaltung des eingebrachten Guts (Ausnahmen!) 1390.
2. gerichtliche und außergerichtliche Vertretung des eingebrachten Guts s. unter Klage u. s. f. und unten I. 1380.
3. keine Zustimmung der Ehefrau erforderlich, doch nur zum Zwecke ordnungsmäßiger Verwaltung: a) bei Aufrechnung von Forderungen 1376, 1377, 1380, — b) bei Erfüllung von Verbindlichkeiten der Frau zur Leistung eines zum eingebrachten Gut gehörenden Gegenstandes 1376, 1377, 1380, — c) bei Verfügung über Geld oder verbrauchbare Sachen der Frau (verzinsliche Anlage, Ersatz!) 1376, 1377, 1380, 1392 Abs. 2, 1411 Abs. 2, 92, — sonst Zustimmung erforderlich 1375, 1379, **F.G.** 12, 45 Abs. 1, 53.
4. Verfügung der Ehefrau über eingebrachtes Gut nur mit Einwilligung des Mannes wirksam (Ausn.!) 1395—1399.
5. — bei eingebrachten Grundstücken über einzelne Inventarstücke 1378, 1048.
6. Verwaltung und Nutznießung des eingebrachten Guts, Besitznahme, Erwerb der Nutzungen 1363, 1373, 1383, — Nutznießung nicht im Grundbuch eingetragen **G.O.** 34.

Gesetzliches Güterrecht, H. Pflichten des Mannes (Vertretung durch Vormund, falls unter Vormundschaft, 1409).
1. Anlage verzinsliche, des Gelds (Ausn.!) s. auch Mündelgeld 1377 Abs. 2.
2. nach Beendigung s. unten.
3. Haftung gegenüber Frau für Sorgfalt wie in eigenen Angelegenheiten 1359.
4. Gewährung von Unterhalt s. auch das. 1418 Abs. 2.
5. Sicherheitsleistung u. s. f. bei begründeter Besorgniß der Gefährdung der Rechte der Frau 1391—1393, 1418 Nr. 1.
6. Tragung des ehelichen Aufwands 1389, — (Ertrag des Vermögens der Frau in erster Linie hiefür), — keine Pfändung soweit C.P.O. 766, 861.
7. — gegenüber Ehefrau (beide Gesammtschuldner!): a) Kosten des Rechtsstreits und der Vertheidigung (Ausn.!) s. auch unten 1387, 1388, 1412 Abs. 2, 1415 Nr. 1 u. 3, 1416, 1417, —

b) öffentliche Lasten (Ausn.: Lasten des Vorbehaltsguts und außerordentliche) 1385 Nr. 1, 1388, — c) privatrechtliche Lasten des eingebrachten Guts 1385 Nr. 2, 1388, 1047, — d) Versicherung des letzteren 1385 Nr. 3, 1388, — e) Zinsen u. s. f. der Verbindlichkeiten der Frau, die aus eingebrachtem Gut zu berichtigen (Ausn.!), 1386, 1388.

8. — der Kosten der Gewinnung der Nutzungen und Erhaltung der zum eingebrachten Gut gehörenden Gegenstände 1384, 1401.

9. Verwaltung ordnungsmäßige des eingebrachten Guts, Auskunftsertheilung 1374, 1377, — Ersatz gewöhnlich erst nach Ende der Verwaltung 1411.

10. Wertherersatz bei Verbrauch verbrauchbarer Sachen 1377 Abs. 3, 1391 Abs. 2, 1392, 1411 Abs. 2, — Ersatz von Abgang bei Grundstücken mit Inventar 1048, 1378.

Gesetzliches Güterrecht, I. Rechtsstreitigkeiten (Klage, Urtheil, Kosten):

a) Klage gegen Dritte:

1. des Mannes wegen eines zum eingebr. Gut gehörenden Rechtes im eigenen Namen (Urtheil wirkt, falls Mann über Recht ohne Zustimmung d. Frau verfügen kann, für und gegen die Frau!) 1380.

2. der Frau: α) wegen eines zum eingebr. Gut gehörenden Rechtes nur mit Zustimmung des Mannes 1400, —(Ausn.: 1401, 1404, 1407 Nr. 3), — (Urtheil, falls Klage ohne Zustimmung des Mannes, diesem gegenüber bez. eingebr. Gut unwirksam (Ausn.: Kosten!), 1400, 1412 Abs. 2), — β) zum Widerspruch gegen Zwangsvollstreckung Zustimmung des Mannes nicht erforderlich 1407 Nr. 4, — ebenso zur Fortsetzung eines z. Zt. der Eheschließung anhängigen Rechtsstreites 1407 Nr. 1.

b) Klagen der Frau gegen den Mann:

1. wegen Anspruchs auf Grund der Verwaltung u. s. f. erst nach Beendigung (Ausn.!) 1394, 1411.

2. auf Aufhebung der Verwaltung und Nutznießung 1418, 1422, 1426.

3. wegen eines zum eingebrachten Gut gehörenden Rechtes (Zustimmung des Mannes nicht erforderlich) 1407 Nr. 2.

4. auf Sicherstellung bei erheblicher Gefährdung 1391.

5. auf Verwendung der Nutzungen des eingebrachten Guts für Ehezweck 1389 Abs. 2, 1394.

c) Kosten des Rechtsstreits sind zu tragen: α) vom eingebrachten Gut 1412 Abs. 2, — β) vom Mann: 1. bei Geltendmachung eines zum eingebrachten Gut gehörigen Rechtes durch ihn, — 2. bei Rechtsstreit der Frau (s. jedoch γ!), — 3. bei Vertheidigung der Frau im Strafverfahren, wenn sie den Umständen nach geboten oder mit Zustimmung des Mannes (bei Verurtheilung Ersatzpflicht der Frau!), 1387, 1388, — γ) vom Vorbehaltsgut: 1. bei Rechtsstreit der Ehefrau über Verbindlichkeit aus unerlaubter Handlung während der Ehe oder aus einem auf das Vorbehaltsgut sich beziehenden Rechtsverhältniß 1415, 1417, — 2. bei Rechtsstreit zwischen Ehegatten (s. a) 1416, 1417, — 3. — zwischen Ehefrau und Dritten, außer wenn Urtheil dem Mann gegenüber bez. eingebr. Gut wirksam, — jedenfalls bei persönlichen Angelegenheiten der Frau 1416 Abs. 2, 1417.

Gesetzliches Güterrecht, K. Verhältniß zu Dritten (s. auch oben):

1. Beschränkung der Frau in Verfügungen über eingebrachtes Gut (Einwilligung des Mannes!) gilt, auch wenn Dritter nicht wußte, daß Frau Ehefrau ist, 1404.

2. bei selbständigem Erwerbsgeschäft s. das., — Einspruch und Widerruf nur wirksam bei Eintrag in das Güterrechtsregister 1405 Abs. 3, 1414.

3. nach Ende der Verwaltung 1424.

4. Recht des Mannes auf Verwaltung und Nutznießung nicht pfändbar, wohl aber Früchte des eingebrachten Guts, soweit nicht zum Unterhalt erforderlich, sonst Widerspruch C.P.O. 766, 861.

5. Schuldenhaftung.
a) Haftung des eingebrachten Guts: α) nicht für Gläubiger des Mannes 1410, — (Pfändung s. C.P.O. 766, 861), — β) für Gläubiger der Frau ohne Rücksicht auf Verwaltung und Nutznießung des Mannes (bei Verbrauch Ersatz!) 1411, — jedoch Ausn.: αα) für Verbindlichkeiten aus Rechtsgeschäften nach Eheeingehen nur bei Zustimmung des Mannes (Ausn.!) 1412, — ββ) nicht für — in Folge Erwerbs nach Eheeingehen als Vorbehaltsgut von Erbschaften oder Vermächtnissen 1413, — γγ) nicht für — nach Eheeingehen in Folge eines zum Vorbehaltsgut gehörenden Rechtes (Ausn. bei Erwerbsgeschäft!) 1414.
b) Haftung des Vorbehaltsguts im Verhältniß der Ehegatten unter einander: α) für Verbindlichkeiten der Frau aus unerlaubter Handlung während der Ehe oder für Strafverfahren hieraus 1415, 1417, — β) für — aus auf Vorbehaltsgut bezüglichen Rechtsverhältnissen 1415, 1417, — γ) für Kosten des Rechtsstreits s. oben 1415—1417.
6. bei Unterhalt der Verwandten der Frau kommt Verwaltung und Nutznießung des Mannes nicht in Betracht 1604.
7. Vornahme des sich auf eingebrachtes Gut beziehenden einseitigen Rechtsgeschäfts dem Manne gegenüber, — gegenüber Frau, falls es sich auf deren Verbindlichkeit bezieht, 1403, 1404, — bei Vorbehaltsgut und Erwerbsgeschäft der Frau dieser gegenüber genügend 1367, 1405.

Gesetzliches Güterrecht, L. Beendigung der Verwaltung u. Nutznießung (Wiederherstellung auf Klage des Mannes 1425, 1431 Nr. 2):
1. durch Ehevertrag 1426--1432, 1436.
2. auf Klage der Frau — mit Rechtskraft: — a) bei Aufstellung eines Pflegers für den Mann wegen Gebrechens 1418 Nr. 4, 1422, 1425, 1910, — b) bei dauernder Bestellung eines Abwesenheitspflegers für den Mann 1418 Nr. 5, 1422, 1425, — c) bei Entmündigung des Mannes 1418 Nr. 3 u. 6, 1422, 1425, 1896, C.P.O. 645—687, — d) bei erheblicher Gefährdung des eingebrachten Guts 1418 Nr. 1, 1422, — e) bei Verletzung der Unterhaltspflicht des Mannes und Besorgniß erheblicher Gefährdung für die Zukunft 1418 Nr. 2, 1422.
3. durch Konkurs über Vermögen des Mannes — mit Rechtskraft des Beschlusses 1419, K.O. 108, 109.
4. durch Tod eines Ehegatten 1424 Abs. 2.
5. durch Todeserklärung des Mannes — mit Zeitpunkt, der als Zeitpunkt des Todes gilt, 1420, 1425.
6. durch Trennung der Ehe 1564, 1575, 1586.

Folgen der Beendigung:
1. bei Aufhebung der Entmündigung oder beim Leben des todt Erklärten — Klage auf Wiederherstellung der Rechte 1425, 1431 Abs. 2.
2. gerichtliche Geltendmachung der Rechte der Frau aus Verwaltung und Nutznießung 1394.
3. Gütertrennung s. das.
4. Herausgabe des eingebrachten Guts u. Rechenschaftsablegung 1421—1423, — Werthersatz von verbrauchten Sachen 1377 Abs. 3, 1411 Abs. 2, — Fortsetzung der Verwaltung bis Kenntniß vom Ende 1425.
5. beim Tod s. Erbe gesetzlicher.
6. Vertrag über eingebrachtes Gut, zu dem der Mann Genehmigung verweigerte, wird nicht durch Ende der Verwaltung wirksam 1396 Nr. 3.

Gesetzliche Hypothek s. Hypothekentitel.

Gesetzlicher Nießbrauch s. Elterliche Gewalt und Gesetzliches Güterrecht.

Gesetzliche Pfandrechte, Anwendung der Vorschriften über das durch Rechtsgeschäft bestellte Pfandrecht s. das. 1257.
1. des Gastwirths an eingebrachten pfändbaren Sachen des Gastes 704.
2. des Pächters eines Grundstücks an den in seinen Besitz gelangten Inventarstücken 590.
3. des zur Sicherheitsleistung Berechtigten an hinterlegtem Geld oder Werthpapieren, eventuell an der

Forderung auf deren Rückerstattung 233.
4. des Unternehmers beim Werkvertrag an den beweglichen Sachen des Bestellers 647.
5. des Vermiethers und Verpächters eines Grundstücks u. s. f. an den eingebrachten pfändbaren Sachen 559—563, 581 Abs. 2.

Gesetzliche Übertragung von Forderungen u. s. f. s. Übergang.

Gesetzliches Veräußerungsverbot s. Veräußerungsverbot.

Gesetzliches Verbot, Aneignung gegen g. V. kein Eigenthumserwerb herrenloser Sachen 958 Abs. 2.
— bei Ehe (Nichtigkeit) 1326—1328.
— Verpflichtung zur Herausgabe der Leistung, die gegen g. V. verstößt (Ausnahmen!), 817, 819 Abs. 2.
— Rechtsgeschäft oder Vertrag gegen g. V. ist nichtig, wenn sich aus dem Gesetz nichts Anderes ergiebt.
— Vermächtniß oder Auflage gegen g. V. unwirksam 2171, 2192, 308.

Gesetzlicher Vertreter s. auch Einwilligung, Genehmigung.
— — bei Annahme an Kindesstatt 1748 Abs. 2, 1750, 1751, 1770.
— — Anfechtung der Ehelichkeit des Kindes 1595 Abs. 2.
— — des Erben, Nachlaßverwalter 1984, 1985, — Testamentsvollstrecker s. das. 2205, 2206.
— — bei Erbvertrag und -verzicht 2282 Abs. 1 u. 2, 2290 Abs. 2, 2347 Abs. 2, 2351.
— — der Frau s. Eingebrachtes Gut, Gütergemeinschaft, Errungenschaftsgemeinschaft u. s. f.
— — des Geschäftsunfähigen und in Geschäftsfähigkeit Beschränkten s. das. 1630, 1686, 1793, 1897.
— — Haftung für Verschulden des g. V. 278.
— — des Mannes: Frau innerhalb des häuslichen Wirkungskreises 1357.
— — eines Vereins oder Stiftung: Vorstand und Liquidatoren 26 Abs. 2, 28, 48, 86, 88.

Gesetzliches Vorkaufsrecht des Miterben 2034.

Gesetzliche Zinsen s. Zinsen.

Gesinde, Gesindedienst s. Dienstbote.
— Vertrag dem Landesgesetz überlassen **E.** Art. 95.

Gesindevermiether, Anspruchsverjährung (2 Jahre) 196 Nr. 7, 201, 218.

Gestattung der Einsicht s. das.

Gestio negotiorum s. Geschäftsführung ohne Auftrag.
— — pro herede 1943, 1959.

Gestohlene Sachen s. Diebstahl.

Gesundheitsbeschädigung durch Gebäudeeinsturz 836—838, 843—847.
— durch ein Thier 833, 834, 843, 845—847.
— vorsätzliche und fahrlässige s. Schadensersatz 823, 842—847, **A.** Art. 59 Abs. 2—4.

Gesundheitsgefährdung, Abwendung beim Dienstverhältniß 618, 619, **A.** Art. 25 Nr. 5, 26, 30.
— Grund zur außerordentlichen Kündigung der Miethe und Pacht 544, 581 Abs. 2.

Getränke, Verjährung für Ansprüche der gewerbsmäßig G. Verabreichenden (2 Jahre) 196 Nr. 4, 201, 218.
— geistige, Versetzen in Bewußtlosigkeit 827, 105.

Gewächse, Grenzabstand s. Eigenthumsbeschränkungen Nr. 2 b.

Gewagte Verträge s. Ausspielvertrag, Lotterie, Spiel, Wette.

Gewähr für Richtigkeit des Kostenvoranschlags beim Werkvertrag 650.

Gewährfrist, Bayer. Gesetz vom 26. März 1859, Gewährleistung bei Viehveräußerung betr., aufgehoben **A.** Art. 175 Nr. 15.
— ist Frist, innerhalb deren sich die Mängel des verkauften Viehs zeigen müssen, 482, 484, — (verlängerbar, abkürzbar durch Vertrag! 486).
— Beginn: mit Ablauf des Tages, an dem Gefahr auf Käufer übergeht, 483.
— Anzeige: zwei Tage nach deren Ende 485.
— Bestimmung durch kaiserliche Verordnung 482 Abs. 2, — kais. Ver. v. 27. März 1899 (R.G.Bl. 1899 S. 219).

Gewährleistung für einen Mangel im Recht:
1. bei Auflösung der Gesellschaft wie bei Nr. 5 757.
2. bei entgeltlichen Veräußerungs- oder Belastungsverträgen wie bei Nr. 5 445.
3. beim Erbschaftskauf: Haftung für Erbrecht, Nichtbestehen von Nacherbfolge, Testamentsvollstrecker, Vermächtniß, Auflage, Pflichttheilslast, Ausgleichungspflicht, Theilungsanordnung, unbeschränkte Haftung 2376, — (bei Erbschaftsschenkung nur Schadensersatz bei Arglist! 2385).
4. bei Herstellung eines Werks aus vom Unternehmer zu beschaffenden Stoff 651.
5. beim Kauf:
   a) Beweislast für Mangel: Käufer 442.
   b) Folgen der Nichterfüllung: α) Abtretung des Anspruchs auf Herausgabe 440 Abs. 4, — β) Schadensersatz 325—327, 440 Abs. 2 u. 3, 441, — γ) Verweigerung der Gegenleistung 320—324, 440.
   c) Vereinbarung der Erlassung oder Beschränkung der G. nichtig, wenn Verkäufer arglistig, 443.
   d) Verpflichtung, Gegenstand frei von Rechten Dritter zum Eigenthum zu verschaffen, 433—437.
   e) Wegfall der G., wenn Käufer Mangel beim Kauf kennt, (Ausnahmen!) 439.
6. bei Leihe nur Schadensersatz bei Arglist 600.
7. bei Leistung an Erfüllungsstatt wie bei Nr. 5 365.
8. bei Miethe und Pacht:
   a) Verpflichtung, daß dem Miether oder Pächter vertragsmäßiger Gebrauch nicht durch Recht eines Dritten entzogen wird, 541, 581.
   b) Folgen der Nichterfüllung: α) Befreiung vom Zins 541, 537, — β) Schadensersatz 541, 538, — Wegfall, wenn Miether oder Pächter Mangel kannte, 541, 539 Satz 1.
   c) abweichende Vereinbarung bei Arglist nichtig, Kündigung 540—543, 581.
9. bei Schenkung oder Ausstattung wie bei Nr. 6 523, 1624.
10. beim Tausch wie bei Nr. 5 515.
11. beim Vermächtniß eines bestimmten, nicht zur Erbschaft gehörenden Gegenstandes 2182 Abs. 2 u. 3, — — einer nur der Gattung nach bestimmten Sache wie bei Nr. 5 2182.
12. nicht bei Zwangsversteigerung **Z.V. 56.**

Gewährleistung für einen Mangel der Sache:
1. beim Erbschaftskauf keine G. 2376.
2. beim Kauf:
   a) Haftung des Verkäufers: α) für Freiheit der Sache zur Zeit des Gefahrübergangs von Fehlern, die Werth oder Gebrauchstauglichkeit aufheben oder erheblich vermindern, — β) für zugesicherte Eigenschaften 459.
   b) keine Haftung: α) bei Kenntniß des Mangels seitens des Käufers beim Kauf, — β) bei grobfahrlässiger Unkenntniß desselben 460, — γ) bei Pfandversteigerung 461, C.P.O. 806.
   c) Folgen der Nichterfüllung: α) Wandelung oder Minderung s. das. 462, 477—479, — β) Schadensersatz 463, 477—479, 480 Abs. 2, — γ) Anspruch auf Sicherung einer mangelfreien Sache bei Kauf einer nur der Gattung nach bestimmten Sache 480.
   d) entgegenstehende Vereinbarung bei Arglist des Verkäufers nichtig 476.
   e) s. auch Viehgewährschaft 481—492.
3. bei der Leihe nur bei Arglist Schadensersatz 600.
4. bei Miethe und Pacht:
   a) Haftung: α) für Freiheit der Sache von Mängeln, die ihre Tauglichkeit zum vertragsmäßigen Gebrauch aufheben oder mindern, — β) für zugesicherte Eigenschaften 537, 581, 545.
   b) Folgen der Nichterfüllung: α) Wegfall oder Minderung des Zinses 537, 581, 545, — β) Schadensersatz, — γ) bei Verzug Beseitigung auf Kosten des Vermiethers oder Verpächters 538, 581, — δ) Kündigung bei erheblicher Gesundheitsgefährdung 544.

c) bei Kenntniß oder grobfahrlässiger Unkenntniß 539, 460, 464.
d) abweichende Vereinbarung bei Arglist nichtig! 540.
5. bei Schenkung oder Ausstattung nur Schadensersatz bei Arglist 524, 1624, — Anspruch auf Lieferung fehlerfreier Sache 524 Abs. 2, 1624.
6. beim Vermächtniß einer nur der Gattung nach bestimmten Sache: a) Anspruch auf Lieferung einer mangelfreien, — b) bei Arglist auch Schadensersatz 2183.
7. beim Werkvertrag (nicht bei Herstellung einer vertretbaren Sache aus vom Unternehmer zu beschaffenden Stoff 651):
a) Haftung des Unternehmers: α) für Freiheit von Mängeln, die Werth- oder Gebrauchstauglichkeit aufheben oder mindern, — β) für zugesicherte Eigenschaften 633, — γ) für rechtzeitige Herstellung des Werkes (Beweislast: Unternehmer!) 636.
b) Folgen der Nichterfüllung: α) Anspruch auf Beseitigung des Mangels, — β) bei Verzug Beseitigung auf Kosten des Unternehmers 633, 638, 639, — γ) Wandelung oder Minderung s. das. 634, 638, 639, — δ) Schadensersatz 635, 638, 639, — ε) Rücktrittsrecht 636, 638, 639.
c) abweichende Vereinbarung bei Arglist nichtig 637.

Gewahrsam s. Thatsächliche Gewalt.
Gewährung von Unterhalt s. das.
Gewalt s. auch Elterliche G., Höhere G., Nothwehr, Selbsthülfe.
— beim Beischlaf 847 Abs. 2.
— thatsächliche bei Besitz 854, 855.
— Anwendung bei Besitzstörung 859, 860.
Gewalthaber elterlicher s. Elterliche Gewalt.
Gewässer s. Öffentliches Gewässer, Wasserstraße.
Gewerbeberechtigungen, landesges. Vorschriften aufrecht erhalten E. Art. 74.
Gewerbebetrieb s. auch Erwerbsgeschäft.
— Dienstleistungen, Ersatzpflicht 845, 846.
Gewerbebetrieb, Leistung am Ort der Niederlassung des Schuldners 269, — bei Geldsendung 270 Abs. 2.
— Pachtvertrag über G. des Mündels durch Vormund, Genehmigung 1822 Nr. 4.
— Sicherheitsleistung nach Landesgesetzen E. Art. 90.
— des Schuldners, Einfluß auf Verjährung 196 Nr. 1, 2, 5, Abs. 2.
— Verjährung der Vergütungen und Auslagen bei gewerbsmäßigem G.: (2 Jahre) 196 Nr. 7, 201, 218.
— Zubehör eines für G. dauernd eingerichteten Gebäudes 98 Nr. 1.
Gewerbegeräthschaft, Zubehör des Gebäudes 98.
Gewerbeordnung, Abänderungen E. Art. 36.
— Anwendung auf Vereine 44, 62.
— Landesgesetze, die § 26 auf Eisenbahn- und dergl. Unternehmungen erstrecken, aufrecht E. Art. 125, A. Art. 80.
Gewerbliche Arbeiter s. Arbeiter.
Gewerbliche Niederlassung des Ausstellers einer Schuldverschreibung auf den Inhaber 795.
— — Einfluß auf Erfüllungsort 269, 270.
— — des Hauptschuldners bei Bürgschaft 772.
deren Änderung 773 Nr. 2, 775 Nr. 2.
Gewerbsmäßigkeit des Gastwirthsbetriebs 701—704.
— des Gewerbebetriebs 196 Nr. 7.
— der Vermiethung und Besorgung fremder Geschäfte, Einfluß auf Verjährung 196 Nr. 6 u. 7.
Gewerkschaft s. Bergrecht, Bergwerk, Kux.
Gewicht, bewegliche Sachen, die im Verkehr nach G. bestimmt zu werden pflegen, sind vertretbar 91.
Gewinn entgangener ist zu ersetzender Schaden 252.
Gewinnantheil als Frucht einer Sache oder eines Rechtes 101.
— bei Gesellschaft 717, 721, 722, 725 Abs. 2, 734, 735, 740.
Gewinnantheilschein, Übergangsbestimmung: für G. eines vor

1. Januar 1900 ausgestellten Inhaberpapieres sind die bisherigen Gesetze maßgebend E. Art. 175.
Gewinnantheilschein, Anspruch auf Besitz des G. bei Nießbrauch am Inhaberpapier oder blankoindossirten Orderpapier 1081, — und auf Mitwirkung zur Beschaffung neuen G. 1083.
— Hinterlegung mit den zur Sicherheit hinterlegten Werthpapieren 234, — jedoch nicht: vom Mann die zum eingebrachten Gut gehörigen G. 1392, 1525, 1550, — vom elterlichen Gewalthaber 1667, 1686, — vom Vormund 1814, 1818, 1819, — vom Vorerben 2116, 2136—2138.
— Kraftloserklärung bei Verlust od. Vernichtung 799, 804, E. Art. 174, 175, — Bekanntmachung A. Art. 90 Abs. 2.
— Pfandrecht am Werthpapier, Erstrecken auf G. 1296.
— Vorlegungsfrist 801 Abs. 2 u. 3, Ue. Art. 8 Abs. 3.
Gewinnung von Bodenbestandtheilen, Anlage bei Nacherbfolge 2123 Abs. 2.
— von Mineralien E. Art. 68.
— von Steinen, Thon u. s. f. durch Nießbraucher eines Grundstücks 1037 Abs. 2.
— von Nutzungen durch Pfandgläubiger 1214, — bei eingebrachtem Gut 1383, 1384.
Gewinnvertheilung bei der Gesellschaft s. Gewinnantheil.
Gewohnheitsrecht nicht erwähnt im B.G.B., s. A. Art. 1 Abs. 2, H.G.B. 346.
Gewöhnlich s. Üblich.
Gezähmtes Thier wird herrenlos bei Ablegung der Gewohnheit, zurückzukehren, 960 Abs. 2.
Glaube böser, guter s. Kenntniß.
— öffentlicher des Grundbuchs s. das.
— — des Schiffsregisters 1262, 1263.
Glaubensbekenntniß, Berücksichtigung bei Auswahl des Vormundes 1779.
— — bei Dienstmiethe 618 Abs. 2, 619.
— Kindererziehung, Landesgesetz unberührt E. Art. 134.
Glaubhaftmachung bei Angelegenheiten der freiwilligen Gerichtsbarkeit F.G. 15 Abs. 2, 22 Abs. 2, 34.
Glaubhaftmachung bei Antrag auf Bestimmung einer Inventarfrist 1994 Abs. 2.
— — — auf Bekanntmachung des Verlustes von Inhaberpapieren A. Art. 90.
— — — auf Kraftloserklärung von Sparurkunden A. Art. 112.
— — — auf Unschädlichkeitszeugniß s. Gesetz v. 15. Juni 1898 Art. 4 Abs. 2, 6 Abs. 2.
— bei einstweiliger Verfügung 885, 899 Abs. 2, 1716 Abs. 2, C.P.O.
— des rechtlichen Interesses s. Interesse.
— bei Zwangsversteigerung Z.V. 17 Abs. 3, 37 Nr. 4, 45, 110, 181 Abs. 4, E.Z.V. 8 Abs. 2.
— bei Zwangsverwaltung Z.V. 147 Abs. 2, A.G.O. Art. 45, 53.
Gläubiger s. auch Hypothek, Nachlaßgläubiger, Zwangsversteigerung und -verwaltung.
— ist der kraft Schuldverhältnisses zur Forderung einer Leistung vom Schuldner Berechtigte 241.
— Aufrechnung s. das. 387—396.
— Befriedigung durch Dritten 329.
— des Bestellers eines Nießbrauchs am Vermögen 1086, 1088, 1089.
— der Ehegatten — Haftung des eingebrachten Guts s. das. 1410—1417, 1550, — des Gesammtguts 1459—1462, 1488, 1489, 1530—1534, 1549.
— des Erben, der nicht Nachlaßg., 1984 Abs. 2, 2214.
— Erfüllung durch Leistung u. s. f. 362—371.
— Erlaßvertrag s. Erlaß 397.
— bei Gemeinschaft, Kündigungsrecht 751.
— des Gesellschafters, Kündigungsrecht 725.
— Hinterlegung für G. s. Hinterlegung 372—386.
— des Kindes, Befriedigung 1659.
— Mehrheit von G. s. auch Gesammtgläubiger 420—432.
— eines Miterben, Aufrechnung 2040.
— beim Nießbrauch verzinslicher Forderungen 1077—1079.
— beim Pfandrecht s. das. 1204—1272.
— Recht auf Leistung, nähere Bestimmungen 241—291.

Gläubiger, Recht auf Vertragsstrafe s. das. 339—345.
— Rücktritt vom Vertrag 346—361.
— Schuldübernahme s. das. 414—419.
— Übertragung der Forderung 398—413.
— einer verpfändeten Forderung 1279—1290.
— bei Verpfändung des Schiffes u. s. f. 1260 Abs. 2, 1272.
— Verzug des G. s. Verzug 293—309.
— Wahlrecht bei alternativer Leistung, im Zweifel Schuldner 262—265.
Gleichartigkeit der Forderungen, Erforderniß der Aufrechnung 387.
Gleichzeitigkeit der Anwesenheit s. das.
— der Handlung bei Auslobung 659 Abs. 2.
Glücksvertrag s. Gewagte Verträge.
Goldsachen beim Pfandverkauf — nicht unter Goldwerth! 1240, 1243—1245 Abs. 2.
Gottesdienstliche Gebäude, Benutzung d. Plätze nach Landesgesetz **E.** Art. 133, **A.** Art. 1.
Graben zwischen zwei Grundstücken 921, 922.
— auf landwirthschaftlichem Grundstück, gewöhnliche Ausbesserung: Pächter 582.
Grabstätte, landesgesetzl. Vorschriften **E.** Art. 133, **A.** Art. 1.
Grad s. Erbe gesetzlicher, Fahrlässigkeit, Schwägerschaft, Verwandtschaft.
— der Schwägerschaft bestimmt sich nach dem der sie vermittelnden Verwandtschaft 1590.
— der Verwandtschaft ist Zahl der sie vermittelnden Geburten 1589.
Graviren als Bearbeitung eines Stoffes 950.
Grenze zwischen zwei Grundstücken s. auch die folgenden Worte.
— Abmarkung der G. 919, 924.
— Abstand der Anlagen s. Eigenthumsbeschränkungen Nr. 2 u. 8, 907, 924, **E.** Art. 124, **A.** Art. 62—67, 71—75, 78.
— Bauen über G. s. Überbau 912—916.
— Baufälligkeit eines Gebäudes an G. 908, 924.
— Baum auf der G. 923, 924, **E.** Art. 122, 183.
Grenze, Überschreiten (Anwenderecht) s. Eigenthumsbeschränkungen Nr. 4.
— Verpflichtung des Verkäufers zur Auskunftsertheilung über G. 444.
— Verwirrung der G. 923, 924.
— Wurzeln, die über G. dringen, — Frucht, die über G. fällt, 910, 911, **E.** Art. 122, 183, **Ue.** Art. 9.
Grenzmauer s. Kommunmauer.
Grenzverwirrung 923, 924.
Grenzzeichen, Errichtung oder Wiederherstellung 919, 924.
— Baum als G. 923 Abs. 2.
Grobe Fahrlässigkeit s. Fahrlässigkeit.
Grobe Mißhandlung s. Mißhandlung.
Grobe Pflichtverletzung s. Pflichtverletzung.
Größe des Grundstückes, Zusicherung beim Kauf 468, — bei der Miethe und Pacht 537 Abs. 2, 581 Abs. 2.
Großeltern s. Großvater.
— Erbrecht s. Erbe gesetzlicher 1926, 1927, 1930—1932, 1934.
Großjährigkeit s. Volljährigkeit.
Großvater (s. auch Großeltern) als Pfleger 1915, 1916.
— als Vormund 1776 Nr. 3 u. 4, Abs. 2, 1786 Nr. 2, 1778 Abs. 3, 1899, 1900.
Grund, Erlangen ohne rechtlichen G., — Wegfallen des G., — Verpflichtung zur Herausgabe 812, 814, 819—821.
Grundbuch s. Eintragung, Berichtigung, Bergwerk, Löschung. (Eintheilung d. Folgenden: Anlegung II., Einrichtung III., Einsicht IV., Führung V., öffentlicher Glaube VI., Übergangsbest. I., Wiederherstellung VII.)
I. Übergangsbestimmungen:
1. für Aneignungsrecht des Fiskus **E.** Art. 190.
2. für Erwerb, Verlust des Eigenthums, Übertragung, Belastung, Aufhebung eines anderen Rechts am Grundstück u. s. f. **E.** Art. 189.
3. Inkrafttreten der Grundbuchordnung s. das.
4. landesgesetzliche Bestimmungen über Hypothekenbuch, soweit in Kraft, auf G. Anwendung **A.** Art. 174.
5. für Rechte, die z. Zt. der Anlegung des G. bestehen, nämlich: a) gesetzliches Pfand-, Mieth-, Pachtrecht **E.** Art. 188,

— b) Grunddienstbarkeiten siehe daselbst **E.** Art. 187, — c) Grundschulden **E.** Art. 195, — d) Pfandrecht am Grundstück **E.** Art. 192—194.

6. für Schutz im Besitz einer Grunddienstbarkeit u. s. f. **E.** Art. 191.

7. für Übertragung des Eigenthums, Begründung und Aufhebung einer Dienstbarkeit am Grundstück, das im G. nicht eingetragen ist und nicht eingetragen zu werden braucht, nach Landesgesetz **E.** Art. 127, 128, **A.** Art. 83, 84, **G.O.** 90.

II. Anlegung nach landesherrlicher Verordnung **E.** Art. 186, — in Bayern rechts des Rheins Bayer. Ges. v. 18. Juni 1898 Art. 3, kgl. Verordn. vom 23. Juli 1898 (G. u. V.Bl. 1898 S. 493), — für München Bayer. Ges. v. 18. Juni 1898 Art. 4, — Bekanntmachung vom 1. Oktober 1898 (Justizministerialblatt für das Königreich Bayern 1898 S. 507), — für die Pfalz Ges. vom 1. Juli 1898, kgl. Verordn. v. 28. August 1898, Bekanntmachung vom 14. September 1898 (Justizministerialblatt S. 295 ff.), vom 7. Februar 1899 (Justizministerialblatt 99 S. 31 ff.).

III. Einrichtung nach Anordnung der Landesjustizverwaltung **G.O.** 1 Abs. 2, 85, 87—89, Bayer. Ges. v. 18. Juni 1898 (G. u. V.Bl. 1898 S. 367), — für Bezirke nach amtlichem Verzeichniß **G.O.** 2, (Ausn.! **G.O.** 85), — jedes Grundstück besondere Stelle (Ausn.!) s. Grundbuchblatt **G.O.** 3, 90, Bayer. Ges. v. 18. Juni 1898 Art. 2, kgl. Verordn. v. 1. Juli 1898 (G. u. V.Bl. 1898 S. 377), Bekanntmachg. v. 12. November 1898 (Justizministerialblatt für Bayern 1898 S. 649 ff.).

IV. Einsicht bei berechtigtem Interesse (ev. auch Abschrift) **G.O.** 11, 93—95, — durch öffentliche Behörden **A.G.O.** Art. 11, 53, — durch Notar **N.** Art. 30, 134.

V. Führung vom Grundbuchamt (s. das.) **G.O.** 1, d. i. Amtsgericht, in dessen Bezirk Grundstück liegt, **A.G.O.** Art. 4—6, 53.

VI. öffentlicher Glaube des G. wirkt, d. h. Inhalt des G. gilt als richtig:
a) zu Gunsten des Erwerbers eines Rechts am Grundstück oder Rechts an solchem Recht, falls α) kein Widerspruch gegen Richtigkeit eingetragen, — β) Erwerber Unrichtigkeit nicht kennt, 892.
b) bei Grunddienstbarkeiten s. das. **Ue.** Art. 10.
c) bei Hypotheken s. das. 1138, 1140, 1148, 1155, 1157—1159, (s. Pfalz s. Bayer. Gesetz vom 1. Juli 1898 Art. 23—26, G. u. V.Bl. 98 S. 375).
d) ebenso (wie bei a) bei Leistung an den, für welchen ein Recht im G. eingetragen u. s. f., 893, — (Ausn.: bei Grunddienstbarkeiten 1028 Abs. 2).

VII. Wiederherstellung bei Zerstörung u. s. f. **G.O.** 92.

Grundbuchamt, landesgesetzl. Vorschriften über Hypothekenamt, soweit in Kraft, auf G. Anwendung **A.** Art. 174.

— Aufbewahrung der Urkunden **G.O.** 9.

— Beschwerde u. weitere Beschwerde gegen G. s. Beschwerde **G.O.** 71—81, 102, **A.G.O.** Art. 3 Abs. 2, 53.

— Einrichtung des G. in Bayern **A.G.O.** Art. 1—10, 53.

— Erklärungen vor dem G. — Bindung der Betheiligten, (Beurkundung des Zeitpunkts des Eingehens des Antrags **A.G.O.** Art. 3, 53), — (Protokoll! **A.G.O.** Art. 9, 10, 53): a) Änderung der Forderung, für die Hypothek besteht, 1180, — b) Änderung des Rangverhältnisses von mehreren Rechten 880 Abs. 2, — c) Aufhebung des mit dem Recht eines Dritten belasteten Rechts am Grundstück 876, 1071, — d) Aufhebung der Hypothek 1183, — e) Ausschließung der Ertheilung eines Hypothekenbriefes 1116 Abs. 2, — f) Bestellung der Hypothek für Forderung aus Schuldverschreibung auf Inhaber 1188, — g) Bestellung einer Grundschuld 1196 Abs. 2, — h) Bestimmung, daß Reallast nur mit Theil des Grund-

so, daß dieser das Grundstück in einzelnen Beziehungen benutzen darf, — oder daß auf demselben gewisse Handlungen nicht vorgenommen werden dürfen, — od. daß Ausübung eines Rechts, das sich aus dem Eigenthum am belasteten Grundstücke dem andern gegenüber ergiebt, ausgeschlossen ist 1018, — Belastung muß für Benutzung des Berechtigten Vortheil bieten 1019, — landesgesetzliche Vorschriften, die Belastung mit gewissen G. untersagen, beschränken u. s. f., unberührt **E.** Art. 115, 116.

Grunddienstbarkeit, C. Begründung und Änderung:
1. Einigung und Eintragung im Grundbuch 873, 874, 877, 878, **E.** Art. 187, **A.** Art. 83, 84.
2. Ersitzung (dreißigjähriger Eintrag und Ausübung) 900 Abs. 2.

— D. Aufhebung:
1. Erklärung und Löschung 875, 876.
2. durch zu Unrecht erfolgte Löschung, wenn Anspruch des Berechtigten verjährt ist, 901, 1028.
3. nicht dadurch, daß Eigenthümer des belasteten Grundstücks Recht und umgekehrt erwirbt, 889.
4. nicht durch Verjährung, (falls eingetragen) 902.
5. Erlöschen, falls nicht im Grundbuch eingetragen, nach dessen Anlage in Bayern, bezw. nach 1. Januar 1900, — (Vorbehalt des **E.** Art. 189 Abs. 3), — a) Aufhebung durch öffentlich beglaubigte Erklärung des Berechtigten gegenüber Eigenthümer, — ev. Zustimmung des Dritten, — unwiderruflich **Ue.** Art. 12, — b) mit Ablauf von 10 Jahren nach letzter Ausübung (entsprechende Anwendung der Vorschriften für Verjährung — auch wenn G. nur zeitweilig ausgeübt) **Ue.** Art. 13, **A.** Art. 84 Abs. 3, — c) bei Vereinigung von G. mit Eigenthum an belastetem Grundstück **Ue.** Art. 14, — d) Ausschluß durch Aufgebotsverfahren, wenn Grunddienstbarkeit dem Eigenthümer unbekannt, (nicht, solange dauernde Anlage besteht, — Gericht, in dessen Bezirk Grundstück, — öffentliche Bekanntmachung, — Frist) **Ue.** Art. 16—18, — e) bei Zwangsversteigerung s. oben **A.G.O.** Art. 27 Abs. 2, 53.

Grunddienstbarkeit, E. Eintragung in das Grundbuch:
1. Berichtigung 894—899.
2. Höchstbetrag des Ersatzes bei Erlöschen durch Zuschlag bei Zwangsversteigerung 882.
3. öffentlicher Glaube des G. 892, 893, 1028.
4. Rangverhältniß 879—881.
5. Vermuthung für Bestehen der G. 891.
6. Vormerkung zur Sicherung des Eintrags 883—888.

— F. Ausübung:
1. thunlichste Schonung des Interesses des Eigenthümers des belasteten Grundstücks 1020.
2. Beschränkung auf Theil, — Verlegung, falls an bisheriger Stelle besonders beschwerlich, — Kosten: Eigenthümer des belasteten Grundstücks, — Recht auf Verlegung nicht ausschließbar und nicht beschränkbar! 1023.
3. beim Zusammentreffen mehrerer G. u. s. f.: Regelung nach billigem Ermessen! 1024.
4. bauliche Anlage auf belastetem Grundstück, — Unterhaltung derselben 1020—1022, **E.** Art. 191 Abs. 2.

— G. Theilung:
1. des Grundstücks des Berechtigten: G. besteht für einzelne Theile fort, — doch nicht beschwerlicher! (Ausn.: Erlöschen für die übrigen Theile, wenn G. nur einem Theil zum Vortheil gereicht,) 1025.
2. des belasteten Grundstücks: falls Ausübung nur auf bestimmte Theile des Grundstücks beschränkt, die übrigen frei, 1023, 1026.

— H. Beeinträchtigung:
1. der G.: Klage auf Beseitigung und Unterlassung 1004, 1027.
2. durch Anlage auf belastetem Grundstück: Klage auf Beseitigung u. Unterlassung (Anspruch des Berechtigten auf Beseitigung verjährbar! Mit Verjährung Erlöschen der G., soweit Anlage mit ihr im Widerspruch,) 1028.

3. Übergangsbestimmungen: bisherige Gesetze über Schutz im Besitz einer G. Anwendung bis Anlegung des Grundbuchs für belastetes Grundstück, — von da an B.G.B. **E.** Art. 191, — für die Pfalz s. Bayer. Gesetz vom 1. Juli 1898 Art. 22 (G. u. V.Bl. 1898 S. 374), rechtsrheinisch auch von Anlage des Grundbuchs vom 1. Januar 1900 an **Ue.** Art. 45, — bei Störung des Besitzers eines Grundstücks in Ausübung der G. Vorschriften über Besitzschutz, (doch muß G. innerhalb 1 Jahres vor Störung mindestens einmal ausgeübt sein), 1029.
4. bei Zwangsenteignung, Anspruch an Entschädigung des Eigenthümers **E.** Art. 52, 53.

Grunddienstbarkeit, I. Haftung des Beschwerten, falls Grundstück Gegenstand des Vermächtnisses, für Freiheit von G. 2182 Abs. 3.

Grundeigenthum s. Grundstück.
— in der Umgebung von Festungen **E.** Art. 54.

Grundentlastung, Gesetze unberührt, **Ue.** Art. 46 Abs. 3, **A.** Art. 163, 173.

Grundgefälle **E.** Art. 113, 114, 187 Abs. 1, **A.** Art. 122—128, **A.G.O.** Art. 27 Abs. 2, 53, **Z.V.** 45 Abs. 1.

Grundloses Haben, Rückforderung 812.

Grundschuld s. auch Grundschuldbrief, Rentenschuld, Unschädlichkeit.
— Übergangsbestimmung: eine z. Zt. der Anlegung des Grundbuchs bestehende G. gilt von da an als G. im Sinne des B.G.B., — landesgesetzl. Bestimmung, daß G. als Hypothek u. s. f. gelten soll, **E.** Art. 195.
— Begriff: G. ist Belastung eines Grundstücks so, daß an den, zu dessen Gunsten Belastung besteht, bestimmte Geldsumme (auch Nebenleistungen!) aus dem Grundstück zu bezahlen ist, (setzt keine Forderung voraus!) 1191.
— entsprechende Anwendung der Vorschriften für Hypotheken s. das. 1192, **G.O.** 26, 27, 37, 38, 99, 40 Abs. 2, 43, 51 Abs. 2, 54 Abs. 2, **A.** Art. 174 Abs. 2, — landesges. Vorschriften, daß Gläubiger Befriedigung aus Grundstück nur im Wege der Zwangsverwaltung suchen kann, **E.** Art. 60.

Grundschuld, Anlage von Mündelgeld 1807 Nr. 1 u. Abs. 2, 1808, 1809, 1811, 1813 Abs. 2, **A.** Art. 92.
— Beseitigung durch Verkäufer, (auch wenn sie Käufer kennt), 439 Abs. 2, 435.
— auch für Eigenthümer bestellbar 1196, 1197.
— Fälligkeit des Kapitals erst nach Kündigung (Frist 6 Monate! abweichende Bestimmung zulässig!) 1193, — landesgesetzl. Vorschriften über unkündbare G. oder Ausschließung des Kündigungsrechts **E.** Art. 117.
— bei Fahrnißgemeinschaft (nicht Theil des unbeweglichen Vermögens) 1551 Abs. 2.
— Grundschuldbrief (s. das.) auch auf Inhaber 1195, **G.O.** 70 Abs. 2.
— Nießbrauch an G. 1080, 1077—1079.
— Pfandrecht an G. 1291, **G.O.** 26 Abs. 2.
— als Theil der Erbschaft bei Nacherbfolge 2114, 2136—2138.
— Übertragung u. s. f. durch Vater oder Vormund ohne Genehmigung des Vormundschaftsgerichts 1643, 1821 Abs. 2.
— Umwandlung in Hypothek u. umgekehrt (Zustimmung der „im Rang gleich oder nachstehenden Berechtigten nicht erforderlich!) 1198, — Verwandlung der Hypothek in G. bei Vereinigung der Hypothek mit Eigenthum in einer Person 1177, **G.O.** 65, 70.
— Veräußerung eines Theils des mit G. belasteten Grundstücks s. Bayer. Gesetz vom 15. Juni 1898 Art. 1.
— auf einem vermachten Grundstück 2165 Abs. 2, 2168.
— Verpfändung zur Sicherheitsleistung 232, 233, 238.
— Zahlungsort, (falls nicht Anderes bestimmt): Sitz d. Grundbuchamts 1194.
— Zinsen bei Nießbrauch am Grundstück durch Eigenthümer zu zahlen 1047.
— Zurücktreten im Rang 880 Abs. 2, — landesgesetzlicher Vorbehalt bei zur

Verbesserung des Grundstücks gegebenen Darlehen **E.** Art. 117 Abs. 2, 118.
Grundschuld bei Zwangsversteigerung u. s. f. des Anwesens **Z.V.** 50—54, 59 Abs. 3, 64 Abs. 2, 67 Abs. 2, 68 Abs. 2, 83 Nr. 3, 84, 125—127, 132, 136, 142, 158, 185.
— Zwangsvollstreckung in G. C.P.O. 857 Abs. 6.
Grundschuldbrief, Anwendung der Vorschriften üb. Hypothekenbrief s. das. 1192, **G.O.** 70, **A.G.O.** Art. 19—21, 53.
— auf den Inhaber 1195.
— Eigenthum am G.: Gläubiger 952 Abs. 2.
— Vorlage zur Berichtigung des Grundbuchs 896.
— Vorlage im Fall Zwangsversteigerung u. s. f. **A.G.O.** Art. 19, 20, 53.
Grundsteuerkataster, Einsicht, Abschrift **A.** Art. 134.
Grundstück s. auch Auflassung, Grundbuch, Grundbuchblatt, Landgut, Landwirthschaftliches G., Rechte, die G. gleichstehen, s. Rechte, Rückfallsrecht, Unschädlichkeit, Zwangsversteigerung, Zwangsverwaltung und die folgenden Worte.
— Übergangsvorschriften für G. bis zur Anlage des Grundbuchs (s. auch das.) **E.** Art. 186—195, **Ue.** Art. 41, 60, 123.
— ausländisches G., Verfügung **E.** Art. 7 Abs. 3, 88.
— Belastung s. Grundstück, Rechte daran, — eines G., das im Miteigenthum steht, 1009 Abs. 2, 1010, 2044, 2204.
— Beschädigung durch Bergbau **E.** Art. 67 Abs. 2, — — durch Einsturz, Haftung 836—838, — — durch Wild s. Jagd 835.
— Beschränkung des Verfügungsrechts des elterlichen Gewalthabers oder Vormunds über G. 1643, 1686, 1821 Nr. 1—3 u. Abs. 2, — — d. Mannes über G., das zum Gesammtgut gehört, 1445, 1447—1449, 1455, 1468 Nr. 1, 1487, 1519, — — des Vorerben 2113, 2114, 2136—2138.
— Besitz: a) Aufgabe, falls Schuldner zur Herausgabe des G. verpflichtet, bei Verzug des Gläubigers und vorherigem Androhen (Ausn.!) 303, — b) Entsetzung bei Eigenmacht 859 Abs. 3, — c) Verpflichtung des Besitzers, Aufsuchung und Wegschaffen eines auf G. gelangten Gegenstandes zu gestatten, 867, 1005.
Grundstück, Bestandtheile wesentliche sind die mit d. Boden fest verbundenen Sachen, besonders Gebäude und mit Boden zusammenhängenden Erzeugnisse, auch Rechte, die mit Eigenthum verbunden, jedoch nicht Sachen, die nur zu vorübergehendem Zweck verbunden, 94—96.
— Eigenthum s. das., Eigenthumserwerb und -verlust, Eigenthumsbeschränkungen und unten unter diesem Wort bei Kauf.
— Gemeinschaftsverhältniß an mit Gebäuden versehenem G., Landesgesetze vorbehalten, **E.** Art. 131.
— Grundbuchblatt (s. das.) für jedes G. (Ausn.!) **G.O.** 3, Bayer. Ges. vom 18. Juni 1898 Art. 1—3.
— G. bei Güterrechten: a) bei Fahrnißgemeinschaft: Theil des eingebrachten Gutes 1551 Abs. 2, — b) beim gesetzlichen Güterrecht: G. mit Inventar Theil des eingebrachten Gutes 1378, — Ende der Verwaltung 1421, 1423.
— Haftung des G. für Hypotheken u. s. f. s. das., — für Leistungen auf Grund Rechtsverhältnisses des öffentlichen Rechts (Erlöschen 2 Jahre nach Fälligkeit, Sicherungshypothek) **A.** Art. 122—128.
— Kauf, Tausch oder sonstige entgeltliche Veräußerungen von G. 515, 445, 493.
1. Beschränkungen landesgesetzliche **E.** Art. 119, 120.
2. Leibgedinge u. s. f., die mit Überlassung des G. in Verbindung, s. Leibgeding **E.** Art. 96, **A.** Art. 32—48.
3. Rechte des Verkäufers: a) keine Haftung für Freiheit von öffentlichen Abgaben u. s. f. 436, — b) Kosten: Käufer 449, — c) Übergang der Gefahr, Lasten auf Käufer von Eintragung im Grundbuch an 446 Abs. 2.
4. Pflichten des Verkäufers: a) Auskunftsertheilung über Grenze, Lasten u. s. f.

444, — b) Haftung für zugesicherte Größe, ev. Wandelung 468, 459 Abs. 2, 463, — c) Löschung eingetragener Rechte 435, 439 Abs. 2.
5. Übernahme einer Hypothek durch den Käufer, Genehmigung d. Gläubigers 416.
6. Verjährung des Anspruchs auf Minderung, Schadensersatz, Wandelung: 1 Jahr 477, — des Vorkaufsrechts: 2 Monate 510 Abs. 2, — des Wiederkaufsrechts: 30 Jahre 503.
7. beim Vorkaufsrecht keine Sicherheit, soweit Hypothek, 509 Abs. 2.

Grundstück, Miethe und Pacht s. auch das., ferner Gut und Landwirthschaftliches G. 580, 581 Abs. 2.
1. Kündigungsrecht versetzter Beamten 570, — Fristen 565, 595, **E.** Art. 93, — des Miethers wegen Gesundheitsgefährdung 544.
2. Pfandrecht des Vermiethers an den eingebrachten Sachen 559—563.
3. Veräußerung des vermietheten G. (Kauf bricht nicht Miethe) 571—579, 1056, 1663, 1686, 2135.
4. Vertrag für länger als 1 Jahr schriftlich, sonst gilt er für unbestimmte Zeit 566.
5. Zahlungszeit des Zinses: sofern nicht kürzer, nach Ablauf je eines Kalendervierteljahrs am 1. Werktag des folgenden Monats 551 Abs. 2.
6. Zurückbehaltungsrecht des Zinses steht dem Miether wegen Ansprüchen gegen Vermiether nicht zu 556 Abs. 2.
7. Zusicherung bestimmter Größe 537 Abs. 2.

— Nießbrauch am G.
1. außergewöhnliche Ausbesserungen u. s. f. 1043, 1044.
2. Errichtung neuer Anlagen 1037 Abs. 2.
3. Erstrecken auf Zubehör 1031, 1062.
4. am G. sammt Inventar 1048.
5. am landwirthschaftlichen G. 1055.
6. am Wald 1038.

— Rechte am G. s. Grundstücke, Rechte an denselben.
— Schadensersatzpflicht bei Anlage oder Betrieb auf einem dem öffentlichen Gebrauch dienenden G. **E.** Art. 106, **A.** Art. 59.
— zum Schutz von G. gestattete Pfändung, Landesgesetze **E.** Art. 89, **A.** Art. 1, — — erlassenes Strafgesetz, Zuwiderhandeln, Landesgesetz **E.** Art. 107.

Grundstück, Theilung von G. s. Theilung und Unschädlichkeit.
— Vereinigung mit andern G. **G.O.** 5.
— als Gegenstand des Vermächtnisses 2165 Abs. 2, 2166—2168, 2182 Abs. 2.
— Verpfändung, Hauptformen: 1. Briefhypothek, 2. Buchhypothek, 3. Grund- und Rentenschuld, 4. Sicherungshypothek s. das.
— Werthsermittelung amtliche **A.** Art. 87, 88, **F.G.** 164.
— Zwangsvollstreckung s. **Z.V.**, **A.G.O.**, C.P.O. 864—871.

Grundstücke, Rechte an denselben.
— Übergangsbestimmungen: **E.** Art. 127, 189, **G.O.** 90.
— Voraussetzung: Grundbuchanlage **G.O.** 87, 4, 2, 3, **E.** Art. 186.
— Belastung eines G. mit Rechten, Übertragung derselben, Aufhebung s. Eigenthumserwerb und -verlust, Erlöschen 873, **N.** Art. 30, 134, **G.O.** 21, 23, 24, — (keine Aufhebung, wenn Eigenthümer des G. Recht oder umgekehrt erwirbt, 889), — Belastung eines Theiles mit Recht **G.O.** 6, 96, — Belastung des G. mit
1. beschränkt persönlichen Dienstbarkeiten s. das. 1090—1093.
2. Erbbaurecht s. das. 1012—1017, **G.O.** 7, 37, 84, 99.
3. Grunddienstbarkeiten s. das. 1018—1029, **G.O.** 50, 96, **E.Z.V.** 9.
4. Grund-, Rentenschuld s. das. 1191—1203, **G.O.** 26, 27, 37, 38, 43, 70.
5. Hypotheken s. das. 1113—1190.
6. Nießbrauch s. das. 1031, 1037 Abs. 2, 1043, 1048, 1055, 1062, 1063.
7. Reallasten s. das. 1105—1112, **G.O.** 6, 50, 96, **E.Z.V.** 9.
8. Recht zur Gewinnung von Mineralien **E.** Art. 68.
9. Vorkaufsrecht s. das. 1094—1104.

— Berichtigung des Grundbuchs s. Berichtigung 894—898, 1144, 1145, 1167, 1438 Abs. 3, 1519 Abs. 2, 1549, **E.** Art. 113, 116, **G.O.** 14, 22, — Widerspruch gegen Berichtigung 899, 902 Abs. 2.

Grundstücke, Rechte an denselben.
— confusio, kein Erlöschen 889.
— Eigenthumserwerb s. das., — durch geistliche Gesellschaften **A.** Art. 8 Abs. 2, 9, 10.
— Eintragung in das Grundbuch: Rechte, die Eintragung in der Pfalz bedürfen, s. Bayer. Gesetz vom 1. Juli 1898 Art. 23—26 (G. u. V.Bl. 98 S. 375), — Berücksichtigung bei Zwangsversteigerung **Z.V.** 45, 48, 51, 52, — öffentlicher Glaube (Ausn.!) 892, 893, **E.** Art. 118, — Vermuthung für Bestand 891, — Ansprüche aus eingetragenen Rechten nicht verjährbar (Ausn.!) 902, — falls Gegenstand eines Vermächtnisses **Ue.** Art. 33.
— Erlöschen des Rechts durch Zwangsversteigerung **Z.V.** 91 Abs. 1, 92, — Werthersatz 882.
— Nutzungsrechte an G., landesgesetzl. Vorschriften **E.** Art. 196, 197.
— Rangverhältniß unter mehreren Rechten, (falls nicht abweichender Eintrag): a) in derselben Abtheilung des Grundbuchs: nach Reihenfolge der Eintragungen, — b) in verschiedenen: nach Angabe des Tages, — bei selbem Tag Gleichrang 879, 900 Abs. 2, 914, 917, 1131, **E.** Art. 118, 189, **G.O.** 46.
nachträgliche Änderung möglich (Rechte zwischen den beiden Geänderten nicht berührt!): a) durch Einigung u. Eintragung, — b) bei Hypothek, Grund-, Rentenschuld außerdem Zustimmung des Eigenthümers (unwiderruflich!), — c) falls Zurücktretend. mit Recht eines Dritten belastet, dessen Zustimmung nöthig 880, 1151.
Vorbehalt des Ranges seitens Eigenthümers durch Eintragung im Grundbuch bei Recht, das zurücktreten soll, (beim Verkauf: Übergang auf Erwerber), 881, — landesgesetzl. Vorschriften über Vorrang v. staatlicher u. s. f. Hypothek, Geldrente u. s. f., die zur Verbesserung des G. gewährt ist, **E.** Art. 118.
— Untersagung der Belastung über bestimmte Werthgrenze u. s. f. **E.** Art. 115—117.

Grundstücke, Rechte an denselben.
— Vormerkung im Grundbuch zur Sicherung, auch des künftigen oder bedingten, Anspruchs auf Einräumung oder Aufhebung eines Rechts an G. oder auf Änderung, — — des Inhalts oder Ranges solchen Rechts 883, — und des Anspruchs auf Löschung d. Hypothek 1179, — a) durch einstweilige Verfügung (Glaubhaftmachung der Gefährdung nicht erforderlich!) — b) auf Grund Bewilligung 885, **G.O.** 18 Abs. 2, 76, **Z.V.** 48.
Wirkung: a) Verfügung nach Eintrag (auch durch Zwangsvollstreckung u. s. f.) unwirksam, soweit sie Anspruch vereitelt oder beeinträchtigt, 883, — b) Erbe des Verpflichteten kann sich nicht auf Beschränkung der Haftung berufen 884.
Beseitigung: falls Betroffener Einreden, wodurch Geltendmachung des durch die Vormerkung gesicherten Anspruchs dauernd ausgeschlossen (event. im Aufgebotsverfahren), 886—888, C.P.O. 982, 1024.

Grundstücksschätzer s. Sachverständiger und Schätzer.

Gültigkeit einer nichtigen Ehe 1324 Abs. 2, 1325 Abs. 2, 1328 Abs. 2.
— einer letztwilligen Verfügung oder Auflage darf nicht der Bestimmung eines Dritten überlassen sein 2065, 2192.
— des Testaments s. das.

Gültigkeitsfrist eines außerordentlichen Testaments 2252.

Gut eingebrachtes s. Eingebrachtes Gut.

Gutachten s. Anhörung, Sachverständiger.

Güte einer Forderung, Haftung des Verkäufers bezieht sich im Zweifel auf Zahlungsfähigkeit zur Zeit der Abtretung 438.
— mittlere bei geschuldeten Gattungssachen 243.

Gütergemeinschaft s. auch Gesetzliches Güterrecht, Güterrecht eheliches und die folgenden Worte.
— Übergangsbestimmungen **E.** Art. 200.
1. G., die am 1. Januar 1900 kraft Gesetzes besteht, bedarf bezüglich der

im Grundbuch einzutragenden Rechte nicht der Eintragung, doch kann vom andern Ehegatten Mitwirkung hiezu verlangt werden, **Ue.** Art. 26, 62 Abs. 3, 76 Abs. 1, 91.

2. in der Pfalz treten für die am 1. Januar 1900 bestehenden Ehen bei der gesetzlichen G. die Vorschriften des B.G.B. über Fahrnißgemeinschaft (s. das.) **Ue.** Art. 124, 125—140, 24, — ist am 1. Januar 1900 für Ehe G. (nach Art. 1530—1535 pfälzischen Civilgesetzbuchs) ausgeschlossen, so Vorschriften des B.G.B. über Güterstand der Verwaltung und Nutznießung (s. Gesetzliches Güterrecht) Anwendung **Ue.** Art. 136, 138, 24, (auf anhängigen Rechtsstreit Änderung ohne Einfluß **Ue.** Art. 103, 130).

Gütergemeinschaft allgemeine. (Eintheilung des Folgenden: Beendigung L., Begründung C., Gesammtgut D., Konkurseröffnung K., Pflichten der Frau F., der Ehegatten E., des Mannes H., Princip B., Rechte der Frau G., des Mannes I., Übergangsbestimmungen A.)

— — A. Übergangsbestimmungen (s. auch Güterrecht eheliches) **E.** Art. 200.

1. an Stelle bisheriger Vorschriften die des B.G.B. über a. G. (Ausn.!) **Ue.** Art. 62, 73, 24, 94.

für Bayern r. d. Rh. s. unter den folgenden Worten: Bamberg Bisthum, Bayreuth, Bayerisches Landrecht, Castell, Dinkelsbühl, Eichstätt, Erbacher Recht, Fränkische Landgerichtsordnung, Fuldaer Recht, Hohenlohe, Ingolstadt, Kaufbeuern, Kempten Fürstenthum und Stadt, Lindau, Mindelheim, Möndsrother Observanz, Nördlingen, Nürnberg, Öttingen-Wallerstein, Pappenheim, Preußisches Landrecht, Schweinfurt, Stauffen, Thurnau, Ulm, Weißenburg, Windsheim, Würzburg **Ue.** Art. 62—74, 94, 97—104, 24.

für die Pfalz: für die am 1. Januar 1900 bestehende Ehe treten bei a. G. die Vorschriften des B.G.B. über a. G., doch fortgesetzte G. nur, wenn durch Ehevertrag vereinbart, **Ue.** Art. 124 Abs. 4, 125—140, 24, s. auch Bayer. Gesetz vom 1. Juli 1898 Art. 8, 9 (G. u. V.Bl. 1898 S. 372).

2. ist am 1. Januar 1900 in Bayern r. d. Rh. G. aufgehoben, so bisherige Vorschriften **Ue.** Art. 73, 94, 97—104.

3. auf anhängigen Rechtsstreit Änderung ohne Einfluß **Ue.** Art. 103, 130.

Gütergemeinschaft allgemeine.

— — B. Princip: Vermögen beider Ehegatten und ihr Erwerb während der Ehe wird gemeinschaftlich (Gesammtgut) 1438.

Ausnahmen: a) nicht durch Rechtsgeschäft übertragbare Gegenstände (= eingebrachtes Gut bei Errungenschaftsgemeinschaft) (z.B. Familienfideicommisse) 1439, — b) Vorbehaltsgut (= Gütertrennung): α) das durch Ehevertrag hiefür Erklärte, — β) oder mit dieser Bestimmung Erworbene, — γ) oder auf Grund eines hiezu gehörigen Rechts Erworbene 1440, 1441, 1462, 1463 Nr. 2 u. 3.

— — C. Begründung durch Ehevertrag (nicht durch gesetzlichen Vertreter — bei Geschäftsbeschränkten: Zustimmung des gesetzlichen Vertreters, event. d. Vormundschaftsgerichts) 1437, — (gleichzeitige Anwesenheit vor Notar! 1432, 1434), — (Eintrag im Güterrechtsregister zur Wirkung gegen Dritte 1435), — (Bestimmungen abänderlich 1508).

— — D. Gesammtgut (= gemeinschaftliches Vermögen):

Übergangsbestimmungen s. auch **Ue.** Art. 97, 98.

1. Aufrechnung durch Schuldner nur mit Forderung, deren Berichtigung aus Gesammtgut verlangt werden kann, 1442 Abs. 2.

2. Haftung **Ue.** Art. 98, a) für ehelichen Aufwand 1458, — b) für Gläubiger des Mannes (Gesammtgutsverbindlichkeiten) 1459, — c) — der Frau (—) (Mann ist Gesammtschuldner) 1459 Abs. 2, — Ausn.: 1460—1462, — d) für Kosten eines Rechtsstreites 1460 Abs. 2, — e) im Verhältniß der Ehegatten zu einander 1463—1465.

3. Inventarerrichtung, falls Ehefrau Erbin ist, 2008.

4. Verfügung: a) über Antheil unzulässig 1442, — b) über Gesammtgut durch Mann 1443, — Einwilligung der Frau (ev. Vormundschaftsgericht) 1444—1449, 1455, — c) — durch Frau 1450, — Zustimmung des Mannes (ev. wie bei b) 1451 —1455, 1460, — (s. auch Rechte und Pflichten des Mannes).
5. Verwaltung und Besitz des Mannes, nicht verantwortlich 1443, 1456.
6. Zuwendung aus Gesammtgut, Ausgleichung, Pflichttheilsberechnung 2054, 2204, 2331, 2332 Abs. 2.
7. Zwangsvollstreckung C.P.O. 740, 743, 744, 860.

Gütergemeinschaft allgemeine.
— — E. Pflichten der Ehegatten während a. G.:
1. Leistung der Schulden zum Gesammtgut erst nach Ende der a. G. 1467.
2. Pflicht zur Aussteuer der Tochter 1620 Abs. 2.
3. Tragung der Verbindlichkeiten aus unerlaubter Handlung oder aus Rechtsverhältnissen, die sich auf Vorbehaltsgut beziehen, und der Kosten durch den, in dessen Person sie entstanden, 1463.
4. Unterhaltspflicht gegenüber Verwandten 1604 Abs. 2.
5. nicht verfügungsberechtigt über Antheil am Gesammtgut, nicht theilungsberechtigt 1442.
— — F. Pflichten der Frau während a. G. (s. auch Rechte des Mannes):
1. Berichtigung einer Schuld der Frau aus ihrem Vorbehaltsgut 1467.
2. Kosten des Rechtsstreits zwischen Ehegatten oder zwischen Frau und Dritten (Ausnahmen!) 1464.
— — G. Rechte der Frau während a. G. (s. auch Pflichten des Mannes):
1. Antrag auf Ersatz der Zustimmung des Mannes durch Vormundschaftsgericht 1451, 1455, 1460.
2. Einwilligung zu Verfügungen des Mannes s. H., Pflichten des Mannes.
3. Genehmigung eines Vertrags, zu dem ihre Einwilligung (Nr. 2) erforderlich gewesen wäre, 1448.
4. Klage auf Aufhebung der a. G. (s. auch Ue. Art. 64, 96 Abs. 3, 131, 132): a) bei Entmündigung wegen Verschwendung oder Gefährdung deswegen, — b) bei Überschuldung des Gesammtguts aus Verschulden des Mannes so, daß späterer Erwerb gefährdet ist, — c) bei Verletzung der Unterhaltspflicht und erheblicher Gefährdung für die Zukunft, — d) bei Verminderung des Gesammtguts, — e) bei Vornahme der Rechtsgeschäfte durch Mann ohne erforderliche Einwilligung der Frau und erheblicher Gefährdung 1468, 1470, 1479.
5. Klage gegen Dritte — ohne Mann, falls dieser ohne erforderliche Zustimmung über Recht des Gesammtguts verfügte, 1449.
6. keine Verpflichtung durch Verwaltungshandlungen des Mannes 1443 Abs. 2.
7. keine Zustimmung des Mannes erforderlich: a) zur Annahme u. s. f. von Erbschaft u. s. f. 1453, 1461, — b) bei selbständigem Erwerbsgeschäft 1452, 1403, 1462, — c) zur Fortsetzung eines anhängigen Rechtsstreits 1454.
8. Vertretung des Mannes bei Rechtsgeschäft und -streit, wenn Mann verhindert und bei Aufschub Gefahr, oder wenn Frau Vormund des Mannes ist, 1450, 1457.

Gütergemeinschaft allgemeine.
— — H. Pflichten des Mannes während a. G. (s. G.):
1. Ausstattung des gemeinschaftlichen Kindes (Ausnahmen!) 1465.
2. Einwilligung der Frau erforderlich (s. auch Ue. Art. 99), ev. Ersatz durch das Vormundschaftsgericht: a) zu Rechtsgeschäften, durch die sich Mann zu Verfügungen über Gesammtgut im Ganzen verpflichtet u. s. f., — b) zu Schenkungen aus Gesammtgut u. s. f., — c) zu Verfügungen über ein zum Gesammtgut gehörendes Grundstück 1444 — 1449, 1455, 1456, 1468 Nr. 1.
3. Ersatz für Verminderung des Gesammtguts 1456, 1468 Nr. 2, 1476 Abs. 2.

4. Ersatz für Verwendung von Gesammtgut in Vorbehaltsgut 1466.
5. Haftung für Gesammtgutsverbindlichkeiten der Frau als Gesammtschuldner 1459 Abs. 2.

Gütergemeinschaft allgemeine.

— — I. Rechte des Mannes während der a. G. (s. auch Pflichten der Frau):
1. Antrag auf Ersatz der Zustimmung der Frau durch das Vormundschaftsgericht 1447, 1448 Abs. 3.
2. Ersatz von Verwendungen von Vorbehaltsgut in Gesammtgut 1466 Abs. 2.
3. Forderung aus Gesammtgut (erst nach Ende der a. G.) 1467 Abs. 2.
4. Klage auf Aufhebung der a. G.: bei Überschuldung d. Gesammtguts durch Frau so, daß späterer Erwerb des Mannes erheblich geschädigt ist, 1469, 1470, 1479.
5. nicht für Verwaltung des Gesammtguts verantwortlich! 1456.
6. Verwaltung des Gesammtguts, — Besitz der Sachen, — Rechtsstreitigkeiten bez. des Gesammtguts im eigenen Namen 1443, 1604.
7. Zustimmung zu Rechtsgeschäften der Frau 1451, 1455, 1466, — Ausn.: a) bei selbständigem Erwerbsgeschäft 1452, — b) zur Annahme, Ausschlagung von Erbschaft, Vermächtniß, Verzicht auf Pflichttheil, Ablehnung von Vertragsantrag und Schenkung, Errichtung eines Inventars über die der Frau angefallene Erbschaft 1453, 1461, — c) zur Fortsetzung eines beim Eintritt der a. G. anhängigen Rechtsstreits 1454.

— — K. Konkurseröffnung s. K.O. 2, 234.

— — L. Beendigung der a. G.:
1. durch Auflösung der Ehe,
2. durch Tod s. weiter unten ad L. 2.
3. durch rechtskräftiges Urtheil 1468—1470, — (Klage bei Gefährdung, — Entmündigung u. s. f.), — (Eintrag im Güterrechtsregister zur Wirkung gegen Dritte) 1470 Abs. 2.
4. durch Vertrag 1437.

Folgen der Beendigung:
1. bis zur Auseinandersetzung: a) nicht verfügungs-, nicht theilungsberechtigt über seinen Antheil 1471 Abs. 2, — b) Verwaltung beider gemeinsam, (Mann solange, bis er Kenntniß vom Ende hat oder haben muß), (nothwendige Maßregeln!) 1472, — c) Gesammtgut wird, was auf Grund eines dazu gehörenden Rechts, als Ersatz für Zerstörung u. s. f. eines zum Gesammtgut gehörenden Gegenstandes u. s. f. erworben wird, 1473.
2. Auseinandersetzung (in Bayern auch durch Notar! **E.** Art. 193, **A.** Art. 104, 132,) — (falls nicht anderweite Vereinbarung!) 1474—1481, — Gebührenfreiheit! **Ue.** Art. 31 Abs. 2), — (Zuständigkeit u. s. f. **F.G.** 99, 193, **Ue.** Art. 36): a) aus Gesammtgut zuerst Gesammtgutsverbindlichkeiten — ev. zurückbehalten! (soweit erforderlich in Geld umsetzen!) (nicht, falls ein Ehegatte sie allein zu tragen), 1475, — (wenn nicht berichtigt, so Haftung als Gesammtschuldner, außer wenn sie einem Ehegatten allein zur Last fällt,) 1480, 1481, — b) Überschuß gleiche Theile (nach Vorschrift über Gemeinschaft s. das.), — Vorrecht an den zum persönlichen Gebrauch bestimmten Sachen gegen Werthersatz, ebenso am Eingebrachten oder durch Erbfolge u. s. f. Erworbenen 1476, 1477, — c) Anrechnung dessen, was Ehegatte zum Gesammtgut zu ersetzen hat, 1476 Abs. 2, — d) bei Ehescheidung und Aufhebung durch Urtheil 1478, 1479.
3. Erlöschen der Haftung des Mannes für Gesammtgutsverbindlichkeiten der Frau (Ausn.!) 1459 Abs. 2.
4. Gütertrennung, falls sich aus Vertrag nicht Anderes ergiebt, 1436, — (Beginn mit Rechtskraft des Urtheils, gegen Dritte mit Eintragung in das Güterrechtsregister 1470).

ad L. 2. Auflösung der a. G. durch Tod:
1. falls kein gemeinschaftlicher Abkömmling da oder Fortsetzung der G. durch Ehevertrag oder letztwillige Verfügung ausgeschlossen ist oder vom überlebenden Ehegatten abgelehnt wird: a) Beerbung nach allgemeinen Vorschriften, — b) Antheil des Verstorbenen am Gesammt-

gut gehört zum Nachlaß 1482, 1510, 1484 Abs. 3.
2. sonst Fortsetzung der G. mit gemeinschaftlichen Abkömmlingen s. Gütergemeinschaft fortgesetzte.

Gütergemeinschaft fortgesetzte. (Eintheilung des Folgenden: Ausschluß u. s. f. V., Eintritt II., Ende IX., Konkurseröffnung VI., Nichteintritt IV., Princip III., Übergangsbestimmung I., Wirkung VII., Zeugniß VIII.)

— — I. Übergangsbestimmungen s. auch Güterrecht eheliches **Ue.** Art. 29, 65, 66, 73, 124 Abs. 4.

— — II. Eintritt bei Tod eines Ehegatten bei allgemeiner G., falls gemeinschaftliche Abkömmlinge vorhanden, und f. G. nicht durch Ehevertrag oder letztwillige Verfügung ausgeschlossen oder vom überlebenden Ehegatten abgelehnt ist (s. weiter unten) 1483—1518.

— — III. Princip: Miteigenthum zur gesammten Hand 1485 Abs. 3, 1487, — Bestimmungen nicht durch Vertrag oder letztwillige Verfügung abänderlich 1518.

— — IV. Nichteintritt der f. G.:
1. beim Nichtvorhandensein eines gemeinschaftlichen Abkömmlings.
2. bei Ablehnung der Fortsetzung durch Überlebenden (binnen 6 Wochen! — öffentlich beglaubigte Erklärung! — keine Bedingung oder Zeitbestimmung! — nicht auf Theil! — vererblich! — anfechtbar! — ev. Genehmigung des Vormundschaftsgerichts!) — Folge: Antheil des Verstorbenen gehört zum Nachlaß 1484, 1510.
3. bei Ausschluß durch Ehevertrag (nicht gesetzlicher Vertreter!) 1508.
4. bei Ausschluß durch letztwillige Verfügung, falls Ehegatte berechtigt, dem andern den Pflichttheil zu entziehen (s. Pflichttheil) oder auf Aufhebung der G. zu klagen (Folge s. 2), 1509.

— — V. a) Ausschluß durch letztwillige Verfügung 1511, 1516, — Herabsetzung, Entziehung des Antheils, Zuwendung an Dritten, Bestimmung, daß Abkömmling Gesammtgut oder einzelne Gegenstände gegen Werthersatz übernehme, 1511—1516, — b) Unwürdigsein des Antheils, falls Abkömmling erbunwürdig, 1506, — c) Verzicht des Abkömmlings auf Antheil am Gesammtgut (Form: öffentlich beglaubigte Erklärung gegenüber Nachlaßgericht oder Vertrag (notariell!), ev. Genehmigung des Vormundschaftsgerichts,) — Folge: Anwachsung! 1491, 1501, 1503 Abs. 3, 1517.

Gütergemeinschaft fortgesetzte, VI. Konkurseröffnung s. K.O. 2 Abs. 3, 234.

— — VII. Wirkungen der f. G.:
1. Beerbung des verstorbenen Ehegatten nach allgemeinen Vorschriften, aber Antheil am Gesammtgut gehört nicht zum Nachlaß, 1483.
2. a) Gesammtgut ist das eheliche Gesammtgut (Ausn.!) und das Vermögen, das Überlebender erwirbt, (nicht das Vermögen, das Kind erwirbt,) 1485, — Zuwendung aus Gesammtgut 2054 Abs. 2, 2204, 2331 Abs. 2, 2332 Abs. 2, — b) Gesammtgutsverbindlichkeiten sind Verbindlichkeiten des Überlebenden und solche des Verstorbenen, die Gesammtgutsverbindlichkeiten der ehelichen G. waren, 1488, 1489, — c) Vorbehaltsgut des Überlebenden ist, was er bisher als solches hatte oder durch Erbfolge u. s. f. erwirbt, 1486.
3. Rechte und Pflichten wie oben bei allgemeiner Gütergemeinschaft (der Überlebende tritt an Stelle des Mannes, Abkömmling an die der Frau 1487): a) bei Beendigung der f. G. s. unten, — b) Haftung des Abkömmlings für Verbindlichkeiten des verstorbenen oder überlebenden Ehegatten nicht persönlich 1489 Abs. 3, — persönliche des Überlebenden für Gesammtgutsverbindlichkeiten 1489, — c) neue Ehe des Überlebenden, falls Kind minderjährig oder bevormundet, 1314 Abs. 2, — d) Schulden und Forderungen des Überlebenden am Gesammtgut erst nach Ende der f. G. tilgen! 1487.
4. bei Tod des antheilsberechtigten Abkömmlings: sein Antheil am Gesammtgut gehört nicht zu seinem Nachlaß, seine antheilsberechtigten Abkömmlinge an seine Stelle, sonst Anwachsung seines Antheils an Antheil der übrigen Abkömmlinge, ev. des überlebenden Ehegatten, 1490.

Gütergemeinschaft fortgesetzte.
— — VIII. Zeugniß über Fortsetzung der G. auf Antrag durch Nachlaßgericht 1507, — Nachweis vor Grundbuchamt **G.O.** 36 Abs. 2.
— — IX. Ende der f. G.:
1. Aufhebung durch überlebenden Ehegatten (Form!) 1492.
2. durch notariellen Vertrag 1492 Abs. 2.
3. durch Tod oder Todeserklärung des überlebenden Ehegatten 1494.
4. durch rechtskräftiges Urtheil bei Klage des Abkömmlings auf Aufhebung: a) bei Entmündigung, — b) bei Verletzung der Unterhaltspflicht u. s. f., — c) bei Verminderung des Gesammtgutes in Benachtheiligungsabsicht, — d) bei Verwirken der elterlichen Gewalt, — e) bei Vornahme eines Rechtsgeschäfts ohne erforderliche Zustimmung u. s. f. 1495, 1496, 1502 Abs. 2.
5. durch Wiederverheirathung des überlebenden Ehegatten 1493, 1314 Abs. 2, 1487 Abs. 2.

Folgen des Endes der f. G.:
1. bis Auseinandersetzung wie bei allgemeiner G. s. das. 1497 Abs. 2.
2. Auseinandersetzung des Gesammtguts (in Bayern auch durch Notar! **E.** Art. 193, **A.** Art. 104, 132), wie bei allgemeiner Gütergemeinschaft s. das. (Überlebender hat rechtliche Stelle des Mannes, Abkömmling der Frau) 1498, **F.G.** 99, 193, **Ue.** Art. 36, — ferner: a) überlebender Ehegatte hat zu tragen: α) Gesammtgutsverbindlichkeit, die ihm bei Eintritt der f. G. obliegt und für die eheliches Gesammtgut nicht haftet, — β) —, die nach Eintritt der f. G. entstand, falls er sie zu tragen hätte, wenn sie während a. G. entstand, — γ) Ausstattung des Kindes über entsprechendes Maß u. s. f. 1499.
b) Anrechnung bei Abkömmling 1500, — Haftung desselben 1504.
c) Einrechnung einer Abfindung für Verzicht 1501.
d) Übernahme von Gegenständen durch Überlebenden oder Abkömmling 1502, 1515, 1516, **A.** Art. 103.
e) Abkömmlinge theilen die ihnen zukommende Hälfte des Gesammtguts nach Verhältniß der Antheile, zu denen sie bei gesetzlicher Erbfolge berufen wären, 1503, 1512—1516.
f) Anwendung der Vorschriften über Pflichttheilsergänzung und Erbunwürdigkeit 1505, 1506.

Guter Glaube s. Kenntniß.

Güterrecht eheliches, Übergangsbestimmungen: für Güterstand einer am 1. Januar 1900 bestehenden Ehe bleiben bisherige Gesetze maßgebend! (insbes. auch erbrechtliche Wirkungen!), — soweit Ehefrau hienach beschränkt, bleibt Beschränkung, solange bisheriger Güterstand! (Erbvertrag, der nach B.G.B. zulässig, kann geschlossen werden, auch wenn er nach bisherigen Gesetzen unzulässig,) **E.** Art. 200.
— Überleitungsbestimmungen (Vorbehalt des **E.** Art. 218) s. auch die einzelnen Rechte; für Bayern: allgemeine Bestimmungen **Ue.** Art. 19—31, — für Bayern r. d. Rh. **Ue.** Art. 62—104, — für die Pfalz **Ue.** Art. 124—140, — (Überleitung des rechtsrheinischen Güterrechts gilt auch für Ehegatten, die ihren Wohnsitz in der Pfalz haben und umgekehrt, **Ue.** Art. 19), — Wirksamkeit gegenüber Dritten nach bisherigen Gesetzen, außer bei Abänderung oder Verlegung des Wohnsitzes nach Übergang des Güterstandes, deshalb auch vor 1. Jan. 1900 Eintragung im Güterrechtsregister (auch des Vorbehaltsguts) nicht erforderlich **Ue.** Art. 25, — Abänderung des Ehevertrags (Gebührenfreiheit ein Jahr nach Güterstandsänderung) **Ue.** Art. 24, 27, 31, 94—96, — auf anhängigen Rechtsstreit Änderung ohne Einfluß **Ue.** Art. 103, 130.
— Arten des B.G.B.:
1. gesetzliches Güterrecht s. das. 1363—1431.
2. vertragsmäßiges Güterrecht s. auch Güterrecht vertragsmäßiges: a) Gütergemeinschaft allgemeine s. das. 1437—1518, — b) Errungenschaftsgemeinschaft s. das. 1519—1548, — c) Fahrnißgemeinschaft s. das. 1549—1557.

Güterrecht eheliches, Gesetzesanwendung **E.** Art. 15, 16, 27, 28, 36 I.
— Zuständigkeit des Vormundschaftsgerichts **F.G.** 45.
Güterrecht gesetzliches s. Gesetzliches Güterrecht.
Güterrecht vertragsmäßiges s. auch Errungenschafts-, Fahrniß-, Gütergemeinschaft.
— — Abschluß durch Ehevertrag (auch nach Eingehung der Ehe, — Form!) s. Ehevertrag 1432—1434, **E.** Art. 200 Abs. 2, **Ue.** Art. 21, 24, 27, 31, 94—96.
— — bei Ausschluß der Verwaltung und Nutznießung des Mannes, Aufhebung der allgemeinen Güter-, Errungenschafts-, Fahrnißgemeinschaft: Eintritt der Gütertrennung (s. das.), falls Vertrag nicht Anderes ergiebt, 1436, 1470, 1545.
— Nachweis vor Grundbuchamt **G.O.** 34, 35, **Ue.** Art. 30.
— Wirkung gegenüber gutgläubigen Dritten: Eintragung (s. das.) in das Güterrechtsregister 1435, 1470 Abs. 2, 1545 Abs. 2, **E.** Art. 16, **Ue.** Art. 25.
Güterrechtsregister s. Eintragung.
Güterstand s. Güterrecht.
Gütertrennung (ist auch Princip des gesetzlichen Güterrechts s. das.).
— Übergangsbestimmungen für Bayern **Ue.** Art. 94 Abs. 2, 134, 135, 137, 138.
— Eintritt:
1. bei Aufhebung der Güter- oder Fahrnißgemeinschaft durch Urtheil 1470, 1519.
2. — — der Verwaltung oder Errungenschaftsgemeinschaft durch Urtheil, Konkurs, Todeserklärung 1418—1420, 1426, 1542—1545, 1549.
3. bei Ehe einer beschränkt geschäftsfähigen Frau ohne Einwilligung des gesetzlichen Vertreters 1364, 1426.
4. bei Wiederherstellung der ehelichen Gemeinschaft nach deren Aufhebung durch Urtheil 1587, 1575, 1586, **E.** Art. 46.
5. durch Ehevertrag bei ausdrücklicher Bestimmung oder Ausschluß der Verwaltung und Nutznießung des Mannes oder Aufhebung der Güter-, Errungenschafts-, Fahrnißgemeinschaft, falls im Vertrag nicht Anderes bestimmt, 1432, 1436, 1470, 1545.
Gütertrennung, Eintragung im Güterrechtsregister zur Wirkung gegen gutgläubige Dritte, (es genügt auch Kenntniß des Dritten) 1431, 1435.
— Nachweis vor Grundbuchamt **G.O.** 34, 35.
— Wirkungen der G.:
A. hinsichtlich des ehelichen Aufwandes:
1. ist vom Mann zu tragen, jedoch
2. angemessener Beitrag der Frau aus Einkünften ihres Vermögens oder ihrer Arbeit (für Vergangenheit nur, soweit Rückstand trotz Aufforderung!) (Anspruch nicht übertragbar, nicht pfändbar!) 1427, 1371, — Rückbehaltungsrecht des Beitrags seitens der Frau: a) wenn erhebliche Gefährdung des Unterhalts der Familie zu besorgen, — b) bei Entmündigung des Mannes, — c) bei Bestellung eines Pflegers für den Mann 1428.
B. bei Aufwendungen der Frau für ehelichen Aufwand im Zweifel keine Ersatzpflicht 1429.
C. keine Beschränkung der Frau hinsichtlich ihres Vermögens 1356 ff., — Erwerbsgeschäft auch ohne Zustimmung des Mannes, doch Untersagungsrecht 1354.
D. keine eheherrliche Verwaltung und Nutznießung 1373—1425, 1426.
E. falls Frau Vermögen oder Verwaltung dem Manne überläßt, so kann dieser die Einkünfte nach seinem Ermessen verwenden (Ausn.!) 1430.
Gute Sitten, ausländisches Gesetz gegen g. S., Anwendung ausgeschlossen **E.** Art. 30.
— — Handlung gegen g. S. seitens Dienstboten oder -herrschaft, Kündigung **A.** Art. 24 Nr. 8 u. Abs. 2, 25 Nr. 4.
— — Rechtsgeschäft gegen g. S. ist nichtig 138.
— — Rückforderung einer gegen g. S. gegebenen Leistung 817, 819 Abs. 2.

Gute Sitten, vorsätzliche Schadenszufügung gegen g. S. — Schadensersatzpflicht 826.
Gutsbezirk, der Gemeinde durch Landesgesetz gleichgestellt, Testamentserrichtung 2249, 2252, 2256, 2266, **E.** Art. 150.
Gutsherrlich-bäuerliche Verhältnisse, Ordnung nach Landesgesetzen **E.** Art. 113, 114, 116.
Gutstehen für Jemand s. Bürgschaft, Empfehlung.
Gutsübernahme s. auch Übernahme.
— unmittelbarer Anspruch des Dritten auf Abfindung 330, **E.** Art. 96.
Gutsvorsteher, Zuständigkeit zur Aufnahme eines Testaments 2249, 2250, 2266, **E.** Art. 150.

H.

Habere licere, Pflicht bei Kauf oder Tausch, jetzt: Eigenthum zu verschaffen, 433, 515.
Habitatio s. Wohnungsrecht.
Haftpflicht s. Anlage, Betrieb, Eisenbahn.
Haftpflichtgesetz, Abänderung **E.** Art. 42.
Haftung s. auch Beamter, Beschränkte H., Erbe, Gefahr, Gewährleistung, Grundbuchamt, Hypothek, Schadensersatz, Sorgfalt und die einzelnen Rechtsinstitute.
— des Schuldners, wenn nicht Anderes bestimmt, für Vorsatz (kann nicht im Voraus erlassen werden) und Fahrlässigkeit s. das. 276, 277, 827, 828, Ausnahmen: 521, 599, 680, 780, 1359.
— des Schuldners während des Verzugs 287.
— für Verschulden des gesetzlichen Vertreters und Gehülfen s. das. 278.
Hagelversicherung s. auch **A.** Art. 122—128.
Halbbürtige Geschwister s. Geschwister.
Halber Monat sind 15 Tage 189.
Halbjahr ist 6 Monate 189.
— Ende 188.
Halbtheilung s. Hälfte.
Hälfte, Herabsetzung des Antheils bei Ende der fortgesetzten Gütergemeinschaft auf H. 1512, 1514, 1516, 1518.
Hammerschlagsrecht nicht erwähnt, im Nothfall 904.
Hand muß Hand wahren s. Eigenthumserwerb 932—936.
Hand todte, landesgesetzliche Vorschriften über Erwerb durch t. H. **E.** Art. 86, 87, **A.** Art. 7—10.
Handarbeiter s. Arbeiter.
Handelsfrau s. Erwerbsgeschäft.
Handelsmäkler s. H.G.B. 93—104.
— Verkauf geschuldeter Sachen oder Pfänder durch H. aus freier Hand 385, 1221, 1235 Abs. 2.
Handelsregister F.G. 125—144 und H.G.B. 2, 3, 5, 6, 8—16.
Handgeld s. Draufgabe.
Handgelübde s. Handschlag.
Handlung s. auch Leistung.
— strafbare, unerlaubte, unzüchtige s. das.
Handlungsfähigkeit s. Geschäftsfähigkeit.
Handlungsgehülfe, Anspruchsverjährung (2 Jahre) 196 Nr. 8, 201, 218.
Handschlag an Eidesstatt s. auch Eidesstatt.
— — Verpflichtung des Vormunds, Gegenvormunds, Mitglieds des Familienraths, Pflegers 1789, 1897, 1792 Abs. 4, 1870, 1915.
— — — der Waisenräthe **A.** Art. 96 Abs. 6.
Handwerker, Anspruchsverjährung (2 Jahre, ev. 4 Jahre) 196 Nr. 1 u. Abs. 2. 201, 218.
Handzeichen, notariell zu beglaubigen! 126, 127, 129, **F.G.** 167, 183 Abs. 3, 191 Abs. 2, **A.** Art. 167 I, **N.** Art. 35.
Hannoversches Königshaus, Geltung des B.G.B. für Mitglieder des vormaligen H. K. **E.** Art. 57, 60, 61.
Hase, kein Wildschadensersatz nach B.G.B. 835, — jedoch landesges. Vorschriften unberührt **E.** Art. 71 Nr. 1.
Hauptmängel bei Viehverkauf s. Viehgewährschaft 482, 484, 492.
Hauptsache im Gegensatz zu Nebensache 470.
— im Gegensatz zu Zubehör s. das. 97, 98.
— bei Verbindung von Sachen 947 Abs. 2.
Hauptschuldner s. Bürgschaft.
Hauptverbindlichkeit s. Bürgschaft.
Haus s. Gebäude.
Hausfahrniß s. Haushaltungsgegenstände.
Hausgenosse s. Gemeinschaft häusliche.

Haushalt s. Hauswesen.
Haushaltungsgegenstände, Übergangsbestimmungen s. d. einzelnen Güterstände.
— Angabe des Gesammtwerths im Vermögensverzeichniß des elterlichen Gewalthabers 1640.
— Benützung durch zum Hausstand gehörige, vom Erblasser unterhaltene Familienangehörige 30 Tage nach dem Tod 1969.
— Ersatz für die von der Frau eingebrachten H. wird eingebrachtes Gut 1382, 1525, 1550.
— gebühren dem überlebenden Ehegatten neben den Verwandten II. u. s. f. Ordnung (s. Erbe gesetzlicher) als Voraus, wenn sie nicht Zubehör eines Grundstücks sind, 1932, 1933.
Hauskind s. Elterliche Gewalt.
Hauslehrer, Anspruchsverjährung (2 Jahre) 196 Nr. 8, 201, 218.
Häuslerrecht, landesges. Vorschriften unberührt E. Art. 63.
Häusliche Gemeinschaft s. Gemeinschaft.
Häuslicher Wirkungskreis der Frau, Vertretung des Mannes 1357.
Hausmiethe s. Miethe.
Hausstand elterlicher, Angehören des Kindes 1617—1619.
— des Erblassers, Unterhalt der Familienangehörigen 1969.
Hausthier s. Gewährleistung, Viehgewährschaft 481—493.
Hausverfassungen der Landesherren, des hohen Adels u. s. f. E. Art. 57, 58, A. Art. 1.
Hauswesen, Aufwand für Kosten des H. durch volljähriges Kind 1618.
— Ausstattung s. das. 1624, 1625.
— Aussteuer zur Einrichtung des H. der Tochter s. Aussteuer 1620—1623.
— Ausübung der thatsächlichen Gewalt über Sache im H. eines Anderen giebt nicht Besitz 855, 860.
— Dienstleistungen im H., Ersatzpflicht bei Verletzung 845, 846.
— Geschäftsabschluß durch Frau innerhalb H. 1357, 1358.
— gesondertes H. bei Getrenntleben 1361.
— Leitung des H. durch Ehefrau 1356.
— Pflicht des Kindes zu Dienstleistungen im H. 1617.
Hazardspiel s. Spiel.
Hebamme, Anspruchsverjährung (2 Jahre) 196 Nr. 14, 201, 218.
Hecke, Abstand von Grenze s. Eigenthumsbeschränkungen Nr. 20.
— zwischen zwei Grundstücken 921, 922.
Heilanstalt, Anspruchsverjährung (2 Jahre) 196 Nr. 11, 201, 218.
— Aufnahme eines Dienstverpflichteten 617.
— Erbrecht, Pflichttheilsanspruch u. s. f. nach Landesgesetz E. Art. 139, A. Art. 101, 102.
Heilung des Mangels der Form:
1. der Ehe s. das. 1324, 1328, E. Art. 40 § 8a.
2. der Bürgschaft durch Erfüllung der Hauptverbindlichkeit seitens des Bürgen 766.
3. des Schenkungsversprechens durch Bewirkung der versprochenen Schenkung 518.
4. bei Vertrag über Eigenthumsübertragung am Grundstück durch Auflassung und Eintrag im Grundbuch 313.
Heimath, Bayer. Gesetz v. 16. April 1868 abgeändert A. Art. 154.
Heimliche Mängel s. Gewährleistung.
Heimlicher Besitz 858.
Heimliches Verlassen u. s. f. der Wohnung durch Dienstboten zur Nachtzeit A. Art. 24 Nr. 9 u. Abs. 2.
Heirath s. Ehe, Wiederverheirathung.
Heirathsgut s. Aussteuer, Ausstattung, Dotalrecht.
Heirathskonsens s. Ehe 1315.
Heirathsregister s. Eintragung.
Heirathsvermittlung, Lohn für H. nicht einklagbar 656.
Hemmung des Beginns, Laufs, der Vollendung von Fristen:
1. des Laufs der Frist zur Anstellung der Ehescheidungsklage 1571 Abs. 2 u. 4, 203, 206.
2. des Laufs der Erlöschungsfrist nicht eingetragener Grunddienstbarkeiten und Reallasten Ue. Art. 13 Abs. 2, 46 Abs. 2.
3. des Beginns und Laufs der Gültigkeitsfrist außerordentlicher Testamente 2252.
4. durch Stillstand der Rechtspflege oder höhere Gewalt innerhalb der letzten

6 Monate der Frist und dadurch bewirkte Verhinderung an der Rechtsverfolgung 206, 207.
a) bei der Anfechtung: α) der Anerkennung der Ehelichkeit 1599, — β) der Ehe 1339, — γ) der Ehelichkeit 1594, — δ) des Erbschaftserwerbs wegen Erbunwürdigkeit 2340, — ε) des Erbvertrags durch Erblasser 2283, — ζ) der letztwilligen Verfügung 2082, — η) von Willenserklärungen wegen Drohung und Täuschung 124.
b) bei Antrag auf Aufgebotsverfahren von Schuldverschreibungen auf den Inhaber 802.
c) bei Ausschlagung der Erbschaft 1944.
d) bei Ehescheidungsklage 1571 Abs. 4.
e) bei Inventarerrichtung durch Erben 1997.
f) bei Klage des Besitzers auf Ersatz der Verwendungen auf schon herausgegebene Sache 1002 Abs. 2.
g) — — nach vorheriger Vorentscheidung einer Behörde u. s. f. 210.
5. des Beginns und Laufs der Frist für Vorlegung von Schuldverschreibungen auf den Inhaber 802.

Hemmung des Laufs der Verjährung, Übergangsbestimmung: für Zeit vor 1. Januar 1900 bestimmt sich H. nach bisherigen Gesetzen **E.** Art. 169.
— Eintritt der H.:
1. bei Ansprüchen der Ehegatten untereinander für die Dauer der Ehe, zwischen Eltern und Kindern während deren Minderjährigkeit, zwischen Vormund und Mündel während Vormundschaft 204, — (Ausn.: bei Ungültigkeit der Ehe 1329, 1343).
2. bei Stundung der Leistung oder Berechtigung des Verpflichteten, aus anderem Grund Leistung vorübergehend zu verweigern, 202.
Ausn.: a) bei aufschiebenden Einreden des Erben, — b) bei Einreden des Bürgen, besonders Vorausklage, — c) des nicht erfüllten Vertrags, — d) der mangelnden Sicherheitsleistung, — e) des Zurückbehaltungsrechts 202 Abs. 2, 770, 2014, 2015, — f) beim Pflichttheilsanspruch 2332 Abs. 3.
3. bei Verhinderung des Berechtigten an Rechtsverfolgung durch Stillstand der Rechtspflege oder höhere Gewalt innerhalb der letzten 6 Monate der Verjährungsfrist 203.

Hemmung, Wirkungen der H.:
1. bei Ansprüchen aus Gewährleistung des Veräußerers oder Werkunternehmers auch auf Andere 477 Abs. 3, 480, 490, 493, 515, 639 Abs. 2.
2. beim Eigenthumsanspruch u. s. f. Hinderung der Ersitzung und Erlöschen der Rechte Dritter an der Sache 939, 945.
3. bei Gesammtschuld nicht gegen oder für Gesammtschuldner oder -gläubiger 425, 429.
4. Nichteinrechnung in die Verjährungsfrist 205.
— der Vollendung der Verjährung:
1. bei Ansprüchen gegen Geschäftsunfähigen oder nicht prozeßfähigen Geschäftsbeschränkten ohne gesetzlichen Vertreter 206.
2. — die zum Nachlaß gehören oder sich gegen diesen richten, 207.
3. — — des für todt Erklärten auf Herausgabe des Vermögens 2031.

Herabfallen von Früchten auf das Nachbargrundstück 911.
— von Theilen eines Gebäudes, Schadensersatz 836—838, — Vorkehrung zur Abwendung der Gefahr 908.

Herabsetzung s. auch Minderung
— des Antheils nach Ende der fortgesetzten Gütergemeinschaft s. das. 1512, 1514, 1516, 1518.
— des zu hohen Mäklerlohns 655.
— der Unterhaltsrente des geschiedenen unschuldigen Ehegatten nach dem Tod des schuldigen 1582 Abs. 2 u. 3.
— der zu hohen Vertragsstrafe 343, H.G.B. 348.

Herausgabe s. auch Ungerechtfertigte Bereicherung, Unmöglichkeit.
— Anwendung von Zwang, Offenbarungseidsleistung **A.** Art. 130.
— der Bereicherung des Gesammtguts bei der allgemeinen Gütergemeinschaft 1455.
— des eingebrachten Vermögens durch den Ehemann 1421—1424, 1546, 1550.

Herausgabe der Erbschaft an den Nacherben s. das. 2130, 2138.
— der Erbschaftsgegenstände an den Erbschaftskäufer 2374.
— des vom Erbschaftsbesitzer Erlangten 2018—2030.
— des Ersatzes bei Unmöglichkeit der Leistung 281, 323 Abs. 2.
— der Früchte, Kostenersatz 102, 256,
— — aus der vermachten Sache 2184.
— der gefundenen Sache an Verlierer 969, — an Polizeibehörde 976 Abs. 2, — des durch Rechtsänderung beim Fund Erlangten 977.
— der gekauften Sache an Dritten, Schadensersatz 440 Abs. 2—4, 2182.
— des Geschenkten s. Schenkung 516 Abs. 2, 517—529, 531 Abs. 2, C.P.O. 852, — bei Beeinträchtigung des Vertragserben u. beim Pflichttheil 2287, 2329, 2330, — beim Unterbleiben der Eheschließung 1301, 1302.
— von Grundstücken 1287, **Ue.** Art. 60, 123, C.P.O. 848, — beim Vorkaufsrecht 1100—1103.
— eines Inbegriffs von Gegenständen, Verzeichnißvorlage, Offenbarungseid 260.
— des Kindes an den Vater, der elterliche Gewalt hat, 1632.
— des seitens des Vormundes hinterlegten Mündelvermögens 1814, 1815, 1817, 1819, 1820, 1853, 1855, 1856.
— des Nachlasses seitens des Erben an die Gläubiger 1990—1992, 2013, 2036, 2145 Abs. 2, 2187 Abs. 3,
— — durch Nachlaßverwalter an die Erben erst nach Berichtigung der Nachlaßverbindlichkeiten, ev. Sicherheit, 1986.
— der Nutzungen, Schadensersatz wegen Verschlechterung, Untergang u. s. f., 292, 347, 989, — — am Grundstück bei Verzug des Gläubigers 302, 303, — — des Vermögens des Kindes an den Vater 1656, 1658 Abs. 2.
— des Pfandes an den Pfandgläubiger zum Zwecke des Verkaufs 1231, 1232, — vom bisherigen an den neuen Pfandgläubiger 1251.

Herausgabe der Pfandsachen aus den öffentlichen Pfandleihanstalten **E.** Art. 94 Abs. 2.
— von Sachen (und Nutzungen) seitens des Besitzers an den Eigenthümer 985—1007, C.P.O. 883—893, — seitens des nicht gutgläubigen Besitzers 1007, — seitens d. gutgläubigen Besitzers an den, dem sie gestohlen u. s. f., 1007 Abs. 2 u. 3.
— — die eingebracht und aus Grundstück entfernt wurden, 561 Abs. 2.
— — die bei Getrenntleben der Ehegatten für den Haushalt erforderlich sind, 1361.
— — an den Miteigenthümer 1011.
— — seitens öffentlicher Behörde 983.
— — Schadensersatz weg. Verschlechterung, Untergang u. s. f. 292, 347, 989.
— — Wegnahme einer Einrichtung, in Standsetzen 258.
— — Zurückbehaltungsrecht wegen Schadens oder Verwendung 273 Abs. 2.
— des Überschusses seitens des Erben an die durch Aufgebotsverfahren ausgeschlossenen Nachlaßgläubiger 1973 Abs. 2, 1989, 2013.
— von Urkunden und zwar: a) Anweisungsurkunden 783, 785, 792, — b) bei Forderungsübertragung 402, 410, — c) des Hypothekenbriefs seitens des Grundbuchamts 1117 Abs. 2, 1144, sonstiger Urkunden seitens dieses Amts **G.O.** 9, — d) von Inhaber- oder Orderpapieren, an denen Nießbrauch besteht, 1052, — die bei Nacherbfolge hinterlegt sind, 2116, 2136—2138, — e) beim Kauf 498, — f) bei Leistung 808 Abs. 2, — g) die zur Löschung des Pfandrechts an Schiffen erforderlich, 1267, — h) von Schuldverschreibungen auf den Inhaber 797, — i) des unrichtigen Erbscheins an das Nachlaßgericht 2362, 2363 Abs. 2, 2364 Abs. 2, 2370 Abs. 2, — k) der Zins-, Renten-, Gewinnantheilscheine bei verpfändeten Werthpapieren 1296.
— Verbindlichkeit zur H. des Erlangten seitens des Beauftragten 667, 2218, 2220, — seitens des Geschäftsführers ohne Auftrag 681, 667, 684, — des durch unerlaubte Handlung Erlangten 852 Abs. 2

Herausgabe des Vermögens des Kindes seitens des Vaters oder Vormundes 1681, 1686, 1890, — — an für todt erklärte Person 2031.
— bei Wiederherstellung der Errungenschaftsgemeinschaft 1548, 1422.
— der Zuwendung bei der Auflage 2196.
Herauszahlung seitens des Miterben bei der Auseinandersetzung 2056, 2204.
Herbergen (nach Münchener Stadtrecht) s. Stockwerke.
Herde s. Sachinbegriff.
Hereditas iacens nicht erwähnt (Sicherung bis zur Annahme, soweit erforderlich) 1960.
Hereditatis petitio s. Erbschaftsanspruch.
Heres s. Erbe.
— ex re certa 2087.
— fideicommissarius s. Nacherbfolge.
Herkommen nicht erwähnt im B.G.B.
— soweit in den in Bayern in Kraft bleibenden Gesetzen auf H. verwiesen, behält es Geltung **A.** Art. 1 Abs. 2, s. auch **A.** Art. 76.
Herrenlose Sachen s. auch Aneignung.
1. bewegliche Sache herrenlos bei Aufgabe des Besitzes seitens des Eigenthümers in der Absicht, auf das Eigenthum zu verzichten, 959, — (Eigenthumserwerb 958).
2. Grundstücke bei Erklärung des Verzichts gegenüber Grundbuchamt und Eintragung in das Grundbuch (Eigenthumserwerb durch Fiskus) 928, — Anwendung auf zur Zeit der Anlegung des Grundbuchs herrenlose Grundstücke **E.** Art. 190.
3. wildes Thier, solange in Freiheit (nicht in Thiergärten u. s. f.) oder bei Wiedererlangung derselben, falls Eigenthümer es nicht unverzüglich verfolgt oder Verfolgung wieder aufgiebt, gezähmtes Thier, wenn es die Gewohnheit, an den ihm bestimmten Ort zurückzukehren, aufgiebt 960. Bienenschwarm s. das. 961.
Herrschendes Grundstück s. Grunddienstbarkeit.
Herstellung s. auch Wiederherstellung.
— von Anlagen auf dem Nachbargrundstück 907, 924.
Herstellung der ehelichen Gemeinschaft s. das.
— der elterlichen Gewalt eines für todt Erklärten 1679, 1686.
— des früheren Zustandes als Schadensersatzpflicht (Frist — Geldentschädigung) 249—251, — bei Wegnahme einer Einrichtung 258.
— des Werks beim Werkvertrag s. das. 631, 633—639, 642.
Hingabe an Zahlungsstatt, Erlöschen der Schuldverbindlichkeit, Gewährleistung 364, 365.
— bei Gesammtschuld 422, 429 Abs. 3.
Hinterbliebene des Beamten, Geistlichen, Lehrers, landesges. Vorschriften über deren Ansprüche **E.** Art. 80, 81, **A.** Art. 12.
— Recht auf Unterhalt während 30 Tagen nach Tod des Erblassers 1969.
Hinterleger s. Hinterlegung, Verwahrung.
Hinterlegung s. auch Unschädlichkeitszeugniß, Verwahrung und die nächsten Worte.
— durch wen und wozu?
1. als Befriedigung eines Gläubigers durch einen Dritten 268 Abs. 2, 1150.
2. — durch den Schuldner bei Annahmeverzug oder Ungewißheit über den Gläubiger 372, **E.** Art. 146.
3. — eines Hypothekgläubigers durch den Eigenthümer 1142 Abs. 2.
4. — des Pfandgläubigers durch den Verpfänder 1224.
5. durch den Eigenthümer bei Unbekanntsein des Hypothekgläubigers 1171.
6. durch Gesammtschuldner oder -gläubiger 422, 429, 432, 1109.
7. zur Sicherheit, Pfandrecht des Berechtigten, Umtauschrecht 232—235, 1960 Abs. 2.
8. bei Vereinsauflösung und Erlöschen der Stiftung 52, 88.
— Empfangsberechtigung des Gläubigers 373, 380, **E.** Art. 145.
— Erlöschen des Rechts des Gläubigers (30 Jahre) 382, **E.** Art. 145.
— Gegenstand der H.:
1. Belohnung bei Auslobung 660 Abs. 2.
2. Erlös der Versteigerung 372, 383, 489, 1219 Abs. 2, **Z.V.** 65, 49 Abs. 3, 69, 115—117, 126 Abs. 2, 127 Abs. 2, 142, 157 Abs. 2.

3. Geld 372, 383, 489, 1808, E. Art. 144, 1960 Abs. 2.
4. Hypothekforderung u. s. f. bei Nacherbfolge 2114, 2136—2138.
5. Inhaberpapiere u. s. f. bei erheblicher Gefährdung der Ansprüche der Frau am eingebrachten Gut 1392, 1393, 1525, 1550, — bei Vormundschaft u. s. f. 1814, 1815, 1817—1820, 1853, 1855, 1856, 1667 Abs. 2, — bei Nacherbfolge 2116, 2136—2138.
6. Kostbarkeiten 372, 383, 489, 1960 Abs. 2.
7. Pfand bei Verletzung der Rechte des Verpfänders 1217.
8. die an den Nachlaß mit mehreren Erben zu leistende Sache 2039.
9. Testament oder Erbvertrag s. das.
10. Unterhaltsbeitrag für uneheliches Kind vor dessen Geburt 1716.
11. Urkunden (s. auch 9) 372, 383, 489.
12. Werthpapiere 372, 383, 489, 1960 Abs. 2.
13. nach landesgesetzlicher Bestimmung E. Art. 146.

Hinterlegung, Kosten der H.: Gläubiger (Ausn.: bei Rücknahme) 381, E. Art. 145.
— beim Nießbrauch an verzinslichen Forderungen u. s. f. 1077, 1082.
— Ort der H. s. Hinterlegungsstelle.
— Rücknahme 376—379, 382, E. Art. 145.
— landesges. Vorschr. E. Art. 144—146.

Hinterlegungsschein über in amtliche Verwahrung genommenes Testament oder Erbvertrag 2246 Abs. 2, 2248—2251, 2256 Abs. 3, 2277 Abs. 2.

Hinterlegungsstelle, gebildet beim Amtsgericht — kgl. Verordnung s. A. Art. 167 XXII.
— Hinterlegung bei H. des Leistungsortes (sonst Schadensersatzpflicht) 374, 375, 380, E. Art. 145, 146.
— — seitens des Vormundes 1808, 1809, 1811, E. Art. 144.

Hinterlegungsvertrag s. Verwahrung.

Hinterlist, Bestimmung zum außerehelichen Beischlaf, Schadensersatz 825, 842, 847 Abs. 2.

Hinüberfallen von Früchten auf d. Nachbargrundstück 911.

Hinüberragen von Zweigen auf das Nachbargrundstück 910.

Hinzufügen des neuen Namens an den früheren bei Annahme an Kindesstatt 1758 Abs. 2.

Hinzuschlagen eines Grundstücks zu einem andern 890, E. Art. 119.

Höchstbetrag der Ordnungsstrafen s. das.
— bis zu dem Grundstück für die Hypothek haftet (s. auch Sicherungshypothek), 1190, — s. auch Ue. Art. 48 Abs. 3, 117 Abs. 3.
— bis zu dem Schiff haftet, 1271, 1272.

Hochzeitsgeschenke, die beiden Ehegatten gegeben, werden deren Miteigenthum, (s. das.).
— gebühren dem überlebenden Ehegatten als Voraus bei Erbfolge neben Verwandten II. u. s. f. Ordnung 1932, 1933.

Hofbeamter s. Beamter.

Hoffnungskauf nicht erwähnt.

Hohenlohe — allgemeine Gütergemeinschaft, — Übergangsbestimmungen Ue. Art. 62 Abs. 2, 64, 66, 68, 75 Abs. 2, 97 Abs. 2, 98—104.

Hohenzollern, Geltung des B.G.B. E. Art. 57, 60, 61.

Hoher Adel E. Art. 57, 58, A. Art. 1.

Höhere Gewalt, Ausschluß der Haftpflicht bei Benutzung öffentlicher Grundstücke u. s. f. zu Anlagen u. s. f. E. Art. 105, 106, A. Art. 58, 59 Abs. 3.
— — keine Ersatzpflicht des Gastwirths bez. der eingebrachten Sachen 701.
— — hemmt Verjährung und Fristen, s. Hemmung.
— — neue Frist bei Verhinderung d. Erben aus h. G. an Inventarerrichtung 1996.

Holographisches Testament, vom Erblasser unter Angabe des Orts und Tags eigenhändig geschriebene und unterschriebene Erklärung 2231 Nr. 2, — bei gemeinschaftl. Testament 2267.
1. nicht von Minderjährigen, nicht von Lesensunkundigen 2247.
2. auf Verlangen in amtliche Verwahrung gegen Hinterlegungsschein 2248, 2246 Abs. 2.
3. sofortige Ablieferung an Nachlaßgericht nach dem Tod, falls nicht in amtlicher Verwahrung, 2259.

Holschulden:
1. Rückgabe der hinterlegten Sache seitens des Verwahrers an Hinterleger 697.
2. Verpflichtung des Ausstellers einer Schuldverschreibung auf den Inhaber 797.
3. nach Landesgesetzen: Zahlung an den öffentlichen Kassen **E.** Art. 92, **A.** Art. 11.

— Verzug des Gläubigers bei H. schon durch wörtliches Angebot der Leistung od. Aufforderung, Sache abzuholen, 295.

Honorar s. Dienstvertrag, Vergütung.

Hopfenstock, Grenzabstand s. Eigenthumsbeschränkungen Nr. 2b, **E.** Art. 124, **A.** Art. 71—75, 78.

Hören s. Anhörung.

Horizontale Theilung eines Hauses s. Stockwerkseigenthum.

Hülfskasse, Aufrechnung von Schuldbeträgen 394.

Hülfsperson s. Gehülfe.

Hyperocha s. Pfandrecht 1247.

Hypothek des Bayerischen Rechts (s. nächstes Wort, Hypothekentitel), — (Bayer. Gesetz vom 1. Juni 1822 aufgehoben! **A.** Art. 175 Nr. 1 u. 2, 30, 32).

— wird mit Inkrafttreten des B.G.B. zu H. des letzteren (s. aber **Ue.** Art. 48, 60, 123), — (ist am 1. Januar 1900 ein Recht mit H. belastet, für welches nicht die auf Grundstücke sich beziehenden Rechte gelten, so verwandelt sich H. in Pfandrecht in Bayern r. d. Rh. **Ue.** Art. 61); eintretende Änderungen:
1. Haftung der H. auch für die gesetzlichen Zinsen und Kosten der Kündigung und der die Befriedigung bezweckenden Rechtsverfolgung 1118, s. auch **Ue.** Art. 53, — (Änderung d. Zinssatzes, der Zahlungszeit, des Zahlungsorts ohne Zustimmung gleich- oder nachstehender Hypothekgläubiger 1119).
2. Erstrecken der H. auch auf a) die getrennten Erzeugnisse, soweit nicht veräußert oder vom Grundstück entfernt, 1121, 1122, — b) Mieth- und Pachtzinsforderungen bis zum Ablauf eines Jahres nach Fälligkeit 1123, 1124, — c) Forderung gegen den Versicherer 1127.
3. H. besteht auch ohne Forderung, — Eigenthümerh., — also Nichtnachrücken der folgenden H. 1163, 1168, 1171.
4. bei Gesammth.: Gläubiger hat Wahlrecht, aus welchem der verpfändeten Grundstücke er sich ganz oder zum Theile befriedigen will.
5. bei Verschlechterung des Grundstücks 1133, 1134.
6. vertragsmäßige (auch vor 1. Januar 1900 vereinbarte und eingetragene) Verpfändungsverbote zu Gunsten eines H.gläubigers sind nichtig 1136.
7. Eigenthümer des verpfändeten Grundstücks kann dieses ohne Zustimmung der Gläubiger theilen, zertrümmern, — H. wird Gesammth., — auch die früheren H. können Zertrümmerung nicht widersprechen **E.** Art. 192.
8. bez. vorgemerkter H. **Ue.** Art. 57.

— landesges. Vorschriften wegen unkündbarer H., Ausschließung d. Kündigungsrechts, Vorrang u. s. f. **E.** Art. 117 Abs. 2, 118, **Ue.** Art. 58, 59.

— in der Pfalz (auch an Nießbrauchrechten), (Übergangsvorschriften s. Bayer. Gesetz über das Liegenschaftsrecht in der Pfalz vom 1. Juli 1898 Art. 1—14, G. u. V.Bl. 1898 S. 370ff., s. auch **Ue.** Art. 116—120).

Hypothek des B.G.B. (Eintheilung des Folgenden: Änderung G., allgemeine Bestimmungen D., Befriedigung des Gläubigers M., Begriff B., Begründung E., Einträge im Grundbuch H., Erlöschen P., Erwerb F., Forderung T., Gefährdung der Sicherheit N., Geltendmachung L., öffentlicher Glaube I., Princip C., Rechte des Eigenthümers Q., des persönlichen Schuldners R., Theilung O., Übergangsbestimmungen A., Wirkungen K., bei Zwangsversteigerung S.) (s. auch voriges Wort, ferner Beschwerde, Buchhypothek, Eigenthümer, Gesammthypothek, Grundbuch, Grundbuchamt, Hypothekenbrief, Hypothekentitel, Inhaberhypothek, Kautions-, Sicherungs-, Theilhypothek.

— A. Übergangsbestimmungen **E.** Art. 192, — (vom Vorbehalt des **E.** Art. 193, 194 in Bayern nicht Gebrauch!).

— B. Begriff: Belastung eines Grundstücks (oder einem Miteigenthümer zustehenden Bruchtheils) so, daß an den Berechtigten eine bestimmte Geldsumme wegen ihm zustehender Forderung aus

dem Grundstück zu zahlen ist, 1113, 1114, — (entweder mit oder ohne H.brief: Brief-, Buchh. 1116).

Hypothek, C. Principien, auf denen H.recht beruht:

I. Consens- und Eintragungsprincip (s. auch unten): Einigung, Eintragung 873—902, — (Ausn.: von Eintragung 1287 Satz 2), — (keine gesetzlichen H.titel, — Ausn.: für Staat, Stiftungen u. s. f. nach Landesgesetz **E.** Art. 91), — s. im Übrigen Hypothekentitel **Ue.** Art. 50—56, 121, 122).

II. Princip der Spezialität: für Pfandobjekt und -anspruch (also keine Generalh.), — belastungsfähig: a) bestimmtes Grundstück 1113, 1131, — b) Bruchtheil eines solchen, wenn er im Antheil eines Miteigenthümers besteht, 1114, — c) Erbbaurecht 1012—1017.

III. Princip der Publizität s. unten 892, 1138, 1140.

IV. Prioritätsprincip: bei Eintragungen in selbe Abtheilung des Grundbuchs entscheidet für Rang Reihenfolge 879—881.

— D. allgemeine Bestimmungen:

1. Anlage als Mündelgeld 1807 Nr. 1 u. Abs. 2, 1808, 1809, 1811, 1813 Abs. 2, **A.** Art. 92.
2. Bestellung: a) behufs Anlegung von Mündelgeld 1807 Nr. 1 u. Abs. 2, — b) auch für Bruchtheil eines Grundstücks, wenn er im Antheil eines Miteigenthümers besteht, 1114, — c) auch für künftige und bedingte Forderungen 1113 Abs. 2, — d) Kautionshypothek s. das. 1190, 2166 Abs. 3, — e) Sicherungshypothek s. das. 1184—1189, — f) als Sicherheitsleistung 232, 233, 238.
3. H. ist bei Fahrnißgemeinschaft nicht unbewegliches Vermögen 1551 Abs. 2.
4. beim Kauf eines Grundstücks H. beseitigen, auch wenn Käufer sie kennt, 435, 439 Abs. 2, 515, 651.
5. beim Nießbrauch eines Grundstücks 1047.
6. Übertragung der H. s. unten T. 7.
7. H. auf vermachtem Grundstücke 2165 Abs. 2, 2166—2169.
8. Verpflichtung des Eigenthümers gegenüber Gläubiger, Grundstück nicht zu veräußern oder weiter zu belasten, ist nichtig 1136.
9. beim Vorkauf 509 Abs. 2.

Hypothek, E. Begründung (s. auch Hypothekentitel, Kautions-, Sicherungshypothek und oben D. 2):

1. Einigung des Gläubigers und Eigenthümers 873, 878, — (bei H. für Forderung aus Schuldverschreibung auf den Inhaber: Erklärung des Eigenthümers gegenüber Grundbuchamt 1188).
2. Eintragung in das Grundbuch 873, — (Ausn.: 1287), nämlich: a) Gläubiger (s. jedoch 1155!) **G.O.** 37, 38, 99, 40 Abs. 2, — b) Geldbetrag der Forderung, ev. Zinssatz, bei anderen Nebenleistungen deren Geldbetrag (Ausn.) 1115, **G.O.** 51, — (Vorlage des Briefs oder Ausschlußurtheils **G.O.** 42, 44, 54 Abs. 2). (keine gesetzliche H., keine Ersitzung!)

— F. Erwerb der H.:

1. seitens des Eigenthümers s. Eigenthümerhypothek.
2. seitens geistlicher Gesellschaften **A.** Art. 8 Abs. 2, 9, 10.
3. seitens des Gläubigers: a) durch Übergabe des H.briefs oder Vereinbarung, daß sich Gläubiger H.brief vom Grundbuchamt aushändigen lassen darf, 1117, — (bis dahin Eigenthümerh. 1163 Abs. 2), — b) mit abgetretener Forderung und Schuldübernahme 401, 416, 418, 1153, 1156—1158, 1173, 1185.
4. seitens des persönlichen Schuldners: a) bei Befriedigung des Gläubigers, soweit er Ersatz verlangen kann, — b) bei Vereinigung von Forderung und Schuld in einer Person 1164, 1167, 1176.

— G. Änderung der H. durch Einigung und Eintragung 877, 873, **G.O.** 26.

1. bei Erweiterung Zustimmung der im Rang Gleich- oder Nachstehenden erforderlich, (Ausn.: bei Erweiterung des Zinsfußes auf 5%, bei Änderung von Zahlungszeit und -ort) 1119.

2. Ersatz der Forderung s. unten bei Forderung 1180.
3. bei Umwandlung in Sicherungsh. und umgekehrt (keine Zustimmung der im Rang Gleich- oder Nachstehenden) 1186.
4. bei Vereinigung von H. mit Eigenthum, ohne daß Eigenthümer auch Forderung zusteht, — Verwandlung der H. in Grundschuld 1177, 1198.
5. bei Zurücktretung im Rang, (Zustimmung des Eigenthümers unwiderruflich!) 880 Abs. 2.

Hypothek, H. Einträge im Grundbuch s. Eintragung II.
— I. öffentlicher Glaube der Einträge im Grundbuch:
1. zu Gunsten des gutgläubigen Erwerbers gilt Inhalt als richtig, falls kein Widerspruch eingetragen, 892, — (Anwendung auch auf persönliche Forderung und auf die dem Eigenthümer gegen H. zustehenden Einreden 1138), — keine Anwendung, wenn sich Unrichtigkeit aus H.brief ergiebt, 1140, — (Anwendung auch bei Ergeben des Gläubigerrechts des Besitzers des H.-briefs aus Reihe von Abtretungsurkunden u. s. f. 1155, — — auf Rechtsverhältniß zwischen Eigenthümer und neuem Gläubiger einer abgetretenen H. 1157—1159).
2. zu Gunsten des Gläubigers gilt (bei Kündigung) der im Grundbuch als Eigenthümer Eingetragene als Eigenthümer 1141, — ebenso bei Verfolgung des Rechts aus H. 1148, 1185 Abs. 2.
— K. Wirkung der H.:
1. Haftung d. Ansprüche auf wiederkehrende Leistungen, — Verfügung vor Beschlagnahme über Anspruch, der erst 3 Monate später fällig, unwirksam 1126.
2. — der Entschädigung des Eigenthümers bei Zwangsenteignung **E.** Art. 52, 53.
3. — der Forderung gegen den Versicherer, falls Gegenstände, die der H. unterliegen, versichert sind, — Erlöschen bei Wiederherstellung oder Ersatzleistung 1127—1130.
4. Haftung der getrennten Erzeugnisse, sonstiger Bestandtheile, Zubehör (Ausn.!) 1120, — Freiwerden 1121, 1122.
5. — des Grundstücks für Hauptsache, Zinsen, auch gesetzliche, Kosten der Kündigung, Rechtsverfolgung, Befriedigung aus Grundstück 1118, 1119, 1146, 1158, 1159, 1160 Abs. 3, 1190 Abs. 2, 223 Abs. 3, **A.** Art. 122—128.
6. — auch des im Grundbuch zugeschriebenen Grundstücks, doch Vorzug der Rechte, mit denen Letzteres belastet, 1131.
7. — der Mieth- und Pachtzinse (Freiwerden!) 1123, — Verfügung vor Beschlagnahme wirksam (Ausn.!) 1124, 1125.
8. bei Gesammthypothek s. das.

Hypothek, L. Geltendmachung der H.: Kündigung, Mahnung, Vorlage des H.briefs, sonst Widerspruch, 1160, 1161, 1141, 1156, — dauernder Ausschluß in Folge Einrede 1169.
— M. Befriedigung des H.gläubigers, (auch wenn Anspruch verjährt ist, 223 Abs. 1):
1. Ausschluß, wenn Gläubiger unbekannt, 1170, 1171.
2. durch Eigenthümer, wenn Forderung fällig oder persönlicher Schuldner zur Leistung berechtigt, auch Hinterlegung, Aufrechnung 1142, 1149. Wirkungen: a) Recht des Eigenthümers auf Aushändigung d. H.briefs und sonstiger Urkunden 1144, — b) Übergang der Forderung, falls Eigenthümer nicht persönlicher Schuldner, 1143, — (bei Nießbrauch Zinszahlung 1047).
bei theilweiser Befriedigung nicht Aushändigung des H.briefs, doch Vermerk auf diesem 1145.
3. bei Gesammthypothek s. das.
4. durch persönlichen Schuldner, Übergang der H., soweit er Ersatz verlangen kann, s. auch Persönlicher Schuldner 1164, 1166, 1167, 1174.
5. durch Verzicht oder Aufhebung der H. 1165, — Freiwerden des Bürgen 776.

6. Kündigung und Einziehung durch Vorerben 2114, 2136, 2137.
7. im Wege der Zwangsvollstreckung 1147—1150, 1166, 1181, 223, E. Art. 60, Z.V.

Hypothek, N. Gefährdung der Sicherheit der H.:
1. bei Einwirkung: Klage auf Unterlassung, Anordnung erforderlicher Maßregeln 1134, 1135.
2. bei Verschlechterung des Grundstücks oder Zubehörs: Frist, ev. Befriedigung aus Grundstück 1133, 1135, — nicht bei dessen Theilung Bayer. Gesetz vom 18. Juni 1898 Art. 9.

— O. Theilung der H. s. unten unter Forderung 1151, 1152, 1145.

— P. Erlöschen der H.:
1. bei Abtrennung eines Theils des Grundstücks mit Unschädlichkeitszeugniß s. Bayer. Gesetz vom 15. Juni 1898 Art. 1.
2. durch Aufhebung (Erklärung des Gläubigers mit Zustimmung des Eigenthümers oder Dritten, mit dessen Recht H. belastet, und Löschung) 776, 875, 876, 1174 1175.
3. bei Befriedigung durch Gläubiger 1142—1145.
4. — — aus dem Grundstück 1181.
5. Beseitigung beim Kauf 439 Abs. 2.
6. bei Gesammthypothek s. das. 1173—1175, 1181 Abs. 2.
7. durch Löschung G.O. 27, Ue. Art. 59, — Verpflichtung hiezu (Vormerkung) 1179.
8. bei unrichtiger Löschung und Verjährung des Anspruchs des Berechtigten gegen den Eigenthümer (Ausn.!) 901, 902, 223.
9. bei Vereinigung von H. mit Eigenthum: H. für Rückstände, Zinsen, Kosten u. s. f., nicht für Hauptsache s. Eigenthümerhypothek 1178, 889.

— Q. Rechte des Eigenthümers:
1. Einreden gegen H., die persönlichem Schuldner oder Bürgen zustehen, selbst bei deren Verzicht, (auch aus Anfechtung — Aufrechnung,) — Ausnahmen: 1. soweit öffentlicher Glaube des Grundbuchs entgegen, — 2. Einrede der beschränkten Haftung des Erben, — 3. — der Verjährung 1137, 1138, 1185, 770, 223, — Recht, Verzicht des Gläubigers auf H. zu verlangen, 1169, — (Einreden bei Übertragung s. unten Forderung).
2. falls Forderung nicht entsteht oder erlischt, steht H. ihm zu s. Eigenthümerhypothek 1163.

Hypothek, R. Rechte des persönlichen Schuldners s. Persönlicher Schuldner 1137, 1138, 1143, 1161, 1164—1167, 1174, 1176.

— S. bei Zwangsversteigerung des Anwesens Z.V. 50—54, 59, 68 Abs. 2, 125, 132, 67 Abs. 2, 83 Nr. 3, 84, 126—129, 136, 158, 184, E.Z.V. 8, 9.

— T. Forderung, für die H. bestellt ist:
1. Änderung 1180, G.O. 65 Abs. 2.
2. Anlage von Mündelgeld 1807 Nr. 1 u. Abs. 2, 1808, 1809, 1811, 1813 Abs. 2.
3. Erlöschen und Nichtentstehen 1163, G.O. 42.
Erlöschen durch: a) Aufrechnung 389, — b) Ausschluß des unbekannten H.gläubigers 1170, 1171, — c) Bezahlung u. s. f. 362, 364, 378, — d) Erlaß 397, — e) Vergleich 1164, 425, 429, — f) Verzicht 1168.
4. Kündigung: nur wirksam seitens Gläubigers gegenüber Eigenthümer und umgekehrt (ev. Vertreter durch Gericht zu bestellen!) (nicht bei Sicherungsh.!) 1141, 1156, 1185 Abs. 2, — — bei Vorlage des H.briefs u. s. f., sonst sofortiges Zurückweisen der Mahnung oder Kündigung seitens Eigenthümers 1160, 1159, 1161, — durch Vorerben, falls H.forderung Theil der Erbschaft ist, 2114, 2136—2138.
5. bei Nacherbschaft 2114, 2136—2138.
6. Pfändung C.P.O. 830, 837.
7. Theilung: Änderung des Rangverhältnisses, Herstellung vom Theilhypothekenbrief, Zustimmung des Eigenthümers nicht erforderlich 1151, 1152, 1145.
8. Übertragung, zugleich Übergang der H., nicht eines ohne das andere,

401, 1153, — (Ausn. 1190 Abs. 4).
Übertragung der H.:
a) kraft Gesetzes: α) auf Eigenthümer bei Ausschluß des unbekannten Gläubigers im Aufgebotsverfahren 1170, — β) — — bei Erlöschen der Forderung 1163, 1177, — γ) — — bei Gesammthypothek 1182, — δ) — — der nicht persönlicher Schuldner ist, soweit er Gläubiger befriedigt, 1143, 1171, 1173, — ε) — — bei Verzicht des Gläubigers auf H. 1168, 1175, — ζ) auf persönlichen Schuldner, der Gläubiger befriedigt, soweit er Ersatz verlangen kann, 1164, 1167, 1174.
b) durch Rechtsgeschäft α) Einigung und Eintragung 1154 Abs. 3, 873, 878, G.O. 26 Abs. 2, — β) Übergabe des H.briefs und schriftliche Abtretungserklärung oder Eintrag im Grundbuch 1154, 1155, 1190 Abs. 2, 2166 Abs. 3, — (durch Vater oder Vormund, keine Genehmigung des Vormundschaftsgerichts 1643, 1821 Abs. 2).
9. Vereinigung von Forderung und Schuld in einer Person 1164 Abs. 2, 1173, 1174, 1176—1179.
10. Verfügung durch Vormund 1819.
11. Verjährung hindert Berechtigten nicht, Befriedigung aus verhaftetem Gegenstand zu suchen, 223 Abs. 1.

Hypothekarische Succession 1174.

Hypothekenamt, Hypothekenbewahrer s. auch Beamter, Übergangsvorschriften für die Pfalz **Ue.** Art. 148.

Hypothekenbank s. Bankgeschäft.

Hypothekenbrief s. auch Buchhypothek, Hypothek.
— Eigenthum am H.: Gläubiger 952 Abs. 2, 1117, 1154, 1163.
— Ertheilung: nicht obligatorisch! gewöhnlich 1116 Abs. 1, — vom Grundbuchamt **G.O.** 56, — Aushändigung an Eigenthümer des Grundstücks, bei nachträglicher Ertheilung an Gläubiger **G.O.** 60.
Ausschluß der Ertheilung:
1. durch Einigung des Gläubigers und Eigenthümers und Eintragung im Grundbuch, — in gleicher Weise wieder aufzuheben 1116 Abs. 2 u. 3, **G.O.** 42 Abs. 2.
2. bei Sicherungshypothek 1185, **E.** Art. 192—194.
Folgen: a) bei Abtretung der Forderung 1154 Abs. 3, — b) Eintrag eines Widerspruchs, daß Darlehen nicht gegeben, 1139, 1185 Abs. 2, — c) bei Geltendmachung der Hypothek 1160, — d) bei Theilung der Forderung 1152.

Hypothekenbrief über Gesammthypothek: nur ein H. (Ausn.!) **G.O.** 59, — bei Vertheilung auf die einzelnen Grundstücke **G.O.** 64, — H. üb. mehrere Hypotheken mit gleichem oder unmittelbar folgendem Rang **G.O.** 66.
— Hinterlegung durch elterlichen Gewalthaber oder Vormund 1667, 1668, 1888, 1819.
— Inhalt des H.: Bezeichnung als H., Geldbetrag d. Hypothek, belastete Grundstücke, Unterschriften und Siegel **G.O.** 56, — Vermerk der Eintragungen, die bei Hypothek erfolgen, oder späterer Belastungen **G.O.** 62, 63, — und falls Grund- oder Rentenschuld anstatt der Hypothek u. s. f., **G.O.** 65, — „soll“ enthalten Auszug aus dem Grundbuch und dessen Nummer **G.O.** 57, 97, — mit H. Urkunde oder öffentlich beglaubigter Auszug über Forderung verbinden **G.O.** 58.
— Kraftloswerden des H. (nach Aufgebotsverfahren s. auch **A.** Art. 166 XIV):
1. bei Ausschluß des unbekannten Gläubigers 1170 Abs. 2, 1171 Abs. 2.
2. bei Vernichtung oder Abhandenkommen 1162.
— neuer H. **G.O.** 65, 67, 68, 69.
— Recht des Besitzers des H., auch ohne Eintragung im Grundbuch, aus zusammenhängender, auf eingetragenen Gläubiger zurückführender Reihe von öffentlich beglaubigten Abtretungserklärungen u. s. f. 1155.
— Theilh. bei Theilung der Forderung, Zustimmung des Eigenthümers nicht erforderlich 1145, 1152, — Ertheilung vom Grundbuchamt und Notar (Inhalt! Vermerk auf bisherigem H.) **G.O.** 61, **A.G.O.** Art. 21, 53.
— Übergabe des H., bis dahin steht Hypothek dem Eigenthümer zu, 1163

Abs. 2, — Vermuthung der Übergabe, falls Gläubiger H. besitzt, 1117 Abs. 3, — erforderlich: a) zur Abtretung der Forderung 1154, — b) bei Befriedigung des Gläubigers auf Verlangen 1144, 1167, — c) zum Erwerb der Hypothek 1117.

Hypothekenbrief, Unbrauchbarmachung des H. **G.O.** 69, **Z.V.** 127, 158 Abs. 3.

— Vorlage: a) bei Berichtigung des Grundbuchs 896, — b) bei Eintragung der Hypothek (Ausn.!) **G.O.** 42, — c) bei Geltendmachung derselben 1160, — ev. auch der persönlichen Forderung 1161, — d) bei Vertheilung des Erlöses aus Zwangsversteigerung **Z.V.** 126, 127, 136, 142, 156 Abs. 2, 158 Abs. 3, — e) bei Zwangsversteigerung u. s. f. **A.G.O.** Art. 19, 20, 53.

— Widerspruch zwischen H. und Grundbuch 1140.

Hypothekenbuch in Bayern, Umwandlung in Grundbuch Bayer. Gesetz vom 18. Juni 1898, kgl. Verordn. vom 1. Juli 1898 (G. u. V.Bl. 1898 S. 377) und 23. Juli 1898 (G. u. V.Bl. 1898 S. 493), s. auch **Ue.** Art. 44, 40.

Hypothekentitel nach Landesgesetz für Fiskus, Stiftungen, Anstalten des öffentlichen Rechts u. s. f. **E.** Art. 91.

— gesetzlicher dem B.G.B. unbekannt, s. aber folgende Übergangsbestimmungen:

I. in Bayern r. d. Rh.:

gesetzlicher H. verwandelt sich von Grundbuchsanlage an in Anspruch auf Bestellung von Sicherungshypothek **Ue.** Art. 55, — a) Bauunternehmer, Bauhandwerker — für vor 1. Januar 1900 eingegangene Schuldverhältnisse bisherige Gesetze **E.** Art. 170, — nachher 648, — b) Brauer **E.** Art. 170, **A.** Art. 14, Einführungsgesetz zum H.G.B. Art. 18, — c) Brandversicherungsanstalt — Recht, zur Sicherung gewisser Forderungen Eintragung von Sicherungshypothek zu verlangen, gilt bis zur Grundbuchsanlage als gesetzlicher H. **Ue.** Art. 50, 55 Abs. 3, 56, 120, — d) Ehefrau **Ue.** Art. 51, 55 Abs. 2, 56, — e) Erbschaftsgläubiger **Ue.** Art. 52, 55 Abs. 2, 56, **E.** Art. 213, — f) Gemeinde wie c und **A.** Art. 89, — g) sonstiger Gläubiger, der kraft Gesetzes Anspruch auf Einräumung einer Sicherungshypothek hat, **Ue.** Art. 50, 56, 119, — h) Hypothekgläubiger wegen Zinsen und Kosten bis zur Grundbuchanlage **Ue.** Art. 53, 56, — i) Kommunalverband wie c und **A.** Art. 89, — k) Legatare wie e, — l) Miterben wie e, — m) Staat wie c, s. auch **A.** Art. 122, 123, 128, — n) Stiftungen wie c und **A.** Art. 89.

II. für die Pfalz:

1. gesetzliche Hypothek des Staats, der Gemeinden oder öffentlichen Anstalten: a) die vor 1. Januar 1900 entstanden, nur zur Sicherung bestimmter Forderungen, falls am 1. Januar 1900 nicht eingeschrieben, so Erlöschen **Ue.** Art. 122, — b) kann nach 1. Januar 1900 nicht mehr entstehen **Ue.** Art. 121.
2. für Mündel und Ehefrau s. Bayer. Gesetz über Liegenschaftsrecht in der Pfalz vom 1. Juli 1898 Art. 3—5, 7—11, (G. u. V.Bl. 1898 S. 370 ff.).

Hypothekenvormerkung s. Vormerkung.

J.

Jagd s. auch Jagdberechtigung.

— Haftung für Schaden durch Schwarz-, Roth-, Dam-, Elch-, Rehwild, Fasane an Grundstücken und getrennten, aber noch nicht eingeernteten Erzeugnissen seitens der Jagdberechtigten ev. Jagdpächter, bei Jagdverbänden nach Verhältniß der Größe der Grundstücke 835, **E.** Art. 71, 72, — Feststellung des Wildschadens u. s. f. nach Landesgesetz, — Frist zur Geltendmachung nach Landesgesetz **E.** Art. 70—72, — Bayer. Gesetz vom 15. Juni 1850, Ersatz des Wildschadens betr., abgeändert **A.** Art. 144.

— außerdem landesges. Vorschrift über J. **E.** Art. 69, **A.** Art. 1 (s. auch 958, 960), — Bayer. Gesetz vom 30. März

1850, die Ausübung der J. betr., Abänderung **A.** Art. 143.
Jagdberechtigter s. Jagd.
Jagdberechtigung E. Art. 115, **A.** Art. 86, Gesetz vom 30. März 1850 Art. 1 Abs. 4.
Jagdpächter s. Jagd.
Jagdrecht, Landesgesetze aufrecht erhalten, s. Jagd **E.** Art. 69.
Jagdverband s. Jagd.
Jahr s. auch Alter, Halbes Jahr.
— Bemessung des Pachtzinses für landwirthschaftliches Grundstück nach J., — Zahlung am 1. Werktag des folgenden Pachtjahres 584.
— Berechnung der Frist 188, 191.
— Vergütung bei Dienstverhältniß nach J., Kündigung 621, 614.
Ideelle Theile s. Bruchtheile.
Identität s. Irrthum.
Jeweiliger Eigenthümer eines Grundstücks, Aufhebung oder Änderung eines ihm zustehenden Rechts 876, 877, **G.O.** 8, 21, Bayer. Gesetz vom 15. Juni 1898 Art. 15, Ausführungsgesetz zur C.P.O. Art. 27, (G. u. V.Bl. 1899 S. 409).
— — Belastung eines gemeinschaftlichen Grundstücks zu Gunsten des j. E. eines andern 1009.
— — Bestand einer Forderung, Haftung des Pfandes 1210.
— — Hypothek erstreckt sich auf Rechte des j. E. des belasteten Grundstücks 1126.
— — Reallast zu Gunsten des j. E. 1105 Abs. 2, 1110, 1112.
— — Rentenentrichtung beim Überbau und Nothweg 913, 917.
— — Vorkaufsrecht zu Gunsten des j. E. 1094 Abs. 2, 1103, 1104 Abs. 2.
— — Zwangsvollstreckung s. C.P.O. 800.
Jeweiliger Gläubiger einer Sicherungshypothek für indossables Papier kann Vertreter erhalten (Eintragung!) 1189.
Ignorantia s. Irrthum, Kennenmüssen.
Illaten s. Eingebrachte Sachen, Eingebrachtes Gut.
Illegitimi s. Kind uneheliches.
Illoyale Handlung s. Gute Sitten 826.
Immemorialverjährung nicht erwähnt.
Immission s. Dampf, Gas u. s. f. 906, **E.** Art. 125, Gewerbeordnung § 26.
Immobiliarvermögen bei Fahrnißgemeinschaft s. das. 1551.
Immobiliarvertrag s. Grundstück.
Immobilien s. Grundstück.
Impedimenta s. Ehehindernisse.
Impensae s. Verwendungen.
Implantatio s. auch Verbindung 946, 94, 95, 949, 951.
Impossibilium nulla est obligatio s. Unmöglichkeit 306.
Impotenz, Ehescheidungsgrund 1333, 1334.
— als Gegenbeweis gegen Vermuthung der Vaterschaft 1591.
Impuberes s. Alter.
Inaedificatio s. Erbbaurecht, Verbindung.
Inbegriff von Sachen s. Sachinbegriff.
Inbehaltung s. Zurückbehaltung.
Incessibilität s. Unübertragbarkeit.
Incest s. Blutschande.
Indebitum s. Ungerechtfertigte Bereicherung.
In diem addictio nicht aufgenommen.
Indigenat, Abänderung des Gesetzes **E.** Art. 41.
Indossabele Papiere s. Indossament und Orderpapier.
Indossament s. auch Orderpapier und H.G.B.
— Eingehen einer Verbindlichkeit aus Papier, das durch J. übertragbar, für Kind oder Mündel 1643, 1822 Nr. 9, 1686, 1825.
— für Forderung aus Papieren, die durch J. übertragbar, Hypothek nur als Sicherungshypothek (Bestellung eines Vertreters für jeweiligen Gläubiger) 1187, 1189, **G.O.** 44, **Ue.** Art. 49.
— Schiffspfandrecht für Forderung aus durch J. übertragbaren Papieren 1270, 1272.
— Verpfändung solcher Papiere: Einigung des Gläubigers und Pfandgläubigers und Übergabe des Papiers 1292, — (Recht des Pfandgläubigers zur Kündigung und Einziehung — Leistung des Schuldners nur an ihn 1294, — bei Börsen- oder Marktpreis 1295), — (Eintragung in das Schiffsregister **F.G.** 112).
Infantia s. auch Alter.

Infantia bis vollendetem 7. Lebensjahr 104 Nr. 1.
Information s. Auskunftsertheilung.
— Recht des Gesellschafters zur J. 716, 740.
Ingolstadt, allgemeine Gütergemeinschaft — Übergangsbestimmungen s. **Ue.** Art. 62 Abs. 2, 67, 75 Abs. 2, 94, 97—104.
Inhaber s. Inhabergrundschuldbrief, Inhaberpapier, Orderpapier, Schuldverschreibung auf den J.
Inhabergrundschuldbrief 1195.
Inhaberhypothek, Hypothek, die vor Anlage des Grundbuchs für Forderung aus Schuldverschreibung auf den Inhaber u. s. f. eingetragen, von da an Sicherungshypothek **Ue.** Art. 49.
Inhaberpapiere s. auch Orderpapier, Schuldverschreibung auf den Inhaber, Sparkassen.
— Bayer. Gesetz vom 18. März 1896, einige Bestimmungen über die J. betr., aufgehoben **A.** Art. 175 Nr. 35.
— im Besitz der Eheleute: Vermuthung, daß J. dem Ehemann gehören, 1362, **E.** Art. 16 Abs. 2.
— Erwerb von J. aus Mitteln des eingebrachten Guts der Frau: J. gehören der Frau (Ausn.!) 1381, 1525, 1550, — aus Mitteln des Mündels durch elterlichen Gewalthaber: J. gehören dem Mündel (Ausn.!) 1646, 1686.
— gestohlene oder sonst abhanden gekommene J. s. auch H.G.B. 367: a) Bekanntmachung d. Verlusts (Ausn.!) **A.** Art. 90, — b) Eigenthumserwerb seitens des gutgläubigen Erwerbers 935 Abs. 2, — c) kein Rückforderungsrecht seitens des früheren Besitzers vom gutgläubigen Besitzer 1007 Abs. 2, — d) Vermuthung, daß ihr Besitzer Eigenthümer ist, 1006.
— Hinterlegung oder Umschreibung auf Namen oder Umwandlung in Buchforderungen: wenn J. zum eingebrachten Gut der Frau gehören, vom Mann 1392, 1393, 1525, 1550, — vom elterlichen Gewalthaber 1667, 1686, — vom Vorerben 2116, 2117, 2136—2138, — vom Vormund 1814, 1815, 1817, 1819, 1820, 1853, 1855, 1856.
Inhaberpapiere, Hypothek für J. 1187—1189, **Ue.** Art. 49.
— Kraftloserklärung C.P.O. 1004 ff.
— Nießbrauch an J. 1081—1084.
— Pfandrecht an J. 1293—1296.
— als Gegenstand der Sicherheitsleistung 234.
Inhalt des Eigenthums 903—924, **E.** Art. 111.
— der Schuldverhältnisse 241—304.
— des Vertrags 306—319.
In integrum restitutio s. Höhere Gewalt.
Iniuria damnum datum s. Unerlaubte Handlung.
Iniusta causa s. Ungerechtfertigte Bereicherung.
Inland s. auch Ausland.
— Gerichtsstand im J. bei Bürgschaft 239.
— Grundstück im J., Hypothek zur Sicherheitsleistung 232, 238, — Wohnsitz des Eigenthümers nicht im J. 1141 Abs. 2, 1185.
— Nachlaßgegenstände im J., falls für Erbschaft kein deutsches Nachlaßgericht zuständig, 2369.
— Schuldverschreibungen auf Inhaber im J. 795.
— Wohnsitz der Verlobten nicht im J. — Bestimmung des Standesbeamten 1320 Abs. 3.
Inofficiöse Schenkung oder Testament s. Pflichttheil.
In rem versio nicht erwähnt.
Insel entstehende, landesges. Vorschriften unberührt **E.** Art. 65.
Insidien, Ehescheidungsgrund: nach dem Leben trachten 1566, **E.** Art. 201.
Insinuation von Schenkungen nicht vorgeschrieben, jedoch Vertrag, durch den Leistung schenkungsweise versprochen wird, notariell! (Heilung durch Leistung) 518.
Insolvenz s. auch Verschlechterung der Vermögensverhältnisse.
— des Hauptschuldners bei Bürgschaft 771—773.
Inspectio ventris nicht erwähnt, s. Schwangerschaft.
Instandhalten s. Erhalten.
Instandsetzen der herauszugebenden Sache nach Wegnahme der Einrichtung 258.

Instanz letzte für Ansprüche aus B.G.B. ist das Reichsgericht **E.** Art. 6.
Institutio heredis s. Erbeinsetzung.
Intercession, Bayer. Gesetz vom 14. Januar 1871 aufgehoben **A.** Art. 175 Nr. 24.
— nicht erwähnt, jedoch J. der Ehefrau zu Gunsten ihres Ehemannes gestattet.
Interdictum aquirendae possessionis s. Besitzschutz.
— de arboribus caedendis 910.
— de glande legenda beseitigt 911, 953.
— de liberis exhibendis 1632, 1800.
— de precario s. Widerruf.
— Divi Hadriani nicht aufgenommen.
— recuperandae u. retinendae possessionis s. Besitzschutz 861—865.
— unde vi 861.
— uti possidetis 862.
Interesse s. auch Einsicht, Öffentliches J., Schaden, Schadensersatz, Vermögensrechtliches J.
— Berücksichtigung bei Beurtheilung der Angemessenheit der Vertragsstrafe 343.
— berechtigtes an Mittheilung von — unwahren — Thatsachen 824 Abs. 2.
— an Besichtigung von Sachen 809.
— des Bestellers beim Werkvertrag auf sofortige Wandelung u. s. f. 634 Abs. 2.
— des Ehegatten an Aufrechterhaltung der Ehe 1337, 1847.
— eheliches, Beeinträchtigung durch Thätigkeit der Frau 1358.
— des Eigenthümers an Ausschließung von Einwirkung auf das Grundstück 905.
— am Fortbestand der Zwischenmauer 922.
— bei Gemeinschaft 745 Abs. 2.
— des Geschäftsherrn bei Geschäftsführung ohne Auftrag 677, 683.
— des herrschenden Grundstücks oder des Eigenthümers bei den Grunddienstbarkeiten 1019—1021, 1090.
— des Kindes an Anordnungen zur Sorge für seine Person bei aus Verschulden geschiedener Ehe 1635—1637.
— Mangel des J. beim Dienstvertrag 628, — beim Kauf 468, — bei Miethe oder Pacht 542, 581 Abs. 2, — an Vertragserfüllung 325, 326 Abs. 2.
Interesse d. Mündels (s. auch Gefährdung) an Eingehung der Ehe 1304 Abs. 2, 1847, — an Einsetzung des Familienrathes 1859, 1873, — Gegensatz zum J. des Vormundes u. s. f. 1796 Abs. 2, 1874 Abs. 2, — bei der Volljährigkeitserklärung 5.
— an Art des Pfandverkaufs 1246.
— des Pflegebefohlenen bei der Pflegschaft 1917 Abs. 2.
— rechtliches an Form der Quittung 368, — am Fortbestand des Nießbrauchs oder Pfandrechts beim Zusammentreffen mit Eigenthum 1063, 1256 Abs. 2, — des persönlichen Schuldners an Berichtigung des Grundbuchs u. Schiffsregisters 1667, 1267.
Internationales Privatrecht s. auch Gesetzesanwendung **E.** Art. 7—31
Interpretation s. Auslegung.
Interusurium s. Zwischenzinsen.
Intervalla dilucida 104 Nr. 2.
Interventionsklage s. Zwangsvollstreckung.
Intestabiles s. Testament.
Intestaterbfolge s. Erbe gesetzlicher.
Invecta s. Eingebrachte Sachen.
Inventar der Erbschaft s. auch Nachlaßverzeichniß.
— — Übergangsbestimmungen für die Pfalz **E.** Art. 213, **Ue.** Art. 143 Abs. 2, 145, 146.
— — Begriff: J. ist Verzeichniß des Nachlasses.
— — Aufnahme und Einreichung beim Nachlaßgericht:
1. durch Erben unter Zuziehung des Notars (oder zuständiger Behörde oder Beamten) 1993, 2002, — in Bayern nicht durch Amtsgericht **A.** Art. 167 I Abs. 3.
2. auf Antrag des Erben: durch Nachlaßgericht oder Notar u. s. f. 2003, **E.** Art. 148.
3. durch Testamentsvollstrecker 2215, 2220.
4. falls bereits beim Nachlaßgericht genügendes J., Bezugnahme 2004.
(5. Pflicht des Erben zur Auskunft, Angabe der Wahrheit, ev. Offenbarungseidsleistung 2003 Abs. 2, 2005,

2006), — (Einsicht: jeder, der rechtliches Interesse glaubhaft macht! 2010), — (bei einer Ehefrau angefallener Erbschaft Zustimmung des Mannes nicht erforderlich 1406 Nr. 1, 1525, 1550, 1453 Abs. 2, 1519, 1549.
— — Inventarfrist (Beschwerde gegen Verfügung **F.G.** 77):
1. auf Antrag des Nachlaßgläubigers zu bestimmen (Gläubiger hat seine Forderung glaubhaft zu machen) 1994.
2. mindestens 1 Monat — höchstens 3 Monate! — Beginn: Zustellung des Beschlusses mit Fristbestimmung — (nach Ermessen verlängern! — neue Frist) 1995—1998, 2005 Abs. 2, — Ende beim Tod des Erben vor Ablauf der Frist 1998, — (Mittheilung an Vormundschaftsgericht, falls Erbe unter Vormundschaft u. s. f., 1999).
3. unwirksam: a) wenn Nachlaßverwaltung oder =konkurs 2000, — b) wenn Ehefrau Erbin und Erbschaft zum eingebrachten oder Gesammtgut gehört und Frist nicht auch dem Manne gegenüber erfolgt, 2008.
4. nicht zu bestimmen: a) dem Fiskus als gesetzlichen Erben 2011, — b) dem Nachlaßpfleger und =verwalter 2012.
— — Inhalt des J.: vollständige Angabe der beim Erbfall vorhandenen Nachlaßgegenstände und =verbindlichkeiten, Beschreibung, soweit zur Werthbestimmung erforderlich, Angabe des Werths (ev. ergänzen!) 2001, 2005 Abs. 2.
— — Wirkungen des J. (innerhalb J.frist):
1. beschränkte Haftung des Erben. Ausn. (d. h. unbeschränkte Haftung des Erben): a) nach Ablauf der J.frist (Ausn.!) 1994, 2013, — b) bei absichtlicher erheblicher Unvollständigkeit u. s. f. 2005, 2013, — c) bei Verweigerung oder erheblicher Verzögerung der Auskunft 2005, 2013, — d) bei Verweigerung des Offenbarungseids oder unentschuldigtem Nichterscheinen in zwei Terminen hiezu 2006, 2013.
2. Vermuthung im Verhältniß zwischen Erben und Nachlaßgläubiger, daß z. Zt. des Erbfalls keine weiteren Nachlaßgegenstände vorhanden, 2009.
3. keine Weigerung des Erben mehr, die Nachlaßgläubiger zu befriedigen, 2014, 2016, 2017.
4. Errichtung des J. durch Miterben kommt den übrigen zu Statten 2063, — — durch den Mann bei einer zum eingebrachten oder Gesammtgut gehörenden Erbschaft auch der Frau 2008, — — durch Vorerben auch Nacherben 2144 Abs. 2, — — durch Erbschaftskäufer auch dem Verkäufer und umgekehrt 2383 Abs. 2.

Inventar eines Grundstücks:
1. beim Nießbrauch 1048.
2. bei Pacht: a) vom Pächter zu erhalten 586, — b) falls dieser J. zum Schätzungswerth übernimmt mit Verpflichtung, es nach Ende der Pacht zum Schätzungswerthe zurückzugeben, s. Schätzungswerth 587—589, — c) Pfandrecht des Pächters 590.
3. als Theil des eingebrachten Guts beim gesetzlichen Güterrecht 1378.
4. — — der Erbschaft, für die Nacherbe bestimmt 2111 Abs. 2.

Inventarerrichtung s. Inventar.
— in der Pfalz bei Abwesenden **Ue.** Art. 109.

Inventarfrist s. Inventar.

Inventarisirung s. Inventar.

Josefinisches Gesetzbuch s. Vorderösterreichisches Recht.

Irrthum s. auch Anfechtung, Arglistige Täuschung, Gewährleistung.
— bei Abgabe von Willenserklärungen (Anfechtung!) 119, 122.
— seitens des Dienstboten bei Eingehung des Dienstvertrags **A.** Art. 24 Nr. 1 u. Abs. 2.
— bei Leistungsbestimmung durch Dritten (Anfechtung!) 318 Abs. 2, 2156, 2192.
— bei Eheschließung s. Ehe (Anfechtung!) 1332, 1333, 1337 Abs. 2, 1339 Nr. 2, 1346.
— des Erben über den Berufungsgrund: Annahme gilt als nicht erfolgt 1949.
— des Erblassers über Inhalt seiner Erklärung (Anfechtung!) 2078—2083, 2281, 2285.

Irrthum, daß fremdes Geschäft, das jemand besorgt, sein eigenes sei, 687.
— des Geschäftsführers über Person des Geschäftsherrn 686.
— bei Vornahme von Selbsthülfe, Schadensersatz 231.
— bei Übermittelung von Willenserklärungen (Anfechtung!) 120, 122.
— über Sachverhalt, der einem Vergleich zu Grunde liegt, 779.
— bei Vertragsabschluß 155.
— bei Vornahme eines Rechtsgeschäfts durch einen Vertreter kommt nur dessen, nicht des Vertretenen J. in Betracht 166.
Israeliten, Gesetz vom 29. Juni 1851, bürgerliche Rechte der J. betr., ausdrücklich aufgehoben **A.** Art. 175 Nr. 11.
Judicatszinsen 291.
Junge, Ersatz des Abgangs der Thiere bei Pacht eines Grundstücks mit Inventar 586.
Jura in re aliena s. Beschränkt persönliche Dienstbarkeit, Erbbaurecht, Grunddienstbarkeit, Grundschuld, Hypothek, Nießbrauch, Reallast, Rentenschuld, Vorkaufsrecht.
Juristischer Besitz nicht erwähnt.
Juristische Personen, Übergangsbestimmungen: für j. P., die am 1. Januar 1900 bestehen, bleiben Vorschriften der Bayer. Gesetze, betr. privatrechtliche Stellung der Vereine u. s. f. vom 29. April 1869 in Kraft **E.** Art. 165 (s. ferner **E.** Art. 163—166).
— — sind Vereine, Stiftungen (s. das.) u. j. P. des öffentlichen Rechts 21—89.
— — Vollziehung einer Auflage im öffentlichen Interesse **A.** Art. 107.
— — Ausschließung der Auseinandersetzung der Miterben 2044 Abs. 2.
— — Erbeinsetzung einer j. P., die erst nach Erbfall entsteht, gilt im Zweifel als Anordnung der Nacherbfolge 2101, 2105 Abs. 2, 2106 Abs. 2, landesges. Beschränkungen und Bestimmungen **E.** Art. 86, 139, **A.** Art. 7—10.
— — Konkurs K.O. 213.
— — als Nacherbe 2105 Abs. 2, 2106 Abs. 2, 2109 Abs. 2.
Juristische Personen, steht Nießbrauch oder beschränkt persönliche Dienstbarkeit j. P. zu, so erlöschen sie mit dieser 1061, 1090 Abs. 2.
— — Schuldverschreibungen s. das. **E.** Art. 101, **A.** Art. 49—57.
— — als Vermächtnißnehmer und -geber 2163 Abs. 2, 2210.
Jus accrescendi s. Anwachsung.
Jus offerendi s. Eintrittsrecht.
Jus tollendi s. Einrichtung.
Jus variandi s. Wahlrecht.
Justitium s. Hemmung und Verjährung.
Justus titulus nicht zur Ersitzung (s. das.) erforderlich 937.

K.

(s. auch C.)

Kaiserliche Verordnung zur Bestimmung der Hauptmängel und Fristen bei Viehgewährschaft s. das. 482 Abs. 2.
Kalenderzeit, Berechnung von Fristen nach K. 188.
— Bestimmung der Leistung nach K., so Schuldner auch ohne Mahnung bei Nichtleistung zur bestimmten Zeit in Verzug 284 Abs. 2, — — der vom Gläubiger vorzunehmenden Handlung nach K., so Angebot des Schuldners nur, wenn Gläubiger Handlung rechtzeitig vornimmt, 296.
— Kündigung für Schluß eines Kalenderabschnitts bei Dienstvertrag 621 Abs. 2—4, 622, **A.** Art. 22, 27, 28, bei Miethe 565.
— Räumung des veräußerten Grundstücks bei Leibgeding vor Kalendervierteljahr — sonst kein Schadensersatz u. s. f. **A.** Art. 46.
Kaminkehrerlohn gehört zu den öffentlichen Lasten des Grundstücks **A.G.O.** Art. 23, 53.
Kapitalabfindung statt Geldrente bei Körperverletzung u. s. f., wenn wichtiger Grund vorliegt, 843 Abs. 3, 844 Abs. 2, 845.
— zur Ablösung einer Rentenschuld s. das. 1199—1202.
— des unehelichen Kindes durch Vater 1714, — durch dessen Erben 1712 Abs. 2.

Karten ohne Gläubigerbezeichnung mit Leistungsverpflichtung an Schuldner 807, **E.** Art. 102.

Kassation s. Vernichtung.

Kassatorische Klausel s. Vorbehalt.

Kassen des Reichs, Staats u. s. f., Kranken-, Hülfs-, Sterbe-, Knappschaftsk. — Aufrechnung 394, 395.
— landesges. Vorschriften, wonach Zahlung aus öffentlichen K. an K. zu empfangen, unberührt **E.** Art. 92, — für Bayern, soweit nicht ein Anderes bestimmt, Zahlung an öffentlichen K. in Empfang nehmen **A.** Art. 11.

Kauf s. auch Erbschaftskauf, Pfandverkauf, vgl. ferner H.G.B. 373—382.
— I. Rechte des Käufers s. auch IV.
1. bei Fehler der Sache s. IV c 2.
2. Nutzung von Übergabe an 441.
3. Schadensersatz, wenn Dritter Recht auf Sache hat und diese hinausgegeben werden muß, 440 Abs. 2—4, 441.
4. Zahlungsverweigerung bis zur Erfüllung der Verpflichtungen des Verkäufers 440, 454, 320—327.

— II. Verpflichtungen d. Käufers s. auch III.
1. Ersatz für Verwendung auf Sachen von Übergang der Gefahr an 450.
2. Gefahr für Zufall und Lasten von Übergabe an 446, 447.
3. bei Grundstücken Kosten der Auflassung u. s. f. und Beurkundung zu tragen 449.
4. Kosten für Übersendung an anderen als Erfüllungsort 448.
5. Zahlung des Kaufpreises und Abnahme der Sache 433 Abs. 2, 453, — Verzinsung des Kaufpreises von Zeit der Nutzungen an (Stundung, Gesammtpreis) 452, 454, 469, 471, — s. auch Kaufpreis.
6. s. auch 242, 276, 301.

— III. Rechte des Verkäufers s. auch II.
1. Kauf bricht nicht Miethe oder Pacht 571—599, 581 Abs. 2.
2. Rücktritt bei Eigenthumsvorbehalt 455, 454, — (Gesetz betr. die Abzahlungsgeschäfte vom 16. Mai 1894).

— IV. Verpflichtungen des Verkäufers s. auch I.

A. bei Forderungen oder Rechten:
1. Haftung für rechtlichen Bestand 437, — (für Zahlungsfähigkeit nur bei ausdrücklicher Haftung 438).
2. Kosten der Begründung und Übertragung zu tragen 448.
3. Verschaffen des Rechts und, wenn das Recht zum Besitz einer Sache berechtigt, Übergabe der Sache 433.

B. bei Grundstücken u. Rechten an solchen:
1. keine Haftung für Freiheit von öffentlichen Abgaben u. s. f. 436.
2. Löschung von im Grundbuch eingetragenen, nicht bestehenden Rechten auf Kosten des Verkäufers 435.
3. bei Zusicherung bestimmter Größe: Haftung ev. Wandelung (Verjährung: 1 Jahr) 468, 477, 478.

C. bei Sachen:
1. Auskunftsertheilung — Urkundenherausgabe 444.
2. Haftung, daß z. Zt. des Gefahrübergangs kein Fehler, der Werth oder Tauglichkeit mindert, 459, — (Ausschluß bei Arglist nichtig! 476). Ausn.: a) wenn Käufer Mangel kennt, 460, 464, — b) wenn Sache als Pfand öffentlich versteigert ist, 476. Folgen: a) Wandelung s. das., — b) Minderung s. das., — c) bei Gattungssachen: Lieferung mangelfreier Sache, ev. Schadensersatz 480, — d) bei Thieren s. Viehgewährschaft 481—492.
3. Haftung, daß Sache zugesicherte Eigenschaft hat, 459 Abs. 2. Folgen: wie unter 2 und Schadensersatz 463, 477, 479.
4. Haftung für Mangel im Recht, wenn Käufer ihn nicht kennt, — (stets Haftung bei Hypotheken, Pfandrecht u. s. f.), — (Beweislast: Käufer), 439, 442, — bei arglistigem Verschweigen Ausschluß der Gewährleistung nichtig! 443.
5. Haftung für Versendung nach Anweisung des Käufers 447 Abs. 2.
6. Kosten der Übergabe (Messen, Wägen) zu tragen 448.

7. Übergabe und Verschaffen des Eigenthums 433, — frei von Rechten Dritter 434, C.P.O. 806.
8. s. auch 242, 276, 301.

Kauf, V. K. auf Probe oder Besicht im Zweifel unter aufschiebender Bedingung, — Billigung im Belieben des Käufers, (bestimmte oder angemessene Frist, — Schweigen gilt als Billigung), (Käufer: Recht der Untersuchung) 495, 496.
— VI. K. nach Probe oder Muster: Eigenschaften der Probe sind als zugesichert anzusehen 494.
— VII. Vorkauf s. das. 504—514, 1094—1104.
— VIII. Wiederkauf s. das. 497—503.
— IX. K. bei Zwangsvollstreckung oder auf Grund gesetzlicher Vorschrift (Kaufverbot für mit Verkauf Betrauten, dessen Gehülfen u. s. f.) 456—458.

Kaufbeuern, allgemeine Gütergemeinschaft — Übergangsbestimmungen s. **Ue.** Art. 67, 71, 94, 97—104.

Käufer s. Kauf.

Kaufleute, Anspruchsverjährung (2 und 4 Jahre) 196 Nr. 1 u. Abs. 2, 201, 218, — s. im Übrigen H.G.B.

Kaufpreis s. auch Kauf 433 Abs. 2.
— beim Differenzgeschäft s. das. 764.
— Herabsetzung bei Minderung, Wandelung s. das. 471—473.
— Marktpreis als K. im Zweifel der des Erfüllungsorts zur Erfüllungszeit 453.
— beim Pfandverkauf s. das. (Baarentrichtung) 1238, 1239 Abs. 2.
— Stundung des K. — keine Verzinsung — kein Rücktrittsrecht 452, 454.
— Verzinsung durch Käufer vom Zeitpunkt des Nutzungsbezugs, wenn nicht K. gestundet, 452.
— beim Wiederkauf, Vorkauf s. das.

Kaufverbot für Auktionator u. s. f. 456—458.

Kaution s. Sicherheitsleistung.

Kautionshypothek ist eine Hypothek, bei welcher nur der Höchstbetrag, bis zu dem das Grundstück haftet, bestimmt und eingetragen, die Feststellung der Forderung aber vorbehalten ist.

Kautionshypothek, Folgen:
1. keine Eintragung des Widerspruchs wegen Nichthergabe des Darlehens 1185 Abs. 2.
2. Gläubiger kann sich zum Beweis seiner Forderung nicht auf Eintragung berufen (s. Nr. 4) 1184.
3. kein Hypothekenbrief 1185.
4. öffentlicher Glaube des Grundbuchs erstreckt sich nicht auf Forderung (s. Nr. 2) 1185 Abs. 2.
5. Schutz des gutgläubigen Schuldners 1185 Abs. 2, 406—408.
6. Unwirksamkeit der Kündigung des Eigenthümers oder an den Eigenthümer 1185 Abs. 2.
— gilt als Sicherungshypothek, auch wenn nicht so im Grundbuch bezeichnet, 1190 Abs. 3.
— Übertragung der Forderung — Nichtübergang der K. 1190 Abs. 4.

Kautionsleistung s. Sicherheitsleistung.

Kautionsschiffspfandrecht 1271, 1272.

Kempten, Fürstenthum — allgemeine Gütergemeinschaft, — Übergangsbestimmungen **Ue.** Art. 64, 68, 69, 70, 94, 96 Abs. 3, 97—104.
— Stadt, — — — **Ue.** Art. 67, 69, 70, 94, 97—104.

Kennen (= Wissen).
— der Abtretung einer Forderung bei deren Erwerb, keine Aufrechnung des Schuldners gegenüber neuem Gläubiger, — — — Schuldner kann sich auf Leistung, Rechtsgeschäft, Urtheil dem neuen Gläubiger gegenüber nicht berufen 407, 408.
— des Anfalls der Erbschaft und Berufungsgrundes — Beginn der Ausschlagungsfrist 1944 Abs. 2, 1949 Abs. 2.
— des Anfechtungsgrundes der Annahme oder Ausschlagung der Erbschaft — Beginn der Anfechtungsfrist 1954 Abs. 2.
— des Anfechtungsgrundes bei letztwilliger Verfügung 2082 Abs. 2, 2340 Abs. 3, 2345.
— des Betheiligten bei Aufnahme notarieller Urkunde **F.G.** 176 Abs. 3.
— der Entfernung eingebrachter Sachen seitens des Vermiethers 561 Abs. 2.

Kennen des Empfängers einer Leistung vom Mangel des rechtlichen Grundes 819.
— des Erben von Überschuldung des Nachlasses 1980, 1985 Abs. 2, 2013, 2036.
— der Fehlerhaftigkeit des Besitzes bei dessen Erwerb, Wirkung gegen Nachfolger 858 Abs. 2, 859 Abs. 2.
— daß gesetzlicher Vertreter eines beschränkt Geschäftsfähigen, der Behauptung des Letzteren zuwider, erforderliche Einwilligung nicht gab, — kein Widerrufsrecht 109 Abs. 2, — ebenso bei Ehefrau mangelnde Einwilligung des Mannes — 1397 Abs. 2, — ebenso bei Kind mangelnde Einwilligung des elterlichen Gewalthabers — 1643 Abs. 3, — ebenso bei Mündel mangelnde Einwilligung des Vormundes 1830.
— Dritter von Abweichungen vom gesetzlichen oder im Güterrechtsregister eingetragenen Güterstand 1435, 1405, 1431 Abs. 2, 1470, 1545, 1548, 1549, 1357.
— der Zustellung des Beschlusses mit Inventarfrist 1996.
— der Sachlage bei letztwilliger Verfügung (Anfechtung!) 2078, 2079, 2082 Abs. 2, 2083, 2285, 2340 Abs. 3, 2283 Abs. 2, 2345.
— des Mangels der amtlichen Befugniß des Standesbeamten: Nichtigkeit der Ehe 1319.
— eines Mangels im Recht bei Abnahme des Werks durch den Besteller 640 Abs. 2.
— — — seitens Käufers 439.
— des Miethers vom Übergang der vermietheten Sache oder des vermietheten Grundstücks 571 Abs. 2, 574, 575.
— des Erwerbers einer vermietheten Sache von Verfügung über Miethzins 573.
— des Miterben von Nachlaßforderung zur Zeit der Theilung des Nachlasses 2061.
— der Nichtigkeit der Ehe: Einreden Dritten gegenüber 1344, — Verhältniß der Ehegatten untereinander 1345, 1346, — rechtliche Stellung der Kinder 1699—1704.

Kennen der Nichtschuld der Leistung oder der Unmöglichkeit des Erfolgs — Ausschluß der Rückforderung 814, 815.
— des Nießbrauchers, daß Besteller nicht Eigenthümer, 1058, — des Verpflichteten von Übertragung des Nießbrauchs an Recht auf Verwalter 1070, — (ebenso bei Übertragung der Verwaltung des Vorerben auf Verwalter 2129).
— des Erwerbers beim Pfandverkauf von Pfandrechten 1242 Abs. 2.
— des Pflichttheilsberechtigten von Beschränkung oder deren Wegfall 2306, 2308, 2332.
— des Pflichttheilsberechtigten von Eintritt des Erbfalls und benachtheiligender Verfügung: Beginn der 3jährigen Verjährung, — des Pflichttheilsanspruchs 2332.
— des Scheidungsgrundes — Klage binnen 6 Monaten 1571.
— des Todes des Erblassers — Ablieferung und Terminsbestimmung zur Eröffnung des Testaments und Erbvertrags 2259, 2260, 2300.
— des die Todeserklärung überlebenden früheren Ehegatten 1348, 1350, 1351.
— bei Übergang einer Forderung zum Gesellschaftsvermögen 720, — — einer durch Rechtsgeschäft erworbenen Forderung zum Gesammtgut (K. des Schuldners von Zugehörigkeit) 1473 Abs. 2, 1546 Abs. 2, 1549, — — — zum eingebrachten Gut (—) 1524 Abs. 2, — — — zur Erbschaft (—) 2019 Abs. 2, — — — zum Nachlaß (—) 2041.
— des durch unerlaubte Handlung entstandenen Schadens und Person des Ersatzpflichtigen: Beginn der 3jährigen Verjährung 852.
— der Unrichtigkeit des Eintrags im Grundbuch, einer daselbst nicht eingetragenen Verfügungsbeschränkung — kein öffentlicher Glaube des Grundbuchs 892.
— — bei Leistung von im Grundbuch eingetragenen Berechtigten 893, —

bei Hypothek 1128 Abs. 2, 1138, 1140, 1157—1159.
Kennen der Unrichtigkeit des Erbscheins 2366, 2367, 2370.
— des Verbrauchs u. s. f. von Erbschaftsgegenständen beim Erbschaftskauf 2375, 2385 Abs. 2.
— des Versteigerungsantrags oder der Beschlagnahme eines Grundstücks Z.V. 23 Abs. 2.
Kennen und Kennenmüssen (s. auch Mala fides superveniens), d. h. in Folge von Fahrlässigkeit (s. A.) oder grober Fahrlässigkeit (s. B.) nicht Kennen 122 Abs. 2.
A. (in Folge Fahrlässigkeit):
— — der Absicht des einen Theils, die auf Zahlung des Unterschieds gerichtet, bei Differenzgeschäft 764.
— — der Änderung des Vereinsvorstandes bei Abschluß des Rechtsgeschäfts mit bisherigem 68.
— — der durch arglistige Täuschung hervorgerufenen Willenserklärung, Anfechtung 123.
— — des Eintritts der Nacherbfolge seitens des Vorerben oder Dritten 2140.
— — des Endes der Verwaltung und Nutznießung des Mannes, der Güter-, Errungenschafts-, Fahrnißgemeinschaft, Vormundschaft, elterlichen Gewalt 1424, 1472, 1546, 1549, 1893, 1682.
— — des Erlöschens des Auftrags 674, 2218, 2220, — der Geschäftsführung 729.
— — bei Forderungsübertragung, daß Schuldverhältniß nur zum Schein oder daß Abtretung ausgeschlossen, 405.
— — der Gefahr ungewöhnlich hohen Schadens 254.
— — der gefahrdrohenden Beschaffenheit der Sache seitens des Hinterlegers, Schadensersatz 694.
— — des Nichtigkeits- oder Anfechtbarkeitsgrundes seitens des Beschädigten: kein Schadensersatz 122 Abs. 2, 142, 1343.
— — der Unmöglichkeit einer Vertragsleistung, Schadensersatz 307.
— — der Unwahrheit einer Thatsache, Schadensersatz 824.
Kennen und Kennenmüssen bei Vertretung lediglich Person des Vertreters in Betracht, Ausn., 166, 169, 173. 179.
B. (falls Unkenntniß auf grober Fahrlässigkeit beruht):
— — des Erbschaftsbesitzers, daß er nicht Erbe ist, Haftung 2024, 2025.
— — des Erwerbers von Bestandtheilen oder Zubehör eines mit Hypotheken belasteten Grundstücks von Beschlagnahme und Entfernung, Freiwerden von Haftung 1121.
— — des Erwerbers einer beweglichen Sache, daß Veräußerer nicht Eigenthümer, Ausschluß des guten Glaubens 932 Abs. 2, 933, 934, 936, 937, 945, 955, 990, 1007, — ebenso bei Nießbrauch, Pfandrecht 1202, 1207, 1208, 1244, 1262, — und bei Zubehör von Grundstücken 926 Abs. 2.
— — des Fehlers bei Belastungs- und anderen entgeltlichen Veräußerungsverträgen, Haftung nur bei Arglist und Zusicherung 493, — ebenso beim Kauf 460, 464, — bei Miethe und Pacht 539, 544, 581 Abs. 2, — beim Tausch 515.
— — des Mangels der geschenkten Sache seitens des Schenkers, Gewährleistung 523, 524.
— — seitens des Schadensersatzpflichtigen, daß Dritter an beschädigter oder entzogener Sache berechtigt. 851.
Kenntniß s. Kennen, Kennen und Kennenmüssen.
Kies, Gewinnung durch Nießbraucher eines Grundstücks 1037 Abs. 2.
Kinder s. auch die folgenden Worte, ferner Alter, Gemeinschaftlicher Abkömmling:
— bis vollendetem 7. Jahr geschäftsunfähig s. das. 104 Nr. 1, — für Schaden nicht verantwortlich (Ausn.!) 828, 829, 832, — können Besitz erwerben 854, 857.
— über 7 Jahre beschränkt geschäftsfähig (s. Geschäftsbeschränktheit) 106, — für Schaden bis vollendetem 18. Jahr verantwortlich bei erforderlicher Einsicht (Ausn.!) 828, 829, 832, — Testamentserrichtung erst nach

vollendetem 16. Jahr 2229 Abs. 2, 2238 Abs. 2, 2247.

Kinder, landesges. Vorschriften über religiöse Erziehung unberührt **E.** Art. 134.

— Unterhaltsrecht und -pflicht s. Unterhalt 1601—1615.

Kinder, an Kindesstatt angenommen. (Eintheilung des Folgenden: Art der Annahme III., Gesetzesanwendung I., Voraussetzungen II., Wiederaufhebung V., Wirkungen IV.)

— — I. Gesetzesanwendung: Annahme, wenn Annehmender zu der Zeit Reichsangehörigkeit besitzt nach deutschen Gesetzen **E.** Art. 22, 209, — gehört Annehmender fremdem Staat an, hat Kind trotzdem Reichsangehörigkeit **E.** Art. 22 Abs. 2.

— — II. Voraussetzungen: a) des Annehmenden:

1. keine ehelichen Kinder! (darf schon K., a. K. a., haben) 1741, 1743.
2. über 50 Jahre und mindestens 18 Jahre älter als Kind (Befreiung!) 1744, 1745.
3. falls verheirathet, Einwilligung des Ehegatten (Form! — Ausn.!) 1746 —1748, 1755, 1756.
4. falls in Geschäftsfähigkeit beschränkt 1751.
5. bei Annahme des Mündels durch Vormund 1752.

— b) des Angenommenen:

1. 18 Jahre mindestens jünger als Annehmender (Befreiung!) 1744, 1745.
2. falls verheirathet, Einwilligung des Ehegatten (Form! — Ausn.!) 1746 —1748, 1755, 1756.
3. falls unter 21 Jahren, Einwilligung der Eltern resp. der Mutter (Form! — Ausn.!) 1747, 1748, 1755, 1756.
4. als gemeinschaftliches Kind nur von Ehepaar, bereits angenommenes K. nur vom Ehegatten des Annehmenden 1749, 1757 Abs. 2, 1768 Abs. 3, 1758, 1769, 1772, 1306.

— — III. Art der Annahme an Kindesstatt

1. Vertrag (Form: gleichzeitige Anwesenheit beider Theile vor Notar oder Gericht) 1741, 1750 Abs. 2, 1762, — (keine Bedingung oder Zeitbestimmung 1742, — kein Vertreter (Ausn.: gesetzlicher Vertreter und Genehmigung des Vormundschaftsgerichts) 1750—1752, — Anfechtung! 1755, — sonstige Vertragsbestimmungen 1758 Abs. 2, 1767).
2. Bestätigung durch zuständiges Gericht 1741, 2043 Abs. 2, 2204, — (nicht nach dem Tode des Kindes 1753), (hiemit Annahme in Kraft, schon vorher Bindung!) — Bestätigung zu versagen nur, wenn gesetzliches Erforderniß fehlt, 1754, — Zuständigkeit **F.G.** 65, 66, — Wirksamkeit und Beschwerde **F.G.** 67, 68.

Kinder, an Kindesstatt angenommen.

— — IV. Wirkungen der Annahme an Kindesstatt:

a) für Angenommenen (Übergangsbestimmungen: für vor 1. Januar 1900 angenommenes K. **E.** Art. 209):

1. Wirkung auf Abkömmlinge (Ausn.!) 1762, 1763, 1757, 1776 Abs. 2.
2. Berufung als Vormund 1776 Abs. 2.
3. Eheverbot mit Annehmendem, solange Rechtsverhältniß besteht, 1311, 1771.
4. Familienname des Annehmenden, (bei Frau Name vor Verheirathung — bei Ehepaar des Mannes!), Recht, den neuen Namen dem früheren beizufügen, wenn im Annahmevertrag nichts Anderes bestimmt, 1758, 1772.
5. Rechte und Pflichten zu seinen Verwandten nicht berührt 1764. Ausn.: α) leibliche Eltern verlieren elterliche Gewalt, — β) uneheliche Mutter Recht und Pflicht, für Person zu sorgen, (Wiedereintritt!) 1765, — γ) Eltern nicht zur Vormundschaft über Volljährige berufen (Ausn!) 1899 Abs. 2, 1907.
6. rechtliche Stellung des ehelichen Kindes s. Kind eheliches, — Erbrecht kann im Annahmevertrag ausgeschlossen sein 1757, 1767, **E.** Art. 209, **A.** Art. 154 I.
7. Wohnsitz des Annehmenden, falls Annahme vor Volljährigkeit des Kindes, 11.

b) für Annehmenden:

1. Eheverbot mit Angenommenem, solange Rechtsverhältniß, 1311, 1771.
2. Eingehung neuer Ehe 1761.

3. Einwilligung erforderlich zur Eheeingehung des Angenommenen, dagegen nicht der Eltern, auch nicht nach Aufhebung des Rechtsverhältnisses, 1306.
4. elterliche Gewalt über Angenommenen — (Vermögensverzeichniß, — sonst Entziehung der Vermögensgewalt möglich) 1760.
5. kein Erbrecht 1759.
6. Nutznießung am Vermögen des Angenommenen, falls nicht im Annahmevertrag ausgeschlossen, 1767.
7. Unterhaltspflicht vor den leiblichen Verwandten des Kindes 1766.
8. keine Wirkung auf seine Verwandten 1763.

Kinder, an Kindesstatt angenommen. — — V. Wiederaufhebung des Rechtsverhältnisses:
1. durch Eheeingehung zwischen durch Annahme Verbundenen 1771, 1311.
2. durch Vertrag zwischen Angenommenem, dessen Abkömmlingen u. Annehmendem (keine Bedingung, Zeitbestimmung, kein Vertreter, außer gesetzlicher), — Bestätigung 1768, 1770, **F.G.** 65—68.
3. — — nach dem Tod des Angenommenen, — (kein Vertreter, außer gesetzlicher), Bestätigung, 1769, 1770.

Folge der Wiederaufhebung: Angenommener und dessen Abkömmling, auf die sie sich erstreckt, verlieren das Recht, den Familiennamen des Annehmenden zu führen, (Ausn.!) 1772.

Kinder aus nichtiger Ehe, Übergangsbestimmmungen: bisherige Gesetze: inwieweit K. aus vor 1. Januar 1900 geschlossener n. E. als eheliche Kinder anzusehen und Eltern Pflichten und Rechte ehelicher Eltern haben, **E.** Art. 207.

— — gelten als ehelich, falls sie bei Ehegültigkeit ehelich wären und nicht beide Eltern Nichtigkeit bei Eheschließung kannten, (Ausn.!) 1699, **A.** Art. 154 I.

— — Rechtsverhältniß zwischen Eltern und K.:
1. nach Vorschriften für K. aus geschiedenen Ehen (s. Kinder eheliche), wenn beide Ehegatten für schuldig erklärt sind.
2. falls Vater Nichtigkeit bei Eheschließung kannte, so nicht elterliche Gewalt, diese bei Mutter; falls Mutter — — —, so nur Recht der bei Scheidung allein schuldigen Frau 1700—1702, 1899 Abs. 3, 1907, 1729.
3. falls beide Eltern Nichtigkeit kannten, gilt Kind als nicht ehelich, — Unterhalt vom Vater, solange er lebt, wie beim ehelichen Kind, — doch hat er nicht Recht, Zeit und Art desselben zu bestimmen, 1703, 1699, 1729.
4. falls Ehe wegen Drohung anfechtbar, so ist Anfechtungsberechtigter dem Ehegatten, dem Nichtigkeit unbekannt war, gleich 1704.

Kinder eheliche, Übergangsbestimmungen:
1. Rechtsverhältniß zwischen Eltern und vor 1. Januar 1900 geborenen K. vom 1. Januar 1900 nach B.G.B. **E.** Art. 203.
2. Beschränkungen der Eltern am 1. Januar 1900 **E.** Art. 204.
3. bei Ehescheidung und Auflösung der Ehe durch Todeserklärung nach bisherigen Gesetzen: Sorge für Person des gemeinschaftlichen K. nach bisherigen Gesetzen (Ausn.!) **E.** Art. 206.

— — Gesetzesanwendung:
1. eheliche Abstammung nach deutschen Gesetzen, wenn Ehemann der Mutter z. Zt. der Geburt oder zuletzt Deutscher, **E.** Art. 18.
2. Rechtsverhältniß zwischen Eltern und K. **E.** Art. 19, 28.

— — Ehelichkeit wird angenommen:
1. wenn Kind nach Eheeingehen geboren, vor oder während der Ehe empfangen und Mann während Empfängnißzeit (s. das. 181.—302. Tag) der Frau beigewohnt hat, (Vermuthung für letzteres),
   Ausn.: wenn es den Umständen nach offenbar unmöglich ist, daß Frau K. vom Manne empfangen, 1591, 1592.
2. bei Nichtigkeit der Ehe, wenn es im Falle der Gültigkeit der Ehe ehelich wäre.
   Ausn.: a) wenn beide Ehegatten Nichtigkeit kannten, — b) wenn Ehe

nicht im Heirathsregister eingetragen und wegen Formmangel nichtig, 1699, **E.** Art. 207.
3. bei Verheirathung des Vaters mit unehelicher Mutter 1719—1722, **F.G.** 167 Abs. 2, 191.
4. bei Wiederverheirathung der Frau nach Auflösung der Ehe 1600.
5. Wirkungen der Ehelichkeit auch bei Ehelichkeitserklärung s. das. 1736, — (Anfechtung der Ehelichkeit s. Anfechtung u. C.P.O. 640—644, 704 Abs. 2).

Kinder eheliche, Folgen der Ehelichkeit für die Eltern:
1. Ablehnung der Vormundschaft bei mehr als 4 Kindern 1786 Nr. 3, 1889, 1895.
2. Ausstattung s. das. 1624, 1625.
3. Aussteuer der Tochter bei Verheirathung 1620—1623.
4. Eheeingehen, Zeugniß des Vormundschaftsgerichts 1314.
5. bei Ehescheidung Sorge für Person des Kindes, — falls ein Ehegatte für schuldig erklärt: der andere, — falls beide: Sohn unter 6 Jahren und Tochter bei der Mutter, Sohn über 6 Jahren beim Vater (Ausn.!) 1635—1637, **E.** Art. 206.
6. Eheverbot 1310.
7. kein Recht, andere Kinder an Kindesstatt anzunehmen, 1741, 1743.
8. Unterhaltsgewährung s. Unterhalt 685 Abs. 2.
9. Verjährung der Ansprüche gegenüber dem Kind 204.

— — Folgen der Ehelichkeit für das Kind:
1. Annahme an Kindesstatt, bis vollendetem 21. Jahr Einwilligung der Eltern erforderlich (Form! — Ausn.!) 1747, 1748, 1755, 1756.
2. Ausstattung 1465, 1475 Abs. 2, 1624, 1625.
3. Bedenken des Kindes durch Erblasser ohne nähere Bestimmung 2068—2070, 2091.
4. Dienst- und Geschäftsleistung, entsprechend seinen Kräften und Lebensstellung, solange Kind dem elterlichen Hausstand angehört u. s. f., 1617.
5. zu Eheeingehung bis vollendetem 21. Jahr Einwilligung des Vaters, ev. der Mutter, (kein Vertreter! — bei volljährigem Kind auf Antrag Ersatz durch das Vormundschaftsgericht) 1305, 1307, 1308,
6. Eheverbot 1310.
7. elterliche Gewalt (s. das.), solange Kind minderjährig, 1626—1698.
8. Erbrecht s. Erbe gesetzlicher, Ausgleichung, Erbverzicht, Nacherbschaft, Pflichttheil.
9. Familienname des Vaters 1616.
10. Verjährung der Ansprüche gegenüber Eltern 204.
11. bei volljährigem, dem elterlichen Hausstand angehörenden Kind: Aufwand für Haushalt im Zweifel keine Ersatzabsicht! — Verwendung der Einkünfte aus dem der Verwaltung der Eltern überlassenen Vermögen nach deren Ermessen (Ausn.!) 1618, 1619.
12. Wohnsitz des Vaters 11.

Kinder für ehelich erklärt s. Ehelichkeitserklärung.

Kinder nachgeborene s. Nachgeborene Kinder.

Kinder uneheliche, Übergangsbestimmungen: rechtliche Stellung der vor 1. Januar 1900 geborenen u. K. von da an nach B.G.B., — jedoch bisherige Gesetze:
1. für Erforschung der Vaterschaft.
2. für Recht, Familiennamen des Vaters zu führen.
3. für Unterhaltspflicht des Vaters.
4. für sog. Brautkinder **E.** Art. 208.

— — Gesetzesanwendung **E.** Art. 20—22.

— — Eintritt der Unehelichkeit des K. s. Kinder eheliche, — ferner 1593—1599.

— — Ehelichkeitserklärung und Legitimation durch nachfolgende Ehe s. bei diesen Worten.

— — Verhältniß zur Mutter:
1. bei Annahme an Kindesstatt Einwilligung (Form! Ausn.! s. auch Kinder, an Kindesstatt angenommen) 1747, 1748, 1755, 1756, **E.** Art. 22.
2. Eheverbot 1310.

3. Einwilligung zum Eheeingehen bis vollendetem 21. Jahr (kein Vertreter!) 1305, 1307.
4. keine elterliche Gewalt und Vertretung des Kindes 1707.
5. Kind Familiennamen der Mutter, (ist diese verheirathet, den vor der Ehe, doch kann Mann dem Kind mit dessen und der Mutter Einwilligung seinen Namen geben, Form!) 1706.
6. rechtliche Stellung des ehelichen Kindes s. Kinder eheliche (s. aber 4) 1705.
7. Vormundschaft 1776 Nr. 4, 1778 Abs. 3, 1900 Abs. 3.
8. Kind theilt Wohnsitz der Mutter 11.

Kinder uneheliche, Verhältniß zum Vater (Gesetzesanwendung **E.** Art. 21) — als solcher gilt, wer Mutter innerhalb Empfängnißzeit (s. das. 181.—302. (incl.) Tag vor Geburt!) beigewohnt; Ausn.: a) wenn auch Anderer in dieser Zeit beigewohnt, — (Berufung hierauf ausgeschlossen durch Anerkenntniß der Vaterschaft in öffentlicher Urkunde nach Geburt des Kindes!), — b) wenn es den Umständen nach offenbar unmöglich, daß Mutter K. aus dieser Beiwohnung empfangen, 1717, 1718, C.P.O. 644, 704 Abs. 2.
1. Eheverbot 1310.
2. entsprechender Unterhalt d. Kindes (gesammter Lebensbedarf, Erziehungskosten, Vorbildung zum Beruf) bis vollendetem 16. Lebensjahr, entsprechend Lebensstellung der Mutter, — (auch länger, falls Kind wegen Gebrechen außer Stande, sich selbst zu unterhalten, außer wenn standesgemäßer Unterhalt des Vaters selbst gefährdet), — Unterhaltspflicht vor Mutter und deren Verwandten, — (falls diese Unterhalt gewähren, so Übergang des Anspruchs gegen Vater!), — Geldrente! — 3 Monat vorauszahlbar, auch für Vergangenheit!
Erlöschen: a) nicht mit Tod des Vaters, auch wenn dieser vor Geburt des Kindes erfolgt, — Erbe hat Recht, das Kind abzufinden, — b) mit des Kindes Tod (Ausn.! bes. Beerdigungskosten, soweit nicht von den Erben des Kindes zu erlangen!) 1708—1713, — (einstweilige Verfügung schon vor Geburt s. unten 1716).
3. Vereinbarung zwischen Vater und Kind über Unterhalt oder Abfindung: Genehmigung des Vormundschaftsgerichts, — unentgeltlicher Verzicht auf Unterhalt für die Zukunft nichtig 1714, — durch Amtsgericht oder Notar **A.** Art. 167 I.
4. nicht verwandt 1589 Abs. 2.

Kinder uneheliche, Verhältniß zwischen Vater und Mutter (Vereinbarungen durch Amtsgericht oder Notar **A.** Art. 167 I):
1. Vater verpflichtet zur Tragung der a) Entbindungskosten, — b) Unterhaltskosten für die ersten 6 Wochen nach der Entbindung, — c) Aufwendungen in Folge Schwangerschaft und Entbindung, — gewöhnlicher Betrag ohne Rücksicht auf wirklichen Aufwand, — auch wenn Vater vor Geburt des K. oder wenn K. stirbt! — Verjährung: 4 Jahre (Beginn: 6 Wochen nach Geburt).
2. auf Antrag der Mutter schon vor Geburt: einstweilige Verfügung: Unterhalt des Kindes für 3 Monate und Kosten für Mutter (nach 1) hinterlegen (Gefährdung des Anspruchs braucht nicht glaubhaft gemacht zu werden!) 1715, 1716.

Kinderlosigkeit, Erforderniß bei Annahme an Kindesstatt 1741, 1743.

Kindesstatt s. Kind, an K. angenommen.

Kirche, Anspruch wegen Gebühren **A.** Art. 126, 127.
— Benutzung eines Platzes nach landesges. Vorschriften **E.** Art. 133, **A.** Art. 1.

Kirchenbaulast, landesges. Vorschriften unberührt **E.** Art. 132, **A.** Art. 1, 151.

Kirchenbediensteter s. Geistlicher.

Kirchenstühle s. Kirche.

Kirchhofsplatz s. Beerdigung.

Kirchliche Verpflichtungen in Ansehung der Ehe durch B.G.B. nicht berührt 1588.

Klage s. auch Anfechtungsklage, Ehescheidung, Eheliche Gemeinschaft, Klageerhebung, Kosten, Nichtigkeit, Güterrechte, Urtheil, Unterlassung und C.P.O.

Klage auf Änderung des Theilungsplanes bei Zwangsverwaltung (auch ohne Widerspruch gegen Plan) **Z.V.** 159.
— auf Beseitigung der Beeinträchtigung des Eigenthums 1004.
— auf Bestimmung einer Leistung, falls diese nicht billig bestimmt oder verzögert wird, 315, 319.
— auf Eingehung der Ehe aus Verlöbniß unzulässig 1297.
— gegen Fiskus auf Bestehen eines Erbrechts (Frist!) 1965 Abs. 2.
— gegen Fiskus erst nach Feststellung, daß andere Erben nicht vorhanden, 1966.
— auf Herabsetzung zu hoher Vertragsstrafe 343.
— aus gegenseitigem Vertrag auf Leistung 322.
— auf Leistung durch Gesammtgläubiger 428.
— gegen Nachlaß kann gegen Erben erst nach Annahme der Erbschaft erhoben werden 1958, 1960 Abs. 3, 1961.
— gegen Nachlaß nach Anordnung der Nachlaßverwaltung nur gegen Nachlaßverwalter 1984.
— auf bestimmte Art des Pfandverkaufs 1246.
— auf Rückgabe einer Vollmacht 175, 176.
— gegen Testamentsvollstrecker 2212, 2213.
— des Vermiethers auf Zurückschaffung weggebrachter eingebrachter Sachen (Frist!) 561 Abs. 2.

Klageerhebung s. auch C.P.O.
— Fristen:
1. bei Anfechtung der Ehe 1339, 1341, — der Ehelichkeit 1594, 1596, — des Erbschaftserwerbs 2340 Abs. 3, 2342.
2. bei Ansprüchen zwischen Vormund und Mündel 1843 Abs. 2.
3. auf Herausgabe von Sachen seitens des Besitzers an Eigenthümer 1002.
4. bei Viehkauf 485.
— Wirkungen: a) nach Fälligkeit bewirkt Verzug des Schuldners 284, — b) bei Rechtsstreitigkeiten, die nicht nach C.P.O., Landesgesetze unberührt **E.** Art. 152, — c) unterbricht Verjährung 209, 210—212, 220.

Klageverjährung s. Verjährung.

Klagezurücknahme s. auch C.P.O.
— Aufhebung der Unterbrechung der Verjährung (gilt als nicht erfolgt) 212.
— bei Eheanfechtung gilt Anfechtung als nicht erfolgt 1341 Abs. 2.

Klassen der Intestaterbfolge s. Erbe gesetzlicher.
— von Personen, ohne nähere Bestimmung vom Erblasser bedacht 2071.

Kleider der Ehefrau: Vermuthung für deren Eigenthum 1362 Abs. 2, **E.** Art. 16 Abs. 2, — Vorbehaltsgut bei gesetzlichem Güterrecht 1366.
— des Kindes, freies Vermögen 1650.
— Übernahme bei Auseinandersetzung des Gesammtguts gegen Werthersatz 1477, 1502, 1546, 1549.

Kleinbahn s. Bahneinheit **E.** Art. 112.

Klosterpersonen, Landesgesetze über Schenkungen und Erwerb von Todeswegen unberührt **E.** Art. 87.

Knappschaftskassen s. Kassen.

Koburger Recht, Errungenschaftsgemeinschaft, Übergangsbestimmungen (Vorschrift, daß erbrechtliche Wirkung erst, wenn Ehe seit Jahr und Tag, beseitigt) **Ue.** Art. 20, 78—80, 94, 97—104.

Kollegium, Verletzung der Amtspflicht 839.

Kollision s. auch Meinungsverschiedenheit.
— der Ansprüche Mehrerer auf Belohnung bei Auslobung 659—661.
— von Dienstbarkeiten u. s. f. 1024, 1060, 1090.
— des gesetzlichen Pfandrechts des Vermiethers, Verpächters, Gastwirths mit Recht eines Gläubigers aus Pfändung 563, 585, 704.
— der Interessen a) des Mündels u. eines Mitglieds des Familienraths 1874, — b) des Vereins und eines Mitglieds 34, 35, — c) des Vormundes und Mündels u. s. f. 1796.
— mehrerer Unterhaltsberechtigter bei Unzulänglichkeit der Mittel 1609.
— mehrerer Verfügungen eines Nichtberechtigten über einen Gegenstand, wenn er diesen erwirbt u. s. f., 185.

Kollision der Rechte und Pflichten mehrerer Beschenkten bei Verarmung des Schenkers 519 Abs. 2, 528 Abs. 2.
— des Rechts der Theilhaber auf Gebrauch gemeinschaftlicher Sachen 743.
— der Statuten s. Gesetzesanwendung **E.** Art. 7—31.
— der Vermuthungen für Ehelichkeit der Vaterschaft 1600.
Kommunalverband s. auch Beamter.
— Aufrechnung gegen Forderung des K. 395.
— Erlöschen von Ansprüchen des K. oder gegen K. (in 3 Jahren — Ausn.!) **A.** Art. 124—128.
— gesetzlicher Hypothekentitel s. Hypothekentitel und Recht auf Sicherungshypothek **E.** Art. 91, **Ue.** Art. 50, 55 Abs. 3, 120, 121, **A.** Art. 89.
— Übertragung von Grundstücken eines K. durch Landesgesetz **E.** Art. 126.
Kommunmauer 903, 921, 922, **E.** Art. 124, **A.** Art. 68, 69, 70, 77, 78.
Konfession s. Erziehung (religiöse).
Konfessionelle Stiftung s. Stiftung, Bayr. Verfassungsurkunde Tit. IV § 9 Abs. 4, **A.** Art. 5.
Kongregationen s. Religion.
Konkurrirendes Verschulden des Beschädigten 254, 846.
Konkurs s. auch Konkurseröffnung u. K.O.
— Anmeldung eines Anspruchs unterbricht Verjährung bis zur Beendigung des K. 209 Nr. 2, 214.
— eines eingetragenen Vereins 74, 75.
— über Vermögen des elterlichen Gewalthabers 1647, 1686.
— — des Gesellschafters 728, 736.
— -Gläubiger, die im Konkurs den Pfandgläubigern gleich sind oder Aussonderungsrecht haben, werden vom Aufgebot der Nachlaßgläubiger nicht betroffen 1971, 1974 Abs. 3, 2016 Abs. 2, 2060 Nr. 2.
— über Vermögen des Hauptschuldners (Ausschluß der Einrede der Vorausklage) 773 Nr. 3 u. Abs. 2.
— Nachlaßkonkurs s. das. 1975—1992, K.O. 214—236.
Konkurs, Nichtzurücknahme der vom Schuldner für Gläubiger hinterlegten Sache während des K. 377 Abs. 2.
— eines Vereins, Stiftung, Körperschaft des öffentlichen Rechts: verzögerte Anmeldung, Schadensersatz 42 Abs. 2, 53, 86, 89 Abs. 2.
— Verjährung des Anspruchs aus Feststellung: 30 Jahre 218.
— wer in K., soll während dessen Dauer nicht bestellt oder bei K.eröffnung entlassen werden als Vormund, Gegenvormund, Mitglied des Familienraths, Pfleger 1781 Nr. 3, 1785, 1886, 1792, 1897, 1866 Nr. 2, 1868, 1895, 1878, 1915.
— Vorzugsrechte im K. gehen mit Forderungsabtretung, nicht aber bei Schuldübernahme mit über 401 Abs. 2, 418 Abs. 2.
Konkurseröffnung s. auch Konkurs.
— Eintrag im Vereinsregister von Amtswegen bei K. über eingetragenen Verein 75.
— Folgen:
— — bei Gesellschaft: K. eines Gesellschafters: Auflösung 728, 736.
— — bei Hauptschuldner: Ausschluß der Einrede der Vorausklage des Bürgen 773 Nr. 3.
— — bei Verein oder Stiftung: Erlöschen der Rechtsfähigkeit 42, 86.
— — über Vermögen des Ehemannes: Ende der Verwaltung und Nutznießung am eingebrachten Gut und der Errungenschaftsgemeinschaft 1419, 1426, 1543, 1547, — Übergangsbestimmung f. d. Pfalz **Ue.** Art. 132.
— — — des elterlichen Gewalthabers: Ende der Vermögensverwaltung 1647, 1686.
Konkursrichter s. Richter.
Konkursverwalter, (s. im Übrigen K.O.):
— Antrag auf Zwangsversteigerung oder -verwaltung **Z.V.** 172—174, 179.
— Recht, bei Konkurs über Vermögen eines Miteigenthümers an Gebäuden Aufhebung der Gemeinschaft zu verlangen, nach Landesgesetz **E.** Art. 131.
— Verfügungen des K. über Gegenstand: a) nach Eintragung einer Vor-

merkung im Grundbuch 883 Abs. 2, — b) über Erbschaftsgegenstand vor Eintritt der Nacherbfolge 2115, — c) bei von Genehmigung abhängigem Rechtsgeschäft 184, — d) beim Rücktritt vom Vertrag 353 Abs. 2, — e) während des Schwebezustands einer Bedingung oder Zeitbestimmung 161, 163, — f) beim Wiederkaufsrecht 499.

Konkursverwalter, Verkauf durch K. schließt das persönliche Vorkaufsrecht aus 512, — nicht das dingliche 1098, — beim Verkauf darf K. nicht mitbieten 457, 458.

Konnexität, Erforderniß des Zurückbehaltungsrechts s. das. 273.

Konsens s. Einwilligung, Ehe.

Konsul, Errichtung von Verfügung von Todeswegen vor K. **E.** Art. 38.

Konsumirte Früchte s. Verbrauchbare Sachen.

Konsumtibilien s. Verbrauchbare Sachen.

Kontinuität, Vermuthung bei Ersitzung des Eigenbesitzers 938.

Kontrahiren des Vereins mit Mitglied 34.
— des Vertreters mit sich selbst ausgeschlossen (Ausn.!) 181, 1795 Abs. 2.

Konvalescenz s. Heilung, Genehmigung, Bestätigung.

Konvertirung verzinslicher Staatsschulden nach Landesgesetz **E.** Art. 98.

Konzeptionszeit s. Empfängnißzeit.

Konzession s. Verleihung staatliche.

Körperliche Gebrechen s. Gebrechen.

Körperliches Wohl des Kindes, Gefährdung durch Vater 1666, 1671—1674.

Körperschaften des öffentlichen Rechts s. Juristische Personen.

Körperverletzung s. auch Mißhandlung.
— beim Betrieb von Eisenbahnen, Bergwerken u. s. f. **E.** Art. 42, — — oder Anlage auf öffentlichen Grundstücken oder Gewässern **E.** Art. 106, **A.** Art. 59.
— durch Thiere, Schadensersatz 833, 834.
— widerrechtliche, — 823, 836—838, 842, 843, 845—847, 760, 249.

Korporation s. Körperschaft.

Korrealhypothek, -obligation s. Gesammthypothek, Gesammtgläubiger, -schuldner, Mehrheit von Schuldnern und Gläubigern.

Korrespektives Testament s. Testament gemeinschaftliches 2270, 2271.

Kostbarkeiten, Aufbewahrung durch Notar **N.** Art. 4.
— Haftung des Gastwirths für eingebrachte K. 702.
— Hinterlegung **E.** Art. 146, — durch elterlichen Gewalthaber 1667 Abs. 2, 1668, 1670, — für Gläubiger bei dessen Verzug 372, — von zum Nachlaß gehörender K. bis zur Annahme der Erbschaft auf Anordnung 1960 Abs. 2, — durch Vormund auf Anordnung 1818, 1819.

Kosten s. auch Vertheidigungskosten.
— Tragung, Ersatz, Vorschießung der K.:
1. der Abmarkung zweier Grundstücke 919 Abs. 3, 924.
2. des Anhörens von Verwandten u. s. f. durch Vormundschaftsgericht 1308 Abs. 2, 1847.
3. der ärztlichen Behandlung, Verpflegung der Dienstverpflichteten 617.
4. der öffentlichen Aufforderung zur Anmeldung der Erbrechte 1965, — — an Nachlaßgläubiger 2061 Abs. 2.
5. des Aufgebotsverfahrens vom Nachlaßgläubiger 1980 Abs. 2.
6. für das Hauswesen, Aufwand durch volljähriges Kind 1618.
7. der Ausbesserungen eines verpachteten landwirthschaftlichen Grundstücks 528.
8. der Ausstellung einer neuen Schuldverschreibung auf den Inhaber 798, 799 Abs. 2, 800, **E.** Art. 174.
9. der Beerdigung bei Tödtung 844 Abs. 1, — bei Leibgedingsvertrag **A.** Art. 40, — durch Unterhaltsverpflichteten, soweit nicht Erbe hiezu verpflichtet, 1615, 1713 Abs. 2, 1968.
10. einer beglaubigten Urkunde a) bei Abtretung der Hypothekforderung 1154, — b) bei Einwilligung des Nacherben zu Verfügungen des Vorerben 2120, — c) bei Forderungsübertragung 403.
11. der Berichtigung des Grundbuchs und Schiffsregisters 897, 1263.
12. der Beseitigung eines Baumes au Grenze 923 Abs. 2, 924, **E.** Art. 122.

13. der Einberufung des Familienraths 1875.
14. der Eintragung von Grunddienstbarkeiten **E.** Art. 187.
15. der Entbindung u. s. f. der Mutter des unehelichen Kindes 1715, 1716, **E.** Art. 21.
16. der Erhaltung bei Nacherbfolge: Vorerbe 2124, 2125.
17. der Erziehung als Theil des Lebensbedarfs 1610 Abs. 2, 1708, — der Unterbringung in Erziehungsanstalt nach Landesgesetz **E.** Art. 135 Abs. 2, — der Vorbildung zum Beruf, Ausgleichung 2050 Abs. 2.
18. der Feststellung des Zustandes der Sachen beim Nießbrauch, eingebrachten Gut, Nachlaß 1034, 1067, 1372 Abs. 2, 1528 Abs. 2, 1550, 2122, **Ue.** Art. 31 Abs. 2.
19. in Angelegenheiten der freiwilligen Gerichtsbarkeit **A.** Art. 131—133.
20. bei Gemeinschaft 748, 755, 2038 Abs. 2.
21. bei Gewinnung von Früchten und Nutzungen 102, 592, 998, 1007, 1384, 1529, 1550.
22. der Hinterlegung: gewöhnlich Gläubiger 381, — — des Pfandes bei Verletzung der Rechte des Verpfänders 1217.
23. beim Kauf: a) der Auflassung u. s. f. beim Kauf von Grundstücken: Käufer 449, 451, 515, — b) der Begründung und Übertragung eines verkauften Rechts: Verkäufer 448 Abs. 2, — c) beim nochmaligen Verkauf 458 Abs. 2, — d) der Übergabe: Verkäufer, — der Abnahme und Versendung: Käufer 448, 451, 515, — e) bei Wandelung: Verkäufer 467, 488.
24. der Kündigung bei Bürgschaft 767 Abs. 2, — bei Hypothek 1118, 1145 Abs. 2, 1159, 1160 Abs. 3, — beim Pfandverkauf 1210 Abs. 2, 1214 Abs. 2, — beim Pfandrecht am Schiff 1264, 1272, — bei Zwangsversteigerung des Grundstücks **Z.V.** 10 Abs. 2, 12 Nr. 1, 129.
25. beim Leihvertrag: Entleiher 601.
26. der Löschung von im Grundbuch eingetragenen Rechten 435, 445, 515.
27. bei Offenbarungseidsleistung 261 Abs. 3, 2038 Abs. 3.
28. d. Quittung: gewöhnlich Schuldner 369.
29. der Rechtsverfolgung: a) bei Bürgschaft 767 Abs. 2, — b) bei der Hypothek 1118, 1145 Abs. 2, 1159, 1160 Abs. 3, — c) beim gesetzlichen Güterrecht, Gütergemeinschaft u. s. f. s. die einzelnen Güterrechte, — d) bei Nutznießung des Vaters am Vermögen des Kindes 1654, 1660, — e) beim Pfandrecht 1210 Abs. 2, 1214 Abs. 2, 1264, 1272, — f) bei Zwangsversteigerung des Grundstücks **Z.V.** 10 Abs. 2, 12 Nr. 1, 129.
30. der Trennung vermischter Sachen 948 Abs. 2.
31. der Unterhaltung an gemeinsamer Mauer u. s. f. 922.
32. unverhältnißmäßige bei Aufbewahrung hinterlegter oder gefundener Sachen 383, 966 Abs. 2, 980 Abs. 2.
33. bei Vereinigung der Hypothek mit dem Eigenthum in einer Person 1178.
34. der Verlegung der Ausübung der Grunddienstbarkeiten 1023.
35. der Versendung (kein Einfluß auf Leistungsort!) 269 Abs. 3, — der Geldsendung: gewöhnlich Schuldner 270.
36. der Versicherung beim Nießbrauch 1045, 1046.
37. der Versteigerung der hinterlegten oder gefundenen Sachen 386, 981 Abs. 3.
38. der Verwaltung a) bei Gütertrennung 1430, — b) der Nachlaßverwaltung und des -konkurses 1982, 1988 Abs. 2, 1990—1992, — c) des Vermögens der volljährigen, dem elterlichen Hausstande angehörenden Kinder 1619, — d) — und Nutznießung des Vaters am Vermögen des Kindes 1654.
39. des Verzeichnisses **Ue.** Art. 31 Abs. 2, — a) bei Annahme an Kindesstatt 1760, — b) beim Güterrecht 1372, — c) bei Nacherbschaft 2121 Abs. 4, — d) beim Nießbrauch 1035, — e) beim Pflichttheilsrecht 2314 Abs. 2, — f) durch Testamentsvollstrecker 2215 Abs. 5, 2220.
40. der Vorlegung von Sachen und Urkunden 811 Abs. 2.

41. der durch das Vormundschaftsgericht gegenüber elterlichem Gewalthaber und Vormund angeordneten Maßregeln 1667 Abs. 3, 1669, 1672 Abs. 2, 1673 Abs. 2, 1844 Abs. 3.
42. bei Wegnahme einer Einrichtung 258.
43. des Wirthschaftsplans für Wald, Bergwerk u. s. f. beim Nießbrauch u. Nacherbfolge 1038, 2133.
44. d. Zwangsversteigerungsverfahrens **Z.V.** 44, 49, 75, 109, 155, 58.

Kosten, Tilgung von Zinsen und Hauptsache 367, 396, 1214 Abs. 2.
— Rückerstattung von zu Unrecht erhobener K. nach Landesgesetz **E.** Art. 104, **A.** Art. 125 Abs. 3, 126 Abs. 2, 127.

Kostenanschlag beim Werkvertrag 650.

Kostenfestsetzung in Angelegenheiten der freiwilligen Gerichtsbarkeit **A.** Art. 133, 104 Abs. 3.

Kraftloserklärung s. auch C.P.O. 1003 — 1024.
— Übergangsbestimmungen **Ue.** Art. 7.
— des unrichtigen Erbscheins 2361, **F.G.** 84.
— des Hypotheken- und Grundschuldbriefs 1162, 1170 Abs. 2, 1171 Abs. 2, 1192, **Z.V.** 136, **A.** Art. 166 XIV.
— eines Kuxscheins s. Berggesetz vom 20. März 1869 Art. 93 Abs. 5, **A.** Art. 157 VIII.
— von Schuldverschreibungen auf den Inhaber 799, 800, 808, **E.** Art. 101, 102, 174—176, 178, **A.** Art. 54 Abs. 2, 55, 57, 166 XIV, Ausführungsgesetz zur C.P.O. Art. 29 — 31 (G. u. V.Bl. 1899 S. 410).
— von Sparurkunden s. auch Sparkasse **E.** Art. 102 Abs. 2, **A.** Art. 111—121.
— einer Vollmacht 176, **F.G.** 13.
— einer Vormerkung durch Ausschlußurtheil 887.
— eines Werthpapiers, Haftung des Verkäufers 437 Abs. 2.

Krankenhaus s. Heilanstalt.

Krankenkassen s. Kassen.

Krankenpflege s. Bayr. Gesetz vom 29. April 1869, abgeändert **A.** Art. 160.

Krankenversicherung, Anrechnung des hieraus Erlangten auf Vergütung beim Dienstvertrag 616.
— Ausschluß der Verpflichtung des Dienstherrn zur Verpflegung und ärztlichen Behandlung 617.

Krankenwärter, Haftung für Schaden bei mangelnder Aufsicht 832.

Krankhafte Störung der Geistesthätigkeit s. Geistesstörung.

Krankheit s. auch Geisteskrankheit.
— Ablehnungsgrund der Vormundschaft, Gegenvormundschaft, Pflegschaft 1786 Nr. 4, 1792 Abs. 4, 1889, 1895, 1897, 1915.
— Grund zur Anfechtung der Ehe 1333.
— bei Absperrung eines Orts wegen K.: Testamentserrichtung 2250—2252.
— bei dauerndem Dienstverhältniß 617, **A.** Art. 24 Nr. 10 u. 11, 26, 30.
— der Frau und Gefahr im Verzug: Ersatz ihrer zu Rechtsgeschäften des Mannes erforderlichen Zustimmung durch das Vormundschaftsgericht 1379 Abs. 2, 1447 Abs. 2, 1519, 1549, 1550.
— des Mannes und Gefahr im Verzug:
1. Ersatz seiner Zustimmung zu persönlichen Leistungen durch das Vormundschaftsgericht 1358 Abs. 2.
2. Verfügung der Frau über eingebrachtes Gut ohne seine Zustimmung 1401, 1525, 1550.
3. Vornahme von Rechtsgeschäften und Rechtsstreiten seitens der Frau mit Bezug auf Gesammtgut 1450, 1519, 1549.

Kredit s. auch die folgenden Worte.
— des Kindes oder Mündels, Aufnahme von Geld auf K., Genehmigung des Vormundschaftsgerichts 1643, 1822 Nr. 8, 1825.

Kreditanstalt, Übergangsbestimmung: Landesgesetze über die am 1. Januar 1900 bestehenden landschaftlichen und ritterschaftlichen K. unberührt **E.** Art. 167.
— Anlegung von Mündelgeld in verbrieften Forderungen gegen K. kommunaler Körperschaften u. s. f. 1807 Nr. 4, 1813 Abs. 2, **E.** Art. 212.

Kreditanstalt, Hypothek für Darlehen von K., deren Satzung von Behörde öffentlich bekannt gegeben, 1115 Abs. 2.
— Vereinbarung von Zinseszinsen zulässig 248 Abs. 2.
— bei Zwangsversteigerung keine Sicherheitsleistung der unter gemeindlicher Verwaltung stehenden K. **A.G.O.** Art. 30, 53.
Kreditauftrag s. Bürgschaft, H.G.B. 349, 351.
— Auftraggeber, Andern im eigenen Namen und Rechnung Kredit zu geben, haftet als Bürge 778.
Kreditgefährdung durch Behaupten oder Verbreiten unwahrer Thatsachen, Schadensersatz 824, 842.
Kredithypothek s. Kautionshypothek.
Kreisverband s. Kommunalverband.
Kridar s. Konkurs.
Krieg s. auch die folgenden Worte. Todeserklärung w. Verschollenheit 15.
Kriegsgefangene, Testamentserrichtung **E.** Art. 44.
Kriegstheilnehmer s. Krieg.
Kriegsverschollenheit s. Krieg.
Kritische Zeit s. Empfängnißzeit.
Kündigung s. auch Auftrag, Bürgschaft, Darlehen, Dienstbote, Dienstvertrag, Fristen, Gesellschaft, Kosten, Miethe, Pacht, Unzeitige Kündigung, Werkvertrag.
— bei abgetretener Forderung: Vorlage der Abtretungsurkunde (Ausn.!) 410.
— des Amts als Testamentsvollstrecker 2226, 2228.
— bei Auseinandersetzung des Nachlasses zwischen mehreren Erben 2044, 2204.
— des Bierlieferungsvertrags (s. das.), falls nicht Anderes vereinbart, für Ende September **A.** Art. 13.
— des Ehemannes — ohne Kündigungsfrist — der gewöhnlich von der Ehefrau zu bewirkenden, nach Abschluß der Ehe eingegangenen, deren Interessen gefährdenden Verpflichtung, nach vorheriger Ermächtigung des Vormundschaftsgerichts (nicht durch Vertreter) 1358, **F.G.** 45, 53.
Ausschluß dieses Kündigungsrechts:
1. wenn Mann zugestimmt hat.
2. wenn Vormundschaftsgericht seine Zustimmung ersetzt hat.
3. solange häusliche Gemeinschaft aufgehoben.
Kündigung der Forderung und der Hypothek 1141, 1185 Abs. 2, 1156, 1160 Abs. 2 u. 3, 1161, 1177, **Z.V.** 54.
— der Forderung durch den Nießbraucher 1074, 1077 Abs. 2, 1078.
— Wirkung bei Gesammtschuld 425, 429.
— der Grund- und Rentenschuld 1193, 1202.
— der Hypothek, Grund-, Rentenschuld nach Landesgesetz **E.** Art. 117 Abs. 2.
— der Hypothekenforderung u. s. f. durch Vorerben 2114, 2136—2138.
— seitens des Schuldners bei mehr als 6 % Verzinsung nach 6 Monaten! (nicht vertragsmäßig abzuändern!) (Ausn: Schuldschein auf Inhaber) 247.
— der Vereinsmitgliedschaft 39.
— Einfluß auf Verjährungsbeginn 199.
— einer verpfändeten Forderung 1283, 1284, 1286, — von verpfändeten Wechseln u. s. f. 1294.
— Verzug des Schuldners bei K. und Bestimmung der Leistung nach dem Kalender 284 Abs. 2.
— — des Gläubigers — 296.
Kündigungsfrist s. Kündigung, Frist.
Künftiges Vermögen Anspruch, Vormerkung im Grundbuch 883.
— Forderung, Pfandrecht 1204 Abs. 2, 1209.
— Verträge über dessen Übertragung oder eines Bruchtheils oder Belastung mit Nießbrauch sind nichtig — 310, (bez. künftigem Nachlaß 312).
Kunstgewerbetreibende, Anspruchsverjährung (2 u. 4 Jahre) 196 Nr. 1 u. Abs. 2, 201, 218.
Kunsthändler s. Kunstgewerbetreibende.
Kuppelpelz s. Heirathsvermittlung.
Kuratel s. Pflegschaft.
Kurswerth, Sicherheitsleistung in Werthpapieren, Reichs-, Staats-, Schuldbuchforderungen in $^3/_4$ des K. 234 Abs. 3, 236.

Kurswerth, Umrechnung der ausländischen Währung nach K. zur Zahlungszeit am Zahlungsort 244.
Kürzung eines Vermächtnisses oder einer Auflage auf Grund beschränkter Haftung des Erben 1973, 1992, — wegen Pflichttheilsanspruchs 2318, 2322, 2323, 2324, — wegen Unzulänglichkeit des Vermächtnisses 2187—2189.
Kux unbeweglicher s. auch Realrecht **E.** Art. 67, — Bayern: Kgl. Verordn. v. 23. Juli 1898 (G. u. V.Bl. 1898 S. 493) § 28, Bayer. Berggesetz v. 20. März 1869 Art. 93, 228, s. **A.** Art. 157 VIII, XIX, XX.
— Grundbuchblatt **A.G.O.** Art. 17, 18, 53, **G.O.** 20, 22 Abs. 2.
— Zwangsvollstreckung in K. (Gewerkschaft gilt als Betheiligter, darf nicht mitbieten! Mittheilung an Bergbehörde — Antrag — Vorschriften über geringstes Gebot nicht Anwendung!) **E.Z.V.** 2, **A.G.O.** Art. 37—51, 53.

L.

Ladung s. auch Frist.
— zum Eröffnungstermin des Testaments oder Erbvertrags 2260—2262, 2300.
— zum Sühnetermin bei Ehescheidung 1571 Abs. 3 u. 4.
— zum Verhandlungstermin bei Erbauseinandersetzung (Frist!) **F.G.** 89, 90.
Landesbeamter s. Beamter.
Landesbefestigung s. Öffentliches Interesse, Zwangsenteignung.
Landesgesetzliche Vorschriften bleiben in Kraft und können neu erlassen werden, soweit im B.G.B. oder **E.** Regelung dem Landesgesetz vorbehalten oder bestimmt ist, daß l. V. unberührt bleiben oder erlassen werden können, **E.** Art. 3.
— Verhältniß zum B.G.B. **E.** Art. 55—218.
— bei Verweisung auf aufgehobene l. V. tritt B.G.B. an deren Stelle **E.** Art. 4.
Landesherr, landesherrl. Familien, Grundstücke, Grundbuchblatt **G.O.** 90, Kgl. Verordn. vom 1. Juli 1898 (G. u. V.Bl. 1898 S. 377).
— Hausverfassungen, Verhältniß zum B.G.B. **E.** Art. 57, 60, 61, **A.** Art. 1.
Landesherrliches Ehescheidungsrecht aufgehoben 1564.
Landesherrliche Genehmigung s. Genehmigung.
Landesjustizverwaltung, Anordnungen bei Führung des Güterrechtsregisters 1558 Abs. 2.
— Bestimmung des zuständigen Vormundschaftsgerichts **F.G.** 36 Abs. 2.
— — Nachlaßgerichts **F.G.** 73 Abs. 2.
Landeskreditkassen, Anlage von Mündelgeld in verbrieften Forderungen gegen L. 1807 Nr. 4, **E.** Art. 212.
Landeskulturrentenbank, Bayer. Gesetz vom 21. April 1884 unberührt **E.** Art. 118, **A.** Art. 170.
Landesprivatrecht, außer Krafttreten des L. **E.** Art. 55.
Landesregierung s. Regierung.
Landgut s. auch Ertragswerth und Landwirthschaftliches Grundstück.
— Anordnung des Erblassers wegen Übernahme des L. — Pflichttheilsberechnung 2049, 2204, 2312.
— Herausgabe a) bei Ende der elterlichen Nutznießung 1663 Abs. 2, 1686, — b) — der Errungenschafts- und Fahrnißgemeinschaft 1546, 1550, — c) bei Nacherbfolge 2130, 592, 593, 2136—2138, — d) bei Ende des Nießbrauchs 1055 Abs. 2, — e) — der Pacht 592—594, — — der Verwaltung beim gesetzlichen Güterrecht 1421.
— Pachtvertrag durch Vormund, Genehmigung des Vormundschaftsgerichts 1822 Nr. 4, 1902 Abs. 2.
— Theil des Gesammtguts bei Theilung der fortgesetzten Gütergemeinschaft 1515 Abs. 2 u. 3, 1516, 1518.
— Übernahme auf Grund einer Schätzung 594, 589 Abs. 2 u. 3.
— Zubehör: Geräth, Vieh, erforderliche Erzeugnisse, Dünger 98 Nr. 2.
Landsässiger Adel **E.** Art. 58, **A.** Art. 1.
Landschaftliche Kreditanstalten s. Kreditanstalt.
Landstraßen, Beschädigung durch Anlagen u. Betriebe, Schadensersatz nach Landesgesetz **E.** Art. 106.
Landwirth, Anspruchsverjährung (2 u. 4 Jahre) 196 Nr. 2, 201, 218, s. auch H.G.B. 3.

Landwirthschaftliche Dienstboten E. Art. 95, Ue. Art. 22, 26, 28, 30.

Landwirthschaftliches Erbgut s. Familienfideikommiß, Bayer. Gesetz vom 22. Februar 1855 abgeändert **A.** Art. 152, s. auch **A.** Art. 166 XIII, **A.G.O.** Art. 13—16, 34—36, 53, A.G. zur C.P.O. Art. 28 (G. u. V.Bl. 1899 S. 409).

Landwirthschaftliche Erzeugnisse, Pfändung s. C.P.O. 811 Nr. 4.

— — Schaden durch Thiere s. Jagd 835.

— — Verjährung der Forderungen (2 u. 4 Jahre) 196 Nr. 2, 201, 218.

— — Zubehör des Landguts, soweit erforderlich, 98.

— — Zurücklassen und Werthersatz bei Ende der Pacht 593, 1055, 1421, 1546, 1550, 1663 Abs. 2, 2130.

— — bei Zwangsversteigerung **Z.V.** 21, 148.

Landwirthschaftliches Grundstück s. auch Grundstück, Landgut, Anwenderecht.

— — Ersatz der noch nicht getrennten Früchte, verwendeter Kosten: a) bei Ende der Pacht 592, — b) bei Herausgabe eines fremden l. G. 998, 1007, — c) — eines l. G., das zum eingebrachten Gut gehört, durch Ehemann 1421, 1546, 1550, — d) — das zum Vermögen des Kindes gehört, durch elterlichen Gewalthaber 1663, 1686, — e) — das zum Nachlaß gehört, durch Vorerben an Nacherben 2130, 2136, 2137.

— — Grenzabstand **A.** Art. 72—75, 78, **Ue.** Art. 9 Abs. 4.

— — Pacht des l. G.:
1. Änderung der wirthschaftlichen Bestimmung 583.
2. gewöhnliche Ausbesserungen: Pächter 582.
3. Ende: Zurückgewähren 591, — Kostenersatz 592.
4. gesetzliches Pfandrecht des Verpächters 585.
5. Zahlung des nach Jahren bemessenen Pachtzinses 584.

— — Zurückgewähren bei Ende des Nießbrauchs 1055.

Landwirthschaftliches Grundstück. Zwangsversteigerung **Z.V.** 10 Nr. 2, 49, 129, 155, **A.G.O.** Art. 23, 53.

Lärm, Verbot durch den Nachbar 906.

Laesio enormis nicht aufgenommen.

Lasten s. auch öffentliche Lasten.

— Tragung der L.:
1. beim Besitz einer fremden Sache 995.
2. beim eingebrachten Gut 1384—1388, 1529 Abs. 2, 1531, 1537, 1550.
3. bei elterlicher Nutznießung 1654, 1656, 1658 Abs. 2, 1686.
4. bei Erbschaft 2022 Abs. 2, 2038.
5. beim Erbschaftskauf 2379, 2380, 2382.
6. bei der Gemeinschaft 748, 755, 2038 Abs. 2.
7. beim Kauf von Übergabe an: Käufer 446, 451, — (Verpflichtung zur Auskunftsertheilung 444).
8. beim Leibgedingsvertrag **A.** Art. 36.
9. bei der Miethe: Vermiether 546.
10. bei Nacherbfolge 2126.
11. beim Nießbrauch 1047.
12. bei Pacht: Verpächter 581 Abs. 2.
13. beim Tausch und Werkvertrag 515, 651.
14. beim Vermächtniß 2185.
15. bei Zwangsversteigerung **Z.V.** 56.

— Verpflichtung, L. bis oder von bestimmter Zeit zu tragen, — sofern nichts Anderes bestimmt: regelmäßig wiederkehrende L. nach Verhältniß der Dauer der Verpflichtung, — andere L. soweit zu tragen, als sie während der Dauer der Verpflichtung zu entrichten sind, 103.

Lästigkeit der Schuld bei Tilgung mehrerer Schuldner 366 Abs. 2.

Lata culpa s. Fahrlässigkeit.

Leben getrenntes s. Trennung.

Lebensalter s. Alter.

Lebensbedarf bei Leibgedingsvertrag **A.** Art. 39.

— als Theil des Unterhalts s. das. 1610 Abs. 2, 1708.

Lebensberuf s. Beruf.

Lebensdauer s. auch Lebenszeit.

— muthmaßliche bei Unterhaltsgewährung 844.

Lebensfähigkeit nicht zur Rechtsfähigkeit erforderlich 1.
Lebensgefahr s. auch Todeserklärung, C.P.O. 966.
— beim Dienstvertrag 618, 619.
— Vermuthung gleichzeitigen Todes 20.
Lebensgefährliche Erkrankung s. Erkrankung.
Lebensgemeinschaft eheliche s. Eheliche Gemeinschaft.
Lebensjahr s. Alter.
Lebenslänglichkeit s. Lebenszeit.
Lebensnachstellung ist Grund
1. zur Beschränkung der Unterhaltspflicht 1611.
2. zur Ehescheidung 1566, 1570—1572, 1574, 1575, 1635—1637.
3. zur Entziehung des Pflichttheils 2333 Nr. 1, 2334—2337.
4. zur Erbunwürdigkeit 2339 Nr. 1.
5. zur Verweigerung der Aussteuer 1621 Abs. 2.
Lebensstellung maßgebend beim Unterhalt s. das. 1360, 1610, 1708.
— Zuwendung zur Erlangung einer L. s. Ausstattung 1624, 1625.
Lebensunterhalt s. Lebensbedarf, Unterhalt.
Lebensvermuthung bei Verschollenen 19.
Lebensversicherung s. auch Versicherung.
— zu Gunsten eines Dritten, — im Zweifel hat Dritter unmittelbares Recht, die Leistung zu fordern, 330.
— ist bei Errungenschaftsgemeinschaft eingebrachtes Gut 1522.
Lebenswandel s. Ehrloses Verhalten und Unsittliches Verhalten.
Lebenszeit s. auch Lebensdauer.
— Dienstvertrag auf L., Kündigung seitens des Verpflichteten nach 5 Jahren mit 6-monatlicher Frist 624.
— Gesellschaft auf L. eines Gesellschafters, Kündigung jederzeit, doch nicht zur Unzeit 724, 723.
— Mieth- und Pachtvertrag auf L., unkündbar 567, 581 Abs. 2.
— Recht auf L., Löschung im Grundbuch **G.O.** 23.
— Verpflichtung zur Leibrente, im Zweifel auf L. 759.
Legat s. Vermächtniß.
Legatar s. Vermächtnißnehmer.
Legatum debiti und liberationis nicht erwähnt.
Legitima s. Pflichttheil.
Legitimation des Cessionars 410, 1155, 1160, 1161.
— des Inhabers einer Schuldverschreibung auf den Inhaber u. s. f. 793, 808.
— des Testamentsvollstreckers durch Zeugniß des Nachlaßgerichts 2368.
— des Überbringers der Quittung zur Empfangnahme der Leistung 370.
— des Vormundes u. s. f. s. Bestallung.
— der Vorstandsmitglieder eines eingetragenen Vereins gegenüber der Behörde: Zeugniß des Amtsgerichts 69.
Legitimation unehelicher Kinder.
— — Übergangsbestimmungen:
1. vor 1. Januar 1900: rechtliche Stellung u. s. f. nach bisherigen Gesetzen **E.** Art. 209.
2. für Bayern r. d. Rh.: L. durch nachfolgende Ehe, falls diese vor 1. Januar 1900, (Wirkung für Kinder!) **Ue.** Art. 105.
3. für die Pfalz bei Anerkenntniß der Vaterschaft **Ue.** Art. 141.
— — Gesetzesanwendung **E.** Art. 22.
— — durch Ehelichkeitserklärung s. das.
— — durch nachfolgende Ehe: mit Eheschließung! — rechtliche Stellung des ehelichen Kindes, — Ehemann gilt als Vater, wenn er während Empfängnißzeit Beischlaf ausübte (Ausn.: bei offenbarer Unmöglichkeit!), — Vermuthung bei Anerkenntniß der Vaterschaft in öffentlicher Urkunde, — falls Ehe nichtig, s. Kind aus nichtiger Ehe, — Abkömmlinge des unehelichen K. legitimirt auch dann, wenn Kind vor Eheschließung stirbt, 1719—1722, **F.G.** 167 Abs. 2, — Ende der Vormundschaft 1833, — nach Volljährigkeit ohne Einfluß auf Wohnsitz des Kindes 11.
Lehen (s. auch Lehenhof, Lehngut), landesgesetzliche Vorschriften unberührt **E.** Art. 59—61, **A.** Art. 1.
— Nachfolge **A.G.O.** Art. 16, 53.
— Staatsschuldverschreibungen, die zum L. gehören, **A.** Art. 50 Abs. 4, 55, 57.
— Trennung eines Theils s. Unschädlichkeitszeugniß, Bayer. Gesetz v. 15. Juni 1898 (G. u. V.Bl. 1898 S. 301) Art 14.

Lehen, Zwangsvollstreck. **A.** Art. 166 XIII, **A.G.O.** Art. 34—36, 53, Einführungsgesetz zur C.P.O. 15 Nr. 4, Ausführungsgesetz zur C.P.O. Art. 28 (G. u. V.Bl. 1899 S. 409).
Lehenhof s. Lehen **A.G.O.** Art. 16, 53.
Lehm s. Bodenbestandtheile.
Lehngut s. auch Lehen, Anlegung eines Grundbuchblatts **A.G.O.** Art. 14, 53.
— fällt nicht in Gesammtgut der Ehegatten 1439, 1486, 1522, 1552.
Lehranstalt s. Erziehungsanstalt.
Lehrer, Abtretung des übertragbaren Theils des Einkommens 411.
— Anspruchsverjährung des Honorars (2 Jahre) 196 Nr. 13, 201, 218.
— landesgesetzliche Vorschriften über vermögensrechtliche Ansprüche u. s. f. aufrecht, insbes. Beschränkung der Übertragbarkeit des Honorars, Aufrechnung u. s. f. **E.** Art. 80, 81, **A.** Art. 1.
— Kündigung des Dienstverhältnisses bei Anstellung mit festen Bezügen (Schluß des Kalendervierteljahrs — 6 wöchentliche Frist) 622.
— — der Miethe (nicht Pacht) bei Versetzung 570, 596 Abs. 3.
Lehrherr, Anspruchsverjährung (2 Jahre) 196 Nr. 10, 201, 218.
Lehrling, Anspruchsverjährung (2 Jahre) 196 Nr. 9, 201, 218.
Lehrvertrag eines Mündels auf länger als 1 Jahr: Genehmigung des Vormundschaftsgerichts erforderlich 1822 Nr. 6, 1827.
Leibesfrucht, Aufschub der Auseinandersetzung des gemeinschaftlichen Nachlasses bis zur Geburt der L. 2043.
— Ehelichkeit, L. bei Eingehung der Ehe 1591, 1912.
— Erbe, falls zur Zeit des Erbfalls schon erzeugt (nasciturus pro iam natu habetur), 1923, 2108, — sonst im Zweifel Nacherbe 2101, 2106 Abs. 2.
— Pflegschaft für L. s. Pflegschaft.
— bei Tödtung des Unterhaltspflichtigen, Haftung des Ersatzpflichtigen 844, 846.
— Unterhalt der Mutter 1963, 2141.
Leibgeding, Leibgedingsreichnisse, Leibgedingsvertrag — Übergangsbestimmungen **E.** Art. 218.
1. r. d. Rh.: Hypothek für wiederkehrende Leistungen, die zur Zeit der Anlage des Grundbuchs besteht und zu L. gehört, verwandelt sich in Reallast,
— — für Wohnungsrecht oder sonstiges zu L. gehörendes Recht zur Grundstücksbenutzung, Recht gilt als persönliche Dienstbarkeit **Ue.** Art. 48.
2. für die Pfalz: a) bis zur Grundbuchanlage gilt Anspruch auf Bestellung einer Reallast für wiederkehrende Leistungen auf Grund L. als Anspruch auf Bestellung einer Hypothek **Ue.** Art. 116, — b) Vorzugsrecht oder Hypothek zur Sicherung des Anspruchs auf vorbehaltene Rente u. s. f., die zur Zeit der Grundbuchanlage besteht, gilt als Reallast oder verwandelt sich in Anspruch auf Bestellung einer Reallast (Höchstbetrag — Ablösung) **Ue.** Art. 117, 118.
Leibgeding, Leibgedingsreichnisse, Leibgedingsvertrag, Eintragung in das Grundbuch **G.O.** 50, 84, **E.Z.V.** 9.
— — landesgesetzliche Vorschriften unberührt **E.** Art. 96, — neben den Vorschriften des B.G.B. über die Leibrente (s. das.) (Form!) **A.** Art. 32, (soweit nicht besondere Vereinbarungen getroffen).
a) Rechte des Berechtigten:
1. Aufnahme der Familie und standesmäßigen Dienst- und Pflegepersonals in abgesonderter Wohnung — bei Mitbenutzung nicht von nach Schließung des L. gewordenen Familienangehörigen und aus Hausstand ausgeschiedenen Kindes **A.** Art. 38.
2. falls L. für Ehegatten, so bei Tod des einen: volles L. für andern, außer was unmittelbar für besondern Bedarf des Verstorbenen, **A.** Art. 47.
3. Recht auf Erzeugnisse des Grundstücks mittlerer Art und Güte bei ordnungsmäßiger Bewirthschaftung **A.** Art. 34.
4. bei Rückstand des Verpflichteten: nicht Recht zurückzutreten oder Herausgabe des Grundstücks zu fordern **A.** Art. 42.
5. bei Veräußerung des Grundstücks: Ersatz des Aufwands und Schadens (Ausnahmen) **A.** Art. 46.

6. Recht auf Bestellung eines Wohnungsrechts unmittelbar hinter den zur Zeit der Überlassung bestehenden Belastungen **A.** Art. 41.
7. eingetragenes Recht von Zwangsversteigerung unberührt, auch wenn es bei Feststellung des geringsten Gebots nicht berücksichtigt ist, **E.Z.V.** 9, **A.G.O.** Art. 27, 53.

b) Pflichten des Verpflichteten:
1. bei Beendigung des Rechtsverhältnisses: Ersatz der Kosten der noch nicht getrennten Früchte (Ausn.) **A.** Art. 48.
2. standesmäßige Beerdigung des Berechtigten, soweit nicht Kosten vom Erben zu tragen, **A.** Art. 40.
3. Ersatz des Aufwands und Schadens, falls durch Verschulden des Verpflichteten dem Berechtigten nicht zugemuthet werden kann, Wohnung zu behalten, **A.** Art. 45, 46.
4. Geldrente, falls Berechtigter zu dauerndem Verlassen genöthigt, **A.** Art. 43, 44.
5. Tragung der Lasten, die auf den Theil des Grundstücks, der zur Benutzung zu gewähren ist, treffen, **A.** Art. 36.
6. Leistung auf dem überlassenen Grundstück und Wohnung **A.** Art. 33.
7. Lieferung von Erzeugnissen des Feld-, Obst-, Weinbaues zu der Zeit, zu der sie bei ordnungsmäßiger Wirthschaft gewonnen und bearbeitet sind, **A.** Art. 35.
8. „Verpflegung" ohne nähere Bezeichnung umfaßt gesammten Lebensbedarf in standes- und ortsüblicher Weise, außer Arztkosten und Heilmittel **A.** Art. 39.
9. Überlassung und Erhaltung der abgesonderten Wohnung in geeignetem Zustand, Wiederherstellung bei Zerstörung durch Zufall (Ausn.!), Versicherung gegen Brandschaden auf Verlangen **A.** Art. 37.

c) Rechte des Verpflichteten:
1. Freiwerden beim Tod eines von mehreren Berechtigten zu Kopftheil (Ausn.!) **A.** Art. 47 Abs. 2.
2. Kündigung der Wohnung bei Störung durch Berechtigten **A.** Art. 44, 46.

Leibrentenvertrag s. Altentheil, Leibgeding.

Leibrentenvertrag, bei Bestimmung, daß Summe an Dritten zu zahlen, hat dieser im Zweifel unmittelbares Recht 330.
— mindestens schriftlich! — Rente im Zweifel für Lebensdauer des Gläubigers, — im Voraus zu zahlen 759—761.
— Nießbrauch an Leibrente: Nießbraucher Recht auf einzelne Leistungen 1073.

Leibzuchtsvertrag s. Leibgeding.

Leichtsinn, Ausbeutung u. s. f. s. Wucher 138.

Leihanstalt, Anspruchsverjährung (2 Jahre) 196 Nr. 6, 201, 218.

Leihvertrag, I. Rechte des Entleihers (s. auch IV.):
1. Ersatz von Verwendungen (Verjährung 6 Monate) 606.
2. keine Haftung für Veränderung in Folge vertragsmäßigen Gebrauchs 602.
3. Wegnahme einer Einrichtung (Verjährung 6 Monate) 601 Abs. 2, 606.

— II. Verpflichtungen des Entleihers (s. auch III.):
1. Gebrauch vertragsmäßig 603.
2. Haftung für im Verkehr erforderliche Sorgfalt 276.
3. Tragung der gewöhnlichen Erhaltungs-, bes. Fütterungskosten 601.
4. keine Überlassung des Gebrauchs an Dritte ohne Erlaubniß 603.
5. Zurückgabe nach Ablauf der Zeit, — ev. nach Gebrauch, — ev. stets 604.

— III. Rechte des Verleihers (s. auch II.):
1. Ersatzansprüche wegen Veränderung, jedoch nicht bei vertragsmäßigem Gebrauch, — Verjährung (6 Monate) 602, 606.
2. Kündigungsrecht: a) wenn er Sache unvorhergesehen selbst bedarf, — b) bei Tod des Entleihers, — c) bei vertragswidrigem Gebrauch durch Entleiher 605.
3. Zurückfordern der Sache nach Gebrauch oder nach der Zeit, in der Entleiher hätte Gebrauch machen können, 604 Abs. 1 u. 2, — auch von Dritten 604 Abs. 4.

— IV. Verpflichtungen des Verleihers (s. auch I.):

1. Ersatz der Verwendungen (Ausn.: gewöhnliche Erhaltungskosten) 601.
2. Haftung für Vorsatz und grobe Fahrlässigkeit 599, — und für Schaden, der durch arglistiges Verschweigen von Mängeln entsteht, 600.
3. Gestattung des unentgeltlichen Gebrauchs (nicht Verbrauchs) der Sache durch den Entleiher 598.

Leinpfad nicht erwähnt im B.G.B., s. aber Bayer. Gesetz vom 28. Mai 1852 über die Benützung des Wassers Art. 21, **A.** Art. 147.

Leistung s. auch Befreiung, Geld, Schadensersatz, Theilleistung, Unmöglichkeit, Verzug, Zinsen.
— Aufrechnung s. das. (gleichartige L.!) 387—396.
— Bestimmung durch Vertragsschließenden 315, 2156, 2192, — — der Gegenleistung 316, 2156, 2192.
— durch Dritte 267, 268, 317—319, 2156, 2192, — an Dritte 328—335, 362, 783—792.
— durch Erben, an Nachlaß, bei Vermächtniß und Auflage s. das.
— Erlöschen des Schuldverhältnisses durch L. 362—371.
— einer nur der Gattung nach bestimmten Sache: mittlerer Art und Güte 243, 279.
— bei gegenseitigem Vertrag 320—327, 361.
— falls mehrere L. so geschuldet, daß nur eine oder andere, Wahlrecht gewöhnlich Schuldner 262—265.
— an Nichtberechtigten: dieser ist bei Wirksamkeit dem Berechtigten zur Herausgabe des Geleisteten verpflichtet 816 Abs. 2.

diese Leistung ist wirksam:
1. bei Abtretung der Forderung 407, 408.
2. beim eingebrachten Gut 1524 Abs. 2.
3. bei Eintrag im Grundbuch 893, **E.** Art. 118.
4. bei Einwilligung oder Genehmigung des Berechtigten, — bei Erwerb des Gegenstandes seitens d. Nichtberechtigten, — bei Beerbung des Letzteren durch Berechtigten, falls dieser unbeschränkt haftet, 185.
5. bei Erbschaft 2019 Abs. 2, 2041, 2367.
6. bei Gesammtgut 1473 Abs. 2.
7. bei Gesellschaft 720.
8. bei Hypothek 1156, 1158.
9. bei Schuldverschreibung auf Inhaber 793

Leistung, persönliche der Frau, Kündigung durch Mann 1358.
— Einfluß der Rechtshängigkeit auf L.:
1. Anspruch auf Ersatz nur der nothwendigen Verwendungen, soweit Gläubiger bereichert, 994 Abs. 2, 995, 996, 292.
2. bei Geldschulden Zinspflicht 291.
3. Haftung für Schaden durch verschuldete Verschlechterung oder Unmöglichkeit der Herausgabe 989.
4. bei Verpflichtung zur Herausgabe von Sachen: Herausgabe aller Nutzungen, Vergütung für die versäumten Nutzungen 987.
— ohne rechtlichen Grund s. Ungerechtfertigte Bereicherung 812—822.
— Recht, kraft dessen L. gefordert werden kann, als Gegenstand des Nießbrauchs oder Pfandrechts 1070, 1275.
— — Verfügung durch Vormund 1812, 1813, 1825, 1832, 1854 Abs. 2.
— L. des Schuldners (auch Unterlassung) Gegenstand des Schuldverhältnisses, — nach Treu u. Glauben mit Rücksicht auf die Verkehrssitte 241, 242.
— kein Recht zu Theilleistungen 266.
— theilbare und untheilbare 420—432, 1109.
— bei verpfändeter Forderung u. s. f. 1281, 1282, 1284, 1285, 1287, 1294.
— Verpflichtung zur L. 2. Buch 1. Abschn. 1. Tit. 241—292.

Leistungen regelmäßig wiederkehrende s. auch Leibgeding und C.P.O. 323.
— — aus Grundgefällen des Staats und der Ablösungskasse **E.** Art. 113, 114, **A.** Art. 128 Abs. 2.
— — bei Güterrecht 1386, 1388, 1529, 1550.
— — Hypothek erstreckt sich auf Anspruch des jeweiligen Eigenthümers des belasteten Grundstücks auf w. L. 1126.
— — bei Nießbrauch am Vermögen 1088, 1089.

Leistungen regelmäßig wiederkehrende, Verträge mit Verpflichtung des Kindes oder Mündels zu w. L.: Genehmigung des Vormundschaftsgerichts bei längerer Vertragsdauer als bis vollendetem 22. Jahr, — bei Volljährigen bei längerer Dauer als 4 Jahre 1643, 1686, 1822 Nr. 5, 1902.
— — als Reallast s. das. 1104—1112, **Ue.** Art. 48, 116—118, **A.** Art. 85.
— — Rücktrittsrecht des Erblassers beim Wegfall der den Erbvertrag veranlassenden Verpflichtung des Bedachten zu w. L. an Erblasser 2295.
— — bei Schenkung: Erlöschen im Zweifel mit Tod des Schenkers 520.
— — Verjährung der Ansprüche auf Rückstände (4 Jahre) 197, 201, 218 Abs. 2, — auch bei Eintrag im Grundbuch 902.
— — Berücksichtigung bei Zwangsversteigerung und -verwaltung **Z.V.** 10 Nr. 4, 6 u. 8, 11, 13, 21 Abs. 2, 114 Abs. 2, 155 Abs. 2, **E.Z.V.** 2 Abs. 2 u. 3.
Leistungsfähigkeit s. Bedürftigkeit.
Leistungsort im Zweifel Wohnsitz, ev. gewerbliche Niederlassung des Schuldners z. Zt. der Entstehung des Schuldverhältnisses 269, — (bez. Geld s. das. 270), — bei Zahlungen aus öffentlichen Kassen **E.** Art. 92, **A.** Art. 11.
— maßgebend, wenn als Kaufpreis Marktpreis bestimmt, 453.
— Verschiedenheit des L. als Hinderniß oder Schadensersatzgrund für Aufrechnung 391.
— Versteigerung geschuldeter, beweglicher, nicht hinterlegbarer Sachen regelmäßig am L. 383.
Leistungszeit entweder bestimmt (im Zweifel: Gläubiger kann Leistung nicht vorher verlangen, Schuldner aber sie bewirken 271 Abs. 2) oder aus Umständen zu entnehmen oder sofort 271, 299.
— bei Bestimmung der L. nach Kalender Verzug des Schuldners und Gläubigers ohne Mahnung 284, 296, — bei Nichtbestimmung der L. u. s. f. Verzug des Gläubigers 299.
— maßgebend, wenn als Kaufpreis Marktpreis bestimmt, 453.
Leistungszeit, Vereinbarung einer festbestimmten L. in gegenseitigem Vertrag: im Zweifel Rücktrittsberechtigung 361.
— bei Zahlung unverzinslicher Schuld vor L. kein Zwischenzinsenabzug 272.
Leiterrecht nicht aufgenommen, im Nothfall 904.
Leitung der Geschäfte beim Familienrath s. das. 1872 - 1876.
— des Hauswesens: Ehefrau 1356.
— zur Zuführung von Gasen u. s. f. auf fremdes Grundstück verboten 906.
Lesensunkundige, öffentliche Beglaubigung ihrer Handzeichen, wenn Schriftform oder öffentliche Beglaubigung vorgeschrieben, 126, 129.
— Testamentserrichtung: nur mündlich vor Notar 2238 Abs. 2, 2242, 2247.
Letztwillige Verfügung ist einseitige Verfügung von Todeswegen s. Testament 1937.
Leumund s. Bescholtenheit, Ehrloses, Unsittliches Verhalten.
Leute s. Gastwirth, Gehülfe.
Levis culpa s. Fahrlässigkeit.
Lex Anastasiana nicht aufgenommen, Bayer. Gesetz vom 22. Februar 1855, deren Aufhebung betr., aufgehoben **A.** Art. 175 Nr. 13.
Lex Aquilia s. Unerlaubte Handlung.
Lex commissoria s. Vorbehalt.
Lex rei sitae s. **E.** Art. 28.
Lex Rhodia de jactu nicht aufgenommen.
Liberation s. Befreiung.
Liberi incestuosi können nicht für ehelich erklärt werden 1732.
Lichte Zwischenräume bei Geschäftsunfähigkeit 104 Nr. 2.
Lichtöffnungen s. Eigenthumsbeschränkungen Nr. 14.
Lichtrecht nicht erwähnt im B.G.B., s. aber Eigenthumsbeschränkungen Nr. 8, **E.** Art. 124, **A.** Art. 62—67, 78.
Liederlicher Lebenswandel des Dienstboten **A.** Art. 24 Nr. 2 u. Abs. 2.
Lieferung s. Differenzgeschäft, Kauf, Tausch.
Liegenschaft s. Grundstück.
Liegenschaftsrecht, Übergangsbestimmung s. **A.** Art. 177.
— in der Pfalz: Bayer. Gesetz v. 1. Juli 1898, Kgl. Verordnung v. 28. August 1898 (G. u. V.Bl. 1898 S. 370 ff.).

Lindau, allgemeine Gütergemeinschaft. — Übergangsbestimmungen s. **Ue.** Art. 62 Abs. 2, 64, 67, 69, 70, 72, 75 Abs. 2, 94, 97—104.
Linie s. Erbe gesetzlicher, Verschwägerter, Verwandter.
Liquidation bei Eisenbahnen u. s. f. nach Landesgesetz **E.** Art. 112.
— einer Stiftung 88.
— eines Vereinsvermögens 47—53, — (Ausn.: wenn es an den Fiskus fällt, dann keine L.), — (durch Vorstand — doch auch andere Personen bestellbar, — Geschäftsbesorgung, — öffentliche Bekanntmachungen, — Hinterlegung, — Haftpflicht für Verschulden) **F.G.** 145, 159.
Liquidationsverfahren erbschaftliches nach bisherigen Gesetzen, wenn Erblasser vor 1. Januar 1900 gestorben, **E.** Art. 213.
Liquidatoren s. Liquidation.
Liquidität des Anspruchs nicht bei Aufrechnung und Zurückbehaltungsrecht (s. das.) erforderlich.
Litisdenuntiation s. Streitverkündung.
Litispendenz s. Rechtshängigkeit.
Locatio-conductio s. Miethe, Pacht.
— — operarum s. Dienstvertrag.
— — operis s. Werkvertrag, — operis irregularis s. Werkvertrag — keine besondere Erwähnung.
Locator s. Locatio-conductio.
Locus regit actum s. **E.** Art. 11, 13, 24.
Lohn s. Auslobung, Dienstbote, Fund, Mäklervertrag, Vergütung.
— der Arbeiter, Boten, Schiffer u. s. f. (Verjährung: 2 Jahre) 196 Nr. 3, 8 u. 9, 201, 218.
Lohnkutscher, Anspruchsverjährung (2 Jahre) 196 Nr. 3, 201, 218.
Longa manu traditio nicht erwähnt.
Longi temporis praescriptio s. Ersitzung.
Loos, Entscheid bei Auslobung und Preisvertheilung unter mehreren Berechtigten 659 Abs. 2, 660, 661 Abs. 3.
— — bei Aufhebung der Gemeinschaft über Vertheilung 752, 2012 Abs. 2.
— Vertheilung des Nachlasses — Ziehung **F.G.** 94.
Löschung von im Grundbuch eingetragenen Rechten (bez. Hypothekenbuch s. **E.** Art. 187, **Ue.** Art. 44): durch Verkäufer u. s. f. 435, 439 Abs. 2, 445, 515, 651, 2182, **G.O.** 23, 24, 25, 27, 47, 54, 98, 101, 69, 70, 71 Abs. 2, 76.
— — neben Erklärung, das Recht aufzugeben: Aufhebung des Rechts am Grundstück (Vermuthung, daß Recht nicht besteht) 875—878, 891 Abs. 2.
— — zu Unrecht: Verjährung des Rechts mit Anspruch 901, — Vormerkung zur Sicherung der L. 833—888, 1179.
— der Hypothek bei Befriedigung durch Eigenthümer (Unbrauchbarmachen des Hypothekenbriefs) 1144, 1145, **G.O.** 69, — Vormerkung oder Widerspruch im Grundbuch **G.O.** 18 Abs. 2.
— von nicht eingetragenen Grunddienstbarkeiten s. das.
— des Schiffspfandrechts im Schiffsregister zu Unrecht 1262 Abs. 2, 1263 Abs. 2, 1267, 1272, — von Vormerkung u. s. f. im Schiffsregister **F.G.** 103, 105, 115, 119, 122, 123.
— des Versteigerungsvermerks **Z.V.** 34, 161 Abs. 4.
Löschungsanspruch der öffentlichen Pfandleihanstalten **E.** Art. 94 Abs. 2, **A.** Art. 91.
Löschungsbewilligung 875 Abs. 2, **F.G.** 103, 105.
Löschungsvermerk im Grundbuch **G.O.** 47.
— im Schiffsregister **F.G.** 115.
Lotterieloosevertreibende, Anspruchsverjährung (2 u. 4 Jahre) 196 Nr. 5 u. Abs. 2, 201, 218.
Lotterievertrag verbindlich, wenn staatlich genehmigt, (sonst jedoch keine Rückforderung des Geleisteten) 763, 762.
Lucida intervalla s. Lichte Zwischenräume.
Lucrum cessans s. Entgangener Gewinn.
Luftraum über Grundstück ist Eigenthum mitunterworfen. (Einwirkungen verboten nur bei Interesse, — s. auch Überbau) 905, 910—912.
Luminum servitus nicht erwähnt.

M.

Machtgeber s. Vollmacht.
Macula levis s. Ehrloses, Unsittliches Verhalten.
Mahnung bei abgetretener Forderung, Vorlegung der Urkunden (Ausn.) 410, 1160, 1161.
— des Gläubigers nach Fälligkeit bewirkt Verzug des Schuldners 284.
Mahnverfahren, Zustellung des Zahlungsbefehls unterbricht Verjährung 209, 213, — bewirkt nach Fälligkeit Verzug des Schuldners 284.
Mainzer Landrecht, Errungenschaftsgemeinschaft des Zugewinnstes, — Übergangsbestimmungen s. **Ue.** Art. 20 Abs. 2, 21 Abs. 2, 83, 88, 94, 97—104.
Majorenn s. Volljährig.
Majorität s. Mehrheit.
Makler, Mäkler s. Mäklervertrag.
Mäklergebühr s. Mäklervertrag.
Mäklerlohn s. Mäklervertrag.
Mäklervertrag s. auch Handelsmäkler.
— ist Versprechen von Mäklerlohn für Nachweis der Gelegenheit zum Abschluß oder für Vermittlung eines Vertrags, — Lohn erst zu fordern, wenn Vertrag in Folge des Nachweises oder der Vermittlung zu Stande, ev. erst bei Eintritt der aufschiebenden Bedingung 652.
— Lohn entweder vereinbart oder wenn nach Umständen zu erwarten (Taxe oder üblicher Lohn!) 653, — falls unverhältnißmäßig hoch, auf Antrag des Schuldners durch Urtheil herabsetzen (jedoch nur bis zur Entrichtung!) 655, — Ersatz von Aufwendungen nur, wenn vereinbart, 652 Abs. 2, — Verjährung (2 Jahre) 196 Nr. 7, 201, 218.
— Ausschluß von Lohn und Ersatz, wenn Mäkler dem Inhalt des M. zuwider auch für andern Theil thätig, 654.
— ungültig (doch Geleistetes nicht zurückverlangbar!):
1. Nachweis der Gelegenheit zur Eheeingehung.
2. Vermittlung des Zustandekommens der Ehe.
3. Vereinbarung, durch die Anderer zum Zwecke der Erfüllung des Versprechens dem Mäkler gegenüber Verbindlichkeit eingeht, bes. Schuldanerkenntniß 656.
— Ende durch Tod des Mäklers, — ob durch Tod des Auftraggebers nach Umständen des Falls!
Mala fides s. Arglist, Kennen u. Kennenmüssen.
Mala fides superveniens, Ausschluß a) des Erlöschens der Rechte Dritter an ersessener Sache 945, — b) der Ersitzung 937 Abs. 2, — c) des Fruchterwerbs des Eigenbesitzers 955, — d) — — des von Nichtberechtigten Ermächtigten 957.
— — Haftung des Besitzers 990, 1007, — des Erbschaftsbesitzers 2024.
Malen als Stoffverarbeitung 950.
Malzaufschlag A.G.O. Art. 24, 53, **E.Z.V.** 4 Abs. 2.
Mandatum s. Auftrag.
— praesumtum nicht erwähnt.
— qualificatum s. Kreditauftrag.
Mangel s. Formmangel, Gewährleistung für einen M., Viehgewährschaft.
— der amtlichen Befugniß bei Ausübung des Amtes als Standesbeamter 1319.
— einer den Kosten der Nachlaßverwaltung oder des Nachlaßkonkurses entsprechenden Masse, — Haftungsbeschränkung des Erben 1990.
Manifestationseid s. Offenbarungseid.
Mann s. Ehemann.
Mantelkinder **E.** Art. 208.
Marine, Beurkundung von Rechtsgeschäften **F.G.** 184.
— Fürsorge für Wittwen und Waisen **E.** Art. 49, 51.
— Testament **E.** Art. 44.
Marken, in denen Gläubiger nicht bezeichnet, Aussteller zur Leistung an den Inhaber verpflichtet 807, **E.** Art. 102.
Marktpreis bei Differenzgeschäft s. das. 764.
— als Kaufpreis, Bestimmung 453.
— Sachen mit M. statt öffentlicher Versteigerung Verkauf aus freier Hand 385, 1221, 1235 Abs. 2, 1295.
Maschinen, Zubehör des Gebäudes 98 Nr. 1, 97.

Maß, bewegliche Sachen, die im Verkehr nach M. bestimmt werden, sind vertretbar 91.
— des Unterhalts s. das. 1610, 1611.
Masse bei Nachlaßverwaltung und -konkurs, Haftungsbeschränkung des Erben 1982, 1988 Abs. 2, 1990.
— zur Vertheilung bei Zwangsversteigerung und -verwaltung s. das. und Erlös.
Matrimonium s. Ehe.
Mauer zwischen zwei Grundstücken 921, 922.
Mauerausbauchung nicht besonders erwähnt, s. 226.
Maulesel, Maulthier, Mängel s. Viehgewährschaft.
Maximalhypothek 1190.
Mechanische Vervielfältigung der Unterschrift bei Schuldverschreibung auf den Inhaber 793 Abs. 2.
Mediatisirte Häuser **E.** Art. 57, 58.
Mehraufwendungen bei gläubigerischem Verzug 304.
Mehrere Abtretungen derselben Forderung 408, — — der Hypothek nach einander 1156.
— antheilsberechtigte Abkömmlinge bei Auseinandersetzung der fortgesetzten Gütergemeinschaft 1503, 1512—1514, 1518.
— Anspruchsberechtigte bei Auslobung 659—661.
— Beischläfer (bei unehelichem Kind) 1717, 1718.
— Belastungen derselben Sache s. Rangverhältniß.
— Berechtigte an derselben Sache s. Gemeinschaft.
— Beschenkte 519, 2329 Abs. 3.
— Besitzer derselben Sache 866, 868, 1081, 1206, 1231.
— Bürgen für dieselbe Verbindlichkeit sind Gesammtschuldner 769, 774 Abs. 2, 776.
— Dritte, die Leistung zu bestimmen haben, 317 Abs. 2.
— Eigenthümer s. Miteigenthum.
— Erben s. Miterben.
— Erbtheile s. das.
— Forderungen, Anrechnung d. Leistungen 366, — Aufrechnung 396.
— Gläubiger s. Mehrheit von G.
Mehrere Grundstücke s. auch Gesammthypothek, — Vereinigung 890, — Belastung mit einem Rechte **G.O.** 49, C.P.O. 867 Abs. 2, — Zwangsversteigerung u. s. f. **Z.V.** 18, 63, 83 Nr. 2, 64, 76, 112, 122, **E.Z.V.** 11.
— Jagdberechtigte, Wildschadenvertheilung 835 Abs. 3.
— Käufer, Minderung 474.
— an Kindesstatt Annehmende und Angenommene 1749, 1743.
— Leistungen, Wahlrecht 262—265.
— Pfandrecht an derselben Forderung 1290.
— Rechte, Pfandrecht daran 1273.
— Rücktrittsberechtigte 356.
— Sachen verkaufte, theilweise mangelhafte 469, 471, — Pfandrecht: jede haftet für ganze Forderung 1222, — Wahlrecht des Pfandgläubigers 1230.
— Schuldner s. Mehrheit von Gläubigern und Schuldnern.
— Testamentsvollstrecker s. das. 2197, 2199, 2219 Abs. 2, 2220, 2224, 2228, **F.G.** 82.
— eine unerlaubte Handlung Begehende 830, 840, 835 Abs. 3.
— Unterhaltsberechtigte und -verpflichtete 1606 Abs. 2, 1609.
— Verfügungen eines Nichtberechtigten über Sache 185.
— Verkäufer, Minderung 474.
— Vermächtnißnehmer mit selbem Vermächtniß beschwert 2148, 2192, — — bedacht 2151—2153, 2157, 2158.
— Vorkaufsberechtigte 513, 1098.
— Vormünder s. Mitvormund.
— Vormundschaften 1786 Nr. 8.
— Vorstandsmitglieder von Vereinen und Stiftungen 28, 40, 48 Abs. 3, 54, 86, 88.
— Wiederkaufsberechtigte 502.
— Wohnsitze 7 Abs. 2.
Mehrfache Verwandtschaft bei gesetzlicher Erbfolge s. Erbe gesetzlicher 1927, 1934.
Mehrheit, Entscheid durch M.
1. der erschienenen Mitglieder des Familienraths 1874 Abs. 2.
2. der Stimmen der Gesellschafter 709 Abs. 2.
3. der Theilhaber 745, 2038 Abs. 2.

4. der erschienenen Vereinsmitglieder (Ausn.: bei Satzungsänderung und Änderung des Zwecks und bei Auflösung) 32, 33, 40, 41.
5. — — Vorstandsmitglieder eines Vereins oder einer Stiftung 28, 32, 40, 86.

Mehrheit von Erben s. Miterben.

Mehrheit von Schuldnern und Gläubigern s. auch Gesammtschuldner, Gesammtgläubiger.
a) von Schuldnern:
1. bei theilbarer Leistung im Zweifel jeder gleichen Theil 420.
2. falls zu theilbarer Leistung durch Vertrag gemeinschaftlich verpflichtet, so im Zweifel Gesammtschuldner s. das. 427.
3. bei untheilbarer Leistung: Gesammtschuldner s. das. 431.
b) von Gläubigern:
1. bei theilbarer Leistung im Zweifel jeder zu gleichem Theil berechtigt 420.
2. kann jeder die ganze Leistung fordern, während Schuldner nur einmal zu leisten verpflichtet ist, so Gesammtgläubiger s. das. 428.
3. bei untheilbarer Leistung kann Schuldner nur an Alle gemeinsam leisten 432.

Meineid, Verurtheilter soll nicht Zeuge oder Dolmetscher bei Errichtung eines Testaments oder Erbvertrags oder Aufhebung der letzteren sein 2237 Nr. 3, 2244, 2249, 2250, 2276, 2290, **E.** Art. 151.

Meinungsverschiedenheiten zwischen elterlichem Gewalthaber und Pfleger 1629, 1686.
— — —, dessen Gewalt ruht, und gesetzlichem Vertreter des Kindes 1676 Abs. 2, 1686.
— zwischen mehreren Testamentsvollstreckern 2224, **F.G.** 82.
— zwischen Vater und Mutter bei Sorge für die Person des Kindes 1634.
— zwischen mehreren Vormündern 1797, 1798, 1897.

Meistbietender bei Zwangsversteigerung **Z.V.** 81, 82, 88, 97, 100, 103, 105, 116, 132.

Melioration s. Verbesserung.

Memmingen, für Gewerbetreibende Errungenschaftsgemeinschaft, sonst Dotalrecht — Übergangsbestimmungen s. **Ue.** Art. 78, 81, 94, 97—104.

Mensch ist keine „Sache" im Sinne des B.G.B. 1.

Mentalreservation, Willenserklärung, bei der sich Erklärender insgeheim vorbehält, das Erklärte nicht zu wollen, ist nur nichtig, wenn sie Anderem gegenüber abgegeben und dieser Vorbehalt kennt, 116.

Mergel s. Bodenbestandtheile.

Merkmale äußere bei Zwischenmauer 921.

Messen der verkauften Sache, Kosten: Verkäufer 448, 451.

Metus s. Drohung.

Miethe. (Eintheilung des Folgenden: Beendigung VII.; Rechte des Miethers II., des Vermiethers IV.; Übergangsbestimmungen I.; Veräußerung von vermietheten Grundstücken u. s. f. VI; Verpflichtungen des Miethers III., des Vermiethers V.; Zuständigkeit VIII.)
— I. Übergangsbestimmungen:
1. M., die am 1. Januar 1900 besteht, bestimmt sich nach B.G.B., falls nicht Kündigung nach 1. Januar 1900 für ersten Termin, für den sie nach bisherigen Gesetzen zulässig ist, erfolgt **E.** Art. 171, — (bei Eintrag in öffentlichen Büchern **E.** Art. 179, 188 Abs. 2).
2. falls Sache, die am 1. Januar 1900 vermiethet, nach dieser Zeit veräußert oder mit Recht belastet wird, so hat Miether dem Erwerber gegenüber Rechte aus B.G.B. **E.** Art. 172, **Ue.** Art. 5.
3. bei Zwangsversteigerung u. s. f. vor Anlage des Grundbuchs **Ue.** Art. 6.
— II. Rechte des Miethers (s. auch V.):
1. Besitzschutz für Miether von Wohnräumen u. s. f. 865, 858—864.
2. Ersatz von Verwendungen (Verjährung!) 558.
3. Fortsetzung des Gebrauchs nach Ende der M. gilt auf unbestimmte Zeit (Ausnahme) 568.
4. bei Mangel der Sache s. Gewährleistung.
5. ordentliche Kündigung s. auch C.P.O. 721, — (Fristen s. IV. 7), — a) seitens des Eigenthümers bei Vermiethung des Grundstücks durch den Nießbraucher über die Dauer des Nießbrauchs 1065, — ebenso bei Vermiethung eines Grundstücks, das

zum eingebrachten Gut gehört, durch den Ehemann 1423, 1546, 1550, — und durch Vater, Mutter, Vorerben 1663, 1685, 2135, — b) bei Miethvertrag auf länger als 1 Jahr, falls derselbe nicht schriftlich, 566, — c) — als 30 Jahre, nach Ablauf derselben (Ausn.!) 567, — d) seitens Militärpersonen, Geistlichen, Beamten, Lehrern bei Versetzung nur für ersten zulässigen Termin 570, — e) beim Tod des Miethers durch dessen Erben nur für ersten zulässigen Termin 569, — f) bei unbestimmter Miethzeit 564 Abs. 2, — g) bei Verweigerung der Erlaubniß des Vermiethers zu Aftermiethe, außer bei wichtigem Grund in der Person des Aftermiethers, 549.

6. sofortige (außerordentliche) Kündigung nach angemessener Frist **E.** Art. 93, C.P.O. 721, — a) falls Gebrauch nicht rechtzeitig gewährt oder wieder entzogen wird, (Beweislast) 542, 543, 545, 552, — b) bei Wohnungen u. s. f.: bei erheblicher Gefahr für Gesundheit (auch bei Kenntniß und Verzicht!) 544, — c) vertragsmäßige Bestimmung sonstiger Gründe zulässig, falls nicht gegen die guten Sitten.
7. Wegnahme einer Einrichtung, Verjährung (6 Monate) 547 Abs. 2, 558.

Miethe, III. Verpflichtungen des Miethers (s. auch IV):

1. Anzeige sich zeigenden Mangels oder der Anmaßung des Rechts durch Dritte 545, — sonst Schadensersatz 545.
2. Ausschluß der Aftermiethe ohne Erlaubniß des Vermiethers. — (bei Verweigerung, Kündigung s. II 5 g.), — bei Aftermiethe Haftung für Verschulden des Dritten 549.
3. Entrichtung des vereinbarten Miethzinses während M.zeit 535, — (am Ende der M.zeit, bezw. der einzelnen Zeitabschnitte, und zwar genau am ersten Werktag danach 284 Abs. 2), — bei Grundstück, Wohnräumen u. s. f., falls nicht nach kürzerer Zeit, nach Kalendervierteljahr am 1. Werktag 551, 580, — (Verjährung: (bei beweglichen Sachen 2, sonst) 4 Jahre vom Schlusse des Jahres, in dem Anspruch entstanden, 196 Nr. 6, 197), — keine Befreiung vom M.zins, wenn Miether durch einen in seiner Person liegenden Grund an Ausübung des Gebrauchs verhindert ist (doch Anrechnung!), — dagegen Befreiung, wenn Vermiether Gebrauch an Dritten überließ und deshalb außer Stande ist, denselben dem Miether zu gewähren, 552, — (bei Verzug Verzinsung! 288, 289, 291).
4. Zurückgabe der Sache nach Beendigung der M. (kein Zurückbehaltungsrecht wegen Ansprüche gegen Vermiether bei Grundstücken, Wohnräumen u. s. f.!) 556, 580, — (s. auch C.P.O. 721), — sonst Miethzins für Dauer der Vorenthaltung und weiteren Schaden 557, — (keine Haftung für durch vertragsmäßigen Gebrauch herbeigeführte Verschlechterung u. s. f. 548.)

Miethe, IV. Rechte des Vermiethers (s. auch III):

1. Absonderungsrecht im Konkurs s. K.O. 40, 41.
2. bei Aftermiethe Recht, die Miethsache nach Ende der M. direkt vom Aftermiether zurückzuverlangen, 556.
3. Aushängen von Thüren und Fenstern zur Erzwingung des Auszugs, nach Münchener Herkommen, beseitigt 227.
4. Ersatz wegen Veränderungen und Verschlechterungen, jedoch nicht durch vertragsmäßigen Gebrauch herbeigeführter, (Verjährung 6 Monate!) 558, 548.
5. Klage auf Wiedereinräumung des Besitzes, Beseitigung der Störung, Aufsuchen und Wegschaffen der Sache 869, — Vermiether ist mittelbarer Besitzer 868, 871.
6. — auf Unterlassung, falls Miether Sache vertragswidrig gebraucht, 550.
7. ordentliche Kündigung s. C.P.O. 721.

Fristen, wenn nicht Anderes vereinbart: a) bei Grundstücken, Wohn- u. anderen Räumen 580, — α) nur für Schluß des Kalendervierteljahres — Kündigung spätestens 3. Werktag des Vierteljahrs! — β) falls Miethzins nach Monaten — Kündigung spätestens am 15. für Schluß des Monats! — γ) — — nach Wochen — — spätestens am 1. Werktag der Woche für deren Schluß, — δ) — — nach Tagen — — an jedem Tag für folgenden Tag!

b) bei beweglichen Sachen Kündigung spätestens 3 Tage vor Ende der M. 565.

aa) bei Miethvertrag auf länger als 1 Jahr, falls derselbe nicht schriftlich, für Schluß des ersten Jahres 566, 580, — bb) — — 30 Jahre nach Ablauf derselben (Ausn.!) 567, — cc) bei Vermiethung durch Nießbraucher über Zeit des Nießbrauchs 1056, 1663, 2135 (s. oben II 5a), — dd) beim Tod des Miethers nur für ersten zulässigen Termin 569, — ee) bei unbestimmter Miethzeit 564 Abs. 2.

8. sofortige (außerordentliche) Kündigung nach angemessener Frist **E.** Art. 93, 171, C.P.O. 721: a) bei erheblich vertragswidrigem Gebrauch trotz Abmahnung 553, 555, — b) bei Verzug des Miethzinses für **zwei** folgende Termine, jedoch nicht bei Aufrechnung oder gegentheiliger Vereinbarung 554, 387, — c) vertragsmäßige Bestimmung sonstiger Gründe zulässig, falls nicht gegen die guten Sitten.

9. Pfandrecht an den eingebrachten pfändbaren Sachen bei M. eines Grundstücks, von Wohnungen u. s. f. 580.

a) Anspruch des Vermiethers gegenüber einem Pfandgläubiger nur für das letzte Jahr vor der Pfändung 563.

b) Ausschluß des Pfandrechts: α) für künftige Entschädigungsforderungen, — β) für länger als das laufende und folgende Miethjahr 559.

c) Erlöschen des Pfandrechts: α) mit Entfernung der Sachen (Ausn.: ohne Wissen oder unter Widerspruch des Vermiethers, — letzterer unzulässig, wenn Entfernung im regelmäßigen Geschäftsbetrieb erfolgt oder gewöhnlichen Lebensverhältnissen entsprechend oder die zurückbleibenden Sachen zur Sicherung offenbar ausreichen) 560, — (Verhinderung auch ohne Gericht — Sache in Besitz nehmen — Zurückschaffung und Besitzüberlassung), — β) 1 Monat nach Kenntnißerlangung von Entfernung ohne vorherige Klage auf Zurückschaffung! 561, — (Abwendung durch Sicherheitsleistung 562).

10. bei Veräußerung der vermietheten Sache: Erwerber tritt an Stelle des Vermiethers, Kauf bricht nicht Miethe 571—579, **E.** Art. 172 (s. unten VI).

11. Verlangen des Miethzinses und weiteren Schadens, falls Miether Sache nach dem Gebrauch nicht zurückgiebt, 557.

Miethe, V. Verpflichtungen des Vermiethers (s. auch II):

1. Anrechnen der ersparten Aufwendungen, falls Miether Gebrauch nicht ausübt, 552.
2. Ersatz der vom Miether gemachten nothwendigen Verwendungen (Ausn.: Fütterungskosten eines gemietheten Thieres) 547, 558, — (Verjährung: 6 Monate 558).
3. Form des Vertrags: schriftlich bei M. auf mehr als 1 Jahr, sonst gilt Vertrag für unbestimmte Zeit (Kündigung erst für Schluß des ersten Jahres) 566, 580, **E.** Art. 11.
4. Genehmigung des Vormundschaftsgerichts zu M. auf länger als 1 Jahr nach vollendetem 21. Lebensjahr des Kindes oder Mündels 1643, 1822 Nr. 5, 1902 Abs. 2.
5. Gewähren des Gebrauchs während der Miethzeit 535.
6. Quittungsertheilung auf Verlangen 368, 369.
7. Tragen der auf der Sache ruhenden Lasten 546.
8. Überlassen u. Erhalten der Sache in geeignetem Zustand 536.
9. bei Veräußerung (s. auch unten VI.): Erwerber statt Vermiether 571—579, **E.Z.V.** 2, **Z.V.** 57, 183, **A.G.O.** Art. 28, 36, 53, — früherer Vermiether haftet gleich einem Bürgen 571.

Miethe, VI. Veräußerung von vermietheten Grundstücken u. s. f. nach Überlassung an den Miether:
1. Übergangsbestimmungen **E.** Art. 172, **Ue.** Art. 5.
2. Anzeige seitens des Vermiethers vom Eigenthumsübergang, — Zurücknahme nur mit Zustimmung des als neuen Eigenthümer Bezeichneten 576, 111, 182 Abs. 3.
3. Belastung mit Recht eines Dritten 577, 578.
4. Erwerber tritt an Stelle des Vermiethers 571, (Kauf bricht nicht Miethe!), — auch bez. der vom Miether geleisteten Sicherheit 572, — Vermiether haftet für Schaden wie ein Bürge, außer wenn Miether Kenntniß vom Übergang hat und nicht für ersten zuläßigen Termin kündigt, 571 Abs. 2.
5. nochmalige Veräußerung oder Belastung seitens des Erwerbers 579.
6. Verfügung über Miethzins, Rechtsgeschäfte zwischen Miether und Vermiether, Aufrechnung 573—575, 406, 387.
7. bei Zwangsversteigerung und -verwaltung **E.** Art. 52, 53, 109, **Z.V.** 57, 152 Abs. 2, 183, **E.Z.V.** 2, **A.G.O.** Art. 28, 36, 53, **Ue.** Art. 6.

— VII. Beendigung der M.:
1. durch Ablauf der vereinbarten Zeit 564, 187—189.
2. bei Konkurs s. K.O. 19—21, 52.
3. durch Kündigung s. oben II 5, 6, IV 7, 8.
4. in Folge gegenseitiger Willensübereinstimmung.
5. stillschweigende Fortsetzung, wenn nicht entgegengesetzter Wille binnen 2 Wochen erklärt, 568, 557.

— VIII. Zuständigkeit für Streitigkeiten s. Gerichtsverfassungsgesetz 23 Nr. 2, 202 Abs. 2 u. Nr. 4, C.P.O. 709 Nr. 1.

Miether s. Miethe.

Miethsgeld s. Draufgabe.

Miethvertrag s. Miethe.

Miethzeit s. Miethe.

Miethzins (s. auch Miethe III 3 und bei Veräußerung des Grundstücks Miethe VI) 573—579.

Miethzins, Haftung für Hypothek 1123, — (Freiwerden 1 Jahr nach Fälligkeit, falls nicht vorher Beschlagnahme zu Gunsten des Hypothekgläubigers! 1123 Abs. 2, — Verfügung über M., — Wirkung gegenüber Hypothekgläubiger 1124, 1125).
— Verjährungsfrist: 2 u. 4 Jahre 196 Nr. 6, 197, 201, 218.
— Zurückerstattung bei berechtigtem Rücktritt 543 Abs. 2, 555.
— Beschlagnahme eines Grundstücks zum Zwecke der Zwangsversteigerung umfaßt nicht M., wohl aber zum Zwecke der Zwangsverwaltung **Z.V.** 21 Abs. 2, 148.

Militärpersonen, Abtretung des Diensteinkommens u. s. f. 411.
— Beurkundung vor Geschwaderauditeur **F.G.** 184.
— Eheeingehung 1315.
— Fürsorge für Wittwen und Waisen **E.** Art. 49, 51, **A.** Art 12 Abs. 3.
— Kündigung der Miethe, nicht Pacht, bei Versetzung 570, 596 Abs. 3.
— Testamente **E.** Art. 44.
— Verschollenheit, Todeserklärung 15.
— Wohnsitz 9.

Mindelheim in Bayern, allgemeine Gütergemeinschaft, — Übergangsbestimmungen s. **Ue.** Art. 67, 94, 97—104.

Mindererlös bei nochmaligem Verkauf 458 Abs. 2.

Minderjähriger s. auch Alter, Elterliche Gewalt, Geschäftsbeschränktheit, -unfähigkeit, Pflegschaft, Vormundschaft.
— Dauer bis vollendetem **21.** Lebensjahr, **2.—7.** Jahr geschäftsunfähig, vom **7.—21.** Jahr geschäftsbeschränkt, mit **18.** Jahr Volljährigkeitserklärung möglich (erforderliche Zustimmungen) 3—5.
— bei Annahme an Kindesstatt Einwilligung 1747, 1748, 1755, 1756, — kann nicht an Kindesstatt annehmen 1744, 1745.
— Eheschließung bei Männern ausgeschlossen, bei Mädchen erst mit vollendetem 16. Jahr (Befreiung!) 1303, — Einwilligung 1304, 1305.
— Erbvertrag nur mit Ehegatten oder Verlobten 2275.

Minderjähriger, nicht Mitglied des Familienraths 1866 Nr. 2, 1868.
— Haftung für unerlaubte Handlungen 828, 829, 832.
— Ruhen seiner elterlichen Gewalt 1676, 1686, 1696.
— kann Testament errichten erst nach vollendetem 16. Lebensjahr, nur durch mündliche Erklärung vor dem Notar 2229 Abs. 2, 2238 Abs. 2, 2247, 2249—2251.
— Unterhaltspflicht 1601, 1605, — -recht 1602 Abs. 2, 1603 Abs. 2, 1612 Abs. 2, 1579.
— Verjährung der Ansprüche zwischen Eltern und minderjährigen Kindern gehemmt 204.
— nicht Vormund! 1778, 1781, 1785, 1786, 1792 Abs. 4, 1886, 1895, 1897, 1915.
— Wohnsitz mit Willen des gesetzlichen Vertreters 8, 11.
— kein Zeuge bei Beurkundung durch Notar u. s. f. F.G. 173 Nr. 1, — bei Eheschließung 1318 Abs. 2, — kein Zeuge oder Dolmetscher bei Testament- oder Erbvertragserrichtung 2237 Nr. 1, 2244, 2249, 2250 Abs. 2, 2276, 2290 Abs. 4.
— Zwangserziehung nach landesges. Vorschriften E. Art. 135, 136.

Minderung der Bruchtheile des eingesetzten Erben 2090, 2093, 2092 Abs. 2, 2157.
— der Erwerbsfähigkeit bei Körper- u. s. f. -verletzung 843.
— der Gegenleistung bei theilweiser Unmöglichkeit der Leistung 323 Abs. 1 u. 2.
— des Kaufpreises s. nächstes Wort.
— des Mieth- und Pachtzinses, solange Tauglichkeit der Sache zum vertragsmäßigen Gebrauch gemindert ist, 537, 472, 473, 545 Abs. 2, 581 Abs. 2.
— der Sicherheit für Kindervermögen 1671, 1630 Abs. 2, 1686, — für Mündelforderung 1822 Nr. 13, 1795 Nr. 2 u. 3, — des Vormundes 1844.
— des Umfangs und Werths des Grundstücks bei Wegveräußerung s. Bayer. Gesetz vom 15. Juni 1898 Art. 2.

Minderung der Vergütung beim Werkvertrag, Fristsetzung, Verjährung: 6 Monate, — bei Arbeiten an Grundstücken: 1 Jahr, — bei Bauwerken: 5 Jahre (verlängerbar!) 633—635, 638, 639, 646, 465—467, 469—475, 640 Abs. 2.
— des Werths des Pfandes 1218—1220.
— des Werths des vermachten Nachlaßgegenstandes durch Beschädigung 2164 Abs. 2.

Minderung des Kaufpreises ist Herabsetzung des Kaufpreises wegen Mängel der verkauften Sache 462, — die Verkäufer zu vertreten hat, 459, 460, 468, — (alternativ mit Wandelung, die sie aber wegen selben Mangels ausschließt, — ev. auch mit Schadensersatz oder Anspruch auf mangelfreie Sache 462, 463, 475, 480), — ist vollzogen, wenn sich Verkäufer einverstanden erklärt, 465, — erfolgt im Verhältniß des Werths der mangelfreien Sache zum wirklichen Werth z. Zt. des Verkaufs (Gesammtpreis — Nebenleistungen nicht vertretbarer Sachen) 472, 473, — kann bei Betheiligung Mehrerer am Kauf von und gegen jeden verlangt werden 474, — Ausschließung oder Beschränkung bei Arglist nichtig 476, — Verjährung: 6 Monate von Ablieferung bei beweglichen Sachen, 1 Jahr von Übergabe bei Grundstücken (verlängerbar! — Hemmung, Unterbrechung, — Anzeige) 478, 479, — ausgeschlossen bei Viehkauf 487, — (entsprechende Anwendung bei andern entgeltlichen Veräußerungs- oder Belastungsverträgen 493, — Tausch 515, — Herabsetzung der Vergütung bei Werkvertrag 634, 651).
— — beim Wiederkauf ausgeschlossen, falls Gegenstand ohne Verschulden des Wiederverkäufers verschlechtert oder unwesentlich verändert, 498 Abs. 2.

Mineral s. auch Bergrecht, Bergwerk.

Mineral, vererbliches und veräußerliches Recht zur Gewinnung — landesgesetzliche Vorschriften unberührt **E.** Art. 68.
— Beschlagnahme des Bergwerks umfaßt nicht bereits gewonnene M. **A.G.O.** Art. 41, 53.
Minima non curat praetor, entsprechend:
1. bei Angelegenheiten von geringer Bedeutung: keine Verpflichtung zum Offenbarungseid 259 Abs. 3, 260 Abs. 3, 2028 Abs. 3.
2. unerhebliche Werthsminderung nicht in Betracht beim Kauf 459, 468, — beim Werkvertrag 634 Abs. 3.
3. bei unerheblicher Hinderung des Gebrauchs u. s. f. keine Kündigung des Miethers (Ausnahmen!) 542 Abs. 2.
Mißbrauch eines Abhängigkeitsverhältnisses, Verführung zum außerehelichen Beischlaf — Schadensersatz 825, 842, 847 Abs. 2.
— der Rechte des Ehemannes 1353 Abs. 2, 1354 Abs. 2, 1357 Abs. 2, 1358 Abs. 2.
— des Rechts auf Sorge für Person des Kindes 1666, 1671—1674, 1687 Nr. 3.
Mißhandlung s. auch Körperverletzung.
— grobe: Ehescheidungsgrund 1568, 1570—1572, 1574, 1635—1637, **E.** Art. 201 Abs. 2.
— Kündigungsgrund bei Dienstboten **A.** Art. 24 Nr. 6 u. Abs. 2, 25 Nr. 3 u. Abs. 2.
— vorsätzliche: Grund zur Beschränkung des Unterhalts auf das Nothdürftige 1611, — — zur Entziehung der Aussteuer der Tochter 1621, — — des Pflichttheils des Abkömmlings 2333 Nr. 2, — — — des Ehegatten 2335—2337.
Missio in possessionem ventris nomine s. 1963, 2043.
Mitbelastung mehrerer Grundstücke mit einem Recht **G.O.** 49.
— mehrerer Schiffe mit einem Pfandrecht **F.G.** 116.
Mitbesitz s. Besitz und Mehrere Besitzer.
Mitbieten bei Zwangsverkäufen 456—458, 1239.
Mitbürgen s. Mehrere Bürgen.
Miteigenthum, Übergangsbestimmungen: M. nicht nach Bruchtheilen, das am 1. Januar 1900 besteht, nach bisherigen Gesetzen **E.** Art. 181, 173, — im rechts-rheinischen Bayern **Ue.** Art. 40, 41.
— ist eine Gemeinschaft nach Bruchtheilen s. Gemeinschaft.
— Ansprüche der einzelnen Miteigenthümer aus Eigenthum 1011.
— Belastung der gemeinschaftlichen Sache zu Gunsten eines Miteigenthümers zulässig 1009, — — des Antheils eines Grundstücksmiteigenthümers mit Hypothek, Reallast, Vorkaufsrecht 1114, 1095, 1106.
— Entstehung:
1. durch Vertrag.
2. als communio incidens bei Bienenschwarm 963, — Schatz 984, — durch Verbindung u. s. f. 947, — Zwischenraum, Mauer u. s. f. 921, 923.
— M. an Gebäuden, Regelung durch Landesgesetz (s. auch Stockwerk) **E.** Art. 131, — an Grundstücken in der Pfalz, Übergangsbestimmungen s. Bayer. Gesetz vom 1. Juli 1898 Art. 20, 21 (G. u. V.Bl. 1898 S. 374).
— Nießbrauch und Pfandrecht am Antheil eines Miteigenthümers 1066, 1258, Zwangsvollstreckung C.P.O. 864 Abs. 2, K.O. 16.
Miterben. (Eintheilung des Folgenden: Auseinandersetzung III.; bis zur Auseinandersetzung II.; Übergangsbestimmungen I.; Verhältniß zwischen M. und Nachlaßgläubigern IV.)
— I. Übergangsbestimmungen: beim Tod des Erblassers vor dem 1. Jan. 1900 nach dem bisherigen Recht **E.** Art. 213.
— II. bis zur Auseinandersetzung:
1. bei Anspruch des Nachlasses: Leistung nur an alle M. gemeinschaftlich — ev. Hinterlegung oder Ablieferung an gerichtlichen Verwahrer 2039, — gegen Forderung des Nachlasses nicht Aufrechnung mit Forderung gegen einen M. 2040 Abs. 2.
2. Antheil des M. ist Erbtheil s. das. 1922 Abs. 2, C.P.O. 859 Abs. 2 (s. auch unten Nr. 9).
3. Auslegungsregeln: a) falls Bruchtheile nicht das Ganze erschöpfen, so

für Rest gesetzliche Erbfolge oder verhältnißmäßige Erhöhung 2088 Abs. 2, 2089, 2093, 2157, — b) falls Bruchtheile das Ganze übersteigen, so verhältnißmäßige Minderung 2090, 2093, 2157, — c) falls Erbtheile nicht bestimmt, so zu gleichen Theilen (Ausn.!) 2091, 2093, 2157, — d) falls einzelne M. auf Bruchtheile, andere ohne Bruchtheile eingesetzt, so erhalten letztere freigebliebenen Theil der Erbschaft, — ev. Minderung 2092, 2093, 2157, — e) Wegfall eines M. — falls diese gesetzliche Erbfolge ausschließen, so Anwachsung nach Verhältniß der Erbtheile (Ausn.!) 2094, 2095, — f) Beschwerung der M. mit selbem Vermächtniß oder Auflage, so i. Zw. nach Verhältniß der Erbtheile beschwert 2148, 2192.

4. Berufung des M. gegenüber einem andern M. auf Beschränkung der Haftung auch bei unbeschränkter Haftung gegenüber Nachlaßgläubiger 2063 Abs. 2.
5. gemeinschaftlicher Erbschein auf Antrag eines M., Angabe der M. und der Erbtheile 2357.
6. Nachlaß wird gemeinschaftliches Vermögen der M. (hiezu gehört auch Ersatz für Zerstörung u. s. f. eines Nachlaßgegenstands, Erwerb durch auf Nachlaß sich beziehendes Rechtsgeschäft u. s. f.) 2032, 2041.
7. Recht, Pflichttheil von M. zu verlangen, 2305, 2319, 2320.
8. —, Vollziehung einer Auflage zu verlangen, 2194.
9. jeder M. kann über seinen Antheil verfügen (notariell!), — nicht über Antheil an einzelnen Nachlaßgegenständen, hier nur gemeinsam 2033, 2037, 2040, — bei Verkauf des Antheils — Vorkaufsrecht des M. (Frist: 2 Monate! — vererblich!), — auch gegenüber Käufer nach Übertragung (Anzeige an M.!) 2034, 2035, 2037, — (mit Übertragung des Antheils auf M. wird Käufer von Haftung für Nachlaßverbindlichkeiten frei (Ausn.!) 2036, 2037).
10. Verwaltung gemeinschaftlich, Mitwirkung an den erforderlichen Maßregeln 2038.

Miterben.

— III. Auseinandersetzung s. auch **Ue.** Art. 36.

1. jederzeit auf Verlangen eines M. (unverjährbar!) 2042, 2204, 2038 Abs. 2, — (Antrag zum Nachlaßgericht s. das. **F.G.** 86—98, — in Bayern neben Amtsgericht auch Notar! **E.** Art. 193, **A.** Art. 104, 132). Ausnahmen: a) von Amtswegen nach Landesgesetz **F.G.** 192, — b) bei Ausschluß oder Abhängigmachen von Kündigungsfrist seitens Erblassers (unwirksam: 30 Jahre nach Erbfall) 2044, 2204, — c) bei Ausschluß durch Vereinbarung (jedoch bei wichtigem Grund! — entgegenstehende Vereinbarung nichtig! — falls auf Zeit, so im Zw. mit Tod eines M. außer Kraft! — sonst Wirkung auch für und gegen Sondernachfolger!) 2042 Abs. 2, 749 Abs. 2 u. 3, 750, 751, — d) bei Unbestimmtheit der Erbtheile wegen zu erwartender Geburt eines M. oder Ausstehen des Entscheids über Ehelichkeitserklärung, Annahme an Kindesstatt, Stiftungsgenehmigung 2043, 2204, — e) auf Verlangen eines M.: Aufschub bis Ende des Aufgebotsverfahrens 2045, 2204.
2. Art der Auseinandersetzung: a) zunächst Nachlaßverbindlichkeiten, ev. Zurückbehalten, Umsetzen in Geld 2046, 2204.

   b) Überschuß an M. nach Verhältniß der Erbtheile (Schriftstücke u. s. f. gemeinschaftlich!) 2047, 2204, — Theilung in Natur — Loos — ev. Verkauf oder Zwangsversteigerung und Theilung des Erlöses 2042 Abs. 2, 752—754.

   c) Ausgleichung der M. untereinander: α) wegen der aus Gemeinschaft herrührenden Ansprüche 2042 Abs. 2, 755, 756, — β) unter den Abkömmlingen, die gesetzliche Erben sind, 2050, 2051, 2053, — aa) Ausstattungen 2050 Abs. 1, — bb) Zuschüsse und Aufwendungen zur Berufsvorbildung,

— Aufführung in der Bestallung 1791 Abs. 2, 1897.
— Beschwerderecht F.G. 58.
— gemeinschaftliche Führung 1797 Abs. 1, — wenn Vormundschaftsgericht bestimmten Wirkungskreis zutheilt, innerhalb desselben selbständig 1797 Abs. 2, — bei Meinungsverschiedenheiten: Entscheid des Vormundschaftsgerichts, falls nicht besondere Anordnung hiefür seitens des Vaters oder der Mutter, 1797, 1798, 1897.
— Haftung für Schaden als Gesammtschuldner 1833 Abs. 2, 1897.
Mobiliargemeinschaft s. Fahrnißgemeinschaft.
Modus s. Auflage.
Monat, Anfang ist 1., Mitte ist 15., Ende des M. ist letzter Tag des M. 192.
— Ende einer nach M. berechneten Frist mit Ablauf des Tags des letzten M., der durch Benennung oder Zahl dem Tag entspricht, in den Ereigniß oder Zeitpunkt fällt, — fehlt maßgebender Tag, so Ende mit letztem Tag des M. 188 Abs. 2 u. 3, — falls M. nicht zusammenhängend zu sein braucht, so = 30 Tage 191.
— halber M. = 15 Tage 189.
— Miethzins oder Vergütung der Dienste nach M.: Einfluß auf Fälligkeit und Kündigung 551, 565, 614, 621.
Mönch s. Klosterpersonen.
Mönchsrother Observanz, allgemeine Gütergemeinschaft — Übergangsvorschriften **Ue.** Art. 67, 94, 97—104.
Mora s. Verzug.
Moratorium s. Stundung.
Mord s. Tödtung.
Morganatische Ehe **E.** Art. 57, 58.
Mortis causa donatio s. Schenkung.
Muciana praesumtio 1362.
Mühle, Landesgesetze bez. Berechtigung von Realgemeinden u. s. f. an M. unberührt **E.** Art. 164.
— Zubehör: die zum Betrieb bestimmten Maschinen und Geräthe 98 Nr. 1, 97.
Mühlenrecht, landesgesetzliche Vorschriften unberührt **E.** Art. 65.
Münchener Stadtrecht, Gesetz vom 22. Februar 1855, Statutar- und Gewohnheitsrechte der Kgl. Haupt- und Residenzstadt München betr., aufgehoben **A.** Art. 175 Nr. 12.
Münchener Stadtrecht, Erbrecht der Pfründenanstalten **E.** Art. 139, **A.** Art. 101, 102.
— — Ewiggeld s. das. **Ue.** Art. 47, Bayer. Gesetz vom 18. Juni 1898 Art. 4.
— — Grundbuch in München s. Bayer. Gesetz vom 18. Juni 1898 Art. 4.
— — Herbergen, horizontal getheilte Häuser s. Stockwerke 93, 94, 1014, **E.** Art. 131, 182, **Ue.** Art. 42.
— — Kommunmauer s. das. 921, 922, 903, **E.** Art. 124, **A.** Art. 68—70, 77, 78.
— — bei Miethe Herkommen, den Auszug durch Aushängen von Fenstern u. s. f. zu erzwingen, beseitigt 227.
— — Privilegium Albertinum vom 1. Januar 1900 an beseitigt.
Mündel s. Geschäftsbeschränktheit, Geschäftsunfähigkeit, Vormund, Vormundschaft.
Mündelgeld, Anlegung s. Vormundschaft.
Mündelhypothek in der Pfalz s. Bayer. Gesetz vom 1. Juli 1898 Art. 3—5 (G. u. V.Bl. 1898 S. 371).
Mündigkeit s. Volljährigkeit.
Mündliche Erklärung s. Form, Willenserklärung.
Münzsorte, ausländische 244.
— Zahlung in bestimmter, z. Zt. der Zahlung nicht mehr im Umlauf befindlicher M. so, wie wenn M. nicht bestimmt wäre, 245.
Muster, Kauf nach M. s. Kauf 494.
Muthmaßliche Lebensdauer bei Unterhaltspflicht 844.
Muthrecht s. Bayer. Berggesetz vom 20. März 1869.
Mutiana cautio 2075.
Mutter s. auch Beistand, Elterliche Gewalt, Kind eheliches, uneheliches, Unterhaltspflicht, Vormundschaft, folgende Worte.
Mutter eheliche, Gesetzesanwendung **E.** Art. 19.
— — Anhören vor Entziehung der elterlichen Gewalt des Vaters 1673 Abs. 2.
— — Anordnungen über Führung der Vormundschaft 1855, 1777, 1852—1854, 1856, 1857, — — für Mitvormünder 1797, — — oder

Verbietung der Einsetzung des Familienraths u. s. f. 1858, 1859, 1861, 1863 Abs. 3, 1866 Abs. 2 u. 3, 1867, 1868, 1880, 1881, 1905 Abs. 2, 1777.

Mutter eheliche, Ausschluß einer Person von der Vormundschaft 1782, 1898.

— — Benennung des Vormunds, Gegenvormunds, Pflegers 1776 Nr. 2, 1777, 1782, 1898, 1915.

— — Berufung der M. als Vormund über Volljährige nach dem Vater und vor den Großeltern 1899, 1904.

— — Eheschließung der M., falls minderjähriges oder unter ihrer Vormundschaft stehendes Kind da, — Zeugniß des Vormundschaftsgerichts 1314, 1845.

— — Einwilligung zur Ehe des Kindes nur:

1. wenn Vater gestorben.
2. wenn Vater zu Erklärungsabgabe dauernd außer Stand.
3. wenn Aufenthalt des Vaters dauernd unbekannt.
4. wenn Vater Nichtigkeit der Ehe bei deren Eingehung bekannt war, 1305, 1307, 1308, 1701.

— — Entziehung des Pflichttheils wegen Verfehlung gegen M. 2333 Nr. 1, 2 u. 3.

— — Fürsorge für Leibesfrucht 1912.

— — Haftung für Unterhalt des Kindes nach dem Vater (Ausn.!) 1606 Abs. 2.

— — Sorge für Person des Kindes s. Elterliche Gewalt.

— — Verpflichtung zur Aussteuer der Tochter nur, wenn Vater dazu außer Stand oder todt, 1620.

— — Verwaltung des Vermögens des großjährigen, dem Hausstand der M. angehörenden Kindes, das der M. die Vermögensverwaltung läßt, 1619 Abs. 2.

Mutter uneheliche s. auch Kind uneheliches.

— — Gesetzesanwendung **E.** Art. 20, 21.

— — im Verhältniß zum Kind:

1. Bestellung als Vormund vor dem Großvater 1778 Abs. 3, 1900.
2. Einwilligung zur Annahme an Kindesstatt 1747, — zur Ehelichkeitserklärung 1726, — zur Eheschließung des Kindes unter 21. Lebensjahr 1305.
3. keine elterliche Gewalt oder Vertretungsmacht, aber Sorge für Person des Kindes (Ausn.!) 1707, 1736, 1765.
4. Kind hat rechtliche Stellung eines ehelichen, Familienname der M. 1705, 1706.

Mutter uneheliche im Verhältniß zum Vater:

1. Anspruch auf Ersatz der Entbindungskosten, Unterhalt für 6 Wochen, ev. weitere Aufwendungen, (auch wenn Vater oder Kind todt), (Verjährung: 4 Jahre!) 1715, — einstweilige Verfügung hierauf schon vor Geburt 1716.
2. bei Gewährung des Unterhalts an Kind: Übergang des Anspruchs desselben gegen Vater auf M. 1709 Abs. 2.
3. Verheirathung mit Vater: Kind ehelich s. Legitimation.

Mutuum s. Darlehen.

Mutuus dissensus nicht erwähnt.

N.

Nachbargrundstücke s. Eigenthumsbeschränkungen.

Nachbarrechte s. Eigenthumsbeschränkungen.

Nacheilen bei Wegnahme beweglicher Sache mittels verbotener Eigenmacht 859 Abs. 2.

Nacherbe s. auch Vorerbe.

— Übergangsbestimmung: ist Erblasser vor 1. Januar 1900 gestorben, so bisherige Gesetze **E.** Art. 213.

— ist der vom Erblasser in der Weise eingesetzte Erbe, daß er erst Erbe wird, nachdem zunächst ein Anderer (Vorerbe) Erbe geworden ist, 2100, — (im Erbschein des Vorerben anzugeben! 2363).

— Anfechtung des Erbschaftserwerbs gegenüber N. nach Anfall der Erbschaft an den Vorerben 2340 Abs. 2.

— Anordnungen des Erblassers und deren Auslegung:

1. Erbeinsetzung einer z. Zt. des Erbfalls noch nicht erzeugten Person: i. Zw. als N. (sonst unwirksam!) (Anfall mit Geburt) — (Vorerben sind die gesetzlichen Erben) 2101 Abs. 1, 2105 Abs. 2, 2106 Abs. 2.

2. — einer erst nach Erbfall zur Entstehung gelangenden juristischen Person: im Zw. N. (Anfall mit Entstehung) (Vorerben:. gesetzliche Erben) 2101 Abs. 2, 2105 Abs. 2, 2106 Abs. 2.
3. Einsetzung als N.: im Zw. auch Ersatzerbe, (falls zweifelhaft, gilt Erbe als Ersatzerbe) 2102, 2191 Abs. 2.
4. Herausgabe der Erbschaft vom Erben an bestimmtem Zeitpunkt oder Ereigniß, so ist der, an den sie herauszugeben, N. 2103, — sind N. nicht bestimmt, so die, die gesetzliche Erben beim Tod des Erblassers an bestimmtem Zeitpunkt u. s. f. wären, (nicht Fiskus!) 2104.
5. Einsetzung des Erben mit bestimmtem Zeitpunkt oder Ereigniß, so — falls nicht bestimmt — Vorerben: die gesetzlichen Erben 2105.
6. ist Zeitpunkt oder Ereigniß nicht bestimmt, so Anfall an N. mit Tod des Vorerben 2106, 2191 Abs. 2.
7. Einsetzung eines Abkömmlings, der z. Zt. der Errichtung der letztwilligen Verfügung ohne Abkömmling, als N. — so nur für den Fall, daß er ohne Nachkommen stirbt, 2107, 2191.
8. — auf das, was bei Eintritt der N.folge übrig, und Berechtigung des Vorerben zu freier Verfügung 2137, 2138.

Nacherbe, Ausschlagen der Erbschaft durch N., sobald Erbfall eingetreten, — sie verbleibt dem Vorerben, wenn nichts Anderes bestimmt, 2142.

— Beschränkung des Pflichttheilsberechtigten durch Einsetzung eines N. 2306, 2308, — — des Rechts des Erbschaftsverkäufers — — — 2376, 2378, 2385 Abs. 2.

— Eintritt der N.folge, Anzeige an das Nachlaßgericht 2146.
1. Anfall der Erbschaft an N. 2139, 2140.
2. stirbt N. vorher, aber nach Erbfall, so Übergang des Rechts auf seinen Erben, (falls nicht anderer Wille des Erblassers) 2108 Abs. 2, 2074.
3. falls hiebei Geburt eines N. zu erwarten, — Unterhaltsanspruch der Mutter 2141, 1963.
4. die infolge Erbfalls durch Vereinigung von Recht und Last u. s. f. erloschenen Rechtsverhältnisse gelten als nicht erloschen 2143.

Nacherbe, bis Eintritt der N.folge:
1. Pflegschaft für noch nicht erzeugten oder noch nicht bestimmten N. 1913, 1915, 1918 Abs. 3, 1919.
2. Aufstellung eines Testamentsvollstreckers auf Anordnung des Erblassers 2222.

— zur Erbschaft gehört:
1. was Vorerbe als Ersatz für Zerstörung u. s. f. eines Erbschaftsgegenstandes, auf Grund eines zur Erbschaft gehörenden Rechts oder durch Rechtsgeschäft mit Mitteln der Erbschaft erwirbt (Ausnahmen!).
2. was Vorerbe dem Inventar eines wirthschaftlichen Grundstücks einverleibt, 2111, 406—408.

— Pflichten des N. (s. auch Vorerbe):
1. zur Einwilligungsertheilung zu Verfügungen des Vorerben, die zur ordnungsmäßigen Verwaltung erforderlich, (auf Verlangen beglaubigt! Kosten: Vorerbe!) 2120.
2. Ersatz von Verwendungen des Vorerben auf Erbschaft, (soweit nicht dieser oder Erbschaft dafür aufzukommen hat), 2124—2126.
3. Haftung für Nachlaßverbindlichkeiten: beschränkte wie beim Erben s. Beschränkte Haftung (an Stelle des Nachlasses: was N. aus Erbschaft erlangt), — Inventar des Vorerben kommt N. zu Statten, — dem Vorerben gegenüber Berufung auf Beschränkung auch bei unbeschränkter Haftung gegenüber Nachlaßgläubigern 2144.

— Rechte des N.:
1. auf Anlegung von Geld durch den Vorerben nach den Vorschriften über Mündelgeld 2119, 2136—2138.
2. auf Auskunft und Sicherheitsleistung bei Gefahr der Verletzung seiner Rechte 2127, 2128, 2136—2138.
3. auf einen dem Vorerben infolge Wegfalls eines Miterben angefallenen Erbtheil, im Zweifel nicht auf Vorausvermächtniß des Vorerben 2110, 2191 Abs. 2.
4. auf Tragung der gewöhnlichen Erhaltungskosten, nicht außerordent-

licher Lasten durch den Vorerben 2124, 2126.
5. auf Feststellung eines Wirthschaftsplans für Wald, Bergwerk u. s. f. 2123, 2136—2138.
6. — — des Zustandes der Erbschaftsgegenstände durch Sachverständige 2122.
7. auf Genehmigung des Vorerben zur Einziehung von Hypothekforderungen u. s. f. 2114, 2136—2138.
8. auf Herausgabe der Erbschaft, wie sich solche bei fortgesetzter ordnungsmäßiger Verwaltung ergiebt, (bes. bei Landgut, landwirthschaftlichem Grundstück) (s. auch Vorerbe) 2130, 592, 593, 2136—2138, — (Ausnahme: wenn N. auf das, was bei Eintritt der N.folge übrig, eingesetzt 2137, 2138).
9. auf Hinterlegung, Umschreibung u. s. f. von Inhaberpapieren u. s. f. (Ausn.!) seitens des Vorerben 2116—2118, 2136—2138.
10. auf Rechenschaftsablage 2130 Abs. 2.
11. Verfügungen des Vorerben über Grundstück, Recht an solchem, unentgeltliche über Erbschaftsgegenstände (Ausn.), durch Zwangsvollstreckung u. s. f. über Erbschaftsgegenstände, — wodurch Recht des N. vereitelt oder beeinträchtigt, — sind unwirksam (Ausn.!) (s. auch Vorerbe) 2113—2115, — (Eintragung im Grundbuch **G.O.** 52).
12. bei Vermiethung oder Verpachtung von Grundstücken durch den Vorerben 2135, 1056.
13. auf Verzeichniß der Erbschaftsgegenstände seitens des Vorerben, Zuziehen des N. auf Verlangen, — ev. durch Notar u. s. f., auf Verlangen Unterschriften beglaubigen 2121.
14. auf Wertherſatz für seitens des Vorerben für sich verwendete Gegenstände, vorbehaltlich weiterer Haftung 2134, 2136—2138.

Nacherbe, Wirksamkeit der Einsetzung als N.:
1. nur, wenn N. z. Zt. des Erbfalls lebte oder bereits erzeugt war, 2108, 1923.
2. nicht mehr 30 Jahre nach Erbfall, falls nicht vorher N.folge eingetreten, (Ausnahmen!) 2109.
3. auf das, was beim Eintritt der N.folge übrig, 2137, 2138.

Nachfolge in Familiengüter, Lehen u. s. f.: erforderliche Zeugnisse **A.G.O.** Art. 16, 53.

Nachfolger im Besitz: Fehlerhaftigkeit desselben wirkt gegen ihn, wenn er sie beim Erwerb kennt oder Erbe des Besitzers ist, 858, 859 Abs. 4.
— bei Gemeinschaft und Miterbschaft: Wirksamkeit der Vereinbarungen der Theilhaber oder Miterben 746, 751, 755 Abs. 2, 756, 1010 Abs. 2, 2038, 2042, 2044, 2204.
— des Testamentsvollstreckers 2199 Abs. 2, 2228.

Nachgeborene Kinder sind erbfähig 1923 Abs. 2, 2108.
— — innerhalb 302 Tage nach Eheauflösung sind unehelich, wenn Mann Ehelichkeit anficht oder ohne Anfechtungsrecht verloren zu haben, stirbt, 1598, 1600.
— — nach Tod des unehelichen Vaters: Unterhaltsanspruch — Abfindung durch Erben 1712.
— — nach Tod des Vaters: Benennung eines Vormunds, Gegenvormunds, Pflegers durch Vater 1777 Abs. 2, 1792 Abs. 2, 1915, 1916.

Nachkommen s. Kinder.

Nachlaß s. auch Beschränkte Haftung, Erbe, Miterbe, Pflichttheil und die folgenden Worte.
— im Ausland eröffnet **E.** Art 26.
— Anspruch, der zum N. gehört: Verjährung, Ersitzung 207, 939.
— Herausgabe des N. an den Erben 1986, — durch den Erben an den Nachlaßgläubiger s. das.
— Sicherung des N. bis zur Annahme der Erbschaft oder wenn Erbe unbekannt oder ungewiß, ob er angenommen hat, — (Anlegung von Siegeln, — Hinterlegung, — N.verzeichniß, — Bestellung eines N.pflegers) 1960—1962, **A.** Art. 105, 106, — Gefährdung des N. durch Anordnungen

des Erblassers 2216 Abs. 2, — Zuständigkeit **F.G.** 74, **A.** Art. 105.

Nachlaß, Überschuldung des N. s. N.konkurs, K.O. 214—236.
— Verträge über N. eines noch lebenden Dritten, über Pflichttheil oder Vermächtniß aus N. sind nichtig, außer unter künftigen gesetzlichen Erben über gesetzlichen Erbtheil oder Pflichttheil (Form!) 312.
— Verzeichniß des N. s. Inventar.
— Zwangsvollstreckung C.P.O. 747—749, 778—786.

Nachlaßauseinandersetzung s. Nachlaßgericht.

Nachlaßgegenstand s. auch Nachlaß.
— Übergangsbestimmungen **E.** Art. 213, **Ue.** Art. 142—146.
— Anspruch öffentlicher Verpflegungsanstalt an N. **E.** Art. 139, **A.** Art. 102.
— Auslegungsregeln (s. auch das.):
1. N., der nach Bestimmung des Erblassers dem Erben nicht zufallen soll, gilt dem gesetzlichen Erben vermacht (nicht Fiskus) 2149.
2. Bestimmung des N., den Vermächtnißnehmer erhalten soll, 2153—2155, 2192.
3. Vermächtniß desselben N. an Mehrere 2157—2159.
4. — eines bestimmten N., der z. Zt. des Erbfalls nicht zur Erbschaft gehört, 2169, 2170, 2172 Abs. 2, 2182 Abs. 2, 2288 Abs. 2.
— Beseitigung der den vermachten N. belastenden Rechte 2165.
— Ersatz für Zerstörung u. s. f. 2041, — — für Verschlechterung u. s. f. bei Nacherbfolge 2132, 2124—2126, 2164 Abs. 2, — — beim Erbschaftskauf 2380.
— Erwerb des N. von dem im Erbschein als Erbe Bezeichneten 2366, 2367, 2370.
— Herausgabe durch Erbschaftsbesitzer 2018—2021, 2023, 2029, — — beim Erbschaftskauf 2374, 2375, 2385 Abs. 2.
— im Inland, falls für Erbschaft kein zuständiges deutsches N.gericht (s. das.), Erbschein 2369, **F.G.** 73 Abs. 3.
— Verfügung durch Erben vor Erbschaftsausschlagung 1959 Abs. 2, — — durch Erben, falls Testamentsvollstrecker vorhanden, 2211, 2217, — — durch Miterben über Antheil an einzelnen N. unzulässig 2033 Abs. 2, 2040, — — durch Testamentsvollstrecker 2208, 2211, 2215, 2213 Abs. 2, 2217, 2220, 2224 Abs. 2, — — durch Vorerben s. das. 2112—2115, — — — (Verwendung für sich) 2134, 2136—2138.

Nachlaßgegenstand, vollständige Angabe, Beschreibung, Werthsangabe im Inventar 2001, 2005, 2006, 2009, 2013, — Verzeichniß durch Vorerben 2121, — Feststellung des Zustandes hiebei 2122, — Verzeichniß durch Testamentsvollstrecker 2215, 2220.

Nachlaßgericht.
— I. Übergangsbestimmungen: beim Tod des Erblassers vor 1. Januar 1900 Verfahren nach bisherigem Recht **E.** Art. 213, — für die Pfalz **Ue.** Art. 142—146.
— II. Thätigkeit des N.:
1. Abgabe von Erklärungen (Benachrichtigung der Betheiligten, Einsichtsgestattung) folgende Erklärungen sind gegenüber N. abzugeben (Beurkundung **F.G.** 91 Abs. 1, 93 Abs. 1): a) Ablehnung der Fortsetzung der Gütergemeinschaft und Anfechtung dieser Erklärung 1484, 1518, 1945, 1955, 1957, — b) Anfechtung der Ehe nach dem Tod eines Ehegatten 1342, — c) — der Ehelichkeit eines verstorbenen Kindes 1597, — d) — eines Erbvertrags nach dem Tod eines Vertragstheiles 2281 Abs. 2, — e) — eines Testaments 2081, — f) — der Versäumung der Ausschlagungsfrist bei der Erbschaft 1956, — g) Annahme oder Ablehnung oder Kündigung des Amts eines Testamentsvollstreckers 2202, 2226, — h) Anzeige vom Erbschaftsverkauf 2384, — i) — des Vor- oder Nacherben vom Eintritt der Nacherbfolge 2146, — k) Aufhebung der fortgesetzten Gütergemeinschaft 1492, 1518, — l) Ausschlagung und Anfechtung der Annahme oder Ausschlagung

der Erbschaft 1945, 1955, 1953 Abs. 3, 1957, — m) Bestimmung des Nachfolgers eines Testamentsvollstreckers 2199, — und des Testamentsvollstreckers durch Dritte 2198, — n) Verzicht eines Abkömmlings auf den Antheil am Gesammtgut bei fortgesetzter Gütergemeinschaft 1491, 1518.

2. Anhören der Betheiligten vor Entscheidung s. Anhörung.

3. Anmeldung der Nachlaßgläubiger auf Aufgebot eines Miterben 2061.

4. Aufnahme oder Aufnehmenlassen des Inventars auf Antrag des Erben 2003, 2004, 2005 Abs. 2, 2010, **E.** Art. 148, — (in Bayern zur Aufnahme des Inventars nicht Amtsgericht, sondern Notar zuständig **A.** Art. 167 I Abs. 3, s. aber XVI), — Abnahme des Offenbarungseids vom Erben 2006, 2013, **E.** Art. 147 Abs. 2, **F.G.** 79, 83 Abs. 2.

5. Einholung der Genehmigung einer in einer Verfügung von Todeswegen bestehenden Stiftung, falls dies nicht schon vom Erben oder Testamentsvollstrecker geschehen ist, 83.

6. Entgegennahme des Testaments oder Erbvertrags nach dem Tod des Erblassers, — Ladung zum Termin, — Eröffnung, — Verkündung, — Protokoll, — Kenntnißgabe an die nicht Anwesenden, — Einsichtsgestattung 2259—2262, 2264, 2300, **F.G.** 83.

7. Entscheid von Meinungsverschiedenheiten zwischen mehreren Testamentsvollstreckern 2224, **F.G.** 82.

8. Erbauseinandersetzung (s. auch Miterbe) zwischen mehreren Erben (Ausn.: bei Testamentsvollstrecker) (in Bayern auch durch Notar **E.** Art. 193, **A.** Art. 104, 132) — (Übergangsbestimmung, falls Tod des Erblassers vor 1. Januar 1900, **E.** Art. 213, **Ue.** Art. 36) — auf Antrag eines Miterben u. s. f. (Angabe der Betheiligten und Theilungsmasse, — ev. Ergänzung), — Ladung zum Verhandlungstermin (nicht öffentlich! — Frist: mindestens 2 Wochen!), — Beurkundung der vor Auseinandersetzung getroffenen Vereinbarung (Versäumniß — Wiedereinsetzung), — Auseinandersetzungsplan, — über Streitpunkt Protokoll! — Bestätigung, — sofortige Beschwerde, — Zwangsvollstreckung, — Wiedereinsetzung in den vorigen Stand **F.G.** 86—98, — von Amtswegen nach Landesgesetz, falls Auseinandersetzung nicht binnen bestimmter Frist bewirkt wird, **F.G.** 192, 193.

9. Feststellung, daß kein anderer Erbe als Fiskus, 1964—1966, **F.G.** 78.

10. Fristsetzung für a) Annahme oder Ausschlagung des Amts eines Testamentsvollstreckers 2202, — b) Bestimmung, an wen die durch Auflage angeordnete Leistung erfolgen soll, 2193 Abs. 2, **F.G.** 80, — c) —, welcher von mehreren Bedachten ein Vermächtniß erhalten soll, 2151 Abs. 3, **F.G.** 80, — d) — der Person des Testamentsvollstreckers durch einen Dritten 2198 Abs. 2, **F.G.** 80, — e) Inventarerrichtung durch den Erben 1994—1996, **F.G.** 77.

11. Sorge für Nachlaß bis zur Annahme der Erbschaft (Siegelung, Hinterlegung, Verzeichniß, Pflegschaft) 1960—1962, **E.** Art. 140, **F.G.** 74, **A.** Art. 105, — Anordnung, Veröffentlichung, Aufhebung der Nachlaßverwaltung 1981—1983, 1988, 1990, 2013 Abs. 2, 2062, **F.G.** 76, — Ernennung des Testamentsvollstreckers auf Anordnung des Erblassers, Außerkraftsetzung von Anordnungen des Letzteren 2200, 2216 Abs. 2, — Entlassung des Testamentsvollstreckers 2227, **F.G.** 81, 82.

12. Zeugnißertheilung: a) für den Erben s. Erbschein 2353—2370, **F.G.** 84, 85, — b) über Fortsetzung der Gütergemeinschaft 1507, 1518, **Ue.** Art. 29, — c) zum Nachweis der Nachfolge bei Familiengut einer standesherrlichen Familie oder allodifiziertem Lehen **A.G.O.** Art. 16, 53, — d) für Testamentsvollstrecker 2368, — e) für überlebenden Ehegatten über Recht der Verwaltung, Nutznießung oder des Besitzes **Ue.** Art. 28 Abs. 3.

Nachlaßgericht, Verletzung der Amtspflicht durch Nachlaßrichter s. auch Beamter 839, 841.
— Zuständigkeit: Amtsgericht des Wohnsitzes des Erblassers zur Zeit des Erbfalls (Ausn.!) F.G. 72, 73, — für Nachlaßpflegschaft F.G. 75, — für Sicherung des Nachlasses F.G. 74, — Landesgesetze, wodurch N. durch nichtgerichtliche Behörden ersetzt wird, unberührt E. Art. 147, — in Bayern Notar s. das. und E. Art. 193, A. Art. 104.

Nachlaßgläubiger, Übergangsbestimmung: bei Tod des Erblassers vor 1. Januar 1900 bisherige Gesetze maßgebend E. Art. 213.
— Aufgebot der N. zur Anmeldung ihrer Forderungen s. Aufgebot.
— Rechte der N.:
1. vor Annahme der Erbschaft keine Klage gegen Erben (aber gegen Nachlaßpfleger und Testamentsvollstrecker!) 1958, 1960 Abs. 3, 2213, — Klage gegen Fiskus erst nach Feststellung, daß kein anderer Erbe, durch Nachlaßgericht 1966, — Antrag auf Bestellung eines Nachlaßpflegers behufs Klage gegen Nachlaß 1961.
2. Antrag auf Nachlaßverwaltung (bis 2 Jahre nach Annahme der Erbschaft bei Gefährdung seiner Befriedigung — s. auch Nachlaßverwaltung) 1981 Abs. 2, 1978 Abs. 2, 1985 Abs. 2.
3. Antrag auf Bestimmung einer Inventarfrist für Erben durch Nachlaßgericht (Forderung glaubhaft machen!) 1994, 1996 Abs. 3, — — Leistung des Offenbarungseids 2006, 2013.
4. Recht auf Auskunft seitens Fiskus als gesetzlichen Erben, Nachlaßpfleger und -verwalter 2011, 2012.
5. — gegenüber Erbschaftskäufer 2382, 2383.
6. auf Berichtigung der Nachlaßverbindlichkeit s. das., — aufschiebende Einreden des Erben nach Annahme der Erbschaft 2014—2017, — aus Grundstück, Zwangsversteigerung Z.V. 175—179. Haftung des Erben (s. Erbe und Beschränkte Haftung), bei Miterben: Haftung als Gesammtschuldner, — Einreden vor und nach der Theilung 2058—2060.
7. Klage gegen Testamentsvollstrecker, wenn diesem Verwaltung des Nachlasses zusteht, neben Klage gegen Erben 2213, 2214.
8. Vorzugsrecht an Nachlaßgrundstück in der Pfalz s. Bayer. Gesetz vom 1. Juli 1898 Art. 16 (G. u. V.Bl. 1898 S. 373), — gesetzlicher Hypothektitel im rechts-rheinischen Bayern E. Art. 213, Ue. Art. 52, 55 Abs. 2.

Nachlässigkeit s. Fahrlässigkeit.

Nachlaßinventar s. Inventar.

Nachlaßkonkurs s. auch K.O. 214—236.
— Übergangsbestimmung: bei Tod des Erblassers vor 1. Januar 1900 bisherige Gesetze maßgebend E. Art. 213.
— Pflicht des Erben (Nachlaßverwalters, Erbschaftskäufers): N. unverzüglich zu beantragen, nachdem er von Überschuldung Kenntniß hat, (sonst für Schaden verantwortlich; auch bei fahrlässiger Nichtkenntniß, insbes. Unterlassung des Aufgebots! Ausnahmen!) — (Verbindlichkeiten aus Vermächtnissen und Auflagen außer Betracht) 1980, 1978, 1979, 2013, 1985 Abs. 2, 2382, 2383, 2036.
— Folge der Nichteröffnung des N. (oder Einstellung mangels erforderlicher Masse oder Überschuldung in Folge Vermächtnissen und Auflagen): Erbe kann Befriedigung der Nachlaßgläubiger über Nachlaß verweigern, — Herausgabe des Nachlasses an Gläubiger 1990—1992, 1978, 1979, 2013, 2145 Abs. 2, 2187 Abs. 3.
— Folgen der Eröffnung des N.:
1. Ende der Nachlaßverwaltung 1988.
2. Haftung des Erben auf Nachlaß beschränkt! (Ausn.!) 1975, 2000, 2013.
3. — — — für bisherige Verwaltung 1978, 1979.
4. Unwirksamkeit der Bestimmung der Inventarfrist 2000.
5. die in Folge Vereinigung erloschenen Rechtsverhältnisse gelten als nicht erloschen, Aufrechnung als nicht erfolgt 1976, 1977, 2013.

6. Zwangsversteigerung nicht beendet **Z.V.** 178 Abs. 2, — doch keine Anberaumung derselben bei Antrag auf N. **Z.V.** 178.

Nachlaßkonkurs, Ende des N. durch Vertheilung der Masse oder Zwangsvergleich:
1. Haftung des Miterben nur für den seinem Erbtheil entsprechenden Theil der Nachlaßverbindlichkeiten 2060 Nr. 3.
2. Herausgabe des Überschusses oder Werthersatz durch den Erben 1989, 1973, 2013.
3. Versäumung der Inventarfrist unerheblich 2000.

Nachlaßpflegschaft s. auch Nachlaßverwaltung, C.P.O. 243, 246, 779 Abs. 2, 780 Abs. 2.
— Übergangsbestimmung für die Pfalz **Ue.** Art. 144 Abs. 2 u. 3.
— zur Sicherung des Nachlasses anzuordnen durch Nachlaßgericht (an Stelle des Vormundschaftsgerichts!), von Amtswegen bei bestehendem Bedürfniß oder auf Antrag eines Nachlaßgläubigers, bis zur Annahme der Erbschaft, (ebenso, wenn Erbe unbekannt oder ungewiß, ob er Erbschaft angenommen hat), 1960, 1961, 1962, **F.G.** 75, 76.
— Folgen:
1. Ansprüche gegen den Nachlaß können auch vor Annahme der Erbschaft gegen Nachlaßpfleger geltend gemacht werden 1960 Abs. 3.
2. Auskunftsertheilung durch den Nachlaßpfleger.
3. keine Inventarfrist für Nachlaßpfleger!
4. Nachlaßpfleger kann nicht auf Beschränkung der Haftung des Erben verzichten 2012.
5. mit Bestellung: Beginn der Fristen für die aufschiebenden Einreden des Erben 2017.
— zum Zwecke der Befriedigung der Nachlaßgläubiger s. Nachlaßverwaltung.

Nachlaßregulirung s. Miterben.

Nachlaßrichter s. Nachlaßgericht.

Nachlaßverbindlichkeiten, Übergangsbestimmung: beim Tod des Erblassers vor 1. Januar 1900 bisherige Gesetze maßgebend **E.** Art. 213.
— sind:
1. Anspruch der Mutter auf Unterhalt, falls z. Zt. des Erbfalls Geburt eines Erben zu erwarten, 1963, 2141.
2. Ansprüche der Nachlaßgläubiger aus Verwaltung des Erben vor Nachlaßverwaltung oder -konkurs 1978 Abs. 2, 1985 Abs. 2.
3. Gewährung des Unterhalts an die z. Zt. des Todes zum Hausstand des Erblassers gehörenden Familienangehörigen während 30 Tagen 1969.
4. Kosten der Beerdigung des Erblassers 1968.
5. die Schulden des Erblassers.
6. die den Erben als solchen treffenden Verbindlichkeiten, insbes. Pflichttheile, Vermächtnisse, Auflagen 1967.

Nachlaßverbindlichkeiten, aufschiebende Einreden gegen Berichtigung der N. seitens des Erben:
1. bis Ablauf von 3 Monaten nach Erbschaftsannahme — jedoch nicht über Inventarerrichtung 2014, 2017, — Ausn.: a) bei unbeschränkter Haftung des Erben, — b) soweit ein Gläubiger vom Aufgebot nicht betroffen wird, 2016.
2. bis Beendigung des Aufgebotsverfahrens (oder Nichterscheinen im Aufgebotstermin, falls nicht neuer Termin), — falls Erbe Antrag innerhalb 1 Jahr nach Erbschaftsannahme gestellt und Antrag zugelassen ist, 2015, 2017, — Ausn.: wie bei 1 2016.
— Berichtigung der N.:
1. bei Auseinandersetzung der Miterben, (zurückbehalten, falls noch nicht fällig oder streitig), 2046, 2204.
2. durch den Erben vor Nachlaßverwaltung oder -konkurs 1979, — falls Testamentsvollstrecker da, 2217 Abs. 2.
3. durch Erbschaftsbesitzer — (sind Verwendungen!) 2022 Abs. 2.
4. beim Erbschaftskauf 2378 Abs. 2, 2382, 2383, 2036.
5. bei Nacherbfolge 2120.
6. durch Nachlaßverwalter aus Nachlaß 1985, 1986.
7. aus einem zum Nachlaß gehörenden Grundstück durch Zwangsversteigerung **Z.V.** 175—179.
— gerichtliche Geltendmachung der N. (Verjährung 207).
1. vor Erbschaftsannahme nicht gegen Erben 1958, 2213, 2214.

2. dagegen gegen Nachlaßpfleger 1960 Abs. 3, 1961.
3. und Testamentsvollstrecker 2213, 2214.

Nachlaßverbindlichkeiten, Haftung für N.:
1. seitens des Erben s. Erbe, Beschränkte Haftung, — (bei unbeschränkter Haftung wird Verfügung eines Nichtberechtigten, der vom Berechtigten beerbt wird, wirksam 185).
2. seitens des Erbschaftskäufers 2378, 2382, 2383, 2036.
3. seitens der Miterben s. das. 2058—2063, E. Art. 24 Abs. 2.
4. seitens des Nacherben 2144, 2145.
— vollständige Angabe der N. im Inventar 2001, 2005 Abs. 2, — Verzeichniß der N. durch Testamentsvollstrecker 2215, 2220.

Nachlaßverwalter s. Nachlaßverwaltung.

Nachlaßverwaltung Übergangsbestimmung: beim Tod des Erblassers vor 1. Januar 1900 bisherige Gesetze maßgebend E. Art. 213, Ue. Art. 144 Abs. 2 u. 3.
— ist Nachlaßpflegschaft (s. das.) zum Zweck der Befriedigung der Nachlaßgläubiger 1957.
— Anordnung vom Nachlaßgericht F.G. 75, 76.
auf Antrag:
1. des Erben, falls er nicht unbeschränkt haftet, 1981, 2013.
2. mehrerer Erben auf gemeinschaftlichen Antrag vor Theilung 2062.
3. eines Erbschaftskäufers 2383.
4. eines Nachlaßgläubigers, wenn sonst dessen Befriedigung gefährdet, (jedoch nicht 2 Jahre nach Erbschaftsannahme) 1981 Abs. 2, 2013, — (Anordnung ablehnen, wenn nicht eine den Kosten entsprechende Masse! 1982, 1990—1992, 2013, 2036, 2145 Abs. 2, —) Anordnung veröffentlichen! 1983.
— Folgen der Anordnung der N.:
1. Ausschluß von Zwangsvollstreckung und Arrest in Nachlaß 1984 Abs. 2.
2. Bestimmung einer Inventarfrist unwirksam 2000.
3. Haftung des Erben u. s. f. beschränkt auf Nachlaß 1975, 2013.
4. Haftung des Erben für bisherige Verwaltung (Ersatz von Aufwendungen) 1978, 1991, 2036, — Berichtigung von Nachlaßverbindlichkeiten hiebei 1979, 1985 Abs. 2, 1990, 2013, 2031, — ebenso beim Erbschaftskäufer 2382, 2383, 2036.
5. die durch Vereinigung von Rechten und Verbindlichkeiten u. s. f. erloschenen Rechtsverhältnisse gelten als nicht erloschen 1976.
6. ebenso bei Aufrechnung von Forderungen 1977.
7. Erbe hat nicht mehr Recht, Nachlaß zu verwalten und über ihn zu verfügen, 1984.
8. falls vor Erbschaftsannahme angeordnet, 2017.

Nachlaßverwaltung, Nachlaßverwalter:
1. Ausantwortung des Nachlasses an die Erben erst, wenn bekannte Nachlaßverbindlichkeiten berichtigt sind, — ev. Sicherheit 1986.
2. Auskunftsertheilung 2012 Abs. 2.
3. Haftung für Verwaltung den Nachlaßgläubigern gegenüber 1985 Abs. 2.
4. keine Inventarfrist 2012 Abs. 2.
5. keine Pflicht zur Übernahme des Amts 1981 Abs. 3, 1785.
6. kein Recht, auf Beschränkung der Haftung des Erben zu verzichten, 2012 Abs. 2.
7. angemessene Vergütung 1987.
8. Verpflichtung bei Kenntniß der Überschuldung, Nachlaßkonkurs zu beantragen, 1980.
9. Verwaltung des Nachlasses, Berichtigung der Verbindlichkeiten 1985, 1979.
— Ende der N.:
1. durch Aufhebung, falls nicht eine den Kosten entsprechende Masse vorhanden, 1988 Abs. 2.
Folge:
Erbe kann Befriedigung der Nachlaßgläubiger verweigern, soweit Nachlaß nicht ausreicht, — Hinausgabe des Nachlasses an die Gläubiger 1990—1992, 2036, 2145 Abs. 2, 2187 Abs. 3.
2. mit vollständiger Berichtigung s. oben bei Nachlaßverwalter.
3. mit Eröffnung des Nachlaßkonkurses 1988.

Nachlaßverzeichniß s. auch Inventar, Verzeichniß.
— Anordnung der Aufnahme eines N. vor Annahme der Erbschaft 1960, **E.** Art. 140.
— Aufnahme **A.** Art. 167 XVI, **N.** Art. 2 Nr. 1.
— Verpflichtung des Testamentsvollstreckers zur Mittheilung des N. an den Erben 2215.
Nachrede üble, Schadensersatzpflicht 824.
Nachricht s. Anzeige.
Nachstellung s. Lebensnachstellung.
Nachtheil, Übergang einer Forderung auf Dritten nicht zum N. des Gläubigers 268 Abs. 3, — — bei Bürgschaft und Pfandrecht 774, 1225, — — bei Gesammtschuld 426 Abs. 2, — — bei Hypothek 1164, 1176, 1182, — — des Anspruchs auf Unterhalt 1607 Abs. 2, 1608, 1709 Abs. 2.
— als Folge der unerlaubten Handlung 842, — — des Unterbleibens der Ehelichkeitserklärung 1727.
Nachträgliche Zustimmung s. Genehmigung.
Nachvermächtniß ist Zuwendung des vermachten Gegenstands an einen Dritten von einem nach Anfall des Vermächtnisses eintretenden bestimmten Zeitpunkt oder Ereigniß an 2191.
1. als beschwert gilt erster Vermächtnißnehmer 2191.
2. N. enthält i. Zw. Ersatzvermächtniß 2191 Abs. 2, 2102.
3. in Wirksamkeit i. Zw. mit Tod des ersten Vermächtnißnehmers 2191 Abs. 2, 2106 Abs. 1.
4. falls erster Vermächtnißnehmer Abkömmling des Erblassers und z. Zt. der Testamentserrichtung kinderlos, so N. nur für den Fall, daß jener kinderlos stirbt, 2191 Abs. 2, 2107.
5. N. erstreckt sich i. Zw. auch auf angewachsenes Vermächtniß des ersten Vermächtnißnehmers 2191 Abs. 2, 2110.
6. als Beschränkung des Pflichttheilsrechts des Abkömmlings 2338.
Nachweis bei Antrag auf Unschädlichkeitszeugniß s. Bayer. Gesetz vom 15. Juni 1898 Art. 4.
Nachweis der Gelegenheit zum Vertragsabschluß s. Mäklervertrag.
— vor dem Grundbuchamt **G.O.** 33—38, 99.
Näherrecht s. Vorkaufsrecht.
Namen, Firma s. das., H.G.B. und F.G. 140, 141.
— Änderung des Familiennamens in Bayern nur mit Bewilligung des Königs, des Vornamens der zuständigen, vom Staatsministerium zu bestimmenden Behörde **A.** Art. 3.
— der Ehefrau:
1. erhält Familiennamen des Mannes 1355.
2. nach Ehescheidung: a) behält Familiennamen des Mannes, — b) kann ihren N. wieder annehmen, — c) falls allein schuldig, Untersagung der Führung des N. des Mannes 1577.
— eines eingetragenen Vereins 57, 64.
— in der Firma des Kaufmanns H.G.B. 17—37, s. auch Gewerbeordnung 15a.
— des Kindes:
1. ehelichen: N. des Vaters 1616.
2. unehelichen: a) N. der Mutter, — b) falls Mutter verheirathet, deren N. vor Heirath, — doch durch Erklärung des Ehegatten (Form!) und bei Zustimmung von Mutter und Kind N. des Ehemannes 1706, **E.** Art. 208.
3. an Kindesstatt angenommen: N. des Annehmenden! — (bei Annahme durch verheirathete Frau deren N. vor Verehelichung, — — Ehepaar N. des Mannes), — darf N. seinem früheren hinzufügen, wenn im Vertrag nicht Anderes bestimmt, — bei Aufhebung Verlust, N. zu führen, 1758, 1762, 1772.
— Klage auf Beseitigung der Beeinträchtigung, ev. auf Unterlassung (auch Schadensersatz!), bei Bestreitung des Rechts zum Gebrauch des N. oder bei unbefugtem Gebrauch des N. 12, 823.
— Umschreibung von Schuldverschreibungen auf den Inhaber auf N. 806, 1393, 2117, **E.** Art. 101, **A.** Art. 49—57.

Namensänderung s. Namen.
Namensrecht s. Namen.
Namensunterschrift s. Unterschrift.
Nasciturus s. Leibesfrucht.
— pro iam nato habetur 844 Abs. 2, 1592, 1717, 1912.
Naturalis obligatio s. auch Anstandspflicht.
— — keine Rückforderung:
1. bei Erfüllung verjährter Verbindlichkeit 222 Abs. 2.
2. des bei Differenzgeschäft Geleisteten 764.
3. einer Heirathsvermittlungsgebühr 656.
4. des bei nicht staatlich genehmigter Lotterie oder Ausspielvertrag Geleisteten 763.
5. des auf Grund von Spiel oder Wette Geleisteten 762.
6. des Geleisteten, wenn Leistender wußte, daß er zur Leistung nicht verpflichtet oder Leistung sittlicher oder Anstandspflicht entsprach, 814, — (s. im Übrigen Ungerechtfertigte Bereicherung 813 Abs. 2, 815, 817).
Naturalisation E. Art. 41 I.
Natürliche Kinder s. Kinder uneheliche.
Natürliche Person I. Buch Abschn. 1 Tit. 1–20.
Nautarum receptum nicht erwähnt.
Nebenbestimmungen s. Auflage, Bedingung, Zeitbestimmung.
Nebenleistungen, Befriedigung bei der Zwangsversteigerung **Z.V.** 12 Nr. 2, 49.
— Eintrag des Geldbetrags der N. bei Hypotheken ins Grundbuch 1115, — — bei Grundschuld 1191 Abs. 2, 1192.
— N. bei Theilbefriedigung des Hypothekgläubigers 1145 Abs. 2, — bei Übertragung der Hypothekforderung 1158, 1159, — bei Vereinigung der Hypothek mit Eigenthum in einer Person 1178.
— Verjährung der N. mit Hauptanspruch 224.
— beim Vorkaufsrecht 507, 1098.
— Wandelung beim Kauf 470.
— Zahlungsort der N. bei der Grundschuld 1194.
Nebenrechte s. Bürgschaft, Hypothek, Pfandrecht, Vorzugsrecht.
— Übergang auf den neuen Gläubiger mit Abtretung der Forderung 401, 1153, 1154.
Nebensachen s. Bestandtheile, Zubehör 95, 97, 98.
— bei Herstellung eines Werks 651 Abs. 2
— Wandelung der mangelhaften N. 470, 543, 581 Abs. 2.
Neffe s. Erbe gesetzlicher (II. Ordnung).
— kann Tante heirathen 1310.
Negatives Vertragsinteresse bei Nichtigkeit der Willenserklärung wegen Mangel des Ernstes, Irrthums, unrichtiger Übermittlung 122.
— — bei Vertrag mit Vertreter ohne Vertretungsmacht 179.
— — — auf unmögliche Leistung 307.
Negatoria actio s. Eigenthumsanspruch 1004, 894, 1027, 1065, 1090, 1227.
Negotiorum gestio s. Geschäftsführung ohne Auftrag.
Negotium claudicans s. Genehmigung.
Neidbau nicht erwähnt s. 226.
Nemo plus juris transferre potest quam ipse habet nicht erwähnt u. durchbrochen s. 932.
Nemo pro parte testatus, pro parte intestatus decedere potest nicht mehr gültig 1938, 2088, 2089.
Neuer Gläubiger s. Abtretung, Übertragung.
Neuer Hypothekenbrief s. Hypothekenbrief.
Neuerungsvertrag nicht erwähnt.
Neues Testament hebt früheres, soweit es mit ihm in Widerspruch steht, auf 2258, — (einseitiges n. T. hebt gemeinschaftliches Testament nicht auf 2271).
Nichtausübung von Grunddienstbarkeiten 1029.
Nichtberechtigter, Übergangsbestimmung: Vorschriften des B.G.B. zu Gunsten derjenigen, welche Rechte von einem Nichtberechtigten herleiten, gelten auch bei den am 1. Januar 1900 bestehenden Verfügungsbeschränkungen, **E.** Art. 168.
— Verfügungen des N. wirksam:
1. bei Einwilligung oder Genehmigung des Berechtigten.
2. bei Erwerb des Gegenstands durch den N.

3. bei Beerbung des N. durch den unbeschränkt haftenden Berechtigten 185, — (entsprechende Anwendung 135, 136, E. Art 61; — 161, 2113, 2129, 2211, s. auch H.G.B. 366, C.P.O. 325 Abs. 2, 898).

Nichte s. Neffe.

Nichterfüllung s. Schadensersatz.

Nichtgebrauch s. Nichtausübung.

Nichtigkeit:

— A. der Ehe s. Ehe und Kinder aus nichtiger Ehe.

— B. nichtig sind (bei N. eines Theils ist ganzes Rechtsgeschäft nichtig, wenn nicht anzunehmen, daß es auch ohne nichtigen Theil vorgenommen, 139, — entspricht nichtiges Rechtsgeschäft Erfordernissen eines andern, so gilt letzteres, wenn anzunehmen, daß es bei Kenntniß der N. gewollt wäre, 140, — Bestätigung! 141), — (Folgen: auch Schadensersatz 122).

1. Anordnung des Erblassers, daß Testament oder Erbvertrag nicht alsbald nach seinem Tode eröffnet wird, 2263, 2300.
2. Scheinerklärungen 117, 140.
3. Vereinbarung über Ausschluß von Gewährleistung bei arglistiger Verschweigung: a) vom Mangel im Recht seitens des Verkäufers 443, 2182, — b) vom Mangel der Sache — 476, — c) — seitens des Vermiethers 540, — d) — — Verpächters 581 Abs. 2, — e) — — Werkunternehmers 637.
4. Vereinbarung, durch die Kündigungsrecht der Gesellschaft ausgeschlossen oder gegen die gesetzlichen Bestimmungen beschränkt wird, 723 Abs. 2.
5. — bei Gemeinschaft (Recht auf Theilung oder Auseinandersetzung ausgeschlossen!) 749 Abs. 3, 2042 Abs. 2, 2044, 2204.
6. —, durch die sich Grundstückseigenthümer gegenüber Gläubiger verpflichtet, Grundstück nicht zu veräußern oder weiter zu belasten, 1136, — oder das mit Hypothek belastete Grundstück nicht zu theilen, oder Grundstücke, die auf einem Folium des Grundbuchs, nicht zu trennen, Bayer. Gesetz vom 18. Juni 1898 Art. 6 Abs. 3 u. 7.
7. — vor Eintritt der Verkaufsberechtigung, wonach Pfandgläubiger Eigenthum des Pfandes erhalten soll, (Lex commissoria) 1229, 1277.
8. Vereinbarung von Zins vom Zins (Ausnahmen!) 248.
9. einzelne Verfügungen im gemeinschaftlichen Testament oder Erbvertrag 2270, 2298.
10. Versprechen einer Strafe für den Fall, daß Eingehung der Ehe unterbleibt, 1297 Abs. 2.
11. Vertrag über Nachlaß eines lebenden Dritten (Ausnahmen!) 312.
12. — auf Übertragung oder Belastung des künftigen Vermögens mit Nießbrauch 310.
13. — auf unmögliche Leistung 306, 308.
14. —, durch den sich jemand verpflichtet, Verfügungen von Todeswegen zu errichten, nicht zu errichten, aufzuheben, nicht aufzuheben, 2302.
15. unentgeltlicher Verzicht auf Unterhalt des unehelichen Kindes für die Zukunft 1714 Abs. 2.
16. Willenserklärungen im Zustande der Bewußlosigkeit 105.
17. — von Geschäftsunfähigen (s. das.) 105.
18. — mit mangelnder Ernstlichkeit 118.
19. — — gesetzlicher Form (s. Form) 125.
20. — unter Verstoß gegen gesetzliches Verbot 134, 308, 309.
21. — — gegen gute Sitten, insbes. bei Wucher 138.
22. — mit Vorbehalt, das Erklärte nicht zu wollen (reservatio mentalis), 116.
23. Zuwendung an den bei Testamentserrichtung als Richter, Notar, Gerichtsschreiber, Zeugen Mitwirkenden, dessen Ehegatten, nahen Verwandten, Verschwägerten 2235, 2334.

— bei notarieller Beurkundung F.G. 171 Abs. 2.

Nichtigkeitserklärung der Ehe s. Ehe.

Nichtigkeitsklage s. Ehe.

— gegen das Scheidungsurtheil oder Nichtigkeitserklärung der Ehe hindert Eingehung einer andern Ehe 1309 Abs. 2, C.P.O. 542.

— hindert Gültigwerden der in das Heirathsregister eingetragenen, wegen

Formmangels nichtigen Ehe mit Ablauf von 10 Jahren oder beim Tod eines Ehegatten 1324, C.P.O. 585.
— Nichtigkeit einer nicht für nichtig erklärten oder aufgelösten Ehe nur durch N. geltend zu machen 1329.

Nichtschuld, Zahlung einer N. s. Ungerechtfertigte Bereicherung.

Nichtwissen s. Kennen und Kennen und Kennenmüssen.

Niederkunft s. Entbindung.

Niederlassung s. auch Gewerbliche N. — ständige als Begründung des Wohnsitzes 7.

Nießbrauch s. auch Nutzungsrechte (Eintheilung des Folgenden: I. an beweglichen Sachen und Grundstücken: Beendigung C.; Begriff A.; Begründung B.; Pflichten des Eigenthümers D., des Nießbrauchers F.; Rechte des Eigenthümers E., des Nießbrauchers G.; — II. an Rechten: Beendigung B.; Begründung A.; verschiedene Rechte als Gegenstand des Nießbrauchs C.; — III. an Vermögen oder Erbschaft: Begründung A.; Recht des Bestellers C., des Gläubigers des Bestellers B.; des Nießbrauchers D.).
— I. **an beweglichen Sachen und Grundstücken** 1030—1067.
— — A. Begriff:
N. — — ist derartige Belastung, daß der, zu dessen Gunsten dieselbe ist, berechtigt ist, die Nutzungen zu ziehen, (Beschränkung durch Ausschluß einzelner Nutzungen zulässig) — 1030, nicht übertragbar! nur Ausübung kann überlassen werden, — unvererblich! 1059, — bei verbrauchbaren Sachen wird Nießbraucher Eigenthümer 1067, — (Zusammentreffen des N. mit anderen Rechten 1060, 1024), — (N. ist persönliche Dienstbarkeit).
— — B. Begründung des N.:
a) an beweglichen Sachen:
1. Einigung des Eigenthümers und Erwerbers, daß diesem N. zustehen soll, und α) Übergabe der Sache, falls Erwerber nicht schon im Besitz, (929), — oder β) Vereinbarung, daß Erwerber mittelbaren Besitz erlangt, (constitutum possessorium 930), — oder γ) Abtretung des Anspruchs auf Herausgabe (931) 1032, 932—936, 1058.
2. durch Ersitzung 1033, **E.** Art. 185.
3. durch Leistung seitens des Schuldners an den Nießbraucher 1075.
b) an Grundstücken: Einigung und Eintragung in das Grundbuch 873, 878, **E.** Art. 128, **A.** Art. 84, — mit N. an Grundstücken zugleich am Zubehör 1031, 892, 926.

Nießbrauch, C. Beendigung des N.:
1. mit Tod des Nießbrauchers oder Erlöschen der juristischen Person 1061.
2. des N. an beweglichen Sachen: a) durch Erklärung des Nießbrauchers gegenüber dem Eigenthümer, daß er das Recht aufgebe, 1064, — b) durch Ersitzung 945, — c) durch Pfandveräußerung, außer wenn N. allen Pfandrechten im Rang vorgeht, 1242 Abs. 2, 1273, — d) durch Sacherwerb seitens des Finders 973, — e) durch Veräußerung der Sache (Ausn.!) 936, — f) durch Verjährung (30 Jahre) 194, 195, — g) durch Vermischung u. s. f. 949, — h) durch Zusammentreffen mit dem Eigenthum in derselben Person, außer bei Interesse am Fortbestehen des N., 1063.
3. des N. an Grundstücken: a) falls buchungsfrei, **A.** Art. 84 Abs. 3, — b) durch Erklärung des Nießbrauchers und Löschung im Grundbuch 875, 876, 878, — Aufhebung i. Zw. auch des N. am Zubehör 1062, — c) durch unrichtige Löschung im Grundbuch, wenn Anspruch verjährt ist, 901, — (nicht durch Zusammentreffen mit Eigenthum 889, — nicht durch Verjährung 902), — d) bei Zwangsversteigerung (Ersatz) **Z.V.** 92, 121.
— — D. Pflichten des Eigenthümers (s. auch G.):
1. Ersatz an Verwendungen, zu denen Nießbraucher nicht verpflichtet, 1049.
2. bei Sachinbegriff: Verzeichniß 1035.
— — E. Rechte des Eigenthümers (s. auch F.):
1. Anordnung einer Verwaltung 1052, 1054.
2. Ersatz wegen Veränderung oder Verschlechterung (Verjährung: 6 Monate) 1037, 1041, 1050, 1057.
3. Feststellung des Zustandes der Sache auf seine Kosten durch Sachverständige 1034, 1067.

4. Klage auf Unterlassung, falls Nießbraucher den Gebrauch unbefugt trotz Abmahnung fortsetzt, 1053.
5. Kündigung bei Verpachtung oder Vermiethung eines Grundstücks durch den Nießbraucher über die Dauer des N. 1056, **Ue.** Art. 5.
6. bei mittelbarem Besitz 868—871.
7. Sicherheitsleistung begehren: a) bei Besorgniß erheblicher Verletzung seiner Rechte, ev. Übergabe an Verwalter, — b) im Falle von Nr. 9 1051, 1052, — c) bei verbrauchbaren Sachen, wenn Anspruch auf Werthersatz gefährdet, 1067 Abs. 2.
8. Verlangen, daß Versicherungssumme zur Wiederherstellung verwendet wird, 1046 Abs. 2.
9. Werthersatz für Früchte, die Nießbraucher durch nicht ordnungsmäßige Wirthschaft erwirbt, 1039.
10. Wirthschaftsplan bei Wald, Bergwerk u. s. f. 1038.

Nießbrauch, F. Pflichten des Nießbrauchers (s. auch E.):

1. bei Grundstücken sammt Inventar: a) Ersatz für gewöhnlichen Abgang, — b) nachgeschaffte Stücke werden Eigenthum des Eigenthümers des Inventars, — c) falls Inventar zum Schätzungswerth übernommen, 1048, 588, 589.
2. Rückgabe nach Ende des N. an Eigenthümer 1055, — bei verbrauchbaren Sachen Werthersatz, — Sicherheitsleistung 1067.
3. Sorge für Erhalt der Sache in ihrem wirthschaftlichen Bestand, — Ausbesserungen und Erneuerungen nur soweit, als gewöhnliche Unterhaltung, 1041, 1043, — falls er solche nicht selbst vornimmt, Gestattung der Vornahme durch Eigenthümer 1044.
4. Tragung der auf der Sache ruhenden öffentlichen Lasten.
   Ausn.: a) außerordentliche, — b) privatrechtliche, die schon z. Zt. der Bestellung auf der Sache, z. B. Hypothekzinsen u. s. f. 1047.
5. unverzügliche Anzeige bei Beschädigung u. s. f. der Sache oder Anmaßung eines Rechts seitens eines Dritten 1042.
6. Versicherung der Sache auf seine Kosten gegen Brand u. s. f., falls dies zur ordnungsmäßigen Wirthschaft gehört, — ist Sache versichert, so Zahlungen 1045, 1046, s. auch Bayer. Gesetz vom 3. April 1875, Brandversicherungsanstalt r. d. Rh. betr., Art. 10, **A.** Art. 164 III.
7. Verzeichniß bei Inbegriff von Sachen, auf Verlangen beglaubigt, 1035.
8. Werthersatz bei Beendigung des N. für Fruchterwerb entgegen ordnungsmäßiger Wirthschaft, — Sicherheitsleistung 1039.

Nießbrauch, G. Rechte des Nießbrauchers (s. auch D.): (im Verhältniß zwischen Nießbraucher und Eigenthümer gilt zu Gunsten des Ersteren der Besteller als Eigenthümer, außer wenn Nießbraucher Gegentheil weiß, 1058.)

1. bei Antheil am Miteigenthum 1066.
2. Anspruch auf Entschädigung des Eigenthümers wegen Zwangsversteigerung u. s. f. **E.** Art. 52, 53.
3. bei außergewöhnlicher Ausbesserung Recht, die Bestandtheile des Grundstücks zu verwenden, die nicht zu den ihm gebührenden Früchten gehören, 1043.
4. bei Beeinträchtigung s. Eigenthumsanspruch 1065, 985—1007, 1042.
5. zum Besitz der Sache und Nutzung 1030, 1036, — Ausübung: nach bisheriger wirthschaftlicher Bestimmung und ordnungsmäßiger Wirthschaft 1036, — (doch nicht Umgestaltung der Sache, aber neue Anlagen 1037, — nicht Antheil an in der Sache gefundenem Schatz 1040), — Überlassung der Ausübung 1059.
6. Eigenthumserwerb an Erzeugnissen und Bestandtheilen nach der Trennung 954, 955, — — an Früchten, ordnungsmäßiger Wirthschaft zuwider, 1039.
7. Ersatz von Verwendungen (Verjährung: 6 Monate) 1049, 1057.
8. Feststellung des Zustandes der Sache auf seine Kosten 1034, — bei verbrauchbaren Sachen Werthfeststellung (hier wird Nießbraucher Eigenthümer) 1067.
9. N. an Forderung gegen den Versicherer 1046.

10. Recht auf Regelung bei Zusammentreffen mehrerer N. u. s. f. 1060, 1024.
11. Veränderungen und Verschlechterungen in Folge ordnungsmäßiger Ausübung nicht zu vertreten 1050.
12. Verfügungsrecht über einzelne Stücke bei Grundstücken sammt Inventar innerhalb ordnungsmäßiger Wirthschaft 1048.
13. Wegnahme der Einrichtung, mit der er Sache versah, (Verjährung: 6 Monate) 1049 Abs. 2, 1057.
14. Wirthschaftsplan bei Wald, Bergwerk u. s. f. 1038.

Nießbrauch, II. **an Rechten** 1068—1084. (entsprechende Anwendung der Vorschriften unter I. 1068), — kein N. an nicht übertragbarem Recht 1069 Abs. 2, — Aufhebung und Änderung des Rechts nur mit Zustimmung des Nießbrauchers 1071, 876, 877.

— — A. Begründung: nach den für die Übertragung des Rechts geltenden Bestimmungen 1069, 1075, 1081 Abs. 2.

— — B. Beendigung wie bei I., — ferner bei Zusammentreffen mit Eigenthum und Erklärung des Nießbrauchers, N. aufzugeben, auch wenn Recht nicht Recht an beweglicher Sache, 1072.

— — C. verschiedene Rechte als Gegenstand des N.:

1. Recht, kraft dessen eine Leistung gefordert werden kann, 1070.
2. bei Leibrente, Auszug gebühren dem Nießbraucher die einzelnen Leistungen 1073.
3. bei Forderung (Grund-, Rentenschuld:

a) Berechtigung des Nießbrauchers zur Kündigung und Einziehung (ordnungsmäßig!) (nicht zu sonstigen Verfügungen), — mit Leistung des Schuldners an Nießbraucher erwirbt dieser N. (bei verbrauchbaren Sachen: Eigenthum) und Gläubiger Sache 1074, 1075, 1080.

b) ist Forderung verzinslich: α) Kündigung und Zahlung nur von und an Nießbraucher und Gläubiger gemeinsam, — β) Verpflichtung, hiezu mitzuwirken, ebenso zu verzinslicher Anlage 1076—1079.

c) bei Inhaber oder Orderpapieren, die mit Blankoindossament versehen: α) Besitz des Papiers und Erneuerungsscheins gemeinsam, — Zins-, Renten-, Gewinnantheilschein Nießbraucher allein 1081, — β) Bestellung: statt Übergabe Mitbesitz 1081 Abs. 2, — γ) auf Verlangen hinterlegen 1082, — δ) Mitwirkung an ordnungsmäßiger Verwaltung 1083, — ε) falls es verbrauchbarer Gegenstand ist, 1084, 1067.

Nießbrauch, III. **am Vermögen oder einer Erbschaft** 1085—1089, C.P.O. 737, 738.

— — A. Begründung: nur so, daß Nießbraucher N. an den einzelnen Gegenständen erlangt, 1085, 1089, — (Belastung künftiger Vermögen nichtig 310, — gegenwärtiger notariell 311).

— — B. Rechte der Gläubiger des Bestellers:

1. soweit Forderung vor Bestellung entstanden, Befriedigung aus den dem N. unterliegenden Gegenständen 1086, C.P.O. 737, 738.
2. falls Forderung schon zur Zeit der Bestellung verzinslich: Nießbraucher hat Zinsen (oder andere wiederkehrende Leistungen) zu tragen (nicht ausschließbar! nicht beschränkbar!) 1088.

— — C. Recht des Bestellers bei Fälligkeit einer vor Bestellung entstandenen Forderung auf Rückgabe der zur Befriedigung des Gläubigers erforderlichen Gegenstände 1087.

— — D. Recht des Nießbrauchers: Antrag auf Erbauseinandersetzung **F.G.** 86 Abs. 2.

Niet- und nagelfest s. Verbindung.

Nominatio auctoris s. C.P.O. 76, 77.

Nondum concepti s. Leibesfrucht.

Nonne s. Klosterperson.

Non usus s. Nichtausübung.

Nördlingen in Bayern, allgemeine Gütergemeinschaft — Übergangsbestimmungen (Vorschrift bezüglich des Eheeingehens vor Jahr und Tag beseitigt) **Ue.** Art. 67, 71 Abs. 2, 94, 97—104.

Notar s. auch Form, und folgende Worte.

— Bayer. Gesetze vom 10. Nov. 1861, 29. Juli 1876, 16. Mai 1868 und die übrigen pfälzischen Notariatsgesetze vom 18. März 1896 aufgehoben **N.**

Art. 130, 132, **A.** Art. 175 Nr. 34, — in Bayern jetzt **N.**

Notar, öffentlicher Beamter, — nicht zugleich Rechtsanwalt, — darf nicht Handel oder Gewerbe betreiben, — Mitglied eines Aufsichtsraths nur mit Erlaubniß des Justizministeriums, — zum Amt als Testamentsvollstrecker Erlaubniß nicht nöthig, — Gebühren **N.** Art. 8, 12, 13, 48—56, Bek. v. 24. Dezbr. 1899 u. Verordn. v. 28. Dezbr. 1899 (Just.-Min.-Bl. 1899 S. 591 u. 761).

— Verpflichtung zur Amtsthätigkeit — in bestimmten Fällen Weigerung **N.** Art. 14—17, 136, — Notariatsgeschäft nicht deshalb unwirksam, weil außerhalb des Amtsbezirkes des N. vorgenommen, **N.** Art. 6 Abs. 5.

— Haftung des Staats für Verletzung der Amtspflicht durch N., — Schadensersatz durch N. gegenüber Staat, — keine Haftung für Schaden, den N. als Testamentsvollstrecker anrichtet, **N.** Art. 126.

— Zuständigkeit:

1. Ablieferung des Testaments u. s. f. nach Tod des Erblassers 2259 Abs. 2, 2300.
2. Abnahme von Versicherungen an Eidesstatt zur Glaubhaftmachung (nicht ausschließlich!) 2356 Abs. 2, 2357, **N.** Art. 3.
3. Anlegung und Abnahme von Siegeln (neben N. Gerichtsschreiber und -vollzieher) **N.** Art. 2 Nr. 2.
4. Antragstellung auf Eintragung in das Grundbuch **G.O.** 15, 31, — — Handelsregister **F.G.** 129, — — Standesregister **F.G.** 71.
5. Aufbewahrung von Geld, Kostbarkeiten, Werthsachen **N.** Art. 4.
6. Auflassung s. das. **E.** Art. 143, **A.** Art. 8, **A.G.O.** Art. 12 Nr. 2, 53.
7. Aufnahme von Vermögens- und Nachlaßverzeichnissen **N.** Art. 2 Abs. 1.
8. Auseinandersetzung des Nachlasses und Gesammtguts (neben Amtsgericht) **F.G.** 193, **A.** Art. 104, 132.
9. Beglaubigungen und Beurkundungen, öffentliche (s. auch Form) **E.** Art. 141, **A.** Art. 167 I., **N.** Art. 1. Ausn.: a) neben N. Amtsgericht: Vereinbarungen zwischen Vater und unehelichem Kind über Unterhalt in Zukunft oder Abfindung und zwischen unehelichem Vater und Mutter 1718, 1720, **F.G.** 167 Abs. 2, — b) neben N. Amtsgericht oder Standesbeamter: Anerkennung der Vaterschaft **F.G.** 167 Abs. 2, — c) neben N. Gerichtsschreiber des Amtsgerichts: Feststellung des Datums einer Privaturkunde Ausführungsgesetz zur C.P.O. Art. 88.
10. Beurkundung des Ganges der Verhandlung in Versammlung einer Genossenschaft, Vereins u. s. f. **N.** Art 32.
11. Eidesabnahme nach Geschäftsordnung, falls N. im Ausland zuständig, **N.** Art. 3 Abs. 2.
12. Erbverträge s. Testament u. Nr. 16 u. 18.
13. Gebühren, Mitwirkung bei Berechnung und Erhebung **N.** Art. 5.
14. Herstellung von Theilhypothekenbriefen u. s. f. (daneben Grundbuchamt **A.G.O.** Art. 21) 1145, **G.O.** 61.
15. Inventarerrichtung 2002, 2003, **A.** Art. 167 I u. XVI.
16. Öffnung und Bekanntgabe der von ihm verwahrten Testamente und Erbverträge **N.** Art. 1 Abs. 2.
17. Sachverständigenvernehmung üb. Grundstückswerth **A.** Art. 87, **F.G.** 164.
18. Testaments- oder Erbvertragserrichtung oder Aufhebung des Erbvertrags 2231 Nr. 1, 2232—2246, 2256, 2272, 2276, 2277, 2290 Abs. 4, **E.** Art. 151, — (Ausschluß b. Verwandtschaft u. s. f. 2234—2237, 2276, 2290 Abs. 4, **E.** Art. 151), — (Zuziehung eines zweiten N. 2233—2236, 2239—2242, 2246, 2276, 2290, **E.** Art. 151).
19. Testamentsvollstrecker (keine Erlaubniß nöthig, — keine Haftung des Staats) **N.** Art. 13 Abs. 2, 126 Abs. 3.
20. Versteigerung öffentliche **N.** Art. 2 Nr. 3, — — von Mobilien, nicht ausschließlich, s. z. B. 383 Abs. 3.
21. Verwahrung amtliche von Urkunden **N.** Art. 1, ausschließlich von Testamenten und Erbverträgen, — Vorbehalt des **F.G.** 200, **N.** Art. 1 Abs. 2.
22. Zeugenvernehmung eidliche **N.** Art. 3 Abs. 2.
23. Zustellungen **N.** Art. 3 Abs. 2.

24. Zwangsversteigerung und -verwaltung von Grundstücken **E.Z.V.** 13, **A.** Art. 82, **A.Z.V.** Art. 25, 53.

Notariat s. Notar.

— ist staatliche Behörde **N.** Art. 6 Abs. 2.

Notarielle Beurkundung s. Form Notarielle Urkunden, s. auch **A.** Art. 167 I, — genügend ist, wenn zunächst Antrag und dann Annahme desselben notariell beurkundet wird, 128, 152, 154, **F.G.** 167—183.

Notarielle Urkunden s. auch Erbvertrag, Form, Notar, Testament, Bek. v. 24. Dez. 1899 (Just.-Min.Bl. 1899 S. 591).

— — Vorbehalt für Landesgesetzgebung **F.G.** 200, s. auch **E.** Art. 151.

— — Errichtung, soweit nicht Anderes bestimmt, in Form von Protokollen:

1. deutsche Sprache (ev. Dolmetscher s. das.) **F.G.** 175, 178—180, **N.** Art. 25.
2. Inhalt: a) Tag und Ort der Errichtung, — b) Bezeichnung der Betheiligten, Darstellung des beurkundeten Vorgangs, Unterschrift der Mitwirkenden, ev. Feststellung, daß sie nicht schreiben können, — c) Erklärung, Ermittlung des wahren Willens, Belehrung, — d) Feststellung etwaiger Zweifel des Notars über Geschäftsfähigkeit u. Gültigkeit des Geschäfts, — e) Angabe („soll"), ob Notar Betheiligten kennt, — f) bei Eigenthumsübertragung an Grundstücken u. s. f. vorher Einsicht des Grundbuchs oder Auszugs, — Feststellung im Protokoll, — Ausn. nur in Nothfällen! — g) Unterschrift des Notars in dessen Amtseigenschaft — Siegel und Stempel! — h) Vorlesen od. selbst durchlesen — zur Durchsicht vorlegen, wenn verlangt, immer bei Tauben **F.G.** 176, 177, **N.** Art. 24—36.

— — Beglaubigung von Abschriften **N.** Art. 34.

— — Beglaubigung einer Unterschrift oder Handzeichens nur, wenn Unterschrift in Gegenwart des Notars vollzogen oder anerkannt durch Vermerk unter Unterschrift, (Bezeichnung dessen, der Unterschrift vollzogen oder anerkannt, — Ort — Tag — Unterschrift — Siegel oder Stempel) **F.G.** 183, **N.** Art. 35.

Notarielle Urkunden, Unfähigkeit als Notar, Zeuge, (Richter, Gerichtsschreiber) mitzuwirken:

1. Betheiligter oder der, für den Betheiligter als Vertreter handelt.
2. Ehegatte des Betheiligten, auch wenn Ehe gelöst, oder dessen, für den Betheiligter als Vertreter handelt.
3. Verwandter oder Verschwägerter eines Betheiligten in gerader Linie oder zweitem Grad der Seitenlinie, oder dessen, für den Betheiligter als Vertreter handelt.
4. der, zu dessen Gunsten in Urkunde Verfügung, oder der zu diesem im Verhältniß wie unter 2 und 3 bezeichnet steht, — (Nichtigkeit, soweit Verfügung zu Gunsten!).
5. der, welcher zum Notar im Verhältniß, wie unter 2 und 3 bezeichnet, steht, **F.G.** 170—172.

— — als Zeuge („soll" nicht mitwirken):

1. Minderjähriger:
2. wer der bürgerlichen Ehrenrechte verlustig, während dieser Zeit.
3. wer unfähig ist, als Zeuge eidlich vernommen zu werden.
4. Gesinde, Gehülfen des Notars **F.G.** 173.

— — Zuziehung von zwei Zeugen oder zweiten Notars: wenn der, dessen Erklärung beurkundet werden soll („Betheiligter"), nach Überzeugung des Notars taub, stumm, blind, am Sprechen verhindert ist, — Gegenwart bei Vorlesung, Genehmigung, Unterzeichnung **F.G.** 169, 168, 174.

Nothdurft s. Bedürftigkeit.

Nothdürftiger Unterhalt, hierauf beschränkt:

1. wer durch sein sittliches Verhalten bedürftig geworden.
2. Abkömmlinge, Eltern u. s. f., Ehegatten bei Verfehlung, die zum Pflichttheilsentzug (s. Pflichttheil) berechtigt, 1611, 1580.

Notherbe nicht aufgenommen.

Nothgebührniß s. Pflichttheil.

Nothlage, Ausbeutung s. Wucher (Nichtigkeit!) 138.

— Dienstleistungen des Dienstboten **A.** Art. 19.

Nothstand, Gefahr des N. durch Verschwendung oder Trunksucht, Entmündigungsgrund 6 Nr. 2 u. 3.
— als Grund zur Beschädigung oder Zerstörung gefahrdrohender fremder Sachen oder zur Einwirkung auf solche 228, 904.
Nothtestament s. Testament 2249—2252, **E.** Art. 150.
Nothweg, falls einem Grundstück die nothwendige Verbindung mit öffentlichem Weg fehlt, — bis zur Hebung des Mangels (erforderlichenfalls Urtheil! — Geldrente! — Ausn.!) 917, 918, 924, **E.** Art. 116, **Z.V.** 52 Abs. 2.
— Landesgesetze über N. zur Verbindung von Grundstücken mit Wasserstraßen oder Eisenbahnen unberührt (in Bayern nicht!) **E.** Art. 123.
Nothwehr beim Besitz s. das.
— ist die zur Abwendung eines gegenwärtigen rechtswidrigen Angriffs von sich oder einem Anderen erforderliche Vertheidigung 227 Abs. 2.
— Handlung, die durch N. geboten, ist nicht widerrechtlich 227 Abs. 1.
Nothwendige Verwendungen, Ersatz des Eigenthümers gegenüber Besitzer 995, 996.
— beim Erbschaftskauf 2381.
— bei vermietheten Sachen 547.
Nothzucht, Schadensersatz 859, 860, 865, 1029, 1090.
Novation nicht erwähnt, s. aber 364 Abs. 2, 607 Abs. 2.
Noxae datio nicht erwähnt.
Nürnberg, allgemeine Gütergemeinschaft bei ersten und versammten Ehen, sonst Errungenschaftsgemeinschaft des Zugewinnstes, — Übergangsbestimmungen s. **Ue.** Art. 62 Abs. 2, 75 Abs. 2, 83, 86, 94, 100, 101.
Nützliche Verwendungen nicht erwähnt.
Nutznießung s. Elterliche Gewalt, Eingebrachtes Gut, Gesetzliches Güterrecht.
Nutzungen s. auch Früchte.
— sind Früchte oder Vortheile des Gebrauchs der Sache oder des Rechts 100.
— Bezug der N.: a) durch den elterlichen Gewalthaber 1652, 1656, 1658 Abs. 2, 1686, — b) beim Erbschaftskauf 2379, 2380, 2382, — c) bei Errungenschafts- und Fahrnißgemeinschaft des eingebrachten Guts 1525, 1550, — d) bei Gemeinschaft (durch Theilhaber) 743, 745 Abs. 3, 2038 Abs. 2, — e) bei gesetzlichem Güterstand N. des eingebrachten Guts 1383, — f) bei Hinterlegung der Sache 379 Abs. 2, — g) beim Kauf (von Übergabe an Käufer) 446, 451, 452, — h) bei Nacherbfolge 2111, 2123, 2133, — i) bei Nießbrauch 1030—1067, — k) beim Pfandrecht 1213, 1214, 1283, — l) beim Tausch 515, — m) beim Viehkauf 487 Abs. 4, — n) beim Werkvertrag 651, — o) bei Zwangsversteigerung **Z.V.** 56.
Nutzungen, Herausgabe der N.: a) Ausgleichung mit Zinsen der Aufwendung 256, — b) seitens des mit Vermächtniß Beschwerten 2184, — c) seitens des Besitzers an Eigenthümer 987—993, — d) seitens des Erbschaftsbesitzers an Erben 2020—2025, — e) Haftung 292, 347, 280, 286, 327, 467, 634, — f) — bei gläubigerischem Verzug 302, — g) bei ungerechtfertigter Bereicherung 818 Nr. 1 u. 4, 819, 820 Abs. 2.
Nutzungspfand ist Pfand, dessen Nutzungen Pfandgläubiger zu ziehen berechtigt ist (im Zw. Fruchtbezug!), — (Pflicht, für Nutzungsgewinn zu sorgen, Rechenschaft abzulegen), 1213, 1214.
Nutzungsrechte s. auch Nießbrauch.
— bäuerliche **E.** Art. 197, 63.
— vererbliche und veräußerliche an Grundstücken, landesgesetzliche Vorschriften **E.** Art. 196, — Anlegung von Grundbuchblatt **A.G.O.** Art 17, 53.
— zeitlich nicht begrenztes an Grundstück, — Wildschaden **E.** Art. 72.

O.

Obereigenthum nicht erwähnt, s. aber Lehen.
Oberfläche einer beweglichen Sache, Bearbeitung, Eigenthumserwerb 950.
— eines Grundstücks, Recht des Eigenthümers daran 905.
Oberlehnsherrlichkeit, Landesgesetze über Ablösungsrenten aufrecht **E.** Art. 114.

Oberpfälzer Recht, Errungenschaftsgemeinschaft — Übergangsbestimmungen s. **Ue.** Art. 84 Abs. 2 u. 3, 94, 97—104.

Oberstes Landesgericht als Beschwerdeinstanz **F.G.** 199, **G.O.** 102, **A.** Art. 129.

Obervormundschaftsbehörde s. Familienrath und Vormundschaftsgericht.

Obhut des Verwahrers und Gastwirths 688, 701, 702.

Obligatio naturalis s. Naturalobligation.

Obligation s. Schuldverhältnisse.

Observanz nicht erwähnt.

Obst, Lieferung bei Leibgedingsvertrag **A.** Art. 35, 34.

Obstbaum s. Baum.

Occupation s. Aneignung.

Offenbarungseid s. auch C.P.O. 254, 807, 883, 889, 899 u. s. f., E.G. zur C.P.O. 16 Nr. 2.

1. seitens des Erben nach Inventarerrichtung auf Verlangen eines Nachlaßgläubigers vor Nachlaßgericht: „daß er nach bestem Wissen die Nachlaßgegenstände so vollständig angegeben hat, als er dazu im Stande sei", (Folgen der Nichtleistung! — wiederholte Leistung nur, wenn Grund zu der Annahme, daß nach Eidesleistung neue Nachlaßgegenstände dem Erben bekannt geworden), 2006, 2013, **E.** Art. 147 Abs. 2, **F.G.** 79, 78.
2. seitens desjenigen, der mit Erblasser zur Zeit des Erbfalls in häuslicher Gemeinschaft, falls Grund zu der Annahme, daß Auskunft nicht mit erforderlicher Sorgfalt, — auf Verlangen des Erben: „daß er seine Angaben nach bestem Wissen so vollständig gemacht hat, als er dazu im Stande sei", — nicht in Angelegenheiten von geringer Bedeutung, — Ort der Leistung des O. und Kosten wie unter 6 2028, 259 Abs. 3, 261, **F.G.** 163, 79.
3. falls herauszugebende Sache oder Person nicht vorgefunden wird, **A.** Art. 130 Abs. 3.
4. seitens des Miterben, der Zuwendungen zur Ausgleichung zu bringen hat, falls Grund zu der Annahme, daß Angabe nicht mit erforderlicher Sorgfalt, — nicht in Angelegenheiten von geringer Bedeutung, — Eidesnorm, Ort, Kosten wie unter 6 2057, 260, 261, **F.G.** 163, 79.
5. seitens dessen, bei dem Annahme besteht, daß er Testament im Besitz hat und nicht abliefert, **F.G.** 83 Abs. 2.
6. bei Verpflichtung, über mit Einnahmen und Ausgaben verbundene Verwaltung Rechenschaft zu legen (2740, 86, 666, 681, 723, 740, 1214, 1421, 1456, 1550, 1681, 1686, 1890, 1897, 1915, 2130), — und bei Verpflichtung der Herausgabe eines Inbegriffs von Sachen oder Auskunftsertheilung hiebei, auf Verlangen: „daß er nach bestem Wissen die Einnahmen (bezw. den Bestand) so vollständig angegeben habe, als er dazu im Stande sei", — kann geändert werden, — nicht bei Angelegenheiten von geringer Bedeutung 259, 260, 261 Abs. 2.

   Ort der Leistung: Prozeßgericht oder Amtsgericht des Orts, an dem Verpflichtung zu erfüllen, oder des Wohnsitzes oder Aufenthaltes des Verpflichteten, falls im Inland, 261 Abs. 1, **F.G.** 163, 79.

   Kosten des O.: der, der dessen Leistung verlangt, 261 Abs. 3.

Offener Kram und Laden nicht erwähnt.

Offenkundigkeit von Thatsachen bei Ertheilung des Erbscheins 2356 Abs. 3, 2357 Abs. 3.

Öffentliche Abgaben s. auch Öffentliche Lasten.

— — keine Haftung des Verkäufers u. s. f. für Freiheit von ö. A. 436, 445, 515, 651, 2182.

— — Rückerstattung von zu Unrecht erhobenen ö. A. nach Landesgesetz **E.** Art. 104, **A.** Art. 125 Abs. 3, 126 Abs. 2, 127.

Öffentliche Anstalt s. Anstalt.

Öffentliche Armenkasse, Vertheilung letztwilliger Zuwendung an die Armen 2072.

Öffentliche Aufforderung s. Anmeldung.

Öffentliche Ausübung des Standesbeamtenamts ohne Befugniß 1019.

Öffentliche Beglaubigung s. Form.

Öffentliche Behörde s. Behörde.
Öffentliche Bekanntmachung s. Bekanntmachung.
Öffentliche Bestellung zur Besorgung von Geschäften, — unverzügliche Ablehnung eines Auftrags 663, — Verjährung der Gebühren und Auslagen (2 Jahre) 196 Nr. 15, 201, 218.
Öffentliches Buch s. Buch.
Öffentliches Erbieten zur Besorgung von Geschäften 663.
Öffentlicher Gebrauch von Grundstücken 911, **E.** Art. 106, **A.** Art. 58, 59.
Öffentliches Gewässer, Benutzung zu Anlagen und Betrieben, — Haftpflicht **E.** Art. 106, **A.** Art. 59.
Öffentlicher Glaube s. Grundbuch.
Öffentliche Hinterlegungsstelle s. Hinterlegungsstelle.
Öffentliches Interesse an Vollziehung einer Auflage 525 Abs. 2, 2194, **A.** Art. 107.
— — Eigenthumsbeschränkungen im ö. J. **E.** Art. 111, **A.** Art. 1.
— — Entziehung, Beschädigung u. s. f. von Sachen im ö. J. **E.** Art. 52, 53, 109, 120 Abs. 2 u. Nr. 3, **A.** Art. 1, Bayer. Gesetz v. 15. Juni 1898 (G.- u. V.Bl. 1898 S. 301) Art. 18.
— — bei Geschäftsführung ohne Auftrag 679.
Öffentliche Kasse s. Kassen.
Öffentliche Lasten s. auch Lasten und Öffentliche Abgaben.
— — beim gesetzlichen Güterrecht 1385 Nr. 1, 1388.
— — beim Nießbrauch 1047.
— — Anspruch bei Zwangsversteigerung und -verwaltung **Z.V.** 10 Nr. 3, 49, 10 Nr. 7, 129, 155 Abs. 2, 156.
Öffentlicher Lehrer s. Lehrer **E.Z.V.** 4, **A.G.O.** Art. 23, 24, 53.
Öffentliche Pfandleihanstalten E. Art. 94 Abs. 2, **A.** Art. 91.
Öffentlicher Platz s. Wege.
Öffentliches Recht, juristische Personen des ö. R. 89.
— — Rechtsverhältnisse des ö. R., Ansprüche hieraus **A.** Art. 122—128.
Öffentliche Sammlung für vorübergehenden Zweck, Pflegschaft s. das. 1914, 1915, 1918 Abs. 3, 1919.
Öffentliche Sparkassen s. Sparkasse.
Öffentliche Straßen s. Wege, Öffentlicher Weg.
Öffentliche Urkunde s. Urkunde.
Öffentlicher Verkehr s. Verkehrsanstalten.
Öffentliche Verpflegungsanstalt s. Verpflegungsanstalt.
Öffentliche Versteigerung s. Versteigerung.
Öffentlicher Weg, Benützung zum Eisenbahnbetrieb, Haftpflicht **E.** Art. 105, **A.** Art. 58.
— — nothwendige Verbindung s. Nothweg.
— — Grundbuchblatt **G.O.** 90, Kgl. Verordn. v. 1. Juli 1898 (G. u. V.Bl. 1898 S. 377).
Öffentliche Wohlthätigkeitsanstalt s. Wohlthätigkeitsanstalt.
Öffentliche Zustellung s. Zustellung.
Öffentlicher Zweck s. auch **A.** Art. 139.
— — Abtretung von Grundstücktheil zum ö. Z. s. Bayer. Gesetz v. 15. Juni 1898 Art. 2 Abs. 3, 3 Abs. 3, 4 Abs. 2, 5 Abs. 3, 6.
Offert s. Antrag.
Oheim s. Erbe gesetzlicher, III. Ordnung.
— kann Nichte heirathen 1310.
Onerirter s. Beschwerter.
Onkel s. Oheim.
Operae liberales, beim Dienstvertrag: Dienste höherer Art 611 Abs. 2, 622, 627.
Operis novi nuntiatio nicht erwähnt, s. aber 907, 924.
Optio legata 2155 Abs. 2 u. 3.
Opus s. Werkvertrag.
Oralfideikommiß nicht erwähnt.
Orden religiöse, Erwerb von Todeswegen **E.** Art. 87.
Ordentlicher Hausvater s. Sorgfalt.
Orderpapiere (s. auch Indossament) mit Blankoindossament im Besitz der Eheleute: Vermuthung zu Gunsten der Gläubiger des Mannes, daß Mann Eigenthümer, 1362, **E.** Art. 16 Nr. 2.
— — Erwerb mit Mitteln des eingebrachten Guts der Frau 1381, 1525, 1550.
— — — des Kindes 1646, 1686.

Orderpapiere, Hinterlegung der O. m. B. beim eingebrachten Gut der Frau 1392, 1525, 1550, — beim Kindes- u. Mündelvermögen 1667, 1814, 1853, 1815, 1817, 1819, 1820, 1855, 1856, — bei Nacherbfolge 2116, 2136—2138.
— — als Gegenstand des Nießbrauchs 1081—1084.
— — als Sicherheitsleistung oder Anlage von Mündelgeld 234, 1807 Nr. 4.

Ordnungen s. Erbe gesetzlicher.

Ordnungsmäßigkeit als Maßstab
1. für Ausübung des Nießbrauchs 1050.
2. für Benutzung bei Gemeinschaft und beim Nothweg 745, 917.
3. für die Besorgung der persönlichen Angelegenheiten der Frau 1402, 1404, 1451.
4. für Geschäftsführung seitens des Testamentsvollstreckers 2227.
5. für eine Verwaltung 745, 1088, 1286, 1374, 1377, 1379, 1386, 1430, 1447, 1472, 1487, 1519, 1525, 1549, 1550, 1619, 1653, 1656, 2038, 2120, 2130, 2206, 2216.
6. für die Wirthschaft, insbes. Fruchtziehung 102, 581, 586, 588, 589, 591, 592, 594, 987, 993, 998, 1036, 1039, 1045, 1046, 1048, 1122, 1378, 2133, **Z.V.** 24, 25, **A.** Art. 34, 35, 48.

Ordnungsstrafen sind zulässig:
1. gegen Besitzer des Testamentes bei Nichtablieferung **F.G.** 83.
2. seitens des Grundbuchamts gegen Besitzer von Hypotheken-, Grund-, Rentenschuldbriefen bei Nichtvorlage **A.G.O.** Art. 20, 53.
3. bei freiwilliger Gerichtsbarkeit **F.G.** 24, 33, 132, 133, 136, — Verfahren **F.G.** 132—139.
4. gegen Mitglieder des Familienraths (Maximum 100 Mark) 1875 Abs. 2.
5. gegen Mitglieder des Vorstandes und Liquidatoren eines eingetragenen Vereins durch das Amtsgericht (Maximum der einzelnen O. 300 Mk.) 78, **F.G.** 159.
6. gegenüber Verwalter bei Zwangsverwaltung (bis 200 Mark) **Z.V.** 153 Abs. 2.
7. gegenüber Vormund und Pfleger zur Übernahme der Vormundschaft oder Pflegschaft durch Vormundschaftsgericht (Maximum der einzelnen O. 300 Mk. — nicht mehr als 3 O.! — Zwischenraum mindestens 1 Woche!) 1788, 1897, 1905, 1981 Abs. 3, — und zur Befolgung der Anordnungen — 1837, (auch gegen Gegenvormund) 1897, 1915.

Organe eines Vereins, einer Stiftung s. das.

Ort s. auch Erfüllungsort, Leistungsort.
— Angabe im Testament 2231 Nr. 2, 2246 Abs. 2, 2247, 2248, 2267.
— der Errichtung notarieller Urkunden **F.G.** 176 Nr. 1, 183 Abs. 2.
— der Hinterlegung (Leistungsort!) 374.
— der Rückgabe der hinterlegten Sache 697, 700.
— der Testamentserrichtung im Protokoll 2241 Nr. 1, 2249, 2250 Abs. 2, 2276, 2290 Abs. 4.
— der Versteigerung einer geschuldeten Sache (gewöhnlich Leistungsort! öffentlich bekanntmachen!) 383.
— — des Pfandes: am Aufbewahrungsort event. am geeigneten Ort (öffentlich bekanntmachen!) 1236, 1237, 1243, 1245 Abs. 2.
— der Verwaltung eines Vereins und einer Stiftung 24, 80.
— der Vorlegung von Sachen und Urkunden zur Besichtigung und Einsicht 811.
— der Vornahme der Rechtsgeschäfte **E.** Art. 11, 24 Abs. 3.
— des Wohnsitzes 7.
— der Zahlung einer Grundschuld 1194.

Örtliche Geltung des B.G.B. s. Gesetzesanwendung **E.** Art. 3—31.
— — der Bestimmungen des ehelichen Güterrechts s. Güterrecht.

Örtliches Herkommen s. Herkommen.

Ortsarmenverband s. Verband.

Ortsüblichkeit s. auch Übung.
— bei Abmarkung zweier Grundstücke 919 Abs. 2.

Ortsüblichkeit der Grundstücksbenutzung, Aufhebung des Nachbarrechts bezüglich Gas-, Dampf- u. s. f. Zuführung 906.

Ortsvorstand s. Gemeindevorsteher.

Österreichisches Recht, Übergangsbestimmungen für das in Bayern geltende eheliche Güterrecht **Ue.** Art. 90, 94, 97—104.

Öttingen-Spielberg, subsidiäres Dotalrecht s. das.

Öttingen-Wallerstein, allgemeine Gütergemeinschaft — Übergangsbestimmungen **Ue.** Art. 62 Abs. 2, 67, 75 Abs. 2, 94, 97—100.

P.

Pacht s. auch die folgenden Worte.
(Eintheilung des Folgenden: Beendigung der P. VII.; Hypothek VIII.; P. der Jagd IX.; Rechte des Pächters III., des Verpächters V.; Übergangsbestimmungen I.; Unterschied von Miethe II.; Veräußerung X.; Verpflichtungen des Pächters IV., des Verpächters VI.; Zuständigkeit XI.)

— I. Übergangsbestimmungen:
1. nach 1. Januar 1900 Anwendung des B.G.B., falls nicht für ersten zulässigen Termin gekündigt, **E.** Art. 171, 172, **Ue.** Art. 5 u. 6.
2. P.rechte, die bei Anlage des Grundbuchs als Rechte am Grundstück bestehen, **E.** Art. 188 Abs. 2.

— II. Unterschied von Miethe: hier Genuß der Früchte s. im Übrigen unten.

— III. Rechte des Pächters (s. auch VI.):
1. Besitzschutz 868—871.
2. Fortsetzung des Gebrauchs nach Ende der P. 581 Abs. 2, 586, 597.
3. Gewährleistung (s. das.) bei Fehler des Pachtobjekts 581 Abs. 2, 537, 538, 545.
4. Kündigung ordentliche (Fristen s. unten bei V.): a) bei unbestimmter P.dauer 581 Abs. 2, 564 Abs. 2, 566, — b) bei längerer P.dauer als 30 Jahre nach 30 Jahren 581 Abs. 2, 567, — c) bei Tod des Pächters durch dessen Erben 581 Abs. 2, 569, — d) seitens des Eigenthümers bei Verpachtung über Nießbrauchzeit hinaus 1056, (ebenso 1423, 1546, 1550, 1663, 1681, 2135).
5. außerordentliche sofortige Kündigung 581 Abs. 2, 596: a) falls Gebrauch nicht rechtzeitig gewährt oder wieder entzogen (ev. Fristsetzung!), 542, 543, 545, 552, — b) falls bei Wohnräumen u. s. f. erhebliche Gefahr für Gesundheit, 544.
6. Pfandrecht an Inventarstücken für Forderungen aus dem Inventar 590, 562.
7. Wegnahme einer Einrichtung (Verjährung: 6 Monate) 581 Abs. 2, 547 Abs. 2, 556, 558, 586—589, 591.

Pacht, IV. Verpflichtungen des Pächters (s. auch V.):
1. Anzeige von Mängeln, sonst Schadensersatz 581 Abs. 2, 545.
2. Ausbesserung, bes. der Gebäude, Wege u. s. f. auf seine Kosten bei landwirthschaftlichen Grundstücken 582.
3. Ausschluß von Afterverpachtung ohne Erlaubniß des Verpächters (keine Kündigung!) 581 Abs. 2, 549, 596 Abs. 1.
4. Erhaltung des Inventars 586, — falls dies zum Schätzungswerth übernommen (s. Schätzungswerth), 587—589.
5. Bezahlung des vereinbarten Pachtzinses 581, — Verjährung 197, — bei landwirthschaftlichen Grundstücken 584, — bei sonstigen Grundstücken 581 Abs. 2, 551 Abs. 2, 580.
6. keine Änderung der wirthschaftlichen Bestimmung des landwirthschaftlichen Grundstücks, die über die Pachtzeit hinaus wirkt, 583.
7. Zurückgabe der Sache nach Ende der P. (kein Zurückbehaltungsrecht bei Grundstücken u. s. f.) 581 Abs. 2, 556, 588, — bei landwirthschaftlichen Grundstücken im Zustand ordnungsgemäßer Bewirthschaftung 591—594.

— V. Rechte des Verpächters (s. auch IV.):
1. Ablehnung von Inventarstücken, die überflüssig u. s. f., falls Inventar zum Schätzungswerth übernommen wird, 589 Abs. 2.
2. Besitzklage 869, — Verpächter ist mittelbarer Besitzer 868, 871.
3. Ersatz wegen Veränderungen und Verschlechterungen (jedoch nicht durch

vertragsgemäßen Gebrauch herbeigeführt), (Verjährung: 6 Monate!) 581 Abs. 2, 558, 548, — bei Inventar 586—589, — bei landwirthschaftlichem Grundstück 591.

4. Klage auf Unterlassung wegen vertragswidrigem Gebrauch 581 Abs. 2, 550.
5. Kündigung ordentliche (Fristen: α) bei Grundstücken oder Rechten, falls P.zeit nicht bestimmt, nur für Schluß des P.jahrs, — Kündigung mindestens ½ Jahr zuvor 595, — β) sonst spätestens am 3. Tag vor Ende 565 Abs. 2): a) bei unbestimmter P.dauer 581 Abs. 2, 564 Abs. 2, 566, — b) bei längerer P.dauer als 30 Jahre nach 30 Jahren 567, — c) dem Eigenthümer eines vom Nießbraucher über Zeit des Nießbrauchs hinaus verpachteten Grundstücks nach Beendigung des Nießbrauchs 1056, — d) nicht beim Tod des Pächters 596 Abs. 2, — e) bei nicht schriftlichem P.vertrag über Grundstücke 581 Abs. 2, 566, 580.
6. Kündigung sofortige außerordentliche: a) bei erheblichem vertragswidrigem Gebrauch trotz Abmahnung 581 Abs. 2, 553, 555, — bei unerlaubter Unterpacht oder Gefährdung durch Vernachlässigung. — b) bei Verzug des Pachtzinses für **zwei** folgende Termine 581 Abs. 2, 554, 555.
7. Verlangen des Pachtzinses und Schadens, wenn Pächter nach Gebrauch Sache nicht zurückgiebt, 597.
8. Pfandrecht an den eingebrachten, pfändbaren Sachen (Ausn.!) bei Grundstücken 581 Abs. 2, 559—563, 580, — bei landwirthschaftlichen Grundstücken für gesammten P.zins, auch an den Früchten und nicht pfändbaren Sachen 585.
9. bei Veräußerung des Grundstücks: Kauf bricht nicht Pacht 581 Abs. 2, 571—579, **Z.V.** 57, 152 Abs. 2, 183, **A.G.O.** Art. 28, 36, 53.

Pacht, VI. Verpflichtungen des Verpächters (s. auch III.):

1. Ergänzung des Inventars (Ausn.!) 586 Abs. 2.
2. Ersatz der nothwendigen Verwendungen 581 Abs. 2, (Verjährung: 6 Monate!) 547, 556.

   Ausn.: a) gewöhnliche Ausbesserungen eines landwirthschaftlichen Grundstücks 582, — b) das zum Schätzungswerth übernommene Inventar 588 Abs. 2, — c) Fütterungskosten 547, — (bei landwirthschaftlichem Grundstück bei Ende im Laufe des P.jahrs: Ersatz der auf die Früchte verwendeten Kosten 592).
3. Form: schriftlich, wenn Vertrag länger als 1 Jahr, 581 Abs. 2, 566.
4. Gewähren des Gebrauchs und
5. des Genusses der Früchte, soweit solche nach ordnungsmäßiger Wirthschaft Ertrag sind, während der Pachtzeit 581, — auch während der Beschlagnahme des Grundstücks **Z.V.** 21 Abs. 3.
6. Gewährleistung wegen Mängel s. Gewährleistung.
7. Genehmigung des Vormundschaftsgerichts erforderlich bei P. über Landgut oder gewerblichen Betrieb durch Vormund 1822 Nr. 4, 1902 Abs. 2, — oder elterlichen Gewalthaber, falls P. länger als 1 Jahr, 1643, 1822 Nr. 4, 1902 Abs. 2.
8. Überlassen und Erhalten der Sache in geeignetem Zustand 581 Abs. 2, 536, — bei landwirthschaftlichen Grundstücken 582, — bei Inventar 586—589.
9. bei Veräußerung: Erwerber statt Verpächter, der frühere Verpächter haftet gleich einem Bürgen 581 Abs. 2, 571—579.

Pacht, VII. Beendigung der P.:

1. mit Ablauf der vereinbarten Zeit 581 Abs. 2, 564.
2. durch Kündigung s. oben III. 4 u. 5, V. 5 u. 6.
3. bei Konkurseröffnung K.O. 19—21.

— VIII. Hypothek eines verpachteten Grundstücks erstreckt sich auf Pachtzinsforderung 1123—1125.

— IX. P. der Jagd, Schadensersatz für Wildschaden 835 Abs. 2.

— X. Veräußerung eines verpachteten Grundstücks s. oben V. 9, VI. 9 und bei Miethe.

Pacht, XI. Zuständigkeit für Streitigkeiten G.V.G. 23 Nr. 2, 202 Abs. 2 Nr. 4, C.P.O. 709 Nr. 1.
Pächter s. Pacht.
Pachtvertrag s. Pacht.
— Genehmigung des Vormundschaftsgerichts erforderlich zum
1. P. über Landgut oder gewerblichen Betrieb des Mündels 1822 Nr. 4.
2. P. des Mündels oder Kindes, der länger als bis vollendetem 22. Lebensjahr dauern soll, 1822 Nr. 5, 1643.
3. P. großjähriger Mündel auf länger als 4 Jahre 1902.
Pachtzins s. auch Miethzins, Pacht.
— Anrechnung ersparter Aufwendungen u. s. f. bei Verhinderung des Pächters am Gebrauch 581 Abs. 2, 552.
— Anspruchsverjährung (4 Jahre) 197, 201, 218.
— Beschlagnahme des Grundstücks zum Zweck der Zwangsversteigerung umfaßt nicht P., wohl aber zum Zweck der Zwangsverwaltung **Z.V.** 21 Abs. 2, 148.
— Haftung des P. für Hypothek 1123—1125.
— Verfügungen über P. bei Veräußerung des verpachteten Grundstücks 581 Abs. 2, 573—579.
— Wegfall des P.: wenn Verpächter nicht den Gebrauch gewähren kann 581 Abs. 2, 552.
— — oder Minderung des P. bei Fehlerhaftigkeit, Mangel zugesicherter Eigenschaft (bes. Größe des Grundstücks) oder Entwehrung 581 Abs. 2, 537—541, 545 Abs. 2.
— Zahlung:
1. am Ende der Pachtzeit oder der einzelnen Zeitabschnitte 581 Abs. 2, 554.
2. bei Grundstücken, falls nicht kürzer bemessen, nach Ablauf eines Kalendervierteljahrs 581 Abs. 2, 554 Abs. 2.
3. bei landwirthschaftlichen Grundstücken, falls P. nach Jahren bemessen, nach Ablauf eines Pachtjahrs 584, — (bei Verzug an **zwei** folgenden Terminen außerordentliche Kündigung! Ausn.! 581 Abs. 2, 554).
— Zurückerstattung vorausbezahlter P. bei berechtigtem Rücktritt des Pächters 581 Abs. 2, 543 Abs. 2.
— — des Verpächters 581 Abs. 2, 555.
Pactum antichreticum s. Nutzungspfandrecht 1213, 1214.
Pactum de contrahendo nicht erwähnt.
Pactum de mutuo dando s. Darlehen 610.
Pactum de non alienando, Vereinbarung des Grundstückseigenthümers mit Gläubigern, Grundstück nicht zu veräußern, ist nichtig 1136.
Pactum de non cedendo 405, 399.
Pactum de non praestanda evictione s. Gewährleistung 443, 445, 515, 543, 651.
Pactum de non praestando dolo, Haftung wegen Vorsatz kann dem Schuldner nicht im Voraus erlassen werden 276 Abs. 3.
Pactum de non revocando s. Schenkung und Widerruf 530—533.
Pactum displicentiae s. Rücktritt 346.
Pactum in favorem tertii s. auch Dritter 328—335.
Pactum reservati dominii s. Eigenthumsvorbehalt 455.
Päderastie ist Grund
1. zur Ehescheidung 1565, **E.** Art. 201.
2. zur Pflichttheilsentziehung 2335.
3. zur Unterhaltsbeschränkung 1611.
Papiere s. Familien-, Inhaber-, Order-, Werthpapiere.
Pappenheim in Bayern, allgemeine Gütergemeinschaft — Übergangsbestimmungen s. **Ue.** Art. 67, 94, 97—104.
Paraphernalgut s. Vorbehaltsgut.
Parentelenordnung s. Erbe gesetzlicher 1924—1926, 1928, 1929.
Partei, Anspruchsverjährung (2 Jahre) aus Vorschüssen für Rechtsanwälte s. das. 196 Nr. 16, 201, 218.
Partialobligation s. Mehrheit von Schuldnern 420.
Parzellirung s. Theilung.
Pater est quem nuptiae demonstrant s. Kind eheliches, Vaterschaft 1591.
Paterfamilias s. Sorgfalt.
Paternität s. Vaterschaft.
Patria potestas s. Elterliche Gewalt.
Pauliana actio nicht erwähnt.

Pauperies s. Thier 833, 834.
Peculium nicht erwähnt.
Pecuniae non numeratae exceptio 1139.
Pension s. auch Ruhegehalt.
— Anspruchsverjährung (2 Jahre) 196 Nr. 11 u. 12, 201, 218.
Periculum s. Gefahr.
Periodische Leistungen s. Leistungen regelmäßig wiederkehrende.
Permittimus, Erlaubniß während Scheidungsprozeß getrennt zu leben s. C.P.O. 627.
Personalservituten s. Beschränkt persönliche Dienstbarkeit und Nießbrauch.
Persona turpis s. Bescholtenheit.
Personen s. auch Juristische Person.
— Irrthum über Person bei Eheschließung 1333, 1337 Abs. 2, 1339 Abs. 2.
— — über wesentliche Eigenschaften 119.
— natürliche 1—20.
— Sorge für Person s. Elterliche Gewalt und Vormundschaft.
— beim Vermächtniß s. das. 2147—2191.
— bei Zuwendung und Auflage s. das. 2065 Abs. 2, 2192.
Personenstand, Abänderung der Gesetze über Beurkundung des P. v. 4. Mai 1870 und 6. Februar 1875 **E.** Art. 40, 46, **F.G.** 186, s. auch Bekanntmachung v. 25. März 1899. (R.G.Bl. 1899 S. 225).
— Beschwerde, Randvermerke **F.G.** 70, 71, **Ue.** Art. 35, 147.
— Zuständigkeit: Amtsgericht **F.G.** 69, **Ue.** Art. 35, 147.
Persönlicher Abschluß s. Persönliche Errichtung.
Persönliche Anfechtung s. Anfechtung.
Persönliche Angelegenheiten der Frau, Ersatz der Zustimmung des Mannes durch das Vormundschaftsgericht 1402, 1404, 1416 Abs. 2, 1417, 1451, 1455, 1460, 1464 Abs. 2, 1475 Abs. 2, 1519, 1525, 1549, 1550.
Persönliche Aufhebung eines Erbvertrags s. Erbvertrag.
Persönliche Ausübung des Amts des Mitgliedes des Familienraths 1872.
Persönliche Bestätigung eines anfechtbaren Erbvertrags 2284.
Persönliche Eigenschaften, Irrthum bei Eheschließung, Anfechtung der Ehe 1333, 1337 Abs. 2, 1339 Abs. 2.
Persönliche Errichtung des Erbvertrags 2274, 2290 Abs. 2.
— — des Erbverzichtsvertrages 2347 Abs. 2, 2351.
— — des Testaments durch den Erblasser 2064.
Persönliche Gebrauchsgegenstände s. Gebrauchsgegenstände.
Persönliche Haftung des antheilsberechtigten Abkömmlings bei fortgesetzter Gütergemeinschaft 1489 Abs. 3, 1518.
— — des Ehegatten s. die einzelnen Güterrechte.
— — des Eigenthümers für die Leistungen bei den Reallasten, soweit nicht Anderes bestimmt, 1108.
— — des Schuldners bei Hypothek s. das.
Persönliche Leistungen 267.
— — beim Dienstvertrag 613, 1822 Nr. 7, 1827.
— — der Ehefrau, Kündigung durch Mann 1358.
Persönliche Rechtsbeziehungen der Ehegatten s. das. und Ehe.
Persönliche Rückgabe des hinterlegten Testaments 2256 Abs. 2, 2272.
Persönlicher Schuldner bei der Hypothek s. das.
1. Einreden des Eigenthümers gegen Hypothek, bes. beim Tod des p. S. 1137, 1138.
2. ist Eigenthümer p. S. 1161.
3. Befriedigung des Gläubigers durch p. S. 1164, 1176, — Verweigerung derselben 1166.
4. Freiwerden des p. S. 1165.
5. Erwerb der Hypothek durch p. S. 1167.
— — beim Pfandrecht s. das.
1. ist p. S. nicht Eigenthümer des Pfandes, so wird Haftung durch Rechtsgeschäft des Schuldners nach Verpfändung nicht erweitert 1210.
2. Einreden des Verpfänders, insbes. beim Tod des p. S. 1211.
3. ist Verpfänder nicht p. S., so geht Forderung, soweit er Pfandgläubiger befriedigt, auf ihn über 1225.
4. beim Pfandrecht am Schiff 1267.
Persönlicher Verkehr der geschiedenen Ehegatten mit Kind 1636, 1635.

Persönliches Vorkaufsrecht s. Vorkaufsrecht I.

Pertinenz s. Zubehör.

Petitio hereditatis s. Erbschaftsanspruch.

Petitorische Klage:
1. bei beschränkt persönlicher Dienstbarkeit 1090 Abs. 2.
2. des Eigenthümers 985—1006.
3. des Erben 2018—2031.
4. des Erbbauberechtigten 1017 Abs. 2.
5. des Grunddienstbarkeitsberechtigten 1027.
6. des Miteigenthümers 1011.
7. des Nießbrauchers 1065.
8. des Pfandgläubigers 1227.

Pfalz bayerische s. bei den einzelnen Worten, z. B. Code civil, Güterrecht eheliches.

Pfand s. Pfandrecht.

Pfändbarkeit s. Unpfändbarkeit.

Pfandbrief, Anlegung von Mündelgeld u. s. f. 1807 Nr. 4, 1813 Abs. 2, **E.** Art. 212, **Ue.** Art. 32.

Pfandbriefinstitut, Gestattung, Zins vom Zins zu nehmen, 248 Abs. 2.

Pfandgeld, Landesgesetze aufrecht **E.** Art. 89, **A.** Art. 1.

Pfandgläubiger s. Pfandrecht.
— vom Aufgebot der Nachlaßgläubiger nicht betroffen 1971, 2016.

Pfandleihanstalt, Pfandleiher, landesges. Vorschriften unberührt **E.** Art. 94, — Lösungsanspruch der öffentlichen P. **A.** Art. 91.

Pfandrecht, s. auch Schiff, Schiffsregister, vgl. ferner H.G.B.
(Eintheilung des Folgenden: I. an beweglichen Sachen: Begriff A.; besondere Arten und Bestimmungen L.; Entstehung B.; Erlöschen C.; Haftung D.; Pflichten des Pfandgläubigers E.; des Verpfänders G.; Rang I.; Rechte des Pfandgläubigers F., des Verpfänders H.; Übertragung K.; II. an Grundstücken; III. an Rechten: Änderung oder Aufhebung B.; Befriedigung C.; Bestellung A.; einzelne Rechte D.)

— I. an beweglichen Sachen:

— — A. Begriff: Belastung einer beweglichen Sache zur Sicherung einer (auch künftigen oder bedingten) Forderung so, daß der Gläubiger berechtigt ist, Befriedigung aus der Sache zu suchen, 1204.

— — B. Entstehung:

a) durch Gesetz 1257.
1. des Gastwirths an den eingebrachten pfändbaren Sachen 704.
2. des Pächters eines Grundstücks am Inventar für Forderungen bezüglich desselben 590.
3. bei Sicherheitsleistung an hinterlegtem Geld oder Werthpapieren, event. an Forderung auf Rückerstattung 233.
4. des Unternehmers für Forderungen aus dem Werkvertrag 647.
5. des Vermiethers oder Verpächters von Grundstücken oder Wohnräumen für Forderung aus Miethverhältniß (rückständiges, laufendes und folgendes Miethjahr, — nicht für künftige Entschädigungsforderungen, — falls Sache gepfändet, so nur für letztes Jahr vor Pfändung) an den eingebrachten Sachen des Miethers oder Pächters, soweit diese pfändbar und auf Grundstück, (falls entfernt ohne Wissen oder mit Widerspruch: Herausgabe binnen 1 Monat), — (Entfernung zulässig: α) im gewöhnlichen Geschäftsbetrieb, β) wenn sonst genügende Sicherheit, — sonst — auch ohne Gericht — hindern! 559—563, 580, 581 Abs. 2, — (bei landwirthschaftlichem Grundstück: für ganzen Pachtzins — keine Beschränkung 585).
6. gesetzliche P., die zur Zeit der Anlegung des Grundbuchs bestehen, — Eintrag in das Grundbuch nach Landesgesetz s. auch Hypothekentitel **E.** Art. 188.

b) durch Pfändung C.P.O. 803 ff.

c) durch Verpfändung, rechtsgeschäftliche Bestellung: Übergabe der Sache, außer wenn diese schon im Besitz des Gläubigers, oder bei mittelbarem Besitz Übertragung desselben und Anzeige der Verpfändung an den Besitzer oder bei Mitbesitz Einräumung desselben und Einigung, daß dem Gläubiger das P. zustehen soll, 1205, 1206, — (bei Schiff und Schiffspart s. das. 1260, 1270, 1272, **F.G.** 100—124), — (falls Sache nicht dem Verpfänder gehört, 1207, 932, 934, 935, 1210, **A.** Art. 91), — (traditio brevi manu 929, 1205, constitutum possessorium unzulässig 1205).

Pfandrecht, C. Erlöschen des P. 1223—1225.
1. Aufhebung durch Rechtsgeschäft (Erklärung gegenüber Eigenthümer oder Verpfänder) 1255.
2. durch Ausschlußurtheil nach Aufgebot des unbekannten Pfandgläubigers 1269, 1170, 1171, **E.** Art. 145.
3. durch Entfernung der Sachen mit Wissen und ohne Widerspruch oder Nichtgeltendmachung des Anspruchs auf Herausgabe binnen 1 Monat bei gesetzlichem P. des Vermiethers, Verpächters, Gastwirths 560, 671, 704.
4. durch Ersitzung der Sache 945.
5. mit der Forderung, für die es bestellt, 1252.
6. durch Fund der Sache und Erwerb hiedurch 973.
7. bei rechtmäßiger Pfandveräußerung, auch wenn es dem Erwerber bekannt, 1242 Abs. 2.
8. bei Pfandveräußerung, ohne daß dem Veräußerer P. zusteht, an gutgläubigen Erwerber 1244, 936.
9. bei Rückgabe des Pfandes an Verpfänder oder Eigenthümer (Vermuthung!) 1253.
10. durch Schuldübernahme ohne Einwilligung des Eigenthümers 418.
11. falls bei Übertragung der Forderung Übergang des P. ausgeschlossen, 1250 Abs. 2.
12. durch Verbindung, Vermischung der Sache 949.
13. Zusammentreffen mit Eigenthum in derselben Person (Ausnahmen!) 1256.

— — D. Haftung des P.:
a) was haftet?
1. die übergebene Sache.
2. die vom Pfand getrennten Erzeugnisse 1212.
3. bei mehreren Sachen jede für die ganze Forderung 1222, 1230.
4. Entschädigung des Eigenthümers für Entziehung, Beschädigung u. s. f. im öffentlichen Interesse **E.** Art. 52.

b) wofür haftet Pfand?
1. für Forderung im jeweiligen Bestand (auch bedingt oder betagt 1204, — Übertragung der Forderung nur mit P. möglich 1250).
2. Zinsen.
3. Vertragsstrafe.
4. Ersatz von Verwendungen.
5. Kosten der Kündigung, Rechtsverfolgung, Pfandverkaufs, (falls persönlicher Schuldner nicht Pfandeigenthümer, so Haftung nach Verpfändung nicht erweiterbar!) 1210.

Pfandrecht, E. Pflichten des Pfandgläubigers (s. auch H.):
1. Rückgabe an den Verpfänder nach Erlöschen des P. 1223.
2. Sorge für Gewinnung und Rechenschaft bei Ziehung der Nutzungen 1214.
3. nach Übergang des P. 1251.
4. unverzügliche Anzeige von drohendem Verderb und von Versteigerung (ev. Schadensersatz) 1218 Abs. 2, 1220, — und vom Pfandverkauf 1241.
5. Verwahrung des Pfandes 1215.

— — F. Rechte des Pfandgläubigers (s. auch G.):
1. Ersatz von Verwendungen (Verjährung: 6 Monate) 1226.
2. Herausgabe zum Zweck des Verkaufs, falls Pfandgläubiger nicht im Alleinbesitz des Pfandes, nach Eintritt der Verkaufsberechtigung 1231, 1232.
3. Klagen wegen Besitzstörung u. s. f. 861, 862, — bei Beeinträchtigung seiner Rechte 1227.
4. Recht auf Befriedigung: a) durch Verpfänder 1223 Abs. 2, 1224, 1267, — b) durch den, der durch Pfandveräußerung ein Recht daran verliert, — Uebergang des P. auf diesen 1249, 268 Abs. 2 u. 3, — c) aus dem Pfand (nicht durch Verjährung der gesicherten Forderung ausgeschlossen 223 Abs. 1), — (Verpfänder gilt zu Gunsten des Pfandgläubigers als Eigenthümer, wenn Pfandgläubiger nicht Gegentheil weiß, 1248), — (Vereinbarung vor Eintritt der Verkaufsberechtigung, daß dem Pfandgläubiger das Eigenthum zufallen soll, nichtig 1229).

Pfandverkauf:
wann?
sobald Forderung ganz oder zum Theil fällig, 1228, 1243, — (auch bei drohendem Verderb oder wesentlicher Werthsminderung 1219, 1220).

was?
nur soweit, als zur Befriedigung nöthig, — bei mehreren Sachen hat Gläubiger Wahl 1230, 1243, — (Pfand haftet für die Kosten 1210 Abs. 2), — (bei Antheil eines Miteigenthümers 1258 Abs. 4).

wie?
anderweite Vereinbarungen zulässig (Ausn.!) 1245, 1246, 1229, **F.G.** 166, — (bei Verletzung der Vorschriften bei bösem Glauben Schadensersatz 1243, 1244).

I. Pfandverkauf im Allgemeinen: a) zunächst Androhung — Bezeichnung des Geldbetrags (erst nach Eintritt der Verkaufsberechtigung, — nicht, wenn unthunlich) 1219, 1220, 1234, — b) nach Androhung 1 Monat Frist bis Verkauf 1234 Abs. 2, H.G.B. 368, — c) öffentliche Bekanntmachung von Zeit und Ort der Versteigerung (Benachrichtigung des Eigenthümers und Dritter, die Rechte am Pfand!) 1237, 1241, 1243, 1245 Abs. 2, — d) öffentliche Versteigerung 156, — (außer bei Sache mit Markt- und Börsenpreis: freihändig 1221, 1235 Abs. 2, 1295), — dort, wo Pfand aufbewahrt, event. an geeignetem andern Orte 1235, 1236, 1243, 1244, 1245 Abs. 2, C.P.O. 817, — e) Verkauf mit Bestimmung, daß Kaufspreis sofort baar zu erlegen, sonst Rechtsverwirkung 1239, — Pfandgläubiger und Eigenthümer können mitbieten 1239, — Verkäufer darf nicht selbst kaufen 457, 458, — Gold- und Silbersachen nicht unter Gold oder Silberwerth (ev. freihändig!) 1240, 1243, 1244, 1245 Abs. 2.

II. falls Pfandgläubiger vollstreckbaren Titel zum Verkauf hat, 1233, 1244.

III. bei Schiff und Schiffspart s. das. 1268, 1277, **Z.V.** 169 Abs. 2, **F.G.** 100—124.

Folgen des Pfandverkaufs:
a) Erwerber erlangt gleiche Rechte, wie wenn er Sache vom Eigenthümer erworben, — (Erlöschen des P. und Nießbrauchs, auch wenn sie bekannt, Ausn.!) 1242, 935 Abs. 2, — b) soweit Erlös dem Pfandgläubiger gebührt, gilt Forderung als vom Eigenthümer befriedigt, — im Übrigen Erlös an Stelle des Pfandes 1247, — c) keine Haftung des Pfandgläubigers für Mängel der Sache 461, C.P.O. 806, — d) falls Dritter durch Pfandveräußerung Rechte am Pfand verliert, 1249—1251.

5. Rechte des Pfandgläubigers auf Befriedigung aus dem Pfand werden durch das Aufgebot der Nachlaßgläubiger nicht betroffen 1971, 1974 Abs. 3, 2016 Abs. 2, 2060 Nr. 2.
6. Rechte des neuen Pfandgläubigers nach Übergang des P. 1251.
7. öffentliche Versteigerung des Pfandes bei drohendem Verderb oder wesentlicher Werthsminderung nach vorheriger Androhung (Ausn., ev. Fristsetzung, auf Verlangen Hinterlegung des Erlöses) 1219, 1220, — bei Börsen- oder Marktpreis freihändiger Verkauf 1221.
8. Wegnahme einer Einrichtung (Verjährung: 6 Monate!) 1216, 1226.
9. Ziehung der Nutzungen, falls Pfand so bestellt, im Zweifel bei Übergabe einer fruchtbringenden Sache zum Alleinbesitz 1213 Abs. 2, 1214.

Pfandrecht, G. Pflichten des Verpfänders (s. auch F.):
1. Befriedigung s. F. 4.
2. Ersatz für Verwendungen des Pfandgläubigers s. F. 1.

— — H. Rechte des Verpfänders (s. auch E.):
1. Einreden des persönlichen Schuldners gegen die Forderung dem Pfandgläubiger gegenüber 1211.
2. Ersatz wegen Veränderung oder Verschlechterung (Verjährung: 6 Monate) 1226.
3. Hinterlegung des Erlöses bei öffentlicher Versteigerung des Pfandes 1219 Abs. 2.
4. Klagen des mittelbaren Besitzers 868—871.
5. auf Rückgabe gegen Befriedigung (Hinterlegung, Aufrechnung), sobald Schuldner zur Leistung berechtigt, 1223—1225.

6. — — falls Einwand, durch den Geltendmachung des Pfandes dauernd ausgeschlossen, 1254.
7. bei Gefahr des Verderbs oder wesentlicher Werthsminderung: Rückgabe gegen anderweite Sicherheit (nicht durch Bürgen!) 1214, 1226.
8. bei erheblicher Verletzung der Rechte des Gläubigers trotz Abmahnung: Verlangen auf Hinterlegung oder Ablieferung des Pfandes an gerichtlichen Verwahrer — ev. Rückgabe gegen Befriedigung (Zwischenzinsen) 1217.

Pfandrecht, I. Rang: maßgebend Zeit der Bestellung (auch bei künftigen oder bedingten Forderungen), — geht Rechten Dritter, mit denen Sache belastet ist, vor, außer wenn Pfandgläubiger nicht in gutem Glauben, 1208, **E.** Art. 94, **Ue.** Art. 91, **A.** Art. 91.

— — K. Übertragung des P. nur durch Übertragung der Forderung 1250, 1251, 401.

— — L. besondere Arten und Bestimmungen:
1. P. am Antheil eines Miteigenthümers 1258.
2. Beseitigung des P. an der verkauften Sache, auch wenn Käufer es kennt, 439 Abs. 2, 445, 515.
3. P. des Gläubigers bei der Bürgschaft 772 Abs. 2, 773 Abs. 2, 776.
4. P. am Schiff und Schiffspart s. das. 1259—1272, **F.G.** 100—124.

— II. Pfandrecht an Grundstücken, das z. Zt. der Anlegung des Grundbuchs besteht, gilt von da an als Hypothek, für welche Hypothekenbriefsertheilung ausgeschlossen, event. als Sicherungshypothek, (besondere Bestimmungen durch Landesgesetze) **E.** Art. 192—194, C.P.O. 848, **Ue.** Art. 60, 123, — Grundstücksverpfändung s. Grundstücke.

— III. Pfandrecht an Rechten 1273—1296, — (entsprechende Anwendung der Vorschriften unter I mit Ausnahme von 1208 (Vorrang) und 1213 Abs. 2 (Vermuthung für Fruchtbezug) s. auch folgende Bestimmungen 1273 Abs. 2), — soweit Recht nicht übertragbar, kein P. 1274 Abs. 2.

Pfandrecht, A. Bestellung: nach den Vorschriften über Übertragung des Rechts s. Übergang, Übertragung 1274, 1275.

— — B. Änderung oder Aufhebung des verpfändeten Rechts durch Rechtsgeschäft: Zustimmung des Pfandgläubigers dem gegenüber, zu dessen Gunsten sie erfolgt, (unwiderruflich!) 1276.

— — C. Befriedigung aus Recht nur auf Grund vollstreckbaren Titels nach den Vorschriften für Zwangsvollstreckung 1277.

— — D. Einzelne Rechte:

a) Forderung, Grund-, Rentenschuld 1279—1291.

α) Verpfändung: Abtretungsvertrag und Anzeige des Gläubigers an Schuldner 1280, — P. erstreckt sich auf die Zinsen 1289, 1291.

β) Leistung des Schuldners:
1. nur an Pfandgläubiger und Gläubiger gemeinsam 1281, 1284, 1285, 1287, 1288.
2. bei Fälligkeit der Forderung nur an Pfandgläubiger 1282, 1284.

γ) Kündigung des Schuldners gegenüber Pfandgläubiger und Gläubiger 1283 Abs. 2, 1284.

δ) Rechte des Pfandgläubigers (bei P. an Forderung u. s. f.):
1. Verlangen, daß an ihn und Gläubiger gemeinsam geleistet oder hinterlegt oder an Verwahrer hinausgegeben werde, 1281, 1284.
2. bei Fälligkeit der Forderung: $\alpha\alpha$) Recht auf Einziehung oder Abtretung der Forderung an Zahlungsstatt, soweit zur Befriedigung erforderlich, (keine andere Verfügung, außer bei vollstreckbarem Titel!) 1282, 1284, 1285 Abs. 2, — $\beta\beta$) Recht zur Kündigung 1283 Abs. 3, 1284.
3. Erwerb mit Leistung des Schuldners des P. beziehungsweise Sicherungshypothek 1287, **Ue.** Art. 60, 123.
4. bei mehreren P. 1290.

ε) Pflichten des Pfandgläubigers (bei P. an Forderung u. s. f.):
1. Mitwirken am Einziehen bei Fälligkeit der Forderung 1285.

2. Zustimmung zur Kündigung bei Gefährdung der Sicherheit 1286.
3. verzinsliche Anlage bei Einziehen von Geldforderungen 1288.
ζ) Rechte des Gläubigers (bei P. an Forderungen u. s. f.):
1. wie oben Rechte des Pfandgläubigers unter 1 1281, 1284.
2. zur Forderungskündigung (Zustimmung des Pfandgläubigers nur, wenn dieser nutzungsberechtigt) 1283, 1284.
3. Erwerb der Sache mit Leistung des Schuldners 1287, **Ue.** Art. 60, 123.
ι) Pflichten des Gläubigers (bei P. an Forderungen):
1. wie oben Pflichten des Pfandgläubigers 1 u. 3.
2. zur Kündigung auf Verlangen des Pfandgläubigers wegen Gefährdung der Sicherheit 1286.
b) Pfandrecht an Wechseln, Indossamentpapieren, Inhaber-, Werthpapieren s. das. 1292—1296, **F.G.** 112.

Pfändung s. auch C.P.O., Unpfändbarkeit, Zwangsvollstreckung.
— des Antheils eines Gesellschafters am Gesellschaftsvermögen durch Gläubiger 725, — eines Theilhabers am Recht 751, 2042 Abs. 2.
— von eingebrachten Sachen 563, 581 Abs. 2.
— von Sachen zum Schutz von Grundstücken und deren Erzeugnissen nach Landesgesetz **E.** Art. 89, **A.** Art. 1.
— von Schuldverschreibungen zum Zwecke der Zwangsvollstreckung **A.** Art. 50 Abs. 2, 55, 57.

Pfandverkauf s. Pfandrecht.

Pferde, Mängel s. Viehgewährschaft.

Pflanze wird mit Einpflanzen wesentlicher Bestandtheil des Grundstücks 94.

Pflanzenanlage nahe der Grenze 907 Abs. 2, 910, **E.** Art. 124.

Pflasterzoll **A.** Art. 126, 127.

Pflege eines erkrankten Dienstverpflichteten 617, **E.** Art. 95 Abs. 2.
— eines Thieres bei Wandelung 488, 493.

Pfleger s. Pflegschaft.

Pflegschaft, Übergangsbestimmung: die am 1. Januar 1900 bestehende P. von da nach B.G.B., — bisheriger Pfleger im Amt **E.** Art. 210.

Pflegschaft, allgemeine Bestimmungen:
1. Abgabe der P. **F.G.** 46 Abs. 3.
2. Ablehnung, Aufhebung — Beschwerde **F.G.** 57 Nr. 3.
3. Annahme an Kindesstatt seitens des Pflegers 1752.
4. Anordnung von Vormundschaftsgericht, außer bei Nachlaßp. 1915, 1774, **E.** Art. 147, — Zuständigkeit **F.G.** 37—42.
5. P. auch über Ausländer **E.** Art. 23, — P. über Deutschen im Ausland **F.G.** 47 Abs. 3.
6. Beschwerden **F.G.** 57 Nr. 6 u. 7, 60 Nr. 1—3, 58.
7. Eintragung von Sicherungshypothek **F.G.** 54, Bayer. Gesetz vom 1. Juli 1898 Art. 6, 4 (G. u. V.Bl. 1898 S. 371).
8. Gegenvormund ist nicht erforderlich 1915 Abs. 2.
9. Vertretung im Prozeß C.P.O. 53.
10. soweit nicht Abweichendes bestimmt, gelten Vorschriften über Vormundschaft s. das.
— Fälle der P.:
1. Abwesenheitsp. (Übergangsbestimmungen für die Pfalz **E.** Art. 161, **Ue.** Art. 107—112) für Vermögensangelegenheiten abwesender Volljähriger, soweit sie Fürsorge bedürfen: a) falls Aufenthalt unbekannt, — b) falls Aufenthalt bekannt, aber Verhinderung an Rückkehr und Besorgung der Vermögensangelegenheiten 1911.
(zuständiges Gericht **F.G.** 39).
Folgen: wie bei 7 a, b, f.
Ende: a) bei Wegfall des Grundes 1919, — b) Aufheben, falls Abwesender nicht mehr verhindert, 1921, — c) — bei Tod oder Todeserklärung des Abwesenden 1921 Abs. 2 u. 3, — (Pfleger für Auseinandersetzung der Erbschaft **F.G.** 88).
2. P. für Leibesfrucht zur Wahrung der künftigen Rechte, soweit diese der Fürsorge bedürfen, — (Fürsorge bei Eltern, wenn diese bei Geburt des Kindes elterliche Gewalt über dasselbe hätten).

(zuständiges Gericht F.G. 40).
Vorschriften wie bei Vormundschaft s. das. 1915.
Ende: Geburt des Kindes 1912, 1918 Abs. 2, 1919.

3. Nachlaßpflegschaft s. das. und Nachlaßverwaltung.
4. P. für Verwaltung und Verwendung des durch öffentliche Sammlung für vorübergehenden Zweck zusammengebrachten Vermögens, falls die zu Verwaltung und Verwendung Berufenen weggefallen sind.
(zuständiges Gericht F.G. 42).
Vorschriften wie bei Vormundschaft 1915.
Ende: a) mit Erledigung der Angelegenheit, — b) mit Wegfall des Grundes 1914, 1918 Abs. 3, 1919.
5. P. falls unbekannt oder ungewiß, wer bei Angelegenheit Betheiligter, für diese Angelegenheit, soweit Fürsorge erforderlich, bes. für Nacherben, der noch nicht erzeugt oder dessen Person erst durch künftiges Ereigniß bestimmt wird, — (auf Anordnung des Erblassers bis Eintritt: Testamentsvollstrecker 2222).
(zuständiges Gericht F.G. 41).
Vorschriften wie bei Vormundschaft 1915.
Ende: a) mit Erledigung der Angelegenheit, — b) mit Wegfall des Grundes, — c) mit Eintritt der Nacherbfolge 1913, 1918 Abs. 3, 1919.
6. für unter elterlicher Gewalt oder Vormundschaft Stehende bei Verhinderung des Gewalthabers oder Vormundes an Besorgung einzelner Angelegenheiten (keine Berufung!) 1909, 1916, 1917, — besonders bei Erwerb von Todeswegen oder unentgeltlichem Erwerb von Dritten unter Bestimmung, daß Gewalthaber oder Vormund nicht die Verwaltung, 1909, 1917, 1778, — auch dann, wenn Vormund noch nicht bestellt, 1909 Abs. 3, 1919, — (Anzeige des Vormundes an Gericht).
(zuständiges Gericht F.G. 37).
Folgen: a) Eltern und Vormund haben, soweit P. bestellt, nicht für Person und Vermögen des Kindes zu sorgen, — b) bei Meinungsverschiedenheiten Entscheid: Vormundschaftsgericht 1628, 1629, 1686, 1794, — c) sonst wie bei Vormundschaft s. das. (kein Gegenvormund!) 1915.
Ende: a) bei Ende der elterlichen Gewalt oder Vormundschaft, — b) Aufheben bei Wegfall des Grundes 1918, 1919, E. Art. 160.
7. für Volljährige, nicht unter Vormundschaft Stehende (nur mit deren Einwilligung, falls Verständigung möglich): a) wegen körperlicher Gebrechen oder wegen geistiger Gebrechen für einzelne Angelegenheiten, bes. Vermögensangelegenheiten 1910, E. Art. 210, — b) wegen körperlicher Gebrechen (Taube, Stumme, Blinde) 1910, E. Art. 210.
(zuständiges Gericht F.G. 38).
Folgen: a) Ehefrau kann bei gesetzlichem Güterrecht auf Aufhebung der Verwaltung und Nutznießung klagen 1418 Nr. 4, 1422, 1425, 1426, — — auf Aufhebung der Errungenschaftsgemeinschaft klagen 1542, 1545, 1547 Abs. 2, 1548, 1418 Nr. 4, — b) Ehefrau kann Beitrag zum ehelichen Aufwand zur eigenen Verwendung bei Gütertrennung zurückbehalten 1428 Abs. 2, 1371, 1441, 1526, 1549, — c) Ruhen der elterlichen Gewalt 1676 Abs. 2, 1681, 1685, 1656 Abs. 2, — d) soll nicht zum Vormund oder Mitglied des Familienraths bestellt werden 1781 Nr. 2, 1785, 1868, 1866 Nr. 2, 1886, 1895, — e) Unfähigkeit zum Testamentsvollstrecker 2201, 2225, — f) sonst wie bei Vormundschaft s. das. 1915.
Ende: a) Wegfall des Grundes oder Erledigung der einzelnen Angelegenheit 1919, 1918 Abs. 3, — b) Aufheben auf Antrag des Pflegebefohlenen 1920, E. Art. 160.

Pflicht s. Eheliche P. und Sittliche P.

Pflichttheil, landesgesetzl. Ausnahmebestimmungen für ritterschaftliche Familien E. Art. 216.

Pflichttheil, Berechnung:
1. anrechnen auf P.: a) was Berechtigter vom Erblasser mit dieser Bestimmung durch Rechtsgeschäft unter Lebenden erhielt (Werth zur Zeit der Zuwendung! — hinzurechnen zum Nachlaß!) 2315, 2316 Abs. 4, 2327, 2330, — Ausgleichungspflicht bei mehreren Abkömmlingen 2316, — b) bei Schenkungen des Erblassers an Dritte od. Pflichttheilsberechtigte 2325, 2330, 2331, 2332 Abs. 2.
2. mitgezählt werden: a) die durch letztwillige Verfügung von Erbschaft Ausgeschlossenen, — b) die Erbschaft ausgeschlagen haben, — c) die für erbunwürdig Erklärten, — d) nicht die durch Erbverzicht Ausgeschlossenen 2310.
3. Bestand und Werth des Nachlasses zur Zeit des Erbfalls (bei Eltern Voraus des Ehegatten außer Ansatz!), — Schätzung (Werthangabe des Erblassers nicht bestimmend) 2311, — außer Ansatz: Rechte und Verbindlichkeiten unter aufschiebender Bedingung, — unbedingt in Ansatz: — — unter auflösender Bedingung 2313, — Ansatz von ungewissen und unsicheren Rechten 2313, — Ermittelung des Nachlasses 2314.
4. bei Übernahme eines zum Nachlasse gehörenden Landguts 2312.

— Berechtigte:
1. Abkömmlinge des Erblassers (entferntere nicht, soweit durch Abkömmlinge von gesetzlicher Erbfolge ausgeschlossen u. s. f.) 2303 Abs. 1, 2309, 2315 Abs. 3, 2316, 2327 Abs. 2, 2333, 1511.
2. Ehegatte des Erblassers 2303 Abs. 2, 2335, 1511.
3. Eltern des Erblassers (nicht soweit Abkömmlinge wie bei 1 vorhanden) 2303 Abs. 2, 2309, 2311, 2334, 1511.
4. Fiskus oder juristische Person nach Landesgesetz bei Nachlaß einer verpflegten oder unterstützten Person E. Art. 139.

— Beschränkung des P. durch Erblasser, falls Abkömmling so verschwenderisch oder überschuldet, daß sein späterer Erwerb gefährdet, — durch Anordnung, daß nach Tod des Abkömmlings dessen gesetzliche Erben das Hinterlassene oder P. als Nacherben oder Nachvermächtnißnehmer nach Verhältniß der gesetzlichen Erbtheile erhalten, — (Verwaltung: Testamentsvollstrecker), — unwirksam, falls bei Erbfall Grund weggefallen, 2338.

Pflichttheil, Eintritt des P.rechts:
1. falls Berechtigter durch Verfügung von Todeswegen von Erbfolge ausgeschlossen, 2303.
2. — — auf Erbtheil, der weniger als Hälfte des gesetzlichen Erbtheils, eingesetzt, 2305.
3. — — als Erbe berufen, aber durch Nacherben, Testamentsvollstrecker, Vermächtniß u. s. f. beschwert oder als Nacherbe eingesetzt, 2306, 2308.
4. — — mit Vermächtniß bedacht, dasselbe ausschlägt, 2307.

(5. dagegen nicht, wenn Berechtigter nicht als Erbe eingesetzt, 2304).

— Entziehung des P. durch letztwillige Verfügung 2336, 2271 Abs. 2, 2297, 2338, — (Recht auf Entziehung erlischt durch Verzeihung 2337), — (unabsichtliche s. unter Rechte d. P.berechtigten Nr. 5 2079—2081, 2281). Gründe (müssen a) zur Zeit der Errichtung der Verfügung bestehen und b) in derselben angegeben sein, — beweispflichtig der, der Entziehung geltend macht, 2336):

I. bei Abkömmlingen:
1. bei Lebensnachstellung bez. Erblasser, dessen Ehegatten oder Abkömmling 2333 Nr. 1.
2. bei vorsätzlicher körperlicher Mißhandlung des Erblassers oder dessen Ehegatten, falls Abkömmling von diesen stammt, 2333 Nr. 2.
3. bei Verbrechen oder schweren vorsätzlichen Vergehen gegen Erblasser oder dessen Ehegatten 2333 Nr. 3.
4. bei böswilliger Verletzung seiner Unterhaltspflicht gegenüber Erblasser 2333 Nr. 4.
5. bei ehrlosem oder unsittlichem Lebenswandel wider Willen des Erblassers (unwirksam, wenn sich Abkömmling z. Zt. des Erbfalls dauernd von diesem

Lebenswandel abgewendet) 2333 Nr. 5, 2336 Abs. 4.
II. bei Eltern: wie bei I unter 1, 3, 4 2334.
III. bei Ehegatten: bei Verfehlung, auf Grund deren Ehescheidungsklage nach 1565—1568 (s. Ehescheidung) berechtigt, — Recht nicht durch Ablauf der für Geltendmachung des Scheidungsgrundes bestimmten Frist erloschen 2335), — (weitere Folgen bei Vorliegen der Gründe zum Entziehen des P. 1611 Abs. 2 u. 3, 1766 Abs. 2, 1621 Abs. 2, 2294, 2271 Abs. 2, 2297).

Pflichttheil, Größe: P. ist Hälfte des Werths des gesetzlichen Erbtheils 2303, 2305, 2310.
— Pfändung des P. nur, wenn durch Vertrag anerkannt oder rechtshängig, C.P.O. 852, K.O. 226.
— Pflichttheilslast: trifft gewöhnlich die Miterben 2305, 2318—2324, — auch einzelne, falls dies in der Verfügung von Todeswegen bestimmt, — nicht dagegen den Testamentsvollstrecker 2213, — (Verbindlichkeiten aus P.recht sind Nachlaßverbindlichkeiten s. das. 1967 Abs. 2), — (Haftung des Verkäufers der Erbschaft, daß keine Pflichttheilslast besteht, 2376).
Rechte des mit Pflichttheil Belasteten: a) Befriedigung der im Aufgebotsverfahren ausgeschlossenen Nachlaßgläubiger vor P. 1973, 1974 Abs. 2, 1989, 2013, — b) — des P.berechtigten bei Hinausgabe des Nachlasses an die Gläubiger 1991 Abs. 4, 1992, 2013, 2036, 2145 Abs. 2, 2187 Abs. 3, — c) falls selbst pflichttheilsberechtigt, 2318 Abs. 3, 2319, 2328, 2330, — d) Verweigerung der Erfüllung von Vermächtnissen und Auflagen soweit, daß P. von ihm und Vermächtnißnehmer u. s. f. verhältnißmäßig getragen, (Ausn.!) 2318, 2322—2324, — (Recht des Vermächtnißnehmers auf Kürzung seiner Beschwerungen 2188, 2189).
— Rechte des P.berechtigten:
1. Anspruch auf Ergänzung bei Schenkung des Erblassers an Dritte oder P.berechtigten, ev. Anspruch auf Herausgabe des Geschenkes von Dritten (Verjährung 3 Jahre!) 2325—2331, 2332 Abs. 2.
2. Anspruch auf Zuwendung oder Ergänzung des P. (s. jedoch auch oben Entziehung, Beschränkung des P.) (entsteht mit Erbfall, vererblich, übertragbar!) (Vertrag über P. aus Nachlaß eines lebenden Dritten nichtig! Ausnahmen! 312), 2303, 2305—2309, 2311, 2317, 2332, — Anspruch nur gegen Erben, auch wenn TestamentsvollstreckerVerwaltung, 2213, — Verjährung: 3 Jahre von Kenntniß des Erbfalls und Verfügung (jedenfalls in 30 Jahren) 2332, — Anfechtbarkeit des Anspruchs bei Verfehlung, die erbunwürdig macht, 2345 Abs. 2, 2339 Abs. 1.
3. kein Anspruch auf Erbeinsetzung, — Zuwendung des P. ist im Zweifel nicht Erbeinsetzung 2304.
4. Erwerb als P. wird eingebrachtes Gut bei Errungenschaftsgemeinschaft 1521, — — — bei Fahrnißgemeinschaft, falls vom Erblasser so bestimmt, 1553 Nr. 2, — wird Vorbehaltsgut, falls Erblasser dies bestimmt hat, 1369, 1440, 1486, 1526, 1549.
5. Recht der Anfechtung der letztwilligen Verfügung bei Übergehen des P.berechtigten, der dem Erblasser bei Errichtung der Verfügung nicht bekannt war oder der erst später geboren oder berechtigt wurde, (Ausn.: wenn anzunehmen, daß Erblasser auch bei Kenntniß Verfügung) 2079, 2080 Abs. 3, 2281, 2285.
6. Recht auf Auskunft über Nachlaß, Zuziehung bei Aufnahme u. s. f., falls P.berechtigter nicht Erbe, (Kosten: Nachlaß) 2314.
7. P.recht wird durch Aufgebot der Nachlaßgläubiger nicht betroffen 1972, 2060 Nr. 1.
8. Verzicht auf P.: a) durch Ehefrau, Zustimmung des Mannes nicht erforderlich 1406 Nr. 1, 1453, 1519, 1525, 1549, 1550, — b) bei Erbverzicht (Verzicht kann auch auf P. beschränkt sein) 2346, — c) durch

Vater oder Vormund: Genehmigung des Vormundschaftsgerichts 1643, 1686, 1822 Nr. 1 u. 2.
Pflichtverletzung eines Beamten s. das. 839, 841, — des Vormundschaftsrichters 1674, 1848.
— eines Ehegatten, schwere, z. B. grobe Mißhandlung — Ehescheidungsgrund 1568.
— des Ehemannes s. Unterhaltspflicht.
— des elterlichen Gewalthabers bei Vermögensverwaltung oder Nutznießung 1667, 1668, 1670—1672, 1686.
— des Gesellschafters: Entziehung der Geschäftsführung oder Vertretungsmacht 712, 715.
— des Mitglieds des Familienraths 1872, 1878, 1886, 1848.
— des Testamentsvollstreckers 2219, 2220, 2227.
— des Vereinsvorstandes 27.
— des Vormundes, Gegenvormundes, Pflegers 1799, 1833, 1835, 1837, 1844, 1850, 1872, 1886, 1792, 1895, 1915.
Pfründenanstalt s. Wohlthätigkeitsanstalt und unter München.
Pfründenrecht, landesges. Vorschriften unberührt **E.** Art. 80 Abs. 2, **A.** Art. 1.
Pia corpora s. Stiftungen.
Pignoris causa indivisa est s. 1222.
Pignus s. Pfandrecht.
— antichreticum 1213.
— Gordianum beseitigt s. 1210.
Planke zwischen zwei Grundstücken 921, 922.
Plantatio s. Pflanze 94.
Platz s. Weg.
Platzrecht s. Erbbaurecht.
Plenterbetrieb beim Wald **Ue.** Art. 9 Abs. 3, **A.** Art. 75 Abs. 2, 78.
Poena s. Strafe, Vertragsstrafe, Wiederverheirathung.
Politischer Zweck eines Vereins, Rechtsfähigkeit 43.
Polizeiaufsicht, Untersagung, Dienstboten unter 18 oder 21 Jahren zu halten, **A.** Art. 16, 25 Nr. 6, 26 Abs. 4.
Polizeibehörde, Mitwirkung bei gefundener Sache 965 Abs. 2, 966, 967, 973—977.
Pollicitatio s. Versprechen.
Possessio pro herede s. Erbschaftsbesitzer.
Possessorische Rechtsmittel s. Besitzschutz.
Post, gefundene Sachen 978—983.
— Übersendung einer Sache an Hinterlegungsstelle (Aufgabe zur P.) 375.
Postnumerando-Zahlung s. auch Pränumerando-Zahlung, Vorleistungspflicht.
1. Mäklerlohn 652.
2. Miethzins bei Miethe und Pacht 551, 581 Abs. 2, 584.
3. Vergütung für Aufbewahrung 699.
4. — beim Dienstvertrag 614.
5. — beim Werkvertrag 641.
Postumus s. Nachgeborene Kinder.
Potestativbedingung bei letztwilliger Zuwendung, Auslegung 2075.
Praecipuum s. Voraus.
Präclusivfrist s. Frist, Hemmung.
Prädialservituten s. Grunddienstbarkeiten.
Praedium dominans, serviens s. Grunddienstbarkeit.
Prälegat s. Vorausvermächtniß.
Prämie s. Belohnung.
Pränumerando-Zahlung s. auch Vorleistungspflicht.
— — des Dienstlohns, der Miethe und Pacht, Rückforderung bei Kündigung 543 Abs. 2, 581 Abs. 2, 628, — Befreiung von Haftung für Hypothek 1123 Abs. 2.
— — der Leibrente 760, — der Rente wegen Körperverletzung 843, 845, — — — Tödtung eines Unterhaltspflichtigen oder Dienstverpflichteten 844, 845, — — für das uneheliche Kind 1710 Abs. 2, — — wegen Überbaues oder Nothwegs 913 Abs. 2, 917, — des Unterhalts der Verwandten 1612 Abs. 3, 1614 Abs. 3, 1615.
Praescriptio s. Verjährung.
Praesumtio s. Auslegungsregeln und Vermuthung.
Praesumtio juris et de jure nicht erwähnt.
Praesumtio Muciana s. Vermuthung und 1362.
Praeterition des Notherben s. Pflichttheil, Übergehung.
Precarium s. Widerruf.
— als vitium possessionis nicht erwähnt.
Preis s. Kaufp., Miethe, Pacht und die folgenden Worte.

Preisausschreibung s. Preisbewerbung.
Preisbewerbung als Gegenstand der Auslobung s. das., — erforderlich in Bekanntmachung: Frist für P., — Entscheid: durch benannte Person, ev. Auslobenden, ist verbindlich (gleicher Theil, ev. Loos), — Übertragung des Eigenthums am Werk nur, wenn in Auslobung bestimmt, 661, 659 Abs. 2.
Preisgebung s. Aufgabe und Verzicht.
Preisminderung s. Minderung.
Preisrichter s. Preisbewerbung 661.
Preußisches Landrecht, Übergangsbestimmungen für das in Bayern gültige eheliche Güterrecht **Ue.** Art. 25, 26 Abs. 2, 62 Abs. 3, 75 Abs. 2, 93, 94, 96, 97—104.
Priorität s. Hypothek, Rangverhältniß.
Privatbedienstete, Anspruchsverjährung (2 Jahre) 196 Nr. 8, 201, 218.
— Kündigung des Dienstverhältnisses 622.
Privatgewässer, Fische in geschlossenen P. nicht herrenlos 960.
Privatgläubiger der Ehefrau: Rechte an deren eingebrachtem Gut 1411—1414, 1525, 1550, — am Gesammtgut 1459—1462, 1549, 1530—1534.
— eines Ehegatten: keine Aufrechnung ihrer Forderung gegen eine zum Gesammtgut gehörende Forderung 1442, 1471, 1487, 1519, 1546, 1549.
— des Ehemannes: kein Recht am eingebrachten Gut der Frau 1410, 1525, 1550, — aber am Gesammtgut 1459, 1530, 1549.
— eines Gesellschafters:
1. keine Aufrechnung ihrer Forderung gegen zum Gesellschaftsvermögen gehörende Forderung 719 Abs. 2.
2. Pfändung des Antheils des Gesellschafters am Gesellschaftsvermögen 725.
— eines Erben:
1. Aufrechnung seiner Forderung gegen Nachlaßforderung gilt bei Nachlaßverwaltung oder -konkurs als nicht geschehen 1977 Abs. 2.
2. keine Aufrechnung der Forderung der P. eines Miterben gegen Nachlaßforderung 2040.
3. keine Zwangsvollstreckung in den Nachlaß während Nachlaßverwaltung 1984.
Privatlehrer, Anspruchsverjährung (2 Jahre) 196 Nr. 13, 201, 218.
Privatpfändung, Landesgesetze unberührt **E.** Art. 89.
Privatrechtliche Lasten beim gesetzlichen Güterrecht 1385 Nr. 2, 1388.
— — beim Nießbrauch 1047.
Privatschreiber, Anspruchsverjährung (2 Jahre) 196 Nr. 8, 201, 218.
Privatschuldner des Erben, Aufrechnung bei Nachlaßverwaltung und -konkurs 1977.
Privattestament mündliches nicht aufgenommen 2250, 2251.
— schriftliches s. Testament 2231 Nr. 2, 2247, 2248.
Privaturkunde, Feststellung des Datums s. Bayer. Ausführungsgesetz zur C.P.O. Art. 33 (G. u. V.Bl. 1899 S. 411).
Privilegirte Testamente s. Testament 2249—2252, **E.** Art. 44.
Privilegium Albertinum nicht mehr gültig.
Probatio diabolica s. 1006.
Probe, Kauf auf P. s. Kauf 495, 496.
— Kauf nach P. s. auch Kauf 494.
Prodigalitätserklärung s. Entmündigung.
Pro herede gestio 1943, 1959.
Pro herede possessio s. Erbschaftsbesitzer.
Prokura, Ertheilung durch elterlichen Gewalthaber oder Vormund für Kind oder Mündel, Genehmigung des Vormundschaftsgerichts 1643, 1822 Nr. 11.
Protestation s. Vorbehalt.
Protokoll über Eröffnung des Testaments oder Erbvertrags, Feststellung, daß Verschluß unversehrt, 2260 Abs. 2, 2261, 2300.
— über Errichtung eines Testaments oder Erbvertrags oder Aufhebung des Erbvertrags 2240—2252, 2276, 2290 Abs. 4, **E.** Art. 151.
1. deutsche Sprache, ev. Dolmetscher und Übersetzung 2244, 2245.
2. Ort und Tag der Verhandlung.
3. Bezeichnung des Erblassers und der Mitwirkenden.
4. Erklärung des letzten Willens oder daß übergebene Schrift letzter Wille, — Feststellung der Übergabe 2240, 2241, — (falls Erblasser stumm, 2243).

5. vorlesen — Genehmigung — eigenhändige Unterschrift (ev. Feststellung des Nichtschreibenkönnens), — Feststellung im P., daß dies geschehen, — Unterschrift der Mitwirkenden 2242.
6. nebst Anlagen vom Notar in Gegenwart des Erblassers und der Mitwirkenden mit Amtssiegel verschließen, — Aufschrift, vom Notar zu unterschreiben, — amtliche Verwahrung, — Hinterlegungsschein 2246, 2248.
7. bei Nothtestamenten (z. B. bei Gefahr im Verzug, ansteckender Krankheit) 2249 Abs. 2, 2250 Abs. 2, 2251.

Protokoll über Verhandlung vor Notar und Gericht s. Notarielle Urkunde **F.G.** 175—183, **N.** Art. 24—36, Bek. v. 24. Dezbr. 1899 § 160 ff. (Just.Min.Bl. 1899 S 646).
— bei Zwangsversteigerung **Z.V.** 78, 80.

Protokollführer s. auch Gerichtsschreiber.
— nicht mitbieten bei Zwangsvollstreckungsverkauf 456—458.

Provinzialverband s. Kommunalverband.

Proxeneticum s. Mäklervertrag.

Prozeßbeginn s. Rechtshängigkeit.

Prozeßfähigkeit s. Geschäftsbeschränktheit, Geschäftsfähigkeit.
— Verjährung bei geschäftsbeschränkter prozeßfähiger Person 206 Abs. 2.

Prozeßführung s. Ehefrau, Ehegatte, Ehemann und die einzelnen Güterrechte.
— zwischen Verein und Mitglied, Ausschluß des Stimmrechts des letzteren bei Beschlußfassung 34.
— des Vormundes oder Pflegers für Mündel, keine Genehmigung erforderlich, — bei Interessenkollision ausgeschlossen 1795 Nr. 3, 1897, 1915.
— zwisch. Vormund u. Mündel 1843, 1909.

Prozeßkosten s. auch Ehegatte und die einzelnen Güterrechte.
— Anrechnung von Leistungen zuerst auf die P. 367, 1214.
— Haftung der Hypothek und des Pfandes für die P. 1118, 1210.
— Tragung der P. durch elterlichen Gewalthaber 1654, 1686.

Prozeßzinsen von Eintritt der Rechtshängigkeit, auch wenn kein Verzug, ev. von Fälligkeit 291.

Prüfung der Rechnung des Vormundes 1842, 1843, 1854 Abs. 3, 1855, 1856, 1891, 1892 Abs. 2.

Pubertät s. Alter, nicht erwähnt.

Publiciana actio 1007.

Publicität s. Hypothek, Öffentlicher Glaube.

Punktation, kein Vertragsschluß s. 154 Abs. 1.

Pupillarische Sicherheit s. Mündelgeld.

Pupillarsubstitution nicht erwähnt.

Purgatio morae nicht erwähnt.

Putativehe s. Ehe und Kinder aus nichtiger Ehe.

Putativerbe s. Erbschaftsbesitzer.

Q.

Qualificirte Legitimationspapiere s. Schuldverschreibung auf den Inhaber 808.

Qualificirtes Mandat 778.

Quarta Falcidia nicht aufgenommen.
— Trebellianica nicht aufgenommen.

Quartal s. Vierteljahr.

Quasikontrakt nicht erwähnt.

Quasi usus fructus s. Nießbrauch 1067, 1075, 1084, 1086, 1087, 1089.

Quaestio status s. Kind eheliches.

Querela inofficiosae donationis s. Pflichttheil.
— inofficiosi testamenti s. Pflichttheil.
— laesionis enormis nicht aufgenommen.
— non numeratae pecuniae 1139.

Quittung s. Empfangsbestätigung.

Quote s. Bruchtheil.

R.

Rain zwischen zwei Grundstücken 921, 922.

Randvermerk im Standesregister **F.G.** 71.

Rangverhältniß s. auch Vorrang, Vorrechtseinräumung.
— der am 1. Januar 1900 bestehenden, eine Sache oder ein Recht belastenden Rechte **E.** Art. 184, **Ue.** Art. 58, 59.
— der Eintragungen im Grundbuch s. Grundstück 879, 900 Abs. 2, 1131, 883 Abs. 3, 1822 Nr. 13, **E.** Art. 118, **G.O.** 46, — a) Änderung 880, 1151, 1261, 1272, **E.** Art. 189, — b) Vorbehalt des Rangs 881, **Ue.** Art. 58, 59, — c) Vormerkung

zur Sicherung des R. 883, — d) Vorrang des Rechts auf Geldrente wegen Überbau oder Nothweg 914, 917.
Rangverhältniß mehrerer eine bewegliche Sache belastender Rechte (maßgebend ist Zeit der Bestellung) (Pfandrecht Vorrang vor Recht eines Dritten an der Sache — Ausn.!) 1208, 1209, 1242 Abs. 2, 1262 Abs. 2, 1273.
— mehrerer Pfandrechte an einem Schiff oder Schiffspart 1261, 1272, **F.G.** 114.
— bei Befriedigung aus Grundstück bei Zwangsversteigerung und -verwaltung **Z.V.** 10—14, 49, 129, 155, **E.Z.V.** 2 Abs. 2.
Rath, Haftung aus Rathertheilung 676.
Ratification s. Genehmigung.
Ratihabition s. Genehmigung.
Rauch, Zuführung auf fremdes Grundstück 906, Gewerbeordnung 26.
Raum, Besitzschutz bei abgesondertem R. 865.
— Einrichtung des R., in dem Dienstleistungen ausgeführt werden, 618 Abs. 2.
— für Dienstboten in häuslicher Gemeinschaft 618 Abs. 2 u. 3, **A.** Art. 25 Nr. 5, 26, 30.
— Sondereigenthum an R. eines fremden Gebäudes, Übergangsbestimmung für die Pfalz s. Bayer. Gesetz vom 1. August 1898 Art. 19 Abs. 2 (G. u. V.Bl. 1898 S. 374).
— vermietheter s. Miethe 544, 570, 580, **E.** Art. 93.
Räumung s. Miethe, Pacht.
Räumungsfrist für gemiethete Räume, landesgesetzl. Vorschriften unberührt **E.** Art. 93.
Rayongesetz vom 21. Dezember 1871 **E.** Art. 54, 52, 53.
Realcontract nicht erwähnt.
Realgemeinden, landesgesetzl. Vorschriften über am 1. Januar 1900 bestehende R. unberührt **E.** Art. 164.
Realgewerbeberechtigungen, landesgesetzliche Vorschriften unberührt **E.** Art. 74, **A.** Art. 1, — Grundbuchblatt nur auf Antrag oder bei Veräußerung oder Belastung **A.G.O.** Art. 17, 53.
Realinjurien s. Mißhandlung.
Realkontrakt nicht erwähnt.
Reallast s. auch Leibgeding.
— Übergangsbestimmung für Bayern Vorbehalt des **E.** Art. 184: für am 1. Januar 1900 bestehende R. Anwendung des B.G.B. **Ue.** Art. 46, 116—118,
Reallast, landesgesetzl. Vorschriften über R., soweit nicht B.G.B. regelt, unberührt **E.** Art. 113—116, **A.** Art. 85.
— ist Belastung eines Grundstücks so, daß an Berechtigten wiederkehrende Leistungen aus dem Grundstück zu entrichten sind, 1105.
— auch zu Gunsten des jeweiligen Eigenthümers eines anderen Grundstücks 1105 Abs. 2, 1110, 1111, — unzulässig: Belastung eines Bruchtheils eines Grundstücks (Ausn.: Antheil des Miteigenthümers) 1106.
— Anspruch an Entschädigung des Eigenthümers wegen Zwangsenteignung u. s. f. **E.** Art. 52, 53.
— Begründung, Übertragung, Änderung, Belastung: a) Einigung der Betheiligten und b) Eintragung in das Grundbuch 873, 874, 877, 914, 917, **E.** Art. 114, 189, **G.O.** 6, 50, 96, **Ue.** Art. 46.
— einzelne Leistungen bei R. (persönliche Haftung des Eigenthümers 1108): Vorschriften für Zinsen einer Hypothekforderung Anwendung 1107, 1158, 1159, 1178, — Verjährung der Rückstände (4 Jahre) 197, 902, 223.
— Erlöschen: a) durch Ablösung **A.** Art. 85 Abs. 2 u. 3, — b) durch Ausschlußurtheil nach Aufgebot des unbekannten Berechtigten 1112, 1104, C.P.O. 988, — c) durch Erklärung d. Berechtigten und Löschung im Grundbuch 875, 878, — d) falls R. nicht im Grundbuch eingetragen, **Ue.** Art. 46 Abs. 2, 12—14, — e) nicht durch Verjährung 902, — f) nicht durch Zusammentreffen von Grundstück und R. in einer Person 889, — doch können hiebei die einzelnen Leistungen erlöschen 1107, 1178, — g) bei der Zwangsversteigerung (Ersatz!) **Z.V.** 92 Abs. 2, 121, **E.Z.V.** 9, **A.G.O.** Art. 27.
— Haftung des Beschwerten für Freiheit eines vermachten Grundstücks von R., im Zweifel nicht 2182 Abs. 3.
— Theilung des Grundstücks des Berechtigten: Fortbestehen der R.

für die einzelnen Theile (Ausn.!) (Ausübung darf für belastetes Grundstück nicht beschwerlicher fallen) 1109.
Reallast, Theilung d. belasteten Grundstücks s. Unschädlichkeit, — Eigenthümer der einzelnen Theile haften als Gesammtschuldner 1108 Abs. 2, — Befreiung, Vertheilung nach landesges. Vorschriften unberührt **E.** Art. 120 Abs. 1, Abs. 2 Nr. 1, 121, Bayer. Gesetz vom 15. Juni 1898 Art. 1.
— Unzulässigkeit oder Beschränkung der Belastung nach Landesgesetz **E.** Art. 115, 116.
in Bayern kann als R. nicht bestellt werden:
1. Recht auf regelmäßig wiederkehrende Leistungen von fest bestimmten Geldbeträgen oder Bodenerzeugnissen **A.** Art. 85.
2. — auf Leistungen bei Leibrente und Leibgeding **A.** Art. 41.
— Zwangsvollstreckung in R. C.P.O. 857 Abs. 6.
Realoblation 294.
Realrecht, z. B. Fischerei, Bodenzinsrecht, Bergwerkseigenthum u. s. f., Bayer. Gesetz vom 18. Juli 1898 Art. 8, — Bayern: Kgl. Verordn. vom 23. Juli 1898 (G. u. V.Bl. 1898 S. 493) § 28.
Rebus sic stantibus exceptio s. Vermögensverschlechterung.
Receptizgut s. Vorbehaltsgut.
Receptum cauponum s. Einbringung.
— nautarum, stabuliariorum nicht erwähnt.
Rechenschaftsablegung s. Rechnungslegung.
— über mit Einnahmen und Ausgaben verbundene Verwaltung, Pflicht zur Mittheilung der Rechnung, ev. Ableistung des Offenbarungseids s. das. 259, 261.
— Verpflichtung zur R. liegt ob:
1. Beauftragten 666.
2. Ehemann bei Herausgabe des eingebrachten Guts 1421, 1546, 1550.
3. elterlichem Gewalthaber 1681, 1686.
4. geschäftsführendem Gesellschafter 713, 666.
5. Geschäftsführer ohne Auftrag 681, 666, 1978.
6. Gesellschaft gegenüber Ausscheidendem 740.
7. Nutzungspfandgläubiger 1214.
8. Testamentsvollstrecker 2218, 2220, 666.
9. Vorerben auf Verlangen des Nacherben 2130 Abs. 2, 2136—2138.
10. Vormund, Pfleger 1890, 1897, 1915.
11. Vorstand des Vereins und der Stiftung 27, 40, 86.
Rechnungsabschluß bei der Gesellschaft 721, 740 Abs. 2.
Rechnungsjahr bei der Vormundschaft 1840 Abs. 2 u. 3.
Rechnungslegung s. Rechenschaftsablegung.
— des Testamentsvollstreckers jährlich gegenüber Erben auf Verlangen bei länger dauernder Verwaltung 2218 Abs. 2.
— des Verwalters bei Zwangsverwaltung **Z.V.** 154.
— seitens Vormundes oder Pflegers jährlich gegenüber Vormundschaftsgericht (ev. auch für längere Zeitabschnitte), — (Zusammenstellung, Bilanz, Belege), — zu prüfen vom Gegenvormund und Vormundschaftsgericht 1840—1843, 1915, — Befreiung von R. 1854, 1855, 1897, 1917 Abs. 2.
Rechnungsverständiger s. Sachverständiger.
Rechte s. auch Belastung, Erlöschen, Grundstücke, Rechte an denselben, Rangverhältniß, Verzicht.
— Ausübung der Rechte 226.
— die mit Eigenthum an Grundstücken verbunden, sind Bestandtheile des Grundstücks 96.
— Freiheit von R. beim Kauf 434—436.
— Früchte der R. 99 Abs. 2 u. 3, 101.
— Gemeinschaft s. das. 741, 1008.
— an Grundstücken s. das.
— für welche die Vorschriften über Grundstücke gelten, sind: Bergwerkseigenthum, Erbbaurecht, Fischereirecht, unbewegliche Kuxe, Nutzungsrechte der Mitglieder einer Realgemeinde u. s. f. nach **E.** Art. 164, Realgewerbeberechtigungen, Recht an einzelnen Räumen eines Gebäudes nach Art. 19 des Liegenschaftsrechts in der Pfalz, s. die einzelnen Worte **A.G.O.** Art. 17, 18, 53, C.P.O. 870.
— Kauf von R. s. Kauf 433, 435, 437, 440, 441, 448 Abs. 2, 449, 451.
— Lasten der R. 103.

Rechte, Nießbrauch an R. 1068—1084.
— Nutzungen der R. 100.
— Pfandrecht an Nutzungen 1273—1296, **Ue.** Art. 61.
— R. an Sachen, die am 1. Januar 1900 bestehen, **E.** Art. 184, 192—195, — Begründung, Verfügung, Bestimmung der Form des Rechtsgeschäfts **E.** Art. 11 Abs. 2.
— Übertragung s. auch Unübertragbarkeit 413, 873.
— Verlust, Schadensersatz 255.
— als Gegenstand des Vermächtnisses 2165, 2169, 2170, 2175, 2184, 2191.
— die der Verwaltung des Testamentsvollstreckers unterliegen, 2212.
Rechtlicher Grund s. Ungerechtfertigte Bereicherung.
Rechtliches Interesse s. Interesse.
Rechtmäßigkeit der Pfandveräußerung s. Pfandrecht 1242—1246.
Rechtsanwalt, Anspruchsverjährung (2 Jahre) 196 Nr. 15 u. 16, 201, 218.
— Unterzeichnung der Beschwerden **F.G.** 29, **G.O.** 80.
Rechtsausübung s. Ausübung.
Rechtsbesitz bei Grund- und beschränkt persönlichen Dienstbarkeiten 1029, 1090 Abs. 2, **E.** Art. 191.
Rechtsbeugung, Schadensersatz 839 Abs. 2 u. 3.
Rechtserwerb s. auch Nichtberechtigter.
— des Dritten aus einem Leistungsversprechen 333.
— unmittelbarer bei Vertrag z. Befriedigung eines Gläubigers 329, — — bei Lebensversicherg., Leibrentenvertrag u. s. f. 330.
Rechtsfähigkeit s. auch **C.P.O.** 50.
— Beginn mit Vollendung der Geburt (s. auch Leibesfrucht) 1.
— von Religions- oder geistlichen Gesellschaften, Landesgesetze aufrecht erhalten **E.** Art. 84.
— der Stiftungen, Genehmigung durch Bundesstaat, ev. Bundesrath 80, **E.** Art. 163.
— der Vereine s. **C.P.O.** 50 Abs. 2, Kgl. Verordn. v. 24. Dezbr. 1899 § 4 (G. u. V.Bl. 1899 S. 1230).
Entstehung:
1. bei wirthschaftlichem Zweck: nach den betreffenden reichsgesetzl. Bestimmungen, ev. durch staatliche Verleihung (Bundesstaat, wo Sitz), ev. durch Beschluß des Bundesraths 22, 23.
2. bei anderen Vereinen: durch Eintragung in Vereinsregister 21, **Ue.** Art. 1.
3. bei ausländischen: durch Bundesrathsbeschluß **E.** Art. 10.
4. Vereine ohne R. nach Vorschriften über Gesellschaft 54.
Verlust:
1. durch Konkurseröffnung 42.
2. durch Entziehung s. **A.** Art. 4, — a) bei Gefährdung des Gemeinwohls 43 Abs. 1, 44, — b) bei Verfolgung wirthschaftlicher Zwecke, wenn Satzung nicht hierauf gerichtet, 43 Abs. 2, 44, — c) — — politischer, sozialpolitischer, religiöser Zwecke, — — 43 Abs. 3, 44, — d) — — eines anderen als satzungsmäßigen Zwecks, falls R. auf Verleihung beruht, 43 Abs. 4, 44 Abs. 2, — e) falls Mitgliederzahl unter drei sinkt, 73, 74.
Rechtsgeschäfte I. Buch 3. Abschn. 104—185, s. auch Anfechtung, Form, Genehmigung, die einzelnen Güterrechte, Nichtigkeit, Testament, Widerruf u. s. f.
Rechtsgrund s. Ungerechtfertigte Bereicherung.
Rechtshängigkeit s. auch C.P.O.
— Erlöschen d. Wirkungen d. R., — Unterbrechung der Verjährung durch Zustellung des Zahlungsbefehls gilt als nicht erfolgt 213.
— Folgen der R.:
1. Haftung des Besitzers einer fremden Sache gegenüber Eigenthümer oder früheren Besitzer (oder des, der Sache od. ungerechtfertigte Bereicherung herauszugeben hat, oder des Erbschaftsbesitzers 292, 818 Abs. 4, 2023): a) für gezogene und versäumte Nutzungen 987, — b) für Schaden in Folge verschuldeter Verschlechterung oder Unmöglichkeit der Herausgabe 989, — c) Ersatzanspruch nur für nothwendige Verwendungen 994, 995, 683, 684.
2. Leistung seitens des Schuldners an einen anderen der Gesammtgläubiger als den, der Klage erhob, zulässig 428.
3. Nichterlöschen des Anspruchs des Besitzers wegen verbotener Eigenmacht 864.

4. bei Nichtigkeitserklärung der Ehe Einwendungen gegenüber Dritten 1344.
5. Recht der Unterhaltsberechtigten, für Vergangenheit Erfüllung oder Schadensersatz zu verlangen, 1613, 1615, 528, 1580.
6. Übergang auf die Erben: Anspruch auf Geldentschädigung bei Körperverletzung u. s. f. 847, — der unbescholtenen Braut aus dem Beischlaf 1300 Abs. 2.
7. bei Übertragung einer Forderung 407 Abs. 2.
8. Verzinsung der fälligen Geldschuld 291.

Rechtshängigkeit, landesgesetzl. Vorschriften für Rechtsstreite, die nicht nach C.P.O. zu erledigen, **E.** Art. 152.

Rechtskraft, I. des Konkurseröffnungsbeschlusses s. auch K.O. a) Ende der Verwaltung und Nutznießung des Mannes (Gütertrennung s. das.) 1419, 1426, — b) — der Vermögensverwaltung des Vaters 1647.
— II. des Urtheils s. auch C.P.O.
1. bei Anfechtung wegen Erbunwürdigkeit 2342 Abs. 2.
2. Anspruchsverjährung: 30 Jahre 218—220, — Ausn.: bei regelmäßig wiederkehrenden Leistungen 218 Abs. 2.
3. Aufhebung der Errungenschaftsgemeinschaft 1542 Abs. 2, — — der fortgesetzten Gütergemeinschaft 1496, 1518, — — der Gütergemeinschaft 1470, 1452, 1496, 1549, — — der Verwaltung 1418 Abs. 2, 1422.
4. Auflösung der Ehe 1564, 1584 Abs. 2.
5. Ausschluß der Besitzklagen 864 Abs. 2, — — der Rücknahme der hinterlegten Sache 376 Nr. 3.
6. Befriedigung des ausgeschlossenen Nachlaßgläubigers 1973 Abs. 2, — — für Verwendungen seitens des Besitzers 1003 Abs. 2.
7. Eintrag eines Ehevertrags u. s. f. auf Antrag eines Ehegatten in das Güterrechtsregister 1561 Abs. 3 Nr. 1.
8. Einwendungen aus der Nichtigkeit der Ehe aus dem Urtheil zwischen Ehegatten und Dritten 1344.
9. Ende der Verjährungsunterbrechung in Folge Klageerhebung 211, 215, 219, 220, — — der Vormundschaft bei Feststellung der Vaterschaft 1883.
10. nur für und gegen Gesammtschuldner und -gläubiger, in deren Person Urtheil ergeht, 425, 429.
11. bei Verurtheilung des Nießbrauchers zur Sicherheitsleistung 1052.
12. Schadensersatzanspruch des Gläubigers wegen Nichtleistung nach angemessener Frist (Ausn.!) 283.
13. Verwirkung der elterlichen Gewalt (Strafurtheil) 1680 Abs. 2.
14. Vollziehung der Auflage 2193, 2196 Abs. 2.
15. Wiederherstellung der Rechte des Ehemannes 1425 Abs. 2, — der Errungenschaftsgemeinschaft 1548.
16. Wirkung gegen neuen Gläubiger bei Abtretung eines Rechts 407.

Rechtskraft, III. sonstiger Verfügungen **F.G.** 53 Abs. 1, 56 Abs. 2, 60 Nr. 6, 70, **Z.V.** 116, 130, 131.

Rechtsmangel s. Gewährleistung.

Rechtsmittel s. Beschwerde, Weitere Beschwerde.
— letzte Instanz bei Ansprüchen aus B.G.B.: Reichsgericht **E.** Art. 6.

Rechtsnachfolge s. auch Abtretung, Erbfolge, Übertragung.
— Anrechnung des Besitzes des Rechtsvorgängers bei Verjährung und Ersitzung 221, 943.
— Ersatz von Verwendungen 999.
— Verfügung über im Reichsschuldbuch eingetragene Forderung **F.G.** 188.

Rechtsnorm, jede R. ist Gesetz im Sinne des B.G.B. und des **E. E.** Art. 2.

Rechtspflege, Stillstand hemmt Verjährung 203.

Rechtsstreit s. auch Klage, Prozeßführung, Prozeßkosten.

Rechtsverfolgung s. auch Klage, Kosten, Prozeßführung.
— wegen Aussteuer 1620 Abs. 2.
— auf Befriedigung aus dem Grundstück 1118.
— bei der Bürgschaft 767 Abs. 2, 773 Nr. 2, 775 Nr. 2.
— Kosten der R., Haftung des Pfandes 1210 Abs. 2.
— gegen Verwandte wegen Unterhalts 1607 Abs. 2, 1608.

Rechtsverletzung s. Unerlaubte Handlung 823.

Rechtsverlust bei Fund s. das. 977.
Rechtsvermuthung s. Vermuthung.
Rechtsverschaffung, Pflicht des Verkäufers 433.
Rechtsverwahrung s. Verwahrung.
Rechtsvorgänger s. Rechtsnachfolge.
Rechtsweg, falls Zulässigkeit von Vorentscheidung abhängig, Unterbrechung der Verjährung durch Einreichung des Gesuchs 210.
— Zulässigkeit bei Ansprüchen zwischen Mündel und Vormund 1843 Abs. 2.
Rechtswohlthat des Inventars s. Inventar 2009, 1994, **Ue.** Art. 143 Abs. 2, 145, 146.
— **der Kompetenz** s. Bedürftigkeit.
Rechtzeitigkeit bei Herstellung eines Werks 636.
Reciprocität des gemeinschaftlichen Testaments 2269—2271.
— der Vorschriften über Beerbung von Ausländern und Deutschen im Ausland **E.** Art. 25.
Redhibitoria actio s. Wandelung.
Redlicher Besitz s. Kennen 858, 937 Abs. 2, 945, 955, 957, 990, 1007.
Redlicher Erwerb s. Kennen, Kennen und Kennen müssen 892, 932—936, 926, 1032, 1207, 1244.
Redwitz in Bayern, Geltung des österreichischen Rechts für das eheliche Güterrecht — Übergangsbestimmungen s. **Ue.** 90, 94, 97—104.
Regalien, landesges. Vorschriften unberührt **E.** Art. 73.
Regelung der Ausübung bei Zusammentreffen mehrerer Grunddienstbarkeiten u. s. f. 1024, 1060.
— des Verkehrs zwischen geschiedenen Ehegatten und Kindern durch das Vormundschaftsgericht 1636.
— der Verwaltung und Benutzung eines gemeinschaftlichen Grundstücks 1010.
Regensburg, Errungenschaftsgemeinschaft — Übergangsbestimmungen s. **Ue.** 78 Abs. 3, 79, 80 Abs. 5, 94, 97—104.
Regierung, Zuständigkeit der Landesr.:
1. zur Befreiung von Ehehindernissen s. das. 1322 Abs. 3.
2. zur Ehelichkeitserklärung s. das. 1723.
Register s. Eintragung, Genossenschafts-, Güterrechts-, Handels-, Heiraths-, Schiffsregister, Bek. v. 24. Dez. 1899 (Just.Min.Bl. 1899 S. 789).
Regreß gegen Beamte s. das. 839, 841, 1674, 1848, **E.** Art. 77.
— des Bürgen gegen Hauptschuldner 774 Abs. 1, — der Gesammtschuldner und Mitbürgen untereinander 426, 774 Abs. 2.
— des Staats u. s. f. gegen die zum Unterhalt der von ihm Unterstützten Verpflichteten **E.** Art. 103.
Regulirung der Grenze 919, 920.
Rehwild s. Jagd 835, **E.** Art. 71, 72.
Reich s. auch Buchforderung, Fiskus, Reichsschuldenverschreibungen.
— Aufrechnung gegen Forderungen des R. 395.
— bei Gebot des R. bei Zwangsversteigerung eines Anwesens keine Sicherheitsleistung **Z.V.** 67 Abs. 3.
Reichsadel vormaliger, Anwendung des B.G.B. **E.** Art. 58 Abs. 2, **A.** Art. 1.
Reichsangehörigkeit, Einfluß auf Gesetzesanwendung (s. das.) **E.** Art. 7, 9 Abs. 1, 13—22, 24 Abs. 3, 27, 28, 41.
— — auf Zuständigkeit des Gerichts **F.G.** 45.
— Nachweis der R. **E.** Art. 37.
Reichsanzeiger, Bekanntmachungen 795 Abs. 2, 2061 Abs. 2, **A.** Art. 90.
Reichsbank, Anlage von Mündelgeld bei R. 1808, 1809, 1811, 1288, 1377, 1525, 1550, 1642, 1646, 1079, 2119.
— Hinterlegung bei der R.:
1. Inhaber- oder Orderpapiere mit Blankoindossament, an denen Nießbrauch besteht, 1082.
2. — — —, die zum eingebrachten Gut der Frau gehören, auf deren Verlangen 1392.
3. — — —, die zum Vermögen des in elterlicher Gewalt befindlichen Kindes gehören, auf Verlangen des Vormundschaftsgerichts 1667.
4. — — —, die zum Mündelvermögen gehören, — — 1814, 1815, 1817, 1819, 1820, 1853, 1855, 1856.
5. — — — bei Nacherbfolge 2116, 2136—2138.

Reichsbank, bei Gebot d. R. bei Zwangsversteigerung eines Anwesens keine Sicherheitsleistung Z.V. 67 Abs. 3.
Reichsbeamter s. auch Beamter.
— Gesetz, betr. Rechtsverhältnisse der R. vom 31. März 1873 § 6 Abs. 2 aufgehoben E. Art. 43.
— —, betr. Fürsorge für Wittwen u. Waisen der R. vom 20. April 1881 § 16 Abs. 2 aufgehoben E. Art. 48.
Reichsfiskus s. Fiskus.
Reichsgericht, Zuständigkeit als letzte Instanz für Ansprüche aus B.G.B. E. Art. 6.
— — in Beschwerdesachen F.G. 28, 30.
Reichsgesetze, Verhältniß des B.G.B. zu den R. E. Art. 32—54.
Reichsheer, Abänderung des Reichsmilitärgesetzes vom 2. Mai 1874 E. Art. 44.
— Gesetz betr. Fürsorge für Wittwen und Waisen der Angehörigen des R. vom 17. Juni 1887 § 18 Abs. 2 aufgehoben E. Art. 49.
— — der Personen des Soldatenstands vom 13. Juni 1895 § 8 Abs. 2 aufgehoben E. Art. 51.
Reichskanzler, Zuständigkeit für:
1. Anwendung des Vergeltungsrechts gegen ausländische Staaten E. Art. 31.
2. Befreiung von Bestimmungen bei Annahme an Kindesstatt 1745 Abs. 2.
3. — von Ehehindernissen 1322.
4. Bestimmung des Nachlaßgerichts F.G. 73 Abs. 2, 99 Abs. 2, Ue. Art. 36.
5. — des zuständigen Standesbeamten 1320 Abs. 3.
6. — des Vormundschaftsgerichts F.G. 36 Abs. 2.
7. Ehelichkeitserklärung 1723 Abs. 2.
Reichsmilitärgesetz s. Reichsheer.
Reichsschuldbuch s. Buchforderungen, Schuldbuch.
— Abänderung des Gesetzes vom 31. Mai 1891 E. Art. 50, F.G. 188.
Reichsschuldverschreibungen, Anlegung von Mündelgeld (s. auch das.) u. s. f. 1807 Abs. 1 Nr. 2 u. 3.
— bedürfen (auf Inhaber) keiner staatlichen Genehmigung 795 Abs. 4.
Reichsständische Häuser vormalige, Anwendung des B.G.B. E. Art. 58, A. Art. 1.
Reichsunmittelbare s. Reichsständische Häuser.
Reihenfolge s. Erbe gesetzlicher, Rangverhältniß, Unterhaltspflicht, Vormundschaft.
Reinertrag bei Festsetzung des Ertragswerths eines Landguts E. Art. 137, A. Art. 103 Abs. 2.
— Gewinn aus Ertragsgeschäft, das Vater im Namen des Kindes betreibt, 1655, 1658 Abs. 2,
— des Nachlasses bei mehreren Erben 2038 Abs. 2.
— der Nutzungen beim Pfandrecht 1214 Abs. 2.
Rei vindicatio s. Eigenthumsanspruch 985.
Rekurs gegen Eintragung eines Vereins in das Vereinsregister 62 Abs. 2.
Religion, Einfluß auf Dienstverhältniß bei Bestimmung der Arbeits- und Erholungszeit 618 Abs. 2, 619, A. Art. 25 Nr. 5, 26, 30, H.G.B. 62 Abs. 2, 76, 82.
— Erziehung der Kinder nach Landesgesetz E. Art. 134.
— Rücksicht bei Auswahl des Vormundes 1779 Abs. 2.
— bei Verschiedenheit der R. zwischen Vormund und Mündel: Entziehung der religiösen Erziehung 1801.
Religionsdiener s. Geistlicher.
Religionsgesellschaft, Erwerb durch Mitglieder E. Art. 87.
— Erwerbsbeschränkungen E. Art. 86, A. Art. 7—10.
— Rechtsfähigkeit, landesges. Vorschriften unberührt E. Art. 84.
Religionswechsel kein Scheidungsgrund 1564.
Religiöses Bekenntniß s. Religion.
Religiöse Erziehung s. Religion.
Religiöser Zweck eines Vereins, falls nicht satzungsgemäß, Entziehung der Rechtsfähigkeit 43.
Relocatio tacita s. Miethe und Pacht 568, 581 Abs. 2.
Remuneratorische Schenkungen nicht erwähnt, s. aber 534.
Renten s. auch Leib- und Geldrente.
— rückständige, Verjährung (4 Jahre) 197, 201, 218.
— vorbehaltene, Übergangsbestimmung für die Pfalz Ue. Art. 117, 118.

Rentengüter, landesges. Vorschriften unberührt **E.** Art. 62.

Rentenschein, Übergangsbestimmungen:
1. für R. eines vor 1. Jan. 1900 ausgestellten Inhaberpapiers bisherige Gesetze maßgebend **E.** Art. 175.
2. ebenso für Kraftloserklärung und Zahlungssperre **E.** Art. 174.
— Besitz des R. bei Nießbrauch an Inhaber- oder Orderpapier mit Blankoindossament 1081, — Beschaffung neuer R. hiebei 1083.
— Erlöschen des Anspruchs nach Vorlegungsfrist (4 Jahre, beginnend mit Schluß des Jahres, in dem Leistungszeit — anders bestimmbar) 801, **Ue.** Art. 8.
— Mithinterlegung bei zur Sicherheitsleistung hinterlegten Werthpapieren 234, — Ausn. (nicht mithinterlegen): a) beim eingebrachten Gut vom Ehemann 1392, 1525, 1550, — b) vom elterlichen Gewalthaber 1667, 1686. — c) vom Vorerben 2116, 2136—2137, — d) vom Vormund 1814, 1818, 1819..
— Pfandrecht am Werthpapier erstreckt sich auch auf die übergebenen R. (im Zweifel Zurückverlangung der vor Pfandverkaufsberechtigung fälligen R.) 1296,
— bei Verlust oder Vernichtung kein Aufgebotsverfahren zur Kraftloserklärung 799, **A.** Art. 166 XIV, — (Ausn.: nach bisherigen Gesetzen **E.** Art. 174), — keine Bekanntmachung **A.** Art. 90 Abs. 2, — Aussteller ist verpflichtet, nach Anzeige und Ablauf der Vorlegungsfrist Leistung vom Aussteller zu verlangen, (Ausn.!) 804, 805, **E.** Art. 100 Nr. 2, 174 (s. auch H.G.B. 367 Abs. 3).

Rentenschuldbrief s. auch Grundschuld-, Hypothekenbrief, Werthpapier **G.O.** 70.
— Eigenthum an R.: Gläubiger 952.
— Vorlage zur Berichtigung des Grundbuchs 896, — — bei Zwangsenteignung u. s. f. **A.G.O.** Art. 19, 20, 53.

Rentenschulden s. Grundschuld und Unschädlichkeit.
— sind Grundschulden, bei denen in regelmäßig wiederkehrenden Terminen bestimmte Geldsumme aus dem Grundstück zu zahlen ist, 1199, — (bestimmte Ablösungssumme, Eintrag in das Grundbuch, Zahlung derselben 1199 Abs. 2, 1200 Abs. 2), — **G.O.** 26, 27, 37, 38, 99, 40 Abs. 2, 43, 51 Abs. 2, 54 Abs. 2, — einzelne Leistungen 1200 Abs. 1, — (beim Nießbrauch: Eigenthümer 1047).

Rentenschulden, Ablösungsrecht: nur Eigenthümer nach Kündigungsfrist 1201, 1202, **E.** Art. 117 Abs. 2.
— Abtrennung eines Theils des belasteten Grundstücks s. Unschädlichkeit, Bayer. Gesetz vom 15. Juni 1898 Art. 1.
— Anlegung von Mündelgeld u. s. f. in sicheren R. s. Mündelgeld 1807 Nr. 1 u. Abs. 2, 1079, 1288, 1377, 1525, 1550, 1642, 1686, 2119, **A.** Art. 92.
— Anspruch des Gläubigers an Entschädigung des Eigenthümers bei Zwangsversteigerung u. s. f. **E.** Art. 52, 53.
— Beseitigung der R. vom Verkäufer, auch wenn sie Käufer kennt, 435, 439 Abs. 2, — — auf vermachtem Grundstück vom Beschwerten 2165 Abs. 2, 2168.
— R. gehören bei Fahrnißgemeinschaft nicht zum unbeweglichen Vermögen 1551 Abs. 2.
— Kündigung, Einziehung durch Vorerben 2114, 2136, 2137.
— Nießbrauch und Pfandrecht an R. s. das. 1080, 1291.
— Rangänderung (Zustimmung des Eigenthümers) 880 Abs. 2, — landesgesetzlicher Vorrang der R. des Staats zur Verbesserung des Grundstücks **E.** Art. 118.
— Übertragung u. s. f. durch elterlichen Gewalthaber oder Vormund ohne Genehmigung d. Vormundschaftsgerichts 1643, 1821 Abs. 2.
— Umwandlung von R. in Grundschuld (s. auch das.) und umgekehrt 1203.
— Verpfändung von R. als Sicherheitsleistung 232, 233, 238.

Rentenschulden, Zwangsvollstreckung in R. C.P.O. 857 Abs. 6.
Rentenvermächtniß nicht erwähnt.
Renunciatio s. Verzicht.
Replica compensationis nicht erwähnt.
Repräsentationsrecht der Abkömmlinge s. Erbe gesetzlicher.
Repudiation s. Erbschaft, Schenkung, Vermächtniß.
Res divini juris nicht erwähnt.
— extra commercium nicht erwähnt.
— fungibiles s. Vertretbare Sachen.
— litigiosae nicht erwähnt.
— nullius s. Herrenlose Sachen.
— — cedit primo occupanti 958 Abs. 1.
— publicae nicht erwähnt.
— quae usu consumuntur s. Verbrauchbare Sachen.
— religiosae nicht erwähnt.
Reservatio dominii s. Eigenthumsvorbehalt 455.
Reservatio mentalis bewirkt nicht Nichtigkeit, außer der Andere kennt Vorbehalt, 116.
Resolutivbedingung s. Bedingung.
Restitutio in integrum s. Wiederherstellung.
Restitutionsklage gegen Urtheil auf Auflösung oder Nichtigkeitserklärung der Ehe: Hinderniß für Eingehung neuer Ehe 1309.
Retentionsrecht s. Zurückbehaltungsrecht.
Retorsion s. Vergeltungsrecht **E.** Art. 31.
Retrakt s. Vorkaufsrecht.
Rettenberger Landesordnung, Errungenschaftsgemeinschaft — Übergangsbestimmungen **Ue.** Art. 78 Abs. 2, 79, 80, 94, 97—104.
Reugeld, Draufgabe ist im Zweifel nicht R. 336 Abs. 2.
— bei Vorbehalt des Rücktritts vom Vertrag 359.
Richter s. Amtsgericht, Beamter, Nachlaßgericht, Notar, Vormundschaftsgericht.
Richtigkeit der Verzeichnisse s. das.
Richtung des Nothwegs 917, 924.
Rindvieh, Mängel s. Viehgewährschaft.
Ritterschaftliche Familien E. Art. 216.
Ritterschaftliche Kreditanstalten E. Art. 167.
Rogatio der Testamentszeugen nicht erwähnt.
Rothenburg, Bayern, Errungenschaftsgemeinschaft — Übergangsbestimmungen s. **Ue.** Art. 78—80, 94, 97—104.
Rothenfelser Landesbrauch, Errungenschaftsgemeinschaft — Übergangsbestimmungen s. **Ue.** Art. 78 Abs. 2, 79, 80, 94, 97—104.
Rothwild s. Jagd 835, **E.** Art. 71, 72.
Rückbürgschaft nicht erwähnt.
Rückerstattung s. Rückforderung und Rückgabe.
Rückfallsrecht in der Pfalz s. Bayer. Gesetz vom 1. Juli 1898 Art. 17 (G. u. V.Bl. 1898 S. 373).
— im rechtsrheinischen Bayern: bei Grundstücksveräußerung **Ue.** Art. 39.
Rückforderung, Ausschluß der R. einer Leistung: a) als Heirathsvermittlungslohn 656, — b) bei Schenkungen mit Rücksicht auf den Anstand oder sittliche Pflicht 534, 2330, — c) auf Grund von Spiel, Wette, nicht genehmigter Lotterie, Differenzgeschäft 762—764, — d) s. auch Ungerechtfertigte Bereicherung, — e) bei verjährtem Anspruch 222, — f) bei Zahlung auf Grund Vertheilungsplans bei Zwangsverwaltung **Z.V.** 159 Abs. 2.
— der geliehenen Sache 604.
— des Kaufpreises beim Vorkaufsrecht 1100—1102.
— des Pfandes s. Pfandrecht 1217, 1218, 1254, 1223.
— des Schuldscheines nebst Quittung 371.
— der ungerechtfertigten Bereicherung s. das.
— von mit Unrecht erhobenen öffentlichen Abgaben oder Kosten nach Landesgesetz **E.** Art. 104, **A.** Art. 125 Abs. 3, 126—127.
— der mit Verwahrungsvertrag hinterlegten Sache 695.
Rückgabe s. auch Herausgabe, Rückforderung.
— des Darlehens s. das.
— der Draufgabe 337, 338.
— der empfangenen Leistung beim vorbehaltenen oder gesetzlichen Rücktritt vom Vertrag 346—348, 354, 280, 286, 327, 467, 634.
— einer entzogenen Sache 848—851.
— des unrichtigen Erbscheins an d. Nachlaßgericht 2361, 2362, 2367, 2370.

Rückgabe der geliehenen Sache 604.
— der gemietheten oder gepachteten Sache 556, 557, 581 Abs. 2.
— von der Gesellschaft überlassenen Gegenständen 732, 738.
— der hinterlegten Sache 696, 697, 700.
— des Inventars bei Ende der Pacht 589, 1048 Abs. 2.
— beim Kauf 440 Abs. 2, 2182.
— eines landwirthschaftlichen Grundstücks oder Landguts: a) das zum eingebrachten Gut der Frau gehört, 1421, 1546, 1550, — b) das zum Nachlaß gehört, durch Vorerben 2130, 2136, 2137, — c) beim Nießbrauch 1055—1057, — d) beim Pacht 591—594, — e) das zum Vermögen des Kindes gehört, 1663, 1686.
— des vorausbezahlten Miethzinses 543.
— der Sache beim Nießbrauch am Vermögen 1087, 1088 Abs. 3.
— des Pfandes s. das. und Rückforderung 1253, 1254, 1266.
— der Sicherheit bei Miethe oder Pacht 572, 581 Abs. 2,
— des in amtliche Verwahrung gegebenen Testaments (persönlich, jederzeit! gilt als Widerruf — Ausn.!) 2256, 2272.
— des vorausbezahlten Dienstlohns 628.
Rückgängigmachung s. Wandelung.
Rückgewähr s. Rückgabe.
Rückgriff s. Regreß.
Rückkauf s. Wiederkauf.
Rückkaufshändler s. Pfandleiher.
Rückkehrbefehl 1567 Nr. 1.
Rücknahme s. auch Klagezurücknahme, Rücknahme, Widerruf, Zurücknahme.
— des hinterlegten Betrags bei unbekanntem Hypothekgläubiger 1171 Abs. 3.
— der mittels Verwahrungsvertrags hinterlegten Sache 696.
— der wegen Verzugs des Gläubigers hinterlegten Sache seitens des Schuldners (Ausn.!) 376, 379, 1819, — (Recht der R. unpfändbar, — während des Konkurses des Schuldners nicht auszuüben 377, — ausschließbar 378).
Rückstände der Ehefrau bei Leistung eines Beitrags zum ehelichen Aufwand bei Gütertrennung 1427 Abs. 2.
Rückstände des Unterhaltsanspruchs 1613, 1615, 1711, 1713.
— von Zinsen, Renten u. s. f. und allen regelmäßig wiederkehrenden Leistungen (Verjährung: 4 Jahre) 197, 201, 218, — Verjährung, auch wenn im Grundbuch Recht eingetragen, 902.
— von Zinsen u. s. f. bei Übertragung von Hypothekforderungen 1159, 1160 Abs. 3, — von Grund- und Rentenschulden 1192, 1200, — bei Vereinigung der Hypothek mit dem Eigenthum 1178.
Rücktritt s. auch Wandelung, Widerruf.
— beim Eigenthumsvorbehalt i. Zw. R. vom Vertrag anzunehmen 455, **Ue.** Art. 39.
— des Erblassers vom Erbvertrag (durch Erklärung — Form! — nicht durch Vertreter!): a) bei Verfehlung des Bedachten, — b) bei Vorbehalt des R. im Erbvertrag, — c) bei Wegfall der Voraussetzung 2293—2298, 2299 Abs. 3.
— gesetzliches Recht zum R.:
1. seitens des Gläubigers: a) bei theilweiser Leistung des rechtskräftig verurtheilten Schuldners innerhalb der ihm gestreckten Frist 283 Abs. 2, 325, — b) bei theilweiser Unmöglichkeit der Leistung 280 Abs. 2, — c) bei theilweisem Unvermögen des Schuldners 275 Abs. 2, 325, 326, — d) bei Verzug des Schuldners, wenn er kein Interesse mehr an Leistung hat, 286 Abs. 2.
2. seitens des Käufers u. s. f. s. Kauf, Wandelung 440, 445, 465—467, 493, 515, 634, 636, 651.
3. seitens des Schenkers wegen Unterbleibens der Vollziehung der Auflage 527, 325, 326.
4. seitens eines Vertragstheils: a) bei Unmöglichkeit der Leistung in Folge eines vom anderen Theil zu vertretenden Umstandes 325, 327, 454, **A.** Art. 42, (s. auch Gesetz betr. die Abzahlungsgeschäfte vom 16. Mai 1894), — b) bei Verzug des Anderen nach Festsetzung oder bei mangelndem Interesse an Erfüllung 326, 327, 454, **A.** Art. 42.

Rücktritt vom Verlöbniß s. das. 1298—1300, 1302.

— vertragsmäßig vorbehaltener R. vom Vertrag:

1. Ausübung durch Erklärung gegenüber anderem Theil 349, — bei Betheiligung Mehrerer auf einer Seite des Vertrags, so nur von Allen und gegen Alle 356.
2. Ausschluß des R.: a) bei Recht auf Aufrechnung und Erklärung derselben unverzüglich nach R. 357, — b) bei Erlöschen des Rechts auf R., auch nur bei einem von mehreren Berechtigten 356, — c) bei Vereinbarung eines Reugeldes, falls dies nicht sofort entrichtet wird und Anderer R.erklärung deshalb zurückweist, 359, — (Vorbehalt der Rechtsverwirkung (lex commissoria), — Gläubiger ist bei Eintritt zum R. berechtigt 360, — bei Fixgeschäft (festbestimmte Zeit oder Frist) im Zweifel Recht zum R. 361), — d) bei durch Berechtigten verschuldeten Untergang, Unmöglichkeit der Herausgabe, wesentlicher Verschlechterung des Gegenstandes (nicht bei zufälligem Untergang der Sache) 351, 350, — e) bei Umgestaltung durch Verarbeitung oder Umbildung in Sache anderer Art 352, — f) bei Veräußerung, Belastung oder Verfügung durch Zwangsvollstreckung u. s. f. über empfangenen Gegenstand, wenn bei dem, der Sache erlangt, Voraussetzungen von d und e vorliegen, 353, — g) bei Verzug der Rückgewähr nach gesetzlicher Frist 354, 355.
3. Beweislast 358.
4. Folgen des R.: a) Rückgewähr der empfangenen Leistung, ev. Werthvergütung — Zug um Zug 346, 348, — b) Schadensersatz wegen Verschlechterung, Untergang, Unmöglichkeit der Herausgabe, Ersatz von Verwendungen 347, 348, 987, 989, 994 Abs. 2.

Rückwirkung der Anfechtung eines Rechtsgeschäfts 142.

— der Aufrechnung 389.

— bei Eintritt der Bedingung nach Inhalt des Rechtsgeschäfts 159.

— der Eintragung eines Widerspruchs wegen Nichthingabe des Darlehens in das Grundbuch 1139.

— der Entmündigung 2229 Abs. 3.

— der Genehmigung 184.

— der Genehmigung einer Stiftung nach Tod des Stifters 84.

— der Hinterlegung wegen Verzug des Gläubigers 375.

— der Rücknahme der hinterlegten Sache 379.

— bei ohne Zustimmung des gesetzlichen Vertreters geschlossenem Vertrag eines beschränkt Geschäftsfähigen 110, 114.

— der Verweigerung der Genehmigung einer Schuldübernahme durch den Gläubiger 415 Abs. 2.

— der Wahl bei alternativer Leistung 263 Abs. 2.

Rückzahlung s. auch Rückgabe, Rückforderung.

— mit Unrecht erhobener öffentlicher Abgaben und Kosten nach Landesgesetz **E.** Art. 104, **A.** Art. 125 Abs. 3, 126—127.

— verzinslicher Staatsschulden nach Landesgesetz **E.** Art. 98.

Ruhegehalt, Abtretung 411.

— Beschränkung der Übertragbarkeit und Aufrechnung gegen Ansprüche auf R. nach Landesgesetz **E.** Art. 81, **A.** Art. 12.

— Verjährung rückständiger R. (4 Jahre) 197, 201, 218.

Ruhen der elterlichen Gewalt s. das.

— der Verjährung s. das. und Hemmung.

Ruhende Erbschaft nicht erwähnt.

Ruß, Zuführung auf fremdes Grundstück 906, Gewerbeordnung 26.

S.

Saat s. Landwirthschaftliches Grundstück.

Sachbeschädigung s. Beschädigung.

Sachen s. auch Eingebrachte Sachen, Gattung, Gewährleistung, Irrthum, Lasten und die folgenden Worte.

— sind körperliche Gegenstände 90, — wesentliche Bestandtheile s. das. 93—96.

— Eintheilung: I. bewegliche Sachen s. das.

1. verbrauchbare Sachen s. das. 92.

2. vertretbare Sachen s. das. 91.
3. Zubehör s. das. 97, 98.
Sachen, II. Grundstücke s. das.
— Früchte von S. sind deren Erzeugnisse, bestimmungsgemäße Ausbeute und Erträge, die sie vermöge eines Rechtsverhältnisses gewähren, 99, 101, 102, 256, — Nutzungen von S. sind die Früchte und die Vortheile, welche der Gebrauch der S. gewährt, 100.
Sachenrecht III. Buch 854—1296.
Sachgesammtheit s. Sachinbegriff.
Sachinbegriff, bewegliche Sachen, die zu S. gehören, dessen einzelne Sachen zu Veräußerung bestimmt, sind verbrauchbare Sachen 92 Abs. 2.
— Herausgabe eines S. oder Auskunftsertheilung: Vorlage eines Verzeichnisses ev. Eid 260, 261.
— Nießbrauch an S. (Verzeichniß) 1035.
— Wandelung beim Verkauf eines S. 469, 471, 543, 581.
Sachmängel s. Gewährleistung.
Sachverständige s. auch Schätzung.
— Ernennung, Beeidigung, Vernehmung: Amtsgericht ev. Notar **F.G.** 164, **A.** Art. 87, 167 II, **N.** Art. 3 Abs. 2.
— Feststellung des Zustandes der Sachen durch S. beim eingebrachten Gut 1372 Abs. 2, 1528 Abs. 2, 1550, — bei der Nacherbfolge 2122, — beim Nießbrauch 1034, 1067, — bei Vermögensaufnahme durch den Vormund 1802 Abs. 2, — (Gebühren betr. s. **Ue.** Art. 31 Abs. 2).
— Haftung **E.** Art. 79, **A.** Art. 88.
— Rechnungsverständiger bei Aufstellung des Theilungsplans bei Zwangsversteigerung **Z.V.** 113, 156 Abs. 2.
— Verjährung der Gebühren und Auslagen (2 Jahre) 196 Nr. 17, 201, 218.
Salzburgisches Provinzialrecht, soweit in Bayern gültig, subsidiär Dotalrecht s. das.
Samen wird mit Aussäen wesentlicher Bestandtheil des Grundstücks 94.
Sammlung öffentliche s. Pflegschaft 1914, **F.G.** 42.
Sand s. Bodenbestandtheile 1037 Abs. 2.
Satzung von Kreditanstalten 1115 Abs. 2, Kgl. Verordn. v. 24. Dez. 1899 § 11 (G. u. V.Bl. 1899 S. 1231).
Satzung der Sparkasse s. das. **A.** Art. 110, 114 Abs. 3.
— eines Vereins 25—30, 32, 33, 38, 40, 45, 50, 57, 59, 64, 71, **A.** Art. 4, — Landesgesetze über S. eines Vereins, dessen Rechtsfähigkeit auf staatlicher Verleihung beruht, **E.** Art. 82.
— einer öffentlichen Verpflegungsanstalt **A.** Art. 102.
Sävitien s. Mißhandlungen 1568.
Schaden s. auch Schadensersatz.
— Affektionswerth (s. auch das.), — Ersatz ausgeschlossen (Ausn.!) 253, 343, 847, 1300.
— Aufmerksammachen auf Gefahr ungewöhnlich hohen S. 254 Abs. 2.
— Eintritt des S. braucht nicht dargelegt zu werden bei Ersatzforderung wegen vertragswidrigen Verhaltens des Dienstboten oder der Dienstherrschaft **A.** Art. 26 Abs. 2, 30.
— umfaßt auch den entgangenen Gewinn, der nach dem gewöhnlichen Lauf der Dinge oder nach den besonderen Umständen, insbes. getroffenen Anstalten und Vorkehrungen mit Wahrscheinlichkeit erwartet werden konnte, 252, — (Ausn. bei zurückgegangenem Verlöbniß 1298, 1299).
— der nicht Vermögensschaden ist, mit Geld ersetzt nur 253.
1. bei Körperverletzung u. s. f., Freiheitsentziehung, Verbrechen u. s. f. wider die Sittlichkeit gegen Frauensperson, Bestimmung zum außerehelichen Beischlaf durch Hinterlist, Drohung u. s. f. 847.
2. bei unberechtigtem Rücktritt vom Verlöbniß, wenn unbescholtene Verlobte Beiwohnung gestattete, 1300, 1302.
— Zurückbehaltungsrecht wegen eines durch eine herauszugebende Sache verursachten S. 273 Abs. 2.
Schadensersatz s. auch Schaden, C.P.O. 287.
— I. Ansprüche der Schadensersatzberechtigten (s. auch Unerlaubte Handlung):
1. bei Körperverletzung oder Gesundheitsverletzung und Aufhebung oder Minderung der Erwerbsfähigkeit u. s. f. Geldrente, ev. Kapitalabfindung bei

wichtigem Grund (s. auch 2) 843, 618, 760.
2. bei Körperverletzung u. s. f., Freiheitsentziehung (s. auch oben 1) Geldrente an Dritte, denen Verletzter kraft Gesetzes zur Dienstleistung im Haus oder Gewerbe verpflichtet war, 845, 846, 618, 249, 254.
3. bei Nichterfüllung: vereinbarte Strafe Mindestbetrag 340 Abs. 2, 341 Abs. 2, 342.
4. bei Sachbeschädigung oder =entziehung: Wertherſatz und Zinsen 849, 851, — Haftung für Zufall (Ausn.), — Ersatz von Verwendungen 848, 850, 249.
5. bei Tödtung: Beerdigungskosten und Geldrente an Unterhaltsberechtigten 844, 846, 618, und an Dritte, denen Verletzter kraft Gesetzes zur Dienstleistung im Haus oder Gewerbe verpflichtet war, 845, 846, 618, 249, 254.
6. bei unerlaubter Handlung gegen die Person: Ersatz der Nachtheile im Erwerb oder Fortkommen 842, 618.
7. — — — seitens hiefür nicht Verantwortlichem: nach Billigkeit und Verhältnissen der Betheiligten, soweit nicht Aufsichtspflichtiger haftet, 829.
8. bei Verbrechen und Vergehen wider die Sittlichkeit u. s. f. 847 Abs. 2.
9. Wiederherstellung des früheren Zustandes (Frist!) (bei Körperverletzung oder Sachbeschädigung auf Verlangen des Gläubigers statt dessen erforderlichen Geldbetrag!) 249, 250.
10. nach Ablauf der Frist oder Unmöglichkeit oder Unzulänglichkeit der Wiederherstellung oder bei unverhältnißmäßigen Kosten hiebei: Geldentschädigung 250, 251, — (s. Schaden 252, 253, 847, 1300, 1302), — (Gewährung von Geldrente s. das. 843, 912—917, 844—846, **E.** Art. 116).

Schadensersatz, II. Ansprüche des zum S. Verpflichteten:
1. bei Herausgabe einer entzogenen Sache wegen der Verwendungen 850.
2. bei Schadensersatz wegen Nichterfüllung 281 Abs. 2, — im Zweifel Anrechnen der Draufgabe 338.
3. bei Verlust einer Sache oder eines Rechts auf Abtretung der Ansprüche, die Ersatzberechtigtem auf Grund Eigenthums an der Sache oder des Rechts gegen Dritte zustehen, 255.

Schadensersatz, III. konkurrirendes Verschulden des Verletzten, Verpflichtung und Umfang davon abhängig, von wem Schaden vorwiegend verursacht ist, 254, 846, **A.** Art. 58, 59 Abs. 3.
— IV. Verjährung des Anspruchs auf S.:
1. bei Haftpflicht beim Eisenbahnbetrieb oder Benutzung öffentlicher Grundstücke und Gewässer zu Anlagen und Betrieben **E.** Art. 105, 106, **A.** Art. 58 Abs. 2, 59 Abs. 4.
2. aus unerlaubter Handlung: 3 Jahre 852, **A.** Art. 60 Abs. 4.
3. sonst 30 Jahre 195, — auch wenn Recht im Grundbuch eingetragen, 902.
— V. Verpflichtung zum S.:
1. bei Abgabe von nichtigen oder anfechtbaren Willenserklärungen (nur bis zum Interesse, nicht bei Kenntniß des andern Theils) 122, 2078 Abs. 3.
2. bei Abschluß eines Vertrags auf unmögliche Leistung (Ausn.!) 307, — u. gegen gesetzliches Gebot 309, 307.
3. bei Abweichen von der vom Käufer vorgeschriebenen Versendungsart 447 Abs. 2.
4. wegen arglistigen Verschweigens eines Fehlers oder Mangels im Recht: a) durch Schenker 523, 524, — b) durch Schenker einer Erbschaft 2385 Abs. 2, — c) durch Verleiher 600.
5. falls bei Aufrechnung die Leistung nicht am bestimmten Ort bewirkt werden kann, 391 Abs. 1.
6. für durch Beamte zugefügten Schaden (s. auch Beamter) seitens des Staats u. s. f. **E.** Art. 77, **A.** Art. 60, 61, Vorentscheid des Verwaltungsgerichtshofs s. Bayer. Ges. vom 8. Aug. 1878 Art. 7 Abs. 2, abgeändert **A.** Art. 165 I.
7. seitens der Beamten für ihre Stellvertreter und Gehülfen **E.** Art. 78, **A.** Art. 1.
8. bei Einbringung von Sachen zum Gastwirth 701—703.
9. bei Eingriff im öffentlichen Interesse **E.** Art. 52, 53, 109, **A.** Art. 1.

10. bei Einwirkung auf fremdes Grundstück zur Abwendung von Gefahr 904.
11. bei Ertheilung eines Raths oder Empfehlung nur, wenn sich Haftung aus Vertragsverhältniß oder unerlaubter Handlung ergiebt, 676.
12. bei Geschäftsführung ohne Auftrag 678, 682, 687 Abs. 2.
13. bei Hinterlegung, falls durch Beschaffenheit der Sache Schaden entsteht, (Ausn.!) 694.
14. beim Leibgedingsvertrag **A.** Art. 45, 46.
15. wegen Nichterfüllung: a) der dem Dienstberechtigten in Ansehung des Lebens und der Gesundheit des Verpflichteten obliegenden Verpflichtungen 618 Abs. 3, 619, — b) seitens des Schenkers 523 Abs. 2, 524 Abs. 2, — c) seitens des Schuldners bei Unmöglichwerden der Leistung in Folge von ihm zu vertretenden Umstands 280—282, 325, — d) — — bei Nichtbewirken der Leistung nach rechtskräftigem Urtheil und Fristsetzung (Ausn.!) 283, 325 Abs. 2, — e) — —, falls Leistung in Folge Verzugs für Gläubiger kein Interesse hat, 286—290, 326, — f) der Unterhaltspflicht (vom Eintritt des Verzugs oder der Rechtshängigkeit) 1613, 1615, 528, 1580, 1711, — g) seitens des Verkäufers bei Mangel im Recht 440, 441, — — — zugesicherter Eigenschaft 463, 464, 477, 479, — bei nur nach Gattung bestimmter Sache 480 Abs. 2, — h) seitens des mit Vermächtniß einer der Gattung nach bestimmten Sache Beschwerten bei Arglist 2183, — i) seitens Vermiethers, Verpächters, Werkunternehmers bei Mangel zugesicherter Eigenschaft oder bei Mangel, der Gebrauch beeinträchtigt, 538, 545 Abs. 2, 581 Abs. 2, 635, 638, 639.
16. bei Nichtzurückgabe der vermietheten oder verpachteten Sache 557, 597.
17. des Pfandgläubigers bei schuldhafter Verletzung der Vorschriften über Pfandverkauf 1243 Abs. 2, — des bisherigen Pfandgläubigers 1251 Abs. 2.
18. bei Rechtsverlust in Folge Verbindung, Vermischung u. s. f. (Vergütung in Geld) 951.
19. beim Rücktritt vom Verlöbniß (für angemessene Aufwendungen und Maßnahmen — Ausn.! — Verjährung!) 1298—1300, 1302.
20. bei Sachbeschädigung oder -zerstörung zur Abwendung drohender Gefahr, falls der Handelnde Gefahr verschuldet, 228.
21. seitens Sachverständiger bei Werthschätzung von Grundstücken **E.** Art. 79, **A.** Art. 88.
22. bei ohne staatliche Genehmigung in den Verkehr gelangten Schuldverschreibungen auf den Inhaber 795.
23. bei Überbau und Nothweg (Geldrente!) 912 Abs. 2, 917 Abs. 2.
24. bei unbegründeter Ablehnung der Vormundschaft u. s. f. 1787, 1792, 1897, 1915, — des Vormundes, Gegenvormundes, Vormundschaftsgerichts u. s. f. 1833, 1848, 1897, 1915.
25. bei unerlaubten Handlungen s. das.
26. wegen Unterlassens a) des rechtzeitigen Antrags auf Konkurseröffnung durch den Erben 1918, 2013, 2036, — seitens des Vorstandes einer Körperschaft u. s. f. des öffentlichen Rechts 89, — einer Stiftung 86, — der Liquidatoren eines Vereins 53, — der Vorstandsmitglieder des Vereins 42 Abs. 2, — b) der Anzeige seitens des Miethers oder Pächters von einem sich zeigenden Mangel oder einer Gefahr 545 Abs. 2, 581 Abs. 2, — c) einer bei Herstellung eines Werks erforderlichen Handlung des Bestellers 642, — d) der Benachrichtigung α) des Gläubigers seitens des Schuldners von der Hinterlegung 374 Abs. 2, — β) — — der Versteigerung der zur Hinterlegung nicht geeigneten Sache 384 Abs. 2 u. 3, 220 Abs. 2, — γ) des persönlichen Schuldners seitens des Hypothekgläubigers von Betreibung der Zwangsversteigerung 1166, — δ) des Verpfänders seitens des Pfandgläubigers von Versteigerung des Pfandes wegen drohenden Verderbs 1220 Abs. 2 u. 3.

27. seitens des Unternehmers von Eisenbahnen und anderen mit gemeiner Gefahr verbundenen Betrieben (Verjährung: 2 Jahre!) E. Art. 105, A. Art. 58, — — — von Anlagen u. s. f., wobei dem öffentlichen Gebrauch dienende Grundstücke benutzt werden, (Verjährung: 2 Jahre) E. Art. 106, A. Art. 59.
28. wegen unzeitiger Kündigung ohne wichtigen Grund: a) beim Auftrag 671 Abs. 2, 2226, — b) bei Dienstboten s. das. A. Art. 18, 21, 26, — c) bei Diensten höherer Art 627 Abs. 2, 628, — d) bei der Gesellschaft 723 Abs. 2.
29. bei Verdingung eines Dienstboten an mehrere Dienstherrschaften A. Art. 17, 26 Abs. 4, 30.
30. bei Vereinen oder Stiftungen für Handlungen des Vorstandes u. s. f. 31, 86, 89.
31. bei schuldhafter Vereitelung oder Beeinträchtigung eines Rechts während des Schwebens einer Bedingung 160.
32. bei Verfolgung von Bienenschwärmen 962.
33. bei Verleitung der Dienstboten (s. das.) zu widerrechtlichem Dienstverlassen E. Art. 95, A. Art. 30, 26, 17.
34. wegen Verschlechterung, Untergangs oder sonstiger Unmöglichkeit der Herausgabe: a) vom Eintritt der Rechtshängigkeit an: bei Verschulden jeder Schuldner eines bestimmten Gegenstands 292, 989, — (auch ohne Verschulden bei Verzug — Ausn. 287), — b) — — — der gutgläubig ungerechtfertigt Bereicherte 818 Abs. 4 (s. auch f), — c) — — — — — Besitzer oder Erbschaftsbesitzer 989, 1007, 2023, (s. auch f), — d) der bösgläubige Besitzer oder Erbschaftsbesitzer oder ungerechtfertigt Bereicherte vom Erwerb oder Eintritt des bösen Glaubens an 990, 819, 2024, 991, 993, 1007 Abs. 3, — e) bei vorbehaltenem oder gesetzlich zulässigem Rücktritt vom Vertrag, bei Verschulden vom Leistungsempfang an 347, 989, 1007 Abs. 3, — f) der Wiederverkäufer bei Verschulden 498 Abs. 2, 501, — g) auch für Zufall bei unerlaubter Handlung (Ausn.: wenn Untergang u. s. f. auch ohne Entziehung eingetreten wäre) 848, 2025.
35. bei Verschulden des Testamentsvollstreckers 2219, 2220.
36. seitens des Vertreters, wenn der Vertretene die Genehmigung verweigert, (Ausn.!) 179.
37. des Vorerben 2138 Abs. 2.
38. bei Aufhebung u. s. f. eines für vorläufig vollstreckbar erklärten Urtheils C.P.O. 302, 600, 717 Abs. 2, 945.
39. beim Wegschaffen einer auf fremdes Grundstück gelangten Sache 867.
40. bei unrichtigem Zeugniß des Dienstboten (s. das.) E. Art. 95, A. Art. 30, 26, 17.
41. bei Zusammenrottung, Auflauf, Aufruhr E. Art. 108, Bayer. Gesetz vom 12. März 1850 auf die Pfalz erstreckt A. Art. 142, Erlöschen in 1 Jahr s. Ausführungsgesetz zur C.P.O. vom 23. Februar 1879, abgeändert A. Art. 166 III 1.
42. bei Zuwiderhandlungen gegen Strafgesetz zum Schutze von Grundstücken E. Art. 107.

Schadensersatzpflicht s. Schadensersatz.

Schadenszufügung s. auch Schadensersatz.
— durch Ausübung eines Rechts 226.

Schaf, Mangel s. Viehgewährschaft.

Schalttag nicht erwähnt, s. 188.

Schatz ist eine Sache, die so lange verborgen war, daß Eigenthümer nicht mehr zu ermitteln, — bei Entdeckung halb dem Entdecker, halb dem Eigenthümer der Sache, in der Schatz war, 984, — der Nießbraucher hat kein Recht am Sch. 1040.

Schätzer s. Sachverständiger.
— Haftung für Schaden 839, E. Art. 79, A. Art. 88.
— Verjährung: 2 Jahre 196 Nr. 15, 201, 218.

Schätzung s. auch Sachverständiger, Schätzungswerth.
— v. Beiträgen d. Gesellschafter 706 Abs. 2.
— des Gesellschaftsvermögens beim Ausscheiden des Gesellschafters 738 Abs. 2.
— des Nachlasses zur Pflichttheilsberechnung 2311 Abs. 2.

Schätzungswerth s. auch Schätzung.
— Sicherheitsleistung mit beweglicher Sache nur bis zu $^2/_3$ von deren S. 237.
— Übernahme des Inventars zum S. seitens des Pächters oder Nießbrauchers eines Grundstücks 587—589, 1048.
hiebei: a) Rechte des Pächters oder Nießbrauchers:
1. auf Ersatz des Mehrbetrags, wenn Gesammtschätzungswerth der übernommenen Stücke niedriger ist, als der der zurückzugewährenden, 589 Abs. 3, 1048.
2. Übergang des Eigenthums der vom Verpächter abgelehnten Inventarstücke auf ihn 589 Abs. 2, 1048.
3. Verfügung über einzelne Stücke innerhalb Grenzen ordnungsmäßiger Wirthschaft 588, 1048.
b) Verpflichtungen derselben:
1. Erhalten des Inventars im übergebenen Zustand 588 Abs. 2, 1048.
2. Haftung für Zufall 588, 1048.
3. Zurückgewährung nach Ende 589, 1048.
c) Rechte des Verpächters und Eigenthümers:
1. Ablehnung der Übernahme überflüssiger oder zu werthvoller vom Pächter oder Nießbraucher angeschaffter Inventarstücke 589 Abs. 2, 1048.
2. Eigenthumserwerb an den vom Pächter oder Nießbraucher angeschafften Stücken mit Einverleibung 588 Abs. 2, 1048.
d) Verpflichtung derselben auf Ersatz des Mehrbetrags, wenn Gesammtschätzungswerth der übernommenen Stücke höher ist, als der zurückzugebenden, 589 Abs. 3, 1044.
— Übernahme eines Landguts oder von Vorräthen zum S. 594.
— als vereinbarter Wiederkaufspreis 501.

Scheidung s. Ehescheidung.

Scheidungsgründe, -klage, -urtheil s. Ehescheidung und Urtheil.

Scheingeschäfte sind nichtig, wenn beide Theile einverstanden, daß es S., 117, 118, — Ausn.: bei Eheeingehung 1323, 1324—1328.
— Ausschluß der Einrede bei Übernahme einer verbrieften Forderung gegenüber neuem Gläubiger 405.

Scheingeschäfte, für durch S. verdecktes anderes Rechtsgeschäft finden die für dasselbe geltenden Vorschriften Anwendung 117 Abs. 2.

Schenkung s. auch Schenkungsabsicht.
— ist Zuwendung, durch die Jemand aus seinem Vermögen einen Andern bereichert, wenn beide einig, daß Zuwendung unentgeltlich, 516, — (falls ohne Willen des Beschenkten, dessen Erklärung über Annahme erforderlich 516 Abs. 2, — Ablehnung der Ehefrau ohne Zustimmung des Mannes 1406, 1525, 1550, 1453, 1519, 1549).
keine S. liegt vor:
1. bei Ausschlagen der Erbschaft oder des Vermächtnisses.
2. beim Unterlassen eines Vermögenserwerbs zum Vortheil eines Andern.
3. bei Verzicht auf angefallenes, noch nicht endgültig erworbenes Recht 517.
— Ausstattung nur soweit S., als sie die Vermögensverhältnisse u. s. f. übersteigt, 1624.
— S. unter Ehegatten nicht verboten 1584.
— S. einer Erbschaft 2385 Abs. 2.
— S. des Erblassers:
1. in Absicht, Vertragserben zu benachtheiligen: Herausgabe des Geschenks an Vertragserben (Verjährung 3 Jahre) 2287, 2288 Abs. 2.
2. Einfluß auf Pflichttheil (nicht, wenn Erbfall 10 Jahre nach S.) 2325—2331.
— Erwerb durch S. bei Auseinandersetzung des Gesammtguts 1477, 1502, 1546, 1549, — bei Errungenschaftsgemeinschaft: eingebrachtes Gut 1521, — bei Fahrnißgemeinschaft —, soweit S. in unbeweglichem Gut besteht, 1551, 1556.
— Form:
1. notariell: a) Schenkungsvertrag über gegenwärtiges Vermögen oder Bruchtheil desselben 311, F.G. 167, 169, — b) Vertrag über schenkungsweises Versprechen einer Leistung, schenkungsweises Schuldversprechen und -aner-

kenntniß (Formmangel durch Leistung geheilt) 518, F.G. 167, 169.
2. des Testaments (s. das.) bei Schenkungsversprechen u. s. f. unter der Bedingung, daß Beschenkter den Schenker überlebt, 2301.
3. landesherrliche Genehmigung bei S. über 10000 Mark an geistliche Gesellschaften, über 5000 Mark an ausländische E. Art. 86, A. Art. 7, 9, 10.

Schenkung aus Gesammtgut und S.-versprechen durch Ehemann nur mit Einwilligung der Frau (Ausn. s. unten bei Sittlicher Pflicht u. s. f.) 1446, 1448, 1449, 1455, 1468 Nr. 1.
— große S. nicht erwähnt, s. aber bei S. an geistliche Gesellschaften, Form Nr. 3.
— nichtig ist S. des künftigen Vermögens oder Bruchtheils desselben oder schenkweise Bestellung des Nießbrauchs daran 310.
— Rechte des Schenkers:
1. auf Herausgabe des Geschenks 534: a) falls Beschenkter Geschenk ablehnt, 516 Abs. 2 (1406 Nr. 2, 1453), — b) falls Vollziehung der Auflage unterbleibt, 527, — c) falls Schenker sonst nicht standesgemäßen Unterhalt und — Unterhaltspflicht erfüllen kann, 528, — (Pfändung C.P.O. 852 Abs. 2), — Ausn.: α) bei vorsätzlichem oder grobfahrlässigem Herbeiführen der Bedürftigkeit, — β) nach Ablauf von 10 Jahren, — γ) wenn Beschenkter sonst im standesgemäßen Unterhalt u. s. w. gefährdet, 529, 531.
2. auf Verweigerung des Versprochenen wegen Bedürftigkeit s. 1 c 519.
3. keine Verzugszinsen 522.
4. auf Vollziehung bei S. unter Auflage 525—527, 330, A. Art. 107.
5. auf Widerruf (durch Erklärung):
a) bei grobem Undank (ev. auch Recht der Erben) 530, — Ausn. α) bei Verzeihung 532, 533, — β) bei Ablauf eines Jahres 532, — γ) wenn S. sittliche Pflicht u. s. f. s. unten 534.
b) wegen Unterbleibens der Eheschließung 1301.
c) wegen Ehescheidung 1584.

Schenkung, die sittlicher Pflicht oder Anstandsrücksicht entspricht:
1. vom elterlichen Gewalthaber für das Kind 1641, 1686.
2. vom Erblasser, auch bei Verkürzung des Pflichttheils 2330.
3. vom Mann aus dem Gesammtgut ohne Einwilligung der Frau 1446, 1519, 1549.
4. keine Rückforderung, kein Widerruf 534.
5. vom Testamentsvollstrecker 2205, 2207.
6. vom Vorerben 2113.
7. vom Vormund für Mündel 1804, 1897, 1915.
— Tod des Beschenkten: Erlöschen des Widerrufsrechts 532.
— Tod des Schenkers:
1. i. Zw. Aufhören einer Unterstützung in wiederkehrenden Leistungen 520.
2. Ausschluß des Widerrufsrechts (Ausn.!) 530 Abs. 2.
3. bei S. unter Auflage 525 Abs. 2.
— unzulässig sind S. des elterlichen Gewalthabers in Vertretung des Kindes (Ausn.!) 1641, — des Testamentsvollstreckers (Ausn.!) 2205, 2207, — des Vorerben, soweit dadurch Rechte des Nacherben vereitelt oder beeinträchtigt werden, (Ausn.!) 2113 Abs. 2, 2138 Abs. 2, — des Vormundes in Vertretung des Mündels (Ausn.!) 1804.
— Verpflichtungen des Schenkers:
1. Haftung für Freiheit des Gegenstands von Rechten 523 Abs. 2, 434, 435.
2. — für rechtlichen Bestand des geschenkten Rechts 523 Abs. 2, 437.
3. — für Schadensersatz bei arglistigem Verschweigen eines Mangels im Recht od. Fehlers s. Gewährleistung 523, 524.
4. — für Vorsatz und grobe Fahrlässigkeit 521.

Schenkungsabsicht des Geschäftsführers ohne Auftrag: Ausschluß seines Anspruchs gegen Geschäftsherrn 685 Abs. 1.
— im Zweifel anzunehmen:
1. bei Aufwendungen der Frau für ehelichen Aufwand bei Gütertrennung 1429.
2. — — des volljährigen Kindes für Kosten des elterlichen Haushalts 1618.
3. bei Unterhalt von Eltern oder Voreltern an Abkömmlinge und umgekehrt 685 Abs. 2.

Schenkungsversprechen s. Schenkung 518, **F.G.** 167, 169.

Scherz bei Willenserklärung 116, 118, 122.

Schiedsgericht, Urtheilsverjährung (30 Jahre) 220.

Schiedsvertrag, Unterbrechung der Verjährung bei Unvollständigkeit des S. 220 Abs. 2.
— durch Vormund für Mündel, Genehmigung des Vormundschaftsgerichts (Ausn.!) 1822 Nr. 12.

Schiff s. auch die folgenden Worte.
— Pfandrecht an im Schiffsregister eingetragenem Schiffe, Anwendung der Vorschriften über Pfandrecht s. das., doch Ausn. 1266 (s. auch Reichsgesetze vom 25. Oktober 1867, 15. April 1885, 20. Mai 1898).
a) Aufgebotsverfahren bei unbekanntem Gläubiger 1269, — bei Forderung aus Schuldverschreibung auf Inhaber, Wechsel, Indossamentpapier 1270.
b) Befriedigung des Pfandgläubigers:
1. durch Verpfänder oder gewöhnlichen Schuldner (Aushändigung der Urkunde) 1267.
2. aus S. und Zubehör nur auf Grund vollstreckbaren Titels 1268.
c) Bestellung:
1. Einigung über Pfandrecht und Eintrag in das S.register 1260, **Z.V.** 169 Abs. 2, — (Eintragung nur auf Antrag **F.G.** 100, 101, 106—113), — (Beschwerde **F.G.** 122—124).
2. auch so, daß nur Höchstbetrag, für den S. haftet, bestimmt wird, 1271.
3. an mehreren S. **F.G.** 116.
4. durch Übergabe, falls S. nicht eingetragen, 1205.
d) Haftung des S. und Zubehörs (Ausn.!) 1265, — für eingetragene Forderung, Zinsen, gesetzliche Zinsen, Kosten 1264, — falls Forderung unverzinslich oder mit weniger als 5 % verzinslich — Erweiterung 1264 Abs. 2.
e) Rangverhältniß: Reihenfolge der Einträge, — Änderungen 1261, **F.G.** 114.
f) Übertragung der Forderung **F.G.** 104.

Schiff, Testamentserrichtung (mündliche Erklärung vor 3 Zeugen) 2251, 2252, **E.** Art. 44, — Beurkundung vor Geschwaderauditeur **F.G.** 184.
— Todeserklärung eines auf untergegangenem S. befindlichen Verschollenen 16.
— Verkauf: Löschung der das Recht des Käufers beeinträchtigenden im Schiffsregister eingetragenen Rechte 435 Abs. 2.
— Zwangsversteigerung im Wege der Zwangsvollstreckung C.P.O. 858, 864, 865, 870 Abs. 2, 931, **Z.V.** 162—171, 181 Abs. 3, 182 Abs. 3.

Schiffer s. auch Schiff.
— Anspruchsverjährung (2 Jahre) 196 Nr. 3, 201, 218.
— Einbringung von Sachen nicht erwähnt.

Schiffsbrief, Schiffscertificat, Vermerk der Eintragung im Schiffsregister auf S. **F.G.** 120.

Schiffspart s. auch Schiff.
— Pfandrecht an S. 1272.
— Zwangsvollstreckung C.P.O. 858.

Schiffspfandrecht s. Schiff.

Schiffsregister s. auch Schiff.
— Berichtigung der Einträge:
1. durch persönlichen Schuldner 1267.
2. bei Widerspruch zwischen Inhalt und Rechtslage (keine Verjährung!) 1263, 894, 895, 897, 898, — Bewilligung von dem, dessen Recht betroffen, **F.G.** 102, 103, 105.
— Einträge:
1. des Pfandrechts, Gläubiger, Geldbetrag der Forderung, ev. Zinssatz, Bezugnahme auf Eintragungsbewilligung 1260, — (nur auf Antrag! Form! **F.G.** 100, 101, 106—124).
2. bei Pfandrecht, bei dem nur Höchstbetrag, bis zu dem Schiff haftet, bestimmt ist: Höchstbetrag 1271.
3. der Übertragung oder Belastung der Forderung **F.G.** 104.
4. bei Zwangsversteigerung **Z.V.** 163 Abs. 2, 164, 167, 169 Abs. 2, 171.
Folge des Eintrags: so lange Eintrag, so lange Pfandrecht — auch bei Veräußerung und Belastung, auch

gegen gutgläubigen Erwerber — in Kraft 1262, F.G. 120, 121.
Löschung:
1. der eingetragenen Rechte, Pflicht des Verkäufers 435, 445, 515, F.G. 105, 115.
2. des Pfandrechts zu Unrecht 1262 Abs. 2, 1263 Abs. 2.
3. der Vormerkung oder Widerspruchs 883, 899, F.G. 103, 122—124.
Schiffsregister, Mitbelastung mehrerer Schiffe F.G. 116.
— Reihenfolge der Einträge F.G. 114.
Schlafraum s. Dienstbote 618, A. Art. 25 Nr. 5, 26, 30, H.G.B. 62 Abs. 2 u. 3, 76, 82.
Schließung der Ehe s. Ehe.
Schlüsselgewalt s. Ehefrau.
Schlußrechnung des Pflegers 1915.
— des Vormundes 1890—1892, 1897.
Schmerzensgeld, billige Geldentschädigung, nicht übertragbar, nicht vererblich (Ausn.: wenn vertragsmäßig anerkannt oder rechtshängig) 847.
Schmiede, Zubehör: Maschinen und Geräthschaften 98, 99.
Schmuckgegenstände der Ehefrau: Vermuthung für deren Eigenthum 1362 Abs. 2, E. Art. 16 Abs. 2, — Vorbehaltsgut beim gesetzlichen Güterrecht 1366, — Übernahme bei Auseinandersetzung des Gesammtguts gegen Werthersatz 1477 Abs. 2, 1502, 1546, 1549.
— des Kindes sind sein freies Vermögen 1650.
Schonung des Interesses des Eigenthümers bei Ausübung der Grunddienstbarkeiten 1020.
Schreiben als Verarbeitung des Stoffes 950.
Schreibensunkundige bei Aufnahme notarieller Urkunden F.G. 177 Abs. 2, N. Art. 29 Abs. 2, Bek. v. 24. Dez. 1899 § 105.
— öffentliche Beglaubigung der Handzeichen, bei Vorschrift von Schriftform s. Form 126, 129, F.G. 183, N. Art. 35.
— Testamentserrichtung: nur mündlich vor Notar 2238, 2242, 2247 (Ausn.! 2249, 2250).
Schrift s. Erbvertrag, Form, Testament.
Schriftform s. Form.
Schriftlichkeit s. Form.
Schriftstück s. Familienpapier.
Schulbaulast, landesges. Vorschriften unberührt E. Art. 132, A. Art. 1.
Schuld s. Schulden, Verschulden.
Schuldanerkenntniß ist Vertrag, durch den das Bestehen eines Schuldverhältnisses anerkannt wird, 781 — (vertragsmäßiges Anerkenntniß, daß Schuld nicht besteht, läßt Schuldverhältniß erlöschen 397), — unverbindlich zur Erfüllung von Spiel-, Wett-, staatlich nicht genehmigten Lotterieverträgen, Heirathsvermittelungslohnansprüchen 762 Abs. 2, 763, 656 Abs. 2.
Form:
1. schriftlich — Ausn.: bei Abrechnung oder Vergleich 781, 782 u. H.G.B. 350, 351.
2. notariell — schenkweises S. (Mangel der Form durch Leistung geheilt) 518.
3. Testamentsform — S. unter Bedingung, daß Beschenkter den Schenker überlebt, 2301.
Schuldbuch des Reichs oder Bundesstaats: Anlage von Mündelgeld 1807, 1808, 1811, 1813 Abs. 2, 1816, 1817.
— — Eintragung bei Nacherbfolge 2118, 2136—2138.
— — landesgesetzliche Regelung der Eintragung von Gläubigern des Bundesstaats E. Art. 97.
— — landesgesetzliche Regelung der Rückzahlung und Umwandelung von Staatsschulden, die im S. eingetragen, E. Art. 98.
— — Verpfändung von Forderungen zur Sicherheitsleistung 232, 233, 236.
Schulden s. auch die folgenden Worte und Schuldverhältnisse.
— Berichtigung der S.:
1. des Bestellers eines Nießbrauchs am Vermögen oder Erbschaft 1086, 1087.
2. des Ehegatten bei Auseinandersetzung des Gesammtguts (s. das.) 1475, 1480, 1481, 1498, 1499, 1546, 1549, — aus eingebrachtem Gut (s. das.) 1410—1414, 1439, 1525, 1550, — aus Gesammtgut (s. das.) 1459—1462, 1530—1534, 1549.

3. bei Gemeinschaftsaufhebung aus gemeinschaftlichem Gegenstand 755.
4. der gemeinschaftlichen Gesellschaftsschulden bei Auseinandersetzung 733, 735, 739.
5. der Nachlaßschulden s. Nachlaßverbindlichkeiten.
6. desjenigen, dessen Vermögen ein Anderer durch Vertrag übernimmt, 419.
7. eines Vereins durch die Liquidatoren 49.

Schulden, Verpflichtung zur Zahlung fremder S. ohne Schuldübernahme giebt im Zweifel dem Gläubiger kein unmittelbares Recht, die Befriedigung zu fordern, 329.

Schulderlaß durch Vertrag bewirkt Erlöschen des Schuldverhältnisses 397, 423, 429.

Schuldgrund, Verträge ohne S. zulässig (Schriftlichkeit) 780—782.

Schuldigerklärung eines oder beider Ehegatten im Scheidungsurtheil oder Urtheil auf Aufhebung der ehelichen Gemeinschaft s. Ehescheidung.

Schuldner s. auch Hypothek, Mehrheit von Gläubigern und S., Persönlicher S., Pfandrecht, Schuldübernahme.
— ist derjenige, von dem Gläubiger kraft des Schuldverhältnisses berechtigt ist, eine Leistung (auch Unterlassung) zu fordern, 241, — (Leistung nach Treu und Glauben mit Rücksicht auf die Verkehrssitte 242), — (Wahlrecht bei mehreren Leistungen 262—265), — (kein Recht zu Theilleistungen 266, — Leistung durch Dritten 267), — (Haftung für Vorsatz, Fahrlässigkeit, Handlungen des Vertreters 276—278), — (Verzug, Aufrechnung, Erlaß u. s. f. s. das.).

Schuldschein, Eigenthum am S.: Gläubiger, — Recht des Dritten an Forderung erstreckt sich auf S. 952.
— Rückgabe nebst Quittung 371.

Schuldtitel s. Schuldschein und Urkunde.

Schuldübernahme durch Dritten, der an Stelle des bisherigen Gläubigers tritt durch Vertrag des Dritten mit Gläubiger 414, — oder mit Schuldner unter Genehmigung des Gläubigers (Verweigerung derselben!) 415, — (während Schwebens Änderung oder Aufhebung des Vertrags zulässig 415), — (falls Hypothek für Schuld besteht 416).
Wirkungen:
1. Befriedigung durch Schuldübernehmer 415 Abs. 3.
2. Recht des Übernehmers zu Einwendungen aus Rechtsverhältniß zwischen Gläubiger und bisherigem Schuldner, — Ausn.: aus dem S. zu Grund liegenden Rechtsverhältniß 417.
3. keine Aufrechnung mit einer Forderung des bisherigen Schuldners seitens Übernehmers 417.
4. Erlöschen der Bürgschaft und Pfandrechte (Ausn.!) 418.

Schuldübernahme bei Übernahme des Vermögens eines Anderen (beschränkte Haftung für die Schulden!) 419.
— (Verpflichtung zur Befriedigung eines Anderen ohne S. s. oben Schulden 329).

Schuldverhältnisse II. Buch 241—853.
— Übergangsbestimmungen:
1. für S., die vor 1. Jan. 1900 entstanden, bleiben bisherige Gesetze maßgebend (s. aber Miethe, Pacht, Dienstverhältniß, Gemeinschaft, Schuldverschreibung auf den Inhaber) **E.** Art. 170.
2. hat Anspruch aus S. nach bisherigen Gesetzen durch Eintragung in öffentlichem Buch Wirksamkeit gegen Dritte erlangt, so Wirkung auch nach 1. Jan. 1900 bestehend **E.** Art. 179.
— Begründung oder Änderung durch Vertrag 305, — (Ausn.: Auslobung, Schuldverschreibung auf Inhaber s. das.)
— Erlöschen:
1. durch Aufrechnung s. das. 387.
2. durch Erlaßvertrag und vertragsmäßiges Anerkenntniß, daß Schuld nicht bestehe, 397.
3. durch Hinterlegung s. das. 372, 378, 379.
4. durch Leistung 362, 364.
— Inhalt: Recht des Gläubigers, vom Schuldner Leistung zu fordern, 241—304.

Schuldverschreibung auf den Inhaber s. auch Inhaberpapier, Theilschuldverschreibung.

Schuldverschreibung auf den Inhaber, Übergangsbestimmungen:
1. für S., die vor 1. Jan. 1900 ausgestellt, gilt B.G.B. (798—800, 802, 804, 806), — bisherige Gesetze für Kraftloserklärung, Sperre **E.** Art. 174, 178, in Bayern **Ue.** Art. 8.
2. Außerkurssetzung nach 1. Jan. 1900 nicht mehr, — vorherige verliert mit 1. Jan. 1900 Wirkung **E.** Art. 176.
3. S. des Staats u. s. f., die am 1. Jan. 1900 auf Namen des Gläubigers umgeschrieben, **E.** Art. 101, **A.** Art. 55.

— — ist Urkunde, in der der Aussteller dem Inhaber eine Leistung verspricht, 793.

— — Erlöschen des Anspruchs aus S.:
1. 30 Jahre nach Eintritt der für Leistung bestimmten Zeit.
2. falls Urkunde vorher zur Einlösung vorgelegt oder gerichtlich geltend gemacht wurde,: 2 Jahre vom Ende der Vorlegungsfrist, (Hemmung der Frist und Verjährung: Zahlungssperre) 801, 802, **E.** Art. 174, **A.** Art. 54, 55, 57, C.P.O. 1019.

— — Formvorschriften:
1. Gültigkeit der Unterzeichnung kann durch Bestimmung in der Urkunde an besondere Form gebunden sein (mechanische Herstellung zulässig!) 793 Abs. 2, **E.** Art. 100 Nr. 1.
2. im Inland auf bestimmte Geldsummen ausgestellte S.: staatliche Genehmigung (Centralbehörde — Reichsanzeiger!), sonst nichtig! (Ausn.: bei S. des Reichs oder Bundesstaats) 795.
3. vom elterlichen Gewalthaber oder Vormund nur mit Genehmigung des Vormundschaftsgerichts 1822 Nr. 9, 1643, 1825.

— — Gewinnantheilscheine, Zins-, Rentenscheine s. das. 799, 801 Abs. 2, 803—805, **E.** Art. 100, 174, 175, **A.** Art. 54—57.

— — Hypothek für Forderungen aus S. nur Sicherungshypothek! (Erklärung gegenüber Grundbuchamt und Eintragungsbestellung eines Vertreters, Eintrag!) 1187—1189, **G.O.** 44, **Ue.** Art. 49.

— — Pfandrecht für Forderungen aus S. 1270, 1272, **F.G.** 112, 117.

Schuldverschreibung auf den Inhaber, Pflichten des Ausstellers (s. auch Rechte des Inhabers):
1. Auskunftsertheilung an bisherigen Inhaber zur Erwirkung des Aufgebots und der Zahlungssperre 799 Abs. 2, **A.** Art. 54, 55, 57.
2. Ausstellung neuer Urkunde bei Beschädigung oder nach Kraftloserklärung 798—800, **E.** Art. 174, **A.** Art. 54, 55, 57, C.P.O. 1018.
3. Einreden gegen Inhaber nur: a) Gültigkeit der Ausstellung betreffend, — b) aus der Urkunde, — c) die dem Aussteller gegen Inhaber unmittelbar zustehen, 796.
4. Leistung, auch wenn S. ihm gestohlen, verloren oder sonst gegen seinen Willen in Verkehr, 794.
5. Schadensersatzpflicht, falls S. ohne staatliche Genehmigung, 795 Abs. 3.

— — Rechte des Ausstellers:
1. Befreiung durch Leistung auch an nicht verfügungsberechtigten Inhaber 793, **A.** Art. 52, 55, 57.
2. kein Kündigungsrecht, auch bei mehr als 6 % Zinsen 247.
3. Leistung nur gegen Aushändigung der S. 797, **E.** Art. 101, **A.** Art. 49, 55, 57.
4. mit Aushändigung Eigenthum an Urkunde, auch wenn Inhaber nicht verfügungsberechtigt war, 797.
5. Umschreibung auf Namen (keine Verpflichtung hiezu!) 800, — bei S. des Staats, einer dem bayerischen Staat angehörenden Körperschaft, Stiftung, Anstalt des öffentlichen Rechts: nach Umschreibung Zahlungsverpflichtung nur gegen Aushändigung der S. **E.** Art. 101, **A.** Art. 49, 54, 55, 57, — Übertragung der S. erst mit Umschreibung wirksam **E.** Art. 101, **A.** Art. 53, 55, 57.

— — Rechte des Inhabers:
1. Ausstellung neuer Urkunde, falls alte beschädigt, nur gegen deren Aushändigung und Kostentragung 798, **E.** Art. 174, **A.** Art. 54, 55, 57.
2. Inkraftbleiben der Zinsscheine bei Erlöschen der Hauptforderung u. s. f. 803, **A.** Art. 54—57.

3. Kraftloserklärung durch Aufgebotsverfahren 799, 800, **E.** Art. 174, **A.** Art. 54, 55, 57, 166 XIV, — Bekanntmachung des Verbots **A.** Art. 90.
4. bei S. des Staats, Stiftung u. s. f.: zur Verfügung über S. und Zahlungsempfang berechtigt: Gläubiger, auf dessen Namen S. umgeschrieben, gesetzlicher Vertreter u. s. f. (Form für Anträge! — Besitz der S.) **E.** Art. 101, **A.** Art. 50—52, 55, 57.
5. Tod des Ausstellers oder dessen Geschäftsunfähigkeit nach Ausstellung ohne Einfluß auf Wirksamkeit 794 Abs. 2.
6. Verlangen der Leistung nach Versprechen 793.

Schuldverschreibung auf den Inhaber, (entsprechende Anwendung der Vorschriften: a) falls Gläubiger benannt und Leistung an jeden Inhaber, 808, — b) auf Grundschuldbriefe auf den Inhaber 1195, — c) auf Karten, Marken u. s. f., in denen Gläubiger nicht bezeichnet, 807).

Schuldversprechen ist Vertrag, durch den eine Leistung so versprochen wird, daß Versprechen die Verpflichtung selbständig begründen soll, — Form! s. Schuldanerkenntniß 780, 782, 518, 2301, H.G.B. 350, 351.

Schutz, Verstoß gegen Gesetze zum S. Anderer 823 Abs. 2.

Schutzmaßregeln einer Anlage 907.

Schwächung s. Beischlaf.

Schwägerschaft (Vorschriften gelten auch für Gerichtsverfassungs-, Anfechtungsgesetz, Civil-Strafprozeßordnung **E.** Art. 33).
— ist Verhältniß des einen Ehegatten zu den Verwandten des andern (auch wenn Ehe aufgelöst) (Linien und Grade nach Linien und Graden der sie vermittelnden Verwandtschaft) 1590, — (Frau des Vaters wird nicht mit unehelichem, für ehelich erklärten Kind, Ehegatte dieses Kindes nicht mit Vater verschwägert 1737), — (bei Annahme an Kindesstatt 1763).
— Wirkungen:
1. Anhören bei Ersatz der elterlichen Einwilligung zur Eheschließung durch Vormundschaftsgericht (Ausn.!) 1308 Abs. 2,
— — bei Entziehung der elterlichen Gewalt (Ausn.!) 1673 Abs. 2, 1686,
— — vor Entscheidungen des Vormundschaftsgerichts auf Antrag des Vormundes oder Gegenvormundes (Ausn.!) 1847, 1862.
2. Antrag auf Einsetzung eines Familienraths, Mitglied 1859, 1867, 1868.
3. bei Auswahl des Vormundes berücksichtigen 1779 Abs. 2.
4. Eheverbot zwischen in gerader Linie Verschwägerten (Nichtigkeit!) 1310, 1327, 1329, — Ehelichkeitserklärung der von solchen Verschwägerten erzeugten Kinder unzulässig 1732.
5. kein Hinderniß für Zeugenschaft: S. mit Verlobten oder Standesbeamten bei Eheschließung 1318 Abs. 2, — Unfähigkeit, als Notar, Gerichtsschreiber, Zeuge, Dolmetscher bei Testaments- oder Erbvertragserrichtung oder Aufhebung des Erbvertrags mitzuwirken: S. mit Erblasser in gerader Linie oder 2. Grad der Seitenlinie 2234 Nr. 2, 2235, 2236, 2244, 2249—2251, 2276, 2290 Abs. 4, **E.** Art. 151, — bei notariellen Urkunden **F.G.** 170 Nr. 3 u. 4, 171 Nr. 2, 172, C.P.O. 383 Nr. 3.
6. Beschwerderecht **F.G.** 57 Nr. 8.

Schwängerer s. Kind uneheliches, Unehelicher Vater.

Schwangerschaft, Aufschub der Auseinandersetzung der Miterben 2043.
— Anspruch auf standesmäßigen Unterhalt 1963, 2141.
— bei unehelichem Kind, Kosten und Aufwendungen, Ersatzanspruch 1715, 1716, **E.** Art. 21.
— des unverheiratheten weiblichen Dienstboten, Kündigungsgrund **A.** Art. 24 Nr. 13, 26, 30.

Schwarzenberger Recht, soweit in Bayern gültig, subsidiär Dotalrecht s. das.

Schwarzwild s. Jagd 835, **E.** Art. 71, 72.

Schwebezeit bei bedingten und betagten Rechtsgeschäften: (Unwirksamkeit von Verfügungen) 161, 162, 163, 2179.
— bis zur Ertheilung der erforderlichen Genehmigung s. das. 108, 109, 114, 177, 178, 180, 415, 1001, 1003,

1007, 1396, 1397, 1525, 1550, 1448, 1519, 1549.

Schwebezeit zwischen Entmündigungsantrag und Entmündigung: Gültigkeit des Testaments 2229 Abs. 3, 2230.

Schweigen s. auch Stillschweigend.
— Wirkungen des Schweigens:
1. S. gilt als Annahme des Geschenks 516, s. auch H.G.B. 362.
2. als Billigung des gekauften, zur Probe übergebenen Gegenstands 496.
3. läßt erlöschen: a) das Recht auf Vertragsstrafe bei Annahme der nicht in gehöriger Weise bewirkten Erfüllung 341 Abs. 3, — b) — auf Wandelung, Minderung, Schadensersatz bei Annahme mangelhaften Kaufgegenstandes 464, — c) — — und Beseitigung bei Annahme mangelhaften Werks 640.
4. verlängert auf unbestimmte Zeit Miethe, Pacht, Dienstverhältniß bei deren Fortsetzung nach Zeitablauf 568, 581 Abs. 2, 625.
5. begründet beim Pfandverkauf Vermuthung, daß Pfandgläubiger Preis erhalten hat, 1238.
6. gilt als Verweigerung:
a) der Annahme des Amts als Testamentsvollstrecker 2202.
b) — eines einem Pflichttheilsberechtigten hinterlassenen Vermächtnisses 2307.
c) der Genehmigung: α) des Eigenthümers oder früheren Besitzers zu Verwendungen 1003, 1007, — β) der Frau zu Rechtsgeschäften des Mannes über das Gesammtgut 1448, 1519, 1549, — γ) des gesetzlichen Vertreters zu einem Vertrag des beschränkt Geschäftsfähigen 108, 114, 1829, — δ) des Gläubigers zu einer Schuldübernahme 415 Abs. 2, 416, — ε) des Mannes zu Verträgen der Frau über eingebrachtes Gut 1396, 1525, 1550, — ζ) des Schuldners u. s. f. zum Verkauf an den Versteigerer u. s. f. 458, — ι) des Vertretenen zu einem Vertrag des Vertreters ohne Vertretungsmacht 177, 180.
d) des Kaufsabschlusses auf Probe oder Besicht, wenn Gegenstand nicht übergeben, 496.
7. macht wirksam: a) Kündigung oder Mahnung des neuen Gläubigers ohne Vorlage der Abtretungsurkunde 410, 412, — bei Briefhypotheken 1160, 1161, — b) Rechtsgeschäfte eines beschränkt Geschäftsfähigen ohne schriftliche Einwilligung des gesetzlichen Vertreters 111, 114, — c) — eines Bevollmächtigten ohne Vollmacht 174, — d) — des elterlichen Gewalthabers oder Vormundes ohne erforderliche schriftliche Genehmigung des Vormundschaftsgerichts 1643 Abs. 2, 1686, 1831, — e) —, die von Zustimmung eines Dritten abhängen, ohne dessen schriftliche Einwilligung 182, — f) Rücktritt vom Vertrag ohne Entrichtung des vereinbarten Reugelds 359.
8. gilt als Zustimmung: a) des Ehemannes zum Betrieb eines selbständigen Erwerbsgeschäfts durch die Frau 1405 Abs. 2, — b) des Hypothekgläubigers zur Übernahme einer Hypothekschuld durch den Grundstückserwerber 416.

Schweine, Mängel s. Viehgewährschaft.

Schweinfurt, Stadt — allgemeine Gütergemeinschaft (Ausn.!), — Errungenschaftsgemeinschaft für unbekindete Ehen (Ausn.!), — Dotalrecht für die höheren Stände — Übergangsbestimmungen s. **Ue.** 64, 65, 72, 76, 94, 95, 96, Abs. 3, 97—104.

Schwerhöriger, Zuziehung von Urkundspersonen zur Beurkundung **F.G.** 169.

Schwester s. Geschwister.

Secundae nuptiae s. Wiederverheirathung.

Seefahrer, Testamentserrichtung (mündliche Erklärung vor 3 Zeugen) 2251, 2252, **E.** Art. 44.
— Todeserklärung wegen Verschollenheit 16.

Seitenlinie, Seitenverwandte s. Verwandtschaft.

Selbständiger Betrieb eines Erwerbsgeschäfts s. das.

Selbständigkeit des Vormundes innerhalb seines Wirkungskreises 1797 Abs. 2.

Selbsthülfe s. auch Selbsthülfeverkauf, Selbstvertheidigung.
— des Eigenthümers bezüglich Wurzeln u. Zweigen des Nachbargrundstücks 910.
— des Grundstücksbesitzers gegen Störungen in Ausübung von Grunddienstbarkeiten 1029.

Selbsthülfe durch Privatpfändung nach Landesgesetz **E.** Art. 89.
— des Vermiethers, Verpächters, Gastwirths gegen Entfernung der seinem Pfandrecht unterliegenden Sachen 561, 581 Abs. 2, 704.
— Wegnahme, Zerstörung, Beschädigung einer Sache, Festnahme eines Fluchtverdächtigen u. s. f. zum Zwecke der S. nicht widerrechtlich, wenn obrigkeitliche Hülfe nicht rechtzeitig zu erlangen und sonst Anspruchsverwirklichung vereitelt oder wesentlich erschwert ist (nicht weiter als zur Abwendung der Gefahr! bei Irrthum Schadensersatz!) 229—231.
Selbsthülfeverkauf einer geschuldeten beweglichen Sache beim Verzug des Gläubigers 383—386.
Selbstkontrahiren des Vertreters ausgeschlossen 181, 34, 1795 Nr. 1.
Ausn.:
1. wenn ihm S. gestattet.
2. wenn Rechtsgeschäft nur in Erfüllung einer Verbindlichkeit besteht, 181, 1795 Nr. 1.
3. Belastung gemeinschaftlicher Sache zu Gunsten eines Miteigenthümers 1009.
Selbstschuldner, Verbürgung als S.: Ausschluß der Einrede der Vorausklage 773 Nr. 1.
Selbstvertheidigung s. auch Nothwehr, Selbsthülfe.
— gegen gefahrdrohende fremde Sache und rechtswidrige Angriffe 227, 228.
— gegen verbotene Eigenmacht 859, 860, 865.
Selbstzahler s. Selbstschuldner.
Semel heres, semper heres nicht aufgenommen.
Senatus consultum Iuventianum s. 2029.
— Libonianum s. 2235, 2276.
— Macedonianum nicht aufgenommen.
Sequestration s. Verwalter.
Servitus continua, discontinua nicht mehr unterschieden.
— in faciendo consistere nequit nicht mehr gültig s. 1021.
— oneris ferendi s. 1022.
— rusticana u. s. f. nicht mehr unterschieden.
Servituten s. Beschränkt persönliche Dienstbarkeiten, Dienstbarkeiten, Grunddienstbarkeiten, Nießbrauch.
Seuche, Testamentserrichtung bei Ortsabsperrung wegen S. 2250.
Sicherheit s. auch Gefährdung, Mündelgeld, Sicherheitsleistung.
— Aufhebung, Erhöhung, Minderung der S. des elterlichen Gewalthabers 1671.
— Aufhebung, Minderung der S. für Mündel durch Vormund 1822 Nr. 13.
— Aufgeben einer S. für Hauptverbindlichkeit durch Gläubiger, Einwirkung auf Haftung des Bürgen 776.
— der fälligen Schulden bei deren Tilgung 366 Abs. 2.
Sicherheitsleistung s. auch Sicherheit.
— I. Art der S.:
1. ev. tauglicher Bürge (Vermögen — Gerichtsstand im Inland — Verzicht auf Vorausklage! — Ausn.!) 232, 239, 1218, **E.Z.V.** 10 Nr. 2, **A.G.O.** Art. 31, 53.
2. bei S. des elterlichen Gewalthabers oder Vormundes nach Ermessen des Vormundschaftsgerichts 1668, 1686, 1844, **F.G.** 54.
3. bei Geldrente wegen Körperverletzung u. s. f. S. nach den Umständen 843—845, — — an geschiedenen Ehegatten — 1580.
4. Hinterlegung von Geld 232, — — von Werthpapieren an Order oder auf Inhaber mit Kurswerth ($^3/_4$ desselben) 232, 234, **Z.V.** 69, 108, — (Umtauschberechtigung 235).
5. Hypothekbestellung an inländischen Grundstücken (Mündelmäßigkeit — nicht Sicherungshypothek) 232, 238, **F.G.** 54, Bayer. Gesetz vom 1. Juli 1898 Art. 6, 4 (G. u. V.Bl. 1898 S. 371).
6. bei S. auf Grund öffentlichen Rechts wegen Führung eines Amts- oder Gewerbebetriebs nach Landesgesetz **E.** Art. 90.
7. a) Verpfändung von beweglichen Sachen (bis $^2/_3$ des Schätzungswerths — nicht, falls verderblich oder schwer aufzubewahren) 232, 237, — b) — von Forderungen, für die Hypothek oder Grundschuld besteht, (Mündelmäßigkeit — nicht Sicherungshypothek) 232, 238, — c) Verpfändung von Forderungen,

die im Staatsschuldbuch eingetragen, (bis $^3/_4$ des Werths) 232, 236.

Sicherheitsleistung, II. Ergänzung oder Ersetzung der S.:
1. bei Gefahr der Werthsminderung nach Fristsetzung 1218, 1220.
2. bei Rückgabe des Pfandes wegen drohenden Verderbs (kein Bürge!) 1218.
3. wenn Sicherheit unzureichend, 240.

— III. Folgen der S.:
1. Pfandrechtserwerb 233.
2. unterbricht Verjährung 208, — (Einrede der mangelnden S. hemmt nicht Verjährung 202 Abs. 2), — (keine Zurückforderung, wenn Anspruch verjährt, 222 Abs. 2, 223 Abs. 2).
3. wendet Zurückbehaltungsrecht ab (nicht durch Bürgen!) 273 Abs. 3.
4. wendet ab Verpflichtung zur Befreiung bei Ersatz für Aufwendungen 257.

— IV. Verpflichtung zur S.:
1. Übergangsbestimmung für Beneficiarerbe in der Pfalz **Ue.** Art. 146.
2. beim Ausscheiden des Gesellschafters für gemeinsame Schulden 738.
3. Besitzer einer Sache bei Wegschaffen einer auf fremdes Grundstück gelangten Sache 867.
4. Besteller eines Bauwerks (Sicherungshypothek) 648.
5. Hauptschuldner bei Bürgschaft 775 Abs. 2.
6. Ehemann bei Gefährdung des eingebrachten Guts der Frau 1391—1393, 1525, 1550.
7. bei Einweisung in Vermögen des Abwesenden in der Pfalz **Ue.** Art. 108.
8. elterlicher Gewalthaber für das seiner Verwaltung unterliegende Vermögen des Kindes 1668, 1670—1674, 1686, 1740, 1761.
9. Erbe für Vollziehung der Vermächtnisse u. s. f., falls Testamentsvollstrecker ernannt, 2217 Abs. 2.
10. bei Führung eines Amts oder Gewerbebetriebs nach Landesgesetz **E.** Art. 90.
11. Gast wegen Pfandrechts d. Wirths 704.
12. geschiedener Ehegatte für Unterhalt 1580.
13. Miether, Pächter, Verpächter zur Befreiung der eingebrachten Sachen vom Pfandrecht 562, 581 Abs. 2, 590.
14. Miether im Fall Weiterveräußerung der vermietheten Sache 572.
15. Nachlaßverwalter bei Ausantwortung des Nachlasses an den Erben, falls noch strittige Verbindlichkeiten u. s. f. vorhanden, 1986.
16. Nießbraucher 1039, 1051, 1052, 1067.
17. Pfleger 1915, 1844, 1786 Nr. 6, **F.G.** 54, Bayer. Ges. vom 1. Juli 1898 Art. 64 (G. u. V.Bl. 1898 S. 371).
18. im Prozeß s. C.P.O. 108—113.
19. bei unerlaubten Handlungen für Geldrente 843—845.
20. bei Vereinsauflösung und Ausantwortung des Vermögens hiebei 52 Abs. 2.
21. bei Verkauf und Stundung des Kaufzinses im Vertrag mit Dritten 509.
22. bei verschlechterten Vermögensverhältnissen nach Vertragsabschluß 321, — — für Geldrente C.P.O. 324.
23. Vorerbe auf Verlangen des Nacherben bei Gefährdung der Rechte des Letzteren 2128, 2136—2138.
24. bei Vorlegung von Sachen und Urkunden 811 Abs. 2.
25. Vormund 1844, 1786 Nr. 6, 1889, 1895.
26. bei Wegnahme von Sachen 258.
27. bei Zwangsversteigerung eines Anwesens oder -verwaltung (Ausn.!) **Z.V.** 61, 67—70, 85, 100, 115 Abs. 4, 124 Abs. 3, 108, 153 Abs. 2, 184, **E.Z.V.** 10, **A.G.O.** Art. 30, 31, 53.

Sicherung s. auch Beweis.
— eines Anspruchs durch Vormerkung s. das. 883—888, 1179.
— einer Forderung durch Hypothek oder Pfandrecht s. das. u. Sicherungshypothek.
— des Nachlasses bis zur Annahme der Erbschaft durch das Nachlaßgericht 1960—1962, 2012, **E.** Art. 140, **F.G.** 74, — (Mitwirkung der Gemeindebehörde **A.** Art. 105), — beim Tod eines Beamten **A.** Art. 106, Kgl. Verordn. v. 7. Dez. 1899 (G. u. V.Bl. 1899 S. 1013).

Sicherungshypothek ist eine Hypothek, bei der sich das Recht des Gläubigers nur nach der Forderung bestimmt und der Gläubiger zum Beweis der Forderung sich nicht auf die Eintragung berufen kann, 1184 Abs. 1, — (entspricht im Ganzen bisheriger Kredit- und Kautionshypothek), muß als S. bezeichnet sein 1184, 1187, 1190 Abs. 3, — (kein Hypothekenbrief 1185), — (öffentlicher Glaube des Hypothekenbuchs erstreckt sich nicht auf die Forderung 1185 Abs. 2), — (keine Eintragung des Widerspruchs, daß Darlehenshingabe nicht erfolgt sei, 1185 Abs. 2).
— Bestimmungen als S. nach Landesgesetz **E.** Art. 192—194, **A.** Art. 14, 89, 123, 128, **Ue.** Art. 49—56, 119—122, für die Pfalz Gesetz vom 1. Juli 1898 Art. 1, 11, 13, 14, (G. u. V.Bl. 1898 S. 370 ff.).
— einzige Form der Hypothek:
1. für Fiskus, Körperschaft, Stiftung, Anstalt des öffentlichen Rechts u. s. f. zur Sicherung gewisser Forderungen nach Landesgesetz (Entstehung durch Eintragung im Grundbuch) **E.** Art. 91, **Ue.** Art. 50, 55 Abs. 3, 120, 121, 122, 123 Abs. 2, **A.** Art. 89, 122, 123, 128.
2. für Forderung aus Schuldverschreibung auf den Inhaber, aus Wechsel oder sonstigem Indossamentpapier — (auch wenn sie im Grundbuch nicht so bezeichnet) — Bestellung: durch Erklärung des Eigenthümers gegenüber Grundbuchamt und Eintragung — (für jeweilige Gläubiger kann Vertreter bestellt werden — Eintragung) 1187—1189, **Ue.** Art. 49.
3. für Kautionshypothek (s. das.), auch wenn im Grundbuch nicht so bezeichnet, 1190.
— Erwerb der S. durch Pfandgläubiger b. Erfüllung einer verpfändeten Forderung auf Eigenthumsübertragung 1287.
— S. bei Pfändung des Anspruchs auf Eigenthumsübertragung an unbeweglichen Sachen **C.P.O.** 848 Abs. 2.
— Recht auf Einräumung einer S.:
1. für Brauer auf Grundstücke des Wirths s. Bierlieferungsvertrag **A.** Art. 14.
2. für Unternehmer eines Bauwerks oder Theils desselben auf Baugrundstück 648.
Sicherungshypothek nicht zur Sicherheitsleistung geeignet (Ausn.!) 238 Abs. 2, **E.** Art. 91, **F.G.** 54.
— Umwandelung in gewöhnliche Hypothek und umgekehrt 1186.
— nicht auf Grund Vollstreckungsbefehls, doch neben Zwangsversteigerung und -verwaltung zulässig, **C.P.O.** 866, 867, 869.
— Eintragung b. Zwangsversteigerung **Z.V.** 128, 129, 131, 132.
— als Mittel der Zwangsvollstreckung in das Grundstück (über 300 Mark! — nicht auf Grund Vollstreckungsbefehls!) **C.P.O.** 837 Abs. 3, 848 Abs. 2, 866, 867, 932.
Sicht, keine Bekanntmachung bei Verlust von unverzinslichen auf S. zahlbaren Inhaberpapieren **A.** Art. 90 Abs. 2.
— Kraftloserklärung von Schuldverschreibungen auf S. 799.
Siegel, Bayer. Gesetz vom 11. September 1825, Förmlichkeiten bei Anlegung u. s. f. der gerichtlichen S. aufgehoben **A.** Art. 175 Nr. 3.
— Anlegung zur Sicherung des Nachlasses 1960 Abs. 2, **E.** Art. 140, **Ue.** Art. 144, **A.** Art. 105, 106, 167 XVI, **N.** Art. 2 Nr. 2.
— b. notariellen Urkunden **N.** Art. 25 Abs. 2.
— Verschluß des Protokolls über Errichtung von Testamenten u. s. f. 2246, 2249—2251, 2277.
Siegelmäßigkeit, Bestimmungen der Bayer. Verfassungsurkunde Tit. V § 4 Abs. 2 Nr. 4 u. 5 u. Beilage VIII aufgehoben **A.** Art. 135.
Sielrecht, landesgesetzliche Vorschriften unberührt **E.** Art. 66.
Silbersachen, Pfandverkauf nicht unterm Silberwerth 1240, 1243—1245.
Simulation s. Scheingeschäft.
Singularsuccession s. Sondernachfolge.
Sitten s. Gute Sitten.
Sittliche Pflicht s. auch Schenkung.
— — keine Zurückforderung als ungerechtfertigte Bereicherung 814.
Sittliches Verschulden s. auch Sittlichkeit.
— — Minderung des Unterhaltsanspruchs 1611.

Sittlichkeit s. auch Sittliches Verschulden.
— Rücksicht beim Dienstvertrag 618 Abs. 2, 619, **A.** Art. 25 Nr. 5, 26, 30.
— unsittlicher Lebenswandel, Pflichttheilsentziehung 2333 Nr. 5, 2335, 2336 Abs. 4.
— unsittliches Verhalten der Mutter, Beistand 1687 Nr. 3, 1666, — — der Tochter, Verweigerung der Aussteuer 1621 Abs. 2, — des Vaters, Gefährdung des Kindes 1666.
— Verbrechen und Vergehen gegen die S., Entschädigungsanspruch 823, 825, 842, 847 Abs. 2, — Ehescheidungsgrund 1565, 1568, 1570—1572, 1574, 1575, **E.** Art. 201.
Sitz des Grundbuchamts als Zahlungsort für die Grundschuld 1194.
— des Vereins: Ort der Verwaltung 24, 22, 23, 45, 55, 57, 64, — — einer Stiftung — 80.
Societas s. Gesellschaft.
— **leonina** ausgeschlossen 706, 722.
Sodomie s. Paederastie.
Sofortige Beschwerde s. Beschwerde.
Söhne s. Kinder.
— Sorge für Sohn unter 6 Jahren, falls Ehe geschieden und beide Ehegatten für schuldig erklärt: Mutter, — über 6 Jahre: Vater (abweichende Bestimmungen durch Vormundschaftsgericht) 1635—1637.
Soldatentestament **E.** Art. 44.
Solennitätszeugen s. Zeugen.
Solidarhaftung s. Gesammtschuldner.
Solidarobligationen s. Gesammtgläubiger, -schuldner, Mehrheit von Gläubigern und Schuldnern.
Solmser Recht, Errungenschaftsgemeinschaft des Zugewinnstes — Übergangsbestimmungen **Ue.** Art. 20 Abs. 2, 21 Abs. 2, 83, 89, 94, 97—104.
Solutio s. Erfüllung.
Sondergut s. Eingebrachtes, — Vorbehaltsgut.
Sondernachfolge s. Nachfolge.
Sonderrechte eines Vereinsmitglieds, Beeinträchtigung durch Generalversammlung nur mit seiner Zustimmung 35.
Sonntag als Ende einer Frist 193, **F.G.** 17 Abs. 2.
Sorge für Person und Vermögen des Kindes s. auch Elterliche Gewalt, Vertretung, Vormundschaft.
Sorgfalt, die jemand in eigenen Angelegenheiten anzuwenden pflegt, Haftung s. Fahrlässigkeit.
— die dem Entleiher obliegt, 605 Nr. 2.
— erforderliche bei Herausgabe von Sacheninbegriff, Rechnungslegung u. s. f., sonst Offenbarungseid 259—261, 2028 Abs. 2, 2057.
— die dem Miether obliegt, 553.
— die im Verkehr erforderlich (nicht eines ordentlichen Hausvaters), — Außerachtlassung ist Fahrlässigkeit (s. das.).
1. Haftung bei Einsturz eines Gebäudes u. s. f. 836.
2. — des Geschäftsherrn bei Auswahl der zur Verrichtung bestellten Personen u. s. f. 831.
3. — des Schuldners, sofern nicht Anderes bestimmt, 276.
4. — desjenigen, der Thier hält, bei Aufsicht 834.
Souveräne Häuser, Gültigkeit des B.G.B. **E.** Art. 57.
Sozialpolitische Zwecke, Verfolgung bei Verein—Rechtsfähigkeitsentziehung 43.
Sparbuch s. Sparkasse.
Spareinlage s. Sparkasse **E.** Art. 99, **A.** Art. 109.
Sparkassen s. auch Kasse.
— können vereinbaren, daß von den nicht erhobenen Zinsen wieder Zinsen bezahlt werden, 248 Abs. 2.
— öffentliche:
1. Anlage von Mündelgeld, Bestimmung durch zuständige Staatsbehörde 1807 Nr. 5, 1809, **E.** Art. 99.
2. landesgesetzl. Vorschriften unberührt **E.** Art. 99, — (unbeschadet der Schuldverschreibungen auf Inhaber s. das. 808), — a) Spareinlagen von Ehefrauen, Minderjährigen, in Geschäftsfähigkeit Beschränkten ohne Einwilligung des Ehemannes oder gesetzlichen Vertreters **A.** Art. 109, — b) ist S. nach Satzung bei Zahlung an Inhaber der Sparurkunde nicht verpflichtet, Berechtigung des Inhabers zu prüfen, so ohne Prüfung anzunehmen berechtigt, daß Inhaber rechtswirksam kündigen

und einziehen kann (Ausn.!), — Übergangsbestimmung A. Art. 110, 121, — c) Kraftloserklärung von abhanden gekommenen oder vernichteten Sparurkunden (Antrag beim Vorstand der S. — Glaubhaftmachung — Aufgebot — neue Urkunde — Anfechtungsklage!) E. Art. 102 Abs. 2, A. Art. 111—121, — d) keine Sicherheitsleistung bei Zwangsversteigerung A.G.O. Art. 30, 53.

Sparschein, Sparurkunde s. Sparkasse E. Art. 99, 102 Abs. 2, A. Art. 110, 111—121.

Specialitätsprincip s. Hypothek.

Species, Ausscheidung bei Verpflichtung zur Lieferung einer nach Gattung bestimmten Sache 243 Abs. 2.
— Herausgabe 292.
— Vermächtniß 2169, 2184, 2185.

Specificatio s. Verarbeitung 950, 352.

Specificationskauf s. Werkvertrag 651.

Speisen, Anspruchsverjährung (2 Jahre) 196 Nr. 4, 201, 218.

Sperre s. Zahlungssperre.

Spezification s. Specificatio.

Spielschulden unverbindlich, auch die zur Erfüllung der S. eingegangenen Verbindlichkeiten, doch keine Zurückforderung des Geleisteten 762, — (Ausn.: staatlich genehmigte Ausspielungen 763), — aus verbotenem Spiel (Strafgesetzbuch 284) nichtig 134, 138.

Spolienklage s. Besitzschutz 861.

Sponsalia s. Verlöbniß.

Sprechen, Errichtung von notariellen oder gerichtlichen Urkunden durch am S. Verhinderte F.G. 169, 178.
— Testamentserrichtung durch am S. Verhinderte 2243, 2249, 2276, 2290 Abs. 4.

Staat s. auch Amtspflicht, Beamter, Fiskus und die folgenden Worte.
— Ersatz der Aufwendungen für Arme u. s. f. nach Landesgesetz E. Art. 103, Bayer. Gesetz vom 29. April 1869 abgeändert A. Art. 160.
— Erlöschen von Ansprüchen des S. oder gegen S. (3 Jahre — Ausn.!) A. Art. 124—128, 166 III.
— Übertragung von Grundstücken an Kommunalverbände und umgekehrt nach Landesgesetz E. Art. 126.
— Vorrang von Darlehen für Grundstücksverbesserungen nach Landesgesetz E. Art. 118.

Staatliche Genehmigung s. Genehmigung.

Staatliche Verleihung s. Rechtsfähigkeit.

Staatsabgaben: Haftung des Grundstücks — Sicherungshypothek — Erlöschen A. Art. 122—128.

Staatsangehörigkeit s. auch Ausländer, Deutscher, Reichsangehörigkeit.
— Änderung des Gesetzes über Erwerb und Verlust der S. vom 1. Juni 1870 E. Art. 41.
— Gesetzesanwendung, falls jemand keinem Staat angehört, E. Art. 29.

Staatsbank, Anlegung von Mündelgeld u. s. f. 1808, 1809, 1811.

Staatsbeamter s. Beamter.

Staatsbürgerrecht s. Staatsangehörigkeit.

Staatsschuldbuch s. Schuldbuch.

Staatsschulden, Landesgesetze über Rückzahlung oder Umwandlung unberührt E. Art. 98.

Staatsschuldverschreibungen s. Mündelgeld 1807 Nr. 2 und Schuldverschreibungen E. Art. 101, A. Art. 49—56, — Kraftloserklärung A. Art. 166 XIV, Bayer. Gesetz vom 29. September 1861, Verjährung der Forderung aus S., aufgehoben A. Art. 175 Nr. 16.

Staatsverband, Entlassung erstreckt sich im Zweifel auf Ehefrau und Kinder in elterlicher Gewalt E. Art. 41 III, — — des Mündels u. s. f., Genehmigung des Vormundschaftsgerichts 1847, E. Art. 41 II.

Staatsvertrag von Bundesstaat mit ausländischem Staat durch B.G.B. unberührt E. Art. 56, A. Art. 1.

Stabularii nicht erwähnt.

Stadtgemeinde s. Gemeinde, Kommunalverband.

Staffelzins s. Zwischenzins.

Stämme s. Erbe gesetzlicher, Erbfolge.

Stammgut, landesgesetzliche Vorschriften unberührt E. Art. 59—61, A. Art. 1, 166 XIII, s. auch E. z. K.O. 5.

Stammwerth des eingebrachten Guts 1385 Nr. 1, 1388.
Standesbeamter s. auch Personenstand F.G. 186.
— Pflicht der Anzeige an Vormundschaftsgericht F.G. 48.
— Zuständigkeit zur Eheschließung 1317—1321, E. Art. 46 § 44, — (Aufnahme der Anerkennung der Vaterschaft F.G. 167 Abs. 2), — (Gültigkeit gutgläubiger Eheschließung vor Nichtstandesbeamten 1319, — bei vor 1. Januar 1900 geschlossenen Ehen E. Art. 198 Abs. 2).
Standesherren s. auch Familienfideikommisse E. Art 58, 61.
Standesmäßiger Unterhalt s. Gefährdung, Unterhalt, Unterhaltspflicht.
Standesregister s. Reichsgesetz vom 6. Februar 1875 § 65 f., Ue. Art. 35, 147, F.G. 69—71; Bekanntmachung vom 25. März 1899 (R.G.Bl. 1899 S. 225); Einführungsgesetz zur C.P.O. 16 Nr. 1, A. Art. 1.
Stationes fisci, Aufrechnung 395.
Statusklagen s. Kind uneheliches, Vaterschaft.
Statut s. Satzung, Stiftung.
Statutenkollision s. Gesetzesanwendung.
Stauffen in Bayern, allgemeine Gütergemeinschaft s. das. (Vorschrift über Folge des Todes eines Ehegatten vor Jahr und Tag seit Eheeingehen beseitigt).
Steinbruch, Anlage durch Nießbraucher 1037 Abs. 2.
— Wirthschaftsplan beim Nießbrauch 1038.
Steine s. Bodenbestandtheile, Steinbruch.
Steinkohle s. Bodenbestandtheile E. Art. 67.
Stellvertreter s. auch Vertreter.
— des Beamten, Haftung des Letzteren s. Beamter E. Art. 78, A. Art. 1.
Stempel G.O. 31.
Sterbekassen s. auch Kassen.
— Aufrechnung von geschuldeten, unpfändbaren Beiträgen 394.
Sterben s. Tod.
Steuern s. auch A. Art. 122—128.
Steuerrückvergütung E. Art. 104, A. Art. 125 Abs. 3.
Stiefeltern und **Stiefkinder** bei Annahme an Kindesstatt 1749.
— — Eheverbot 1310, 1327, 1590.
Stiefeltern und Stiefkinder, keine Fortsetzung der Gütergemeinschaft 1482, 1483.
— — uneheliche Stiefkinder können Namen des Stiefvaters erhalten 1706.
— — Zuwendungen aus dem Gesammtgut an Stiefkinder 2054, 2331.
Stiftungen.
I. **des bürgerlichen Rechtes** s. auch Juristische Personen.
— — Übergangsbestimmung: Anwendung des B.G.B. auf die am 1. Januar 1900 bestehenden S. E. Art. 163.
— — Entstehung: Stiftungsgeschäft und Genehmigung des Bundesstaats ev. Bundesraths 80, — Stiftungsgeschäft: a) unter Lebenden: Schriftlichkeit 81, — Widerruf bis zur Genehmigung (Ausn.: bei Erben, wenn Stifter Gesuch bei zuständiger Behörde eingereicht u. s. f., 81 Abs. 2, — Wirkung der Genehmigung 82, 84, — b) in Verfügung von Todeswegen 83, — Genehmigung durch Erben, Testamentsvollstrecker und Nachlaßgericht 83, 2043 Abs. 2, 2101 Abs. 2, 2204, — Wirkung der Genehmigung 82, 84.
— — Ende:
1. Aufhebung durch zuständige Behörde 87, Bayer. Verwaltungsgerichtshofsgesetz vom 8. August 1878 Art. 10 Ziff. 3 a s. A. Art. 165 II.
2. Erlöschen, Liquidation 88, 46—53, — Vermögen in Ermangelung anderes Anfallberechtigten an den Fiskus (Ausn.: bei konfessionellen S.) A. Art. 5.
3. Konkurseröffnung, Verlust der Rechtsfähigkeit 86, 42, E. Art. 163.
— — Sitz der S.: Ort der Verwaltung oder andere Bestimmung 80.
— — Verfassung der S. (soweit nicht auf Reichs- oder Landesgesetz beruhend) durch Stiftungsgeschäft bestimmt 85, E. Art. 163, A. Art. 5, 6, — erforderlich: Vorstand 86, 26, E. Art. 163, — (Vertretung — Geschäftsführung nach Verfassung ev. nach Vorschriften über Auftrag — Bestellung fehlender Mitglieder durch Amtsgericht — Haftung 86, 26—31, 42 Abs. 2,

E. Art. 163), — Umwandelung des Zwecks durch zuständige Behörde 87, A. Art. 6.
Stiftungen.
II. **des öffentlichen Rechtes,** Anfall des Vermögens aufgelöster Vereine an S. nach Landesgesetz **E.** Art. 85, — Aufhebung, falls Zweck unmöglich u. s. f., s. Gemeindeordnung vom 29. April 1869 Art. 67 (s. Pfalz Art. 51) — abgeändert **A.** Art 158 IV, 159 IV.
— — Auflage zur Förderung der Interessen der S. — Verlangen der Vollziehung **A.** Art. 107.
— — Haftung der S. für Handlungen des Vorstandes 89, 31, **E.** Art. 163, — — des Vorstandes bei nicht rechtzeitigem Konkursantrag 89, 42 Abs. 2, **E.** Art. 163.
— — Hypothek an Grundstücken des Schuldners nach Landesgesetz **E.** Art. 91, **Ue.** Art. 50, 55 Abs. 3, 56, 120, 121, 122, **A.** Art. 89.
— — Schuldverschreibungen auf den Inhaber **E.** Art. 100, 101, **A.** Art. 57.
Stiftungsgeschäft s. Stiftungen.
Stillschweigen s. Schweigen.
Stillschweigende Fortsetzung
1. des Dienstverhältnisses 625.
2. der Gesellschaft 724.
3. des Mieth- und Pachtverhältnisses 568. 581 Abs. 2.
— Vereinbarung, eine Vergütung anzunehmen, wenn nach den Umständen zu erwarten:
1. beim Dienstvertrag 612.
2. beim Mäklervertrag 653.
3. bei der Verwahrung 689.
4. beim Werkvertrag 632.
— Vereinbarung, daß hinterlegte Werthpapiere in das Eigenthum des Verwahrers übergehen, ausgeschlossen 700 Abs. 2.
— Vertragsannahme zulässig nach Verkehrssitte oder bei Verzicht des Antragenden auf Annahmeerklärung 151.
Stillstand der Rechtspflege s. Hemmung, Verjährung 203.
Stimmeneinheit s. Einstimmigkeit.
Stimmengleichheit bei Beschlüssen des Familienraths 1874.
Stimmenmehrheit s. Mehrheit.
Stimmrecht der Vereinsmitglieder (nicht übertragbar) 38, 34.
Stirpes s. Stämme.
Stockwerke, Beschränkung des Erbbaurechts auf S. unzulässig 1014.
— Eigenthum an S.: Übergangsbestimmung: das am 1. Januar 1900 bestehende Eigenthum bleibt bestehen **E.** Art. 182, — gilt von da an als Miteigenthum am Grundstück so, daß ausschließliche und dauernde Benutzung wie zuvor und Aufwand für Unterhaltung — keine Aufhebung **Ue.** Art. 42, — landesgesetzliche Bestimmungen unberührt **E.** Art. 131, — in Bayern hievon nicht Gebrauch gemacht, für die Pfalz s. Bayer. Gesetz vom 1. Juli 1898 Art. 20 (G. u. V.Bl. 1898 S. 374), s. auch § 17 der Verordn. vom 23. Juli 1898 (G. u. V.Bl. 1898 S. 493), § 73 der Bekanntmachung des Staatsministeriums der Justiz vom 1. Oktober 1898 (Justizministerialblatt S. 507).
— können nicht Gegenstand besonderer Rechte sein, also keine Neubegründung mehr 93, 94.
Stoff, Ver- und Umarbeitung in eine neue Sache, Eigenthumserwerb 950, 951.
— beim Werkvertrag (Mangel — Pfandrecht) 644, 645, 647, 651.
Störung s. Besitzschutz, Eigenthumsanspruch, Geistesstörung, Grunddienstbarkeit, Nießbrauch u. s. f.
— der persönlichen Beziehungen beim Leibgedingsvertrag **A.** Art. 44—46.
Strafanstalt, Erbrecht u. s. f. nach Landesgesetz **E.** Art. 139.
Strafbare Handlung s. auch Schadensersatz, Unerlaubte Handlung.
— — Besitzerlangung durch st. H. — Schadensersatz 992, 1007, 2025.
— — als Grund zur Beschränkung des Unterhalts 1611, 1766, — — — zur Ehescheidung 1565, 1568, — — — zur Entziehung der Aussteuer, 1621, — — — — — der elterlichen Gewalt 1680, 1681, 1684 Nr. 2, 1686, — — — zur Entziehung des Pflichttheils 2333—2335, — — — zur Erbunfähigkeit oder Anfechtung des Vermächtnisses 2339,

2345, — — — zum Rücktritt vom Erbvertrag 2294.
Strafe s. Ehe, Ordnungs-, Vertragsstrafe.
— Versprechen einer S. für den Fall, daß Eheeingehung unterbleibt, nichtig 1297 Abs. 2.
— der Wiederverheirathung nicht aufgenommen.
Strafgesetzbuch s. Strafbare Handlungen.
— Aenderung E. Art. 34.
Strafprozeßordnung, Änderung E. Art. 35.
Strafverfahren s. Kosten, Vertheidigung, einzelnen Güterrechte.
— bei Verletzung der Amtspflicht 839 Abs. 2.
— im Verhältniß von Vater und Kind 1654, 1660.
Straßen s. Wege.
Strauch s. Baum.
— Abstand von der Grenze 907, E. Art. 124.
— auf Nachbargrundstück oder Grenze 907 Abs. 2, 910, 911, 923, 924, E. Art. 183.
Streit, Beseitigung durch Vergleich s. das. 779.
Streitverkündung bei Mangel der gekauften Sache 478.
— unterbricht Verjährung 209 Nr. 4, 215.
— bei Viehgewährschaft 485.
Strittigkeit einer Schuld bei Auflösung der Gesellschaft 733.
Stückzahlung s. Theilleistung.
Studierkosten s. Ausbildungskosten.
Stumme s. auch Pflegschaft Nr. 2.
— Errichtung notarieller oder gerichtlicher Urkunden (Zuziehung von Zeugen u. s. f., Dolmetscher) F.G. 169, 178.
— Errichtung eines Testaments oder Erbvertrags nur durch Übergabe der Schrift (Erklärung, daß Schrift letzter Wille, bei Verhandlung eigenhändig schreiben — Feststellung im Protokoll!) 2243, 2231 Nr. 2, 2249, 2250, 2276, 2290 Abs. 4.
Stundung des Kaufpreises:
1. Käufer hat auch bei Bezug der Nutzungen keine Zinspflicht 452.
2. Verkäufer hat kein Rücktrittsrecht bei Nichteinhaltung der Frist seitens des Käufers 454.
3. beim Vorkauf 509, 1098.
— der Leistung hemmt Verjährung 202.
Stundung der Vergütung beim Werkvertrag: Besteller hat auch nach Abnahme des Werks keine Zinspflicht 641.
Stuprator s. Beischlaf, Unehelicher Vater.
Subsidiäre Haftung bei unerlaubten Handlungen:
1. der wegen Bewußtlosigkeit u. s. f. und wegen seines Alters nicht Verantwortliche, soweit es der Billigkeit entspricht, 829.
2. bei fahrlässiger Amtspflichtsverletzung durch Beamten 839, 841.
Substitution fideikommissarische s. Nacherbfolge.
— pupillarische nicht erwähnt.
Substitutionsbefugniß im Zweifel ausgeschlossen beim Auftrag 664, — bei geschäftsführendem Gesellschafter 713, — beim Testamentsvollstrecker 2218, — beim Verwahrer 691, — beim Vorstand eines Vereins oder einer Stiftung 27, 86.
Successio s. Erbfolge, Nachfolge.
Successio graduum 1953 Abs. 2.
Successio ordinum s. Erbe gesetzlicher 1930.
Sühnetermin, Sühneverfahren bei Ehescheidung 1571 Abs. 3 u. 4.
Summe, Bestimmung durch Dritte: im Zweifel Durchschnittssumme 317 Abs. 2.
— Versprechen einer S. 780, 783, 793, 1191, 1199.
Superficies s. Erbbaurecht.
— cedit solo 94.
Suppletoria actio s. Pflichttheil.
Suspensivbedingung s. Bedingung.
Syndikatsklage s. auch Beamter 839 Abs. 2 u. 3.

T.

Tabularersitzung des im Grundbuch eingetragenen Nichteigenthümers oder Nichtberechtigten 900, E. Art. 189 Abs. 2, 169.
Tage, Fristberechnung (Mitrechnung des ersten T. — Ende mit Ablauf des letzten T.) 187, 188, — bei Feststellung der Todeszeit dem T. nach gilt Ende des T. als Zeitpunkt des Todes 18 Abs. 3.
— Bemessung des Miethzinses oder Dienstlohns nach T. — Kündigungsrecht für folgenden T. 565 Abs. 3, 621.

Taglöhner s. Arbeiter.
Talon s. Erneuerungsschein.
Tante s. Oheim.
Tantum praescriptum, quantum possessum s. Ersitzung, Verjährung.
Tauben, Aneignung von im Freien betroffenen T. nach Landesgesetz **E.** Art. 130.
Taubheit s. auch Pflegschaft.
— Errichtung notarieller oder gerichtlicher Urkunden **F.G.** 169, **N.** Art. 29.
Taubstumme s. auch Stumme.
— Haftung für Schaden 828, 829, 832.
Tauglichkeit s. auch Gewährleistung, Minderung, Wandelung.
— Aufhebung oder Minderung der T. a) der verkauften Sache 459, 460, 462, 493, 515, — b) der vermietheten, verpachteten Sache 537—540, 581 Abs. 2, — c) des Werks 633—635.
Tausch, entsprechende Anwendung der Vorschriften über Kauf s. das. 515.
— von hinterlegten Werthpapieren oder Geld 235.
Täuschung s. Arglist.
Taxation s. Schätzung, Schätzungswerth.
Taxatoren s. Sachverständiger, Schätzer.
Taxe eventuell maßgebend für Höhe der Vergütung beim Dienst-, Werk-, Mäklervertrag 612 Abs. 2, 632 Abs. 2, 653 Abs. 2.
Taxwerth s. Schätzungswerth.
Teich, Fische im T. nicht herrenlos 960.
Telegramm genügt gewöhnlich zur Wahrung schriftlicher Form 127.
— unrichtiges, Anfechtung 120, 122.
Telephon s. Fernsprecher.
Tempus discontinuum, Bestimmung eines Zeitraums nach Monaten oder Jahren so, daß er nicht zusammenhängend zu verlaufen braucht: ein Monat = 30, ein Jahr = 365 Tage 191.
Termine s. auch Zeitbestimmungen.
— Auslegungsvorschriften 186—193.
— regelmäßig wiederkehrende bei Rentenschuld 1199.
— zur Eröffnung des Testaments und Erbvertrags 2260, 2261, 2300.
— zur Versteigerung eines Grundstücks s. Zwangsversteigerung **Z.V.** 35—43, 55 Abs. 2, 83 Nr. 1, 83 Nr. 7, 110, 168 Abs. 2, 66—78, 105—145, **E.Z.V.** 6, 7, 8 Abs. 2, **A.G.O.** Art. 26, 53.
Testament s. auch Auslegungsregeln, Verfügung von Todeswegen und die folgenden Worte. (Eintheilung des Folgenden: Ablieferung IX.; Anfechtung VII.; Begriff II.; Bestimmungen V.; Errichtung (Formen) IV.; Fähigkeit, T. zu errichten, III.; Übergangsbestimmungen I.; Unfähigkeit, aus dem T. zu erwerben, VI.; Unwirksamkeit VIII.)
— I. Übergangsbestimmung: das vor dem 1. Januar 1900 errichtete oder aufgehobene T. nach bisherigem Gesetz **E.** Art. 214.
— II. Begriff: T. ist eine einseitige Verfügung des Erblassers von Todeswegen 1937, — (auch ohne Erbeinsetzung! auch nur über Theil!).
— III. Fähigkeit, ein T. zu errichten, (falls vor 1. Januar 1900 errichtet, **E.** Art. 215), — (bei Ausländern **E.** Art. 24 Abs. 3) haben nicht:
1. wegen Geistesschwäche, Verschwendung, Trunksucht Entmündigte, von Stellung des Antrags an (Ausnahmen), auch nicht in lichten Momenten 2229 Abs. 3, 2230, 2253 Abs. 2, **E.** Art. 215 Abs. 2, — (Mitwirkung als Richter, Zeuge u. s. f. ausgeschlossen 2235).
2. Geschäftsunfähige 105, — der in Geschäftsfähigkeit Beschränkte bedarf nicht der Zustimmung des gesetzlichen Vertreters 2229, — Unfähigmachen zur Errichtung des Testaments 2339.
3. Minderjährige unter 16 Jahren, über 16 Jahren: Form! 2247, 2238 Abs. 2, 2249, 2250.
4. Personen, die ihren Willen nicht ausdrücken können, z. B. Bewußtlose 105 Abs. 2.
— IV. Errichtung des T. nur vom Erblasser persönlich 2064, — (nicht so, daß Dritter Bestimmung hat, ob T. gültig oder wer oder was jemand erhalten soll, 2065), — (Vertrag, durch den sich jemand verpflichtet, T. zu errichten oder nicht zu errichten, nichtig 2302).

Formen:

A. ordentliche:

1. vor Notar (oder Richter E. Art. 141), und 2 Zeugen (oder anderem Notar) 2233, — (nach Landesgesetz an Stelle der 2 Zeugen andere Urkundsperson E. Art 149), — (Unfähigkeit, als Notar, Zeuge u. s. f. mitzuwirken, s. Testamentszeuge 2234—2237), — durch a) mündliche Erklärung des Erblassers (so bei Minderjährigen oder Lesensunkundigen) oder — b) durch Übergabe (offene oder geschlossene) einer Schrift mit der mündlichen Erklärung, daß diese den letzten Willen enthält, (so bei Stummen oder am Sprechen Verhinderten — Erklärung eigenhändig schreiben! Feststellung im Protokoll) 2238, 2241 Nr. 3, 2243. weitere Vorschriften s. auch N. Art. 24—36, Bek. v. 24. Dez. 1899 § 228 f. (Just.M.Bl. 1899 S. 672).
   a) Mitwirkende müssen während der ganzen Verhandlung zugegen sein 2239.
   b) Aufnahme im Protokoll (deutsche Sprache, sonst Dolmetscher!) 2244, 2245: α) Ort und Tag. — β) Bezeichnung des Erblassers und der Mitwirkenden, — γ) vorgeschriebene Erklärungen und Feststellung der Übergabe der Schrift 2240, 2241, 2243—2245.
   c) vorlesen, genehmigen, eigenhändige Unterschrift, Feststellung im Protokoll 2242.
   d) („soll") Protokoll in Gegenwart der Mitwirkenden mit Amtssiegel verschließen, Aufschrift vom Notar (oder Richter) unterschreiben, amtliche Verwahrung, Hinterlegungsschein 2246.
2. eigenhändig vom Erblasser unter Angabe des Orts und Tags ge- und unterschriebene Erklärung (nicht von Minderjährigen oder Nichtlesenskundigen) (auf Verlangen in amtliche Verwahrung, Hinterlegungsschein!) 2231 Nr. 2, 2246 Abs. 2, 2247, 2248, 2267, N. Art. 1 Abs. 2.

B. außerordentliche:

1. bei Besorgniß, daß Erblasser vor Errichtung vor Notar stirbt: vor Vorsteher der Gemeinde des Aufenthalts- u. s. f. -orts und 2 Zeugen (Feststellung der Besorgniß im Protokoll, — T. gültig, auch wenn Besorgniß nicht begründet, — gilt als nicht errichtet, falls Erblasser 3 Monate nach Errichtung noch lebt) 2249, 2252, 2266, E. Art. 150.
2. bei Absperrung des Aufenthaltsorts wegen Krankheit u. s. f., so daß Errichtung vor Notar wesentlich erschwert u. s. f., entweder wie bei B. 1 oder durch mündliche Erklärung vor 3 Zeugen (Protokoll! — kein Dolmetscher, — nach 3 Monaten gilt es als nicht errichtet) 2250, 2252.
3. während Seereise an Bord eines deutschen, nicht zur kaiserlichen Marine gehörenden Fahrzeugs außerhalb inländischem Hafen: durch mündliche Erklärung vor 3 Zeugen (wie bei B 2) 2251, 2252.
4. für Personen der kaiserlichen Marine und sonstige Militärpersonen E. Art. 44, F.G. 184 Abs. 3.
5. vor deutschem Konsul im Ausland (Gesetz vom 8. November 1867) E. Art. 38.
6. für Landesherrn u. s. f. E. Art. 57.

Testament, V. Bestimmungen des T. (Vorbehalt der Ergänzung 2086):

1. Anerkenntniß der Ehelichkeit eines Kindes 1598.
2. Aufhebung einer Erbvertragsbestimmung, Form, Zustimmung 2297, 2298, 2289.
3. Bestimmungen über Auseinandersetzung des Nachlasses 2044, 2048, 2049.
4. Ausschluß durch Mutter, Errichtung des Vermögensverzeichnisses betr., 1640 Abs. 2.
5. — der Vermögensverwaltung u. s. f. des elterlichen Gewalthabers, Ernennung eines Pflegers 1638, 1651, 1686, 1909, 1917.
6. Benennung, Ausschluß eines Vormundes, Pflegers u. s. f. 1777, 1782, 1797, 1855, 1856, 1898, 1916.
7. Bestimmung des einem Ehegatten Zugewendeten als Vorbehalts- oder eingebrachtes Gut 1396, 1440, 1486, 1526, 1549, 1553 Nr. 2.

8. Bestimmung des Erben (nicht unbedingt vorgeschrieben!) 1937, — Ausschluß der Anwachsung 2094, 2158, — Ausschluß eines Verwandten oder Ehegatten von gesetzlicher Erbfolge (auch ohne Erbeinsetzung) 1938, 2303, — Einsetzung eines Ersatz- oder Nacherben 2096, 2100, — Gestattung, daß ein zu mehreren Erbtheilen Eingesetzter einen annehmen, anderen ausschlagen darf, 1951.
9. Familienrath betr. 1858, 1859, 1861, 1863, 1866.
10. über Fortsetzung der Gütergemeinschaft 1509—1518.
11. Entziehung und Beschränkung des Pflichttheils 2336—2338.
12. Errichtung einer Stiftung 83.
13. Einsetzung und Bestimmungen über Testamentsvollstrecker 2197—2200, 2207—2210, 2220, 2222, 2223.
14. Anordnung von Vermächtnissen und Auflagen 1939, 1940, 2147, 2192.
15. — wegen Vermögensverwaltung durch den Vormund (s. auch Nr. 5) 1803.
16. Befreiung des Vorerben von Beschränkungen u. s. f. 2136, 2137.
17. Anordnung des Vorrangs vor anderen Beschwerungen 2189.
18. Widerruf eines T. (ganz oder theilweise) 2254, 2257.

Testament, VI. Unfähigkeit, aus T. etwas zu erwerben:
1. als Erben die zur Zeit des Erbfalls noch nicht Erzeugten (im Zweifel jedoch Nacherbe!) 1923, 2101, 2178.
2. die als Richter, Notar, Gerichtsschreiber, Zeuge bei Errichtung des T. Mitwirkenden 2235, 2244, 2249, 2250 Abs. 2.
3. nach Landesgesetz, insbes. religiöse Orden u. s. f. **E.** Art. 86, 87 Abs. 2 u. 3.

— VII. Anfechtung (s. das.) des T. 2078—2083.

— VIII. Unwirksamkeit des T. oder einzelner Bestimmungen (Einfluß der Unwirksamkeit einer Verfügung im T. auf die andern 2085, 2195, 2268, 2270).
1. außerordentliches T. (s. oben IV), wenn Erblasser nach 3 Monaten noch lebt, 2252.
2. Bedenken des Ehegatten (s. auch T. gemeinschaftliches) bei Nichtigkeit oder Auflösung der Ehe vor dem Tod des Erblassers 2077, 2268.
3. T., das einem früheren Erbvertrag widerspricht, 2289.
4. Einsetzung eines Nacherben nach 30 Jahren 2109.
5. Entziehung des Pflichttheils bei Nichtangabe des Grundes 2336 Abs. 2, 2338 Abs. 2, — bei dauernder Abwendung des Abkömmlings von dem unsittlichen u. s. f. Lebenswandel 2336 Abs. 4, — bei Verzeihung 2337.
6. durch Errichtung späteren T. wird früheres soweit aufgehoben, als es mit letzterem in Widerspruch, 2258.
7. Befreiung des Testamentsvollstreckers 2220.
8. Bedenkung des Verlobten bei Aufhebung des Verlöbnisses 2077, 2268.
9. eines Vermächtnisses: a) unter aufschiebender Bedingung oder mit Anfangstermin nach 30 Jahren 2162, 2163, — b) eines bestimmten Gegenstands, der zur Zeit des Erbfalls nicht zur Erbschaft gehört, (im Zweifel) 2169, — c) eines Bedachten, der zur Zeit des Erbfalls nicht mehr lebt, 2160, — d) auf eine zur Zeit des Erbfalls unmögliche oder verbotene Leistung 2171, 2172, 2192.
10. Widerruf des Erblassers, ganz oder theilweise, jederzeit, auch durch Entmündigte (Widerruf kann selbst widerrufen werden, dann T. wirksam) 2253, 2257, **E.** Art. 214, — a) durch Rücknahme aus amtlichem Verwahr 2258, — b) durch Testament 2254, — c) durch Vernichtung oder entsprechende Veränderung an der Urkunde (Vermuthung!) 2255.

Testament, IX. Ablieferung des T. unverzüglich nach Tod des Erblassers an das Nachlaßgericht, Termin zur Eröffnung, Ladung der gesetzlichen Erben und sonstiger Betheiligter, Öffnung, Verkündung, Protokoll, Kenntnißgabe an die nichtanwesenden Betheiligten,

(Verbot des Erblassers, T. alsbald nach Tod zu öffnen, nichtig!), (Einsicht und Abschrift jeder, der rechtliches Interesse glaubhaft macht) 2259—2264, 2273, — (Ordnungsstrafen, Offenbarungseid **F.G.** 83), — Eröffnung, wenn seit mehr als 54 Jahren in amtlicher Verwahrung, außer wenn bekannt, daß Erblasser noch lebt, **A.** Art. 108.

Testament gemeinschaftliches s. auch Auslegungsregeln, Testament.

— — Übergangsbestimmung: falls am 1. Januar 1900 errichtet, Bindung nach bisherigen Gesetzen **E.** Art. 214 Abs. 2.

— — nur von Ehegatten 2265, — (Verfügungen betr. die fortgesetzte Gütergemeinschaft 1516 Abs. 3, — Aufhebung eines Erbvertrags 2292).

— — Form s. oben Testament.

1. vor Gemeindevorsteher und 2 Zeugen, wenn Besorgniß, daß T. nicht mehr vor Notar errichtet werden kann, auch nur bei einem Ehegatten 2266.
2. durch eigenhändige Erklärung auch nur seitens eines Ehegatten, falls anderer eigenhändig, unter Angabe des Orts und Tags, Erklärung beifügt, daß T. auch als sein T. gelten soll, 2267.

— — Unwirksamkeit des ganzen T.:

1. wenn Ehe nichtig (soweit wirksam, als anzunehmen, daß für diesen Fall getroffen).
2. wenn Ehe vor Tod eines Ehegatten aufgelöst.
3. wenn Ehegatte z. Zt. des Todes auf Scheidung wegen Verschuldens zu klagen berechtigt ist und Klage erhoben hat, 2268.
4. Nichtigkeit oder Widerruf der einen Verfügung hat Unwirksamkeit der anderen zur Folge, wenn anzunehmen, daß eine nicht ohne andere getroffen wäre, (im Zweifel bei Zuwendungen der Ehegatten an einander u. s. f., nicht bei anderen Verfügungen als Erbeinsetzungen, Vermächtnissen, Auflagen) 2270, 2271.

— — Widerruf durch notarielle Erklärung gegenüber anderem Theil (nicht durch neues T.), Recht zum Widerruf erlischt mit Tod des Ehegatten (Ausn.: wenn Überlebender das ihm Zugewendete ausschlägt) 2271, — Zurücknahme nur von beiden Ehegatten 2272.

Testament gemeinschaftliches, bei Eröffnung: Verfügungen des Überlebenden, soweit absonderbar, nicht verkünden! T. wieder schließen und in amtlichen Verwahr 2273.

Testamenti factio s. Testament.

Testamentsfähigkeit, Testamentsform s. Testament.

Testamentsvollstrecker, Annahme und Ablehnung durch Erklärung gegenüber Nachlaßgericht (nicht Bedingung oder Zeitbestimmung!), (auf Antrag Frist!), Amt beginnt mit Annahme 2202, 2228, **F.G.** 81, — (Eintragung in das Schiffsregister **F.G.** 118).

— Ende (Zeugniß über Erneuerung kraftlos 2368 Abs. 3).

1. Entlassung durch Nachlaßgericht bei wichtigem Grund, insbesondere grober Pflichtverletzung, Unfähigkeit 2227, 2228, **F.G.** 78, 81.
2. Erlöschen des Amts als T.: a) bei Eintreten der Geschäftsunfähigkeit, Geschäftsbeschränktheit, Aufstellen eines Pflegers für T., — b) bei dessen Tod 2225.
3. Kündigung seitens des T. gegenüber Nachlaßgericht 2226, 2228.
4. bei mehreren T. 2224.
5. bei Überlassung der Nachlaßgegenstände an den Erben 2217, — Anordnung des Erblassers über Fortführung der Verwaltung 2209, 2210.

— Ernennung:

1. seitens Erblassers durch Testament (ev. für Fall, daß ernannter T. wegfällt, anderer) 2197, 2338, — (nicht durch Erbvertrag 2278), — (Anfechtung der letztwilligen Verfügung, in der T. ernannt, 2081).
2. durch Dritten, falls Erblasser diesem Ernennung überläßt, (Form, Frist!) 2198, 2199 Abs. 3, 2228, **F.G.** 80.
3. durch Nachßlaßgericht, falls Erblasser dieses im Testament ersucht, (Anhören der Betheiligten, Ausn.!) 2200, **F.G.** 78, 81, — auch zu dem Zweck, daß T. bis Eintritt der angeordneten Nach-

erbfolge Rechte und Pflichten des Nacherben erfüllt oder für Ausführung der dem Vermächtnißnehmer auferlegten Beschwerungen sorgt, 2222, 2223).
4. Notar als T. zulässig (keine Erlaubniß, keine Haftung des Staats!) **N.** Art. 13 Abs. 2, 126 Abs. 3.
Unwirksamkeit der Ernennung:
1. wenn T. geschäftsunfähig, in Geschäftsfähigkeit beschränkt oder wegen Gebrechen Pfleger hat, 2201, 2225.
2. wenn der dem pflichttheilsberechtigten Erben hinterlassene Erbtheil die Hälfte des gesetzlichen Erbtheils nicht übersteigt, 2306,
— — auf Antrag Zeugniß über Ernennung durch Nachlaßgericht (Angabe der Beschränkungen!) 2368, — (Angabe der Ernennung im Erbschein 2364), — (Nachweis der Befugnisse vor Grundbuchamt **G.O.** 36 Abs. 2), — (Eintrag in das Grundbuch **G.O.** 53).
— mehrere T.
1. Ernennung durch Erblasser oder in Folge Ernennung desselben durch T. 2197, 2199.
2. Führung des Amts gemeinschaftlich, ev. Entscheid des Nachlaßgerichts, — bei Wegfall des einen, Führung des Amts von den übrigen allein, — abweichende Anordnung 2224, **F.G.** 82.
3. bei Verschulden Haftung als Gesammtschuldner 2219 Abs. 2, 2220.
— Pflichten des T. (s. auch weiter unten):
1. Ausführung der letztwilligen Verfügungen des Erblassers 2203, 2208—2210, 2216 Abs. 2, 2220.
2. Auseinandersetzung unter mehreren Erben 2204, 2208—2210.
3. Nachsuchen der Genehmigung einer Stiftung 83.
4. ordnungsmäßige Verwaltung des Nachlasses 2205, 2209, 2210, 2212—2214, 2216, 2220. insbesondere: a) unentgeltliche Verfügung nur soweit, als sittliche oder Anstandspflicht, 2205, 2207, — b) falls nur Verwaltung über einzelne Nachlaßgegenstände 2208, 2211, 2213, — c) Überlassung der Gegenstände, deren er nicht bedarf, an Erben 2217, — d) bei schuldhafter Verletzung seiner Verpflichtungen: Schadensersatz 2219, 2220.
5. Verzeichniß der Gegenstände, Verbindlichkeiten, Beihülfe zum Inventar 2215, 2220.

Testamentsvollstrecker, Rechte des T. (s. auch unten):
1. Antrag auf Aufhebung von Anordnungen des Erblassers 2216 Abs. 2.
2. Beschwerde gegen Verfügung, durch die Nachlaßverwaltung angeordnet wird, **F.G.** 76 Abs. 2.
3. Besitz des Nachlasses, Verfügung über Gegenstände 2205, 2208, 2211, 2213, 2216, 2220.
4. Eingehung von Verbindlichkeiten für den Nachlaß, soweit zur ordnungsmäßigen Verwaltung erforderlich, ev. bei Anordnung des Erblassers unbeschränkt (Ausn.!) 2206—2208, 2368.
5. Ernennung von Mittestamentsvollstrecker oder Nachfolger, falls hiezu vom Erblasser ermächtigt, 2199, 2228.
6. gerichtliche Geltendmachung eines seiner Verwaltung unterliegenden Rechts 2212.
7. angemessene Vergütung, falls Erblasser nicht Anderes bestimmt hat, 2221.
— Verhältniß zum Erben und Gläubiger:
1. Einwilligung des Erben zur Eingehung von Verbindlichkeiten 2206 Abs. 2.
2. Ernennung des T. als Beschränkung des Pflichttheilsberechtigten 2306, 2308.
3. Geltendmachung eines Anspruchs gegen Nachlaß sowohl gegen Erben als gegen T., der Verwaltung des Nachlasses hat, (Pflichttheilsanspruch nur gegen Erben!) 2213.
4. Gläubiger des Erben, aber nicht des Nachlasses, kann sich nicht an Gegenstände, die Verwaltung des T. unterliegen, halten 2214.
5. Haftung des T. gegenüber Erben und Vermächtnißnehmer 2219, 2220.
6. Mittheilung des Verzeichnisses von T. an den Erben 2215, 2220.
7. Rechnungslegung u. s. f. 2218, 2220.
8. kein Verfügungsrecht des Erben über Nachlaßgegenstände, die der Verwaltung des T. unterliegen, 2211, 2212.

Testamentszeuge s. auch Testament.
— Unfähigkeit zum T.:
1. Ehegatte des Erblassers, auch wenn Ehe nicht mehr besteht.
2. Verwandte und Verschwägerte mit Erblasser in gerader Linie oder zweitem Grad der Seitenlinie 2234, 2249, 2250, E. Art. 151.
3. der zum Notar im Verhältniß wie 1 und 2 steht, 2236, 2249, 2250, E. Art. 151.
4. der im Testament Bedachte oder der zu diesem im Verhältniß wie 1 und 2 steht, — sonst Zuwendung an den Bedachten nichtig 2235, 2249, 2250, E. Art. 151.

T. „soll" nicht sein:
1. der der bürgerlichen Ehrenrechte Verlustige für die Dauer des Verlusts.
2. das Gesinde oder die Gehülfen des Notars.
3. der Minderjährige.
4. der zum Zeugeneid Unfähige 2237, 2249, 2250, E. Art. 151.

— Zuziehung von 2 T. 2233, 2249, 2250 Abs. 1, — von 3 T. 2250, 2251.

Testamentum s. Testament.
— correspectivum s. Testament gemeinschaftliches 2270, 2271.
— militum E. Art. 44.
— nuncupativum nicht erwähnt.
— parentum inter liberos nicht erwähnt.
— reciprocum 2269, 2270.

Testirfähigkeit s. Testament.

Testirfreiheit s. Testament.
— vertragsmäßig nicht beschränkbar 2302.
— Beschränkung des Erblassers in T. als Grund der Erbunwürdigkeit 2339 Nr. 1—3, 2345.
— über Grundstücke, die dem Anerbenrecht unterliegen, durch Landesgesetz nicht beschränkbar E. Art. 64 Abs. 2.

That, Ergreifen auf frischer T. 229, 230 Abs. 3 u. 4, 859, 860.

Thäter bei unerlaubter Handlung s. das. 830, 840.

Thätlichkeiten s. Körperverletzung, Mißhandlung.

Thatsächliches Angebot der Leistung, Verzug des Gläubigers 294.

Thatsächliche Gewalt als Erforderniß des Besitzes 854—856, 860.

Theil s. auch Theilweise und die folgenden Worte.
— der Erbschaft s. auch Erbtheil, Erbeinsetzung 2087—2099, — Annahme und Ausschlagung zum Theil unwirksam 1950.
— eines Grundstücks s. auch Unschädlichkeit: a) Ausübung der Grunddienstbarkeit 1023, — b) Belastung mit Hypothek 1114, — — mit Reallasten 1106, 1108 Abs. 2, 1109, — — mit Vorkaufsrecht 1095, — c) Veräußerung, Nothweg 918 Abs. 2, 924.
— Nichtigkeit eines T. des Rechtsgeschäfts, so gewöhnlich ganzes Rechtsgeschäft nichtig 139.
— einer Sache, Besitz 865, 866.

Theilbare Gegenstände, bei Aufhebung der Gemeinschaft Theilung in Natur 752, 1477, 1498, 1546 Abs. 2, 1549.

Theilbare Leistungen s. auch Leistungen 420, 427, — und Theilleistung 1109.

Theilbarkeit der Belohnung bei Auslobung 659 Abs. 2.

Theilbesitz s. Theil.

Theilfläche eines Grundstücks, Abtrennung s. Bayer. Gesetz vom 15. Juni 1898.

Theilhaber s. Gemeinschaft.

Theilhypothek, Theilhypothekenbrief bei theilweiser Befriedigung des Gläubigers durch den Eigenthümer 1145.
— bei Theilung der Forderung: (Rangverhältniß, Theilhypothekenbrief) 1151, 1152.
— Herstellung des Theilhypothekenbriefs G.O. 61, A.G.O. Art. 21, 53.

Theilleistung, Ausschluß der Einrede des nicht erfüllten Vertrags durch T. 320 Abs. 2.
— bei Hypothek 1145.
— auf mehrere Schulden, Verrechnung 366, 367.
— des Schuldners unberechtigt 266.
— bei Verzug und Fristsetzung: Ablehnung, Schadensersatz oder Rücktritt vom Vertrag 326, 325, 280 Abs. 2.

Theilnahme an Ehebruch, Doppelehe, strafbarer widernatürlicher Unzucht des

andern Ehegatten — Ausschluß des Ehescheidungsrechts 1565 Abs. 2.

Theilnahme an unerlaubter Handlung 830, 840.

Theilschuldverschreibungen auf den Inhaber, Landesgesetze über Belastung einer Bahneinheit **E.** Art. 112.

— — Eintragung einer Hypothek für T. in das Grundbuch **G.O.** 51.

— — Eintragung eines Pfandrechts f. T. in das Schiffsregister **F.G.** 117.

Theilung s. auch die einzelnen Güterrechte und Miterben.

— bei Aufhebung der Gemeinschaft 752—754, 2042 Abs. 2, **Ue.** Art. 43, 113—115.

— einer Gemeinheit nach Landesgesetz **E.** Art. 113.

— des Gesellschaftsvermögens (nicht während des Bestehens der Gesellschaft!) 719, 731, — des Gesammtguts (nicht während Bestehens der Gütergemeinschaft!) 1442, 1487, 1519, 1549.

— des Grundstücks:

1. Einfluß auf Grunddienstbarkeit 1025, 1026, **E.** Art. 184.
2. — auf beschränkt persönliche Dienstbarkeit 1090.
3. — auf Reallast 1108 Abs. 2, 1109, **E.** Art. 121.
4. — bei Unschädlichkeitszeugniß s. das. **E.** Art. 120, Bayer. Gesetz vom 15. Juni 1898.
5. bei Belastung mit Hypothek (ohne Einwilligung des Gläubigers — Gesammthypothek — Nichtigkeit der Beschränkung) Bayer. Gesetz vom 18. Juni 1898 Art. 6, 7, 9.
6. eines Gebäudes nach Gebäudetheilen, Landesgesetz **E.** Art. 131.
7. landesgesetzliche Beschränkungen unberührt **E.** Art. 119 Nr. 2, 120, 121, **Ue.** Art. 43, 113—115.

— der Grund- und Rentenschuld **G.O.** 70 Abs. 2.

— der Hypothekforderung: (zur Änderung des Rangverhältnisses und zu Theilhypothekenbriefen ist besondere Zustimmung des Eigenthümers nicht erforderlich 1151; 1152), — bei Gesammthypothek 1172 Abs. 2, **G.O.** 64.

Theilung der Führung der Vormundschaft 1796—1798, 1897.

Theilungseinrede nicht erwähnt 421, 769.

Theilungsplan bei Zwangsversteigerung und -verwaltung **Z.V.** 106, 113—137, 156—159, **E.Z.V.** 8.

Theilweise(r) s. oben Theil, Theilleistung u. s. f.

— Ablehnung der Fortsetzung der Gütergemeinschaft unzulässig 1484, 1518, 1950.

— Annahme oder Ausschlagung einer Erbschaft oder eines Vermächtnisses unwirksam 1950, 1951, 2180.

— Aufrechnung bei mehreren Forderungen 396.

— Befriedigung des Hypothekgläubigers 1145.

— Einigung über einen Vertrag 154, 155.

— Nichtigkeit eines Rechtsgeschäfts 139.

— Unmöglichkeit der Leistung: Schadensersatz, Rücktritt, Anspruch auf Minderung der Gegenleistung 280 Abs. 2, 283 Abs. 2, 323, 325, 307 Abs. 2.

— Untergang des Gegenstands bei Rücktrittsrecht vom Vertrag 351.

— Unwirksamkeit eines Testaments 2085.

— Verzicht auf Hypothek, Nichtentstehen oder Erlöschen der Forderung u. s. f.: die dem Befriedigenden zufallende Hypothek kann nicht zum Nachtheil der dem Gläubiger verbleibenden Hypothek geltend gemacht werden 1176, 1164.

Thesaurus s. Schatz.

Thiere s. auch Bienen, Sodomie.

— Finderlohn bei T. (1%) 971.

— Miether und Entleiher trägt Fütterungskosten 547, 601.

— Gewährleistung s. Viehgewährschaft 481—493.

— Haftung für T.: der, der T. hält, ev. der dessen Führung durch Vertrag übernahm, (Ausn.: bei erforderlicher Sorgfalt!) s. auch Jagd 833—835, **E.** Art. 71, 72.

— Pächter hat gewöhnlichen Abgang der zum Inventar gehörenden T. zu ersetzen, soweit dies zur ordnungsmäßigen Wirthschaft gehört, 586 Abs. 2.

Thiere, wildes T. ist herrenlos, solange es in Freiheit oder wieder in Freiheit und nicht unverzüglich verfolgt wird, aber nicht, wenn es in Thiergärten ist, gezähmtes T. wird herrenlos, wenn es die Gewohnheit ablegt, an den ihm bestimmten Ort zurückzukehren, 960.
— als Zubehör eines Landguts 98.
Thierarzt, Anspruchsverjährung 196 Nr. 14, 201, 218.
— Kosten im Fall der Wandelung: Verkäufer 488.
Thiergarten, wilde Thiere in T. sind nicht herrenlos 960.
Thon s. Bodenbestandtheile 1037 Abs. 2.
Thun als Bedingung letztwilliger Zuwendung 2075.
Thurn und Taxis'sche Gerichte Ue. Art. 106.
Thurnau in Bayern, allgemeine Gütergemeinschaft — Übergangsbestimmungen s. **Ue.** Art. 64, 67, 94 Abs. 3, 97—104.
Tieferlegen eines Grundstücks 909, 924.
Tilgung der Schuld: zuerst Kosten, dann Zinsen, dann Hauptleistung und zwar zuerst die bestimmte, dann die fällige, dann unsichere, dann lästigere, endlich ältere 366, 367
Tisch und Bett s. Ehe.
— — Trennung vor 1. Januar 1900 **E.** Art. 202, 206.
Titel s. auch Urkunde, Vollstreckbarer T.
— bei Ersitzung nicht erforderlich 937.
— zur Erwerbung dinglichen Rechts nicht aufgenommen, dagegen nach Landesgesetz zur Eintragung von Sicherungshypotheken für Fiskus, Stiftungen u. s. f. aufrecht erhalten **E.** Art. 91.
Tochter s. Aussteuer, Erbe gesetzlicher, Kinder.
— Sorge für Person der T. bei Ehescheidung (falls beide Ehegatten für schuldig erklärt: Mutter) 1635—1637.
— verheirathete: Ende der elterlichen Nutznießung an deren Vermögen 1661, — Sorge für deren Person durch elterlichen Gewalthaber 1633, 1686, — Verleihung der Staatsangehörigkeit, Entlassung hieraus der Eltern erstreckt sich nicht auf T. **E.** Art. 41 I, III, IV.
Tod des Abkömmlings: a) vor Anfechtung der Ehelichkeit 1597, — b) bei Annahme an Kindesstatt 1753, 1769, 1770, — c) falls antheilsberechtigt bei der fortgesetzten Gütergemeinschaft 1490, 1518, — d) Ende der elterlichen Gewalt 1683, 1686, — e) der ohne nähere Bestimmung im Testament bedacht ist, 2068, 2069, 2091.
Tod der Annehmenden bei Annahme an Kindesstatt 1753, 1769, 1770, **F.G.** 67 Abs. 2.
— eines Beamten, Sicherungsmaßregeln **A.** Art. 106, Kgl. Verordn. v. 7. Dez. 1899.
— des Beauftragten (Erlöschen des Auftrags!) 673, 2218, 2220.
— des Bedachten vor Erbfall (Vermächtniß unwirksam) 2160.
— des Berechtigten bei Leibgedingsvertrag **A.** Art. 40.
— des Beschenkten (kein Widerruf mehr) 532, 1584 Abs. 2.
— des Hauptschuldners bei Bürgschaft 768.
— der Dienstherrschaft, Kündigung **A.** Art. 28 Abs. 2.
— der Ehefrau, Ende der Verwaltung beim gesetzlichen Güterrecht 1424 Abs. 2.
— eines Ehegatten:
a) bei allgemeiner Gütergemeinschaft:
1. ohne gemeinschaftliche Abkömmlinge 1482, 1510.
2. bei deren Vorhandensein 1483—1518.
b) bei Errungenschaftsgemeinschaft 1522.
c) bei fortgesetzter Gütergemeinschaft (Ende!) 1494, 1518.
d) bei gemeinschaftlichem Testament 2268 Abs. 2, 2269—2273.
e) bei Leibgeding **A.** Art. 47.
f) bei Nichtigkeit und Anfechtung der Ehe 1324 Abs. 2, 1338, 1342, 1350 Abs. 2.
g) des Verpflichteten zum Unterhalt des geschiedenen Ehegatten 1582, 1580 Abs. 3, 1615.
— des Ehemannes vor Anfechtung der Ehelichkeit des Kindes 1591 Abs. 2, 1593.
— ohne Einfluß: a) des Antragenden vor Annahme des Vertrags (Ausn.!) 153, — b) des Auftraggebers auf Auftrag 672, — c) des Ausstellers einer Schuldverschreibung auf den Inhaber 794 Abs. 2, 804, — d) eines

Betheiligten bei Anweisung 791, — e) des Erklärenden nach Abgabe der Willenserklärung auf deren Wirksamkeit 130 Abs. 2.

Tod des Empfängers des Versprechens einer Leistung an Dritten 331.
— des Entmündigten vor Eintritt der Unanfechtbarkeit, Einfluß auf Testament 2230, **E.** Art. 215 Abs. 2.
— des Erben: a) vor Ablauf der Ausschlagungsfrist 1952 Abs. 2, — b) — — — der Inventarfrist 1998, — c) des Nacherben vor Eintritt der Nacherbfolge und nach Erbfall 2108 Abs. 2, — d) des Vorerben (Eintritt der Nacherbfolge) 2106, 2191 Abs. 2.
— einer Person ist Erbfall (ihr Vermögen fällt an den Erben) s. auch Unvererblichkeit 1922, — (Annahme ohne Grund 2031 Abs. 2).
— des Erblassers:
1. vor 1. Januar 1900 erbrechtliche Verhältnisse nach bisherigen Gesetzen **E.** Art. 213.
2. nach 1. Januar 1900, falls Testament, Erbvertrag vorher errichtet, so nach bisherigen Gesetzen **E.** Art. 214.
3. Ablieferung, Öffnung u. s. f. des Testaments und Erbvertrags 2259—2262, 2300.
— des Gesellschafters (Auflösung!) 727, 736, — (des Geschäftsführers ohne Auftrag und Geschäftsherrn nicht erwähnt).
— des im Grundbuch eingetragenen auf Lebenszeit Berechtigten **G.O.** 23.
— — — Eigenthümers beim Aufgebotsverfahren 927.
— des Miethers (nicht Pächters) und Entleihers, Kündigungsrecht 569, 596 Abs. 2, 605 Nr. 3.
— des Mündels 1884, 1893, 1895.
— der Mutter: Vater hat Vermögen des minderjährigen Kindes zu inventarisiren 1640.
— des Nießbrauchers (Erlöschen des Nießbrauchs) 1061.
— des persönlichen Schuldners: Einreden bei Hypotheken und gegen Pfandgläubiger 1137, 1211.
— des abwesenden Pflegebefohlenen 1921 Abs. 2.

Tod des Schenkers 520, 528, 530, 1584 Abs. 2.
— des Stifters vor Genehmigung der Stiftung 83, 84.
— eines Theilhabers bei Gemeinschaft und Miterben bei Auseinandersetzung 750, 2042 Abs. 2, 2044, 2204.
— des Testamentsvollstreckers (Erlöschen des Amts) 2225.
— des Thieres bei Viehgewährschaft 485, 487, 488.
— des unehelichen Kindes: a) bei Ehelichkeitserklärung 1733, — b) Einfluß auf Abkömmlinge, falls vor Legitimation 1722, — c) — Ansprüche der Mutter 1715 Abs. 2, — d) — Unterhaltsanspruch 1712, 1713.
— des Unterhaltsberechtigten oder -verpflichteten 1615.
— des Vaters: a) bei Ehelichkeitserklärung 1733, — b) Einwilligung zur Eheschließung der Mutter 1305, 1306, — c) Mutter: Verpflichtung zur Aussteuer 1620, 1580 Abs. 3, — d) Mutter: elterliche Gewalt 1684 Nr. 1, — e) bei nichtiger Ehe 1702 Abs. 2, — f) bezüglich Unterhaltsanspruchs des unehelichen Kindes 1712, 1713.
— des Verlobten (Auflösung des Verlöbnisses) 1301.
– des mit Vermächtniß oder Auflage Beschwerten 2181, 2192.
— des Vermächtnißnehmers 2180 Abs. 3, 1950 Abs. 1.
— eines Vertragstheils beim Erbvertrag, Anfechtung — Aufhebung — Erlöschen des Rücktrittsrechts (Ausn.!) 2281 Abs. 2, 2290, 2297, 2298 Abs. 2 u. 3.
— des Vormundes, Gegenvormundes — Anzeige 1799, 1894, 1895.

Todeserklärung, Bayer. Gesetze v. 29. Dez. 1873 und 27. Juli 1874 aufgehoben **A.** Art. 175 Nr. 26, 27.
— Übergangsbestimmungen: a) nachträgliche T. nach 1. Januar 1900 **E.** Art. 162, — b) Verfahren, das am 1. Januar 1900 anhängig, nach bisherigen Gesetzen **E.** Art. 161, **Ue.** Art. 107 Abs. 2, — c) Wirkungen einer vor 1. Januar 1900 erfolgten

T. nach bisherigen Gesetzen E. Art. 158, 206.
Ausnahmen:
1. Vorschriften über Ende der elterlichen Gewalt, Vormundschaft, Pflegschaft, Amts eines Vormundes u. s. f. nach B.G.B. E. Art. 160.
2. Wiederverheirathung gestattet, auch wenn nach bisherigen Gesetzen unzulässig, E. Art. 159, 1348—1352.

Todeserklärung, Eintritt der T. bei Verschollenheit im Wege des Aufgebotsverfahrens (s. das.) 13, C.P.O. 960—976.
Voraussetzungen:
1. bei Ausländern E. Art. 9.
2. Zeitbestimmungen: 1 Jahr nach Untergang des Fahrzeugs, Vermuthung 16, 18 Abs. 2, — 3 Jahr nach Entstehen einer Lebensgefahr und Verschollenheit seitdem 17, 18 Abs. 2, — — nach Friedensschluß für Angehörige der bewaffneten Macht 15, 18 Abs. 2, — 5 Jahr nach vollendetem 70. Lebensjahr 14, 18 Abs. 2, — 10 Jahr — — 31. Lebensjahr und keine Nachricht vom Leben des Verschollenen 14, 18 Abs. 2.
— unrichtige T.:
1. Anspruch auf Herausgabe des Vermögens vom Erbschaftsbesitzer 2031.
2. Wiedererlangung der elterlichen Gewalt 1679.
3. Wiederverheirathung s. unten.
— Wirkungen der T.:
1. bei Eintrag des Verschollenen im Grundbuch als Eigenthümer 927.
2. Ende: a) des Amts als Beistand der Mutter 1694, 1885, 1895, E. Art. 160, — b) der elterlichen Gewalt bei T. des Vaters 1679, 1681, 1682, E. Art. 160, — begründet elterliche Gewalt der Mutter 1684 Nr. 1, — c) der Errungenschaftsgemeinschaft 1544, 1545, 1547, 1548, — d) der fortgesetzten Gütergemeinschaft 1494 Abs. 2, 1518, — e) der Pflegschaft 1915, 1921 Abs. 3, 1885, E. Art. 160, — f) der Verwaltung beim gesetzlichen Güterrecht 1420, 1425, 1426, — g) der Vormundschaft u. s. f. 1847, 1878, 1884 Abs. 2, 1885 Abs. 2, 1895, 1915, E. Art. 160.
3. T. des Erblassers: Wirkung auf Geltendmachung der Nachlaßforderung 1974, 2013, 2060 Nr. 2, — bei Errichtung eines Testaments auf einer Seereise u. s. f. 2252 Abs. 4.
4. Erbschaft auf Grund T., — Rechtsgeschäfte mit Dritten auch ohne Erbschein 2370.
5. Vermuthung begründet, daß Verschollener zu dem im Urtheil ausgesprochenen Zeitpunkte gestorben ist, (Annahme hiefür; solange nicht T., Vermuthung für Fortleben; sind Mehrere in gemeinsamer Gefahr umgekommen, so Vermuthung für gleichzeitigen Tod) 18—20, 2370, E. Art. 206.
6. Wiederverheirathung des anderen Ehegatten (zulässig auch bei T. vor 1. Januar 1900 E. Art. 159, 1349):
a) durch neue Ehe frühere aufgelöst (Unterhalt des Kindes) 1348 Abs. 2, 1352, 1637, (Bekanntmachung vom 25. März 1899 § 25 Abs. 2 (R.G.Bl. 1899 S. 232).
b) keine neue Ehe, solange T. durch Klage angefochten, 1349.
c) neue Ehe nicht nichtig, wenn todt Erklärter noch lebt, außer wenn dies beide Ehegatten wußten, 1348, — doch Anfechtung der neuen Ehe (Frist 6 Wochen! Unterhaltspflicht!) (Ausn.: α) bei Kenntniß vom Leben des für todt Erklärten z. Zt. der Eheschließung, — β) nach Bestätigung der Ehe nach Erlangung dieser Kenntniß, — γ) nach Auflösung der neuen Ehe durch Tod) 1350, 1351, 1608 Abs. 2, 1609 Abs. 2, 1637, 1635.

Todeswegen s. Erwerb, Testament, Verfügung von T.

Todte erbt den Lebendigen 1922.

Todte Hand, Beschränkungen des Erwerbs E. Art. 86, 87.

Todtgeburt uneheliche ohne Einfluß auf Pflicht zum Ersatz der Entbindungs- u. s. f. -kosten 1715 Abs. 2.

Todtschlag s. Tödtung.

Tödtung beim Betrieb von Eisenbahnen u. s. f. E. Art. 42.

Tödtung des Erblassers, vorsätzliche, widerrechtliche: Erbunwürdigkeit, Anfechtung des Vermächtnisses 2339 Nr. 1, 2345.
— durch Einsturz eines Gebäudes u. s. f. 836—838, 844—846.
— fahrlässige, vorsätzliche s. auch Schadensersatz 823, 844—846, **E.** Art. 106, **A.** Art. 59 Abs. 2—4.
— eines Menschen durch ein Thier 833, 834, 844—846.
— des Schenkers durch Beschenkten, Widerrufsrecht des Erben 530.
— des verkauften Thiers s. Viehgewährschaft 485, 488.
Torf s. Bodenbestandtheile.
Traditio s. auch Übergabe.
— brevi manu 854 Abs. 2, 929, 932, 936.
— longa manu nicht erwähnt.
Transmission der Erbschaft nicht erwähnt, s. 1922, 2108 Abs. 2.
Transportgefahr und -kosten bei Geldschulden 270.
— — bei Versendung des Kaufgegenstandes 447, 448, 451, 515, 651, — — des Werks 644 Abs. 2.
— — bei Vorlegung von Sachen 811.
Traufrecht nicht erwähnt, s. aber 907, 922.
Trauung s. Ehe.
— kirchliche 1588.
Trebellianische Quart nicht aufgenommen.
Trennung s. auch Bestandtheile, Gütertrennung, Grundstücke, Unschädlichkeit.
— der Ehegatten: Unterhaltspflicht, Herausgabe von Sachen (Ausn.!) 1361, — — von Tisch und Bett: falls vor 1. Januar 1900 erkannt, bisherige Gesetze maßgebend **E.** Art. 202, 206, — sonst nicht erwähnt, s. Ehe und Eheliche Gemeinschaft.
— von Erzeugnissen u. s. f., Eigenthumserwerb, Erstrecken der Hypothek 953—957, 1120—1122, — — des Pfandrechts 1212.
— von Früchten vom landwirthschaftlichen Grundstück 998.
— der Reallast vom Grundstück 1110.
— das Vorkaufsrechts — — 1103.
— zusammenhängender Sachen 469.
Trepprecht, Tretrecht s. Anwenderecht.
Treu und Glauben bei Leistung des Schuldners 242.
Treu und Glauben, Verhindern des Erfolgs durch Leistenden wider T. und G. — Ausschluß der Rückforderung 815.
— — — oder Herbeiführen des Eintritts einer Bedingung wider T. und G. 162.
— bei Verträgen, Auslegung 157.
— bei gegenseitigem Vertrag, Einrede der Nichterfüllung 320.
Treue des Dienstboten **A.** Art. 19, 24 Nr. 2 u. Abs. 2, 29.
Treuhänder bei Hypotheken, für Inhaber- und Orderpapiere, Vertreter des jeweiligen Gläubigers, Eintragung in das Grundbuch 1189, **G.O.** 44 Abs. 2, s. auch Hypothekenbankgesetz vom 13. Juli 1899 §§ 29—34 (R.G.Bl. 1899 S. 384 ff).
Trödelvertrag nicht erwähnt.
Trunkenheit, verschuldetes Versetzen in T., Haftung 827.
Trunksucht s. Entmündigung.
Turbatio s. Störung.
Turpis causa s. Ungerechtfertigte Bereicherung 817, 819 Abs. 2.
Turpitudo s. Ehrloses, Unsittliches Verhalten.
Tutela s. Vormundschaft.

U.

Überbau, d. i. Bau über Grenze des Nachbars, zu dulden, wenn kein Vorsatz oder grobe Fahrlässigkeit und Nachbar nicht vor oder sofort nach Grenzüberschreitung Widerspruch erhebt, 912, — (bei Beeinträchtigung von Erbbaurecht oder Dienstbarkeit an Nachbargrundstück 916).
Entschädigung des Nachbarn:
1. durch Geldrente (vom jeweiligen Eigenthümer an jeweiligen Nachbarn!) — Höhe: nach Zeit der Grenzüberschreitung, jährlich im Voraus — Vorrang! Erlöschen! Eintrag im Grundbuch 912 Abs. 2, 913, 914, 915 Abs. 2, **Z.V.** 52 Abs. 2.
2. durch Ersatz des Werths des überbauten Theils gegen Eigenthumsübertragung 915.
Überbringer einer Quittung: empfangsberechtigt 370.

Übereinstimmung bei Bestimmung einer Leistung durch mehrere Dritte 317 Abs. 2, 2156, 2192.

Überfallen von Früchten auf Nachbargrundstück 911.

Übergabe bei Bestellung des Nießbrauchs 1032, — des Pfandrechts 1205, 1206, 1260, 1274, 1292, 1293, 1296.

— bei Eigenthumsübertragung 929—933, 936.

— an Gastwirth s. das. 701 Abs. 2, 703.

— des Grundstücks bei Zwangsverwaltung **Z.V.** 150 Abs. 2, 151.

— des Hypothekenbriefs bei Abtretung der Forderung 1154, — zum Erwerb der Hypothek 1117, 1163 Abs. 2.

— einer Sache beim Kauf u. s. f. 445, 515, 651.

1. Gefahr für Zufall, Lasten, Nutzungen auf Käufer u. s. f. 446, 451.
2. Kosten: Verkäufer 448, 451.
3. Verpflichtung des Verkäufers u. s. f. 433, 2182.

— des Testaments an Notar 2238—2243, 2246, 2247, 2249, 2250, 2256, 2276, 2290 Abs. 4, **E.** Art. 151.

— beim Werkvertrag 651.

Übergang s. auch Befriedigung, Gefahr, Hypothek, Pfandrecht, Übertragung.

— ist Übertragung kraft Gesetzes:

— des Anspruchs auf Unterhalt:

1. des unehelichen Kindes gegen Vater auf Mutter oder deren Verwandte 1709 Abs. 2.
2. gegen Verwandte, falls anderer Verwandter Unterhalt gewährt, 1607 Abs. 2, 1608.

— nicht des Anspruchs der unbescholtenen Verlobten aus Beischlaf bei Rücktritt vom Verlöbniß — — (Ausnahmen!) 1300 Abs. 2.

— nicht Recht des Überlebenden bei Auseinandersetzung der fortgesetzten Gütergemeinschaft, das Gesammtgut oder einzelne Gegenstände zu übernehmen, 1502, 1518.

— des Besitzes auf den Erben 857.

Übergang des Eigenthums an beweglichen Sachen u. s. f., die aus Mitteln des Kindes vom Vater erworben sind, 1646.

— der Erbschaft auf den Erben (Anfall) 1942.

— einer Forderung:

1. Anwendung der Vorschriften über Abtretung s. Übertragung (einer Forderung) 412.
2. falls bereits abgetreten, 408 Abs. 2.
3. bei Bürgschaft 774.
4. falls Dritter Gläubiger befriedigt, 268 Abs. 3.
5. bei Gesammtschuld 426 Abs. 2.

— der einzelnen Gegenstände in das Gesammtgut s. das. 1438, 1485, 1519, 1549.

— der Nutzungen und Lasten s. das. 446, 451, 515, 651, 2380.

— von Rechten s. bei Forderung 413, — zu deren Übertragung Abtretungsvertrag genügt, auf Stiftung 82.

— des Rechts des Nacherben auf Erben (Ausnahmen!) 2108 Abs. 2.

— des Vermögens als Ganzes auf den Erben 1922.

— des Vorkaufsrechts auf den Erben 514.

— des Wahlrechts beim Vermächtniß 2154 Abs. 2, 2155 Abs. 2, 2192.

Übergangsvorschriften s. bei den einzelnen Worten **E.** Art. 153—218, **F.G.** 200 Abs. 1, **Ue.**

Übergebot bei Versteigerung: Erlöschen des früheren Gebots 156.

Übergehen des zum Mitglied des Familienraths Berufenen 1861, 1868, **F.G.** 60 Nr. 1 u. Abs. 2.

— des Pflichttheilsberechtigten s. Pflichttheil 2079, 2080 Abs. 3, 2281, 2285.

— des zum Vormund Berufenen 1778, **F.G.** 60 Nr. 1 u. Abs. 2.

Überhängende Äste 910, **E.** Art. 122, 183.

Überlassung s. auch Bestimmung.

— der Ausübung einer beschränkt persönlichen Dienstbarkeit 1092.

— des Gebrauchs der gemietheten oder geliehenen Sache an Dritten (s. auch Untervermiethung) 549, 553, 603, 604.

Überlassung von Gegenständen durch Gesellschafter an Gesellschaft 732.
— von Mitteln an beschränkt Geschäftsfähigen 110, 114, 1644, 1824.
— von Nachlaßgegenständen an den Erben seitens des Testamentsvollstreckers 2217.
— des Vermögens der Frau an den Mann zur Verwaltung bei Gütertrennung 1430, — — des Kindes an die Eltern 1619, 1618.
Überlebender bei gemeinschaftlichem Testament 2269—2273, 2280, 2300.
— bei Schenkung s. das. 2301.
Überlebender Ehegatte s. Ehegatte, Gütergemeinschaft fortgesetzte, Wiederverheirathung.
Überlegungsfrist des Erben (6 Wochen, Beginn, ev. 6 Monate!) 1944, 1952 Abs. 2, 2306.
Übermittelung von Geld s. das. 270.
— der hinterlegten Sache durch die Post 375.
— telegraphische und telephonische 127, 147.
— unrichtige einer Willenserklärung, Anfechtung 120, 122.
Übernahme s. auch Abnahme, Gutsübernahme, Landgut, Schuldübernahme, Vermögensübernahme.
— bei Auseinandersetzung der fortgesetzten Gütergemeinschaft 1502, 1515, 1516, 1518.
— bei — des Gesammtguts 1477 Abs. 2, 1502 Abs. 2, 1546, 1549.
— der Geschäftsführung ohne Auftrag s. das. 677—687.
— von Inventar eines Guts u. s. f. 594.
— von Inventar durch den Pächter 586—590.
— einer Verbindlichkeit an Erfüllungsstatt 364, — einer fremden Verbindlichkeit durch Eltern oder Vormund 1643, 1822 Nr. 10, 1825.
— der Vormundschaft, Mitgliedschaft eines Familienraths s. auch das. 1778, 1785—1788, 1861, 1868, 1869, **F.G.** 60 Nr. 2, 46, 47.
— von Werthsachen durch Gastwirth s. das. 702.
Übernehmer s. Übernahme, Werkvertrag.
Überschreitung der Grenze (Anwenderecht) s. Eigenthumsbeschränkungen Nr. 4.
— des Kostenvoranschlags beim Werkvertrag 650.
— der Nothwehr, Schadensersatzpflicht 231.
Überschuldung des Abkömmlings, Beschränkung des Pflichttheilsrechts 2338, 2289 Abs. 2.
— des Gesammtguts (so, daß späterer Erwerb des anderen Ehegatten erheblich gefährdet ist), Klage auf Aufhebung der Güter-, Errungenschafts-, Fahrnißgemeinschaft 1468 Nr. 5, 1469, 1542, 1545, 1549.
— des Nachlasses:
1. Antrag auf Konkurs, sonst Haftung (Verbindlichkeiten aus Vermächtnissen und Auflagen außer Betracht!).
2. beruht Ü. auf Vermächtnissen und Auflagen, so Recht des Erben, die Einrede der beschränkten Haftung geltend zu machen und statt Nachlaßgegenstände herauszugeben, deren Werth zu zahlen, 1992.
— des Vereins, der Stiftung u. s. f., des Nachlasses, unverzüglicher Antrag auf Konkurseröffnung, sonst Haftung 42, 86, 89, 1980, 1985 Abs. 2, 2013, 2036.
Überschuß, Vertheilung bei Auflösung der Gesellschaft 734, 738, — bei Auseinandersetzung des Gesammtguts 1476, 1477, 1498, 1546, 1549, — — des Nachlasses 2047, 2204, 1973 Abs. 2.
Überschwemmungen, Schutz gegen, Bayer. Gesetz vom 28. Mai 1852, s. **A.** Art. 149.
Übersendung s. Transportgefahr, Übermittelung.
Übersetzung des in fremder Sprache aufgenommenen Testaments oder Erbvertrags 2245, 2249, 2250, 2276, 2290, **E.** Art. 151.
— des Protokolls über Errichtung eines Testaments oder Erbvertrags u. s. f. 2244 Abs. 2, 2245 Abs. 2, 2249—2251, 2276, 2290 Abs. 4, **E.** Art. 151.
Übersicht über Gesellschaftsvermögen 716.
— über das Mündelvermögen 1854 Abs. 2 u. 3, 1855—1857.

Übertragbarkeit s. auch Indossament.
— Ausschluß der Ü. s. Unübertragbarkeit.
— Beschränkung der Ü. der Ansprüche der Beamten u. s. f. auf Gehalt u. s. f. nach Landesgesetz E. Art. 81.

Übertragung s. auch Eigenthumserwerb, Unübertragbarkeit.
— der Anweisung s. das. 792.
— der Ausführung beim Auftrag s. das. 664, 2218, 2220.
— der Ausübung des Nießbrauchs oder der Verwaltung des Vorerben an einen Verwalter 1052, 2128.
— des mittelbaren Besitzes durch Abtretung des Anspruchs auf Herausgabe der Sache 870, — — bei Pfandrechtsbestellung 1205 Abs. 2.
— des Eigenthums s. Eigenthumserwerb, — an Pfand vor Verkaufsberechtigung nichtig 1229.
— der elterlichen Gewalt auf die Mutter s. Elterliche Gewalt 1685 Abs. 2.
— beim Erbschaftskauf 2035—2037.
— einer Forderung durch Rechtsgeschäft seitens des Gläubigers auf einen Andern ist Abtretung 398, 413, — (auch von andern Rechten 398), — (Ü. ausgeschlossen s. Unübertragbarkeit).
1. von Diensteinkommen u. s. f. durch Beamte, Geistliche, Lehrer, Militärpersonen 411, E. Art. 81, 43, 45.
2. Erfordernisse der Abtretung: a) Vertrag — auch ohne Anzeige 398, 1280 (Angabe des Rechtsgrundes nicht erforderlich), — b) bei Hypothekforderungen: schriftliche Abtretung und Übergabe des Hypothekenbriefs (Ausn.!) 1154, 1159, — falls Hypothekenbrief ausgeschlossen: Eintragung in das Grundbuch 1154 Abs. 3, 873, 878, — bei Kautionshypothek: Vertrag (dann aber Übergang der Hypothek ausgeschlossen) 1190 Abs. 4, — bei Grundschulden 1192, — bei Forderungen, für die Schiffspfandrecht besteht, F.G. 104, — c) bei Forderungen des Mündels Genehmigung des Gegenvormundes 1812.
3. von gesicherten Forderungen des Kindes oder Mündels gegen Vater oder Vormund 1630 Abs. 2, 1795 Abs. 2 u. 3.
4. Wirkungen der Abtretung:
a) bei Anzeige der Abtretung an den Gläubiger 409, 410 Abs. 2, 411, 571 Abs. 2, 576, 1280.
b) Mitübergang von Bürgschaften und Vorzugsrechten im Konkurs 401, 1153, 1250, 1273.
c) einer Forderung durch Gesammtgläubiger 429 Abs. 3.
d) Mitübergang von Hypothek- und Pfandrecht, nicht eines ohne das andere 401, 1153, 1250, 1273.
e) an mehrere Gläubiger, Kosten der Quittung 369.
f) der Mieth- und Pachtzinsforderung auf Hypothekgläubiger 1124, 1125, 1192.
g) Pflichten des bisherigen Gläubigers: α) Auskunftsertheilung — Urkundenaushändigung, — β) auf Verlangen öffentliche Urkunde 402, 403.
h) Pflichten des neuen Gläubigers: Anrechnenlassen der Leistung des Schuldners an bisherigen Gläubiger, Geltenlassen von Rechtsgeschäften zwischen diesen und von rechtskräftigem Urtheil (Ausn.!) 407, C.P.O. 265 Abs. 2 u. 3.
i) Rechte des Schuldners: α) Aufrechnung mit Forderungen gegen bisherigen Gläubiger 406, 1156—1159, — β) dieselben Einreden, wie z. Zt. der Abtretung, (jedoch gegen Urkunden nicht, daß diese nur zum Schein oder daß Abtretung ausgeschlossen!) 404, 405, 986 Abs. 2, — γ) Leistung nur gegen Aushändigung der Abtretungsurkunde 410, C.P.O. 94, — δ) bei mehrfacher Abtretung 408, 1156, 1185, — ε) Schutz wegen Unkenntniß der Abtretung 407, 1156—1159.

Übertragung von einzelnen Gegenständen bei allgemeiner Güter- und Errungenschaftsgemeinschaft 1438 Abs. 2, 1519 Abs. 2, — Forderung hierauf bei Fahrnißgemeinschaft 1551 Abs. 2.
— des Rechts an einem Grundstück 873, 878, 1069.

Übertragung der Schuldverschreibung des Staats u. s. f. erst mit Umschreibung der Kasse gegenüber wirksam **A.** Art. 53, 55, 57.
— Verpflichtung zur Ü. d. künftigen Vermögens durch Vertrag nichtig, — des gegenwärtigen notariell 310, 311.
Überwachung s. Aufsichtspflicht.
Überweisung einer bereits abgetretenen Forderung durch Gerichtsbeschluß 408 Abs. 2.
— gerichtliche an Stelle des Eintrags des Hypothekgläubigers im Grundbuch 1155.
Übung (= Üblichkeit) s. auch Ortsüblichkeit und Umstände.
— Arbeiten der Ehefrau im Haus oder Geschäft 1356 Abs. 2.
— Erwerb durch Arbeit der Frau nach Ehescheidung 1578.
— bei Vergütung aus Dienst-, Werk-, Mäklervertrag 612, 632 Abs. 2, 653 Abs. 2.
Uferschutz, Pflanzen zum U. **A.** Art. 74, 78.
— Bayer. Gesetz vom 28. Mai 1852 s. **A.** Art. 149.
Ulm, allgemeine Gütergemeinschaft — Übergangsbestimmungen s. **Ue.** Art. 67, 94, 97—104.
Umbildung der empfangenen Sache durch Verarbeitung u. s. f. — Ausschluß des Rücktritts vom Vertrag 352, 467, 487.
— eines oder mehrerer Stoffe in eine neue bewegliche Sache — Eigenthumserwerb 950, 951, 2172.
Umfang der beschränkt persönlichen Dienstbarkeit s. das. 1091.
— Bestimmung der Gegenleistung 316, 2156, 2192.
— des Wirkungskreises des Beistandes u. s. f. s. das.
Umgestaltung s. Umbildung.
— durch Nießbraucher oder Wohnungsberechtigten unzulässig 1037, 1093.
Umkommen Mehrerer in gemeinsamer Gefahr 20.
Umlauf von Schuldverschreibungen auf den Inhaber s. das. 798.
Umrechnung bei ausländischer Währung 244.
Umschreibung von Inhaberpapieren statt Hinterlegung: a) bei der Nacherbfolge 2117, 2136—2138, — b) auf Namen der Frau 1393, 1525, 1550, — c) — — des Kindes 1667 Abs. 2, 1686, 1815, 1820, — d) — — des Mündels 1815, 1820.
Umschreibung von Schuldverschreibungen auf den Inhaber (s. auch das.) auf Namen eines Berechtigten, Recht des Ausstellers 806, **E.** Art. 101, 174, **A.** Art. 49—57, Bek. v. 27. Nov. 1899 (J.M.Bl. 1899 S. 455).
Umsetzung in Geld des Gesammtguts 1475 Abs. 3, — des Gesellschaftsvermögens 733 Abs. 3, — des Nachlasses 2046 Abs. 3, 2204.
Umständen nach, Abschluß von Rechtsgeschäften seitens Ehefrau innerhalb häuslichem Wirkungskreis 1357.
— — Abweichung von Weisungen des Auftraggebers 665.
— — Änderung der Aufbewahrungsart 692.
— — Annahme, daß Leute des Gastwirths zur Entgegennahme von Sachen bestellt, 701 Abs. 2, — —, daß Nachlaß für alle Nachlaßverbindlichkeiten ausreicht, 1979.
— — Gehören zu Einkünften der Errungenschaft 1521.
— — Erforderlichhalten von Aufwendungen: a) bei Aufbewahrung 693, — b) beim Auftrag 670, — c) beim Fund 970, — d) für Kosten bei persönlichen Angelegenheiten der Ehefrau 1464 Abs. 2, 1475 Abs. 2, — e) für Nachlaßgegenstände seitens des Vorerben 2124—2126, — f) des Vaters für Kind 1648, — g) beim Verlöbniß 1298 Abs. 2, 1302, — h) für Vertheidigungskosten u. s. f. der Ehefrau 1387 Nr. 2, 1388, 1416 Abs. 2, 1417, — i) für Verwaltung des eingebrachten Guts 1390, 1525 Abs. 2, 1550 Abs. 2.
— — bei Sicherheitsleistung für Geldrente bei unerlaubter Handlung 843 Abs. 2, — — bei Unterhalt des geschiedenen Ehegatten 1580.
— — Unmöglichkeit, daß Frau Kind vom Ehemann empfangen, 1591, 1717, 1720.
— — Vergütung bei Aufbewahrung 689, — beim Dienstvertrag 612, — beim Mäklervertrag 653, — beim Werkvertrag 632.

Umtausch s. Tausch.
Umwandlung von Dienstbarkeiten und Reallasten nach Landesgesetz **E.** Art. 113.
— der Eigenthümerhypothek 1177.
— der Hypothek in Grundschuld und umgekehrt 1198, 877, 873, 874, 876.
— der Hypothekvormerkung in Eintragung **A.G.O.** Art. 22, 53, 57.
— von Inhaberpapieren in Reichs- oder Staatsschuldbuchforderungen statt Hinterlegung: a) durch Ehemann 1393, 1525, 1550, — b) durch elterlichen Gewalthaber 1667, 1815, 1820, 1686, — c) durch Vorerben 2117, — d) durch Vormund 1815, 1820.
— der Rentenschuld in Grundschuld und umgekehrt 1203.
— einer Schuld von vertretbaren Sachen in Darlehnsschuld 607 Abs. 2.
— der Sicherungshypothek in gewöhnliche und umgekehrt 1186, 877, 873, 874, 876.
— verzinslicher Staatsschulden nach Landesgesetz **E.** Art. 98.
— des Stiftungszwecks 87.
Umwenderecht, Vorbehalt landesgesetzlicher Regelung **E.** Art. 124, s. Eigenthumsbeschränkungen Nr. 4.
Unausführbarkeit s. auch Unmöglichkeit, Unvermögen.
— des Werks beim Werkvertrag 645.
Unbeerbte Ehe bei Gütergemeinschaft 1482.
— — Recht des überlebenden Ehegatten auf die Haushaltungsgegenstände und Hochzeitsgeschenke 1932.
Unbekanntschaft des Aufenthalts s. das.
— Aufgebotsverfahren (s. das.) bei U., s. auch C.P.O. 982—988: a) des Berechtigten bei Zwangsversteigerung **Z.V.** 135—142, 157 Abs. 2, — b) der nicht eingetragenen Dienstbarkeit **Ue.** Art. 15—18, — c) des Hypothekgläubigers 1170, 1171, **Z.V.** 126, 142, 156 Abs. 2, — d) des Reallastberechtigten 1112, — e) des Schiffspfandgläubigers 1269, — f) des durch Vormerkung gesicherten Gläubigers 887, 1170, **Ue.** Art. 57, — g) des Vorkaufsberechtigten 1104.
Unbekanntschaft des bei Angelegenheit Betheiligten, Pflegschaft 1913, 1919.
— des Erben, Sicherung des Nachlasses 1960—1962, 1964, Bek. v. 31. Dez. 1899 §§ 36, 37 (J.M.Bl. 1900 S. 16).
— des Familienstandes eines Minderjährigen — Vormundschaft 1773 Abs. 2.
Unberechtigter s. Nichtberechtigter.
Unberücksichtigtbleiben des Erbrechts 1965 Abs. 2.
Unbescholtenheit der Verlobten, die Beiwohnung gestattet, — Entschädigung beim Rücktritt 1300, 1302.
Unbeschränkte Haftung des Erben s. das. und Beschränkte Haftung.
— — des Erbschaftskäufers, wenn Verkäufer zur Zeit des Verkaufs unbeschränkt haftet, 2383.
Unbestimmtheit der Erbtheile bei Auseinandersetzung zwischen mehreren Miterben 2043, 2204.
— des Betrags der Ansprüche bei Zwangsversteigerung **Z.V.** 14.
Unbewegliche Sachen s. Grundstück.
Unbewegliches Vermögen bei Fahrnißgemeinschaft: eingebrachtes Gut 1551.
Unbilligkeit der Vertheilung bei Auslobung 660.
Unbrauchbarmachen des Hypothekenbriefs u. s. f. s. das. **G.O.** 69, 70, **Z.V.** 127, 158 Abs. 3.
Undankbarkeit grobe gegen Schenker, Widerruf der Schenkung 530.
Uneheliche Kinder s. Kinder uneheliche.
Uneheliche Mutter s. Kinder uneheliche und Mutter.
Unehelicher Vater s. Ehelichkeitserklärung, Legitimation, Kinder uneheliche.
— —, der Mutter innerhalb Empfängnißzeit (181.—302. Tag einschließlich vor Tag der Geburt) beigewohnt. Ausnahmen:
1. wenn es den Umständen nach offenbar unmöglich, daß Kind aus dieser Beiwohnung.
2. wenn Anderer innerh. dieser Zeit Mutter beigewohnt, (Berufung hierauf ausgeschlossen, wenn Vaterschaft nach der Geburt in öffentlicher Urkunde anerkannt) 1717, 1718.
— — Verpflichtungen gegenüber Mutter (Entbindungskosten, Unterhalt für 6

Wochen u. s. f., einstweilige Verfügung) 1715, 1716.

Uneheliche Verwandtschaft s. Kinder uneheliche.
— — als Ehehinderniß 1310.

Unehelichkeit s. Kinder uneheliche und die vorhergehenden Worte.
— Geltendmachung 1593, 1596 Abs. 3.

Unentbehrlichkeit der Gegenstände bei Getrenntleben der Ehegatten 1361.

Unentgeltlichkeit s. auch Schenkung, Verzicht.
— der Besitzerlangung, Herausgabe der Nutzungen 988.
— der Besorgung beim Auftrag 662.
— der Führung des Amts als Gemeindewaisenrath **A.** Art. 97, — als Familienrath 1877, — als Testamentsvollstrecker 2221, — der Vormundschaft (angemessene Vergütung!) 1836.
— des Gebrauchs beim Leihvertrag 598.
— der Grundabtretung s. Bayer. Gesetz vom 5. Juni 1898 Art. 2 Abs. 2, 3 Abs. 3, 4 Abs. 2, 5 Abs. 3, 6.
— der Übernahme der Aufbewahrung, Beschränkung der Haftung 690.
— der Verfügung über Erbschaftsgegenstände beim Erbschaftskauf 2375, 2385 Abs. 2, — durch den Vorerben 2113 Abs. 2, 2138 Abs. 2, — über den Nachlaß durch den Testamentsvollstrecker 2205, 2207, — eines Nichtberechtigten, Herausgabe 816.
— der Zuwendung unter Lebenden, durch die jemand aus seinem Vermögen einen Andern bereichert, ist Schenkung s. das. 516—534.
1. mit Auflage der Leistung an Dritten, so erwirbt dieser im Zweifel unmittelbares Forderungsrecht auf Leistung 330.
2. mit der Bestimmung, daß das Zugewendete sei: a) eingebrachtes Gut 1553 Abs. 2, — b) der Verwaltung oder Nutznießung des elterlichen Gewalthabers oder Vormundes entzogen 1638, 1639, 1651 Abs. 2, 1686, 1794, 1909, 1916—1919, — c) Vorbehaltsgut 1369, 1440, 1486, 1526, 1549.
3. des ohne rechtlichen Grund Erlangten an Dritten, Herausgabepflicht des Letzteren 822.
4. an Kind unter elterlicher Gewalt oder Mündel — nach Anordnungen des Zuwendenden zu verwalten (Ausn.!) 1639, 1686, 1803, 1917.

Unentschuldbarer Irrthum s. Irrthum, Kennen.

Unerfahrenheit s. Wucher (Nichtigkeit!) 138 Abs. 2.

Unerheblichkeit der Werthsminderung bei Abtretung eines Grundstücks s. Bayer. Gesetz vom 15. Juni 1898 Art. 2.
— der Werthsminderung beim Kauf und beim Werkvertrag 459, 634 Abs. 3.

Unerlaubte Handlung (Delikt) s. auch Nothwehr, Schadensersatz, Strafverfahren sowie die Vorschriften sonstiger Reichsgesetze (Strafgesetzbuch u. s. f.).
— — keine Aufrechnung gegen Forderungen aus vorsätzlicher u. H. 393.
— — von Deutschen im Ausland begangen, (nicht weiter als nach deutschen Gesetzen) **E.** Art. 12.
— — Bestimmung einer Frauensperson zum außerehelichen Beischlaf durch Drohung u. s. f. 825, 847 Abs. 2.
— — Beamtenhaftung s. Beamter, bei vorsätzlicher oder fahrlässiger Verletzung der Amtspflicht, (bei Fahrlässigkeit nur, falls kein anderer Ersatz!) 839, 841, 89, 31, 1674, 1848, **E.** Art. 77, 79, **A.** Art. 60, 61, 88, **G.O.** 12.
— — Besitzverschaffung durch verbotene Eigenmacht oder strafbare Handlung 992, 1007, 2025.
— — Haftung Dritter:
1. der kraft Gesetzes oder Vertrags zur Aufsicht über Minderjährige oder sonst Bedürftige verpflichtet ist, (Ausn.: a) bei genügender Aufsicht, — b) wenn Schaden trotzdem entstanden) 832, 840 Abs. 2.
2. des Geschäftsherrn für widerrechtliche Schadenszufügung bei Ausführung der Verrichtung durch Dritten (Ausn.: a) bei Anwendung der im Verkehr erforderlichen Sorgfalt bei Auswahl, — b) bei Leitung, — c) falls Schaden auch bei Anwendung dieser Sorgfalt eingetreten) 831, 840 Abs. 2.

3. Grundstücksbesitzer bei Einsturz des Gebäudes, ev. der Unterhaltung übernahm, (früherer Besitzer ein Jahr nach Beendigung des Besitzes) (Ausn.: bei erforderlicher Sorgfalt) 836—838, 840 Abs. 3.
4. Jagdberechtigter für Schädigung der Grundstücke durch Schwarz-, Roth-, Elch-, Dam-, Rehwild, Fasanen 835, 840 Abs. 3.
5. der Thier hält oder vertragsmäßige Aufsicht über Thier hat, (Ausn. wie bei 1) 833, 834, 840 Abs. 3.

Unerlaubte Handlung, Haftung des Ehegatten während Güter- oder Fahrnißgemeinschaft (Haftung des Ehegatten, in dessen Person u. H. entstanden, — auch für Kosten) 1463 Nr. 1 u. 3, 1475 Abs. 2, 1549, — sonst u. H. der Ehefrau während Ehe: Haftung des Vorbehaltsguts 1415, 1525 Abs. 2, 1550 Abs. 2, — bei Errungenschaftsgemeinschaft: Haftung des Mannes für u. H. desselben während der Errungenschaft (auch für Kosten) 1536 Nr. 3 u. 4, 1537, — (Anwendung auf Verhältniß von Vater und Kind 1660).
— — Haftung Mehrerer
1. als Gesammtschuldner bei gemeinschaftlich begangener u. H. (ebenso Anstifter, Gehülfe) 830, 840.
2. beim Wildschaden 835 Abs. 3.
— — Kreditgefährdung durch Behauptung unwahrer Thatsachen (berechtigtes Interesse) 824.
— — Schadensersatz s. das.
— — Schadenszufügung vorsätzliche entgegen den guten Sitten 826.
— — schuldhafter Verstoß gegen ein den Schutz des Andern bezweckendes Gesetz 823 Abs. 2, 842.
— — keine Verantwortlichkeit:
1. bei Bewußtlosigkeit oder freie Willensbestimmung ausschließender Geistesstörung (Ausn.: falls dieser Zustand schuldhaft selbst herbeigeführt!), Eventualhaftung aus Billigkeit 827, 829, **A.** Art. 61.
2. Minderjährige unter 7 Jahren, Eventualhaftung wie bei 1 828, 829, 832.
3. Minderjährige zwischen 7 u. 18 Jahren und Taubstumme, falls sie nicht erforderliche Einsicht haben, Eventualhaftung wie bei 1 828, 829, 832.

Unerlaubte Handlung, Verjährung: Anspruch auf Schadensersatz: 3 Jahre von Kenntniß des Schadens und Person des Ersatzpflichtigen, jedenfalls aber in 30 Jahren nach u. H., — jedoch Herausgabe des durch u. H. Erlangten auch nach Verjährung 852, 853, **A.** Art. 60 Abs. 4.
— — widerrechtliche Verletzung des Lebens, Körpers, der Gesundheit, Freiheit, des Eigenthums und sonstiger Rechte eines Dritten 823 Abs. 1, 842—847.
— kein Zurückbehaltungsrecht bei Erlangung eines Gegenstandes durch u. H. 273, 852 Abs. 2, 1000, 1007, 2022.

Unfähigkeit des Dienstboten, Kündigung **A.** Art. 24 Nr. 10, 25 Nr. 2, 26, 30.
— zur Eidesleistung s. Eid.
— zur Mitwirkung bei Errichtung notarieller Urkunden s. Notarielle Urkunde **F.G.** 170—173, — als Zeuge 2237 Nr. 3, 2244, 2249, 2250 Abs. 2, 2276, 2290 Abs. 4.
— zur ordnungsmäßigen Geschäftsführung:
1. des geschäftsführenden Gesellschafters, Entziehung der Geschäftsführung oder Vertretungsmacht 712, 715.
2. des Testamentsvollstreckers, Entlassung 2227.
3. des Vereinsvorstandes, Widerruf 27.
— zur Testamentserrichtung s. Testament 2229, 2230, 2238 Abs. 2, 2247, — Bewirkung s. Erbunwürdigkeit 2339 Nr. 1, 2345.
— zur Vormundschaft u. s. f. s. das.

Unfallversicherung s. auch Versicherung.
— Anrechnung beim Dienstvertrag 616.
— Einwirkung auf Verpflegung u. s. f. seitens des Dienstberechtigten 617.
— Verpflichtung des Nießbrauchers zur U. 1045, 1046.

Ungerechtfertigte Bereicherung.
1. Verpflichtung zur Herausgabe 812, — (auch der Nutzungen, ev. Werthersatz, nur bis zur Bereicherung, Beweislast des Empfängers 818 Abs. 1

—3), — (Folgen der Rechtshängigkeit 818 Abs. 4).
2. seitens desjenigen, der durch Leistung eines Andern oder sonst (auch durch vertragsmäßige Anerkennung des Bestehens u. s. f. der Schuld) auf dessen Kosten etwas erlangt hat, 812, — (ev. auch seitens des Dritten, der das Erlangte vom Empfänger unentgeltlich erhielt, 822).
3. a) falls Erlangung ohne rechtlichen Grund, bei Kenntniß des Empfängers 812, 819 (condictio sine causa), — (Verweigerung der Erfüllung, falls ohne rechtlichen Grund Verbindlichkeit eingegangen, auch wenn Anspruch auf Befreiung verjährt, 821).
b) falls rechtlicher Grund später wegfällt, (Kenntniß des Empfängers) 812, 819.
c) bei Nichteintritt des mit Leistung bezweckten Erfolgs (condictio causa data, causa non secuta) 812, 820, — Ausn.: α) bei Unmöglichkeit von Anfang an und Kenntniß des Leistenden, — β) falls Leistender Eintritt wider Treu und Glauben verhindert, 815, —
d) bei Leistung behufs Erfüllung einer Verbindlichkeit (condictio indebiti): α) falls Verbindlichkeit nicht besteht, 812, — (Ausn.: bei Heirathsvermittelungsgebühr, Spiel-, Wettschuld, Schuld aus staatlich nicht genehmigtem Lotterievertrag oder aus Differenzgeschäft 656, 762—764,) — β) falls dem Anspruch Einrede entgegensteht, wodurch Geltendmachung dauernd ausgeschlossen, 813, 814, — (Ausn.: Einrede der Verjährung 222 Abs. 2), — Ausn. zu α und β: αα) bei Kenntniß des Leistenden, daß er zur Leistung nicht verpflichtet, — ββ) wenn Leistung sittlicher Pflicht oder Anstandsrücksichten entspricht, 814.
e) falls Zweck der Leistung so, daß Empfänger gegen gesetzliches Verbot oder gute Sitten verstößt, (condictio ob turpem causam), — (Ausn.: falls Leistender gleichfalls solchen Verstoß, 817, 819 Abs. 2).
f) falls Nichtberechtigter über Gegenstand, dem Berechtigten gegenüber wirksam, verfügt, 816.
4. keine Rückforderung (s. auch unter 3), wenn betagte Verbindlichkeit vorzeitig erfüllt wird, 813 Abs. 2.
(5. entsprechende Anwendung dieser Vorschriften: 323 Abs. 3, 327, 516 Abs. 2, 527, 528, 529, 531 Abs. 2, 543 Abs. 2, 581 Abs. 2, 628, 682, 684, 687 Abs. 2, 852 Abs. 2, 951, 977, 988, 1007, 1301, 1399 Abs. 2, 1401, 1455, 1519, 1549, 1973, 1989, 2021, 2022, 2196, 2287, 2288 Abs. 2, 2329, 2330, C.P.O. 541 Abs. 2).
6. bei öffentlichen Abgaben und Lasten **A.** Art. 125 Abs. 3, 126 Abs. 2, 127.

Ungewißheit über Annahme der Erbschaft seitens des Erben (Sicherung des Nachlasses) 1960 Abs. 2, 1961.
— über Bestehen der Schuld und über Erfolg (Herausgabe wegen ungerechtfertigter Bereicherung) 814, 820.
— über Nachlaßrechte bei Pflichttheilsberechnung 2313 Abs. 2.
— über Person des Bedachten (Theilung) 2073, — — des Betheiligten (Pflegschaft s. das.) 1913, — — des Gläubigers (Hinterlegung, Versteigerung) 372, 383.
— über Rechtsverhältniß (Vergleich s. das.) 779.

Ungültigkeit s. Anfechtbarkeit, Nichtigkeit, Unwirksamkeit.
— einer vor 1. Januar 1900 geschlossenen Ehe **E.** Art. 198, 207.

Unitas actus s. Testament, nicht erwähnt.

Universalfideikommiß s. Nacherbe.

Universalsuccession durch Erbschaft 1922, — (nicht durch Erbschaftskauf 2374).

Universitas facti s. Sachinbegriff.
— iuris nicht erwähnt.

Unkenntlichwerden von Grenzzeichen 919, 924.

Unkenntniß s. Kennen und Kennenmüssen, Unbekanntschaft, Ungewißheit.

Unklagbarkeit s. Klagbarkeit.

Unkündbarkeit der Gemeinschaft 749.
— der Gesellschaft, Vereinbarung nichtig 723 Abs. 2.
— der Hypotheken oder Grundschulden, Ausschluß oder Beschränkung nach Landesgesetz **E.** Art. 117.

Unkündbarkeit der Miterbengemeinschaft 2044.
— einer Rentenschuld 1202 Abs. 2.
Unmittelbarer Rechtserwerb s. Rechtserwerb.
Unmöglichkeit der Ausführung eines Werks 645.
— der Beseitigung eines Mangels beim Werkvertrag 634 Abs. 2.
— des Erfolgs von Anfang an (Ausschluß der Rückforderung wegen ungerechtfertigter Bereicherung bei Kenntniß) 815.
— der Erfüllung des Stiftungszwecks (Umwandlung — Aufhebung) 87.
— der Erfüllung einer wesentlichen Verpflichtung nach dem Gesellschaftsvertrag (Kündigung!) 723.
— der Erreichung des Gesellschaftszwecks (Ende) 726.
— der Errichtung des Testaments vor Notar 2249—2252.
— der Herausgabe eines Gegenstandes:
1. Ausschluß des Rücktritts 351, 353, 487.
2. Schadensersatz bei Erbschaftskauf 2375 Abs. 2, 2385 Abs. 2.
3. — ohne Verschulden bei unerlaubter Handlung 848.
4. Schadensersatz wegen Verschuldens: a) vom Empfang der Leistung: Rücktrittsberechtigter 347, — Wiederverkäufer 498 Abs. 2, 501, — b) von Erlangung der Kenntniß des bösen Glaubens: Besitzer 990, 2024, — c) von Rechtshängigkeit an: Schuldner, Besitzer, Erbschaftsbesitzer 292, 347, 989, 2023.
5. bei ungerechtfertigter Bereicherung: Werthersatz 818 Abs. 2.
— der Herstellung, bei Schadensersatzpflicht Geldschuld 251.
— daß Frau Kind vom Mann empfangen, 1591, 1717, 1720.
— der Leistung: a) bei alternativer Leistung 265, — b) bei Draufgabe s. das. 338, — c) bei gegenseitigem Vertrag 323—325, 327, 616, 645, — d) bei Gesammtschuld 425, 429, — e) in Folge eines vom Schuldner nicht zu vertretenden Umstandes 275, 279, 283, — f) einer vermachten Sache oder bei Auflage 2171, 2172, 2192, — g) bei Verschulden des Schuldners (Schadensersatz, Beweislast!) 280—282, — h) Vertrag auf unmögliche Leistung nichtig (Schadensersatz!) 306—308, — i) während Verzugs des Gläubigers 300, 324 Abs. 2, — k) — — des Schuldners 287.
Unmöglichkeit der Vollziehung einer Auflage 2196.
Unmündigkeit s. Minderjähriger.
Unpfändbarkeit s. auch Unverpfändbarkeit, Bayer. Gesetz vom 18. Dez. 1887, die der Pfändung nicht unterworfenen Sachen und Forderungen betr., aufgehoben **A.** Art. 175 Nr. 31.
1. Recht zur Rücknahme einer für den Gläubiger hinterlegten Sache 377.
2. s. C.P.O. 715, 811, 812, 850—852, 857, 859, 861—863, 865 Abs. 2, K.O. 1 Abs. 4.
— weitere Wirkungen der U.:
1. Ausschluß der Abtretung von unpfändbaren Forderungen 400.
2. — der Aufrechnung gegen — — (Ausnahmen!) 394, **E.** Art. 81.
3. — des Pfandrechts des Vermiethers, Verpfänders, Gastwirths 559, 581 Abs. 2, 704, — (Ausn.: beim Verpächter landwirthschaftlicher Grundstücke 585).
Unredlicher Besitz s. Kennen und Kennenmüssen.
Unredlicher Erwerb s. Kennen u. Kennenmüssen 932 Abs. 2.
Unredlichkeit der Geschäftsführung bei der Gesellschaft 716 Abs. 2.
Unrichtigkeit des Erbscheins (Einziehen oder Kraftloserklärung durch das Nachlaßgericht, Auskunftsertheilung, Herausgabe) 2361, 2362, 2363 Abs. 2, 2364 Abs. 2, 2370 Abs. 2, Bek. v. 31. Dez. 1899 §§ 46—51 (J.M.Bl. 1900 S. 19).
— des Grundbuchs (Berichtigung, Widerspruch s. das.).
1. Vermuthung für Richtigkeit 891.
2. Folgen der Kenntniß: Ausschluß der Berufung auf öffentlichen Glauben 892, 893, 1138, 1140, 1155, 1157, **E.** Art. 118.
— des Schiffsregisters 1263.
— der Todeserklärung s. das.

Unrichtigkeit d. übermittelten Willenserklärung (Anfechtung) 120, 122.

Unschädlichkeit, Unschädlichkeitszeugniß, Feststellung durch zuständige Behörde, falls nach Landesgesetz der Theil eines Grundstücks veräußert und dabei von Belastungen befreit wird, **E.** Art. 120.
— Bayer. Gesetz vom 15. Juni 1898 (G. u. V.Bl. 1898 S. 301).
(Eintheilung des Folgenden: Antrag IV.; Aufforderung VI.; Begriff II.; Beschwerde VII.; Familienfideikommisse u. s. f. VIII.; Folge V.; Übergangsbestimmungen I.; Voraussetzungen III.)
I. Übergangsbestimmungen: a) auch für Verfügungen vor 1. Januar 1900 Art. 16, — b) gerichtliche Zuständigkeit Art. 19.
II. Begriff:
1. U. ist Feststellung (Beschluß) des zuständigen Amtsgerichts, daß die Veräußerung eines Theils eines mit Hypothek, Grund-, Rentenschuld, Reallast, Vorkaufsrecht, Recht des jeweiligen Eigenthümers belasteten Grundstücks für Berechtigten unschädlich ist, Art. 1, — (keine Anwendung auf bestimmte Bodenzinse Art. 20).
2. U. für Freiwerden der Entschädigungssumme für ein abgebranntes Gebäude, das auf einem andern Grundstück errichtet werden soll, von Hypothek, Grundschuld u. s. f. ohne Einwilligung der Gläubiger, Feststellung des Amtsgerichts Art. 17.
3. — — für im öffentlichen Interesse erfolgende Entziehung, Beschädigung, Benützung eines Grundstücks u. s. f. Art. 18.
III. Voraussetzungen:
1. verhältnißmäßig geringe Minderung des Werths und Umfangs.
2. Ausgleichen der Werthsminderung in Geld oder anderem Grundstück (Ausn.) Art. 2, — (Hinterlegung, Angabe im Beschluß, Aufforderung zur Erklärung über Vertheilung) Art. 3, 5 Abs. 2, 6, 9, 11—13.
IV. Antrag seitens Eigenthümers des Grundstücks Art. 4.
V. Folge: Freiwerden des Trennstücks ohne Einwilligung des Berechtigten von der Belastung (Vorlegung der Urkunde nicht erforderlich) Art. 1, 10, 13, 15.
VI. Aufforderung an Berechtigte (Frist!) Art. 7 Abs. 3, 11.
VII. keine Beschwerde Art. 8.
VIII. bei Familienfideikommissen, Lehen u. s. f. s. das. und Art. 14.

Unsichere Rechte bei Pflichttheilsberechnung 2313.

Unsittliches Verhalten s. Sittlichkeit, Sittliches Verschulden.

Unsittlicher Vertrag s. Gute Sitten 138.

Untauglichkeit s. Unfähigkeit.

Unterbleiben s. Unterlassen.

Unterbrechung der Ersitzung s. das. 940, 941, 942.
— der Gültigkeitsfrist bei Testament auf See durch neue Seereise 2252 Abs. 3.
— der Verjährung s. das. 208—217, 477 Abs. 2 u. 3, **E.** Art. 169.

Unterbringung des Kindes in Erziehungsanstalt u. s. f. 1666, 1838, — nach Landesgesetz **E.** Art. 135 Abs. 2.

Untergang s. auch Gefahr, Unmöglichkeit.
— des Bauwerks beim Erbbaurecht 1016.
— eines verschollenen Fahrzeugs, Vermuthung 16.
— der verkauften Sache nach Übergabe 440 Abs. 2, 441, 445, 515, 651.
— der vermachten Sache 2169 Abs. 3, 2172 Abs. 2.
— eines bestellten Werks: Vergütung 645.

Unterhalt s. auch Unterhaltspflicht.
— umfaßt gesammten Lebensbedarf, auch die Erziehungskosten und Kosten der Vorbildung zum Beruf 1610 Abs. 2.
— keine Aufrechnung, keine Übertragung 394, 400, 1615, — keine Pfändung C.P.O. 850 Nr. 2, 851.
— bei Gewährung zwischen Eltern und Kindern im Zweifel keine Absicht auf Ersatz 685 Abs. 2.
— standesmäßiger (im Gegensatz zu nothdürftigem U.): Maß des U. nach Lebensstellung des Bedürftigen 1610, s. Gefährdung.
— Verjährung der rückständigen Unterhaltsbeiträge: 4 Jahre, — Unterhaltsanspruch verjährt nicht 197, 201, 218.

Unterhaltspflicht s. auch Unterhalt.
— Einfluß des ehelichen Güterstandes auf U. der Ehefrau 1604, 1581 Abs. 2, — der elterlichen Nutznießung auf U. des Kindes 1605, 1360 Abs. 3.

Unterhaltspflicht, Erlöschen des Unterhaltsanspruchs (s. auch unterhaltsberechtigt unten):
1. mit im Stand sein, sich selbst zu unterhalten, 1602.
2. mit Tod des Berechtigten (Beerdigungskosten — Ausn.!) 1615, 1713.
3. — — des Verpflichteten (Ausn.!) 1615, 1582, — (insbes. nicht bei Tod des außerehelichen Vaters, jedoch Abfindung 1712).
4. mit vollendetem 16. Lebensjahr des unehelichen Kindes (Ausn.!) 1708.
5. falls Wegfall mit Rücksicht auf Bedürfnisse u. s. f. der Ehegatten der Billigkeit entspricht, 1361, C.P.O. 627, 850 Nr. 2 u. Abs. 4, 861.
6. mit Wiederaufhebung des durch Annahme an Kindesstatt begründeten Rechtsverhältnisses 1768.
7. mit Wiederverheirathung des berechtigten geschiedenen Ehegatten 1581.

— Gefährdung der gesetzlichen U. bei Gütertrennung 1428, — bei Schenkung 519, 528, 529, — bei Schadensersatzpflicht des wegen Unzurechnungsfähigkeit für Schaden nicht Verantwortlichen 829.
— gesetzliche der Frau, zu tragen bei Errungenschaftsgemeinschaft vom Gesammtgut 1534, — beim gesetzlichen Güterrecht vom Mann 1386, 1388.
— Geschäftsführung ohne Auftrag zum Zwecke der Erfüllung der U. 679.
— eines Getödteten, Schadensersatz durch Geldrente 844, 843 Abs. 2—4, 846.
— unterhaltsberechtigt nur, wer außer Stande, sich selbst zu unterhalten, 1602 Abs. 1.

Ausnahmen:
1. U. des Ehemannes 1360 Abs. 1, 1361 Abs. 2, 1351, 1578 Abs. 1, 1583.
2. U. des Erben 1969.
3. minderjähriges unverheirathetes Kind, soweit Einkünfte seines Vermögens und Ertrag seiner Arbeit zum Unterhalt nicht ausreicht, 1602 Abs. 2.
4. U. des unehelichen Vaters 1708.

Reihenfolge, falls Pflichtiger nicht im Stande, Alle zu unterhalten:
1. Abkömmlinge (unter sich: zuerst der im Falle gesetzl. Erbfolge als Erbe Berufene).
2. Ehegatte (gleich dem minderjährigen, unverheiratheten Kind, geht andern vor!).
3. Verwandte aufsteigender Linie (nähere vor entfernteren!) 1609.

Unterhaltspflicht, Unterhaltspflichtige (nach folgender Reihenfolge) (nur, wenn dadurch nicht standesmäßiger Unterhalt gefährdet, 1603, 1607):
1. Ehegatten untereinander 1360, 1608, — (gegenseitige bei Ehe, die am 1. Januar 1900 besteht, E. Art. 199) (jedoch nach den Verwandten, soweit sonst Gefährdung des standesmäßigen Unterhalts!).

Umfang und Art:
seitens Ehemannes: nach seiner Lebensstellung, Vermögen, Erwerbsfähigkeit, in durch eheliche Lebensgemeinschaft gebotener Weise 1360 Abs. 1 u. 3, — (Ausn.: bei sittlichem Verschulden: nothdürftiger Unterhalt! 1611).
seitens Ehefrau (wenn Mann außer Stande, sich selbst zu unterhalten): nach ihrem Vermögen und Erwerbsfähigkeit (Ausn.: nothdürftiger Unterhalt!) 1360 Abs. 2 u. 3, 1611.
bei Getrenntleben: Geldrente (nur wenn Trennung berechtigt!) (Wegfall, Beschränkung nach Billigkeit) 1361, 1353.
bei Scheidung oder Anfechtung der Ehe: allein für schuldig erklärter Theil (Gefährdung des eigenen standesmäßigen Unterhalts, U. gegenüber Minderjährigem oder neuem Ehegatten, Geldrente, ev. Kapital) (Erlöschen!) 1608 Abs. 2, 1578—1580, 1581, 1582, 1345, 1346, 1351, — (während des Prozesses s. C.P.O. 627), — (bei Scheidung wegen Geisteskrankheit 1583), — (Beitrag der geschiedenen Frau zum Unterhalt des gemeinsamen Kindes 1585, 1352), — bei Konkurs des Schuldners s. K.O. 3 Abs. 2.

2. Abkömmlinge: nach gesetzlicher Erbfolgeordnung und Verhältniß der Erbtheile 1601, 1606 Abs. 1, — (standesmäßig, ev. nothdürftig, Geldrente!) 1610, 1611, 1612 Abs. 1, K.O. 3 Abs. 2.

3. unehelicher Vater s. Kind uneheliches E. Art. 21, 208, — (vor Mutter und mütterlichen Verwandten, Geldrente, Vorauszahlung! 1709, 1710, 1711), — (gesammter Lebensbedarf u. s. f. bis vollendetem 16. Lebensjahr, ev. länger 1708), — (bei nichtiger Ehe 1699—1703), — U. gegenüber Mutter 1715, 1716, E. Art. 21, K.O. 3 Abs. 2, — (Vereinbarung durch Amtsgericht oder Notar A. Art. 167 I).
4. Vater des für ehelich erklärten Kindes (vor Mutter und mütterlichen Verwandten) 1739, 1738.
5. der an Kindesstatt Annehmende (vor leiblichen Verwandten des Kindes) 1766, 1765 Abs. 2.
6. Verwandte aufsteigender Linie (nähere vor entfernteren, gleichnahe zu gleichen Theilen, Vater vor Mutter, Ausn.! Nachrücken des nächsten Verwandten, standesmäßig, ev. nothdürftig) 1601, 1606 Abs. 2, 1607, 1608, 1610, 1611, K.O. 3 Abs. 2, — (Geldrente 1612 Abs. 1), — (bei Unterhalt an unverheirathetes Kind 1612 Abs. 2).
7. Nachlaß bezw. Erbtheil des zu erwartenden Kindes: standesmäßiger Unterhalt der Mutter 1963, 2141.
8. Erbe: U. gegenüber Familienangehörigen des Erblassers während 30 Tagen nach Erbfall 1969 (abweichende Anordnung durch letztwillige Verfügung).
9. Staat oder unterhaltspflichtige Anstalten u. s. f.: Regreß gegen andere U.pflichtige nach Landesgesetz E. Art. 103, s. auch Bayer. Gesetz vom 29. April 1869, abgeändert A. Art. 160.

Unterhaltspflicht für Vergangenheit: Erfüllung oder Schadensersatz nur von Zeit des Verzugs des Verpflichteten oder Rechtshängigkeit des Unterhaltsanspruchs, — (Ausn. bei unehelichen Kindern 1613, 1711).
— für Zukunft: Verzicht unzulässig, Vorausleistung 1614, 1714, K.O. 3 Abs. 2.
— Verletzung der gesetzlichen U. und Besorgniß zukünftiger erheblicher Gefährdung des Unterhalts:
1. Entziehung der Verwaltung und Nutznießung des elterlichen Gewalthabers seitens des Vormundschaftsgerichts 1666 Abs. 2, 1686.
2. Klage auf Aufhebung a) der Errungenschaftsgemeinschaft 1542, 1545, 1568 Nr. 3, — b) der Fahrnißgemeinschaft 1549, — c) der fortgesetzten Gütergemeinschaft durch den Überlebenden 1495 Nr. 3, 1496, 1502 Abs. 2, 1518, — d) der Gütergemeinschaft 1468 Nr. 3, 1470, 1479, 1509, — e) der Verwaltung und Nutznießung des Mannes 1418 Nr. 2, 1422, 1426.

Unterhaltspflicht, Verletzung böswilliche: Grund zur Pflichttheilsentziehung 2333 Nr. 4, 2334, 2335.

Unterhaltung einer Anlage bei Grunddienstbarkeit 1020—1022, E. Art. 116.
— von Gebäuden, Haftung beim Einsturz 838.
— der Sache beim Nießbrauch 1041—1044, 1048, 1050.
— von Räumen u. s. f., die für Dienste bestimmt, 618.
— von Zwischenräumen, Gräben, Mauern u. s. f. zwischen zwei Grundstücken 922.

Unterhändler s. Mäklervertrag.

Unterlassen, Recht, von Anderem U. zu verlangen, ist Anspruch 194, — U. ist b. Schuldverhältniß Leistung 241.
— der Anzeigen (s. das.) bei Hinterlegung, Versteigerung 374 Abs. 2, 384 Abs. 2, 1220 Abs. 2.
— der öffentlichen Aufforderung zur Anmeldung der Erbrechte 1965.
— des Aufgebots bei lebensgefährlicher Erkrankung 1316 Abs. 2.
— als Bedingung bei letztwilligen Zuwendungen 2075, — der in letztwilligen Zuwendungen vorbehaltenen Ergänzung 2086.
— böswilliges U. von Erwerb durch anderweite Verwendung der Dienste u. s. f. 324, 615, 649, — schuldhaftes U. von Nutzungenziehen, Ersatz 990, 987 Abs. 2, 992, 379 Abs. 2.
— der Eheeingehung: Strafversprechen nichtig 1297 Abs. 2, — Ansprüche des Verlobten 1301, 1302.

Unterlassen der Einsetzung eines Familienraths 1858 Abs. 3, 1859 Abs. 2, 1868.
— eines Geschäfts bei Widerspruch eines Gesellschafters 711.
— Klage auf U.: a) bei Beeinträchtigung des Namens 12, — b) bei Einwirken auf Grundstück so, daß Hypothekſicherheit gefährdet, 1134, — c) bei Störung im Besitz 862, — d) — — im Eigenthum 1004, — e) — — der Grunddienstbarkeit, der beschränkt persönlichen Dienstbarkeit, des Nießbrauchs, Pfandrechts 1027, 1090, 1065, 1227, — f) bei unbefugtem Gebrauch durch Nießbraucher 1053, — g) bei vertragswidrigem Gebrauch der gemietheten Sache 550.
— Verjährungsbeginn des Anspruchs auf U. mit Zuwiderhandlung 198.
— eines Vermögenserwerbs zum Vortheil eines Andern ist keine Schenkung 517.
— Verwirkung der Vertragsstrafe (Zuwiderhandeln, Beweislast) 339, 343, 345, — Rücktritt vom Vertrag (Beweislast) 358.
Untermiethe s. auch Miethe.
— nur mit Erlaubniß des Vermiethers, sonst Kündigung, bei Verweigerung ohne wichtigen Grund Kündigungsrecht (nicht bei Pacht!), Miether haftet für Verschulden des Untermiethers 549, 553.
— Vermiether kann Sache nach Ende der Miethe direkt vom Untermiether zurückverlangen 556 Abs. 3.
Unternehmer s. Werkvertrag.
— eines Eisenbahnbetriebs u. s. f., Haftung nach Landesgesetz (Verjährung!) E. Art. 105, A. Art. 58.
Unterpacht s. Untermiethe 581 Abs. 2.
Unterpfand s. Pfandrecht.
Unterrichtsanstalten s. auch Lehrer.
— Anspruchsverjährung (2 Jahre) 196 Nr. 11, 201, 218.
Untersagung der Führung des Familiennamens durch die geschiedene Ehefrau 1577 Abs. 3, K. Verordn. v. 24. Dez. 1899 §§ 16, 19 (G. u. V.Bl. 1899 S. 1232).
Unterscheidungsmerkmale einer Schuldverschreibung auf Inhaber 798.
Unterschied s. Differenzgeschäft.
Unterschlagung, Grund zur Kündigung ohne Frist eines Dienstboten (nur 1 Woche nach Kenntniß!) A. Art. 24 Nr. 2 u. Abs. 2.
— Zeugnißertheilung A. Art. 29.
Unterschrift, Unterzeichnung s. auch Form.
— eigenhändige beim Testament s. das. 2231 Nr. 2, 2267.
— bei Eintragung in das Grundbuch G.O. 45.
— notarieller oder sonstiger Urkunden F.G. 174, 177, 178 Abs. 2, 179 Abs. 4, 183, 184, 191, N. Art. 25, 26 Abs. 2,
— des Protokolls über Errichtung des Testaments oder Erbvertrags 2242, 2244 Abs. 3, 2246, 2249, 2250 Abs. 2, 2251, 2276, 2290 Abs. 4, E. Art. 151.
— bei Schuldverschreibung auf den Inhaber, auch mechanisch 793 Abs. 2, E. Art. 100.
— des Verzeichnisses (s. das.) beim Nießbrauch an Inbegriff von Sachen 1035, — des Testamentsvollstreckers 2215 Abs. 2, 2220, — des Vorerben (ev. Form!) 2121.
— bei Vorschrift öffentlicher Beglaubigung 129, F.G. 167 Abs. 2, 183, 191, A. Art. 167 I, N. Art. 35, — — schriftlicher Form und bei Vertrag 126, 127.
Unterstützung s. auch Ausstattung, Schenkung.
— des Erblassers durch Fiskus u. s. f., dessen Erbrechte, Pflichttheilsanspruch nach Landesgesetz unberührt, E. Art. 139, — in Bayern für öffentliche Wohlthätigkeits- und Verpflegungsanstalten geregelt A. Art. 101, 102.
— der Mutter durch den Beistand (s. das.) 1689.
Untersuchung beim Kauf auf Probe 495 Abs. 2.
Untervermiethung, Unterverpachtung s. Untermiethe.
Unterzeichnung s. Unterschrift.
Untheilbare Leistung an mehrere Gläubiger, die nicht Gesammtgläubiger, nur

gemeinschaftliche Leistung, ev. Hinterlegung u. s. f. 432.
Untheilbare Leistung, mehrere Schuldner haften als Gesammtschuldner 431.
Unthunlichkeit der Androhung beim Pfandverkauf 1234.
— der Anhörung s. das.
— der Anzeige bei Hinterlegung, Versteigerung, Pfandverderb, Pfandverkauf, Einziehung der verpfändeten Forderung 374 Abs. 2, 384 Abs. 3, 1166, 1220 Abs. 3, 1218 Abs. 2, 1237, 1241, 1243, 1245 Abs. 2, 1285 Abs. 2.
Untrennbarkeit s. auch Trennung.
— bei Vermischung von Sachen 948.
Untreue s. Ehebruch.
Unübertragbarkeit, Folgen:
1. U. von Gegenständen: keine Zugehörigkeit zum Gesammtgut bei der allgemeinen Gütergemeinschaft 1439, 1486 Abs. 2, 1518, — dagegen zum eingebrachten Gut 1522, 1552, 1554.
2. von Rechten: kein Nießbrauch 1069 Abs. 2, — kein Pfandrecht 1274 Abs. 2.
— einzelne Fälle:
1. Anspruch auf Aussteuer 1623.
2. Ansprüche von Beamten, Geistlichen u. s. f. auf Besoldung, Wartegeld u. s. f. nach Landesgesetz **E.** Art. 81, **A.** Art. 12.
3. — auf Dienste, Leistung von Diensten, im Zweifel 613.
4. — auf Geldentschädigung bei Körperverletzung u. s. f. 847, — beim Rücktritt vom Verlöbniß wegen Beiwohnung der unbescholtenen Verlobten 1300 Abs. 2, 1302.
5. — der Gesellschafter gegen einander (Ausnahmen) 717.
6. — des Mannes auf Beitrag zum Unterhalt des Kindes nach der Ehescheidung 1585, 1351, — und auf Leistung eines Beitrags zum ehelichen Aufwand bei Gütertrennung 1427 Abs. 2, 1371, 1441, 1521 Abs. 3, 1549.
7. Anspruch auf Pflichttheil ist übertragbar 2317 Abs. 2.
8. Antheil eines Ehegatten am Gesammtgut 1442, 1487, 1519 Abs. 2, 1549.
9. — des Gesellschafters am Gesellschaftsvermögen 719.
10. Ausführung eines Auftrags, im Zweifel, — Anspruch hierauf, im Zweifel 664.
11. beschränkt persönliche Dienstbarkeiten 1092.
12. Forderungen, die durch Abtretung verändert würden oder deren U. vereinbart ist (z. B. 514, 631, 664 Abs. 2, 717, 847, 1623), 399, 405, 412, 413, — Pfändung s. C.P.O. 851 Abs. 2.
13. —, die unpfändbar, 400, 412, 413, **E.** Art. 81, **A.** Art. 12.
14. Geschäftsführung des Gesellschafters 713, 664, — des Testamentsvollstreckers 2218, 2220, 664, — des Vereins- oder Stiftungsvorstandes 27 Abs. 3, 86, 664.
15. Hypothek ohne Forderung und umgekehrt 1153.
16. Nießbrauch (Überlassung der Ausübung zulässig) 1059.
17. Pfandrecht ohne Forderung 1250.
18. Reallasten 1111 Abs. 2.
19. Recht des elterlichen Gewalthabers am Vermögen des Kindes 1658, 1686.
20. — des Mannes am eingebrachten Gut der Frau 1408, 1525, 1550.
21. Vereinsmitgliedschaft 38, 40.
22. Vorkaufsrecht, im Zweifel 514, 1098, 1103.
Unüberwindliche Abneigung kein Scheidungsgrund.
Ununterbrochene Anwesenheit der bei Errichtung des Testaments oder Erbvertrags mitwirkenden Personen 2239, 2249, 2276.
Unveräußerlich s. Veräußerungsbeschränkung und -verbot.
Unvererblich:
1. Anspruch auf Leibrente, im Zweifel 759.
2. — auf Schmerzensgeld und auf Entschädigung der unbescholtenen Verlobten (Ausnahmen) 847, 1300.
3. Auftrag auf Seite des Beauftragten, im Zweifel 673.
4. beschränkt persönliche Dienstbarkeit 1090, 1061.

5. Gesellschaftsverhältniß, im Zweifel 727.
6. Nießbrauch 1061.
7. Recht des überlebenden Ehegatten auf Übernahme des Gesammtguts bei fortgesetzter Gütergemeinschaft 1502.
8. — zum Widerruf einer Schenkung 530, 532, 1584 Abs. 2, — einer Stiftung (Ausnahmen) 81.
9. Unterhaltsanspruch (Ausnahmen) 1615, 1351, 1360, 1580, 1583, 1703, 1713.
10. Vereinsmitgliedschaft 38, 40.
11. Vorkaufsrecht, das nicht auf bestimmte Zeit beschränkt ist, im Zweifel 514, 1098, 2034.

Unverhältnißmäßige Höhe der Aufwendungen (s. auch bei Kosten):
1. für Ausbildung des Abkömmlings u. s. f., im Vergleich mit Vermögen des Erblassers, Ausgleichung 2050.
2. zur Beseitigung eines Mangels des Werks 633 Abs. 2.
3. zur Herstellung des früheren Zustandes durch Schadensersatzpflichtigen 251.
4. zur Verschaffung eines vermachten Gegenstandes 2170 Abs. 2, 2182 Abs. 2, 2288 Abs. 2.

— — der Ausstattung 1624.
— — der Kosten:
1. der Anhörung der Betheiligten vor Ernennung eines Testamentsvollstreckers 2200, — und der Verwandten u. s. f. durch das Vormundschaftsgericht 1308, 1673, 1847.
2. der Aufbewahrung der gefundenen Sache 966, 980 Abs. 2, — der Sache für den Gläubiger 383.
3. der Aufforderung der dem Fiskus vorgehenden Erbberechtigten 1965.
4. des Aufgebots der Nachlaßgläubiger 1980.
5. der Trennung vermischter, vermengter Sachen 948 Abs. 2.

— — des Mäklerlohns 655.
— — der Nachtheile des Unterbleibens der Ehelichkeitserklärung 1727.
— — des Schadens bei Abwehr drohender Gefahr 228, 908.
— — der Schwierigkeiten der Urkundenbeschaffung behufs Erlangung eines Erbscheins 2356.

Unverhältnißmäßige Höhe der Vermögensvortheile s. Wucher 138.
— — der Vertragsstrafe, gerichtliche Herabsetzung 343.
— — des Werths des Stoffes im Vergleich mit der Verarbeitung 950.

Unverheirathetes Kind, Unterhalt s. Unterhaltspflicht 1602 Abs. 2, 1603 Abs. 2, 1612 Abs. 2.

Unverjährbar s. Verjährung.

Unvermögen s. Unmöglichkeit.

Unverpfändbarkeit s. auch Unpfändbarkeit.
— unübertragbarer Rechte 1274.
— Wittwen- und Waisenbezüge der Hinterbliebenen von Beamten, Geistlichen u. s. f. A. Art. 12 Abs. 2 u. 3.

Unverzinslichkeit s. auch Zinsen.
— von Forderungen, Erstrecken der Hypothek und des Schiffspfandrechts auf 5 % Zinsen 1119, 1264 Abs. 2.
— von Schulden:
1. beim Darlehen, Zurückerstattung durch den Schuldner ohne Kündigung 609 Abs. 3.
2. Verzinsung während Verzugs und von Rechtshängigkeit an 288, 291, 820 Abs. 2.
3. bei Zahlung vor Fälligkeit kein Abzug von Zwischenzinsen 272.

— von Schuldverschreibungen auf den Inhaber, auf Sicht zahlbar, kein Aufgebot 799, — bisherigen Gesetze für vor 1. Januar 1900 ausgegebenen E. Art. 174 Abs. 2.

Unverzüglich s. Frist.

Unvollständigkeit des Inventars des Erben — unbeschränkte Haftung, falls absichtlich und erheblich, 2005.
— der Leistung bei Annahme als Erfüllung 363.
— eines Verzeichnisses, Verdacht — Offenbarungseid s. das.

Unvordenkliche Verjährung nicht erwähnt.

Unvorsichtiges Umgehen mit Feuer und Licht seitens des Dienstboten trotz Verwarnung A. Art. 24 Nr. 5 u. Abs. 2.

Unwahre Thatsachen, Behaupten und Verbreiten, Schadensersatz 824.

Unwiderruflichkeit der Auslobung bei Verzicht auf den Widerruf 658, 661.

Unwiderruflichkeit der Einigung behufs Eintragung in das Grundbuch:
1. bei Aushändigung an andern Theil.
2. Einreichung beim Grundbuchamt.
3. Erklärung daselbst.
4. notarieller Beurkundung 873 Abs. 2.
— der Gestattung der Aneignung von Bestandtheilen einer Sache seitens des Eigenthümers auf Grund Verpflichtung, solange Anderer Sache besitzt, 956.
— der Löschungsbewilligung (wie bei Einigung 1—3) 875 Abs. 2.
— der Schenkung wegen Undanks:
1. nach Ablauf eines Jahres.
2. wegen sittlichen oder Anstandsrücksichten.
3. nach Tod des Beschenkten.
4. nach Verzeihung.
5. nach Verzicht 532—534.
6. Braut- und Ehegeschenke ein Jahr nach Rechtskraft des Scheidungsurtheils oder nach dem Tod des Schenkers oder Beschenkten 1584.
— der Vollmacht, wenn sich U. aus dem Rechtsverhältniß ergiebt, 168, 176 Abs. 3.
— der Zustimmung:
1. zur Änderung des Rangverhältnisses im Grundbuch 880 Abs. 1.
2. zur Annahme an Kindesstatt 1748, 1755.
3. zur Aufhebung eines Rechts am Grundstück 876, Ue. Art. 12 Abs. 2, 46 Abs. 2.
4. — — und Änderung des verpfändeten Rechts 1276.
5. des Dritten zur Pfandveräußerung und Aufhebung des Pfandrechts 1245, 1255 Abs. 2.
6. — — zum Verzicht auf Hypothek für Zinsrückstände u. s. f. 1178 Abs. 2.
7. zur Ehelichkeitserklärung des unehelichen Kindes 1726 Abs. 2.
8. des Eigenthümers zur Aufhebung der Hypothek durch Rechtsgeschäft 1183.
9. des gesetzlichen Vertreters eines in der Geschäftsfähigkeit beschränkten Ehegatten 1516, 1517.
10. des Nießbrauchers zur Aufhebung oder Änderung des Rechts 1071.
11. des andern Vertragstheils zur Aufhebung des Erbvertrags durch ein Testament 2291 Abs. 2.

Unwirksamkeit s. auch Wirksamkeit.
— der Annahme oder Ausschlagung eines Theils der Erbschaft 1950.
— der Annahme an Kindesstatt oder Legitimation durch Ausländer, falls erforderliche Einwilligung des Kindes oder Dritten nicht erfolgt, E. Art. 22 Abs. 2.
— des Anschlags des Gastwirths, daß er Haftung für eingebrachte Sachen ablehne, 701.
— der Auslobung zur Preisbewerbung ohne Fristsetzung 661 Abs. 1.
— der bedingten oder betagten:
1. Annahme oder Ablehnung des Amts eines Testamentsvollstreckers 2202.
2. — — — eines Vermächtnisses 2180 Abs. 2.
3. Auflassungen 925 Abs. 2, 1077.
4. Aufrechnungserklärungen 388.
— der Bestimmung einer Inventarfrist, wenn Nachlaßverwaltung oder -konkurs, 2000, 2008.
— von einseitigen Rechtsgeschäften:
1. beschränkt Geschäftsfähiger 111, 114.
2. von Bevollmächtigten ohne Vorlage der Vollmacht 174.
3. der Ehefrau über eingebrachtes Gut ohne Einwilligung des Mannes 1398, 1525, 1550 Abs. 2.
4. des Vormundes ohne Genehmigung des Vormundschaftsgerichts 1831.
— der Kündigung oder Mahnung:
1. des neuen Gläubigers ohne Vorlegung der Abtretungsurkunde 410.
2. des Hypothekgläubigers gegenüber Eigenthümer ohne Vorlegung des Hypothekenbriefs u. s. f. 1160.
3. des Vermiethers oder Verpächters wegen Nichtzahlung des Zinses bei unverzüglicher Aufrechnung 554 Abs. 2, 581 Abs. 2.
— letztwilliger Verfügungen:
1. von Auflagen 2195.
2. zu Gunsten der Ehegatten, wenn Ehe nichtig oder geschieden, 2077, 2279 Abs. 2.
3. Einfluß der U. auf Erbunwürdigkeit 2339 Abs. 2, 2345.
4. Einsetzung eines beim Erbfall noch nicht Erzeugten, falls dieser nicht Nacherbe sein soll, 2101, — — eines

Nacherben, wenn Fall der Nacherbfolge binnen 30 Jahren nicht eintritt, 2109.
5. Entziehung des Pflichttheils, wenn sich Abkömmling zur Zeit des Erbfalls vom ehr- oder sittenlosen Lebenswandel dauernd abgewendet hat, 2336 Abs. 4, 2338 Abs. 2, — bei Verzeihung der Verfehlung 2337.
6. Erbvertrag 2298.
7. Ernennung von geschäftsunfähigem u. s. f. Testamentsvollstrecker 2201.
8. gemeinschaftliches Testament 2268, 2270, 2271.
9. spätere Verfügung von Todeswegen, die das Recht des Vertragserben beeinträchtigt, 2289, 2297.
10. Testament vor Gemeindevorstand, auf Seereise u. s. f. 2252.
11. bei Unwirksamkeit einer Verfügung, wenn anzunehmen, daß Erblasser die übrigen ohne diese nicht getroffen hätte, 2085.
12. zu Gunsten des Verlobten, wenn Verlöbniß aufgelöst, im Zweifel 2077, 2279 Abs. 2.
13. von Vermächtnissen: a) wenn Bedachter beim Erbfall nicht mehr lebt, 2160, — b) eines bestimmten Gegenstandes, der zur Zeit des Erbfalls nicht zur Erbschaft gehört, (Ausn.!) 2169, — c) unmögliche Leistungen oder gegen gesetzliches Verbot (ebenso bei Auflagen) 2171, 2192.

Unwirksamkeit eines Notariatsgeschäfts nicht deshalb, weil es vom Notar außerhalb seines Amtsbezirks vorgenommen, N. Art. 6 Abs. 5.
— von Rechtsgeschäften zwischen Miether und Vermiether gegenüber Grundstückserwerber 574, 581 Abs. 2, 1056, 1123, 1124 Abs. 2.
— des Rücktritts vom Vertrag 354, 356, 359.
— der unbilligen Vertheilung bei der Auslobung 660.
— von Vereinbarungen zum Nachtheil des Vorkaufsberechtigten diesem gegenüber 506.
— von Verfügungen:
1. eines Nichtberechtigten über einen Gegenstand s. Nichtberechtigter 185.
2. die Rechte des Nacherben beeinträchtigen u. s. f., 2113, 2115.
3. während Schwebezeit bei bedingten und betagten Rechtsgeschäften 161, 163.
4. gegen Veräußerungsverbot 135, 136.
5. die den durch Vormerkung im Grundbuch gesicherten Anspruch beeinträchtigen, 883 Abs. 2.

Unwirksamkeit des Vergleichs bei unrichtigen Voraussetzungen 779.
— des Versprechens eines Lohns bei Ehevermittelung u. s. f. 656.
— der Vertragsstrafe bei Unwirksamkeit des Leistungsversprechens 344.
— des Vorbehalts des Pfandrechts bei Rückgabe des Pfandes 1253.

Unwissenheit s. Kennen.

Unwürdigkeit s. Erbunwürdigkeit.
— des Unterhaltsberechtigten, Beschränkung auf nothdürftigen Unterhalt 1611.

Unzeitige Kündigung ohne wichtigen Grund, Schadensersatz:
1. beim Auftrag 671.
2. bei der Gesellschaft 712 Abs. 2, 723, 724.
3. bei Verpflichtung zur Leistung höherer Dienste 627.

Unzucht s. auch Sittlichkeit, Sittliches Verschulden.
— widernatürliche (zwischen Männern oder mit Thieren, § 175 Reichsstrafgesetzbuch) ist Grund
1. zur Beschränkung der Unterhaltspflicht 1611 Abs. 2, 1580 Abs. 3.
2. zur Ehescheidung 1565, 1570—1572, 1574, 1575, E. Art. 201.
3. zur Entziehung des Pflichttheils des Ehegatten 2335.

Unzurechnungsfähigkeit als Grund der Aufhebung der Haftung für unerlaubte Handlungen 827, 829, 832.
— — der Nichtigkeit von Willenserklärungen 104, 105.

Urenkel s. Abkömmlinge, Erbe gesetzlicher.

Urgroßeltern, gesetzliche Erben IV. Ordnung s. Erbe gesetzlicher 1928, 1930, 1931.

Urkunden s. auch Abtretungsurkunde, Anweisung, Einsicht, Fälschung, Grundschuldbrief, Hypothekenbrief, Kraftloserklärung, Notarielle Beurkundung und Urkunden, Rentenschuldbrief, Schuldverschreibung auf den Inhaber, Vollmacht, Vollstreckbarer Titel und Vollstreckbare Urkunde, Werthpapiere.

Urkunden, Auslieferung bei Forderungsabtretung 402, — — beim Kauf u. s. f. 444, 445, 515, 615.
— über Bestellung des Vorstandes eines eingetragenen Vereins — Beifügung bei Anmeldung 59 Nr. 2, 67.
— ohne Bezeichnung des Gläubigers, in denen sich Aussteller dem Inhaber zur Leistung verpflichtet, 807, E. Art. 102.
— in denen Gläubiger benannt ist, mit Bestimmung, daß Leistung an jeden Inhaber bewirkt werden kann, 808, E. Art. 102 Abs. 2, 177, 178.
— Hinterlegung bei Annahmeverzug oder Ungewißheit des Gläubigers 372, E. Art. 146.
— über Recht, kraft deren Leistung gefordert werden kann, — Eigenthum: Gläubiger 952.
— Vorlage bei Kündigung, Mahnung, Geltendmachung der Hypothek 1160, 1161.
— Vorschriften schriftliche, gerichtliche, notarielle Form s. Form 126—129, E. Art. 151.
Urkundsperson besonders bestellt nach Landesgesetz F.G. 198.
— Zuziehung zur Errichtung von notariellen Urkunden F.G. 169—174, 178—180.
— — — von Verfügungen von Todeswegen nach Landesgesetz E. Art. 149.
Urtheil s. auch Ausschlußurtheil, Rechtskraft.
— bei allgemeiner Gütergemeinschaft gegenüber Gesammtgut wirksam (Kosten!) 1460 Abs. 2, 1464 Abs. 2, 1475 Abs. 2.
— auf Aufhebung der ehelichen Gemeinschaft (Schuldausspruch!) 1575, 1576, 1586, 1584 Abs. 2, C.P.O. 624.
— auf Aufhebung der Gütergemeinschaft 1468, 1469, 1479.
— auf Aufhebung der Kraftloserklärung einer Sparurkunde (Veröffentlichung!) A. Art. 119 Abs. 2.
— auf Auflösung oder Nichtigerklären der Ehe: Nichtigkeits-, Restitutionsklage dagegen 1309 Abs. 2.
— auf Bestimmung: a) bei Auseinandersetzung des Nachlasses zwischen Miterben 2048, 2204, — b) falls bei Auslobung Belohnung unbillig vertheilt, 660, — c) der Leistung, wenn diese nicht nach Billigkeit oder verzögert durch Dritten u. s. f. bestimmt, 315, 319, 2156, 2192, — d) bei Mäklerlohn 655, — e) falls Vertragsstrafe zu hoch, 343.
Urtheil auf Bestimmung der Richtung und Umfang des Nothwegs 917, 924.
— auf Ehescheidung: a) Ehehinderniß 1312, 1322, — b) Schuldausspruch (Ausn.!) 1564, 1574—1576, 1584 Abs. 2.
— gegen Erben auf Befriedigung eines ausgeschlossenen Nachlaßgläubigers 1973 Abs. 2, — eines Gläubigers 1991 Abs. 3, 2013, 2036, 2145 Abs. 2, 1992, 2187 Abs. 3.
— auf Erfüllung Zug um Zug: a) bei Einrede der nicht bewirkten Gegenleistung 322, 348, — b) bei Geltendmachung des Zurückbehaltungsrechts 274.
— bei Grenzverwirrung 920.
— auf Herstellung der häuslichen Gemeinschaft 1567 Abs. 2 Nr. 1.
— über Recht, das zum eingebrachten Gut gehört und über das Mann ohne Zustimmung der Frau verfügen kann, wirkt für und gegen die Frau 1380, 1525, 1550 Abs. 2.
— Rechtsstreit der Frau, der ohne Zustimmung des Mannes geführt, ist Mann gegenüber hinsichtlich eingebrachten Guts unwirksam 1400, 1401, 1404, 1412 Abs. 2, 1416, 1417, 1525, 1550 Abs. 2.
— auf Todeserklärung (Feststellung des Zeitpunkts des Todes) 18, — — — eines Ehegatten (Folge!) 1349, — — (Ende der Pflegschaft) 1921 Abs. 3.
— Verletzung der Amtspflicht bei Urtheilsfällung 839 Abs. 2, A. Art. 61 Abs. 2.
— vollstreckbares des Gläubigers gegen Bürgen auf Erfüllung, Wirkung auf Verhältniß des Bürgen zum Hauptschuldner 775 Nr. 4.
Usucapio s. Ersitzung.
— libertatis s. 1028.
Usus s. beschränkt persönliche Dienstbarkeit.
Ususfructus s. Nießbrauch.

V.

Vacantmasse des pfälzischen Rechts, Übergangsbestimmung **Ue.** Art. 144 Abs. 3.
Valuta nicht erhaltene, Widerspruch im Grundbuch 1139.
Vater s. Erbe gesetzlicher, Eltern, Elterliche Gewalt, Kind, Pflichttheil, Unterhaltspflicht, Wiederverheirathung.
Väterliche Gewalt s. Elterliche Gewalt.
Vaterschaft s. Anerkennung, Kind eheliches und uneheliches.
Vaterschaftsvermuthung s. Kind eheliches und uneheliches.
Venia aetatis s. Volljährigkeitserklärung.
Veränderung s. auch Änderung, Verschlechterung.
— von Erbschaftssachen bei Nacherbfolge 2132.
— des Inhalts einer Forderung, Einfluß auf Abtretbarkeit 399.
— der Mieth- und Pachtsache durch Gebrauch: keine Haftung des Miethers oder Pächters 548, 558, 581 Abs. 2,
— — bei geliehener Sache 602, 606.
— des Pfandes, Ersatzanspruch des Verpfänders (Verjährung) 1226.
— der Sache beim Nießbrauch 1037, 1050, 1057.
— einer Sache als Gegenstand des Werkvertrags 631 Abs. 2, 651.
— — bei Wohnungsberechtigung 1093.
— wesentliche bei Gemeinschaft 745 Abs. 2, 2038 Abs. 2.
— wesentliche der Kaufsache, Haftung des Wiederverkäufers 498 Abs. 2, 501.
— wesentliche der Umstände bei Dienstherrschaft **A.** Art. 28.
— des Testaments, in der Absicht es aufzuheben, 2255.
— des Wohnsitzes s. das.
Veranlassen schuldhaftes des Rücktritts vom Verlöbniß 1299, 1300, 1302.
Verantwortlichkeit s. Beamter, Haftung, Schadensersatz, Unerlaubte Handlung.
— des Familienraths 1872.
— des Fiskus u. s. f. 89, — — der Gemeinden u. s. f. nach Landesgesetz **E.** Art. 77.
— des Unternehmers einer Eisenbahn u. s. f. nach Landesgesetz **E.** Art. 105.
Verantwortlichkeit des Vereins oder der Stiftung (im Zweifel) für Vertreter 31, 86.
— für Verwaltung bei allgemeiner Gütergemeinschaft 1456, 1468 Nr. 2.
— des Vormundschaftsrichters 1674, 1848.
Veranschlagung in Geld s. Geld.
Verarbeitung s. Umgestaltung.
Verarmung des Schenkers s. Schenkung 519, 528, 529.
Veräußerung s. auch Abtretung, Veräußerungsbeschränkung, Veräußerungsverbot, Verfügung, Übertragung u. s. f.
1. des Antheils eines Miterben 2033—2037.
2. einer Bahneinheit nach Landesgesetz **E.** Art. 112.
3. bewegliche Sachen, deren bestimmungsmäßiger Gebrauch in V. besteht, gelten als verbrauchbar 92.
4. von beweglichen Sachen: a) durch Einigung und Übergabe u. s. f. 929—931, — b) während der Ersitzungszeit 943, — c) durch Nichtberechtigte s. das. 932—936.
5. Einfluß auf Rücktritt vom Vertrag und auf Wandelung 353, 467, 487, 493.
6. des Erbbaurechts 1012, 1017.
7. durch elterlichen Gewalthaber oder Vormund, Genehmigung des Vormundschaftsgerichts 1643, 1686, 1821 Nr. 1—3, 1822 Nr. 1, — — des Gegenvormundes 1812, 1852, 1855.
8. durch einen im unrichtigen Erbschein als Erben Bezeichneten 2366, 2367.
9. eines Grundstücks nach dessen Beschlagnahme **Z.V.** 26.
10. eines Grundstücks: a) durch Auflassung und Eintragung 925, 873, — (Zubehör 226), — b) das mit Hypothek oder Grundschuld belastet, kein vertragsmäßiger Ausschluß 1136, — (von Bestandtheilen und Zubehör 1121, 1122), — c) eines Theils oder eines von mehreren Grundstücken — Nothweg 918 Abs. 2, 924, — d) von Theilen des Grundstücks mit Unschädlichkeitszeugniß nach Landesgesetz **E.** Art. 120 s. Unschädlichkeit, Bayer.

Gesetz vom 15. Juni 1898, — e) unter Übernahme der Hypothek durch den Erwerber 416, — f) falls vermiethet oder verpachtet (s. Miethe), bricht nicht Miethe oder Pacht 571—576, 578, 579, 581 Abs. 2, E. Art. 172.
11. von Nachlaßgegenständen: a) durch Miterben nur gemeinschaftlich 2040, — b) unentgeltliche vor Erbschaftsverkauf 2375, 2385 Abs. 2, — c) bei Vermächtnissen 2169 Abs. 2, 2170, 2288 Abs. 2, — d) durch Vorerben 2112—2115.
12. des Pfandes durch Pfandgläubiger 1242—1246, — eines verpfändeten Schiffs u. s. f. 1262, 1272, 1263 Abs. 2.
13. des Pflichttheilsanspruchs zulässig 2317.
14. des Rechts bei Reallast 1111 Abs. 2.
15. veräußerliches Recht, Befugniß zur Verfügung 137.
16. verbrauchbarer Sachen: a) des eingebrachten Guts durch Mann 1377, 1525, 1550 Abs. 2, — b) des Kindes durch elterlichen Gewalthaber 1653, 1659 Abs. 2.
17. eines Vermögens oder Nachlasses 310—312, 419, 2385.
18. Verpflichtung zur V. einer Sache erstreckt sich im Zweifel auch auf Zubehör 314.
19. Vertrag auf V. gegen Entgelt 445, 493, 515.

Veräußerungsbeschränkung der Familienfideikommisse, Lehen, Stammgüter nach Landesgesetz E. Art. 57—59, 61.
— von Grundstücken nach Landesgesetz E. Art. 119.

Veräußerungsverbote, Beschlagnahme eines Grundstücks hat Wirkung eines V. Z.V. 23, 148.
— bei Familienfideikommissen u. s. f. s. Veräußerungsbeschränkung E. Art. 57—59, 61.
— unzulässig rechtsgeschäftliches V. über veräußerliches Recht 137, 1136.
— — Veräußerung der Firma ohne Handelsgeschäft H.G.B. 23.
— Wirkungen:
1. Rechtsgeschäft gegen gesetzliches absolutes V. nichtig 134, 307—309.
2. — gegen gesetzliches, gerichtliches, behördliches V., das nur Schutz bestimmter Personen bezweckt, nur diesen gegenüber unwirksam 135, 136, s. auch K.O. 13, 106, 113, C.P.O. 772.

Veräußerungsverbote, Zustimmung des Erwerbers eines im Grundbuch eingetragenen Rechts zur Eintragung oder Löschung, falls Anspruch durch V. gesichert, 888 Abs. 2.

Verbaloblation des Schuldners, Verzug des Gläubigers 295.

Verband, der durch Landesgesetz den Gemeinden gleichgestellt, Testamentserrichtung 2249, 2252, 2256, 2266.
— zu gemeinsamer Jagdausübung s. Jagd 835 Abs. 3.
— dessen Mitglieder zu Nutzungen an land- und forstwirthschaftlichen Grundstücken, Mühlen u. s. f. berechtigt sind, nach Landesgesetz E. Art. 164.
— der auf Grund öffentlichen Rechts zur Unterhaltsgewährung verpflichtet ist, Ersatz nach Landesgesetz E. Art. 103.

Verbesserung s. auch Verwendung, Wegnahme.
— Darlehen zum Zwecke der V. von Grundstücken, landesges. Vorrang E. Art. 118.
— des Grundstücks, Rang bei Zwangsversteigerung Z.V. 10 Nr. 1, 49, 129, 155.
— des zum Schätzungswerthe pachtweise übernommenen Inventars 589 Abs. 2 u. 3.

Verbindlichkeit s. auch Befriedigung, Nachlaßverbindlichkeit und die einzelnen Rechtsinstitute.
— der Ehegatten:
a) bei allgemeiner Gütergemeinschaft: α) Haftung des Gesammtguts 1459—1462, — β) — des Vorbehaltsguts 1463—1467, 1475, — bei fortgesetzter Gütergemeinschaft 1488, 1499, 1500, 1489.
b) bei Errungenschaftsgemeinschaft: α) Ausgleichung 1525 Abs. 2, 1417, 1539, 1541, — β) Haftung des eingebrachten Guts 1525 Abs. 2, 1411—1414, — γ) Haftung der einzelnen Ehegatten 1535—1537, — δ) Haftung des Gesammtguts 1530

—1534, — ε) — des Vorbehaltsguts 1525 Abs. 2, 1415, 1416. c) bei Fahrnißgemeinschaft wie bei a 1549, — mit Ausnahme des eingebrachten Guts 1550 Abs. 2. d) bei gesetzlichem Güterrecht: α) eingebrachtes Gut haftet nicht für V. des Mannes 1410, — — für V. der Frau 1411—1414, — β) Vorbehaltsgut haftet für V. 1385—1387, 1415—1417.

Verbindlichkeit der Entscheidung bei Auslobung 660, 661 Abs. 2.
— des Kindes im Verhältniß zu elterlichem Gewalthaber 1660.
— eines Nießbrauchers am Vermögen u. s. f. 1087 Abs. 2, 1089.
— bei Spiel, Wette u. s. f. 762—764.
— Übernahme neuer V. 364 Abs. 2.

Verbindung einer beweglichen Sache mit Grundstück 946, 949, 951, **E.** Art. 65.
— beweglicher Sachen unter einander 947, 949, 951.
— feste mit Grund und Boden 94.
— eines Grundstücks mit öffentlichem Weg, Nothweg 917, 918, 924.
— des Rechts bei Reallast mit einem Theil des Grundstücks 1109 Abs. 2 u. 3, 1111.
— zweier Sachen durch den Besitzer, Recht abzutrennen (Ausnahmen!) 997.
— der vermachten Sache mit einer anderen 2172.
— eines Vorkaufsrechts mit Grundstück 1103 Abs. 2.

Verborgene Fehler s. Gewährleistung.

Verbot s. auch Ehe, Gesetzliches Verbot, Nachbarrecht, Veräußerungsrecht.
— der Auseinandersetzung der Miterben durch Erblasser 2044.
— des Erblassers, Testament oder Erbvertrag alsbald nach Tod zu eröffnen, ist nichtig 2263, 2300.

Verbotene Eigenmacht s. Besitz, Eigenmacht.

Verbrauch s. auch Verbrauchbare Sachen.
— eines Erbschaftsgegenstandes vor dem Erbschaftskauf 2375, 2385 Abs. 2.

Verbrauchbare Sachen sind bewegliche Sachen, die bestimmungsgemäß verbraucht oder veräußert werden, 92.
— — bei Einbringung in Gesellschaft im Zweifel gemeinschaftliches Eigenthum der Gesellschafter 706 Abs. 2.
— — als Gegenstand des Nießbrauchs werden Eigenthum des Nießbrauchers 1067, 1075 Abs. 2, 1084, 1086, 1087.
— — bei Hinterlegung 700.
— — vom Erblasser verschenkt, Berücksichtigung bei Pflichttheilsberechnung 2325 Abs. 2, 2330.
— — Rechte des Mannes an den zum eingebrachten Gut gehörigen v. S. 1376 Nr. 1, 1377, 1391 Abs. 2, 1392, 1411 Abs. 2, 1525, 1550.
— — Vermuthung, daß v. S. des eingebrachten Guts bei Errungenschaftsgemeinschaft in das Gesammtgut verwendet seien, 1540.
— — Verwerthung und Verbrauch durch elterlichen Gewalthaber 1653, 1659 Abs. 2, 1686.

Verbrechen s. Schadensersatz, Strafbare, Unerlaubte Handlung.

Verbreitung von Thatsachen s. Verleumdung.

Verbriefte Forderung bei Abtretung: Einwendungen des Schuldners 405.
— — Anlegung von Mündelgeld s. das. 1807 Nr. 2 u. 3.

Verbürgung s. Bürge.

Verdacht unredlicher Geschäftsführung bei Gesellschaft 716 Abs. 2.

Verderb, bei Besorgniß des V. der geschuldeten Sache: Versteigerung 383, 384, — — der gefundenen Sache 966 Abs. 2, 980 Abs. 2, — — beim Pfand 1218—1221.
— bei drohendem V. Anzeigepflicht des Miethers 545.
— der Sachen bei Sicherheitsleistung 237.

Verdingungsvertrag s. Dienstbote, Werkvertrag.

Verdunkelung von Fenstern s. Eigenthumsbeschränkungen Nr. 8.

Verehelichung s. Ehe und Bayer. Gesetz vom 16. April 1868, abgeändert **A.** Art. 154.

Verehelichungsbewilligung s. Ehe 1315.

Verein s. auch Eingetragener Verein, Juristische Person, vergl. auch H.G.B. 6 Abs. 2 u. s. f.
— Übergangsbestimmungen:
1. Vorschriften über reichsgesetzlich geregelte V., insbesondere handels- und genossenschaftsrechtliche V., unberührt E. Art. 32.
2. in Bayern Gesetze betr. privatrechtliche Stellung der V. sowie Erwerbs- und Wirthschaftsgesellschaften für V. u. s. f., die auf Grund dieser Gesetze am 1. Januar 1900 bestehen, aufrecht E. Art. 165, s. ferner E. Art. 82 u. 163. a) V., der am 1. Januar 1900 auf Grund Gesetzes vom 29. April 1869 besteht, gilt von da an als eingetragener V. (Eintragung!) Ue. Art. 1, — b) nichtrechtsfähiger V.: vom 1. Januar 1900 Vorschriften über Gesellschaft Anwendung (persönliche Haftung des im Namen des V. Handelnden, Übertragung von Grundstücken u. s. f. auf rechtsfähigen V.) Ue. Art. 2, — (Gesetz vom 29. April 1869, die privatrechtliche Stellung von Vereinen betr., ausdrücklich aufgehoben A. Art. 175 Nr. 23).
— Auflösung (s. auch bei Rechtsfähigkeit):
1. durch Beschluß der Mitgliederversammlung, ev. drei Viertel der erschienenen Mitglieder 41, 45, 40.
2. nach den Bestimmungen der Satzungen.
3. durch obrigkeitliche Verfügung s. unten.
— Liquidation 47—53, — fällt Vermögen an Fiskus, so Vermögensübergang ipso iure, also keine Liquidation.
— nichtrechtsfähiger V. nach Vorschriften über Gesellschaft, persönliche Haftung der Handelnden als Gesammtschuldner 54, s. auch Ue. Art. 2, — ebenso bei ausländischem, vom Bundesrath nicht anerkannten V. E. Art. 10, — kann verklagt werden C.P.O. 50 Abs. 2, 735, K.O. 213.
— Rechtsfähigkeit:
a) Erlangung:
1. durch Anerkennung des Bundesraths bei ausländischem, im Ausland rechtsfähigen V. E. Art. 10.
2. durch Eintrag im Vereinsregister 21.
3. durch Verleihung des Bundesstaats, ev. Bundesraths, falls Zweck wirthschaftlicher Geschäftsbetrieb, 22, 23 (soweit nicht besondere reichsgesetzliche Vorschriften), Kgl. Verordn. v. 24. Dez. 1899 § 4 (G. u. V.Bl. 1899 S. 1230).
b) Verlust (s. auch bei Auflösung):
1. durch Entziehung: α) bei Gefährdung des Gemeinwohls, — β) bei Verfolgung satzungswidrigen Zwecks 43—47, E. Art. 85, — (Zuständigkeit in Bayern A. Art. 4).
2. durch Konkurs 42, 44—47, E. Art. 85.

Verein, Sitz im Zweifel da, wo Verwaltung geführt wird, 24, — kann auch im Ausland sein 23.
— Vereinsvermögen nach Auflösung u. s. f. nach den Satzungen, an die Vereinsmitglieder, ev. an Fiskus 45—47, 51, E. Art. 85.
— Verfassung (falls Rechtsfähigkeit auf staatlicher Verleihung, nach Landesgesetz E. Art. 82, Ue. Art. 2 Abs. 3).
1. Mitgliederversammlung (Abstimmung auch schriftlich) 27, 32—37, 40, 41, 43, 45, F.G. 160, Ue. Art. 2 Abs. 3, N. Art. 32.
2. Mitgliedschaft, nach den Satzungen beurtheilen, gleiche Rechte, Stimmberechtigung 34, — nicht übertragbar, nicht vererblich 38.
3. Satzung (zwingend: Sitz, Satzung, Widerruflichkeit der Vorstandsbestellung) 25, 40, 43, 45.
4. Vorstand (Nothwendigkeit, auch mehrere Personen!), gerichtliche und außergerichtliche Vertretung (Einschränkung durch Satzung!) 26, — Geschäftsführung 27 Abs. 3, 28, 30, — Bestellung: durch Beschluß der Mitgliederversammlung (jederzeit widerruflich, Beschränkung!), in dringenden Fällen durch Amtsgericht 27, 29, — (neben Vorstand besondere Vertreter zulässig 30), — Verantwortlichkeit des V. für Schaden des Vorstandes u. s. f. 31, 164, 278, 831, — — des Vorstandes 42.
— Zweck des V. 21, 22, 33, 43.

Vereinigung mehrerer Bienenschwärme 963.

Vereinigung mehrerer Grundstücke zu einem 890, **E.** Art. 119 Nr. 3, 113, 116, **G.O.** 5.
— von Recht und Belastung (= **Konsolidation**):
1. bei **Beerbung**: Wiederaufhebung wie unten bei V. von Recht und Verbindlichkeit.
2. bei Hypotheken 1177—1179.
3. bei Nießbrauch und Pfandrecht 1063, 1072, 1256, 1273.
4. Rechte an fremden Grundstücken erlöschen nicht 889, **Ue.** Art. 59, — Grunddienstbarkeit und Reallast erlischt, falls nicht im Grundbuche eingetragen, **E.** Art. 189 Abs. 3, **Ue.** Art. 14, 46 Abs. 2.
— von Recht und Verbindlichkeit in einer Person (= **Konfusion**):
1. bei **Beerbung** wieder aufgehoben: a) bei Eintritt der Nacherbfolge 2143, — b) beim Erbschaftskauf 2377, — c) bei Herausgabe der nicht ausreichenden Masse seitens des Erben 1991 Abs. 2, — d) bei Nachlaßverwaltung oder -konkurs 1976, — e) beim Vermächtniß einer Forderung des Erblassers an den Erben 2175.
2. bei Gesammthypothek 1173, 1174, 1176.
3. des Gesammtschuldners wirkt nicht für die Übrigen, — des Gesammtgläubigers wirkt gegen die Anderen 425, 431, 429 Abs. 2, 432 Abs. 2.
4. bei Hypothekforderung 1164 Abs. 2, 1176—1179.
5. beim **Kauf**: Schadensersatz wegen Nichterfüllung gegen Verkäufer 440.
Vereinsregister s. Verein 21, 55, 64, 67, 68, 71, 74—76, 79, **Ue.** Art. 1, **A.** Art. 4, Bek. v. 20. März 1899 (J.M.Bl. 1899 S. 1034), — (Eintragung, Ordnungsstrafen **F.G.** 159, 160, 162).
Vereinsvermögen u. s. f. s. Verein.
Vereitelung eines Anspruchs, Selbsthülfe 229.
— — nach Vormerkung im Grundbuche 883 Abs. 2.
— der Rechte des Nacherben durch Verfügung des Vorerben 2113—2115, 2136—2138.
Vererblichkeit s. auch Unvererblichkeit.
Vererblichkeit des Ausschlagungsrechts des Erben und Vermächtnißnehmers 1952, 2180 Abs. 3.
— des Besitzes 857.
— des Pflichttheilsanspruchs 2377 Abs. 3.
— des Rechts auf Nacherbfolge 2108 Abs. 2.
— des Vorkaufsrechtes 514, 2034, 2035.
Verfall s. auch Vertragsstrafe.
— der Draufgabe 338.
Verfassung s. Stiftung, Verein.
Verfassungsurkunde Bayerische vom 26. Mai 1818, Abänderung s. **A.** Art. 135.
Verfehlungen, Grund zur a) Beschränkung der Unterhaltspflicht 1611, 1766, — b) Ehescheidung 1565, 1568, — c) Entziehung der Aussteuer 1621, — d) Entziehung der elterlichen Gewalt 1680, 1686, — e) — des Pflichttheils 2333—2335, — f) Rücktritt vom Erbvertrag 2294, — g) Unwürdigmachen des Erben und Anfechtung des Vermächtnisses 2339, 2345.
Verfolgung eines mit verbotener Eigenmacht Handelnden 229, 859, — (im Falle des Nothstandes 228, 904).
— einer Sache auf fremdes Grundstück 867, 1005.
— von Thieren und insbes. Bienenschwärmen 960—962.
Verfügung s. auch Einstweilige Verfügung, Verfügungsbeschränkung, Verfügung von Todeswegen.
— freie des beschränkt Geschäftsfähigen — Wirksamkeit des Vertrags 110, 114, 1644, 1824.
— des Ehegatten a) über Antheil am Gesammtgut und dessen Gegenständen (unzulässig) 1442, — b) — über Gesammtgut 1444—1453, 1487, 1519, 1549, — c) — über Vorbehaltsgut 1365, 1440 Abs. 1, 1526 Abs. 3, 1549, — d) der Frau über eingebrachtes Gut 1395—1398, 1401, 1402, 1525, 1550 Abs. 2, — e) des Mannes über eingebrachtes Gut der Frau 1375—1377, 1380, 1392 Abs. 2, 1407 Nr. 3, 1525, 1550 Abs. 2.
— der elterlichen Gewalthaber über Gegenstände des Kindes (Ge-

nehmigung des Vormundschaftsgerichts) 1643, 1667.
Verfügung des Erben über Nachlaßgegenstand vor Ausschlagung der Erbschaft 1959 Abs. 2, — — Erlöschen mit Nachlaßverwaltung 1984, — — über Nachlaßgegenstände, die Verwaltung des Testamentsvollstreckers unterliegen, (unzulässig) 2211, 2217, — des einzelnen Miterben über Erbtheil (zulässig, nicht über einzelne Nachlaßgegenstände) 2033, 2040.
— des Erblassers s. das.
— vor Erbschaftskauf 2375.
— bei erforderlicher Genehmigung 184 Abs. 2.
— des Gesellschafters über Antheil am Gesellschaftsvermögen (unzulässig) 719.
— über Grundstücke u. s. f. entgegen Vormerkung im Grundbuch 883 Abs. 2.
— des Hypothekgläubigers über Hypothek 1165.
— über Mieth- oder Pachtzins durch Grundstückseigenthümer, Wirkung gegenüber Hypothekgläubiger 1124—1126.
— eines Nichtberechtigten über Gegenstand 185, 816, E. Art. 168.
— durch Nießbraucher 1048, 1074, 1076—1078, 1080.
— des Pächters über zum Schätzungswerthe übernommenes Inventar 588.
— durch Pfandgläubiger über verpfändete Forderung 1282, 1284.
— des Rücktrittsberechtigten über empfangenen Gegenstand 353, 467, 487 Abs. 2.
— über Gegenstand während Schwebezeit der Bedingung oder Befristung 161, 163.
— über Sicherungshypothek durch Vertreter des Gläubigers 1189.
— des Theilhabers an Gemeinschaft über Antheil (zulässig — Ausnahmen!) 747.
— des Testamentsvollstreckers über Nachlaßgegenstände 2205, 2206, 2207, 2211, 2215, 2217, 2220.
— über Urkunde bei Schuldverschreibung auf Inhaber 793, 797.
— über Gegenstand gegen Veräußerungsverbot u. s. f. 135—137.
Verfügung des Vermiethers oder Verpächters über Mieth- oder Pachtzins vor Übergang des Eigenthums auf Grundstückserwerber 573.
— über Vermögen durch Rechtsgeschäfte unter Lebenden nicht durch Erbvertrag beschränkbar 2286.
— des Vorerben über Nachlaßgegenstände 2112—2120, 2136—2138, 2363.
— des Vormundes über Gegenstände des Kindes 1812—1822, 1825, 1832, 1854 Abs. 2.
— des Wiederverkäufers über gekaufte Sache 499.
— bei Zwangsversteigerung u. -verwaltung Z.V. 23, 24, 25, 148, 149.
Verfügung von Todeswegen s. auch Erbvertrag und Testament.
— — Übergangsbestimmungen:
1. die vor 1. Januar 1900 errichteten nach bisherigen Gesetzen E. Art. 214.
2. Fähigkeit zur Errichtung vor 1. Januar 1900 E. Art. 215.
— — Ausschlagung der Erbschaft auf Grund V. v. T. — trotzdem gesetzlicher Erbe 1948, 1949.
— — einseitige V. v. T. ist Testament s. das. 1937.
— — Erbschein s. das.
— — Errichtung im Auslande E. Art. 11, 24 Abs. 3, 38.
— — landesgesetzliche Vorschriften über Errichtung notarieller Urkunden aufrecht E. Art. 151.
— — Stiftung als V. v. T. 83, 84.
— — Verhältniß mehrerer V. v. T. (nach Abschluß eines Erbvertrags weitere V. v. T. unwirksam) 2289, 2297.
— — Verhinderung an Errichtung, Fälschung u. s. f., — Erbunwürdigkeit 2339, 2345.
— — Vertrag mit Verpflichtung V. v. T. zu errichten, nicht zu errichten, aufzuheben, nicht aufzuheben, ist nichtig 2302.
— — vertragsmäßige V. v. T. ist Erbvertrag s. das. 2278.
Verfügungsbeschränkungen, — Übergangsbestimmungen:
1. eine am 1. Januar 1900 bestehende V. bleibt wirksam (Ausn. zu Gunsten

derjenigen, welche Rechte von einem Nichtberechtigten (s. das.) herleiten) E. Art. 168.
2. in der Pfalz s. Bayer. Gesetz vom 1. Juli 1898 Art. 15 (G. u. V.Bl. 1898 S. 373).

Verfügungsbeschränkungen des am Grundstück (oder Recht an solchem) Berechtigten ohne Einfluß auf die von ihm zur Eintragung oder Löschung im Grundbuch erforderlichen Erklärungen, wenn diese vorher bindend und Antrag auf Eintragung bei Grundbuchamt gestellt ist, 878, 1260.
— des im Grundbuch eingetragenen Berechtigten zu Gunsten einer bestimmten Person sind dem gutgläubigen Erwerber gegenüber nur wirksam, wenn sie im Grundbuch eingetragen, 892, 893, 1138, 1140, 1155—1159.
— im Grundbuch nicht im Einklang mit wirklicher Rechtslage 894, — — Löschung G.O. 47.

Verführung zum außerehelichen Beischlaf, Schadensersatz 823 Abs. 2, 825, 842, 847 Abs. 2, 1300.

Vergangenheit, Unterhaltsanspruch des unehelichen Kindes 1711, 1714.

Vergehen s. Strafbare Handlung.

Vergeltungsrecht gegen auswärtige Staaten E. Art. 31.

Vergleich ist ein Vertrag, durch den ein Streit, Ungewißheit über Rechtsverhältnisse, Unsicherheit der Verwirklichung des Anspruchs durch gegenseitiges Nachgeben beseitigt wird, 779.
— Anfechtung s. auch bei Unwirksamkeit 119, 123, 124.
— Schuldversprechen und »anerkenntniß im Weg V. nicht Schriftform 782.
— Unwirksamkeit:
1. bei gesetzlicher Unterhaltspflicht für Zukunft 1614, 1360 Abs. 3, 1714.
2. wenn der Sachverhalt nicht der Wirklichkeit entspricht und Streit u. s. f. bei Kenntniß der Sachlage nicht entstanden wäre, 779.
— Verjährung der Ansprüche aus vollstreckbarem V.: 30 Jahre 218.
— des Vormundes, Genehmigung des Vormundschaftsgerichts (Ausnahmen) 1822 Nr. 12.

Vergütung angemessene (Beschwerde F.G. 57 Nr. 7):
1. für den Beistand der Mutter 1694.
2. für den Nachlaßverwalter 1987, Bek. v. 31. Dez. 1899 § 63 (J.M.Bl. 1900 S. 23).
3. für den Pfleger 1915.
4. für den Testamentsvollstrecker 2221.
5. für den Verwalter bei der Zwangsverwaltung Z.V. 153, E.Z.V. 14.
6. für den Vormund, Gegenvormund 1836, 1897.
— beim Dienstvertrag:
1. gilt als stillschweigend vereinbart, wenn nach Umständen zu erwarten, 612.
2. Höhe: vertragsmäßig, ev. Taxe, ev. Üblichkeit 612.
3. Zeit der Entrichtung 614, 628.
— beim Mäklervertrag 653, 652 Abs. 1.
— bei der Verwahrung 659, 699, F.G. 165 Abs. 2 u. 3.
— beim Werkvertrag 632, 641, 649.

Verheimlichung des Fundes auf Nachfrage 971 Abs. 2, 973 Abs. 2.

Verheirathung s. Ausstattung, Aussteuer, Ehe, Wiederverheirathung.

Verhinderung an der Dienstleistung 616.
— des Eintritts einer Bedingung wider Treu und Glauben 162, — — des mit Leistung bezweckten Erfolgs — — (Ausschluß des Rückforderungsrechts) 815.
— des elterlichen Gewalthabers oder Vormundes s. Pflegschaft 1909, 1846, F.G. 44.
— der Entfernung eingebrachter Sachen durch Vermiether 561.
— an der Inventarerrichtung u. s. f. 1996.
— des Vaters an Ausübung der elterlichen Gewalt 1665, 1656 Abs. 2, 1671—1674, 1677—1681, 1685, 1702 Abs. 3, 1738, 1765 Abs. 2, F.G. 44, 51.
— des abwesenden Volljährigen an Rückkehr und Besorgung der Vermögensangelegenheiten — Pflegschaft s. das. 1911.
— vorsätzliche oder widerrechtliche an Errichtung oder Aufhebung von Verfügungen von Todeswegen — Erbunwürdigkeit 2339 Nr. 2, 2345.

Verhinderung vorübergehende in Ausübung der thatsächlichen Gewalt s. auch Abwesenheit, Krankheit 856.

Verjährung s. auch Hemmung, Verjährungsfristen (Bayer. Verjährungsgesetze aufgehoben **A.** Art. 175 Nr. 14 u. 16).
— Übergangsbestimmungen:
1. B.G.B. findet Anwendung auf die vor 1. Januar 1900 entstandenen, noch nicht verjährten Ansprüche.
2. Beginn, Hemmung, Unterbrechung für Zeit vor 1. Januar 1900 nach bisherigen Gesetzen.
3. falls Frist nach B.G.B. kürzer als bisher, so kürzere Frist vom 1. Januar 1900 an (Ausn.!) **E.** Art. 169.
— Ausschluß, Erschwerung unzulässig, Erleichterung zulässig 225.
— Beginn der V. (s. auch bei Verjährungsfristen):
1. Landesgesetze für vor 1. Januar 1900 entstandenen Ansprüche aufrecht **E.** Art. 169.
2. erschwerende Vereinbarung nichtig 225.
3. gewöhnlich mit Entstehung des Anspruchs 198, — beim Anfechtungsrecht 200, — ist Kündigung erforderlich, mit deren Zulässigkeit 199, — besondere Bestimmungen: 447, 480, 490, 558, 638, 801, 852, 1057, 1226, 1302, 1715, 2287, 2332.
— Gegenstand der V.: Anspruch, d. h. Recht, von Anderem Thun oder Unterlassen zu fordern, 194 Abs. 1, — (Geltendmachung verjährter Ansprüche einredeweise 478, 490, 639, 821, 853), — (V. der Einreden nicht erwähnt).
— Hemmung s. das.
— Unterbrechung der V.:
1. durch Anerkennung, besonders Abschlags- und Zinszahlung 208.
2. durch Anmeldung im Konkurs 209 Nr. 2, 214, K.O. 163, 190, 204.
3. durch Antrag auf Beweisaufnahme zur Sicherung des Beweises 477 Abs. 2, 480, 490, 493, 515, 639.
4. durch Aufrechnung im Prozeß 209 Nr. 3, 215, 490.
5. durch Gesuch um Vorentscheid oder Bestimmung des zuständigen Gerichts 210, 490.
6. durch Klage, auch bei Schieds- und Verwaltungsgericht 209—212, 220.
7. durch Streitverkündung 209 Nr. 4, 215, 490.
8. durch Vollstreckung 209 Nr. 5, 216.
9. durch Zahlungsbefehl 209 Nr. 1, 213, C.P.O. 697, 701.

Wirkung der Unterbrechung:
1. für Zeit vor 1. Januar 1900 bisherige Gesetze maßgebend **E.** Art. 169.
2. Zeit bis Unterbrechung nicht in Betracht, Beginn neuer V. nach Ende der Unterbrechung 217.
3. Unterbrechung bei Gesammtschuld (keine Wirkung gegen oder für Andere!) 425, 429.
4. bei Gewährleistung des Veräußerers oder Werkunternehmers Wirkung auch auf die anderen Ansprüche 477 Abs. 3, 480, 490, 493, 515, 639.

Verjährung, unverjährbar s. Verjährungsfristen.
— unvordenkliche V. nicht aufgenommen.
— Vollendung s. auch Hemmung, Zusammenrechnung mit Rechtsvorgänger 221.
— Wirkungen der V.:
1. Aufrechnung trotz V. 390, 479.
2. Erlöschen der Dienstbarkeit mit V. des Anspruchs des Berechtigten auf Beseitigung der Beeinträchtigung der Dienstbarkeit durch Anlage auf belastetem Grundstück 1028.
3. Ersitzung einzelner Nachlaßsachen durch Erbschaftsbesitzer erst nach V. des Erbschaftsanspruchs 2026.
4. V. gegen Gesammtschuldner oder des Anspruchs des Gesammtgläubigers wirkt nicht für oder gegen Andere 425, 429.
5. mit V. des Anspruchs auf Rückgabe der vermietheten u. s. f. Sache V. der Ersatzansprüche des Vermiethers u. s. f. 558 Abs. 3, 581 Abs. 2, 606, 1057, 1093, 1226.
6. Verweigerung der Leistung 222 Abs. 1, — auch der Nebenansprüche 224, — Ausschluß der Rückforderung 222 Abs. 2, — trotz V. Befriedigung aus Hypothek oder Pfand 223, — kein Anspruch auf Rückübertragung eines zur Anspruchssicherung übertragenen Rechts 223 Abs. 2 u. 3.

Verjährungsfristen s. auch Verjährung (hiebei sind auch die Ausschlußfristen mit aufgenommen — Bayer. Gesetz vom 26. März 1859, V. betr., aufgehoben **A.** Art. 175 Nr. 14, s. auch Nr. 16).
— Übergangsbestimmung: Berechnung bei Verschiedenheit zwischen B.G.B. und früheren Gesetzen **E.** Art. 169 Abs. 2.
— durch Rechtsgeschäft abkürzbar, nicht verlängerbar (Ausn.!) 225, 477, 638.
— regelmäßig: 30 Jahre 195, 218, 219.
— **zwei Wochen:** Antrag des Erben auf Verlängerung der Inventarfrist 1996.
— **ein Monat:** Anspruch des Besitzers beweglicher Sachen auf Ersatz von Verwendungen gegen den Eigenthümer 1002.
— **sechs Wochen:**
1. Anfechtung der Annahme oder Ausschlagung der Erbschaft 1954.
2. Anspruch auf Wandelung und Schadensersatz bei Viehgewährschaft (Beginn!) 490—492.
3. Recht der Ausschlagung der Erbschaft 1944.
— **zwei Monate:** Ausübung des Vorkaufsrechts des Miterben 2034 Abs. 2.
— **sechs Monate:**
1. Anfechtung der Ehe 1339.
2. Anspruch des Besitzers eines Grundstücks auf Ersatz von Verwendungen 1002.
3. — des Bestellers eines Werks auf Befreiung vom Mangel, Wandelung, Minderung, Schadensersatz (Beginn!) 638.
4. — bei Leihe 606.
5. — bei Nießbrauch 1057, 1093.
6. — bei Pfand 1226.
7. — des Vermiethers oder Verpächters wegen Veränderung oder Verschlechterung der Sache und des Miethers oder Pächters auf Ersatz von Verwendung und Gestattung der Wegnahme einer Einrichtung (Beginn!) 558, 581 Abs. 2.
8. — auf Wandelung, Minderung, Schadensersatz wegen Mangel zugesicherter Eigenschaften bei beweglichen Sachen (Ausn.: bei Arglist) (Beginn!) beim Kauf 477.
9. — bei Schenkung 523, 524.
10. Ausschlagung einer Erbschaft bei Aufenthalt im Ausland 1944, — Anfechtung der Annahme oder Ausschlagung hiebei 1954.
11. Scheidungsklage von Kenntniß des Grundes an 1571.

Verjährungsfristen, ein Jahr:
1. Anfechtung der Ehelichkeit 1594.
2. — wegen Erbunwürdigkeit 2340.
3. — des Erbvertrags 2283.
4. — der letztwilligen Verfügung 2082.
5. — einer in Folge arglistiger Täuschung oder Drohung abgegebenen Willenserklärung 124.
6. Anspruch auf Aussteuer von Eingehung der Ehe an 1623.
7. — gegen früheren Besitzer eines Grundstücks für Schaden aus Einsturz 836.
8. — des Bestellers eines Werks auf Beseitigung eines Mangels, Wandelung u. s. f. bei Arbeit an Grundstück (Beginn!) 638.
9. — auf Wandelung, Minderung u. s. f. wegen Mangel zugesicherter Eigenschaften bei unbeweglichen Sachen (außer bei Arglist!) (Beginn!) beim Kauf 477.
10. — — bei Schenkung 523, 524.
11. — auf Wiedereinräumung des Besitzes, Beseitigung der Besitzstörung 864.
12. — aus Haftung des Staats, der Gemeinden für bei Zusammenrottung verursachten Schaden und des Fiskus gegen die Gemeinden auf Ersatz der Kosten aus Einschreiten der bewaffneten Macht Ausführungsgesetz zur C.P.O. Art. 10 Abs. 1, abgeändert **A.** Art. 166 III 1.
13. erwerbend: des Finders nach Anzeige 973.
14. Widerruf einer Schenkung 532.
— **zwei Jahre:**
1. Ansprüche der a) Arbeiter gewerblichen wegen Lohn und Vorschüssen

hierauf 196 Nr. 9, 201, — b) Ärzte, auch der Auslagen, 196 Nr. 14, 201, — c) Besorger fremder Geschäfte wegen Vergütung 196 Nr. 7, 201, — d) Eisenbahn wegen Fahrgeld, Fracht, Lohn inkl. Auslagen 196 Nr. 3, 201, — e) Fabrikanten wegen Waarenlieferung u. s. f. und Auslagen (Ausn.: 4 Jahre!) 196 Nr. 1, 201, — f) Forstwirthe wegen Lieferung von Erzeugnissen zur Verwendung im Haushalt (Ausn.!) 196 Nr. 2, 201, — g) Fuhrleute wegen Fahrgeld, Fracht, Lohn inkl. Auslagen 196 Nr. 3, 201, — h) Gastwirthe für Wohnung, Kost u. s. f. inkl. Auslagen 196 Nr. 4, 201, — i) Gerichtsvollzieher wegen Gebühren und Auslagen 196 Nr. 15, 201, — k) Handwerker wegen Waarenlieferung u. s. f. inkl. Auslagen (Ausn.: 4 Jahre) 196 Nr. 1, 201, — l) Hebammen inkl. Auslagen 196 Nr. 14, 201, — m) Kaufleute wegen Waarenlieferung u. s. f. inkl. Auslagen (Ausn.: 4 Jahre) 196 Nr. 1, 201, — n) Kutscher wegen Fahrgeld, Lohn, Fracht inkl. Auslagen 196 Nr. 3, 201, — o) Landwirthe für Lieferung von Erzeugnissen zur Verwendung im Haushalt (Ausn.: 4 Jahre) 196 Nr. 2, 201, — p) Lehrer auf Honorar (Ausn.: bei öffentlichen) 196 Nr. 13, 201, — q) Lehrherren wegen Lehrgeld u. s. f. und Auslagen für Lehrlinge 196 Nr. 10, 201, — r) Lotterielooshändler aus Loosvertrieb (Ausn.: 4 Jahre!) 196 Nr. 5, 201, — s) Notare wegen Gebühren und Auslagen 196 Nr. 15, 201, — t) Parteien bei Rechtsanwälten u. s. f. wegen Vorschüssen 196 Nr. 15, 201, — u) Privatbediensteten wegen Gehalt, Lohn inkl. Auslagen und Vorschüssen der Dienstherren 196 Nr. 8, 201, — v) Rechtsanwälte wegen Gebühren und Auslagen 196 Nr. 15, 201, — w) Sachverständigen wegen Gebühren und Auslagen 196 Nr. 17, 201, — x) Schiffer wegen Fahrgeld, Fracht, Lohn inkl. Auslagen 196 Nr. 3, 201, — y) Unterrichtsanstalten für Unterricht u. s. f. 196 Nr. 11, 201, — z) Vermiether gewerbsmäßigen von beweglichen Sachen wegen Miethzins 196 Nr. 6, 201, — aa) Zeugen wegen Gebühren und Auslagen 196 Nr. 17, 201.

2. Ansprüche aus Beiwohnung der unbescholtenen Verlobten 1302.
3. — des Nachlaßgläubigers auf Nachlaßverwaltung 1981.
4. — auf Schadensersatz bei Benützung öffentlicher Grundstücke oder Gewässer zu Anlagen oder Betrieben **E.** Art. 105, 106, **A.** Art. 58 Abs. 2, 59 Abs. 4.
5. — aus Schuldverschreibungen auf den Inhaber, falls diese vorgelegt, (Beginn s. auch **E.** Art. 174) 801, **Ue.** Art. 8.
6. — aus aufgehobenem Verlöbniß und unterbliebener Eheschließung (Beginn!) 1302.
7. Haftung des Grundstücks für fällige Leistungen auf Grund öffentlichen Rechts **A.** Art. 122.

Verjährungsfristen, drei Jahre:

1. Anspruch des Anweisungsempfängers gegen Angewiesenen aus Annahme 786.
2. — des Eigenthümers gegen den Finder auf Herausgabe 977.
3. — auf Pflichttheil (von Kenntniß des Erbfalls u. der Verfügung an) 2332.
4. — des Pflichttheilsberechtigten gegen Beschenkten vom Eintritt des Erbfalls an 2332 Abs. 2.
5. — des Staats, der Gemeinde u. s. f. aus Rechtsverhältnissen des öffentlichen Rechts (Ausn.!), ebenso gegen Staat u. s. f. (auch auf Rückerstattung von mit Unrecht erhobenen Abgaben und Kosten) **A.** Art. 124—128.
6. — aus unerlaubter Handlung von Zeit der Kenntniß des Schadens und des Ersatzpflichtigen an (Ausn.!) 852, **A.** Art. 60 Abs. 4.
7. — des Vertragserben auf Herausgabe des Geschenks von Anfall der Erbschaft an 2287 Abs. 2, 2288 Abs. 2.

— vier Jahre:

1. Ansprüche auf Entbindungskosten, Unterhalt der unehelichen

Mutter (Beginn: 6 Wochen nach Geburt) 1715 Abs. 3.
2. — der Kaufleute, Fabrikanten, Handwerker für Waarenlieferung für Gewerbebetrieb 196 Nr. 1, 201.
3. — der Land- und Forstwirthe für Lieferung von Erzeugnissen nicht zur Verwendung im Haushalt 196 Nr. 2, 201.
4. — der Lotterieloosshändler für Loose zum Weitervertrieb 196 Nr. 5, 201.
5. — auf rückständige Zinsen, Mieth-, Pachtzinse, rückständige Renten, regelmäßig wiederkehrende Leistungen (Beginn: 201) 197.
6. — aus verlorenen oder vernichteten Zins-, Renten-, Gewinnantheilscheinen 804.

Verjährungsfristen, fünf Jahre:
1. Anspruch des Bestellers eines Werks auf Wandelung u. s. f. bei Bauwerk (Ausn.: bei Arglist!) (Beginn!) 638.
2. — auf Beseitigung gewisser den Grenzabstand von Gewächsen betreffender Zustände A. Art. 78.
3. — bei Veräußerung des Handelsgeschäfts H.G.B. 26, 27.
4. — der Nachlaßgläubiger 1974.

— **zehn Jahre** (erwerbend: Ersitzung beweglicher Sachen im Eigenbesitz und guten Glauben 937).
— **dreißig Jahre:** regelmäßig, insbesonders 195.
1. Anspruch des Gläubigers auf hinterlegten Betrag 382, 1171.
2. — auf Pflichttheil (Ausn.) 2332.
3. — aus rechtskräftigen Urtheilen u. s. f. 218.
4. — aus Schuldverschreibungen (Ausn.!) 786.
5. — aus unerlaubter Handlung (Ausn.!) 852.
6. — aus vollstreckbaren Urkunden (Ausn. b. regelmäßig wiederkehrenden Leistungen) 218.
7. Ausschluß der Anfechtung von Willenserklärungen 121 Nr. 4.
8. erwerbend: bei Eintrag als Eigenthümer im Grundbuch und Eigenbesitz des Grundstücks 900.

Verjährungsfristen, keine Verjährung (auch nicht vertragsmäßige Bestimmung zulässig 225):
1. Anspruch auf Aufhebung der Gemeinschaft 758, 2042 Abs. 2.
2. — auf Berichtigung des Grundbuchs und Schiffsregisters 898, 1138, 1155, 1157, 1263.
3. — des Eigenthümers aus dem Nachbarrecht 924, A. Art. 78.
4. — aus familienrechtlichen Verhältnissen 194.
5. — aus im Grundbuch eingetragenen Rechten (Ausnahmen!) 902, 1028.

Verjüngung des Waldes s. Ue. Art. 9, A. Art. 75, 78.

Verkauf s. auch Erbschaftskauf, Kauf, Pfandverkauf, Zwangsversteigerung.
— aus freier Hand statt Versteigerung bei Sachen mit Markt- oder Börsenpreis 385, 386, 1221, 1235, 1295.

Verkäufer s. Kauf.

Verkehr, Sachen außer V. nicht erwähnt.
— persönlicher zwischen geschiedenen Eltern mit Kindern 1636, 1635.
— in V. bringen von Schuldverschreibungen auf den Inhaber 794, 795.

Verkehrsanstalten öffentliche, Fund in deren Geschäftsräumen oder Beförderungsmitteln 978—982.
— landesgesetzl. Vorschriften unberührt E. Art. 125.

Verkehrssitte zu beachten:
1. bei Frage, ob Eigenschaft, über die Irrthum, wesentlich 119.
2. bei Frage, ob Sache vertretbar 81.
3. — —, ob Sache Zubehör anderer ist, 97.
4. — —, ob auf Vertragsantrag Annahmeerklärung nicht zu erwarten, 151.
5. bei Leistung des Schuldners 242.
6. bei Vertragsauslegung 157.

Verkehrssperrung, außerordentliche Testamentsform hiebei 2250, 2252.

Verkehrsunternehmungen s. Verkehrsanstalten.

Verkündung von Beschlüssen bei Zwangsversteigerung Z.V. 87, 89.
— des Erbvertrags 2300.
— des eröffneten Testaments 2260 Abs. 2, 2262.
— des gemeinschaftlichen Testaments 2273.

Verkündung der letztwilligen Verfügung als Fristbeginn der Ausschlagung der Erbschaft 1944 Abs. 2.
Verkürzung s. Pflichttheil, Verletzung.
— der Verjährungsfristen (s. das.) und Gewährfrist bei Viehmängel zulässig 225, 486.
Verlagsrecht, landesgesetzliche Vorschriften unberührt **E.** Art. 76, **A.** Art. 1.
Verlängerung s. auch Fortsetzung, Dienst-, Mieth-, Pachtverhältniß.
— einer Frist: Berechnung der neuen vom Ablauf der vorigen an 190.
— der Gewährfrist für Viehmangel zulässig 486.
— der Inventarfrist des Erben 1995 Abs. 3, 1996, **F.G.** 77 Abs. 2.
— der Verjährungsfristen (s. das.) durch Rechtsgeschäft unzulässig, — Ausn.: bei Ansprüchen aus Gewährleistung des Veräußerers und Unternehmers eines Werks 477, 480, 490, 493, 515, 638.
Verlassene Grundstücke 928, **E.** Art. 129, 190.
Verlassenschaft s. Erbschaft, Nachlaß.
Verlassung s. Bösliche Verlassung.
— des Dienstes seitens Dienstboten **E.** Art. 95, **A.** Art. 24 Nr. 3 u. Abs. 2, 26, 30.
Verlegung der Ausübung der Grund- oder beschränkt persönlichen Dienstbarkeit auf anderen Theil des belasteten Grundstücks 1023, 1090, **E.** Art. 184.
— des Wohnsitzes s. das. 7, 8, 773, 775, 1559, 1561 Abs. 3 Nr. 2, 1851 Abs. 2.
Verleiher s. Leihvertrag.
Verleihung staatliche der Rechtsfähigkeit an Vereine mit wirthschaftlichem Geschäftsbetrieb s. Vereine 22, 43 Nr. 4, **E.** Art. 10, 82.
Verleihungsbuch s. Bergwerk.
Verleiten der Dienstboten zum Vertragsbruch **A.** Art. 30.
Verletzung s. Amtspflicht, Eigenthumsverletzung, Körperverletzung, Schadensersatz, Tödtung, Unerlaubte Handlung, Unterhaltspflicht.
— über die Hälfte nicht erwähnt.
— Kündigungsgrund der Gesellschaft 723.
— einer Person, Schadensersatz in Geld 249.
Verletzung der Vorschriften über Pfandverkauf s. das. 1243.
Verleumderische Beleidigung, Schadensersatz 824, 842.
Verlöbniß, ob ein im Brautstand vor 1. Januar 1900 erzeugtes Kind rechtliche Stellung des ehelichen Kindes, nach bisherigen Gesetzen **E.** Art. 208 Abs. 2.
— Auflösung des V. vor Tod des Erblassers: Unwirksamkeit der letztwilligen Verfügungen, durch die Verlobter bedacht, (Ausnahmen) und der Erbverträge zwischen Verlobten 2077 Abs. 2 u. 3, 2268, 2279 Abs. 2.
— Erbvertrag zwischen Verlobten (Form!) 2275 Abs. 3, 2276 Abs. 2, 2279 Abs. 2, 2281, 2290 Abs. 3 u. 4.
— Erbverzicht zwischen Verlobten 2347, 2352.
— aus V. keine Klage auf Eheeingehung! Versprechen einer Strafe für Nichteingehung der Ehe nichtig 1297.
— Rücktritt vom V.:
1. Rücktretender: Schadensersatzpflicht für angemessene Aufwendungen in Erwartung der Ehe (Ausn.: bei wichtigem Grund, Verjährung: 2 Jahre!) 1298, 1302.
2. wer Rücktritt durch Verschulden veranlaßt, schadensersatzpflichtig! (Verjährung: 2 Jahre) 1299, 1302.
3. unbescholtene Verlobte, die Beiwohnung gestattet, im Fall von 1 und 2 Geldentschädigung, auch wenn kein Vermögensschaden (nicht übertragbar! nicht vererblich! Ausn.! Verjährung: 2 Jahre) 1300, 1302.
— Unterbleiben der Eheschließung: Anspruch auf Herausgabe der Geschenke u. s. f. (i. Zw. nicht beim Tod! — Verjährung: 2 Jahre 1301, 1302.
— bei späterer Ehescheidung: Widerruf von Schenkungen 1584.
Verlobte s. Ehe und Verlöbniß.
Verlorene Sachen s. Fund, Verlust.
Verlorene Schuldverschreibungen siehe Verlust.
Verlust s. Eigenthum, Elterliche Gewalt, Fund, Namen, Reichsangehörigkeit, Untergang.

Verlust der Gesellschaftseinlage 707, — bei der Gesellschaft 721, 722, 735, 739, 740.
— einer Sache:
1. die beim Gastwirth eingebracht, 701—703.
2. Herausgabe an früheren Besitzer 1007 Abs. 2.
3. Schadensersatz nur gegen Abtretung der Ansprüche des Ersatzberechtigten auf Grund Eigenthums gegen Dritte 255.
4. Veräußerung durch Nichtberechtigten kein Eigenthumserwerb (Ausn.!) 935.
5. keine Vermuthung, daß Besitzer Eigenthümer (Ausn.: bei Geld und Inhaberpapieren) 1006.
— eines Schuldscheins 371.
— einer Schuldverschreibung auf den Inhaber: a) Aufgebot und Kraftloserklärung 799, — b) Verpflichtung des Ausstellers 794, 807, — c) Bekanntmachung des Verlusts **A.** Art. 90, s. auch H.G.B. 367.
— von Sparurkunden, Kraftloserklärung **E.** Art. 102 Abs. 2, **A.** Art. 111—121.
— der thatsächlichen Gewalt über eine Sache 856.
— von Urkunden, in denen Gläubiger benannt, 808 Abs. 2.
— von Zins-, Renten-, Gewinnantheilscheinen 804, **A.** Art. 90 Abs. 2, H.G.B. 367 Abs. 3.

Verlustigerklären s. Ehrenrechte.

Vermächtniß s. auch Annahme, Ausschlagung, Auslegungsregeln, Erwerb, Nachvermächtniß, Vorausvermächtniß.
— Übergangsbestimmungen **E.** Art. 213—215.
— ist die Zuwendung eines Vermögensvortheils seitens des Erblassers an Dritte, ohne diese zu Erben einzusetzen, durch Testament oder Erbvertrag 1939, 1941, 2278 Abs. 2, — (auch in gemeinschaftlichem Testament 2269 Abs. 2, 2270, 2271).
— Anfall des V., d. i. Entstehung der Forderung des Vermächtnißnehmers:
1. mit Erbfall 2176.
2. ev. mit Eintritt der aufschiebenden Bedingung oder des Anfangstermins 2177, 2179, 161, 162.
3. ev. mit Geburt des z. Zt. des Erbfalls noch nicht erzeugten Bedachten oder Eintritt des Ereignisses, das Person des Bedachten bestimmt, 2178, 2179, 161, 162.

Vermächtniß, Anfechtung des Anspruchs aus V. wegen Erbunwürdigkeit 2345.
— Annahme und Ausschlagung s. das.
— Anordnungen des Erblassers bezüglich der Auseinandersetzung 2044 Abs. 2, 2204.
— V. durch Aufgebot der Nachlaßgläubiger nicht betroffen 1972, — und bei Bemessung der Zulänglichkeit des Nachlasses außer Betracht 1980.
— Bedachter:
1. Auslegungsregeln s. das. 2066—2073, 2149, 2152.
2. Bestimmung nicht durch Anderen 2065, — wohl aber Wahl zwischen Mehreren 2151, 2153, **F.G.** 80.
3. Erbe als Bedachter, Vorausv. 2150.
4. Eventuellbedachter, Ersatzv. 2190.
5. mehrere Bedachte nacheinander, Nachv. 2191.
6. Pflichten des Bedachten 2166—2168.
7. Pflichttheilsberechtigter als Bedachter 2317.
8. Recht des Bedachten auf Früchte u. s. f., Ersatz von Verwendungen, Aufwendungen für Lasten 2184, 2185.
9. Tod des Bedachten vor Erbfall: Unwirksamkeit des V. 2160, 2074.
10. Verzicht durch Vertrag 2352.
— Beschwerter ist, soweit nicht Anderes bestimmt, Erbe oder Vermächtnißnehmer 2147, 2161, 2186—2189, — wird Beschwerter nicht Erbe oder Vermächtnißnehmer, so der, dem Wegfall zu statten, beschwert 2161, 2187 Abs. 2.
1. Anwachsung an Erbtheil des Beschwerten, Wirkung auf V. 1935, 2095, 2159.
2. Auslegungsregeln s. das. 2147, 2148.
3. Berichtigung durch Testamentsvollstrecker 2217 Abs. 2, 2219, 2220, 2223.
4. Beschwerung des Pflichttheilsberechtigten mit V. 2306, 2308, 2320, 2322, 2324.
5. Gewährleistung bei V. einer nur der Gattung nach bestimmten Sache, im Zweifel auch bei bestimmten, nicht zur

Erbschaft gehörenden Sachen 2182, 2183.
6. beim Nachv. ist der erste V.nehmer beschwert 2191.
7. Pflicht, dem Bedachten den Gegenstand zu verschaffen, 2169, 2170, 2182 Abs. 2, 2288 Abs. 2.

Vermächtniß, Gegenstand des Vermächtnisses:
1. Auslegungsregeln s. das. 2157—2159, 2164—2168, 2173, 2175, 2182 Abs. 3, 2184.
2. Bestimmung durch Dritten unzulässig 2065 Abs. 2, — zulässig ist: a) bei bestimmtem Zweck des V. Leistung nach billigem Ermessen eines Dritten oder des Beschwerten 2156, — b) Vertheilung des Gegenstands unter Mehreren 2153, — c) Wahl zwischen mehreren Gegenständen 2154, 2155 Abs. 2 u. 3, **F.G.** 80.
3. falls Recht an Grundstück oder Recht an solchem Recht, Eintragung im Grund- oder Hypothekenbuch **Ue.** Art. 33.
— Kürzung eines V. auf Grund beschränkter Haftung des Erben, wegen Pflichttheilsanspruchs oder wegen Unzulänglichkeit des Vermachten 2187—2189, — bei Vorhandensein von Pflichttheilsberechtigten 2318, 2319, 2323, 2324.
— Unwirksamkeit des V.: a) falls aufschiebende Bedingung oder Anfangstermin erst 30 Jahre nach dem Erbfall, (Ausnahmen) 2162, 2163, 2177, 2179, 2210, — b) falls bestimmter Gegenstand zur Zeit des Erbfalls nicht zur Erbschaft gehört, im Zweifel 2169, 2170, — c) für Ehegatten bei Nichtigkeit oder Auflösung der Ehe 2077, — d) wenn Bedachter zur Zeit des Erbfalls nicht mehr lebt, 2160, — e) falls Leistung unmöglich oder gegen gesetzliches Verbot verstößt, 2171, 2172, — f) für Verlobte bei Auflösung des Verlöbnisses 2077 Abs. 2 u. 3.
— Verbindlichkeiten aus Vermächtniß sind Nachlaßverbindlichkeiten 1967.
1. Berichtigung bei Nachlaßverwaltung oder -konkurs 1991 Abs. 4, — bei Überschuldung des Nachlasses in Folge der Vermächtnisse 1992, 2013, 2187 Abs. 3.
2. stehen auch den im Aufgebotsverfahren ausgeschlossenen Nachlaßgläubigern nach 1973, 1974 Abs. 2, 1989, 2013.

Vermächtniß, Verträge über V. aus dem Nachlaß eines noch lebenden Dritten sind nichtig 312.
— Wegfall des V. kommt beim Erbschaftskauf dem Käufer zu Statten 2372, 2385.
— Zeit der Erfüllung des V. 2176—2178, 2181, 2186, 2269.

Vermächtnißnehmer s. auch Vermächtniß.
— in der Pfalz: Vorzugsrecht an Grundstücken des Nachlasses Gesetz v. 1. Juli 1898 Art. 17 (G.u.V.Bl. 1898 S. 373)
— rechtsrheinisch: gesetzlicher Hypothektitel **E.** Art. 213, **Ue.** Art. 52, 55 Abs. 2.
— Anfechtbarkeit des Anspruchs 2345.
— Auslegungsregeln s. das. 2148, 2192.
— Beschwerung mit Vermächtniß oder Auflage 2147, 2192, **F.G.** 80.

Vermächtnißvertrag s. Erbvertrag 1941.

Vermarkung s. Abmarkung.

Vermengung beweglicher Sachen, so daß untrennbar oder nur mit unverhältnißmäßigen Kosten trennbar, begründet Eigenthum 948, 946, 947, 949, 951.
— der vermachten Sache mit anderer 2172.

Vermerk s. auch Schuldbuch.
— der theilweisen Befriedigung auf Hypothekenbrief 1145, 1168 Abs. 3.
— auf Schiffsbrief **F.G.** 120.
— bei Unterschriftsbeglaubigung **F.G.** 183 Abs. 2.

Vermiether s. auch Miethe.
— gewerbsmäßiger, beweglicher Sachen (Verjährung: 2 Jahre) 196 Nr. 6, 201, 218.

Verminderung s. auch Minderung.
— der Erbschaft, Haftung des Vorerben 2138 Abs. 2.
— des Gesammtguts, Haftung des Mannes gegenüber Ehefrau 1456, 1468 Nr. 2, 1495 Nr. 2, 1496, 1502 Abs. 2, 1519, 1542, 1545, 1549.

Vermischung s. Vermengung.

Vermißter s. Todeserklärung.

Vermittelung von Verträgen s. Mäklervertrag.

Vermögen s. auch Einweisung, Elterliche Gewalt, Gesellschaftsvermögen, Pflegschaft, Stiftung, Verein, Vormundschaft und die folgenden Worte.
— bei Fahrnißgemeinschaft s. das. 1549, 1551, 1556.
— freies V. der Kinder s. Freies Vermögen.
— Maßnahmen der Verlobten in Erwartung der Ehe 1298.
— Nießbrauch am V. 1085—1098, C.P.O. 737, 738.
— vertragsmäßige Verpflichtung zur Übertragung d. künftigen V. od. dessen Belastung mit Nießbrauch nichtig 310.
— — — des gegenwärtigen V., notarielle Beurkundung 311, — bei Kindern in elterlicher Gewalt oder Mündel Genehmigung des Vormundschaftsgerichts 1643, 1822 Nr. 1.
— Zuwendung des V. oder eines Bruchtheils desselben s. Erbeinsetzung.
Vermögenserwerb, Unterlassen eines V. zum Vortheil eines Anderen ist keine Schenkung 517.
Vermögensrechtliches Interesse bei Schadensersatz 253, 343, 847, 1300.
Vermögensübernahme s. auch Vermögen.
— Versprechen einer Leistung an Dritten zum Zweck der Abfindung durch den Übernehmer bei V. 330.
— durch Vertrag, Haftung f. Schulden 419, C.P.O. 729—731.
Vermögensübersicht statt Vormundschaftsrechnung 1854—1856.
Vermögensverfall des elterlichen Gewalthabers, Einschreiten des Vormundschaftsgerichts 1667, 1668, 1670, 1671, 1686, 1687 Nr. 3.
Vermögensverhältnisse s. auch Vermögensverfall, Vermögensverschlechterung.
— arglistige Täuschung über V. bei Eheeingehung kein Anfechtungsgrund 1334 Abs. 2.
— des Erblassers, Einwirkung auf das Maß der Zuwendungen 2050 Abs. 2.
— bei Nichtigkeit der Ehe 1345—1347.
— Überschreiten der V. bei Ausstattung s. das. 1624.
— ungünstige des Vorerben 2128, 2136—2138.
— Unterhalt der Eheleute nach V. 1360, 1361 Abs. 2.
Vermögensverschlechterung s. auch Vermögensverfall, Vermögensverhältnisse.
— bei Darlehensversprechen, Widerruf, Befreiung von Bürgschaft 660, 775 Nr. 1.
— beim Leibgedingsvertrag **A.** Art. 37 Abs. 2.
— Sicherheitsleistung für Geldrente C.P.O. 324.
— nach Vertragsabschluß, Verweigerung der Vorleistung 321.
Vermögensverwaltung s. Elterliche Gewalt, Kind an Kindesstatt angenommen, Nachlaßverwaltung, Vermögensverfall, Vormund.
Vermögensverzeichniß s. Verzeichniß.
Vermögensvortheile im Mißverhältniß zur Leistung 138.
Vermuthungen, Gegenbeweis s. C.P.O. 292.
— zu Gunsten des Besitzers beweglicher Sache, daß er Eigenthümer, 1006.
— zu Gunsten des Ehegatten, daß nicht mehr vorhandene eingebrachte, verbrauchbare Sachen in das Gesammtgut bei Errungenschafts- und Fahrnißgemeinschaft verwendet wurden, 1540, 1550 Abs. 2, 1553.
— im Verhältniß der Ehegatten unter einander und zu den Gläubigern, daß die ausschließlich zum persönlichen Gebrauch der Frau bestimmten Sachen der Frau gehören, 1362 Abs. 1, **E.** Art. 16 Abs. 2, — zu Gunsten der Gläubiger, daß übrige Sachen dem Mann gehören, 1362 Abs. 1, **E.** Art. 16 Abs. 2.
— daß Ehemann innerhalb Empfängnißzeit (während der Ehe) Frau beigewohnt, (vorher), wenn er ohne Anfechtung der Ehelichkeit gestorben ist, 1591.
— daß Ehemann bei Legitimation durch nachfolgende Ehe, falls er Vaterschaft nach Geburt des Kindes in öffentlicher Urkunde anerkannt hat, der Mutter während Empfängnißzeit beigewohnt hat, 1720 Abs. 2.
— daß Eigenbesitz, dessen Anfang und Ende feststeht, auch in Zwischenzeit bestand, 938.
— daß Eigenthümer zweier durch Zwischenraum, Mauer u. s. f. getrennter

Grundstücke zur Benutzung der Einrichtung gemeinschaftlich berechtigt sind, 921.

Vermuthungen, daß Erblasser, der Testamentsurkunde vernichtet, durchstrichen u. s. f. hat, die Aufhebung des Testaments beabsichtigt hat, 2255 Abs. 2.
— daß Erbschein richtig und vollständig 2365, 2366, 2367, 2370.
— bei Errungenschaftsgemeinschaft, daß das vorhandene Vermögen Gesammtgut sei, 1527.
— daß Fiskus gesetzlicher Erbe, wenn Nachlaßgericht festgestellt, daß kein anderer Erbe, 1964 Abs. 2.
— daß dem laut Grundbuch Berechtigten Recht zusteht und daß gelöschte Rechte nicht bestehen, 891.
— bei Verfolgung des Rechts aus Hypothek zu Gunsten des Gläubigers V., daß der im Grundbuch Eingetragene Eigenthümer, 1148.
— daß Hauptmangel beim verkauften Vieh schon bei Gefahrübergang vorhanden war, 484.
— falls Gläubiger im Besitze des Hypothekenbriefs, daß dessen Übergabe erfolgt ist, 1117 Abs. 3, 1154.
— daß das vom Erben errichtete Inventar vollständig, 2009.
— daß das im Besitze des Verpfänders oder Eigenthümers befindliche Pfand vom Pfandgläubiger zurückgegeben wurde, 1253.
— bei Pfandverkauf zu Gunsten des Pfandgläubigers V., daß Verpfänder Eigenthümer, (Ausnahmen!) 1288.
— daß mehrere in gemeinsamer Gefahr Umgekommene gleichzeitig gestorben sind, 20.
— für Untergang eines vermißten Fahrzeugs 16.
— daß Verschollener zu dem im Todeserklärungsurtheil festgestellten Zeitpunkte gestorben sei und bis dahin gelebt habe, 18, 19.

Vernachlässigung s. auch Fahrlässigkeit.
— grobe seitens des Dienstboten A. Art. 24 Nr. 4 u. Abs. 2.
— des Kindes durch elterlichen Gewalthaber, Einschreiten des Vormundschaftsgerichts 1666.

Vernachlässigung der dem Miether obliegenden Sorgfalt, außerordentliche Kündigung 553, 580 Abs. 2.

Vernichtung s. auch Zerstörung.
— von Schuldverschreibungen auf den Inhaber, Grund-, Rentenschuldbriefen u. s. f. — Aufgebotsverfahren 799, 808, 1162, 1192, — Ausn.: Zins-, Renten-, Gewinnantheilscheine und unverzinsliche, auf Sicht zahlbare Schuldverschreibungen 799, 804, **E.** Art. 100 Nr. 2, 174.
— von Sparurkunden, Aufgebot **E.** Art. 102 Abs. 2, **A.** Art. 111—121.
— der Testamentsurkunde in Absicht des Widerrufs 2255.

Veröffentlichung s. Bekanntmachung.

Verpächter s. Pacht.

Verpfändbarkeit s. Unverpfändbarkeit.

Verpfänder s. Pfandrecht.

Verpfändung s. Pfandrecht.
— v. Buchforderungen, beweglichen Sachen, Hypothekforderungen u. s. f. als Art der Sicherheitsleistung 232, 233, 236–238.
— von Grundstücken s. das.

Verpflegung des Berechtigten beim Leibgedingsvertrag **A.** Art. 39.
— der Dienstverpflichteten in häuslicher Gemeinschaft 617, **E.** Art. 95 Abs. 2.

Verpflegungsanstalt, Anspruchsverjährung (2 Jahre) 196 Nr. 11 u. 12, 201, 218.
— landesges. Vorschriften bez. Vormundschaft und Erbrecht vorbehalten **E.** Art. 136, 139, **A.** Art. 100—103, Kgl. Verordn. v. 24. Dez. 1899 § 23 (G. u. V.Bl. 1899 S. 1234).

Verpflichtung durch Handschlag s. das.

Verrücken von Grenzzeichen 919, 924.

Versagung s. auch Unterhaltspflicht.
— der Bestätigung bei Annahme an Kindesstatt 1754 Abs. 2, 1770.
— der Ehelichkeitserklärung (auch ohne gesetzliches Hinderniß) 1734.
— der ehelichen Pflicht 1568, 1611, 2335, **E.** Art. 201.
— des Zuschlags bei Zwangsversteigerung s. Zwangsversteigerung.

Versammlung s. Mitgliederversammlung.

Versäumung der Ausschlagungsfrist bei Erbschaft, Anfechtung 1956.
— des Erwerbs, Anrechnung auf Gegenleistung bei Nichtleistung 324, 615, 649.

Versäumung von Fristen F.G. 22 Abs. 2, 137.
— der Inventarfrist 1996.
— der Nutzungen, Ersatz vom Besitzer von Rechtshängigkeit an und bei bösem Glauben 987, 990, 992, — nicht bei Hinterlegung für Gläubiger 379 Abs. 2.
— des Termins zur Nachlaßauseinandersetzung — Folgen — Wiedereinsetzung F.G. 91 Abs. 3, 92, 93 Abs. 2.
Verschaffung des Eigenthums: Pflicht des Verkäufers 433, 434, 445, 515, 651.
— eines vermachten, z. Zt. des Erbfalls nicht zur Erbschaft gehörenden Gegenstandes 2170.
Verschlechterung s. auch Gefahr, Vermögensverschlechterung.
— eines Erbschaftsgegenstandes, kein Ersatzanspruch des Erbschaftskäufers (Ausn.: bei unentgeltlicher Belastung) 2375, 2385 Abs. 2.
— Ersatzansprüche wegen V., Verjährung:
1. gegen Entleiher (6 Monate) 606.
2. gegen Nießbraucher (—) 1057.
3. gegen Miether und Pächter (—) 558, 581 Abs. 2.
4. gegen Pfandgläubiger (—) 1226.
5. gegen Wohnungsberechtigten (—) 1093.
— in Folge vertrags- oder ordnungsmäßigen Gebrauchs ist nicht zu vertreten vom Miether, Pächter, Entleiher, Nießbraucher, Wohnungsberechtigten, Vorerben 548, 558, 581 Abs. 2, 602, 606, 1050, 1057, 1093, 2132.
— eines Grundstücks, Rechte d. Hypothekgläubigers (Beseitigung der Gefährdung binnen bestimmter Frist — Befriedigung aus Grundstück u. s. f.) 1133—1135, 1205 Abs. 2.
— verschuldete fällt zur Last: a) dem Besitzer einer fremden Sache von Rechtshängigkeit an 989, — b) dem bösgläubigen Besitzer oder Erbschaftsbesitzer von der Erlangung des bösen Glaubens an 990, 991, 2024, — c) dem Entleiher 602, 603, 606, — d) dem Erbschaftsbesitzer gegenüber Erben von Rechtshängigkeit an 2023, — e) dem Miether oder Pächter 548, 558, 581 Abs. 2, — f) dem, der beim Rücktritt vom Vertrage etwas herauszugeben hat, von Empfang der Leistung an 347, 989, — g) dem Schuldner von der Rechtshängigkeit an 292, 989, — h) dem Wiederverkäufer vor Ausübung des Wiederkaufsrechts 498 Abs. 2, 501.
Verschlechterung verschuldete wesentliche des empfangenen Gegenstandes nimmt Rücktrittsrecht 351, 353, 487 Abs. 2.
— eines Gegenstandes während schuldnerischen Verzugs 290.
Verschluß des Protokolls über Errichtung des Testaments oder Erbvertrags 2246, 2249—2251, 2277.
— des Testaments oder Erbvertrags, Feststellung im Protokoll, daß bei Eröffnung unversehrt, 2260 Abs. 3, 2300, 2273, 2277.
Verschollenheit s. Todeserklärung.
Verschollenheitserklärung s. Todeserklärung.
Verschulden s. auch Fahrlässigkeit, Gesammtschuldner, Haftung, Schadensersatz, Verschlechterung, Vorsatz.
— bei Ablehnung der Übernahme der Vormundschaft 1787.
— bei Aftermiethe und -pacht 549 Abs. 2, 581 Abs. 2.
— bei Auftrag 664, 27, 86, 713, 2218, 2220.
— des Besitzers, Haftung gegenüber Eigenthümer 987—993.
— bei Draufgabe 338.
— der Gefahr, Haftung für durch Abwendung verursachten Schaden 228.
— bei gegenseitigem Vertrag 324, 325, 327.
— bei Gesammtschuld 425, 429.
— bei Geschäftsführung ohne Auftrag 678, 680.
— des Hauptschuldners bei Bürgschaft 767.
— konkurrirendes bei Entstehung eines Schadens 254, 846, A. Art. 58, 59 Abs. 3.
— bei Leistungsverzug des Schuldners 285, 293.
— des Nießbrauchers 1039.
— des Pfandgläubigers 1243.
— bei Rücktritt vom Verlöbniß 1299, 1300, 1302.

Verschulden bei Rücktritt vom Vertrage 351.
— des Testamentsvollstreckers 2219, 2220.
— bei Unmöglichkeit der Leistung (Beweislast!) 275, 279—282.
— bei Unzurechnungsfähigkeit durch geistige Getränke u. s. f. 827.
— Vereitelung eines Rechts in Schwebezeit der Bedingung 160.
— bei Verstoß gegen Gesetz zum Schutze eines Anderen 823 Abs. 2.
— des Vertreters oder Hülfsperson, Haftung des Schuldners 278, 664, 691, 831, **E.** Art. 95 Abs. 2.
— des Verwahrers bei Hinterlegung 691.
— des Vorerben 2134, 2136—2138.
— bei Werkvertrag 635, 645.
— bei Wiederkauf 498 Abs. 2.
Verschwägerte s. Schwägerschaft.
Verschweigen s. Arglist.
Verschwendung s. Entmündigung.
— des Abkömmlings als Grund zur Pflichttheilsbeschränkung 2338, 2289 Abs. 2.
Versehen s. Fahrlässigkeit.
Versendung s. Transportgefahr.
Versetzung von Beamten, Geistlichen u. s. f. — Kündigung der Miethe (nicht der Pacht) 570, 596 Abs. 3.
Versicherung s. auch Brandschaden, Brand-, Kranken-, Lebens-, Unfallversicherung, Versicherungsprämie, Viehversicherung.
— landesgesetzl. Vorschriften des Versicherungsrechts unberührt, soweit nicht im B.G.B. Bestimmungen, **E.** Art. 75, **A.** Art. 1, 164.
— Verhältniß zur Hypothek u. s. f. (landesgesetzl. Vorschriften vorbehalten **E.** Art. 120 Abs. 2 Nr. 3).
1. Hypothek erstreckt sich auf die Forderung gegen den Versicherer der ihr unterliegenden Gegenstände, — Haftung der Forderung erlischt, wenn: a) Gegenstand wiederhergestellt, — b) für ihn Ersatz beschafft ist, — c) 1 Jahr nach Fälligkeit, falls nicht vorher Beschlagnahme, (außer bei Gebäuden!) 1127, 1129.
2. bei Gebäuden: Zahlung der Versicherungssumme mit Wirkung gegen Hypothekgläubiger erst nach Anzeige des Schadens an diesen und Verstreichen von 1 Monat (Ausn.!) 1128, 1130, — Freiwerden s. Unschädlichkeitszeugniß. — Bayer. Gesetz vom 15. Juni 1898 (G. u. V.Bl. 1898 S. 301) Art. 17.
Versicherung land- und forstwirthschaftlicher Erzeugnisse eines Grundstücks bei Zwangsversteigerung **Z.V.** 21, 148.
Versicherung an Eidesstatt s. Eidesstatt.
Versicherungsprämie s. auch Versicherung.
— zu bezahlen:
1. bei gesetzlichem Güterrecht für eingebrachtes Gut der Frau dieser gegenüber vom Mann 1385 Nr. 3, 1388.
2. bei Errungenschafts- und Fahrnißgemeinschaft vom Gesammtgut 1529, 1531, 1537, 1550.
3. für Kindesvermögen vom Gewalthaber 1654, 1686.
Versicherungsrecht s. Versicherung **E.** Art. 75, **A.** Art. 1.
Versicherungssumme s. Lebensversicherung, Versicherung.
Versicherungsvertrag s. Versicherung **E.** Art. 75.
Versiegelung s. Siegelung.
Versilberung des gemeinschaftlichen Gegenstandes behufs Theilung 753.
— — — Nachlasses zur Berichtigung der Nachlaßverbindlichkeiten 2046 Abs. 3.
— des Gesammtguts behufs Berichtigung der Gesammtgutsverbindlichkeiten 1475 Abs. 3, 1477 Abs. 1.
— des Gesellschaftsvermögens bei Auseinandersetzung 733 Abs. 3.
Verspätete Vertragsannahme 149, 150.
Versprechen s. auch Auslobung, Ausstattung, Dienstvertrag, Eigenschaft, Mäklervertrag, Schuldversprechen, Vertragsstrafe, Werkvertrag.
— der Darlehenshingabe, Widerruf 610.
— einer Leibrente (schriftlich) s. Leibrente 761.
— einer Leistung an Dritte s. auch Auslegungsregeln 328—335.
— schenkweises V. einer Leistung (Form! Einrede wegen Verarmung) 518, 519, 523 Abs. 2, 524 Abs. 2, 1446.
Verstärkung der gemeinsamen Mauer **E.** Art. 124, **A.** Art. 68—70, 77, 78.

Versteigerung s. auch Zwangsversteigerung.
— Übergangsbestimmung für die Pfalz s. Bayer. Gesetz vom 1. Juli 1898 Art. 18 (G. u. V.Bl. 1898 S. 373).
— Zustandekommen des Vertrags durch Zuschlag (Gebote erlöschen durch Übergebot oder Schluß der V. ohne Zuschlag) 156, **F.G.** 181.
— Befugniß zur öffentlichen V.:
1. der für V.ort bestellte Gerichtsvollzieher oder sonst zur V. befugte Beamte oder öffentlich angestellte Versteigerer 383 Abs. 3, Kgl. Verordn. v. 16. Dez. 1899 § 12 Nr. 3.
2. Behörde oder Verkehrsanstalt bei gefundenen Gegenständen 979.
3. Notar nach landesgesetzl. Vorschriften **E.** Art. 143 Abs. 3, **N.** Art. 2 Nr. 3, **A.G.O.** Art. 25, Bek. v. 24. Dez. 1899 § 223 ff. (J.M.Bl. 1899 S. 669), — (keine gleichzeitige Anwesenheit beider Theile nöthig **A.** Art. 82), — (Protokoll: Bieter gilt nicht als Betheiligter, außer wenn er an Gebot gebunden — Entfernung eines solchen vor Schluß **F.G.** 181), — (Verjährung: 2 Jahre 196 Nr. 15, 201, 218, — nicht mitkaufen 456—458).
— öffentliche:
1. der gefundenen Sache durch Finder, Polizeibehörde, Verkehrsanstalt u. s. f. 966, 975, 979, 980, 982, 983.
2. eines gemeinschaftlichen Gegenstandes zum Zwecke der Theilung 753, 754, 2042 Abs. 2.
3. der geschuldeten Sache, falls nicht zur Hinterlegung geeignet u. s. f., (Androhung, Benachrichtigung, öffentliche Bekanntmachung von Zeit, Ort, Sache auf Kosten des Gläubigers) 383—386, — (Verkäufer darf nicht selbst kaufen 457, 458), — Wirkung: verschafft Eigenthum, auch wenn Sache gestohlen, verloren, abhanden gekommen, 935 Abs. 2, — (bei Börsen- und Marktpreis 385).
4. des verkauften mangelhaften Thieres (einstweilige Verfügung) 489.
5. durch Pfandgläubiger (Pfandgläubiger und Eigenthümer darf mitbieten — keine Haftung für Mängel des Pfandes): a) wegen Gefährdung seiner Sicherheit 1219, 1220, — b) zu seiner Befriedigung aus dem Pfand 1235—1241, 1245, 1246, 461.

Versteigerungsbedingungen bei Zwangsversteigerung s. das.

Versteigerungserlös s. Erlös.

Versteigerungstermin s. auch Zwangsversteigerung.

Vertheidigung s. Notar, Selbstvertheidigung, Vertheidigungskosten.

Vertheidigungskosten eines Ehegatten zu tragen: a) bei allgemeiner Gütergemeinschaft von dem betreffenden Ehegatten 1463 Nr. 1 u. 3, 1475 Abs. 2, 1481, — b) bei Errungenschaftsgemeinschaft vom Gesammtgut (bei Verurtheilung Ersatz!) 1529 Abs. 2, 1531, 1536 Nr. 3.
— der Frau beim gesetzlichen Güterrecht zu tragen vom Mann, falls mit seiner Zustimmung oder den Umständen nach geboten, bei Verurtheilung von der Frau 1387 Nr. 2, 1388, 1415 Nr. 1.
— des Kindes in elterlicher Gewalt vom Gewalthaber zu tragen (bei Verurtheilung Ersatz!) 1654.

Vertheilung bei Auslobung 659—661.
— der Entschädigung bei der Zwangsenteignung **E.** Art. 53, 109.
— des Gewinns und Verlusts bei Gesellschaft 721, 722.
— der Hypothekforderung auf die einzelnen Grundstücke durch Gläubiger 1132 Abs. 2, 875, 876, 878, **G.O.** 64, Bayer. Gesetz vom 18. Juni 1898 Art. 5, 7.
— der Masse beim Nachlaßkonkurs 1989, 2013, 2020, 2060 Nr. 3.
— beim Unschädlichkeitszeugniß s. das.
— des Versteigerungserlöses bei Zwangsversteigerung von Anwesen **Z.V.** 105—145.

Vertheilungsverfahren s. auch C.P.O. 872—882.
— im Fall der Zwangsversteigerung (s. das.) Befriedigung aus Gesammthypothek, Bayer. Gesetz vom 18. Juni 1898 Art. 5, 7.

Vertiefung eines Grundstücks, Verbot 909, 924.

Vertrag s. auch Anfechtung, Annahme, Antrag, Einigung, Form, Nichtigkeit, Rücktritt, Vertragsstrafe, die einzelnen Verträge, Willenserklärung und die folgenden Worte.
— Auslegung: nach Treu und Glauben mit Rücksicht auf die Verkehrssitte 157.
— V. erforderlich zur Begründung eines Schuldverhältnisses durch Rechtsgeschäft sowie zur Änderung des Inhalts eines Schuldverhältnisses 305, — Ausn: a) bei Auslobung 657, — b) bei Genehmigung einer Stiftung 82, — c) bei Schuldverschreibung auf den Inhaber 793.
— gegenseitiger: a) bei Hinterlegung s. das. 373, — b) Leistung zu bestimmter Zeit, Rücktritt 361, — c) nachfolgende Unmöglichkeit der Leistung 323—325, 327, — d) Verweigerung der Leistung bis Gegenleistung 320, 322, — und der Vorausleistung bei Verschlechterung der Vermögenslage 321, — e) Verzug 326, 327.
— zu Gunsten Dritter s. Versprechen 328—335.
— Inhalt des V. 306—319, — insbesondere: a) Bestimmung der Leistung oder Gegenleistung durch Vertragstheil oder Dritten 315—319, — b) V. über Nachlaß, Pflichttheil, Vermächtniß aus Nachlaß eines noch lebenden Dritten (nichtig! — Ausn.!) 312, — c) V. auf Übertragung des künftigen Vermögens oder dessen Belastung mit Nießbrauch (nichtig!) 310, — des gegenwärtigen (notariell!) 311, — d) unmögliche Leistungen 306—308 (Schadensersatz! nichtig!), — e) verbotene V. 309, — f) V. über Verpflichtung, Grundstückseigenthum zu übertragen, (notariell, doch gültig bei Auflassung und Eintragung) 313, — g) V. über Verpflichtung zur Veräußerung oder Belastung einer Sache (im Zweifel auch Zubehör) 314.
— Zustandekommen des V.: a) durch Annahme des Antrags auch ohne Erklärung, wenn diese nach Verkehrssitte nicht zu erwarten oder Antragender auf sie verzichtet hat, 151, 153, 126, 127, H.G.B. 362, — (nicht ehe nicht Einigung über alle Punkte 154, 155), — b) bei Ausübung des Vorkaufsrechts 505, — und Wiederkaufsrechts 497, — c) bei beschränkt Geschäftsfähigen (erforderlich Einwilligung des gesetzlichen Vertreters — Ausn.!) 108—114, — d) s. auch Einwilligung, Genehmigung, Bestätigung, — e) bei gerichtlichem oder notariellem V. (s. auch Form) 152, 128, — f) bei Versteigerung (s. das.) durch Zuschlag 156, — g) durch Vertreter mit Vertretungsmacht 177—179.

Vertragsbruch des Dienstboten, Verleiten hiezu — Schadensersatz **E.** Art. 95, **A.** Art. 30.

Vertragserbe s. Erbe, Erbvertrag.
— ist Erbe, der im Erbvertrag eingesetzt ist, 1941 Abs. 2.

Vertragsfreiheit s. auch Ausschließung, Beschränkung, Nichtigkeit, Unübertragbarkeit.
— Beschränkungen der V. bezüglich Inhalts des Vertrags:
1. keine Abänderung der gesetzlichen a) Vorschriften über fortgesetzte Gütergemeinschaft 1518, — b) Wirkungen der Annahme an Kindesstatt (Ausn.!) 1767.
2. keine bedingte oder betagte Auflassung 925, 1017.
3. — Annahme an Kindesstatt oder Aufhebung 1742, 1768.
4. keine Aufhebung oder Beschränkung der Verpflichtung des Dienstherrn bei Krankheit u. s. f. der Verpflichteten 619.
5. keine Beschränkung des Erbbaurechts auf Theil des Gebäudes 1014.
6. keine Belastung des Grundstückbruchtheils mit Hypotheken u. s. f (Ausn.!) 1095, 1106, 1114, 1192.
7. keine Einräumung des Rechts a) Ablösung einer Rentenschuld zu verlangen, an den Gläubiger 1201, — b) Übertragung des Eigenthums zu verlangen u. s. f. vor Fälligkeit der Forderung 1149, 1229.
8. kein Erlaß der Haftung wegen Vorsatzes im Voraus 276 Abs. 2, 278.
9. keine Erstreckung der Grunddienstbarkeit über Bedürfniß hinaus 1019.
10. keine Heirathsvermittelungsgebühr 656.

11. keine Trennung einer Reallast vom Eigenthum am herrschenden Grundstück 1110.
12. keine Verpflichtung a) des Eigenthümers gegenüber Hypothekgläubiger, Grundstück nicht weiter zu veräußern oder zu belasten, 1136, 1192, — b) das künftige Vermögen zu übertragen u. s. f., 310, — c) die Verfügung von Todeswegen zu errichten, aufzuheben, nicht aufzuheben, 2302.
13. kein Vertrag a) über Nachlaß noch lebender Dritter u. s. f. 312, — b) Spiel, Wette u. s. f. 762—764, — c) auf unmögliche Leistung 306, 308.
14. keine Vertragsstrafe a) für Nichterfüllung gesetzlich unwirksamer Versprechungen 344, — b) für Unterbleiben der Eheschließung 1277.
15. kein Verzicht a) auf öffentliche Versteigerung u. s. f. im Voraus 1245 Abs. 2, 1277, — b) auf Unterhalt für Zukunft 1614, — seitens unehelichen Kindes ohne Entgelt 1714 Abs. 2, — c) auf Widerruf einer Schenkung im Voraus 533.
16. kein Vorbehalt der Fortdauer des Pfandrechts bei Rückgabe des Pfandes 1253.
17. keine widersprechende Verfügung über Sache während schwebender Bedingung, 161.

Vertragsmäßiger Gebrauch der geliehenen Sache 602, 603.
— — der gemietheten Sache 548.

Vertragsmäßiges Güterrecht s. Güterrecht vertragsmäßiges.

Vertragsstrafe, Herabsetzung unverhältnißmäßig hoher V. 343, — (Ausnahme bei Kaufmann im Betrieb des Handelsgewerbes H.G.B. 348).
— Vereinbarung für Fall des Nichterfüllens gesetzlich unwirksamen Versprechens unwirksam 344, — für Fall des Unterbleibens der Ehe nichtig 1297 Abs. 2
— Verwirkung: a) bei Verpflichtung zur Leistung mit Verzug des Schuldners (Beweislast: Schuldner!) 339, 342, 345, — b) — — zum Unterlassen mit Zuwiderhandlung (Beweislast: Gläubiger!) 339, 342, 345.

Vertragsstrafe, Wirkungen der Verwirkung der V.:
1. Anspruch des Gläubigers auf V. neben Erfüllung, wenn V. für nicht gehörige Erfüllung versprochen und wenn er bei Annahme der Erfüllung sich V. vorbehalten hat, 341 Abs. 1 u. 3, 342.
2. Haftung des Pfandes für V. 1210.
3. Wahl des Gläubigers zwischen Erfüllung und V., falls V. für Nichterfüllung versprochen, 340 Abs. 1, 342.
4. Wahl des Gläubigers zwischen V. und Schadenersatz, wenn V. nicht auf Geld geht, sonst Ausspruch auf V. und weiteren Schaden 340 Abs. 2, 341 Abs. 2, 342.

Vertragsurkunde s. Vertrag.
— Unterzeichnung 126 Abs. 2.

Vertragsvermächtniß 2278, 2279.

Vertragswidriger Gebrauch der gemietheten oder geliehenen Sache 550, 553, 605 Nr. 2.

Vertragswidriges Handeln beim Mäklervertrag 654.

Vertrauen, besonders beim Dienstvertrag, 627.

Vertretbare Sachen s. auch Geld.
— — sind bewegliche Sachen, die im Verkehr nach Zahl, Maß oder Gewicht bestimmt zu werden pflegen, 91.
— — ausschließlicher Gegenstand: a) der Anweisung s. das. 783, — b) des Darlehens s. das. 607—610, — (Verwandlung von Schuld in Darlehen 607 Abs. 2).
— — als Beitrag zur Gesellschaft (im Zw. gemeinschaftliches Eigenthum der Gesellschafter) 702 Abs. 2, 706.
— — als Gegenstand der Verwahrung mit Eigenthumsübertragung, sog. depositum irregulare, bei Werthpapieren ausdrückliche Vereinbarung 700.
— — nicht v. S.: a) Veranschlagung in Geld bei Wandelung und Minderung 473, — b) Verpflichtung des Unternehmers, solche aus von ihm zu beschaffenden Stoff herzustellen, 651.

Vertreter s. Gesetzlicher Vertreter, Selbstkontrahiren, Vertretungsmacht, Vertretung, Vollmacht.

Vertreter, wer ausdrücklich oder nach den Umständen im Namen des Vertretenen innerhalb der ihm zustehenden Vertretungsmacht Willenserklärung abgiebt, handelt mit unmittelbarer Wirkung für oder gegen Vertretenen 164, — (Beschränkung der Geschäftsfähigkeit des V. ohne Einfluß 165), — Willensmängel u. s. f. nach Person des V., nicht Vertretenen, (Ausn.!) 166, (Haftung des Schuldners für Verschulden des V. 278), **F.G.** 22 Abs. 2, 92, 137.
— Abschluß von Verträgen ohne Vertretungsmacht (Genehmigung — Widerruf — Schadensersatz) 177—179, — bei einseitigem Rechtsgeschäft unzulässig (Ausnahmen!) 180.
— des Eigenthümers zur Entgegennahme der Kündigung des Hypothekgläubigers auf dessen Antrag vom Amtsgericht zu bestellen 1141 Abs. 2, 1185.
— des Hypothekgläubigers für Forderung aus indossablem Papier u. s. f. — Eintrag im Grundbuch 1189, 1187, 1270.
— des unbekannten Berechtigten bei Zwangsversteigerung **Z.V.** 135.
— von Vereinen oder Stiftungen (neben Vorstand) 30, 31, 86.

Vertretung s. Vertreter, Gesetzlicher Vertreter, Vertretungsmacht, Vormundschaft.
— bei Angelegenheiten freiwilliger Gerichtsbarkeit **F.G.** 13.
— ausgeschlossen für: a) Anfechtung und Bestätigung der Ehe (Ausnahmen!) 1336, 1337, 1340, — b) Anfechtung oder Anerkennung der Ehelichkeit (Ausn.!) 1595, 1598 Abs. 3, — c) Annahme an Kindesstatt 1748 Abs. 2, 1750, 1751, 1755, 1770, — d) Antrag oder Einwilligung oder Anfechtung bei Ehelichkeitserklärung (jedoch gesetzlicher Vertreter!) 1728, 1729, 1731, — e) Ausübung des Amts als Familienrath 1872, — f) Eheschließung 1317, — g) elterliche Einwilligung zum Eheeingehen 1307, — h) Erbvertrag und dessen Anfechtung 2274, — Bestätigung, Aufhebung 2282, 2284, 2290 Abs. 2, — Rücktritt 2296, 2297, — i) Erbverzichtsvertrag und dessen Aufhebung 2347 Abs. 2, 2351, 2352, — k) Testamentserrichtung und Widerruf 2064, 2254—2256, — l) Vereinbarung oder Aufhebung der allgemeinen Gütergemeinschaft 1437, — m) Zustimmung des Ehegatten zu letztwilligen Verfügungen des anderen über fortgesetzte Gütergemeinschaft 1516 Abs. 2, 1518, — n) Zustimmung oder Kündigung einer persönlichen Verpflichtung der Frau 1358 Abs. 3.

Vertretung eines Gesellschafters durch anderen (im Zweifel) 714, 715
— des Kindes s. Elterliche Gewalt, Vormundschaft.
— des Mannes durch Frau innerhalb häuslichem Wirkungskreis 1357, 1358, **E.** Art. 16 Abs. 2.

Vertretungsmacht s. Gesetzlicher Vertreter, Vertreter, Vollmacht.

Verunstaltung einer Schuldverschreibung auf den Inhaber 798, **E.** Art. 174.

Verurtheilung s. Strafbare Handlung, Urtheil.

Vervielfältigung mechanische der Namensunterschrift unter Schuldverschreibung auf den Inhaber 793.

Verwahrer s. Verwahrung.
— Ablieferung des Pfandes an gemeinschaftlichen V., wenn Pfandgläubiger nicht im Alleinbesitz des Pfandes, 1231.
— gerichtlich zu bestellen, falls zu hinterlegende Sachen sich nicht zur Hinterlegung eignen, 432, 1217, 1275, 1281, 2039, **F.G.** 165.

Verwahrung (s. Aufbewahrung, Vorbehalt, Widerspruch) **F.G.** 165.
— depositum irregulare, V. von vertretbaren Sachen 700 Abs. 1.
— bei gefundenen Sachen 966, 978.
— Recht des Hinterlegers: jederzeit Rückforderung, auch wenn Zeit bestimmt, 695.
— Rechte des Verwahrers (Depositars): a) Besitzschutz (mittelbarer Besitz!) 868—871, — b) auf Rücknahme, wenn Zeit nicht bestimmt, 696, — c) ist Zeit bestimmt, so bei wichtigem Grund 696, — d) Vergütung (Entscheid des Amtsgerichts) **F.G.** 165 Abs. 2 u. 3.

Verwahrung des Schiffs bei Zwangsversteigerung Z.V. 165, 170.
— Verpflichtungen des Hinterlegers:
a) Ersatz von Aufwendungen, die Verwahrer für erforderlich hält, 693.
b) Ersatz des durch Beschaffenheit der Sache entstandenen Schadens. (Ausnahmen:
1. wenn Hinterleger Gefahr nicht kennt und nicht kennen muß.
2. wenn er sie angegeben hat.
3. wenn Verwahrer sie kennt, 694).
c) zur Vergütung, falls vereinbart oder nach Umständen zu erwarten, 689, — zu entrichten bei Ende der Aufbewahrung ev. nach bestimmten Zeitabschnitten, 699.
— Verpflichtungen des Verwahrers (Depositars): a) keine Änderung der vereinbarten Art der Aufbewahrung (Ausn.: wenn den Umständen nach Billigung anzunehmen! — dann Anzeige und Abwarten, falls nicht Gefahr!) 692, — b) Aufbewahrung der übergebenen Sache 688, — c) Sache nicht bei Dritten hinterlegen 691, — falls dies gestattet ist, so Haftung nur für Verschulden bei Hinterlegung 691, — d) Haftung für Verschulden eines Gehülfen 691, 278, — e) falls unentgeltlich, Haftung nur für Sorgfalt, wie in eigenen Angelegenheiten, 690, — f) Rückgabe an Ort der Aufbewahrung (nicht bringen!) 697, — g) Verzinsung von Geld, das Verwahrer für sich verwendet, 698.
— V. von Werthpapieren: Eigenthumsübergang nur bei ausdrücklicher Vereinbarung 700 Abs. 2.

Verwalter s. Verwaltung.
— vom Gericht zu bestellen bei Nießbrauch 1052, 1054, 1070.
— von Vermögen der Gemeinden und Stiftungen — Sicherungshypothek E. Art. 91, A. Art. 89.

Verwaltung s. Elterliche Gewalt, Güterrechte, Nacherbfolge, Nachlaßverwaltung, Testamentsvollstrecker, Vormund, Zwangsverwaltung.
— des eingebrachten Guts durch Mann 1363, s. Eingebrachtes Gut, Gesetzliches Güterrecht, — bei Errungenschafts- und Fahrnißgemeinschaft 1525, 1550, 1536 Nr. 2, 1557.

Verwaltung eines gemeinschaftlichen Gegenstandes (Theilhaber gemeinschaftlich — Wirkung für und gegen Sondernachfolger) 744—746, 748, — eines gemeinschaftlichen Grundstücks (Regelung — Eintragung in das Grundbuch) 1010, — des gemeinschaftlichen Nachlasses 2038—2041.
— gerichtliche des versteigerten Grundstücks Z.V. 94, 170.
— des Gesammtguts: a) durch beide Ehegatten nach Ende der Gemeinschaft 1472, 1546, 1549, 1497 Abs. 2, — b) durch überlebenden Ehegatten 1487, — c) durch Mann 1443—1457, 1519, 1549.
— des vom volljährigen Kind Vater oder Mutter überlassenen Vermögens 1619.
— des Mannes bei Gütertrennung 1430.
— des Nachlasses durch Vorerben s. das. 2112—2120, 2131—2138.
— beim Nießbrauch s. das. 1052, 1054, 1070 Abs. 2.
— Rechenschaftsablegung (Rechnung — Belege — ev. Offenbarungseid!) 259.
— durch Testamentsvollstrecker s. das.

Verwaltungsbehörde, Einspruch gegen Eintragung von Vereinen in das Vereinsregister 61—63.
— Geltendmachung des Anspruchs vor V.: Verjährungsunterbrechung u. s. f. 220.
— landesges. Bestimmung statt Vormundschafts- oder Nachlaßgericht E. Art. 147.
— Übertragung der Zwangserziehung an V. durch Landesgesetz E. Art. 135 Abs. 2.

Verwaltungsgemeinschaft s. Gesetzliches Güterrecht.

Verwaltungsgericht s. Verwaltungsbehörde und Verwaltungsstreitverfahren.

Verwaltungsstreitverfahren, Anwendung des landesgesetzlichen V. bei Entziehung der Rechtsfähigkeit der Vereine 44.
— bei Einspruch gegen Eintragung von Vereinen 62.

Verwandlung s. Umgestaltung, Umwandlung.

Verwandte s. Verwandtschaft.

Verwandtschaft s. Ehelichkeit, Erbe gesetzlicher, Kinder, Pflichttheil, Unterhaltspflicht.
— (Vorschriften auch für Civil=Strafprozeßordnung, Konkursordnung u. s. f. anzuwenden **E.** Art. 33, s. auch **A.** Art. 169 II).
— in gerader Linie: Personen, deren eine von der anderen stammt.
Grad: nach Zahl der V. vermittelnden Geburten, — (uneheliches Kind und dessen Vater nicht verwandt, s. Kind uneheliches).
in Seitenlinie: Personen, die nicht in gerader Linie verwandt, aber von derselben dritten Person abstammen, 1589.
— Wirkungen:
1. Anhören vom Vormundschaftsgericht vor dessen Entscheidungen (Ausn.!) 1308 Abs. 2, 1673 Abs. 2, 1847, 1862.
2. Beschwerderecht **F.G.** 57 Nr. 8.
3. Verwandte des Mündels bei Auswahl des Vormundes, Gegenvormundes, Beistandes, Familienraths, Pflegers zunächst berücksichtigen 1779 Abs. 2, 1792 Abs. 4, 1694, 1807, 1918.
4. Eheverbot zwischen V. gerader Linien (Nichtigkeit!) 1310, 1327, 1329, 1732.
5. Erbrecht s. Erbe gesetzlicher, Pflichttheil.
6. Fähigkeit zu Zeugen bei Eheschließung 1318 Abs. 2, — dagegen nicht bei Testaments- und Erbvertragserrichtung (auch nicht als Notar u. s. f.) 2234 Abs. 2, 2235, 2236, 2244, 2249, 2250 Abs. 2, 2276, 2290 Abs. 4, — nicht bei Errichtung notarieller u. s. f. Urkunden **F.G.** 170 Nr. 3 u. 4, 171 Nr. 2, 172.
7. Recht zum Antrag auf Einsetzung des Familienraths 1859, 1868.
8. Unterhaltspflicht s. das. 1601—1615.
— Bedenken der „Verwandten" oder „nächsten Verwandten" durch Erblasser ohne nähere Bestimmung 2067, 2091.
— V. des Ehegatten, die im gemeinschaftlichen Testament bedacht sind, 2270 Abs. 2.

Verwandtschaft des Erblassers, Erbverzicht s. das. 2346—2352.
— falls überlebender Ehegatte zugleich als Verwandter erbt, 1934.
— Verhältniß der Verwandten: a) bei Annahme an Kindesstatt 1763—1766, 1768, — b) des ehelich erklärten unehelichen Kindes zu Vater 1737 Abs. 2, 1738, 1739, 1305 Abs. 1, — c) des elterlichen Gewalthabers oder Vormundes zu Kind oder Mündel 1630 Abs. 2, 1795 Nr. 1 u. 3, — d) der Mutter des unehelichen Kindes zu letzterem 1705, 1709, — e) des Vaters zu legitimirtem und ehelich erklärten unehelichem Kind 1719, 1737.

Verweigerung s. auch Einrede, Vormundschaftsgericht.
— der Annahme einer Ausweisung u. s. f. (unverzügliche Anzeige!) 789.
— des Dienstantritts ohne rechtfertigenden Grund oder beharrliche V. der obliegenden Verpflichtungen seitens des Dienstboten **A.** Art. 24 Nr. 3 u. Abs. 2, 26, 30, — der Aufnahme des Dienstboten **A.** Art. 25 Nr. 1, 26, 30.
— der ehelichen Pflicht (Grund zur Ehescheidung, Beschränkung des Unterhalts, Pflichttheilsentziehung) 1568, 1611, 2335.

Verweisung auf aufgehobene Vorschriften in Reichs- oder Landesgesetzen **E.** Art. 4.
— auf ausländisches oder nicht mehr bestehendes Gesetz bei vertragsmäßiger Regelung des Güterstandes 1433.
— des ausländischen Rechts auf deutsche Gesetze **E.** Art. 27, 28.
— des Gläubigers auf die hinterlegte Sache 379 Abs. 1.

Verwendung von Geld begründet Zinspflicht bei:
1. dem Beauftragten 668.
2. dem geschäftsführenden Gesellschafter 713.
3. dem Geschäftsführer ohne Auftrag 681, 687 Abs. 2.
4. dem Verwahrer 698.
5. dem Vormund 1834.
6. dem Vorstand des Vereins oder Stiftung 27, 40, 86.

Verwendungen s. auch Aufwendungen.
1. Ersatz bei Auftrag 670.
2. — für V. des Besitzers seitens Eigenthümers 994—996, 1000—1003.
3. — für V. des Besitzers, der Sache früherem Besitzer herausgiebt, 1007.
4. — für V. des Erben bei Nachlaßkonkurs oder -verwaltung 1978, 1991, 1992.
5. — des Erbschaftsbesitzers durch Erben 2022, 2023 Abs. 2, 2024, 1000—1003.
6. — bei Erbschaftsverkauf 2381.
7. — bei Geschäftsführung ohne Auftrag 683, 684.
8. — bei Gesellschaft 713, 670.
9. — bei Kauf 450, 451, 515.
10. — bei Leihvertrag 601, 606.
11. — bei Miethe und Pacht (nothwendiger!) 547, 558, 581 Abs. 2. 586, 588, 593.
12. — bei Nießbrauch 1049, 1057.
13. — beim Pfandrecht 1210 Abs. 2, 1216, 1226.
14. — im Falle Rücktritts vom Vertrag 347, 467.
15. — für V. seitens des Testamentsvollstreckers 2218, 670.
16. — bei durch unerlaubte Handlungen entzogenen Sachen 850, 273 Abs. 2, 1000.
17. — bei Verbindung, Verarbeitung u. s. f. von Sachen 951.
18. — für V. auf vermachte Sachen 2185.
19. — auf versteigertes Anwesen seitens Ersteher **Z.V.** 93 Abs. 2.
20. — des Vorstandes eines Vereins oder Stiftung 27, 40, 86, 670.
21. — des Vorerben für V. auf Erbschaft 2124—2126, 2138.
22. — beim Wiederkaufsrecht 500.
23. — beim Wohnungsrecht 1093.
24. V. von Rechtshängigkeit an 292.
— Zurückbehaltungsrecht wegen V. seitens des zur Herausgabe eines Gegenstandes Verpflichteten (Ausn.!) 273 Abs. 2.

Verwirkung s. auch Vorbehalt.
— der elterlichen Gewalt s. das. 1680, 1681, 1684 Nr. 2, 1698, 1771 Nr. 1, 1773, 1495 Nr. 5, 1496, 1502 Abs. 2, 1518.

Verwirkung der Vertragsstrafe s. das. 339.

Verzeichniß, Aufnahme von Vermögensv. s. auch **A.** Art. 167 XVI, **N.** Art. 2 Nr. 1, K.O. 107 Abs. 2.
— des Bestandes bei Herausgabe von Gegenständen (ev. Eid!) 260.
— Einreichung eines V.:
1. bei Annahme an Kindesstatt 1760, 1761.
2. bei Ehelicherklärung des Kindes 1740.
3. bei fortgesetzter Gütergemeinschaft 1493 Abs. 2, 1518.
4. bei Gefährdung des Kindsvermögens 1667 Abs. 2, 1670, 1686, 1692.
5. beim Tode des elterlichen Gewalthabers 1640, 1670, 1686, 1692.
6. bei Vormundschaft und Pflegschaft 1802, 1845, 1669, 1897, 1915.
7. bei Wiederverheirathung des elterlichen Gewalthabers 1669, 1670, 1686, 1692.
— von Inbegriff von Sachen:
1. beim gesetzlichen Güterrecht 1372.
2. bei Errungenschafts- und Fahrnißgemeinschaft 1528, 1550 Abs. 2, — (Gebühren betr. s. **Ue.** Art. 31 Abs. 2).
3. beim Nießbrauch 1035.
— der Mitglieder eines eingetragenen Vereins (auf Verlangen Einreichung beim Amtsgericht!) 72.
— des Nachlasses (s. auch Inventar) 1993—2013: a) bei Pflichttheilsrecht 2314, — b) zur Sicherung desselben 1960, **E.** Art. 140, — c) durch Testamentsvollstrecker 2215, 2220, — d) durch Vorerben 2121.

Verzeihung schließt aus:
1. Anfechtung des Erwerbs von Todeswegen wegen Erbunwürdigkeit 2343, 2345.
2. Beschränkung der Unterhaltspflicht 1611.
3. Recht auf Ehescheidung 1570, 1574 Abs. 3.
4. — der Pflichttheilsentziehung 2337.
5. Recht, der Tochter Aussteuer zu verweigern 1621.
6. Widerruf der Schenkung wegen Undankes 532.

Verzicht auf angefallenes, noch nicht endgültig erworbenes Recht ist keine Schenkung 517.
— des Vertragantragenden auf Annahmeerklärung 151.

Verzicht des antheilsberechtigten Abkömmlings auf Antheil am Gesammtgut bei fortgesetzter Gütergemeinschaft (Form!) 1491, 1501, 1503 Abs. 3, 1517, 1518.
— auf Bekanntmachung der Eintragung in das Grundbuch G.O. 55.
— auf Eigenthum und Aufgabe des Besitzes (Herrenlosigkeit) 958—964.
— auf Eigenthum am Grundstücke (Eintrag!) 928.
— des Eigenthümers bei unbekanntem Hypothekgläubiger auf Recht zur Rücknahme der hinterlegten Forderung 1171.
— — — auf Begründung einer neuen Hypothek an Stelle der erloschenen, noch nicht gelöschten (Bayer. Hypothekengesetz 84) Ue. Art. 59.
— des Bürgen auf Einrede 773 Nr. 1, 239 Abs. 2, 232 Abs. 2.
— des Hauptschuldners bei Bürgschaft und des persönlichen Schuldners bei Hypothek auf Einrede 768 Abs. 2, 1137 Abs. 2, 1211 Abs. 2.
— s. Erbverzicht 2346—2352, Ue. Art. 143 Abs. 2.
— des Finders gegenüber Polizeibehörde auf Recht zum Eigenthumserwerb 976, 977.
— des Gläubigers auf Hypothek 1165, 1168, 1169, 1175, 1176, 1178 Abs. 2.
— — — bei Gesammthypothek 1175, 1176.
— auf Haftung des Schuldners im Voraus (unzulässig!) 276, 278.
— auf Hypothek und Grundschuld (Eintrag!) 1168, 1192.
— auf Kündigung beim Auftrag 671 Abs. 3, 2226, — — bei Gesellschaft 723, — — bei Miethe und Pacht 544, 581 Abs. 2.
— des Nachbarn auf nachbarrechtliche Befugnisse (Form!) A. Art. 77.
— des Nachlaßpflegers auf Beschränkung der Haftung des Erben 2012.
— des Nießbrauchers auf Nießbrauch 1056 Abs. 2.
— des elterlichen Gewalthabers auf Nutznießung am Vermögen des Kindes (Form!) 1662, 1668.

Verzicht auf Vorschriften bei Pfandveräußerung 1245 Abs. 2, 1278.
— auf Pflichttheil: a) seitens Frau (ohne Zustimmung des Mannes!) 1406 Nr. 1, 1525, 1550 Abs. 2, 1453, 1519, 1549, — b) des Kindes oder Mündels (Genehmigung des Vormundschaftsgerichts!) 1643, 1686, 1822 Nr. 2.
— auf Recht auf Rente beim Überbau und Nothweg (Eintrag in das Grundbuch) 914 Abs. 2, 917.
— auf Rücknahme der hinterlegten Sache 376 Abs. 2, 378, 1171.
— auf Unterhalt: a) für Zukunft unzulässig 1614, — b) seitens unehelichen Kindes unentgeltlich nichtig 1714 Abs. 2.
— auf Befugniß zur Verfügung über veräußerliches Recht 137, 399.
— auf Widerruf der Auslobung (Auslegung!) 658 Abs. 2.
— auf Widerruf bei Schenkung 533.

Verzinsung s. Zinsen.

Verzögerung erhebliche des Dienstantritts seitens des Dienstboten A. Art. 24 Nr. 3 u. Abs. 2.
— der Leistungsbestimmung, Klage 315, 319, 2156, 2192.
— pflichtwidrige der Amtsausübung, Haftung 839 Abs. 2.
— der Übernahme der Vormundschaft 1778, 1787, 1788.

Verzug des Gläubigers s. auch V. des Schuldners.
— — Eintritt des V.:
1. wenn Gläubiger angebotene Leistung nicht annimmt 293: a) thatsächliches Angebot 294, — b) wörtliches: wenn Gläubiger erklärt, er nehme nicht an oder wenn er selbst Handlung vorzunehmen hat, 295, — außer bei Bestimmung der Kalenderzeit für sein Handeln 296, 299, — (nicht, wenn Schuldner Leistung nicht bewirken kann, 297, — oder Gläubiger vorübergehend an Annahme verhindert, 299).
2. bei Leistung Zug um Zug: Nichtanerbieten der Gegenleistung 298.

Verzug des Gläubigers, Wirkungen des V. des Gläubigers:
1. V. der Annahme beim Werkvertrag (Unterlassung der erforderlichen Handlung des Bestellers) 642, 643.
2. V. des Dienstberechtigten 615.
3. bei Gattungssachen Gefahrübergang auf Gläubiger 300 Abs. 2.
4. V. des Gesammtgläubigers 424, 429 Abs. 1.
5. Haftung des Schuldners nur für Vorsatz und grobe Fahrlässigkeit 300 Abs. 1.
6. Hinausgabe nur der Nutzungen, die Schuldner zieht, 302.
7. bei Hinausgabe eines Grundstücks kann Schuldner Besitz aufgeben (vorherige Androhung!) 303.
8. Hinterlegung, ev. Versteigerung seitens des Schuldners (bei Geld, Urkunden, Kostbarkeiten) 372—386.
9. Verlangen des Mehraufwandes des Schuldners (für Aufbewahrung u. s. f.) 304.
10. bei alternativer Leistung Übergang des Wahlrechts auf Schuldner 264 Abs. 2.
11. bei Unmöglichkeit der Leistung bei gegenseitigem Vertrag während Annahmev. 324 Abs. 2.
12. Schuldner keine Verzinsung 301.
13. Zwangsvollstreckung aus Urtheilen auf Erfüllung Zug um Zug 274 Abs. 2, 322 Abs. 2.

Verzug des Schuldners s. Verzug des Gläubigers.
— — Eintrittt des V.:
nach Fälligkeit: a) auf gläubigerische Mahnung, Klage, Zahlungsbefehl, — b) ohne Mahnung, wenn Kalenderzeit für Leistung bestimmt oder wenn Kündigung und dann Leistung nach Kalenderzeit, 284.
nicht, wenn Leistung ohne Verschulden unterbleibt, 285.
— Wirkungen des V. des Schuldners:
1. V. des Eigenthümers bei Befriedigung aus der Hypothek (Zinsen!) 1146.
2. bei gegenseitigem Vertrage (Frist, Schadensersatz) 326.
3. gegenüber Gesammtschuldner 424, 425, 429 Abs. 1.
4. Haftung für jede Fahrlässigkeit und Zufall, außer wenn diese auch bei richtiger Leistung, 287.
5. V. des Hauptschuldners bei Bürgschaft 767 Abs. 1, 775 Nr. 3.
6. bei Kauf unter Eigenthumsvorbehalt (mit Zahlung!) 455.
7. bei Rücktritt vom Vertrag 354.
8. Schadensersatz 286, 288 Abs. 2.
9. bei Schenkung (keine Verzugszinsen!) 522.
10. V. des zum Unterhalt Verpflichteten 1613, 528, 1360 Abs. 3, 1351, 1580 Abs. 3, 1703.
11. des Unternehmers beim Werkvertrag mit Beseitigung des Mangels 633 Abs. 3, 636 Abs. 1.
12. V. des Vermiethers oder Verpächters mit Beseitigung des Mangels 538, 581 Abs. 2, — des Miethers oder Pächters mit 2 folgenden Zinsen (außerordentliche Kündigung) 554, 581 Abs. 2.
13. Verwirken der Vertragsstrafe 339.
14. 4 % Zinsen, wenn nicht höher — keine Zwischenzinsen 288, 290, 289.

Verzugszinsen s. Verzug, Zinsen.
— bei Geld mindestens 4 % — nicht von Zinsen 288, 289, 290, Ue. Art. 3, — (nicht vom Schenker 522), — (Recht des Hypothekgläubigers 1146).

Vieh s. Thier.
— als Zubehör des Landguts 98.

Viehgewährschaft, Bayer. Gesetz vom 16. März 1859, Gewährleistung bei Viehveräußerung betr., aufgehoben A. Art. 175 Nr. 15 (s. H.G.B. 382).
— bezieht sich auf Esel, Maulesel, Maulthiere, Pferde, Rindvieh, Schafe, Schweine 481.
— Beginn der Gewährfrist: Ablauf des Tages, an dem Gefahr auf Käufer übergeht, 483, 459, 446, 447, — (falls Fehler innerhalb Gewährfrist, 484).
— Folgen:
1. Wandelung (auch wenn Thier geschlachtet: Werth), Vergütung der Werthsminderung und gezogenen Nutzungen, Ersatz der Kosten 487, 488, 465, 467, 481, — (bei mehreren Thieren 469, 471).

2. Schadensersatz bei Hauptmangel, dessen Nichtvorhandensein zugesichert, 490.
3. Kosten der Fütterung, Pflege u. s. f.: Verkäufer 488.
4. Lieferung von mangelfreien bei nach Gattung bestimmten Thieren 491.
5. im Rechtsstreit auf Antrag öffentliche Versteigerung und Hinterlegung des Erlöses 489.

Viehgewährschaft, Haftung des Verkäufers (oder sonstigen Veräußerers gegen Entgelt 493):
1. nur für bestimmte Fehler (Hauptmängel) (durch kaiserl. Verordnung zu bestimmen!) 482, — (Ausschluß: wenn Käufer Mangel bei Abschluß des Vertrags kennt (Ausn.!) 460, 464), — (durch Vertrag abänderbar 486), s. kaiserl. Verordnung vom 27. März 1899 (R.G.Bl. 1899 S. 219).
2. nur innerhalb bestimmter Frist (Gewährfrist) (—) 482, — (vertragsmäßig verlängerbar und abkürzbar 486), s. kaiserliche Verordnung vom 27. März 1899 (R.G.Bl. 1899 S. 219), — (3 Tage bis 28 Tage, gewöhnlich 14 Tage).
3. sonst nur bei ausdrücklicher Gewährleistung 492.
4. bei Arglist 460, 463, 476, 478, 480, 485.

— Verjährung des Gewährschaftsanspruchs: 6 Wochen nach Ende der Frist 490, 492.
— Verlust des Rechts: falls nicht binnen 2 Tagen nach Ablauf der Frist oder Tod des Thieres Anzeige abgesandt, Klage, Streitverkündung u. s. f. erhoben, Ausn.: bei Arglist 485, ferner 490, 463.

Viehmängel s. Viehgewährschaft.
Viehversicherung **A.G.O.** Art. 23, 53.
Vierteljahr s. auch Frist.
— Ende, Dauer eines V. 188, 189.
— bei Dienstvertrag 621, 622, 614.
— bei Hypothek 1124 Abs. 2.
— bei Leibrente und Unterhalt 760, 1710, 1716.
— bei Miethe von Grundstücken 551, 565.
— bei Miethe und Pacht 573, 574, 581 Abs. 2.
— bei Nießbrauch 1056.

Vindicatio s. Rei vindicatio.
Vinkulirung von Schuldverschreibung auf Inhaber (s. das.) nicht aufgenommen.
Vis s. Drohung, Höhere Gewalt, Zwang.
Vitia possessionis s. Verbotene Eigenmacht.
Vogtbarkeit nicht erwähnt, s. Volljährigkeit.
Vollbürtige Geschwister s. Geschwister.
Vollendung der Verjährung s. das. 206, 207, 222.
— des Werks beim Werkvertrag 646, 649.
Volljährigkeit s. auch Alter (21 Jahre), Volljährigkeitserklärung.
— Übergangsbestimmungen: wer am 1. Jan. 1900 noch nicht 21 Jahre alt, aber für volljährig erklärt ist, steht Volljährigem gleich **E.** Art. 153 (s. auch Art. 154).
— Eintritt: mit vollendetem 21. Lebensjahr 2, 187, s. aber Volljährigkeitserklärung, — bei Ausländern, die Reichsangehörigkeit erworben, **E.** Art. 7 Abs. 2.
— vorher keine Eheeingehung seitens des Mannes 1303.
— beim Kind: a) keine Absicht auf Ersatz der Aufwendungen für elterlichen Haushalt (im Zweifel) 1618, — b) keine elterliche Gewalt mehr 1626, — c) Vermögensüberlassung 1619, — d) Verpflichtung zur Dienstleistung im elterlichen Hause oder Geschäfte 1617, — e) Verweigerung der elterlichen Einwilligung zur Eheschließung 1308.
— vorläufige Vormundschaft und Vormundschaft über Volljährige s. Vormundschaft 1896—1908, — Pflegschaft s. das. 1909—1921, 1418 Nr. 4, 1428 Abs. 2, 1542, 1676 Abs. 2.

Volljährigkeitserklärung s. auch Volljährigkeit.
— Übergangsbestimmung **E.** Art. 153.
— (durch Beschluß des Vormundschaftsgerichts 3 Abs. 1), — in Bayern: durch Justizministerium (Vorbehalt des **E.** Art. 147) **A.** Art. 2, **F.G.** 56 Abs. 2, 196 Abs. 2, Bek. v. 24. Dez. 1899 (J.M.Bl. 1900 S. 108).
— Voraussetzungen:
1. nur wenn sie Bestes des Minderjährigen befördert, (Anhörung der Verwandten u. s. f.) 5, 1847.

2. Vollendung des 18. Lebensjahres 3 Abs. 1.
3. Einwilligung des Minderjährigen, ev. elterlichen Gewalthabers 4 Abs. 1. u. 2, F.G. 56, 196.

Volljährigkeitserklärung, Wirkungen:
1. Minderjähriger erhält rechtliche Stellung des Volljährigen 3 Abs. 2.
2. bei Verweigerung der elterlichen Einwilligung zur Eheschließung, Ersatz derselben durch Vormundschaftsgericht 1308.

Vollmacht s. Vertreter, Vertretung, Vollmachtsurkunde.
— ist die durch Rechtsgeschäft einem Vertreter ertheilte Vertretungsmacht 166 Abs. 2.
— formlos (gegenüber Vertreter oder Dritten) 167, — (Ausn. s. Form), — besondere oder öffentliche Bekanntmachung der V. 171 Abs. 2, 172 Abs. 1, 174.
— Erlöschen der V.: a) durch Erlöschen des ihr zu Grunde liegenden Rechtsverhältnisses 168, 671, 675, 715, 723, 173, 175, — b) durch Widerruf 168, 167, 171—173, 1911, — c) Fortwirkung der erloschenen V. 169—173, 674, 729.

Vollmachtsurkunde s. auch Vertretungsmacht, Vollmacht.
— Aushändigung an Vertreter und Vorlegung 171, 172, 173.
— gewöhnlich bei Ertheilung von Vollmacht nicht erforderlich 167, — Ausnahmen: a) bei Ausschlagung der Erbschaft 1945 Abs. 2, 1955, — b) bei einseitigem Rechtsgeschäft 174, 180.
— Kraftloserklärung 176, 172.
— Zurückgabepflicht 175.

Vollständiger Besitz s. Eigenbesitz.

Vollständigkeit des Nachlaßinventars 2001, 2005, 2006, 2003.
— des Verzeichnisses: a) bei Annahme an Kindesstatt 1760, — b) des elterlicher Verwaltung unterliegenden Vermögens 1640, 1667 Abs. 2, 1668, 1670, 1692, — c) bei Vormundschaft 1802.

Vollstreckbarer Titel s. auch Urkunde, Vorläufige Vollstreckbarkeit.

Vollstreckbarer Titel, Anspruchsverjährung (30 Jahre) 218.
— — erforderlich zur Befriedigung aus:
1. Hypothek 1147.
2. Pfandrecht am Recht 1277, — (nicht an Sache durch Privatverkauf 1233).
3. Schiffspfandrecht 1268.

Vollstreckbare Urkunde s. Vollstreckbarer Titel und Urkunde, Vorläufige Vollstreckbarkeit.

Vollstreckungsbefehl in der Pfalz, Gesetz vom 20. März 1882 aufgehoben **A.** Art. 175 Nr. 29.
— auf Grund V. nicht Eintragung von Sicherungshypothek C.P.O. 866 Abs. 3. Übergangsbestimmung bis Anlegung des Grundbuchs für Pfalz **A.G.O.** Art. 56.

Vollstreckungsgericht s. Amtsgericht, Notar, Zwangsversteigerung und -verwaltung.

Vollstreckungshandlung s. Zwangsvollstreckung.

Vollstreckungsklausel, Unterbrechung der Verjährung durch Klage auf Ertheilung der V. 209.

Vollzug der Auflage 2193, 2194, 2196, 2279, 525 Abs. 2, Kgl. Verordn. v. 24. Dez. 1899 § 24 (G. u. V.Bl. 1899 S. 1234).
— des Schenkungsversprechens:
1. Heilung des Formmangels 518 Abs. 2.
2. für Fall, daß Beschenkter Schenker überlebt, 2301.
— der Wandelung u. Minderung s. das. 465.

Voraus, bei gesetzlicher Erbfolge erhält überlebender Ehegatte als V. neben Verwandten zweiter und folgender Ordnung: Haushaltungsgegenstände und Hochzeitsgeschenke (nach Vorschriften für Vermächtnisse s. das.) 1932, 1933.
— des überlebenden Ehegatten bleibt bei Berechnung des Pflichttheils der Eltern des Erblassers außer Ansatz 2311.

Vorausentrichtung s. Pränumerandozahlung.

Vorausklage, Einrede der V. bei Bürgschaft (Gläubiger muß zuerst Zwangsvollstreckung geg. Hauptschuldner ohne Erfolg versuchen!) 771, 772, — Ausschluß derselben s. Bürgschaft (be-

sonders bei Verbürgung als Selbstschuldner) 773, 777, H.G.B. 349, 351.
Vorausklage, Einrede der V. hemmt nicht Verjährung 202 Abs. 2.
— Verzicht der V. erforderlich, wenn Bürge zur Sicherheitsleistung gestellt wird, 239 Abs. 2.
Vorausleistung s. Pränumerandozahlung.
Voraussetzung nicht ausdrücklich erwähnt, s. 812, 815, 817—819, 1301, 2078 Abs. 2, 2279, 2281, 2285.
Vorausvermächtniß ist das einem Erben zugewendete Vermächtniß — gilt als Vermächtniß auch soweit, als Erbe selbst beschwert ist, 2150.
— beim Erbschaftskauf im Zweifel nicht mitverkauft 2373.
— das dem Vorerben zugewendet ist, fällt im Zweifel nicht an Nacherben 2110 Abs. 2, 2191 Abs. 2.
Vorauszahlung s. Pränumerandozahlung.
Vorbehalt s. auch Eigenthumsvorbehalt, Pflichttheil, Vorbehaltsgut, Wiederkauf.
— der Entlassung bei Eintritt oder Nichteintritt bestimmten Ereignisses als Vormund, Gegenvormund, Beistand, Familienrathsmitglied, Pfleger 1790, 1897, 1792 Abs. 4, 1694, 1871, 1915.
— ist erforderlich: a) bei Annahme der nicht gehörigen Erfüllung zur Erhaltung des Anspruchs auf Vertragsstrafe 341 Abs. 3, — b) — — einer mangelhaften veräußerten Sache oder mangelhaften Werks trotz Kenntniß des Mangels zur Erhaltung des Anspruchs auf Geltendmachung des Mangels 464, 493, 515, 640 Abs. 2, 651, — c) nicht zur Erhaltung der condictio indebiti 814, — d) bei vertragsmäßigem Versprechen einer Leistung an den Dritten, um das Versprechen aufheben oder abändern zu können, 328 Abs. 2, 331 Abs. 2.
— der Ergänzung einer letztwilligen Verfügung 2086.
— des Ersatzes der Verwendungen des Besitzers bei Rückgabe der Sache 1001, 1007.
— der Feststellung der Forderung, falls nur Höchstbetrag der Hypothek oder für den Schiff haftet, bestimmt ist, 1190, 1271.
Vorbehalt der Fortdauer des Pfandrechts bei Rückgabe des Pfandes unwirksam 1255.
— geheimer bei Willenserklärungen 116.
— des Ranges bei Belastung eines Grundstücks mit Recht 881, — bei Verpfändung des Schiffs 1261.
— der Rechtsverwirkung (lex commissoria) für den Fall der Nichterfüllung der Verbindlichkeit (Rücktrittsrecht — Beweislast) 360, 358, — beim Pfandverkauf für den Fall der Nichtbezahlung des Kaufpreises 1238 Abs. 2.
unzulässig:
1. bei Hypothek vor Fälligkeit der Forderung gegenüber dem Eigenthümer 1149.
2. beim Pfandrecht vor der Verkaufsberechtigung 1229, 1277.
— des Rücktritts (s. das.) vom Vertrag 346, 357, 358, — — — vom Erbvertrag 2293, 2298 Abs. 2.
— unzulässig bei Antrag auf Eintragung im Grundbuch **G.O.** 16.
— Urtheile unter V. stehen bezüglich der Wirkung auf Verjährung den rechtskräftigen Entscheidungen gleich 219.
Vorbehaltsgut s. auch die einzelnen Güterrechte.
— Übergangsbestimmungen **Ue.** Art. 97—104, 124—140.
— V. ist:
1. das durch Ehevertrag für V. Erklärte 1368, 1435, 1440 Abs. 2, 1486, 1526 Abs. 1, 1549, — Eintragung in das Güterrechtsregister zur Wirkung gegen gutgläubige Dritte 1365—1371, 1435.
2. das durch Erbfolge, Vermächtniß, als Pflichttheil, unter Lebenden unentgeltlich mit Bestimmung, daß es V. sein soll, Erworbene 1369, 1440 Abs. 2, 1486, 1526 Abs. 1, 1549.
3. das als Ersatz für Zerstörung u. s. f. eines zum V. gehörenden Gegenstandes Erworbene 1370, 1440 Abs. 2, 1486, 1526 Abs. 1, 1549.
4. beim gesetzlichen Güterrecht außerdem: a) die ausschließlich zum

Gebrauch der Frau bestimmten Sachen (insbes. Kleider, Schmuck) 1366, — b) das von der Frau durch ihre Arbeit oder selbständig betriebenes Erwerbsgeschäft Erworbene 1367, 1405.
5. bei Wiederherstellung der Rechte des Mannes auf Verwaltung und Nutznießung oder Errungenschaftsgemeinschaft: das, was ohne die Aufhebung V. geblieben oder geworden wäre, 1425 Abs. 3, 1548 Abs. 2.

Vorbehaltsgut der Frau bei allen Güterständen (s. das.) 1365, 1440, 1526, 1549, — (Eintragung im Güterrechtsregister 1431, 1435, — Beitrag zum ehelichen Aufwand 1371, 1441, 1526 Abs. 3, 1549), — (Grundsätze der Gütertrennung s. das. 1371), — (fällt nicht in Gesammtgut und unterliegt nicht Verwaltung und Nutznießung des Mannes 1440, 1526 Abs. 3, 1549, 1365).
— des Mannes nur bei allgemeiner Gütergemeinschaft 1440, 1526 Abs. 2, 1555.
— Lasten des V. 1413—1416, 1461—1465, 1526 Abs. 3, 1535, 1549, — Ausgleichung 1417, 1466, 1467, 1526 Abs. 3, 1487, 1549.
— Nachweis vor Grundbuchamt G.O. 34.

Vorbesitzer s. auch Besitzer.
— Ersatzanspruch für Verwendungen des V. 999, 1007.
— Verjährungs- und Ersitzungszeit des V. kommt dem Rechtsnachfolger zu Statten 221, 943.

Vorbildung zum Beruf s. Beruf.

Vorderösterreichisches Recht (Josefinisches Gesetzbuch) maßgebend für das eheliche Güterrecht in Burgau in Bayern — Übergangsbestimmungen s. **Ue.** Art. 90, 92, 94, 97—104.

Voreltern s. auch Eltern, Erbe gesetzlicher.
— Eheverbot 1310.
— Erbschaft 1928—1931.
— Unterhaltsgewährung, im Zweifel unentgeltlich 685 Abs. 2, s. auch Unterhaltspflicht 1601—1615.

Vorempfang s. Ausgleichung, Miterben.

Vorenthalt des Eigenthums 985—1003.
— der gemietheten oder gepachteten Sache durch Vermiether u. s. f. 542, 581 Abs. 2, — durch Miether u. s. f. 557, 597.

Vorenthalt widerrechtlicher eines Kindes, Herausgabe 1632.

Vorentscheid einer Behörde, Unterbrechung der Verjährung durch Einreichung des Gesuchs 210, 490.
— über Beschwerden **F.G.** 195.
— des bayerischen Verwaltungsgerichtshofs bei Schadensersatzanspruch gegen Staat, Gemeinde u. s. f. wegen Schadenszufügung durch Beamten, ebenso gegen Beamten (nicht der streitigen oder freiwilligen Gerichtsbarkeit), für Gericht bindend s. Bayer. Gesetz vom 8. August 1878 Art. 7 Abs. 2, abgeändert **A.** Art. 165.

Vorerbe s. auch Nacherbe.
— Übergangsbestimmung **E.** Art. 213.
— ist derjenige Erbe, der die Erbschaft bis zum Eintritt eines bestimmten Zeitpunktes oder Ereignisses behalten und dann einem Anderen (Nacherben) hinausgeben soll, 2100—2146, — (falls nicht bestimmt, 2105, — juristische Person als V. 2109 Abs. 2), — (Eintragung im Grundbuch **G.O.** 52).
— Erbschein des V. 2363.
— Pflichten des V.:
1. bei Anlegung von Geld 2119, 2136—2138.
2. Anzeige des Eintritts der Nacherbfolge an das Nachlaßgericht 2146.
3. Auskunftsertheilung und Sicherheitsleistung bei erheblicher Verletzung der Rechte des Nacherben 2127, 2128, 2136—2138.
4. Eintragung von Buchforderungen gegen Reich u. s. f. 2118, 2136—2138.
5. nach Eintritt der Nacherbfolge (s. auch 6) Herausgabe der Erbschaft — auf Verlangen Rechenschaftsablegung 2130, 2136—2138.
6. Haftung dem Vorerben gegenüber nur für Sorgfalt, wie in eigenen Angelegenheiten 2131, 2132, 2136—2138, — — nach Eintritt der Nacherbfolge 2145.
7. Hinterlegung oder Umschreibung von Inhaberpapieren u. s. f. 2116, 2117, 2136—2138.

8. Schadensersatz bei Verfügung über Erbschaftsgegenstand oder Verminderung 2138 Abs. 2.
9. Tragung der gewöhnlichen Erhaltungskosten gegenüber Nacherben 2124, 2126.
10. Tragung der Kosten der Beglaubigung der Einwilligung des Nacherben 2120.
11. Verzeichniß der Erbschaftsgegenstände (ev. durch Notar) auf Verlangen des Nacherben 2121.
12. Wertherſatz für für sich verwendete Gegenstände (ev. weitere Haftung) 2134, 2136—2138.

Vorerbe, Rechte des V.:
1. bei Ausschlagen der Erbschaft durch Nacherben: sie verbleibt dem V., soweit nicht Erblasser anders bestimmt hat, 2142.
2. Ersatz für Aufwendungen und außerordentliche Lasten 2124 Abs. 2, 2125, 2126, 2138.
3. Feststellung eines Wirthschaftsplans bei Wald, Bergwerk u. s. f. 2123.
4. — des Zustandes der Nachlaßsachen durch Sachverständige 2122.
5. Recht auf Werth der Früchte 2133, 2136—2138.
6. Verfügung über Gegenstände der Erbschaft 2112.
Ausnahmen:
a) bei Entziehung der Verwaltung 2119, 2136—2138, — b) über Grundstücke und Rechte, soweit Recht des Nacherben dadurch vereitelt oder beeinträchtigt, 2112, 2136—2138, — c) über Hypothekforderung, Grund-, Rentenschuld 2114, 2136—2138, — d) unentgeltliche Verfügungen über Erbschaftsgegenstand oder zum Zweck der Erfüllung des Schenkungsversprechens (Ausn.!) 2113 Abs. 2, 2138 Abs. 2, — e) im Wege der Zwangsvollstreckung, Arrest oder durch Konkursverwalter (Ausnahmen) 2115.
7. Wegnahme einer Einrichtung 2125 Abs. 2.

— Ende: mit Eintritt des Falls der Nacherbfolge 2139—2141, 2143, — Tod des V. 2106, 2191 Abs. 2.

Vorkaufsrecht, I. **dingliches.**
— A. gesetzliches V. des Miterben am Antheil des Miterben ist vererblich, — Frist für Ausübung: 2 Monat 2034, — nach Übertragung des Antheils an Käufer diesem gegenüber ausüben, dem Verkäufer gegenüber mit Übertragung erloschen 2035, 2037, — mit Übertragung auf Miterben Käufer von Haftung für Nachlaßverbindlichkeiten frei (Ausn.) 2036, 2037.

Vorkaufsrecht dingliches, B. rechtsgeschäftliches an Grundstücken 1094—1104, — ist Belastung eines Grundstücks so, daß der, zu dessen Gunsten Belastung besteht, dem Eigenthümer gegenüber zum Verkauf berechtigt ist, 1094, — (Bruchtheil eines Grundstücks nur, wenn er im Antheil eines Miteigenthümers besteht, 1095, — im Zweifel auch Zubehör 1096).
1. Ausübung: a) sobald Kaufvertrag über Grundstück seitens des Eigenthümers mit Dritten abgeschlossen, durch formlose Erklärung gegenüber Verpflichteten, — b) wenn Grundstück vom Konkursverwalter aus freier Hand verkauft wird, 1098.
2. Bestellung (bei Grundstücken notariell!): a) gewöhnlich für Fall des Verkaufs durch Eigenthümer, dem Grundstück zur Zeit der Bestellung gehört, oder durch dessen Erben 1097, — b) möglicherweise auch für mehrere oder alle Verkaufsfälle 1097, — c) auch zu Gunsten des jeweiligen Eigenthümers eines anderen Grundstücks 1094 Abs. 2, 1103, 1104 Abs. 2, — (kann nicht vom Eigenthum getrennt werden!), Begründung und Änderung durch Einigung und Eintragung im Grundbuch (Rang — Form!) 873, 874, 877—879.
3. Erlöschen des V., Aufhebung durch Erklärung und Löschung 875, 878, 902, — (unrichtige Löschung 901), — (nicht durch Kosolidation 889), s. auch Unschädlichkeit Bayer. Gesetz vom 15. Juni 1898 Abs. 13, C.P.O. 988.
4. Person des Berechtigten: a) auch jeweiliger Eigenthümer eines Grundstücks 1094 Abs. 2, 1103, 1104 Abs. 2, b) V. nicht übertragbar, nicht vererblich, außer, wenn es auf bestimmte Zeit

beschränkt, im Zweifel 1098, 514, 2034 Abs. 2, — c) steht V. mehreren Personen zu, so nur im Ganzen ausüben 1098, 513, — d) bei Unbekanntschaft: Ausschluß (Ausnahmen) 1104, 1170.

5. Wirkungen der Ausübung: a) mit Ausübung des V. kommt Kauf zwischen Berechtigten und Verpflichteten unter den Bestimmungen zu Stande, welche mit Dritten vereinbart waren, 1098, 505 Abs. 2, — (unwirksam ist gegenüber Vorkaufsberechtigten Vereinbarung mit Dritten, durch welche Kauf von Nichtausübung des V. abhängig gemacht oder dem Verpflichteten für den Fall der Ausübung des V. Rücktritt vorbehalten wird, 506), — (bei Verpflichtung des Dritten zu Nebenleistungen ev. deren Werth u. s. f. 507, — bei Gesammtpreis 508, — bei Stundung des Kaufpreises Sicherheit oder Hypothek (s. auch 1098) 509), — b) Dritten gegenüber hat V. Wirkung einer Vormerkung zur Sicherung des durch die Ausübung des Rechts entstehenden Anspruchs auf Eigenthumsübertragung 1098 Abs. 2, — falls Dritter Eigenthümer des Grundstücks geworden, (Kaufpreis!) 1099—1102, — c) V. erstreckt sich im Zweifel nicht auf Verkauf, der mit Rücksicht auf künftiges Erbrecht an gesetzlichen Erben erfolgt, 1098, 511.

6. Zeit der Ausübung: unverzügliche Mittheilung des Vertrags mit Dritten durch Verpflichteten, auch dritten Eigenthümers, an Vorkaufsberechtigten, — Ausübung nach Empfang dieser Mittheilung: a) innerhalb der bestimmten Frist, — in Ermangelung solcher Bestimmung: b) bei Grundstücken nur binnen 2 Monaten, — c) bei anderen Gegenständen nur binnen einer Woche 1099, 510, 2034 Abs. 2.

Vorkaufsrecht, II. **obligatorisches, persönliches** 504—514.

1. Ausschluß: a) nach Ablauf der Zeit 510 Abs. 2, — b) falls die mit Dritten vereinbarte Nebenleistung nicht in Geld schätzbar ist, (Ausnahmen!) 507, — c) beim Verkauf an den gesetzlichen Erben mit Rücksicht auf das künftige Erbrecht im Zweifel 511, — d) beim Verkauf im Wege der Zwangsvollstreckung oder durch den Konkursverwalter 512.
2. Ausübung wie bei I B 1 a 504, 505.
3. Person des Berechtigten wie bei I B 4 b u. c 513, 514, 2034 Abs. 2.
4. Wirkungen der Ausübung wie bei I B 5 a u. c 506—509, 511.
5. Zeit der Ausübung wie bei I B 6 510.

Vorkehrung zur Abwendung von Gefahr, die Grundstücken droht, 908, 924, — beim Nießbrauch 1042.

Vorläufige Vollstreckbarkeit 725, 751, 2042 Abs. 2, 2044, 2204, **G.O.** 25, s. auch C.P.O.

Vorläufige Vormundschaft s. Vormundschaft.

Vorlegung des Hypothekenbriefs u. s. f.: a) bei Eintragungen in das Grundbuch bei Zwangsversteigerung u. s. f. **A.G.O.** Art. 19, 20, 53, — b) bei Geltendmachung der Hypothek 1160 Abs. 2 u. 3, 1161, — c) bei theilweiser Befriedigung 1145, 1168 Abs. 3, — d) bei Vertheilung des Erlöses aus Zwangsversteigerung **Z.V.** 126, 127, 136, 142, 156 Abs. 2, 158 Abs. 3.

— von Sachen, Recht hierauf:
1. wer gegen Besitzer Anspruch bezüglich Sachen hat oder sich Gewißheit verschaffen will, ob er solchen Anspruch hat.
2. wer rechtliches Interesse an Einsicht der Urkunde: a) wenn diese in seinem Interesse errichtet, — b) wenn sie Rechtsverhältniß zwischen ihm und Anderen bekundet, — c) wenn sie Verhandlungen über Rechtsgeschäfte zwischen ihm und Anderen enthält, 809, 810, C.P.O. 887.

Ort der V.: wo Sache, außer bei wichtigem Grund, 811, — (Gefahr und Kosten: der V. verlangt, Sicherheitsleistung hiefür 811 Abs. 2), — (im Prozeß s. C.P.O. 422 ff).

— von Schuldverschreibungen auf den Inhaber an Aussteller zur Einlösung (Frist — Verjährung des An-

spruchs) 801, 802, **E.** Art. 174, **Ue.** Art. 8.

Vorlegung des Testaments oder Erbvertrags 2260 Abs. 2, 2300.
— von Urkunden bei Antrag auf Ertheilung des Erbscheins 2356, 2357 Abs. 3, C.P.O. 421.
— — — bei Ertheilung des Unschädlichkeitszeugnisses nicht erforderlich s. Bayer. Gesetz vom 15. Juni 1898 (G. u. V.Bl. 1898 S. 301) Art. 13, 15.
— des Veräußerungsvertrags bei der Auflassung **A.G.O.** Art. 12, 53.

Vorleistungspflicht s. auch Post- und Pränumerandozahlung.
— Ausschluß der Einrede des nichterfüllten Vertrags, — Ausnahme: bei nachträglicher Vermögensverschlechterung des anderen Theils 320, 321.
— bei gegenseitigem Vertrag kann bei Annahmeverzug der Andere trotz V. auf Leistung nach Empfang der Gegenleistung klagen 322.

Vorlesen notarieller u. s. f. Urkunden **F.G.** 174, 177, **N.** Art. 26 Abs. 3.
— des Protokolls über Errichtung des Testaments oder Erbvertrags 2242, 2244, 2249, 2250 Abs. 2, 2251, 2276, 2290 Abs. 4.

Vorliebe s. Affektionsinteresse.

Vormerkung, Übergangsbestimmung: rechtsrheinisches Bayern: V. einer Hypothek zur Zeit der Grundbuchsanlage **Ue.** Art. 57, 58 Abs. 2, **A.G.O.** Art. 57, — vor Anlegung des Grundbuchs **A.G.O.** Art. 56.
— Beseitigung der V. kann verlangen (**G.O.** 18 Abs. 2):
1. Käufer des Grundstücks, auch wenn er V. kannte, 439 Abs. 2.
2. der gegen den durch V. gesicherten Anspruch Einrede hat, durch die dieser dauernd ausgeschlossen ist, 886, **Ue.** Art. 57.
— Eintragung im Grundbuch: zur Sicherung des Anspruchs auf Einräumung oder Aufhebung oder Änderung des Inhalts oder Ranges eines Rechts am Grundstück oder einem das Grundstück belastenden Recht (s. auch Grundstück) 883, — insbes. — — — auf Löschung einer Hypothek für den Fall der Vereinigung mit Eigenthum in einer Person 1179, — auf Grund einstweiliger Verfügung (ohne Glaubhaftmachung der Gefährdung!) oder Bewilligung des Betroffenen 885, 2016 Abs. 2, **G.O.** 25, s. auch **G.O.** 18 Abs. 2, 76.

Vormerkung im Schiffsregister **F.G.** 103.
— Umwandlung der Hypothekv. in Eintragung **A.G.O.** Art. 22, 53, 57.
— unbekannter Berechtigter, Ausschluß im Aufgebotsverfahren 887, **Ue.** Art. 57.
— Wirkung der Eintragung: a) Erbe des Verpflichteten kann sich nicht auf Haftungsbeschränkung berufen 884, 1990 Abs. 2, — b) Gläubiger, die durch V. gesichert, werden durch Aufgebot der Nachlaßgläubiger nicht betroffen 1971, 2016 Abs. 2, 2060 Nr. 2, — c) Unwirksamkeit der den Anspruch vereitelnden oder beeinträchtigenden Verfügungen 883 Abs. 2, — d) Zeit der Eintragung maßgebend für Rang des dadurch gesicherten Rechts 883 Abs. 2.

Vormund s. Vormundschaft.

Vormundschaft s. auch Familienrath, Gegenvormund, Gemeindewaisenrath, Pflegschaft, Vormundschaftsgericht.
(Eintheilung des Folgenden: Ausländer B.; Minderjährige C.: Berufung II.; Bestellung III.; Eintritt I.; Ende IV.; Pflichten des Vormundes V., Rechte VI.; Übergangsbestimmung A.; Volljährige, die entmündigt, D., wie bei C.; vorläufige Vormundschaft E.)
— A. Übergangsbestimmung: auf V., die am 1. Januar 1900 besteht, von da an B.G.B. Anwendung (bisherige Vormünder im Amt s. auch Pflegschaft) **E.** Art. 210.
— B. auch über Ausländer **E.** Art. 23.
— C. über **Minderjährige:**
— — I. Eintritt der V.
1. wenn Minderjähriger nicht unter elterlicher Gewalt steht.
2. wenn Eltern nicht zur Vertretung von die Person oder das Vermögen betreffenden Angelegenheiten berechtigt sind.
3. wenn Familienstand des Minderjährigen nicht zu ermitteln, 1773, Bek. v. 19. Jan. 1900 (J.M.Bl. 1900 S. 181).

Vormundschaft, II. Berufung als Vormund Bek. v. 19. Jan. 1900 §§ 5 u. 6 (J.M.Bl. 1900 S. 183). a) Reihenfolge:
1. (für Ehefrau Mann („darf" vor 2—7 bestellt werden) 1778 Abs. 3).
2. der vom Vater des Mündels als Vormund Benannte (durch letztwillige Verfügung — nur, wenn Vater z. Zt. des Todes elterliche Gewalt hat) 1776 Nr. 1, 1777, 1782, 1852—1854, 1856, 1857, 1898, — (nach landesges. Vorschriften: Vorstand von Erziehungsanstalten u. s. f. **E.** Art. 136 Nr. 3, **A.** Art. 100).
3. der von der ehelichen Mutter des Mündels als Vormund Benannte (—) 1776 Nr. 2, 1777, 1782, 1852—1857, 1898.
4. (für uneheliches Kind die Mutter („darf" vor 5—7 bestellt werden) 1778 Abs. 3).
5. Großvater des Mündels von väterlicher Seite (Ausn.!) 1776 Nr. 3 u. Abs. 2.
6. — — von mütterlicher Seite (Ausn.!) 1776 Nr. 4 u. Abs. 2.
7. (Auswahl durch das Vormundschaftsgericht — Anhörung des Gemeindewaisenraths — Geeignetsein — religiöses Bekenntniß — zunächst aus Verwandten und Verschwägerten des Mündels 1779, 1785—1787, 1849, 1862).
8. falls nach bisherigen Gesetzen Vater oder Mutter ausgeschlossen oder der Mutter Beistand zugeordnet **E.** Art. 205. b) Personen unter II a 1—7 ohne Zustimmung nicht übergehen (neben ihnen nur mit Zustimmung Mitvormund) 1778, — Beschwerde **F.G.** 60 Nr. 1 u. Abs. 2. Ausnahmen (d. h. es dürfen übergangen werden):
1. wer an Übernahme der V. verhindert, 1778 Abs. 1 u. 2.
2. wer dieselbe verzögert 1778 Abs. 1.
3. wessen Bestellung Interesse des Mündels gefährdet, 1778 Abs. 1.
4. wer als Vormund nicht bestellt werden kann: α) wegen Geistesschwäche, Verschwendung, Trunksucht Entmündigter 1780, 1785, — β) Geschäftsunfähiger 1780, 1785.
5. — — — nicht bestellt werden soll: α) der durch Anordnung von Vater oder ehelicher Mutter Ausgeschlossene 1782, 1785, 1898, — β) Beamter oder Religionsdiener, außer mit vorgeschriebener Erlaubniß, 1784, 1785, 1888, 1895, — γ) Frau, die mit anderem als Vater des Mündels verheirathet ist, außer bei Zustimmung ihres Mannes, 1783, 1785, — δ) der im Konkurs Befindliche während dessen Dauer 1781 Nr. 3, 1785, 1886, 1895, — ε) Minderjähriger oder unter vorläufiger V. Befindlicher 1781 Nr. 1, 1785, 1886, 1895, — ζ) der einen Pfleger wegen Gebrechen hat, 1781 Nr. 2, 1785, 1886, 1895, — ϑ) der der bürgerlichen Ehrenrechte Verlustige 1781, Nr. 4, 1785, 1886, 1895.

c) jeder Deutsche muß V., für die er vom V.gericht ausgewählt, übernehmen 1785, — (Beschwerde **F.G.** 60 Nr. 2).

Ausnahmen:
1. falls seiner Bestellung Gründe, wie oben unter b 4 u. 5 aufgeführt, entgegenstehen, 1785.
2. Recht, V. abzulehnen (Geltendmachung vor Bestellung!) 1786 Abs. 2, — (falls ohne Grund bei Verschulden: Haftung für Schaden, der dem Mündel aus Verzögerung der Bestellung entsteht, 1787), — (Pflicht, vorläufig zu übernehmen, 1787 Abs. 2, — Ordnungsstrafe bei Nichtübernahme 1788): α) Frau 1786, 1887, 1895, — β) wer älter als 60 Jahre, 1786 Nr. 2, 1889, 1895, — γ) wer mehr als vier minderjährige eheliche, nicht an Kindesstatt angenommene Kinder hat, 1786 Nr. 3, 1889, 1895, — δ) wer durch Krankheit oder Gebrechen verhindert, 1786 Nr. 4, 1889, 1895, — ε) wer wegen Entfernung des Wohnsitzes vom Sitz des V.gerichts V. nicht ohne besondere Belästigung führen kann, 1786 Nr. 5, 1889, 1895, — ζ) wer vom V.gericht zur Sicherstellung angehalten werden kann, 1786 Nr. 6, 1889, 1895, 1844, — ϑ) wer mit Anderen zur gemeinsamen Führung der V. bestellt werden soll, 1786 Nr. 7, — η) wer mehr als eine V. oder Pflegschaft führt, (V. über mehrere Geschwister ist eine,

zwei Gegenv. gelten als eine V.) 1786 Nr. 8.

Vormundschaft, III. Bestellung als Vormund (Bek. v. 19. Jan. 1900 §§ 5 u. 6, J.M.Bl. 1900 S. 183).

1. Übergangsbestimmung: die am 1. Januar 1900 Bestellten bleiben im Amt **E.** Art. 210.
2. vom Vormundschaftsgericht von Amtswegen anzuordnen, Vorbehalt der Entlassung bei bestimmtem Ereigniß, nur ein Vormund, auch für mehrere Geschwister, falls nicht besondere Gründe, (bei Nichtübernahme Ordnungsstrafen, höchstens drei zu höchstens je 300 Mark, Zwischenraum mindestens 1 Woche) 1774, 1775, 1788, 1790.
3. Bestallung als Vormund, enthaltend Name, Geburtszeit des Mündels, Name des Vormundes, Gegen-, Mitvormund u. s. f., ev. Art der Theilung, ev. Angabe, daß Familienrath besteht, 1791, 1881 Abs. 2, 1893 Abs. 2.

— — IV. Ende: a) des Amts als Vormund (Anzeige 1799, — Beschwerde **F.G.** 57 Nr. 6, 60 Nr. 3):

1. bei Ende der Vormundschaft s. IV b.
2. bei Entlassung des Vormundes: α) wegen Gefährdung der Interessen des Mündels, besonders pflichtwidrigen Verhaltens, 1886, 1895, — β) bei Verheirathung der Frau („kann"), „muß", falls Mann Zustimmung versagt, (Ausn.!) 1887, 1895, — γ) bei Versagung oder Zurücknahme der Erlaubniß des Beamten oder Religionsdieners 1888, 1895, — δ) falls Vormund unter vorläufiger Vormundschaft, Pflegschaft, Konkurs oder der bürgerlichen Ehrenrechte verlustig geht, 1886, 1895, — ε) bei wichtigem Grund auf Antrag des Vormundes, besonders wenn er Übernahme ablehnen könnte, 1889, 1895.
3. bei Entmündigung des Vormundes 1885, 1895.
4. beim Tod desselben 1894, 1895.
5. bei Todeserklärung desselben 1885 Abs. 2, 1895, **E.** Art. 160.

b) der Vormundschaft (**F.G.** 57 Nr. 1, Bek. v. 19. Jan. 1900 §§ 28—32 (J.M.Bl. 1900 S. 197):

1. bei Legitimation des Mündels durch nachfolgende Ehe (erst, wenn Vaterschaft durch rechtskräftiges Urtheil festgestellt oder Aufhebung der V. durch V.gericht ausgesprochen) 1883.
2. bei Todeserklärung des Mündels mit Erlassung des Urtheils 1884 Abs. 2, **E.** Art. 160.
3. bei Verschollensein des Mündels mit Aufhebung durch das Vormundschaftsgericht 1884.
4. Wegfall der Voraussetzungen 1882, 1773.

c) Folge: Herausgabe des Vermögens u. s. f. 1890—1893, 1898.

Vormundschaft, V. Pflichten des Vormundes:

1. Auskunftsertheilung u. s. f. gegenüber Gegenvormund und V.gericht 1799 Abs. 2, 1839.
2. Befreiung von Pflichten 1856, 1857, 1903, 1904.
3. bei Eheeingehen des Vaters oder der ehelichen Mutter 1845, 1314, 1493 Abs. 2, 1518.
4. Führung treu und gewissenhaft, Handschlag an Eidesstatt 1789, — — unentgeltlich, doch angemessene Vergütung, Ersatz für Aufwendungen 1836, 1835, — Beschwerde **F.G.** 57 Nr. 7.
5. Haftung: a) dem Mündel für Schaden aus Pflichtverletzung 1833, 1834, — b) für widerrechtliche Schadenszufügung durch Mündel 832, — (Mündel hat Verschulden des Vormundes wie eigenes zu vertreten 278).
6. bei mehreren Vormündern s. Mitvormund.
7. Mittheilung des Todes des Gegen- oder Mitvormundes an das V.gericht 1894 Abs. 2, 1895, — — bei Verlegung des Aufenthaltsorts des Mündels an den Gemeindewaisenrath 1851 Abs. 2.
8. nach Beendigung des Amts: Herausgabe des Vermögens, Rechenschaftsablage, Prüfung durch Gegenvormund, Fortführung der Geschäfte, Rückgabe der Bestallung 1890—1893, 1895, 1897, 1682, 1683.
9. Rechnungslegung gegenüber V.gericht 1840—1842, 1854—1856, Bek. v. 19. Jan. 1900 §§ 21 u. 22 (J.M.Bl. 1900 S. 193).

10. Sicherheitsleistung bei Anordnung des V.gerichts 1844, **F.G.** 54, Bayer. Gesetz vom 1. Juli 1898 Art. 6 u. 4 (G. u. V.Bl. 1898 S. 371).

11. Sorge für das Mündelvermögen (s. auch 12):

a) Anlage verzinsliche, doch kann andere Anlage gestattet werden, 1806, 1809—1811, 1852 Abs. 2, **E.** Art. 136 Nr. 4, 212, Bek. v. 19. Jan. 1900 §§ 14—17 (J.M.Bl. 1900 S. 189).

(Übergangsbestimmung für Bayern: insbes. Pfandbriefe nach den vor 1. Januar 1900 getroffenen ministeriellen Bestimmungen **Ue.** Art. 32): α) in sicheren inländischen Hypotheken, Grund-, Rentenschulden 1807 Nr. 1 u. Abs. 2, 1813 Abs. 2, — (sicher nur, wenn innerhalb erster Hälfte des Grundstückswerths, **A.** Art. 92), — β) in verbriefter Forderung gegen Reich u. s. f. 1807 Nr. 2—4, 1813 Abs. 2, 1816, 1817, — γ) bei inländischer öffentlicher Sparkasse, falls für geeignet erklärt, 1807 Nr. 5, 1809, — δ) eventuell bei Reichs-, Staatsbank oder durch Landesgesetz für geeignet erklärter inländischer Bank u. s. f. 1808, 1809, **E.** Art. 144, **Ue.** Art. 32.

b) Hinterlegung oder Umschreibung von Inhaber- oder Orderpapier mit Blankoindossament (Ausn.), Vermerk bei Buchforderung gegen Reich oder Bundesstaat (Ausn.) 1814—1817, 1819, 1820, 1853, 1855, 1856, — sonstige Hinterlegung 1818, 1819, Bek. v. 19. Jan. 1900 §§ 18—20 (J.M.Bl. 1900 S. 191).

c) Verbot von Schenkungen in Vertretung des Mündels (Ausn.!) 1806, — der Verwendung des Mündelvermögens für den Vormund 1805, 1834.

d) Verfügung über Forderungen u. s. f., kraft deren Mündel Leistung verlangen kann, oder über Werthpapiere nur mit Genehmigung des Gegenvormundes, ev. V.gerichts.

Ausnahmen:

aa) bei Annahme geschuldeter Leistung, wenn: α) Anspruch auf Erstattung der Kosten der Kündigung u. s. f., — β) zur Nutzung des Mündelvermögens gehört, — γ) unter 300 Mark ist (Ausn.!), — δ) Gegenstand nicht Geld oder Werthpapier, — ε) vom Vormund angelegtes Geld zurückbezahlt wird.

bb) bezüglich Genehmigung des Gegenvormundes, wenn die des V.gerichts erforderlich, 1812, 1813, 1825, 1832, 1852 Abs. 2, 1855, 1856.

e) Verwaltung des durch Mündel von Todeswegen oder unentgeltlich unter Lebenden Erworbenen nach Anordnung des Zuwenders (Ausnahmen!) 1803.

f) Verzeichniß, Einreichen beim V.-gericht, Versicherung der Richtigkeit und Vollständigkeit, ev. Zuziehung von Gegenvormund, auch durch Notar, Sachverständige u. s. f. 1802, Bek. v. 19. Jan. 1900 § 13 (J.M.Bl. 1900 S. 188).

12. Sorge für Person und Vermögen des Mündels analog der elterlichen Gewalt s. das. 1793—1796, 1800, — nicht, soweit Pfleger bestellt s. Pflegschaft 1909, 1916—1919, — a) Beschwerde **F.G.** 57 Nr. 9 u. Abs. 2, — b) Einwilligung, daß Mündel Ehe eingeht, und zur Anfechtung der Ehe 1304 Abs. 2, 1337, 1341 Abs. 2, — c) Ermächtigung, daß Mündel in Dienst oder Arbeit tritt, 113, 1822 Nr. 7, — d) religiöse Erziehung entziehbar 1801.

Vormundschaft, VI. Rechte des Vormundes:

1. Ablehnung weiterer V. 1768 Nr. 8 u. Abs. 2, 1787.
2. Annahme des Mündels an Kindesstatt durch Vormund 1752.
3. Antrag auf Einsetzung eines Familienraths 1859, 1868, — Vormund „soll" nicht Mitglied des Familienraths sein 1866 Nr. 1, 1868.
4. Ersatz für Aufwendungen, angemessene Vergütung 1836, 1835, — Beschwerde **F.G.** 57 Nr. 7.
5. Heirath zwischen Mündel und Vormund nicht erwähnt, s. 181, 1795 Nr. 1.
6. bei mehreren Vormündern s. Mitvormund.
7. rechtliche Stellung eines Beistandes 1696, 1702 Abs. 2, 1707.

8. Verjährung von Ansprüchen zwischen Vormund und Mündel während Vormundschaftsverhältniß gehemmt 204.
9. Vertretung des Mündels 1793, 1409, 1457.
Ausnahmen: a) bei Rechtsgeschäften zwischen Mündel und Ehegatten oder Verwandten des Vormundes in gerader Linie (Ausn.!), — b) bei Übertragung oder Belastung einer hypothekarisch u. s. f. gesicherten Forderung des Mündels gegen Vormund, Aufhebung, Minderung der Sicherheit u. s. f., — c) bei Rechtsstreit über a u. b 1795.

Vormundschaft, D. über **Volljährige,** die **entmündigt** sind, 1896—1908, **E.** Art. 210 (Vorschriften wie bei A, doch s. folgende Bestimmungen):

ad II. Berufung als Vormund:
1. Vater und Mutter nicht berechtigt, Vormund zu benennen oder auszuschließen, 1898.
2. Ehefrau Vormund des Mannes auch ohne dessen Zustimmung 1900.
3. Vater vor Großvater berufen, (nicht, wenn Mündel vom Dritten an Kindesstatt angenommen, — Ausn.: bei nichtiger Ehe) (kein Gegenvormund!) 1899, 1903.
4. eheliche, ev. uneheliche Mutter vor Großvater (Gegenvormund bei Antrag oder besonderen Gründen) 1899, 1900, 1904.

ad V, VI. Rechte und Pflichten des Vormundes:
1. Ausstattung aus Mündelvermögen nur mit Genehmigung des V.gerichts, ebenso Genehmigung bei Miethe, Pacht, sowie Vertrag auf wiederkehrende Leistung, falls auf länger als 4 Jahre, (bei Miethe oder Pacht von Landgut oder gewerblichem Betrieb stets Genehmigung!) 1902.
2. Sorge für Person nur soweit, als Zweck der Vormundschaft es erfordert, 1901.
3. Vertretung in Verwaltung und Nutznießung des eingebrachten Guts der Frau 1409, 1525, 1550 Abs. 2, — in Verwaltung des Gesammtguts 1457, 1519, 1549.

— — **E.** vorläufige Vormundschaft **F.G.** 52, 57 Nr. 2, 60 Nr. 5, 61, — nach Antrag auf Entmündigung, falls V.gericht es zur Abwendung erheblicher Gefährdung von Person oder Vermögen für erforderlich hält, 1906, — (Vorschriften über Berufung zur V. nicht gültig 1907).

Ende:
1. durch Aufhebung, falls nicht mehr erforderlich.
2. bei Bestellung eines Vormundes auf Grund Entmündigung.
3. mit Rücknahme oder rechtskräftiger Abweisung des Entmündigungsantrags 1908, 115 Abs. 2.

Folgen für unter v. V. Stehende:
1. sind in Geschäftsfähigkeit beschränkt wie Minderjährige 114.
2. sollen nicht zum Vormund u. s. f. bestellt werden 1781 Nr. 1, 1897, 1792 Abs. 4, 1694, 1866 Nr. 2, 1915.

Vormundschaftsgericht s. auch Vormundschaftsrichter.

— I. Abänderung: a) der Anlegung von Kinds- oder Mündelgeld 1642, 1811, — b) der Anordnungen des Erblassers oder Schenkers über Vermögensverwaltung bei Gefährdung der Interessen des Kindes oder Mündels 1639, 1803, — c) der Anordnung einer befreiten Vormundschaft oder Pflegschaft 1857, 1903, 1917 Abs. 2, **E.** Art. 136 Nr. 4, — d) mißbräuchlicher Beschränkung oder Ausschließung des Rechts der Frau, den Mann innerhalb des häuslichen Wirkungskreises zu vertreten, 1357 Abs. 2, — e) der Unterhaltsgewährung an unverheirathete Kinder 1612 Abs. 2.

— II. Anhörung (s. das.):
1. des Beistandes 1690 Abs. 3, **F.G.** 54, Bayer. Gesetz v. 1. Juli 1898 Art. 6 (G. u. V.Bl. 1898 S. 371).
2. des elterlichen Gewalthabers 1673, 1686.
3. des Gegenvormundes 1826.
4. des Gemeindewaisenraths 1862, **A.** Art. 99.
5. des Mündels 1827.
6. von Verwandten oder Verschwägerten des Kindes oder Mündels 1308, 1673, 1847, 1862.
7. des Vormundes oder Pflegers **F.G.** 54, Bayer. Gesetz v. 1. Juli 1898 Art. 6 (G. u. V.Bl. 1898 S. 371).

Vormundschaftsgericht, III. Anordnung von Amtswegen:
1. Pflegschaft 1909—1915, — (nicht Nachlaßpflegschaft 1960—1962), — (in Abwesenheitssachen in der Pfalz **Ue.** Art. 107—112).
2. vorläufige Vormundschaft 1906.
3. Vormundschaft s. das. 1774, 1773, 1896, Bek. v. 19. Jan. 1900 § 4 (J.M.Bl. 1900 S. 183).

— IV. Beschwerde in Vormundschaftssachen **F.G.** 57—64, 20.

— V. Bestellung und Verpflichtung durch Handschlag an Eidesstatt:
1. des Beistandes für Mutter mit elterlicher Gewalt (Bestallung!) 1687, 1688, 1694.
2. des Familienraths 1858—1871, 1905, (Rechte und Pflichten des Vormundes gehen auf diesen über 1872).
3. des Gegenvormundes (Bestallung!) 1792, 1852, 1903, 1915 Abs. 2, **E.** Art. 136 Nr. 4, **A.** Art. 100 Abs. 3.
4. des Pflegers (Bestallung!) 1915—1917.
5. des Vormunds (Bestallung!) 1775—1792, 1897—1900, **E.** Art. 136, — (mehrere Vormünder 1775, 1797), — (bis Bestellung oder bei Verhinderung 1846).

— VI. Einschreitung von Amtswegen:
1. Entziehung der Vermögensverwaltung bei Annahme an Kindesstatt 1760.
2. bei Gefährdung des geistigen oder leiblichen Wohls des Kindes oder seines Unterhalts seitens elterlichen Gewalthabers 1666, 1671, 1667, 1668, 1673, 1838, **F.G.** 57 Nr. 8. insbesondere: a) Anordnung von Zwangserziehung Minderjähriger, falls zur Verhütung des völligen sittlichen Verderbs nothwendig, **E.** Art. 135, — b) Beschränkung des elterlichen Gewalthabers am 1. Januar 1900 in Sorge für Kind bleibt in Kraft, doch kann V. aufheben **E.** Art. 204.
3. bei Gefährdung des Vermögens durch elterlichen Gewalthaber (Vermögensverzeichniß, Rechnungslegung, Hinterlegung u. s. f., Sicherheitsleistung u. s. f.) 1667—1673, **E.** Art. 204, 1814, 1844, 1897, 1915, Bayer. Gesetz vom 1. Juli 1898 Art. 4 u. 6 (G. u. V.Bl. 1898 S. 371).
4. Entziehung des Rechts auf Vertretung des Mündels oder Kindes bei Interessenkollision 1796, 1630 Abs. 2.
5. falls elterlicher Gewalthaber die Anordnungen des Erblassers oder Schenkers für Verwaltung nicht befolgt, 1639, 1640, 1642 Abs. 2.
6. bei Verhinderung des elterlichen Gewalthabers 1665, 1686, 1677, 1685, **F.G.** 57 Nr. 8.
7. bei Pflichtwidrigkeiten von Beistand, Vormund, Gegenvormund, Pfleger 1694, 1837, 1897, 1915.

Vormundschaftsgericht, VII. Entgegennahme von Mittheilungen, Erklärungen, Verzeichnissen:
1. Anzeige seitens des Anstaltsvormundes **A.** Art. 100.
2. — des Gemeindewaisenraths **F.G.** 49, **A.** Art. 99, Bek. v. 22. Dez. 1899 (J.M.Bl. 1900 S. 554).
3. — des Gerichts **F.G.** 50.
4. — des Standesbeamten **F.G.** 48.
5. — des Vaters oder Mutter, daß sie neue Ehe eingehen wollen, 1518, 1669, 1686, 1314, 1493, 1740, 1761, 1845.
6. von einstweiligen Verfügungen und Entmündigung C.P.O. 627 Abs. 3, 660.
7. seitens elterlichen Gewalthabers Verzicht auf Nutznießung am Kindsvermögen 1662, 1686.
8. seitens Nachlaßgericht Mittheilung von Aufhebung der fortgesetzten Gütergemeinschaft, falls überlebender Ehegatte gesetzlicher Vertreter eines Abkömmlings ist, 1492 Abs. 1.
9. Erklärung des für todt erklärten elterlichen Gewalthabers, daß er elterliche Gewalt wieder übernehme, 1679 Abs. 2. 1686.
10. seitens Nachlaßgericht von Bestimmung der Inventarfrist für Kind oder Mündel 1999.
11. Verzeichniß des elterlichen Gewalthabers über verwaltetes Kindsvermögen 1640, 1669, 1686, 1710.
12. — über Vermögen des Mündels 1802, 1854, 1897, 1915.

Vormundschaftsgericht, VIII. Ersatz durch V. (**F.G.** 53).
1. für Einwilligung: a) der Eltern zur Eheeingehung eines für volljährig erklärten Kindes unter 21 Jahren 1308, — b) der unehelichen Mutter zur Ehelichkeitserklärung des Kindes 1727, — c) des Vormundes zur Eheeingehung 1304 Abs. 2, 1847.
2. für Ermächtigung des Vormundes, daß Mündel in Dienst oder Arbeit treten kann, 113, 114.
3. für Genehmigung: a) des Beistandes zu Rechtsgeschäften der Mutter 1690, — b) des Gegenvormundes zu — des Vormundes 1812, — c) des Vormundes zur Eheschließung des beschränkt Geschäftsfähigen 1337, 1331, 1847.
4. für Zustimmung: a) des Dritten zu Abweichungen von den bei unentgeltlicher Zuwendung an Kind oder Mündel getroffenen Anordnungen 1803 Abs. 3, 1639 Abs. 2, 1917, — b) der Ehegatten in bestimmten Fällen 1358, 1379, 1402, 1525, 1550 Abs. 2, 1447, 1451, 1519, 1549.
— IX. Genehmigung des V. erforderlich (zu Rechtsgeschäften gegenüber Vormund oder elterlichen Gewalthaber zu erklären 1825, 1643), — (Wirkung des Mangels der Genehmigung 1829—1831, 1643), — (inwieweit nicht mehr abzuändern **F.G.** 55), — (Übergangsbestimmung für Güterstand der Pfalz **Ue.** Art. 140):
1. zur Ablehnung oder Aufhebung der fortgesetzten Gütergemeinschaft 1484 Abs. 2, 1492.
2. zum Abschluß oder Aufhebung des Vertrags über Annahme an Kindesstatt 1750—1752, 1770.
3. zum Abschluß des Erbvertrags eines beschränkt Geschäftsfähigen 2275 Abs. 2 u. 3.
4. — — des Erbverzichtvertrags für geschäftsunfähigen Erblasser durch dessen gesetzlichen Vertreter 2347 Abs. 1 u. 2, 2351, 2352.
5. zur Anfechtung: a) der Ehe eines geschäftsunfähigen Ehegatten durch gesetzlichen Vertreter 1336, 1337, 1341 Abs. 2, 1847, — b) der Ehelichkeit eines Kindes eines Geschäftsunfähigen — 1595 Abs. 2, — c) des Erbvertrags eines geschäftsunfähigen Erblassers 2282 Abs. 2, 2283 Abs. 2.
6. zur Anlegung von Mündelgeld u. s. f., wenn kein Gegen- oder Mitvormund da ist, 1810, 1812, 1852, 1855.
7. zum Antrag des beschränkt geschäftsfähigen Vaters auf Ehelichkeitserklärung u. s. f. 1729, 1731.
8. — — der Entlassung des Kindes oder Mündels (ohne Vater oder Mutter) aus Staatsverband **E.** Art. 41.
9. zum Antrag des Vormundes eines Miteigenthümers auf Zwangsversteigerung eines Grundstücks **Z.V.** 181 Abs. 2.
10. zur Aufhebung: a) des Erbvertrags 2290 Abs. 3, 2291, 2292, — b) der fortgesetzten Gütergemeinschaft 1492 Abs. 2, 1518.
11. zur Aufnahme von Geld auf Kredit des Kindes oder Mündels 1643, 1822 Nr. 8, 1825.
12. zu Bürgschaften u. s. f. im Namen des Mündels und Kindes 1822 Nr. 10, 1643, 1825.
13. zu bestimmten Dienst- und Arbeitsverträgen für Mündel 1822 Nr. 7.
14. zum entgeltlichen Erwerb: a) eines Erwerbsgeschäfts durch Vormund oder elterlichen Gewalthaber 1822 Nr. 3, — b) eines Grundstücks u. s. f. im Namen des Mündels 1821 Nr. 4 u. Abs. 2.
15. zum Erbtheilungsvertrag für Mündel 1822 Nr. 2.
16. zum Beginn oder Auflösung von Erwerbsgeschäften 1645, 1823.
17. zur Ertheilung oder Zurücknahme der Ermächtigung eines beschränkt Geschäftsfähigen durch gesetzlichen Vertreter zum Betriebe eines Erwerbsgeschäfts 112, 114.
18. zur Kündigung eines die Frau zu persönlichen Dienstleistungen verpflichtenden Rechtsverhältnisses durch Mann 1358, **F.G.** 53.
19. zu Lehrverträgen für Mündel über 1 Jahr 1822 Nr. 6.

20. zu Mieth- und Pachtverträgen u. s. f., die länger dauern, 1822 Nr. 5, 1902 Abs. 2.
21. zur Minderung einer Sicherheit für den Mündel 1822 Nr. 13.
22. zu Pachtvertrag über Landgut oder gewerblichen Betrieb für Mündel 1822 Nr. 4, 1902 Abs. 2.
23. zur Ertheilung einer Prokura für Mündel 1822 Nr. 11.
24. zu bestimmten Rechtsgeschäften des Vormundes oder elterlichen Gewalthabers über Vermögen des Kindes oder Mündels im Ganzen oder Erbschaft u. dgl. 1822 Nr. 1, 1643.
25. zu Schuldverschreibungen auf Inhaber, Wechsel u. s. f. für Mündel oder Kind 1822 Nr. 9, 1643, 1825.
26. zur Überlassung von Gegenständen, zu deren Veräußerung Genehmigung des V. erforderlich, zur Verfügung des Kindes oder Mündels 1644, 1824.
27. zum Verbrauch von Geld des Kindes durch elterlichen Gewalthaber 1653, 1686.
28. zu bestimmten Vereinbarungen zwischen unehelichem Vater und Kind über Unterhalt 1714.
29. zur Verfügung: a) über Grundstücke u. s. f. des Mündels oder Kindes 1821 Nr. 1—3 u. Abs. 2, — b) des Vormundes oder elterlichen Gewalthabers über Werthpapiere u. s. f. 1819, 1820, 1667, 1814—1816.
30. zu bestimmten Vergleichen und Schiedsverträgen des Mündels 1822 Nr. 12.
31. zum Versprechen und Gewähren einer Ausstattung aus Mündelvermögen 1902.
32. zu Verträgen, wodurch Fortsetzung der Gütergemeinschaft ausgeschlossen, 1508 Abs. 2.
33. zum Verzicht oder Ausschlagung: a) eines Abkömmlings auf Antheil am Gesammtgut 1491 Abs. 3, 1518, — b) einer Erbschaft, Vermächtnisses, Pflichttheils durch elterlichen Gewalthaber 1643 Abs. 2, — durch Vormund 1822 Nr. 2, — c) Erbverzicht (Ausn.!) 2290—2292, 2347 Abs. 1.
34. zur Zustimmung: a) des gesetzlichen Vertreters eines geschäftsunfähigen u. s. f. Kindes zur Ehelichkeitserklärung und Anfechtung oder Bestätigung der Einwilligung 1728 Abs. 2, 1729, 1731, **F.G.** 55 Abs. 2, — b) des Vormundes eines beschränkt Geschäftsfähigen zu Ehevertrag, wodurch allgemeine Güter- oder Fahrnißgemeinschaft vereinbart oder aufgehoben wird, 1437 Abs. 2, 1549.

Vormundschaftsgericht, X. Regelung:
1. der Auseinandersetzung der fortgesetzten Gütergemeinschaft mit Abkömmlingen 1493, 1314.
2. — — bei Wiederverheirathung von Vater oder Mutter 1669, 1686, 1740, 1761, 1845, 1314.
3. des Verkehrs u. s. f. der Kinder geschiedener Ehegatten mit diesen 1635, 1636.

— XI. Thätigkeit bez. elterlichen Gewalthabers (s. auch Elterliche Gewalt und die übrigen Bestimmungen bei V.):
1. Entscheid von Meinungsverschiedenheit zwischen elterlichem Gewalthaber und Pfleger 1629, 1686.
2. Übertragung der elterlichen Gewalt an Mutter auf Antrag 1685 Abs. 2.
3. Unterstützung durch geeignete Zuchtmittel 1631 Abs. 2, 1686, **E.** Art. 135.
4. Wiederübertragung der Vermögensverwaltung nach Aufhebung des Konkurses über elterlichen Gewalthaber 1647 Abs. 2, 1686.

— XII. Thätigkeit bez. Vormundes (s. auch das. und die übrigen Bestimmungen bei V., ferner Gegenvormund, Pfleger, Beistand):
1. Abnahme und Prüfung der Rechnung 1840—1843, 1854, 1892 Abs. 2, 1897, 1915.
2. Aufhebung der Bestellung des Beistandes 1695, 1694.
3. — des Familienraths (s. das.) 1879—1881.
4. — der Pflegschaft 1919—1921.
5. — der vorläufigen Vormundschaft 1908 Abs. 3.
6. — der Vormundschaft (s. das.) 1882—1884.
7. Aufsicht, Ordnungsstrafen 1837, 1897, 1915, 1694, **F.G.** 54.

8. Auskunftsverlangen (auch vom Gemeindewaisenrath) 1839, 1915, 1694, 1850, — (Mittheilung der Mündel, Vormünder, Gegenvormünder an Gemeindewaisenrath 1851).
9. Bewilligung einer Vergütung 1836, 1897, 1915, 1694, **F.G.** 57 Nr. 7.
10. Entlassung des Vormundes u. s. f. 1887—1889, 1897, 1915.
11. Entscheid von Meinungsverschiedenheiten zwischen mehreren Vormündern 1797, 1798, 1897.
12. Entziehung der religiösen Erziehung, falls Vormund andersgläubig, 1801.
13. Prüfung der Schlußrechnung u. s. f. 1892, 1897, 1917.

Vormundschaftsgericht, XIII. Volljährigkeitserklärung 3—5, 1847, **F.G.** 56, — (in Bayern nicht, sondern Justizministerium **E.** Art. 147, **A.** Art. 2).
— XIV. vorläufige Maßregeln bei Entmündigung eines Ausländers **E.** Art. 23 Abs. 2.
— XV. Zuständigkeit:
1. sachlich: Amtsgericht **F.G.** 35.
2. örtlich: in dessen Bezirk Mündel (ev. das jüngste) Wohnsitz oder Aufenthalt (Ausn.) **F.G.** 36, 43—45, — (Abgabe der Vormundschaft **F.G.** 46, 47), — landesgesetzlich durch andere als gerichtliche Behörden ersetzbar **E.** Art. 147, **F.G.** 190, **A.** Art. 175 Abs. 1 Nr. 32 u. Abs. 2.

Vormundschaftsrechnung s. Vormundschaft, Vormundschaftsgericht 1840—1843, 1854, 1890—1892, 1903, 1904, 1915.

Vormundschaftsrichter s. auch Beamter, Vormundschaftsgericht.
— ist Vorsitzender des Familienraths 1860.
— Haftung wegen vorsätzlicher und fahrlässiger Pflichtverletzung 1674, 1848, 839, 841.

Vorname im B.G.B. nicht erwähnt (dagegen s. **A.** Art. 3 Abs. 2 u. 3), s. Name.

Vorrang s. auch Rangverhältniß, Vorrecht, Vorrechtseinräumung.
— des Ersatzerben bei gemeinschaftlichem Erbtheil 2098 Abs. 2, 2190, — des Rechts desselben vor dem Anwachsungsrecht 2099, 2190.

Vorrang der Hypotheken und sonstigen Rechte 1124, 1131, 1165, **E.** Art. 118, **Ue.** Art. 58, 59.
— des Nießbrauchs vor dem Pfandrecht 1242 Abs. 2, — eines Pfandrechts vor mehreren an einer Forderung 1290.
— eines Vermächtnisses oder einer Auflage vor den übrigen Beschwerungen 2189.

Vorrath, Übernahme seitens des Pächters auf Grund Schätzung 594 Abs. 2.

Vorrecht s. Rangverhältniß, Vorrang.
— der Rente beim Überbau vor allen Rechten 914.

Vorrechtseinräumung s. Rangverhältniß, Vorrang, Vorrecht.
— Vorbehalt des Eigenthümers für spätere Belastung 881, 1261, **E.** Art. 184, 192, **Ue.** Art. 58, 59.
— V. bei gleichzeitig eingetragenen Rechten 879, 1261, 1822 Nr. 13, — nachträglich 880, 1261, 1822 Nr. 13, — bei Theilhypotheken 1151, 1261, 1822 Nr. 13.

Verrichtungen zur Dienstleistung 618.
— zur Verrichtung durch Andern, Schadensersatz bei Außerachtlassen von Sorgfalt 831.

Vorsatz stets zu vertreten 276, 827, 828, (auch bei Bewußtlosigkeit, im Alter von 7—18 Jahren), — kann nicht im Voraus erlassen werden 276 Abs. 2. (Ausnahmen: bei Verschulden des gesetzlichen Vertreters und Gehülfen 278), — insbesondere: a) beim Bau über die Grenze 912, — b) vom Beamten bei Verletzung der Amtspflicht 839, 1674, 1848, — c) vom Dienstboten **A.** Art. 21, — d) vom Dienstverpflichteten (Herbeiführung von Krankheit) 617, — e) vom Finder 968, — f) vom Geschäftsführer 680, — g) vom Gesellschafter 723, — h) vom Schenker 521, 529, — i) während gläubigerischem Verzug seitens Schuldners 300, — k) bei unerlaubten Handlungen 823, 826, 1000, 2022, — l) vom Verleiher 599.
erforderlich: a) für Erbunwürdigkeit s. das. 2339 Nr. 1 u. 2, 2345, — b) für Recht der Pflichttheilsentziehung 2333 Nr. 2, 2334, — c) für Ver-

wirkung der elterlichen Gewalt 1680, 1681, 1684 Nr. 2.
Vorschlag des Vormundes u. s. f. durch den Gemeindewaisenrath 1849.
Vorschuß für Kosten: a) der Abtretungsurkunde 403, — b) der Aufnahme oder Beglaubigung eines Verzeichnisses eines zum Nießbrauch gegebenen Inbegriffs von Sachen 1055, — c) der Neuausstellung der Schuldverschreibung auf den Inhaber 798, 799 Abs. 2, 800, **E.** Art. 174, — d) der Quittung 369, — e) der Verlegung der Ausübung der Grunddienstbarkeit u. s. f. 1023, 1090, — f) der Vorlegung von Sachen und Urkunden 811 Abs. 2.
— Pflicht hiezu: a) seitens des Auftraggebers 669, — b) seitens des Gesellschafters 713, — c) seitens des Mündels 1835, — d) bei Stiftung 86, 669, — e) bei Verein 27 Abs. 3, 40, 669.
— Verjährung des V. der Arbeitgeber auf den Lohn (2 Jahre) 196 Nr. 9, 201, 218, — — des V. der Parteien an Rechtsanwalt (2 Jahre) 196 Nr. 10, 201, 218.
Vorsitz im Familienrath (s. das.): Vormundschaftsrichter 1860, **F.G.** 190.
Vorstand einer unter staatlicher Aufsicht u. s. f. stehenden Erziehungs- und Verpflegungsanstalt, landesgesetzliche Vorschriften **E.** Art. 136, **A.** Art. 100.
— der Gemeinde u. s. f., Testamentserrichtung 2249, 2252, 2256, 2266.
— eines Vereins, einer Stiftung s. das. 26—32, 86, **F.G.** 160.
Vortermin vor Zwangsversteigerungstermin zur Erörterung über geringstes Gebot u. Versteigerungsbedingungen **Z.V.** 62.
Vortheil für Benutzung des herrschenden Grundstücks b. Grunddienstbarkeit 1019.
— eines Dritten, bezweckt durch Bedingung bei letztwilliger Zuwendung, 2076.
— entgangener s. das. 252.
— aus Gebrauch einer Sache oder Rechts s. Nutzung 100.
— der Reallast nur für Theil des Grundstücks 1109 Abs. 3.
— Willenserklärungen, die nur rechtlichen V. gewähren, seitens des beschränkt Geschäftsfähigen 107, 113, 114.
Vorübergehende(r) krankhafte Störung der Geistesthätigkeit s. Geistesstörung 104, 105, 827.
— Verbindung von Sachen mit Grund und Boden 95.
— Verhinderung in der Ausübung der thatsächlichen Gewalt beim Besitz 856 Abs. 2.
— Zweck einer öffentlichen Sammlung s. Pflegschaft 1914, 1915, 1918 Abs. 3, 1919.
Vorzeigung s. Vorlegung.
Vorzeitige Erfüllung einer betagten Verbindlichkeit, keine Rückforderung 813 Abs. 2.
Vorzugsrecht, Aufgeben des V. durch Gläubiger, Einwirkung auf Bürgen 776.
— eingeschriebenes oder nichteingeschriebenes in der Pfalz, auch an Nießbrauchrechten s. Bayer. Gesetz vom 1. Juli 1898 Art. 1, 13, 17 (G. u. V.Bl. 1898 S. 370 ff.), s. auch **Ue.** Art. 114 Abs. 2, 115.
— einer Forderung im Konkurs: Mitübergang bei Abtretung 401 Abs. 2.
— kann bei Schuldübernahme im Konkurs des Übernehmers nicht geltend gemacht werden 418 Abs. 2.
Vulgarsubstitution s. Ersatzerbe.

W.

Waare, Lieferung beim Differenzgeschäft 764.
Waarenlager, dessen bewegliche Sachen gelten als verbrauchbar 92.
Waben s. Bienenschwarm.
Wägen der verkauften Sache, Kosten: Verkäufer 448, 451.
Wahl s. Auswahl, Wahlrecht.
— der Gemeindewaisenräthe s. das. **A.** Art. 96, 178.
Wahlrecht zwischen Annahme der Erbschaft aus mehreren Berufungsgründen 1948, 1951.
— des mit Auflage zu bestimmtem Zwecke Beschwerten bezüglich Person, an die Leistung erfolgen soll, 2193, — (Beschwerde gegen Fristbestimmung **F.G.** 80.)
— des mit einer nur der Gattung nach bestimmten Sache Bedachten zwischen Anspruch auf mangelfreie Sache und

Schadensersatz bei arglistigem Verschweigen des Fehlers 2183.
Wahlrecht des Bestellers eines Nießbrauchs am Vermögen bei Verlangen von Rückgabe 1087.
— des Dritten bezüglich Person des Testamentsvollstreckers 2198.
— der Ehegatten: a) der geschiedenen Ehefrau zwischen ihrem früheren Familiennamen und dem des Mannes 1577, — b) zwischen verschiedenen Güterständen 1432, — c) zwischen Klage auf Ehescheidung und auf Aufhebung der ehelichen Gemeinschaft 1575, — d) bei nichtiger Ehe und Gutgläubigkeit bezüglich Regelung der Vermögensverhältnisse 1345—1347, — e) nach Todeserklärung des früheren Ehegatten zwischen Aufrechterhaltung oder Anfechtung der neuen Ehe 1350.
— des Eigenthümers bei Nießbrauch zwischen Sicherheitsleistung oder Übertragung an Verwalter 1052.
— zwischen Gesammtschuldnern und -gläubigern 421, 428, — bei Gesammthypotheken und -pfandrechten 1132, 1230.
— des Gläubigers: a) zwischen Erfüllung und Vertragsstrafe 340, — b) zwischen Herstellung und Geldbetrag bei Körperverletzung oder Sachbeschädigung 249.
— des Pflichttheilsberechtigten zwischen Annahme des Erbtheils oder Vermächtnisses und Geltendmachen des Pflichttheils 2306, 2307.
— des Schuldners: a) des Hauptschuldners zwischen Befreiung des Bürgen und Sicherheitsleistung 775 Abs. 2, — b) unter mehreren Leistungen (im Zweifel) (Erklärung gegenüber anderem Theil — Übergang auf anderen Theil) 262—264, 307 Abs. 2.
— der Verlobten unter mehreren zuständigen Standesbeamten 1320 Abs. 4.
— des mit Vermächtniß Beschwerten oder Dritten bezüglich Person des Bedachten und Vertheilung 2151, 2153—2155.
— des Vertragschließenden: a) beim Kaufe zwischen Wandelung und Minderung oder Schadensersatz oder Lieferung mangelfreier Sache, falls diese nur der Gattung nach bestimmt ist, 462, 463, 480, — (bei Viehmängel 487, 491), — b) zwischen Schadensersatz und Rücktritt bei schuldhafter Unmöglichkeit der Leistung oder Verzug 325, 326, — c) beim Werkvertrag 634, 635.
Wahlvermächtniß s. Wahlrecht.
Wahnsinn s. Geisteskrankheit.
— als Ehescheidungsgrund 1569, 1583.
Wahrscheinlichkeit beim entgangenen Gewinn 252.
Währung ausländische, deren Umrechnung 244.
Waisen s. auch Gemeindewaisenrath, Waisengeld, Bek. v. 22. Dez. 1899 (J.M.Bl. 1899 S. 559).
— der Angehörigen des Reichsheeres u. s. f. **E.** Art. 49, — der Personen des Soldatenstandes vom Feldwebel abwärts **E.** Art. 51.
— der Reichsbeamten **E.** Art. 48.
Waisengeld, Beschränkung der Übertragbarkeit und Aufrechnung nach Landesgesetz **E.** Art. 81, **A.** Art. 12.
Waisenpflegerinnen s. Gemeindewaisenrath **A.** Art. 98, Bek. v. 22. Dez. 1899 §§ 4 u. 19 (J.M.Bl. 1899 S. 553 u. 558).
Waisenrath s. Gemeindewaisenrath.
Wald s. auch Waldgenossenschaft.
— Eigenthumsbeschränkung zu Gunsten von **W. Ue.** Art. 9, **E.** Art. 124, **A.** Art. 71 Abs. 2, 74 Abs. 3, 75 Abs. 2, 78.
— als Erbschaftstheil bei Nacherbfolge 2123, 2136, 2137.
— als Gegenstand des Nießbrauchs 1038.
Waldgenossenschaft, landesgesetzliche Vorschriften unberührt **E.** Art. 83.
Wandelung ist Rückgängigmachung des Kaufs oder Werkvertrags wegen Mängel 462, 470, 634, — (erstreckt sich auch auf die Nebensachen, nicht umgekehrt 470, 543, 634 Abs. 4).
— W. ausgeschlossen:
1. wenn Käufer bei Annahme Mangel kennt und sich Recht der W. nicht vorbehält, 464, 640.
2. bei einer vom Käufer oder Besteller verschuldeten wesentlichen Verschlechterung oder Unmöglichkeit der Herausgabe 467, 351, 634 Abs. 4, — (Ausn.: bei Viehmängel 487 Abs. 2), — W.

nicht ausgeschlossen durch zufälligen Untergang der Sache 467, 350, 634 Abs. 4).
3. bei Umgestaltung durch Verarbeitung u. s. f. seitens Käufers oder Bestellers (Ausn.: wenn sich Mangel erst dabei zeigt!) 467, 352, 634 Abs. 4, — (bei Viehmängel 487 Abs. 2).
4. bei unerheblicher Minderung des Werths oder der Tauglichkeit 459, 468, 634 Abs. 3.
5. durch Vereinbarung (Ausn.: wenn Mangel arglistig verschwiegen), 476, 637.
6. nach Vollziehung der Minderung wegen desselben Mangels 474 Abs. 2, 475, 634 Abs. 4, — (doch W. wegen anderen Mangels!).

Wandelung, falls auf einer Seite mehrere Vertragschließende betheiligt, 467, 356, 634 Abs. 4.
— W. bei mehreren Sachen: falls nur einzelne Mangel, so W. nur bei dieser, außer wenn Sachen zusammen gehören, — Gesammtpreis im Verhältniß herabsetzen (Umwandlung der Leistung in Geld!) 469, 471, 473, 543, 634 Abs. 4.
— Verjährung des Anspruchs auf W.: a) bei Anzeige des Mangels 478, 479, — b) bei beweglichen Sachen: 6 Monate vom Abschlusse, — c) bei Grundstücken: 1 Jahr von Übergabe (Ausn.: bei Arglist!), — d) unterbrochen durch Antrag auf Beweisaufnahme 477, — e) bei Viehmängel 490—492, — f) bei Werkvertrag 638, 639.
— ist vollzogen, wenn sich Verkäufer oder Unternehmer mit ihr einverstanden erklärt, 465, 634 Abs. 4, — (Fristsetzung für Käufer u. s. f. 466, 634 Abs. 4).
— Wirkung der W.: gegenseitige Rückgewähr des Empfangenen, ev. Schadensersatz, Zug um Zug 467, 346—348, 634 Abs. 4, — (bei Viehmängel 487 —489), — Ersatz der Vertragskosten durch Verkäufer).
— W. zulässig:
1. wenn Mangel arglistig verschwiegen, 463.
2. wenn Verkäufer u. s. f. Mangel zu vertreten hat, 462.
3. bei Viehmängel s. Viehgewährschaft 487—492.
4. beim Werkvertrag: a) bei nicht rechtzeitiger Beseitigung des Mangels trotz Fristsetzung (W. oder Minderung!) 634, — (bei nicht rechtzeitiger Herstellung Rücktritt 636), — b) wenn Unternehmer Mangel zu vertreten hat, (W. oder Minderung oder Schadensersatz 635).
5. wenn zugesicherte Eigenschaft fehlt, 463 (auch Minderung oder Schadensersatz), — bei Grundstücken bei Mangel zugesicherter Größe, falls so erheblich, daß Käufer sonst kein Interesse, 468.

Wärme, Zuführung auf fremdes Grundstück 906.

Wartegeld s. Dienstbezug.

Wartezeit der schon verheirathet gewesenen Frau (nicht beim Mann): 10 Monate. Ausnahmen:
1. wenn sie inzwischen geboren hat.
2. bei Befreiung 1313, Kgl. Ver. v. 24. Dez. 1899 § 13 (G. u. V.Bl. S. 1232), Bek. v. 24. Dez. 1899 (J.M.Bl. 1900 S. 105).

Wasserrecht s. auch Öffentliches Gewässer.
— landesges. Vorschriften unberührt **E.** Art. 65, Bayer. Gesetz vom 28. Mai 1852 über die Benützung des Wassers abgeändert **A.** Art. 147.

Wasserstraße s. auch Öffentliches Gewässer.
— landesges. Vorschriften über Verbindung mit einem Grundstück als Nothweg **E.** Art. 123.

Wechsel s. Indossament, Orderpapier, Werthpapier.

Wechselseitiges Testament s. Testament.

Weg s. auch Nothweg, Öffentlicher Weg, Wegregulirung.
— gewöhnliche Ausbesserung bei Pacht eines landwirthschaftlichen Grundstücks: Pächter 582.

Wegfall eines zur Ausgleichung verpflichteten Abkömmlings 2051.
— eines Bedachten: a) Anwachsung 2069, 2094, 2095, 2110, 2191 Abs. 2, — b) Ersatzerbe s. das. 2096 —2099, — c) bei Erbunwürdigkeit 2341, 2344, 2345.
— des mit Vermächtniß oder Auflage Beschwerten i. Zw. nicht Unwirksamkeit 2161, 2192, 2194, 2196.

Wegfall eines gesetzlichen Erben 1935, 1938, 1953, 2007, 2051, 2052, 2053, 2057, 2204, 2315 Abs. 3, 2327 Abs. 2, 2346, 2373.
— des Grundes der Entmündigung, Wiederaufhebung 6 Abs. 2.
— einer Person, durch die Jemand von Erbfolge ausgeschlossen oder Erbrecht gemindert wird, Ausstellung des Erbscheins 2354 Abs. 2, 2355, 2356.
— des rechtlichen Grundes der Erlangung von Etwas auf Kosten eines Anderen s. Ungerechtfertigte Bereicherung 812.
— des Testamentsvollstreckers 2197 Abs. 2, 2224, 2225.
— der Unterhaltspflicht des Mannes 1361 Abs. 2.
— des Vermächtnisses oder der Auflage beim Erbschaftskauf 2372.
Wegnahme s. auch Einrichtung, Entfernung, Wegschaffen.
— einer beweglichen Sache ohne den Willen des Besitzers ist verbotene Eigenmacht 858. Ausnahmen: a) bei dem gesetzlichen Pfandrecht des Miethers u. s. f. unterliegenden Sachen 561, 581 Abs. 2, 704, — b) bei erlaubter Selbsthülfe 229—231, 859 Abs. 2 u. 4, 860, 865, — c) bei Wurzeln und Zweigen des Nachbars 910.
— einer vom Besitzer mit fremder Sache verbundenen Sache 997, 1007, 258, 951, 2172 Abs. 2.
— einer aus der Gewalt des Besitzers (bezw. Eigenthümers) auf fremdes Grundstück gelangten Sache 867, 869, 1005.
Wegregulirung, landesges. Vorschriften unberührt **E.** Art. 113, 116.
Wegschaffung s. auch Wegnahme.
— eines verkauften Thieres, Kosten im Falle der Wandelung: Verkäufer 488.
Wehrpflicht, Militärpersonen, die nur zur Erfüllung der W. dienen, haben keinen Wohnsitz am Garnisonsorte 9 Abs. 2.
Weiderecht **E.** Art. 115, **A.** Art. 86, Gesetz vom 28. Mai 1852 Art. 34, 45, — Abänderung **A.** Art. 150.
Weigerung s. auch Verweigerung.
— der Aussteuer 1621.
Weigerung der Erfüllung und Befriedigung a) durch Auslobenden 660 Abs. 2, — b) des Gläubigers durch Bürgen 770—772, — c) einer durch unerlaubte Handlung erlangten Forderung 853, — d) der Nachlaßgläubiger 1973, 1974, 1989—1992, 2013—2017, 2036, 2060 Nr. 2, 2145 Abs. 2, 2187 Abs. 3, — der Nachlaßverbindlichkeiten 2059, 2144, 2145, — e) einer ohne rechtlichen Grund eingegangenen Verbindlichkeit 821, — f) eines schenkweise ertheilten Versprechens 478, — der Vollziehung der Auflage bei Schenkung 526, — g) eines Vermächtnisses oder Auflage 2187—2189, 2318, 2319, 2323, 2324.
— der Ergänzung des Pflichttheils 2328, 2330.
— der Genehmigung, Einwilligung, Zustimmung: a) bei Eheeingehen 1304 Abs. 2, 1308, 1337, — b) der Eheleute s. die einzelnen Güterrechte, — c) bei Ehelichkeitserklärung 1727, — d) bei Schuldübernahme 415, 416, — e) beim Vorkaufsrecht 1100—1103, — f) des Vormundschaftsgerichts s. das.
— der Herausgabe seitens Besitzers an Eigenthümer 986, 1000, 2022.
— der Herstellung des ehelichen Lebens 1361.
— einer Leistung: a) in anfechtbarer letztwilliger Verfügung 2083, 2345, — b) der Annahme der Leistung 283, 326, 354, 367, — c) berechtigte hemmt Verjährung 202, — d) bis Bewirkung der Gegenleistung 320, 322, — e) nach Vollendung der Verjährung 222, — f) der Vorleistung bei Verschlechterung der Vermögensverhältnisse 321, — g) der Zahlung des Kaufpreises bei Anzeige der Mängel 478, — h) wegen Zurückbehaltungsrecht s. das. 273.
— des persönlichen Schuldners wegen Ausfalls bei Zwangsversteigerung 1166.
— der Vorlegung von Sachen und Urkunden 811 Abs. 2.
— des Wegschaffens einer auf fremden Grund gelangten Sache 867.

Weinstock, Grenzabstand s. Eigenthumsbeschränkungen Nr. 2 b, **E.** Art. 124, **A.** Art. 71—75, 78.

Weißenburg in Bayern, allgemeine Gütergemeinschaft für gewisse Ehen, sonst Dotalrecht, — Übergangsbestimmungen s. **Ue.** Art. 64, 71 Abs. 3, 96 Abs. 3, 97—104.

Weisung beim Auftrag 665.
— beim Dienstvertrag 675, 665.
— bei der Gesellschaft 713, 665.
— beim Kauf u. s. f. 447 Abs. 2, 451, 515, 651.
— beim Verein und der Stiftung 27, 40, 86, 665.
— bei Vollmacht 166 Abs. 2.
— beim Werkvertrag 644 Abs. 2, 675.

Weiterer Antrag auf Zwangsversteigerung **Z.V.** 27.

Weitere Beschwerde bei freiwilliger Gerichtsbarkeit **F.G.** 27—29, 63, 64, 124, 199, **G.O.** 78—81, — (Beschwerdeinstanz **A.** Art. 4, **Ue.** Art. 34, **A.G.O.** Art. 3 Abs. 2).

Weitermiethe s. Untermiethe.

Werk s. auch Gebäude.
— das mit Grundstück verbunden, Haftung beim Einsturz 836—838.

Werkverdingung s. Werkvertrag.

Werkvertrag 631—652.
— I. Ende durch Kündigung (s. unten), — durch Tod nur, wenn W. an Person geknüpft, — mit Vollendung des Werks, s. auch K.O. 23 Abs. 2, 27.
— II. Rechte des Bestellers (s. Verpflichtungen des Unternehmers):
1. Beseitigung von Mängeln (Frist!) 633 Abs. 2, 634, 640 Abs. 2, — a) nach Ablauf der Frist: Wandelung oder Minderung 634, — b) bei Verzug des Unternehmers: Selbstbeseitigung und Ersatz der Aufwendungen 633 Abs. 3.
2. falls Mangel durch Unternehmer zu vertreten, so Schadensersatz wegen Nichterfüllung 635.
3. falls Werk nicht rechtzeitig: Wandelung oder Rücktritt 636.
(zu 1—3: Verjährung: 6 Monate, bei Grundstücken: 1 Jahr, bei Bauten: 5 Jahre 638, 639).
4. Recht zur Kündigung bis Vollendung, doch Vergütung 649, 650.

Werkvertrag, III. Rechte des Unternehmers (s. auch Verpflichtungen des Bestellers):
1. bei Bauwerken: Recht auf Sicherungshypothek 648.
2. Entschädigung, falls Besteller die erforderlichen Handlungen nicht vornimmt, 642, — ev. Frist und Vertragskündigung (Vergütung) 643, 645, 649, 650.
3. Pfandrecht an Sachen des Bestellers 647.
4. Vergütung, falls Werk vor Abnahme durch Verschulden des Bestellers — ohne eigenes Verschulden — zu Grunde geht u. s. f., 645, 646.
— IV. Verpflichtungen des Bestellers (s. auch Rechte des Unternehmers):
1. Abnahme des vertragsmäßig hergestellten Werks, bei Mangel Vorbehalt 640. Rechtsfolgen der Abnahme: a) Beginn der Verjährung des Anspruchs wegen Mangel 638, — b) Beweislast des Bestellers 363, — c) Übergang der Gefahr auf Besteller 645.
2. Entrichtung der Vergütung bei Abnahme des Werks, ev. jeden Theils, ev. Vollendung 631, 641, 646: a) wenn nach Umständen zu erwarten, 632, — b) wenn vereinbart, 631, — Höhe nach Vereinbarung, ev. Taxe, ev. üblich 632 Abs. 2.
3. Verzinsung der Geldvergütung von Abnahme, ev. Vollendung an, falls keine Stundung, 641 Abs. 2, 646.
4. bei Verzug der Abnahme: Gefahr 644, — sonst 644, 646, 447.
5. bei W., der Geschäftsbesorgung zum Gegenstand hat: Vorschuß, Ersatz von Aufwendungen 675, 669, 670.
6. bei Herstellung des Werks aus vom Unternehmer zu beschaffendem Stoff:
a) Ersatz von Verwendungen des Unternehmers 450, 651.
b) Gefahrübernahme seitens des Bestellers: α) bei vertretbaren Sachen mit Übergabe 446, 447, 651, — β) bei nicht vertretbaren mit Abnahme oder Annahmeverzug 644, 447, 651.
c) Lastenübernahme von Übergabe, bei

Grundstücken spätestens von Eintragung in das Grundbuch an 446, 651. d) Verjährung seiner Ansprüche 477—480, 638, 639, 651. e) Verpflichtung: α) bei vertretbaren Sachen: Kaufpreis zahlen und Sachabnahme 433, 651, — β) bei nicht vertretbaren vereinbarte Vergütung zahlen und Abnahme 631, 632, 640, 641, 651, — (Verzinsung 651, 452).

Werkvertrag, V. Verpflichtungen des Unternehmers (s. auch Rechte des Bestellers):

1. Beseitigung von Mängeln, falls nicht unverhältnißmäßiger Aufwand, 633 Abs. 3, 640 Abs. 2, — (bei Verzug Ersatz der Aufwendungen 633 Abs. 3).
2. Beweislast bei Bestreitung der Zulässigkeit des wegen nicht rechtzeitiger Herstellung erklärten Rücktritts 636 Abs. 2.
3. Gefahr bis Abnahme (nicht für Zufall) ev. Vollendung 644, 646.
4. Haftungsbeschränkung oder -erlassung bei arglistigem Verschweigen des Mangels nichtig 637—639.
5. Herstellung des versprochenen Werks 631, — Gegenstand des Vertrags: Herstellung oder Veränderung einer Sache oder anderer durch Arbeit oder Dienstleistung herbeizuführender Erfolg 631 Abs. 2, — — so, daß es die zugesicherten Eigenschaften und nicht Gebrauch mindernde Fehler hat, 633.
6. bei W., der Geschäftsbesorgung zum Gegenstand hat, 675, — (unverzügliche Anzeige der Ablehnung, Befolgung der Weisungen, Auskunft, Verzinsung, Erlöschen des Auftrags 663, 665—668, 672—674).
7. bei W. mit Kostenanschlag 650.
8. bei Herstellung des Werks aus vom Unternehmer zu beschaffendem Stoff: a) Gefahr bei vertretbaren Sachen bis Übergabe u. s. f. 651, 446, 447, — b) Pflicht zur Auskunftsertheilung 651, 444, — c) Tragung der Kosten der Übergabe 641, 448, — d) Verpflichtung zur Übergabe und Eigenthumsverschaffung frei von Rechten Dritter 651, 434—436, 439, — e) falls nur Zuthaten beschafft, so wie bei W., 651 Abs. 2.

Werth s. Berechnung, Ertragswerth, Gewährleistung, Sachverständiger, Verschlechterung, Werthgrenze.

— amtliche Feststellung des W. von Grundstücken **A.** Art. 87, 88, **F.G.** 164, **A.G.O.** Art. 29, 53.

— Berechnung beim Pflichttheil 2303—2338.

— Doppeltes des W. (laesio enormis) nicht aufgenommen.

— Erhöhung des W.:

1. bei Erbschaftskauf 2381 Abs. 2.
2. durch Verwendungen 996.
3. beim Wiederkauf 500.

— Ersatz des W.:

1. bei Auseinandersetzung des Gesammtguts 1477 Abs. 2, 1478, 1502, 1515, 1516, 1518, 1546 Abs. 2, 1549.
2. beim Nießbrauch 1038, 1039, 1067, 1086.
3. für geleistete Dienste beim Rücktritt vom Vertrag 346.
4. beim Überbau 915, 924.
5. bei Unmöglichkeit der Herausgabe der Nutzungen von ungerechtfertigter Bereicherung u. s. f. 818.
6. durch Schuldner wegen Untergangs u. s. f. oder wegen unerlaubter Entziehung u. s. f. (Verzinsung) 290, 849.
7. beim Verbrauch u. s. f. von Erbschaftsgegenständen beim Erbschaftskauf 2375, 2385 Abs. 2.
8. beim Verbrauch verbrauchbarer Sachen durch Ehemann 1377 Abs. 3, 1391 Abs. 2, 1392, 1394, 1411 Abs. 2, 1418 Nr. 1, 1422, 1426.
9. des vermachten Gegenstandes, falls Beschwerter zu dessen Verschaffung außer Stande, 2170 Abs. 2, 2182 Abs. 2, 2288 Abs. 2.
10. des Vorerben bei Verwendung eines Erbschaftsgegenstandes für sich 2134, 2138.
11. bei Viehgewährschaft 487 Abs. 2.
12. für Recht bei Zwangsversteigerung 882.

— von Früchten 998, 2133, 2136—2138.

Werth, falls W. durch Mängel bei Schenkung mit Auflage geringer als Aufwendungen, so Verweigerung der Auflagevollziehung 526.
— des Gesellschaftsvermögens 738, 739.
— des Grundstücks bei Gesammthypothek 1172 Abs. 2.
— Minderung des W.:
1. Ersatz durch Schuldner 290.
2. des Pfandes, wesentliche 1218, 1219, 1220.
3. s. Unschädlichkeitszeugniß.
4. der verkauften Sache durch Mängel 459—493.
— der Nachlaßgegenstände im Inventar 2001 Abs. 2, 2005 Abs. 2.
— bei Schiedsvertrag oder Vergleich seitens des Vormundes 1822 Nr. 12.
— W. an Stelle a) der Herausgabe von Nachlaßgegenständen 1973, 1992, 2013, — b) der Nebenleistung beim Vorkaufe 507, — c) des vermachten, jedoch zerstörten u. s. f. Gegenstandes 2288.
— bei Verarbeitung oder Umarbeitung eines Stoffes 950.
— von verbundenen Sachen 947—949, 951.
— einer verlorenen Sache (Finderlohn!) 947—951.
— des Vermächtnisses 2148, 2164 Abs. 2, 2166—2168.

Werthgegenstand s. Kostbarkeit.

Werthgrenze für Erwerb juristischer Gesellschaften (10 000—5000 M.) **E.** Art. 86, **A.** Art. 7—10.
— für Grundstücksbelastung nach landesgesetzlichen Vorschriften **E.** Art. 117.

Werthpapiere s. auch Hypothekenbrief, Inhaber-, Orderpapier, Schuldverschreibung, Wechsel, C.P.O. 1010—1013.
— Anlage als Mündelgeld s. das.
— als Gegenstand der Anweisung 783.
— Aufbewahrung durch Notar **N.** Art. 4.
— Differenzgeschäfte über W. 764.
— Haftung des Gastwirths für eingebrachte W. 702.
— Haftung des Verkäufers, daß W. nicht zum Zwecke der Kraftloserklärung aufgeboten, 437 Abs. 2, 445, 515.

Werthpapiere, Hinterlegung: a) als depositum irregulare (nur bei ausdrücklicher Vereinbarung!) 700 Abs. 2, — b) der Ehefrau durch Mann 1392, 1525, 1550 Abs. 2, — c) durch elterlichen Gewalthaber oder Vormund 1667, 1814—1820, — d) beim Nachlaß bis zur Annahme der Erbschaft 1960 Abs. 2, — e) nach Landesgesetz **E.** Art. 145, 146, — f) zur Sicherheitsleistung u. s. f. 232, 234, 372, — g) durch den Vorerben 2116, 2136, 2137.
— als Gegenstand des Nießbrauchs 1081—1084, — — des Pfandrechts 1292—1296.
— Verfügung des Vormundes — Zustimmung des Gegenvormundes 1812, 1813.

Wesen der Ehe bei Anfechtung berücksichtigen 1333, 1334.

Wesentliche Bestandtheile s. Bestandtheile.

Wesentlicher Irrthum s. Irrthum.

Wesentliche Veränderung s. Veränderung.

Wette, Wettschulden unverbindlich, ebenso Verbindlichkeit, z. B. Schuldanerkenntniß zur Erfüllung der W., doch kann das auf Grund W. Geleistete nicht zurückverlangt werden, 762.

Wichtiger Grund zur Aufhebung der Gemeinschaft 794 Abs. 2 u. 3, 2042 Abs. 2, 2044, 2204.
— — zur Entlassung aus Vormundschaft, als Mitglied des Familienraths, als Testamentsvollstrecker 1889, 1878, 1895, 1897, 1955, 2227.
— — zur Entziehung der Geschäftsführung eines Gesellschafters 712.
— — zur Kapitalsabfindung statt Rente bei Körperverletzung 843 Abs. 3, — — des geschiedenen Ehegatten 1580 Abs. 2.
— — bei Kündigung a) des Auftrags 671, 2226, — b) des Dienstverhältnisses 626, 627, **A.** Art. 23—26, — c) der Gesellschaft 712, 723.
— — zum Rücktritt vom Verlöbniß 1298 Abs. 3, 1299.
— — zum Verlangen der Rücknahme der hinterlegten Sache 696.

Wichtiger Grund zur Verweigerung der Erlaubniß der Untervermiethung 549, 581 Abs. 2, — — der Eheeingehung beim volljährigen Kinde 1308.
— — zur Vorlegung von Sachen u. s. f. an anderem Orte, als wo sie sich befinden, 811.
— — zum Widerruf der Bestellung des Vereinsvorstandes 27.
Widerklage gegen Ehescheidungsklage (Schuldausspruch!) 1574.
Widernatürliche Unzucht s. Unzucht.
Widerrechtliche Handlungen s. Unerlaubte Handlungen, Widerrechtlichkeit.
Widerrechtlichkeit s. auch Drohung, Unerlaubte Handlungen.
— nicht bei Nothwehr und bei Nothstand 227, 228.
— im Falle der Selbsthülfe 229.
Widerruf s. auch Unwiderruflichkeit.
— der Anweisung 790.
— des Auftrags (jederzeit!) 671.
— der Auslobung 658.
— der Befugniß zur Geschäftsführung u. s. f. vom Gesellschafter 712, 715.
— der Bestellung eines Vereinsvorstandes 27 Abs. 2, — — als Waisenpflegerin **A.** Art. 98.
— eines Darlehnsversprechens 610.
— der Einigung bei Eintragung in das Grundbuch 873 Abs. 2, 875 Abs. 2.
— des gemeinschaftlichen Testaments 2270—2272.
— einer Schenkung 530—534, 1584.
— des Testaments sowie einzelner Verfügungen desselben durch Erblasser jederzeit (auch durch den wegen Geistesschwäche u. s. f. Entmündigten) 2253, s. auch 2257, 2258 Abs. 2. Form: a) Errichtung neuen Testaments 2258, — b) durch Testament 2254, 2257, — c) Vernichtung, Veränderung der Urkunde 2255, — d) Zurücknahme aus Verwahrung (persönlich!) 2256, 2272.
— einer Vollmacht 168, 171, 176, **F.G.** 109, **G.O.** 32.
— bei Willenserklärung unter Abwesenden 130.
— zulässig bis zur erforderlichen Genehmigung: a) beim Stiftungsgeschäft 81 Abs. 2, — b) bei Vertrag mit beschränkt Geschäftsfähigem 109, 114, — c) — mit Ehefrau über eingebrachtes Gut 1397, 1525, 1550 Abs. 2, 1401, 1404, — d) — mit elterlichem Gewalthaber oder Vormund, falls diese wahrheitswidrig Genehmigung behaupten, 1643, 1830, 1832, — e) bei Vertrag mit Vertreter ohne Vertretungsmacht 178.
Widerruf der erforderlichen Zustimmung zum Rechtsgeschäfte 183.
Widerspruch gegen Auszahlung der Versicherungssumme seitens des Hypothekgläubigers 1128.
— gegen Eintragung im Schiffsregister **F.G.** 103, 119.
— gegen Entscheidungen bei Zwangsversteigerung des Anwesens **Z.V.** 70 Abs. 3, 72, 115 Abs. 2 u. 3, 124, 137 Abs. 2, 139 Abs. 2, 142, 156 Abs. 2.
— des Gesellschafters gegen Vornahme eines Geschäfts 711.
— gegen Grenzüberschreitung beim Überbau 912.
— des Inhabers einer Schuldverschreibung auf den Inhaber gegen Ausgabe neuer Zins- und Rentenscheine an Inhaber des Erneuerungsscheins 805.
— des Pfandgläubigers gegen Pfandverkauf 1232.
— gegen Richtigkeit des Grundbuchs **G.O.** 18 Abs. 2, 54, 98, 71 Abs. 2, 101, **Ue.** Art. 44 Abs. 3, — Eintragung auf Grund einstweiliger Verfügung oder Bewilligung des Betroffenen 899, **G.O.** 25. Wirkungen: a) Ausschluß des öffentlichen Glaubens 892, — b) Ausschluß der Wirkung des Ausschlußurtheils 927 Abs. 3, — c) Hemmung der Ersitzung 900, — d) keine Verjährung des Rechts wegen dessen Eintrag 902 Abs. 2.
— gegen Richtigkeit der Hypothek wegen Nichthingabe des Darlehens 1139, 1185, **G.O.** 42, — — des Schiffsregisters 1263 Abs. 2.
— zwischen früherem und späterem Testament 2258.

Widerspruch gegen Verfügungsbefugniß in der Pfalz s. Bayer. Gesetz vom 1. Juli 1898 Art. 15 (G. u. V.Bl. 1898 S. 373).
— des Vermiethers, Verpächters, Gastwirths gegen Entfernung eingebrachter Sachen 560, 581 Abs. 2, 704.
— gegen Zwangsvollstreckung durch Ehefrau (ohne Zustimmung des Mannes) 1407 Nr. 4.
Widerstand, erlaubte Selbsthülfe 229, 230.
Wiederannahme des früheren Namens nach der Ehescheidung 1575 Abs. 2 u. 3, Kgl. Ver. v. 24. Dez. 1899 §§ 15—19 (Ges. u. V.Bl. 99 S. 1232).
Wiederaufhebung s. auch Aufhebung.
— der Entmündigung s. das. 6 Abs. 2, 2230 Abs. 2.
Wiederaufleben s. Vereinigung, Vermengung.
Wiedereinräumung des Besitzes nach dessen Entziehung 861, 863—865, 869.
Wiedereinsetzung in den vorigen Stand (s. auch Anfechtung).
— — bei Ablauf der Beschwerdefrist u. s. f. **F.G.** 22 Abs. 2, 137.
— — bei Versäumung des Termins zur Erbschaftsauseinandersetzung **F.G.** 92, 93 Abs. 2.
Wiedererlangen des Eigenthums, Ersatz von Verwendungen 1001.
— der elterlichen Gewalt nach der Todeserklärung 1679 Abs. 2.
Wiederherstellung s. auch Herstellung.
— der ehelichen Gemeinschaft 1576, 1587.
— der Errungenschaftsgemeinschaft s. das. 1547, 1548.
— des früheren Zustandes bei Verbindung, Bearbeitung u. s. f. 951.
— der geistigen Gemeinschaft bei Ehescheidung wegen Geisteskrankheit 1569, 1583.
— von Grenzzeichen 919, 924.
— der Sache beim Nießbrauch 1039, 1046 Abs. 2.
— bei W. eines im öffentlichen Interesse beschädigten Gegenstandes erlischt Haftung des Entschädigungsanspruchs für Reallast, Hypothek u. s. f. **E.** Art. 53, 109.
Wiederherstellung des Rechts des Mannes auf Verwaltung u. s. f. bei Aufhebung der Entmündigung u. s. f. 1425, 1431 Abs. 2.
— von Rechtsverhältnissen s. Vereinigung.
— des versicherten Gegenstandes, Haftung der Forderung gegen den Versicherer für Hypothek 1127 Abs. 2, 1130.
— von zerstörten Gebäuden in anderer Lage, landesgesetzl. Vorschriften **E.** Art. 110.
— von zerstörten u. s. f. Grundbüchern **G.O.** 92.
— der zerstörten Wohnung beim Leibgedingsvertrag **A.** Art. 37 Abs. 2.
Wiederholung der Eheschließung unter Ehegatten 1309.
— der Eintragung in das Güterrechtsregister bei Wohnsitzveränderung 1559, 1561 Abs. 3 Nr. 2.
Wiederkauf, Abschluß durch formlose Erklärung des Verkäufers gegenüber Käufer 497.
— Frist der Ausübung: a) bei Grundstücken 30 Jahre, — b) sonst 3 Jahre nach Vorbehalt, — c) Bestimmung anderer Fristen zulässig 503.
— falls Recht auf W. Mehreren gemeinschaftlich zusteht, 502.
— Preis im Zweifel der des früheren Kaufes (auch Schätzungswerth) 497 Abs. 2, 501.
— Rechte des Wiederverkäufers: a) Ersatz für Verwendungen, soweit Werth hiedurch erhöht, 500, 501, — b) Recht der Wegnahme einer Einrichtung 500, 501.
— Verpflichtungen des Wiederverkäufers: a) Beseitigung von Rechten Dritter 499, — b) Herausgabe der Kaufsache mit Zubehör 498 Abs. 1, — c) Schadensersatz für wesentliche Verschlechterung u. s. f., Unmöglichkeit der Herausgabe 498 Abs. 2, — ev. Minderung des Kaufpreises 498 Abs. 2, 501.
Wiederkehrende Leistungen s. Leistungen.
Wiedervergeltung **E.** Art. 31.
Wiederverheirathung s. auch Todeserklärung.

Wiederverheirathung, Übergangsbestimmungen s. die einzelnen Güterstände.
— Anzeige an Vormundschaftsgericht, Einreichung des Vermögensverzeichnisses u. s. f. bei W. der Eltern eines minderjährigen ehelichen Kindes, das unter elterlicher Gewalt oder Vormundschaft steht oder mit dem Gütergemeinschaft fortgesetzt wird, 1669, 1686, 1845, 1493, 1314.
— bei Auflösung oder Nichtigkeitserklärung der früheren Ehe 1309, 1312, 1313, 1322.
— Ausschluß: a) nach Aufhebung der ehelichen Gemeinschaft 1586, — b) für die Ehefrau während der Wartezeit 1313, — c) bei Scheidung mit dem im Scheidungsurtheile als Schuldigen des Ehebruchs Festgestellten 1312.
— kein Anspruch auf nochmalige Aussteuer 1622.
— Einfluß auf Unterhaltspflicht 1579, 1581.
— Geburt eines Kindes: falls innerhalb 270 Tagen nach Auflösung der ersten Ehe geboren, gilt als Kind des ersten Mannes, — falls später, als das des zweiten 1600.
— der Mutter: Ende der elterlichen Gewalt 1697.
— des überlebenden Ehegatten: Ende der. fortgesetzten Gütergemeinschaft 1493, 1518, 1314 Abs. 2.
— bei Vorhandensein von Kindern 1314, 1669, 1670, 1850.
Wiegen s. Wägen.
Wilde Thiere s. Thier.
Wildschaden s. Jagd 835, **E.** Art. 69—72, Bayer. Gesetz vom 15. Juni 1850 abgeändert **A.** Art. 144.
Wille s. auch die folgenden Worte.
— des Ausstellers bei Schuldverschreibungen auf den Inhaber 794 Abs. 1.
— bei Eheschließungserklärung 1332, 1337 Abs. 2, 1339 Abs. 2.
— bei Ehescheidung wegen böslicher Verlassung 1567.
— des Eigenbesitzers bei Ersitzung 940 Abs. 2.
— des Erblassers s. Testament, Erbvertrag, Erblasser.
Wille des Geschäftsherrn bei Geschäftsführung ohne Auftrag 677—679, 683, 684.
— wahrer bei notarieller Beurkundung **N.** Art. 27.
Willensbestimmung, Ausschluß als Grund der Geschäftsunfähigkeit s. das. 104 Nr. 2, — Haftung für Schadenszufügung 827, 829, **A.** Art. 61.
Willenserklärung s. Anfechtung, Auslegung, Bedingung, Form, Nichtigkeit, Vertretung, Vollmacht.
Willensfähigkeit s. Beschränkt Geschäftsfähige, Geschäftsfähigkeit, Geschäftsunfähigkeit.
Willensmangel s. Anfechtung, Nichtigkeit, Vertreter.
Willensübermittelung durch Telegraph oder Telephon 127, 147.
— unrichtige 120.
Willensunfähigkeit s. Geschäftsunfähigkeit.
Willkür bei Aufhebung der Verbindung eines Grundstücks mit einem öffentlichen Weg (kein Nothweg!) 918.
— des Bedachten bei bedingter letztwilliger Zuwendung 2075.
Windsheim in Bayern, allgemeine Gütergemeinschaft — Übergangsbestimmungen s. **Ue.** Art. 64, 67, 71 Abs. 4, 94, 96 Abs. 3, 97—104.
Winkel zwischen zwei Grundstücken 921, 922.
Wirksamkeit s. Unwirksamkeit.
Wirkung s. Urtheil und die einzelnen Rechtsbegriffe.
Wirkungskreis s. Beistand, Vormund.
Wirth s. Gastwirth.
Wirthschaft s. Ordnungsmäßigkeit.
Wirthschaftlicher Geschäftsbetrieb bei Vereinen 21, 22, 43.
Wirthschaftlicher Zweck bei Gebäuden, Landgut 98.
— — bei Nießbrauch 1036 Abs. 2, 1037 Abs. 2.
— — bei Pacht, Änderung 583.
— — beim Zubehör 97.
Wirthschaftsgebäude eines landwirthschaftlichen Grundstücks bei Pacht 582.
Wirthschaftsgeräth s. Zubehör 98.
Wirthschaftsgesellschaften, die am 1. Jan. 1900 in Bayern bestehen, **E.** Art. 165, Bayer. Gesetz vom 29. April 1869 abgeändert **A.** Art. 161.

Wirthschaftsplan bei Nacherbfolge am Wald, Bergwerk u. s. f. 2123, 2136, 2137.
— beim Nießbrauch am Wald, Bergwerk u. s. f. 1038 Abs. 2.
Wissen s. Kennen und Kennenmüssen.
Wittwe s. auch Ehegatte, Gütergemeinschaft, Wiederverheirathung, Wittwengeld.
— minderjährige, Volljährigkeitserklärung (ohne Einwilligung des Gewalthabers möglich) 4 Abs. 2.
— der Reichsbeamten, Angehörigen des Reichsheers u. s. f. E. Art. 48, 49, 51, 81, A. Art. 12.
Wittwengeld, Beschränkung der Übertragbarkeit nach Landesgesetz E. Art. 81, A. Art. 12.
— Verjährung 197, 201, 218.
Wittwer s. Ehegatte, Gütergemeinschaft, Wiederverheirathung.
Wochen s. auch Frist.
— Berechnung 188.
— Miethzins u. s. f. nach W. — Fälligkeit, Kündigung 551, 565, 614, 621.
Wochenbettkosten zu tragen vom unehelichen Vater, ev. Hinterlegung 1715, 1716.
Wohlthätigkeitsanstalt öffentliche, Ersatz gegenüber Nachlaß der innerhalb der letzten 10 Jahre unterstützten Personen (Ausn.!) E. Art. 139, A. Art. 101.
Wohngebäude bei Pacht 582.
Wohnort s. Wohnsitz.
— ist Ort, an dem Jemand thatsächlich wohnt, 570, 1354.
Wohnraum s. auch Wohnung.
— Besitzschutz 865.
— für in häusliche Gemeinschaft aufgenommene Dienstverpflichtete 618, A. Art. 25 Nr. 5, 26, 30.
— beim Miethvertrage den Grundstücken gleich 580.
Wohnsitz s. auch Sitz.
— ist die ständige Niederlassung an einem Orte (auch gleichzeitig an mehreren möglich) 7, F.G. 36.
— Änderung des W. a) bei Bürgschaft 773 Nr. 2, 775 Nr. 2, — b) Einfluß auf Dienstboten A. Art. 28, — c) bei Geldsendung 270 Abs. 3.
Wohnsitz, Aufhebung des W. durch Aufgeben der Niederlassung mit Willen, sie aufzugeben (ev. Wille des gesetzlichen Vertreters) 7 Abs. 3, 8.
— im Auslande (s. das. und Ausländischer Wohnsitz): a) des Beamten des Reichs oder Bundesstaats F.G. 3, — b) des Deutschen, Beerbung E. Art. 24, 25, 28, — c) des deutschen Ehegatten, persönliche Rechtsbeziehungen E. Art. 14, — d) des Eigenthümers eines Grundstücks — auf Antrag Vertreter 1141 Abs. 2, 1185, — e) des Erben oder Erblassers 1944 Abs. 3, 1954 Abs. 3.
— des Ausstellers einer Schuldverschreibung auf den Inhaber 795.
— besondere Bestimmungen für W. von:
1. Ausländern im Inlande (Entmündigung, Todeserklärung, eheliches Güterrecht, Erbrecht) E. Art. 8, 9, 15 Abs. 2, 16, 25, 27.
2. Ehefrauen 10, 1356.
3. Geschäftsunfähigen 8.
4. Kindern 11.
5. Militärpersonen 9.
— Einfluß auf eheliches Güterrecht s. auch Gesetzliches Güterrecht, Übergangsbestimmungen 2, s. Ue. Art. 20, 22, 23, 24, 25 Abs. 3, 27 Abs. 2.
— des Erblassers: letzter W. bei Zuwendung an die Armen 2072.
— des Hauptschuldners: Zwangsvollstreckung bei Bürgschaft für Geldforderung 772.
— des Mannes: Eintragung in das Güterrechtsregister 1558, 1559.
— maßgebend für die örtliche Zuständigkeit der Gerichte F.G. 3, 7.
— des Schuldners ist gewöhnlich Leistungsort 269.
— im Strafprozesse E. Art. 35.
— eines Verlobten: Zuständigkeit des Standesbeamten 1320, 1321.
— des Vormundes: Entfernung des W. vom Vormundschaftsgericht 1786 Nr. 5, 1792, 1889, 1895, 1899, 1915.
Wohnung s. auch Miethe, Wohnraum, Wohnsitz, Wohnungsrecht.
— Anspruchsverjährung (2 Jahre) 196 Nr. 4, 201, 218.

Wohnung, Bestimmung durch Ehegatten 1354.
— des Erblassers, Benützung durch dessen Familienangehörige 1969.
— Gesundheitsgefährdung — Kündigung bei Miethe 544.
— Kündigung bei versetzten Beamten u. s. f. 570.
— Räumungsfristen E. Art. 93.
— des Schuldners auf Anwesen, das zum Zwecke der Zwangsverwaltung beschlagnahmt, Z.V. 149.
— Überlassung einer W. bei Leibgedingsvertrag s. das. E. Art. 96, A. Art. 33, 37, 38, 41, 44—46.

Wohnungsrecht s. Beschränkt persönliche Dienstbarkeit.
— Anwendung der Vorschriften über Nießbrauch s. das. 1031, 1034, 1037, 1041, 1042, 1044, 1046, 1050, 1057, 1062.
— Ausschluß des Eigenthümers 1093.
— Bestellung bei Leibgedingsvertrag s. das. A. Art. 41.
— Hypothek für W., Übergangsbestimmung für das rechtsrheinische Bayern Ue. Art. 48 Abs. 2 u. 3.

Wörtliches Angebot, Verzug des Gläubigers 295.

Wucher, Aufhebung des Art. 3 des Gesetzes vom 24. Mai 1880/19. Juni 1893 E. Art. 47.
— Rechtsgeschäfte, durch die Jemand unter Ausbeutung der Nothlage, des Leichtsinns, der Unerfahrenheit eines Anderen sich oder Dritten unverhältnißmäßige Vermögensvortheile für eine Leistung versprechen läßt, sind nichtig 138, 139, — (s. auch Zinsen 246—248, 288, 289, 291, — ferner 476—1149, 1229).

Würdigung des Wesens der Ehe bei Anfechtung 1333, 1334.

Württembergisches Landrecht, Errungenschaftsgemeinschaft — Vorschrift, daß erst mit ehelicher Beiwohnung Wirkung eintritt, beseitigt s. Ue. Art. 20, 78 Abs. 4, 79 Abs. 3, 94, 97—104.

Würzburger Recht — Übergangsbestimmungen s. Ue. Art. 20, 64, 65, 72, 76, 95, 96 Abs. 3, 97—104.

Wurzeln eines Baums oder Strauchs, die in Nachbargrundstück reichen, 910, E. Art. 122, 183, Ue. Art. 9.

Z.

Zahl, Bestimmungen von Sachen im Verkehr nach Z. — Vertretbarkeit 91.

Zahlung s. auch Auslobung, Darlehen, Differenzgeschäft, Erfüllung, Kauf, Leibrente, Leistung, Miethe u. s. f., Ungerechtfertigte Bereicherung, Verwahrung, Werkvertrag und die folgenden Worte.
— auf Grund Anweisung oder Schuldverschreibung auf den Inhaber (Aushändigung!) 785, 797, E. Art. 101, A. Art. 49—57.
— einer in ausländischer Währung ausgedrückten oder in nicht mehr in Umlauf befindlicher Münzsorte zu zahlenden Geldschuld 244, 245.
— vor Fälligkeit — kein Abzug von Zwischenzinsen bei unverzinslicher Schuld 272.
— einer bestimmten Geldsumme: a) der Ablösungssumme bei Rentenschuld 1200 Abs. 2, — b) bei Grund- und Rentenschuld 1191, 1199—1201, — c) bei Hypothek 1113.
— von geschuldetem Gelde im Zweifel durch Übersendung an Gläubiger auf Gefahr und Kosten des Schuldners 270, E. Art. 92.
— des Kapitals bei Nießbrauch an verzinslicher Forderung 1077, 1078.
— aus öffentlichen Kassen nach landesges. Vorschrift an Kasse in Empfang nehmen (in Bayern!) E. Art. 92, A. Art. 11.
— Unterbrechung der Verjährung: Z. auf Abschlag oder von Zinsen 208.
— der Versicherungssumme, Wirkung auf Hypothekgläubiger 1128—1130, E. Art. 120.
— des Zuschlagpreises beim Pfandverkauf 1238, 1239 Abs. 2, 1245.

Zahlungsanweisung s. Anweisung.

Zahlungsbefehl s. Mahnverfahren.

Zahlungsfähigkeit, Haftung beim Verkauf einer Forderung im Zweifel nur für Z. zur Zeit der Abtretung 438.

Zahlungsfristen bei Zwangsversteigerung s. das. **Z.V.** 60, 61, 67 Abs. 3, 82, 88, 103, 105, 116, 134, 144.
Zahlungsort s. auch Leistungsort.
— Änderung bei Hypothek 1119 Abs. 2.
— bei Grundschuld: am Sitz des Grundbuchamts 1194.
— bei öffentlichen Kassen **E.** Art. 92, **A.** Art. 11.
— bei Umrechnung ausländischer Währung 244 Abs. 2.
— bei Vereinigung von Hypothek mit Eigenthum in einer Person 1177, 1198.
Zahlungssperre, Übergangsbestimmung: am 1. Januar 1900 anhängige Verfahren nach bisherigen Gesetzen **E.** Art. 178.
— bei Schuldverschreibungen auf den Inhaber **A.** Art. 166 XIV, — Beihülfe des Ausstellers 799, — Hemmung der Vorlegungsfrist und der Verjährung durch Z. 802.
— nach landesges. Vorschriften **E.** Art. 102, 174, — bei Sparurkunde **A.** Art. 113, 116 Abs. 2.
Zahlungsstatt s. auch Leistung.
— Abtretung an Z. bei Forderungsverpfändung 1282, 1284.
Zahlungszeit s. auch Leistungszeit, Zeit.
— Änderung bei Hypothek 1119 Abs. 2.
— Bestimmung nach Kalenderzeit bei Hypothek 1170.
— bei Vereinigung von Hypothek mit Eigenthum in einer Person 1177, 1198.
Zahmes Thier s. Thier.
Zaun, Ausbesserung durch Pächter 582.
— gemeinschaftliche Benutzung, Änderung u. s. f. 921, 922.
Zeichen des Verlöbnisses — Rückgabe bei Unterbleiben der Eheschließung 1301, 1302.
— des Vertragsschlusses ist Draufgeld 336.
Zeichnen als Verarbeitung des Stoffs — Eigenthumserwerbsart 950.
Zeit s. auch Alter, Erfüllungszeit, Festbestimmte Zeit, Frist, Leistungs-, Zahlungszeit, Zeitbestimmung, Zug um Zug.
— der Abtretung (Einwendungen) 404.
— Bestimmung bei Aufbewahrung 695, 696, 699, 700.
— der Wirkung der Aufrechnung 389.
Zeit der Auseinandersetzung des gemeinschaftlichen Nachlasses 2042—2045.
— der Ausgleichung des Gesammtguts mit Sondergut der Ehegatten 1467, 1541, 1546, 1549.
— des Beginns des Amts als Testamentsvollstrecker 2202.
— der Bestellung des Pfandrechts 1208, 1209.
— Bürgschaft auf Z. 777.
— der Eintragung im Grundbuch 879, 1261.
— der Empfängniß (s. das.) 1592, 1717 Abs. 2.
— der Entrichtung: a) der Früchte bei Leibgedingsvertrag **A.** Art. 35, — b) der Leibrente 760, 843, 844, 1612, 1710, — c) des Mäklerlohns 652, — d) des Miethzinses 551, 555, — e) des Pachtzinses 581 Abs. 2, 584, — f) der Rente für Überbau oder Nothweg 913, 917, — g) des Unterhalts 1612, — h) der Vergütung für Dienste 614, — i) der Vergütung für Verwahrung 699, — k) — beim Werkvertrag 641.
— des Erbanfalls (mit Tod des Erblassers!) 1922, — des Erbfalls (bei Pflichttheilsberechnung) 2311.
— Erbeinsetzung auf Z. s. Nacherbfolge 2100, 2106, 2113.
— des Erbschaftskaufs 2374, 2380, 2382, 2383.
— der Eröffnung des Testaments 2260, 2263.
— der Errichtung: a) des eigenhändig geschriebenen Testaments 2231 Nr. 2, 2247, 2248, 2267, — b) des Inventars des Erben 1994—1996, — c) des Protokolls über Testamentserrichtung 2241 Nr. 1, 2249, 2250 Abs. 2, 2276, 2290 Abs. 4, — d) des Testaments, Einfluß auf Pflichttheilsentziehung 2336 Abs. 2 u. 4.
— des Erwerbs der Hypothek 1117.
— der Fälligkeit: a) einer Auflage, deren Erfüllungszeit im freien Belieben des Beschwerten, 2192, 2181, — b) der Hypothekenforderung (Eintragung nicht erforderlich!) 1115, — c) eines Vermächtnisses 2176—2178, 2181, 2186, 2269.

Zeit des Gefahrübergangs: a) beim Kauf 459, — b) beim Werkvertrag 644, 651.
— Gemeinschaft auf Z. (Ausschluß der Aufhebung) 750, 751.
— der Hinterlegung, Aufgabe zur Post 375.
— Einfluß beim Kauf 459, 463, 472, 480 Abs. 2.
— der Kündigung: a) des Auftrags 671, — b) des Darlehens 609, 608, — c) des Dienstverhältnisses 621—624, A. Art. 22—28, — d) der Gesellschaft 721, 740 Abs. 2, — e) der Miethe 565, — f) der Pacht 595.
— des Rechnungsabschlusses, Gewinn- und Verlustvertheilung bei der Gesellschaft 721, 740 Abs. 2.
— der Rechnungslegung des Vormundes 1840.
— der Rückgabe: a) des Darlehens 609, 608, — b) der geliehenen Sache 604.
— des Todes eines für todt Erklärten 18, 19.
— der Versteigerung (öffentlich bekannt machen!) 383 Abs. 3, 1237, 1243, 1245 Abs. 2.
Zeitablauf s. Fristen, Verjährung, Zeit.
Zeitberechnung s. Auslegungsregeln 186—193.
Zeitbestimmung s. Alter, Anfangstermin, Endtermin, Festbestimmte Zeit, Fristen, Zeit.
— falls keine Z. bei Leistung, so diese sofort, — falls Z. hiebei, so kann Gläubiger nicht vorher verlangen, doch kann Schuldner vorher leisten 271.
— nach Kalender (Verzug!) 284 Abs. 2, 296.
— Unzulässigkeit einer Z.: a) bei Ablehnung der Fortsetzung der Gütergemeinschaft 1484, 1518, 1947, — b) bei Anerkennung der Ehelichkeit eines Kindes 1598 Abs. 2, — c) bei Annahme an Kindesstatt und Aufhebung dieses Rechtsverhältnisses 1742, 1768, — d) bei Annahme, Ausschlagung des Amts als Testamentsvollstrecker 2202 Abs. 2, 2228, — e) — — der Erbschaft oder des Vermächtnisses 1947, 2180 Abs. 2, — f) bei Auflassung 925 Abs. 2, 1017, A. Art. 83 Abs. 2, — g) bei Aufrechnungserklärung 388, — h) bei Erklärung der Ehelichkeit 1724, — i) bei Erklärung der Eheschließung 1317 Abs. 2, 1324, E. Art. 40 § 7.
Zeitbestimmung, Wirkung von Z. 163, 158, 160, 161, 2179.
Zeitraum s. auch Fristen, Ersitzung, Verjährung.
— Auslegungsregel für letztwillige Zuwendung unter der Bedingung, daß Bedachter während unbestimmten Z. etwas unterläßt u. s. f., 2075.
— Berechnung, falls Z. nicht zusammenhängt, 191.
Zerrüttung des ehelichen Verhältnisses — Ehescheidungsgrund 1568, 1570—1572, 1574, E. Art. 201.
Zerstörung, Ersatz für Z. einer Sache tritt an deren Stelle: a) beim eingebrachten Gut der Errungenschafts- und Fahrnißgemeinschaft 1524, 1554, — b) bei dem der Verwaltung und Nutznießung des elterlichen Gewalthabers entzogenen Vermögen des Kindes 1638 Abs. 2, 1651 Abs. 2, 1686, — c) beim Erbschaftskauf 2374, — d) beim gemeinschaftlichen Nachlaß 2041, 2111, — e) beim Gesammtgut nach Gemeinschaftsbeendigung bis zur Auseinandersetzung 1473, 1497 Abs. 2, 1546, 1549, — f) beim Gesellschaftsvermögen 718, — g) bei ungerechtfertigter Bereicherung 818, — h) beim vertragsmäßigen Vermächtniß (Ausn.!) 2288, — i) beim Vorbehaltsgut 1370, 1440, 1486, 1526, 1549.
— einer fremden Sache zur Abwendung von Gefahr 228, — zur Selbsthülfe 229—231, 904.
— von Gebäuden, landesges. Vorschriften, wenn dieselben in anderer Lage wiederhergestellt werden, E. Art. 110.
— einer Sache beim Nießbrauch (Anzeige!) 1012.
— Schadensersatzpflicht bei vorsätzlicher oder fahrlässiger Z. 823.
— der Testamentsurkunde (Vermuthung!) 2255.

Zerstörung von Wohnungen beim Leibgedingsvertrag A. Art. 37 Abs. 2.
Zertrümmerung eines Grundstücks s. Theilung.
Zeugen s. auch Eid.
— bei Eheschließung (volljährig! — bürgerliche Ehrenrechte! — auch Frauen, Verwandte u. s. f.) 1318, **E.** Art. 40 II § 7 a.
— bei Errichtung notarieller Urkunden s. Notarielle Beurkundung **F.G.** 169—174, 177 Abs. 3, 178, 198, Bek. v. 24. Dez. 1899 §§ 106—117 (J.M.Bl. 1899 S. 631).
— bei Verfügungen von Todeswegen: a) Anwesenheit — Aufführung im Protokoll — Unterschrift 2239, 2241 Nr. 2, 2242, 2246, 2249—2251, 2276, 2290 Abs. 4, — b) bei Errichtung u. s. f. statt zweiten Notars u. s. f. 2233—2237, 2244, 2249, 2250 Abs. 2, 2251, 2276, 2290 Abs. 4, — c) mündliches Testament vor drei Z. 2250, 2251, — d) Unfähigkeit 2237 Nr. 3, 2234—2236, 2244, 2249, 2250 Abs. 2, 2276, 2290 Abs. 4, **E.** Art. 151.
— Verjährung der Gebühren und Auslagen (2 Jahre) 196 Nr. 17, 201, 218.
Zeugniß des Amtsgerichts über Eintragung der Vereinsvorstandsmitglieder 69.
— — über Eintragung im Vereins- oder Güterrechtsregister **F.G.** 162, **G.O.** 34.
— schriftliches bei Ende eines dauernden Dienstverhältnisses über Dienstverhältniß und Dauer, auf Verlangen über Leistungen und Führung (Schadensersatz nach Landesgesetz!) 630, **E.** Art. 95, **A.** Art. 29.
— bei Eheschließung von Ausländern 1315 Abs. 2.
— über Erbrecht s. Erbschein 2353—2370, **F.G.** 78, 84, 85, **G.O.** 36—38, 99.
— über Ernennung als Testamentsvollstrecker 2368, **F.G.** 78, 84, 85, **G.O.** 36 Abs. 2.
— zur Erwirkung der Aufgebots- oder Zahlungssperre bei Schuldverschreibung auf den Inhaber 799, **E.** Art. 174.
— über Fortsetzung der Gütergemeinschaft 1507, 1518, **F.G.** 78, 84, 85, **G.O.** 36, **Ue.** Art. 29, Bek. v. 31. Dez. 1899 §§ 50, 51 (J.M.Bl. 1900 S. 20).
Zeugniß des Nachlaßgerichts auf Antrag des überlebenden Ehegatten über Recht der Verwaltung und Nutznießung oder des Beisitzes **Ue.** Art. 28 Abs. 3, —
— u. s. f. zum Nachweis der Nachfolge in Familiengüter, Lehen, Familienfideikommisse u. s. f. **A.G.O.** Art. 16, 53.
— über Unschädlichkeit (s. das.) der Veräußerung eines Theiles des belasteten Grundstücks nach Landesgesetz **E.** Art. 120.
— des Vormundschaftsgerichts bei Verehelichung 1314.
Zeugung, wer zur Zeit des Erbfalls noch nicht lebt, aber erzeugt ist 1923 Abs. 2, 2108, — wer zur Zeit des Erbfalls noch nicht erzeugt ist 2101, 2105 Abs. 2, 2106 Abs. 2, 2162 Abs. 2, 2163, 2178, 2179, 2210.
— Unfähigkeit zur Z. 1333, 1334.
— Vermuthung der Z. 1591, 1600, 1717.
Ziel s. Dienstbote, Kündigung.
Zins s. Mieth-, Pachtzins, Zinsen.
Zinsen s. auch die folgenden Worte.
— Übergangsbestimmungen: a) vertragsmäßige, Gesetz hierüber vom 14. November 1867 aufgehoben **E.** Art. 39 (s. 247), — Gesetz vom 5. Dezember 1867 aufgehoben **A.** Art. 175 Nr. 19, — b) für Bayern (Vorbehalt des **E.** Art. 170): Verzugsz. oder andere gesetzliche Z. für am 1. Januar 1900 bestehendes Rechtsverhältniß, soweit Zinssatz nach Landesgesetz, nur 4% **Ue.** Art. 3.
— Anlage auf Zinsen: a) des eingebrachten Guts 1377 Abs. 2, — b) von eingezogenen Beträgen bei Pfandrecht an Forderung 1233, — c) bei Verwaltung durch elterlichen Gewalthaber oder Vormund 1642, 1653, 1806—1811.
— beim Darlehen 608, 609 Abs. 3.
— gesetzliche Verpflichtung zur Zahlung von Z.:
a) bei Ersatz von Aufwendungen 256.
b) beim Kauf von Übergang der Nutzungen an (Ausn.: bei Stundung des Kaufpreises) 452.

c) Kaufleute unter einander (5%) H.G.B. 352, 353.
d) bei Rücktritt vom Vertrag und Herausgabe des Geldes 347, 543 Abs. 2, 581 Abs. 2.
e) bei jeder Schuld von Rechtshängigkeit ev. Fälligkeit an 291.
f) bei schuldnerischem Verzug 288, — (Ausn.: beim Verzug der Zinszahlung 289, 1146, — beim Schenker 522).
g) bei unerlaubter Handlung 849.
h) bei ungerechtfertigter Bereicherung 820 Abs. 2.
i) bei Untergang oder Verschlechterung während des Verzugs 290.
k) bei Verwendung fremden Geldes für sich seitens α) des Beauftragten 668, 2218, 2220, — β) geschäftsführenden Gesellschafters 713, — γ) Geschäftsführers ohne Auftrag 681, 687 Abs. 2, δ) Vereinsvorstandes 27, 40, — ε) Verwahrers 698, — ζ) Vormundes 1834, — η) Vorstandes der Stiftung 86.
l) beim Werkvertrag von Abnahme an (Ausn.: bei Stundung der Vergütung) 641 Abs. 2.

Zinsen bei Grundschuld 1191 Abs. 2, 1192 Abs. 2, 1194, 1197 Abs. 2.
— Höhe der Zinsen: a) bei gesetzlichen und vertragsmäßigen, falls nicht anders vereinbart, 4% 246, — bei beiderseitigen Handelsgeschäften 5% s. H.G.B. 352, — b) bei höheren als 6% — Kündigungsrecht nach 6 Monaten mit 6 monatlicher Kündigungsfrist (Ausn.: bei Schuldverschreibung auf den Inhaber) 247, — (ultra alterum tantum nicht verboten!)
— bei Hypothek- und Grundschuld (Schiffspfandrecht): a) Eintragung im Grundbuch 1115, 1192, 1260, 1272, — b) Haftung des Grundstücks 1115, 1118, 1264, 1145 Abs. 2, — c) Hinterlegung bei unbekanntem Hypothekgläubiger 1171, 1192, — d) bei Bestimmung des Höchstbetrags der Hypothek 1190 Abs. 2, 1271, — e) nachträglich ohne Zustimmung des Gleich- oder Nachstehenden auf 5% erhöhen 1119, 1264, 1272, — f) bei Übertragung der Hypothek 1158, 1159, 1160 Abs. 3, 1192, — g) bei gesetzlicher Umwandlung von Hypothek in Grundschuld in gleicher Höhe 1177, 1198, — h) bei Vereinigung mit Eigenthümer in einer Person 1177, 1178, 1192.

Zinsen, keine Z.zahlung: a) solange Schuldner Sachen hinterlegt hat, 379 Abs. 2, — b) Schenker keine Verzugsz. 522, — c) bei Verzug des Gläubigers 301.
— der Nachlaßverbindlichkeiten beim Erbschaftskauf 2379, 2382.
— beim Nießbrauch: a) an auf Z. ausstehender Forderung 1076—1079, 1030, 1068, 1080, — b) am Grundstücke: Z. der Hypothekforderung und Grundschulden vom Nießbraucher zahlen 1047, — c) am Vermögen oder Erbschaft 1088.
— beim Pfandrecht: a) an Forderung 1288, 1289, — b) Haftung des Pfandes für Z. 1210, 1214 Abs. 2, 1264.
— Tilgung der Z. bei unzureichender Zahlung oder Aufrechnung: nach den Kosten, vor Hauptleistung 367, 396.
— der Verbindlichkeiten aus eingebrachtem Gut 1386, 1388, 1411—1414.
— Verjährung rückständiger Z. in 4 Jahren 197, 201, 218, 223 Abs. 3, — mit Hauptanspruch 224, — (Zahlung von Z. unterbricht Verjährung der Hauptforderung 208).
— Zinseszins, Vereinbarung nichtig — auch bei Verzug nicht zulässig, — (Ausn.: bei Sparkassen, Kreditanstalten, Bankiers bez. nicht erhobener Z. von Einlagen u. s. f. 248, 289, s. auch H.G.B. 353, 355.

Zinseszins s. Zinsen.

Zinsfuß, Zinssatz s. Zinsen.

Zinsschein (Coupon), Übergangsbestimmungen:
1. für Z. von vor 1. Januar 1900 ausgegebenen Schuldverschreibungen gelten bisherige Gesetze **E.** Art. 174, **Ue.** Art. 8.
2. für nach 1. Januar 1900 ausgegebene Z. von Inhaberpapieren aus früheren — — **E.** Art. 175.

— Besitz bei Nießbrauch an Order- oder Inhaberpapieren 1081.

Zinsschein, Hinterlegung 234, 1392, 1525, 1550 Abs. 2, 1814, 1818, 1819, 2116, 2136—2139.
— Kraftloserklärung 799, 803, 804, 805, **A.** Art. 166 XIV, **E.** Art. 100 Nr. 2, — Bekanntmachung bei Verlust **A.** Art. 90 Abs. 2, H.G.B. 367 Abs. 3.
— Pfandrecht an Z. 1296.
— Vorlegungsfrist 801 Abs. 2 u. 3, 802.

Zoologischer Garten s. Wilde Thiere 960.

Zubehör ist bewegliche Sache, die dem wirthschaftlichen Zwecke der Hauptsache dient und im entsprechenden räumlichen Verhältnisse zu dieser steht, 97, 98.
— folgt Hauptsache:
1. bei Eigenthumsübertragung am Grundstück (im Zweifel) 926.
2. bei Grundstücken der Fahrnißgemeinschaft 1551 Abs. 2.
3. bei Herausgabe durch Wiederverkäufer 498.
4. bei Hypothek 1120—1122, 1135.
5. beim Nießbrauch und Wohnungsrecht am Grundstück (im Zweifel) und Aufhebung desselben 1031, 1062, 1093.
6. beim Schiffspfandrecht 1265, 1272.
7. bei Veräußerung oder Belastung der Hauptsache (im Zweifel) 314.
8. beim Vermächtniß (im Zweifel) 2164.
9. beim Vorkaufsrecht (im Zweifel) 1096.
10. bei Wandelung wegen Mangels 470.
11. bei Zwangsversteigerung **Z.V.** 55 Abs. 2.
— Pfändung, Zwangsvollstreckung C.P.O. 865 Abs. 2.

Zuchthausstrafe wegen Verbrechen gegen das Kind, Ende der elterlichen Gewalt 1680, 1681, 1684 Nr. 2, 1686, 1677.

Züchtigung s. Zuchtmittel.
— des Gesindes durch Dienstberechtigten unzulässig **E.** Art. 95 Abs. 3.

Zuchtmittel s. auch Züchtigung.
— bei der Erziehung 1631 Abs. 2, 1634, 1698.

Zufall s. Gefahr.

Zuführung von Gasen, Rauch u. s. f. auf fremdes Grundstück 906, Gewerbeordnung 26.

Zugehörigkeit zum Gesellschaftsvermögen 718, 720.

Zugesicherte Eigenschaft s. Eigenschaft.

Zugeständniß s. Anerkenntniß.

Zug um Zug, Einreden der nicht erfüllten Gegenleistung und des Zurückbehaltungsrechts, Urtheil auf Erfüllung Z. u. Z. 274, 322, C.P.O. 726 Abs. 2, 756, 765.
— — bei Rücktritt vom Vertrag 348.
— — Verzug des Gläubigers 298.

Zuhälter, Einrede der mehreren Z. 1591, 1717, 1718.

Zukunft s. auch Zeitbestimmung.
— Vertrag über zukünftiges Vermögen 310, 312.
— Verzicht auf Unterhalt für Z. 1614, 1714.

Zulässigkeit der Ehelichkeitserklärung s. das. 1732—1734.
— des Rechtsweges s. das. 210.
— der Versteigerung s. das. 384, 1220.

Zumessen beim Kauf, Kosten: Verkäufer 448.

Zurechnungsfähigkeit s. Unzurechnungsfähigkeit.

Zurückbehaltungsrecht ist das Recht des Schuldners, die geschuldete Leistung zu verweigern, bis die ihm gebührende Leistung bewirkt wird, 273 Abs. 1.
— abwendbar durch Sicherheitsleistung (nicht durch Bürgen!) 273 Abs. 3.
— bei Auseinandersetzung:
1. der allgemeinen Gütergemeinschaft 1475.
2. des Gesellschaftsvermögens 733.
3. des Nachlasses 2046, 2204.
— des Ausstellers einer Schuldverschreibung auf den Inhaber 803.
— des Gläubigers bei Bürgschaft 772 Abs. 2, 773 Abs. 2.
— hemmt nicht die Verjährung 202 Abs. 2.
— steht zu:
1. dem Finder wegen Aufwendungen, Finderlohn u. s. f. 972, 1000.
2. dem zur Herausgabe Verpflichteten wegen Verwendungen oder durch Gegenstand verursachten Schadens (Ausn.: bei vorsätzlicher unerlaubter Handlung) 273 Abs. 2, 1000, 2022.
3. bei Kaufleuten H.G.B. 369—372.

4. dem Schuldner, der aus selbem rechtlichen Verhältnisse fälligen Anspruch hat, 273 Abs. 1.
Zurückbehaltungsrecht steht nicht zu:
1. dem Bevollmächtigten an Vollmachtsurkunden nach Erlöschen der Vollmacht 175.
2. dem Miether eines Grundstücks wegen Ansprüche gegen Vermiether 556 Abs. 2, 581 Abs. 2.
— bei erheblicher Unterhaltsgefährdung 1579, 1582 Abs. 2, 1428, 1585 Abs. 2.
— Wirkung im Prozeß (Zug um Zug) 274.
Zurückbeziehung s. Rückwirkung.
Zurückerstattung s. auch Rückforderung, Rückgabe.
— des Darlehens s. das. 607—610.
— der Einlagen bei Auflösung der Gesellschaft 733 Abs. 2.
— des Miethzinses bei Kündigung 543 Abs. 2, 555.
— des Werthes des Eingebrachten bei Auseinandersetzung der Gütergemeinschaft 1478.
Zurückforderung s. Rückforderung.
Zurückgabe s. Rückgabe.
Zurückgewähr s. Rückgabe.
Zurücklassen von landwirthschaftlichen Erzeugnissen beim Ende der Pacht 593, 594.
Zurücknahme s. Klagezurücknahme, Rückgabe, Rücknahme, Widerruf.
— des Antrags auf Eintragung eines Schiffspfandrechts u. s. f. (Form!) F.G. 109.
— — im Grundbuch (Form!) G.O. 32.
— — auf Zwangsversteigerung Z.V. 29, 161 Abs. 4, 30.
— der Anzeige von Forderungsabtretung 409 Abs. 2, — sonstiger Anzeigen 576, 577, 579, 581 Abs. 2.
— des Testaments 2256, 2272.
Zurückschaffen der aus dem Grundstück entfernten eingebrachten Sachen 561 Abs. 2.
Zurücktreten s. Rücktritt.
Zurückweisung s. auch Fristen (unverzüglich), Gebot.
— des Antrags auf Eintragung im Grundbuch (s. auch Beschwerde) G.O. 18.
Zurückweisung des einem Dritten aus Vertrag zweier Anderer erworbenen Rechts 333.
Zusammengehörigkeit mehrerer Sachen, Wandelung 469.
Zusammengesetzte Sachen s. Sachinbegriff.
Zusammenhängende Reihe von öffentlich beglaubigten Abtretungserklärungen 1155.
Zusammenleben s. Eheliche Gemeinschaft.
Zusammenlegung s. auch Vereinigung.
— von Grundstücken, landesges. Vorschriften unberührt E. Art. 113, 116, — Bayer. Gesetz vom 29. Mai 1886, Flurbereinigung betr., abgeändert A. Art. 171.
Zusammenrottung, Schadensersatz nach Landesgesetz E. Art. 108, Bayer. Gesetz vom 12. März 1850 auf die Pfalz erstreckt A. Art. 142, (Erlöschen des Anspruchs nach 1 Jahr s. Ausführungsgesetz zur C.P.O. vom 23. Februar 1879 Art. 10 Abs. 1, abgeändert A. Art. 166 III 1, jetzt Art. 11 (s. G. u. V.Bl. 1899 S. 404).
Zusammenschreiben mehrerer Grundstücke 890, E. Art. 119 Nr. 3, 1131, G.O. 5, A.G.O. Art. 6, 53.
Zusammentreffen mehrerer Grunddienstbarkeiten u. s. f. 1024, — mehrerer Nießbrauche 1060, — des Nießbrauchs mit Eigenthum 1063, — des Pfandrechts mit Eigenthum 1256.
Zuschlag s. auch Zwangsversteigerung, C.P.O. 817.
— Vertragsabschluß (Vermuthung!) 156, 1239, — (von Gold- und Silbersachen nicht unter Metallwerth 1240, 1242, 1243, 1245).
Zuschreiben s. Zusammenschreiben.
Zuschuß zu Einkünften — Ausgleich bei Nachlaßauseinandersetzung 2050 Abs. 2, 2051—2057, 2204.
Zusicherung s. Eigenschaft.
Zustand s. auch Sachverständiger.
— der Sachen (Feststellung) F.G. 164, Bek. v. 24. Dez. 1899 § 267 ff. (J.M.Bl. 1899 S. 686): a) beim eingebrachten Gut 1372 Abs. 2, 1528 Abs. 2, — (Gebühren betr. Ue. Art. 31 Abs. 2), — b) bei Nacherbfolge 2122, — c) beim Nießbrauch 1034.
— der Wohnung beim Leibgedingsvertrag A. Art. 37.

Zuständigkeit s. auch Amtsgericht, Form, Notar.
— zur Abnahme des Offenbarungseids s. das. 261, 2006, **E.** Art. 147 Abs. 2.
— für Angelegenheiten der freiwilligen Gerichtsbarkeit **F.G.** 3, 4, 5, 7.
— bei Annahme an Kindesstatt **F.G.** 65—68.
— Antrag auf Bestimmung des zuständigen Gerichts unterbricht Verjährung bei Klagerhebung binnen 3 Monaten 210.
— der Hinterlegungsstellen (s. das.) nach landesges. Vorschriften **E.** Art. 144—146.
— für Nachlaß- und Theilungssachen **F.G.** 72—99.
— des Standesbeamten zur Eheschließung 1320, 1321.
— für Verrichtungen der Vormundschafts- und Nachlaßgerichte nach Landesgesetz **E.** Art. 147, **F.G.** 36—47.
Zustellung des Beschlusses, durch den Inventarfrist bestimmt ist, 1995, 1996, 1997.
— öffentliche durch Gerichtsvollzieher 132 Abs. 2, — — der Kraftloserklärung des unrichtigen Erbscheins 2361 Abs. 2, — (— unzulässig **F.G.** 89), — — bei Scheidung wegen böslicher Verlassung 1567 Abs. 2 Nr. 2 u. Abs. 3.
— von Willenserklärungen durch Gerichtsvollzieher 132 Abs. 1.
— bei Zwangsversteigerung und -verwaltung (von Amtswegen!) **Z.V.** 3—8, 22 Abs. 2, 32, 161 Abs. 4, 41, 88, **A.G.O.** Art. 25 Abs. 2, 53.
Zustellungsbevollmächtigter beim Grundbuchamt **Z.V.** 5, 8, 19 Abs. 2.
Zustimmung s. auch Einwilligung, Genehmigung, Unwiderruflichkeit, Vormund, Vormundschaftsgericht.
— vorherige Z. ist Einwilligung (gewöhnlich widerruflich! — s. das.) 183, — nachträgliche ist Genehmigung (rückwirkend!) 184.
— des Ehegatten zum Ehebruch u. s. f. 1565 Abs. 2.
— Z. erforderlich: zu (s. auch Untermiethe)
1. Abgabe der Vormundschaft **F.G.** 46.
2. Aufhebung oder Änderung eines belasteten Rechts am Grundstück 876 — 878, 1116, 1168 Abs. 2, **G.O.** 8. 21, **Ue.** Art. 12 Abs. 2, 46 Abs. 2,
3. — — eines verpfändeten Rechts 1276.
4. Aufhebung erbvertragsmäßiger Vermächtnisse und Auflagen 2291.
5. — der Hypothek durch Rechtsgeschäft, Löschung 1183, **G.O.** 27.
6. — eines dem Nießbrauch unterliegenden Rechts 1071.
7. — des Pfandrechts 1255.
8. Ersatz einer Hypothekforderung durch andere Forderung 1180 Abs. 2.
9. Geschäftsführung der Gesellschaft 709, 710.
10. Hinausgabe der gefundenen Sache 975.
11. Kündigung einer verpfändeten Forderung durch Gläubiger 1283, 1284, 1286.
12. Vereinbarung über von gesetzlichen Vorschriften abweichende Art des Pfandverkaufs 1245.
13. Vereinsbeschlüssen 32, 33, 35.
14. Verkauf im Wege der Zwangsvollstreckung u. s. f. zuwider dem Verbote des Mitbietens Betheiligter 458.
15. auf Verlangen: a) zur Berichtigung des Grundbuchs 894, 1203, — b) zur Eintragung oder Löschung zur Verwirklichung eines durch Vormerkung gesicherten Anspruchs 888, — c) zur Kündigung verpfändeter Forderung 1286.
16. Vertrag zwischen Abkömmling und Ehegatten über Verzicht auf Gesammtgut 1517, 1518, — letztwillige Verfügungen in Ansehung der fortgesetzten Gütergemeinschaft 1516, 1518, — s. im Übrigen die einzelnen Güterrechte.
17. Verzicht auf Hypothek für Rückstände an Zinsen u. s. f. 1178 Abs. 2.
18. Vorrechtseinräumung zum Nachtheil der Hypothek, Grund-, Rentenschuld 880, 1151.
19. Zurücknahme der Anzeige von der Forderungsabtretung 409 Abs. 2.
20. Zurücknahme der Anzeige des Vermiethers von Grundstücksveräußerung 576.

Zustimmung nicht erforderlich:
1. zur Änderung des Rangverhältnisses von Theilhypotheken, Herstellung von Theilhypothekenbriefen 1151, 1152.

2. zur Änderung von Zahlungszeit, -ort, Zinsfuß (bis 5 %) von Hypothekforderung 1119, 1264 Abs. 2, 1272.
3. zur Aufhebung der Gemeinschaft des Pfandrechts am Antheil des Miteigenthümers nach Eintritt der Verkaufsberechtigung 1258 Abs. 2.
4. zu nothwendigen Maßregeln bei Gemeinschaft 744 Abs. 2.
5. zur Umwandlung von Sicherungs- in gewöhnliche Hypothek und umgekehrt 1186, — von Hypothek in Grundschuld und umgekehrt 1198, — von Renten- in Grundschuld und umgekehrt 1203.

Zustimmung, Form der Erklärung der Z. (s. auch Form) zu Verträgen oder einseitigen Rechtsgeschäften dem einen oder andern Theil gegenüber — ohne für das Rechtsgeschäft vorgeschriebene Form 182, — besondere Bestimmungen 108, 177, 876, 880, 1071, 1178, 1180, 1183, 1245, 1255, 1276, 1396, 1448, 1643, 1726, 1748, 1828, 1832.

Zuthat, Beschaffung durch Unternehmer beim Werkvertrag 651 Abs. 2.

Zuwachsung s. Anwachsung.

Zuwendung s. Anrechnung, Auflage, Ausgleichung, Auslegungsregeln, Erbvertrag, Miterben, Schenkung, Testament, Unentgeltlichkeit, Vermächtniß.

Zuziehung von Zeugen s. das.

Zwang s. Drohung.
— zur Eheschließung 1297.
— als Ursache:
1. der Erbunwürdigkeit 2339 Nr. 2, 2345.
2. von Schadensersatz 823, 842, 847.
3. des Übergangs des Widerrufsrechts des Schenkers auf den Erben 530.

Zwangsenteignung s. auch Unschädlichkeitszeugniß.
— Landesgesetze aufrecht erhalten **E.** Art. 109, 52, 120 Abs. 2 u. Nr. 3, Einführungsgesetz zur C.P.O. Art. 15 Nr. 2, Ausführungsgesetz zur C.P.O. Art. 16—26 (G. u. V.Bl. 1899 S. 406), Bayer. Gesetz, Unschädlichkeitszeugniß betr., vom 15. Juni 1898 Art. 18, Abänderung des Gesetzes vom 17. November 1837, die Zwangsabtretung von Grundeigenthum für öffentliche Zwecke betr., s. **A.** Art. 139, — bei Eintragungen in das Grundbuch Vorlage von Hypotheken- u. s. f. -briefen **A.G.O.** Art. 19, 20, 53.

Zwangserziehung **E.** Art. 135 Abs. 2.
— Zulässigkeit:
1. bei Gefährdung des geistigen oder leiblichen Wohls durch elterlichen Gewalthaber auf Anordnung des Vormundschaftsgerichts 1666, 1686.
2. — bei Mündeln 1838.
3. bei strafbaren Handlungen (§§ 55, 56 Reichsstrafgesetzbuchs) **E.** Art. 34 II.
4. nach Landesgesetz, soweit zur Verhütung des völligen sittlichen Verderbens nothwendig, **E.** Art. 135, — in Bayern noch nicht landesgesetzlich geregelt.

Zwangsrechte, landesges. Vorschriften unberührt **E.** Art. 74, **A.** Art. 1.

Zwangsvergleich s. K.O.
— beim Nachlaßkonkurs — Haftung des Erben und der Miterben 1989, 2000, 2013, 2060 Nr. 3.

Zwangsversteigerung s. auch Vertheilungsverfahren, Zwangsvollstreckung.
— Übergangsbestimmungen:
1. ein vor dem 1. Januar 1900 beantragtes Verfahren ist nach den Landesgesetzen zu erledigen **E.Z.V.** 15.
2. für die Pfalz: Z. gemeinschaftlichen Grundstückes **Ue.** Art. 113—115.
— zum Zwecke der Aufhebung einer Gemeinschaft 753, **Z.V.** 180—184, **Ue.** Art. 41, 113—115.
— von Bergwerken, Erbgütern, Familien-Fideikommissen, Kuxen, Lehen s. das.
— von Grundstücken und Schiffen vorbehaltenes Gesetz **E.** Art. 1, C.P.O. 864—871, E.G. zur C.P.O. 815 Nr. 2.

Gesetz vom 24. März 1897 (R.G.Bl. 1897 S. 97: **Z.V.**, Einführungsgesetz hiezu: **E.Z.V.**) (Eintheilung des Folgenden: Anordnung B.; Aufhebung des Verfahrens E.; Ausführung der Versteigerung G.; Beschlagnahme umfaßt D.; einstweilige Einstellung F.; Vertheilung des Erlöses H.; Wirkungen des Beschlagnahmebeschlusses C.; Zuständigkeit A.)

A) Zuständigkeit:
1. Amtsgericht, in dessen Bezirk Grundstück, (bei mehreren zuständigen Gerichten) **Z.V.** 1, 2, 40.
2. Notar **E.Z.O.** 13, **A.G.O.** Art. 25, 53.

B. Anordnung: auf Antrag (Inhalt! Urkunden!) 1166, **Z.V.** 15, 16, 172—179, **E.Z.V.** 5, — nur, wenn Schuldner als Eigenthümer des Grundstücks oder dessen Erbe eingetragen, (Zeugniß) **Z.V.** 17, 133, 147, 181 Abs. 4, — durch Beschluß **Z.V.** 20, — (Eintragung in das Grundbuch **Z.V.** 19, 146 Abs. 2, 156 Abs. 2).

C. Wirkungen des Beschlagnahmebeschlusses (Beginn **Z.V.** 22):
1. gilt zu Gunsten des Gläubigers als Beschlagnahme des Grundstücks **Z.V.** 20.
2. bei Beschlagnahme einer Forderung Verbot an Drittschuldner, zu zahlen, auf Antrag **Z.V.** 22 Abs. 2.
3. Veräußerungsverbot (Ausn.!) **Z.V.** 23, 26, 148.
4. Verwaltung und Benutzung des Grundstücks nur innerhalb ordnungsmäßiger Wirthschaft **Z.V.** 24, — bei Gefährdung Maßregeln (Vorschuß) **Z.V.** 25.

D. Beschlagnahme umfaßt:
1. die Gegenstände, auf die sich Hypothek (s. das.) erstreckt, **Z.V.** 20 Abs. 2.
2. land- und forstwirthschaftliche Erzeugnisse, Forderung aus deren Versicherung nur, soweit Erzeugnisse noch mit Boden verbunden oder Zubehör, (nicht Mieth-, Pachtzinsforderung, Anspruch auf wiederkehrende Leistungen) **Z.V.** 21.

E. Aufhebung des Verfahrens (Zustellung des Beschlusses — Löschung im Grundbuch **Z.V.** 32, 34):
1. falls dem Vollstreckungsgericht aus Grundbuch Recht bekannt wird, welches Z. entgegensteht, **Z.V.** 28, 161 Abs. 4.
2. bei Zurücknahme des Versteigerungsantrags **Z.V.** 29, 30.
3. falls bei einstweiliger Einstellung nicht binnen 6 Wochen Antrag auf Fortsetzung gestellt, **Z.V.** 31 Abs. 2, 118 Abs. 2.
4. falls Versteigerung im zweiten Termin ergebnißlos, **Z.V.** 77 Abs. 2.

F. einstweilige Einstellung des Verfahrens (in Bayern Notar zuständig **A.G.O.** Art. 25 Abs. 2, 53), — (Zustellung des Beschlusses nach Schluß der Versteigerung — Fortsetzung nur auf Antrag des Gläubigers **Z.V.** 32, 33, 31), — (Erlöschen des Gebots **Z.V.** 72 Abs. 3):
1. wie bei Aufhebung des Verfahrens.
2. bei Bewilligung durch Gläubiger **Z.V.** 30.
3. falls nach Beginn der Versteigerung Schuldner oder Berechtigter zahlt, **Z.V.** 75.
4. bei mehreren Grundstücken **Z.V.** 76.
5. falls kein Gebot abgegeben oder sämmtliche Gebote erloschen sind, **Z.V.** 77.

G. Ausführung der Versteigerung (durch Vollstreckungsgericht **Z.V.** 35, — oder in Bayern Notar **E.Z.V.** 13, **A.G.O.** Art. 25, 53).
1. Vortermin (zu Erörterungen!) **Z.V.** 62.
2. Terminsbestimmung (Inhalt — 6 Monat Frist zwischen Anberaumung und Abhaltung — öffentliche Bekanntmachung (Ausn.! Frist!) — Anheften an Gerichtstafel — Zustellung an Betheiligte (Frist!) — Einsicht) **Z.V.** 35—43, 55 Abs. 2, 83 Nr. 7, 168 Abs. 2, **E.Z.V.** 6, 7, 8 Abs. 2, **A.G.O.** Art. 26, 53.
3. Termin (Aufnahme im Protokoll **Z.V.** 78, 80): geringstes Gebot (Berechnung!) **Z.V.** 44—52, 59—61, 65 Abs. 2, 125, 132, **A.G.O.** Art. 49, — Baargebot **Z.V.** 49, 50, 51, 125, 132, — unwirksame Gebote **A.G.O.** Art. 50, 53, — Versteigerungsbedingungen (abweichende Bestimmungen zuläßig!) **Z.V.** 59, 62, 55—57, 60, 61, 63—65, 67 Abs. 3, 82, 83 Nr. 2, 88, 103, 105, 107, 116, 134, 144, 183, **E.Z.V.** 10, 11, **A.G.O.** Art. 28, 29, 53, 54, — Beschwerde gegen Entscheid vor Beschlußfassung über Zuschlag **Z.V.** 95, — Aufruf! — Bekanntgabe der Nachweisungen u. s. f. — Hinweis der Ausschließungen **Z.V.** 66, 83 Nr. 4, — Aufforderung! — Frist **Z.V.** 73, 83 Nr. 7, — Gebot (Verlangen von Sicherheit — sofort — Höhe — Entscheid) (auch Bürge!) **Z.V.** 67—70, **A.G.O.** Art. 30, 31, 53, — Zurückweisung des unwirksamen Gebots — dessen Erlöschen **Z.V.** 71, 72, **A.G.O.** Art. 50, 51, — Verkündung des letzten Gebots **Z.V.** 73 Abs. 2.

Zuschlag an Meistbietenden **Z.V.** 74, 78—94, 33, 56, 63 Abs. 4 (Beschwerde **Z.V.** 96—104), — (Beschluß — Versagung — Verkündung — Zustellung) — Wirkungen des Zuschlags (mit Verkündung):
1. Ersteher wird Eigenthümer des Grundstücks und sonstiger Gegenstände **Z.V.** 90.
2. Erlöschen der Rechte (Ausn.!) **Z.V.** 91, 92, 112 Abs. 2, 113 Abs. 2, 121, **E.Z.V.** 9, **Ue.** Art. 48 Abs. 3, 117 Abs. 3, **A.G.O.** Art. 27, 53.
3. Zwangsvollstreckung aus Beschluß auf Räumung und Herausgabe (Ausn.! **Z.V.** 93): falls Z. in Bayern durch Notar, so bei Auflassung im Termin Anwesenheit beider Theile nicht erforderlich **A.** Art. 82.

H. Vertheilung des Erlöses: I. Terminsbestimmung (Zustellung — Anheftung — Aufforderung zur Anmeldung) **Z.V.** 105, 106, **A.G.O.** Art. 26, 53, — Feststellung der Masse **Z.V.** 107, 108, — Rangordnung **Z.V.** 10, 11, 12, 13, 49, 129, 153, 155, **E.Z.V.** 2 Abs. 2, 4, — Rechte Dritter am Erlös 882, **E.** Art. 52, 53, — Deckung der Kosten u. s. f. **Z.V.** 109—112, **E.Z.V.** 11, — Theilungsplan (Aufnahme — Verhandlung — Widerspruch) **Z.V.** 113—115, — Ausführung des Theilungsplans: Zahlung — Forderungsübertragung — bei unbekannten Berechtigten u. s. f.) **Z.V.** 116—129, 135—142, **E.Z.V.** 12, **A.G.O.** Art. 32, 33, 53, — Einträge in das Grundbuch **Z.V.** 130, 131.

II. bei außergerichtlicher Einigung (öffentliche Urkunden!) **Z.V.** 143—145.

Zwangsversteigerung auf Antrag des Konkursverwalters (s. das.) **Z.V.** 172—174, — — des Erben u. s. f., falls Nachlaßgläubiger für seine Forderung Recht der Befriedigung aus zum Nachlaß gehörenden Grundstück, **Z.V.** 175—179, — (nicht bei Eröffnung des Nachlaßkonkurses **Z.V.** 178).
— von Schiffen im Weg der Zwangsvollstreckung (s. auch oben) **Z.V.** 162—171.

Zwangsversteigerung, Zulässigkeit der Z. neben Zwangsverwaltung und Sicherungshypothek C.P.O. 866 Abs. 2, 869.

Zwangsverwaltung s. auch Zwangsversteigerung.
— Übergangsbestimmung: vor 1. Januar 1900 beantragtes Verfahren nach Landesgesetzen **E.Z.V.** 15.
— vorbehaltenes Gesetz über Z. **E.** Art. 1.

Gesetz vom 24. März 1897 (R.G.Bl. 1897 S. 97) **Z.V.**, — Einführungsgesetz hiezu **E.Z.V.** (Eintheilung des Folgenden: Anordnung B.; Aufhebung F.; Befriedigung E.; Rechte und Pflichten des Verwalters D.; Wirkungen der Beschlagnahme C.; Zuständigkeit A.)

A. Zuständigkeit: Amtsgericht, in dessen Bezirk Grundstück, **Z.V.** 1, 2, — oder Notar **E.Z.V.** 13.

B. Anordnung nach Vorschriften über Zwangsversteigerung s. das. **Z.V.** 146, 77 Abs. 2, — Nachricht an Betheiligte **Z.V.** 146 Abs. 2.

C. Wirkungen der Beschlagnahme:
1. dem Schuldner Verwaltung und Benutzung der Grundstücke entzogen (Überlassung der unentbehrlichen Räume bei Gefährdung!) **Z.V.** 148 Abs. 2, 149.
2. Eigenthümer, der zugleich Gläubiger der Grundschuld ist, bezieht Zinsen 1197.
3. Übergabe u. s. f. an Verwalter **Z.V.** 150, 151.

D. Rechte und Pflichten des Verwalters **Z.V.** 150.
1. die zur Erhaltung und ordnungsmäßigen Benutzung erforderlichen Handlungen **Z.V.** 152, **E.Z.V.** 14.
2. Vergütung — Beaufsichtigung — Sicherheitsleistung — Ordnungsstrafe **Z.V.** 153, **E.Z.V.** 14.
3. Haftung allen Betheiligten gegenüber **Z.V.** 154.
4. Rechnungslegung **Z.V.** 154.

E. Befriedigung:
1. Beschränkung der Befriedigung des Gläubigers aus Hypothek u. s. f. nach Landesgesetz **E.** Art. 60, 192.
2. Bestreitung der Kosten — Vertheilung des Rests **Z.V.** 155, 156, 10—14, **E.Z.V.** 4.

3. Theilungsplan Z.V. 156—158, — (Änderung im Weg der Klage, auch ohne Widerspruch Z.V. 159).
4. außergerichtliche Vertheilung Z.V. 160.
F. Aufhebung der Z. durch Gerichtsbeschluß (Zustellung — Löschung) Z.V. 161, 32, 34.
1. bei Befriedigung des Gläubigers.
2. falls Fortsetzung besondere Aufwendungen erfordert und Gläubiger nöthigen Geldbetrag nicht vorschießt, Z.V. 161.
3. falls dem Gericht aus Grundbuch Recht ersichtlich, welches Z. entgegensteht, Z.V. 161, 28.
4. bei Zurücknahme des Antrags Z.V. 161, 29.

Zwangsverwaltung auf Antrag des Konkursverwalters Z.V. 172—174.
— Zulässigkeit der Z. neben Zwangsversteigerung und Sicherungshypothek C.P.O. 866 Abs. 2, 869.

Zwangsvollstreckung s. auch Beschlagnahme, Zwangsversteigerung, Zwangsverwaltung, s. auch Civilprozeßordnung und die einzelnen Rechte, in welche Z. stattfindet.
— Gesetze vom 23. Februar 1879 und 29. Mai 1886, Z. in unbewegliche Vermögen betr., aufgehoben A.G.O. Art. 52.
— mit abgetretener Forderung verbundenes Vorzugsrecht, Geltendmachung durch Cessionar 401 Abs. 2.
— Antrag auf Z. und Vollstreckungshandlungen unterbrechen Verjährung 209 Nr. 5, 216.
— Antrag auf Z. nach Wegnahme von Sachen im Weg der Selbsthülfe 230.
— Gläubiger, die bei Z. in unbewegliches Vermögen Recht auf Befriedigung, werden durch Aufgebot an die Nachlaßgläubiger nicht betroffen 1971, 1974 Abs. 2, 2016 Abs. 2, 2060.
— aus Auseinandersetzung des Nachlasses u. s. f. F.G. 98.
— Befriedigung im Wege der Z.
1. falls Eigenthümer Gläubiger der Grundschuld, so nicht Z. zum Zweck seiner Befriedigung, 1197.
2. seitens eines Grundstückbesitzers nach Fristsetzung zur Genehmigung der Verwendungen durch den Eigenthümer 1003.
3. des Hypothek- und Grundschuldgläubigers 1147, 1192: a) solange Forderung nicht gegenüber dem Eigenthümer fällig, kann dieser dem Gläubiger für Befriedigung nicht Eigenthum übertragen oder Grundstücke anders als durch Z. veräußern, 1149, — b) Erlöschen der Hypothek 1181, — c) zu Gunsten des Gläubigers gilt der Eingetragene als Eigenthümer 1148, — d) Recht desjenigen, der durch Z. Recht am Gegenstand verliert, zu befriedigen gegen Aushändigung des Hypothekenbriefs 1150, 268, 1144, 1145.
4. bei verpfändeten Schiffen und Rechten 1268, 1277.

Zwangsvollstreckung, Beseitigung der durch Z. begründeten Rechte Dritter seitens des Wiederverkäufers 499.
— gegen den Hauptschuldner bei der Bürgschaft 771—773.
— gegen Fiskus, Gemeinde u. s. f. s. Bayer. Ausführungsgesetz zur C.P.O. Art. 9 (G. u. V.Bl. 1899 S. 404).
— Herausgabe des Ueberschusses an ausgeschlossenen Nachlaßgläubiger 1973 Abs. 2, — — des Nachlasses an Gläubiger 1990—1992, 2013, 2016, 2145 Abs. 2, 2187 Abs. 2.
— Verkäufer u. s. f. darf bei Z. nicht kaufen, außer mit besonderer Genehmigung 456—458.
— bei Lehen, Fideikommissen u. s. f. s. Bayer. Ausführungsgesetz zur C.P.O. Art. 28 (G. u. V.Bl. 1899 S. 409).
— in den Nachlaß nach Anordnung der Nachlaßverwaltung 1984 Abs. 2, — durch Nachlaßgläubiger nach dem Erbfall 2016 Abs. 2, — in die der Verwaltung des Testamentsvollstreckers unterliegenden Nachlaßgegenstände 2213 Abs. 3.
— auf Räumung und Herausgabe aus Beschluß, durch den Zuschlag bei Zwangsversteigerung des Anwesens mitgetheilt wird, (Ausnahmen!) Z.V. 93.
— in Schuldverschreibung des Staates u. s. f. A. Art. 50 Abs. 2, 55, 57.
— in unbewegliches Vermögen C.P.O. 864—871.

Zwangsvollstreckung aus Urtheil auf Erfüllung Zug um Zug 274, 322.
— unwirksam:
1. in Erbschaftsgegenstand, der der Nacherbfolge unterliegt, 2115.
2. gegen gesetzliches oder behördliches Veräußerungsverbot 135, 136.
3. in ein Grundstück u. s. f. nach Eintragung einer Vormerkung im Grundbuch 883 Abs. 2.
4. während Schwebezeit bei bedingtem oder betagtem Rechtsgeschäft 161, 163, — (nicht bei nachträglicher Zustimmung zu einem Rechtsgeschäft 184).
— wer durch Z. Recht oder Besitz an Sache verliert, kann Gläubiger befriedigen, 268, Ue. Art. 39 Abs. 2.
— Widerspruch der Frau gegen Z. 1407 Nr. 4, 1525 Abs. 2, 1550 Abs. 2.
— Wirkungen der Z.: a) bei alternativen Leistungen Übergang des Wahlrechts auf Gläubiger 264, — b) Ausschluß des Vorkaufsrechts 512, 1098, — c) in empfangenen Gegenstand: Ausschluß des Rücktritts vom Vertrag 353 Abs. 2.
— nach durchgeführter Zwangsversteigerung Z.V. 132, 133.

Zweck s. auch Öffentlicher Zweck.
— eines deutschen Gesetzes, Verstoß eines ausländischen dagegen E. Art. 30.
— des Dienstverhältnisses s. das. 620 Abs. 2.
— der Entfernung von Bestandtheilen eines Grundstücks 1122.
— gemeinsamer bei Gesellschaft 705, 726, — der Auseinandersetzung hiebei 730 Abs. 2.
— der Leibrente s. das. 760 Abs. 2.
— der Leihe s. das. 604 Abs. 2 u. 3.
— der Leistung s. Ungerechtfertigte Bereicherung 813, 814, 817, 819 Abs. 2, 820.

Zweck einer öffentlichen Sammlung 1914, 1915, 1918 Abs. 3, 1919.
— ausschließlicher der Schadenszufügung — Ausübung eines Rechts hiezu unzulässig s. Chicane 226.
— der Stiftung s. das. 87.
— eines Vereins s. das. 21, 22, 33, 43, 57.
— eines Vermächtnisses oder einer Auflage 2156, 2192, 2193.
— des Vortheils eines Dritten bei letztwilliger Zuwendung, Auslegung 2076.
— des Zubehörs s. das. 97, 88.

Zweckvermögen s. Zweck.

Zweifel s. Ungewißheit.

Zweifelhafte Verbindlichkeiten bei Berechnung des Pflichttheils 2313 Abs. 2.

Zweige eines Baums oder Strauchs vom Nachbargrundstück 910, E. Art. 122, 183, Ue. Art. 9.

Zweiseitiger Vertrag 320—327.

Zweite Ehe s. Wiederverheirathung.

Zwischenraum zwischen zwei Grundstücken 921, 922.
— lichter bei wegen Geisteskrankheit Entmündigten 104 Nr. 3.

Zwischenzinsen, Abrechnung bei vorzeitiger Befriedigung des Gläubigers aus Grundstück wegen Gefährdung der Sicherheit, falls Forderung unverzinslich und noch nicht fällig ist, 1133.
— — — des Pfandgläubigers gegen Rückgabe des Pfandes wegen fortgesetzter Rechtsverletzung, falls Forderung — — — 1217 Abs. 2.
— kein Abzug bei Zahlung unverzinslicher Schuld vor der Fälligkeit 272.
— kein Anspruch bei vorzeitiger Erfüllung betagter Verbindlichkeiten 813 Abs. 2.

J. Schweitzer Verlag (Arthur Sellier) München.

Keidel, Fr. k. Amtsrichter, **Hypothekenbucheinträge und Vollzugsbestätigungen** nach den Bestimmungen des bayerischen Hypothekenrechtes. (Anleitung zu den Einschreibungen im Hypothekenbuch und den Bestätigungen hierüber nach den bestehenden Gesetzen und Verordnungen nebst einer Sammlung von Beispielen.) 1896. **Mk. 2.50.**

Engelmann, Dr. **Th.,** k. Landgerichtsrath, **Die rechtliche Stellung der unehelichen Kinder** nach bayerischem Landrecht. 1896. In Ganzleinen gebd. (Mk. 3.80), herabgesetzt **Mk. 1.50.**

Hoffmann, Dr. **Ludw., Das Recht des Adels** und der Fideikommisse in Bayern. 1896. Eleg. gebd. (Mk. 5.—), herabges. **Mk. 2.—.**

Rump, Dr. **M.,** k. Landgerichtsrath, **Bayer. Ges. v. 29. IV. 1869, die privatrechtliche Stellung von Vereinen** betr. mit spez. Berücks. d. Sächs. Ges. v. 15. VI. 1868, sowie des künft. Reichscivilrechts. Erläutert. 1895. Gebd. (Mk. 3.—), herabges. **Mk. 1.50.**

Lindner, F., k. Oberamtsrichter, **Erläuterungen z. Bayer. Gemeindeordnung** für die Landestheile diesseits d. Rheins. 2. Aufl. Mitherausgegeben von Dr. **Th. v. Hauck,** k. Oberstaatsanwalt a. D. am Verwaltungsgerichtshof. 1894. In Ganzleinen gebd. **Mk. 7.50.**

Lindner, F., Der Verwaltungsgerichtsprozeß in Bayern. Unter Zugrundelegung der gesetzlichen verordnungsmäßigen und ministeriellen Bestimmungen, der Gesetzesmaterialien, Rechtsprechung 2c. systematisch dargestellt. Mitherausgegeben von Dr. **Th. v. Hauck,** k. Oberstaatsanwalt a. D. am Verwaltungsgerichtshof. 1894. In Ganzleinen gebd. (Mk. 4.50), herabgesetzt. **Mk. 1.50.**

Pohl, Carl, Rechtsanw. u. rechtsk. Bürgermeister a. D., **Handbuch des bayerischen Verfassungs-, Verwaltungs- und Polizei-Rechts** unter bes. Berücksichtigung d. einschläg. Geschäfts-Aufg. d. rechtsrhein. Gemeindebehörden sowie d. Rechtsprechung d. bayer. Gerichts- u. Verwaltungsbehörden. 2 Bände (87 Bogen). Preis broch. **Mk. 17.30,** geb. **Mk. 20.—.**

Seeberger, G., Pfarrer und Dekan in Bamberg, **Handbuch der Amtsführung für die protestantischen Geistlichen Bayerns r. d. Rh.** 1899. **Mk. 14.—,** gebd. **Mk. 16.50.**

Das K. Staatsministerium des Innern für Kirchen- und Schulangelegenheiten hat durch höchste Entschließung vom 11. Mai 1899 die Anschaffung des Werkes für die protestantischen Geistlichen aus Mitteln der protestantischen Lokalkirchenstiftungen genehmigt.

Schmidt, Dr. **G.,** k. Bezirksamts-Assessor, **Die kirchenrechtlichen Entscheidungen** des Reichsgerichts und der Bayerischen obersten Gerichtshöfe auf dem Gebiete der in Bayern geltenden Rechte. gr. 8. 3 Bde. 1897. Preis brosch. **Mk. 32.—,** geb. **Mk. 38.—.**

Bd. I u. II: Gemeines Kirchenrecht und bayerisches Staatskirchenrecht. Bd. III: Partikularrecht und Israelitisches Recht. Register zu den 3 Bänden.

Sammlung von Gesetzen, Verordnungen und Ministerialerlassen strafrechtlichen Inhalts für bayer. Polizeiorgane. Mit system. Inhalts-Uebers. u. ausführl. Sachregister. 1897. cart. **Mk. 2.50.** — I. Nachtrag dazu. 1898. **Mk. —.60.**

Diese Sammlung wurde v. K. B. Staatsministerium d. Innern für die Gendarmerie, vom K. B. Staatsministerium d. Justiz für die Gerichte und Staatsanwaltschaften angeschafft.

Bonschab, Fr., Vorstandsmitglied der Bayer. Landwirthschaftsbank, **Das Reichsgesetz, betr. die Erwerbs- und Wirthschaftsgenossenschaften,** vom 1. Mai 1889. In der Fassung des gemäß Art. 13 des Einführungsgesetzes zum Handelsgesetzbuch vom 10. Mai 1897 revidirten Textes. 1899. In Ganzleinen gebunden **Mk. 3.—.**

Bonschab, Fr., Vorstandsmitglied der Bayer. Landwirthschaftsbank, **Hypothekenbankgesetz** vom 13. Juli 1899. Handausgabe mit Erläuterungen und ausführlichem Sachregister. 1899. In Ganzleinen gebunden **Mk. 1.80.**

Bonschab, Fr., Vorstandsmitglied der Bayer. Landwirthschaftsbank, **Gesetz, betr. die gemeinsamen Rechte der Besitzer von Schuldverschreibungen.** Handausgabe mit Erläuterungen und ausführlichem Sachregister. 1900. Gebunden **Mk. 1.—.**

Reuter, Mart., Bezirksthierarzt, **Die deutsche Viehseuchengesetzgebung nach dem Reichsgesetz,** betreffend die Abwehr und Unterdrückung von Viehseuchen in der Fassung des Gesetzes vom 23. Juni 1880 und 1. Mai 1894 nebst der Bundesraths-Instruktion, den hiezu erlassenen Vollzugsbestimmungen, dem bayerischen und preußischen Milzbrandentschädigungs-Gesetze und dem Viehseuchenübereinkommen mit Oesterreich-Ungarn. Mit Erläuterungen unter Berücksichtigung der Motive ꝛc. 1896. Gebunden **Mk. 6.—.**

Reuter, Mart., Bezirksthierarzt, **Die Bestimmungen über die bayerische Rindviehzucht.** Kommentar zum Gesetze vom 5. April 1888, betreffend die Haltung und Körung der Zuchtstiere nebst Vollzugsbestimmungen ꝛc. Gebunden **Mk. 2.—.**

Full, Dr. Gottl., k. Hofrat und Rechtsanwalt,
und **Reuter, Martin,** Bezirksthierarzt, **Die staatliche Viehversicherung in Bayern.** Das bayer. Ges. v. 11./V. 1896, die Viehversicherungsanstalt betr., nebst dem Normalstatut für die der bayer. Viehversicherungsanstalt beitr. Ortsversicherungsvereine und den hiezu erl. Vollzugsanweisungen und Formularen. Mit Erläuterungen. 1896. cart. **Mk. 2.80.**

☛ In Vorbereitung befindet sich ein **Ergänzungsbändchen** hierzu, betreffend die **Pferdeversicherung,** herausgegeben von denselben Herren Verfassern.

Meisner, Ch., Rechtsanwalt, **Die Vorschriften des Bürgerlichen Gesetzbuchs über die Viehgewährschaft** nebst der Kaiserlichen Verordnung v. 27./III. 1899. Kommentirte Handausgabe. 1900. In Ganzleinen gebunden **Mk. 3.40.**

FSC
www.fsc.org
MIX
Papier | Fördert
gute Waldnutzung
FSC® C083411

Kolibri 360 GmbH
Ferdinand-Jühlke-Straße 7
99095 Erfurt, Deutschland
produktsicherheit@kolibri360.de